大门大桥　黄忠进/摄

洞头年鉴

2016

洞头区委史志编纂委员会
洞头区委史志办公室 编

方志出版社
Publishing House of Local Records

图书在版编目（C I P）数据

洞头年鉴. 2016 / 洞头区委史志编纂委员会，洞头区委史志办公室编. --北京：方志出版社，2016. 12
ISBN 978-7-5144-2326-6

Ⅰ. ①洞… Ⅱ. ①洞… ②洞… Ⅲ. ①区（城市） - 温州 - 2016 - 年鉴 Ⅳ. ①Z525. 54

中国版本图书馆CIP数据核字（2016）第326205号

洞头年鉴（2016）

编　　者：洞头区委史志编纂委员会
　　　　　洞头区委史志办公室
责任编辑：刘方圆

出 版 人：冀祥德
出 版 者：方志出版社
　　　　　地址　北京市朝阳区潘家园东里9号（国家方志馆4层）
　　　　　邮编　100021
　　　　　网址　http: //www. fzph. org
发　　行：方志出版社发行中心
　　　　　电话（010）67110500
经　　销：各地新华书店
印　　刷：温州市北大方印务有限公司

开　　本：889×1194　1/16
印　　张：40
字　　数：835千字
版　　次：2016年12月第1版　2016年12月第1次印刷
印　　数：001～650册

ISBN 978-7-5144-2326-6　定价：178. 00元

洞头区委史志编纂委员会

主　　任　王文胜

副 主 任　吴志安　赵国成　钱敏云　徐　彬

成员单位　区委办公室　区人大办公室　区政府办公室　区政协办公室　区人武部　区委组织部　区委宣传部　区委史志办公室　区档案局　区发展和改革局　区经济商务与信息化局　区民政局　区财政局（地税局）　区海洋与渔业局　区文化广电新闻出版局　区人口计生和卫生局　区机关事务管理局

办公室主任　卓桂荣

副　主　任　曾焕定

《洞头年鉴》编辑部

主　　编　卓桂荣

副 主 编　曾焕定

编　　辑　卓桂荣　曾焕定　谢海燕

编　　务　谢海燕　陈凌云

摄　　影　叶凌志　林加杰　王后珊等

封面摄影　林加杰

编辑说明

一、《洞头年鉴》是洞头区委、洞头区人民政府主办、洞头区委党史区志编纂委员会主持、洞头区委党史区志办公室承编的年度资料性文献。具有区委、区政府年度公报的性质。可为领导决策服务，为社会各界了解洞头、建设家乡提供区（县）情信息，为开展乡土教育提供教材，为研究区（县）情、编修续志积累资料。

二、《洞头年鉴（2016）》以马克思列宁主义、毛泽东思想、邓小平理论、“三个代表”重要思想、科学发展观为指导，深入贯彻习近平总书记系列重要讲话精神，运用辩证唯物主义和历史唯物主义的观点和方法，实事求是记载2015年度洞头区（县）经济、政治、文化、社会生活等方面的基本概貌和发展状况，记述2015年洞头区（县）的大事、要事、特事、新事，反映各行各业的新变化、新经验、新探索。以记述正面为主，不回避负面，务求真实性、实用性。

三、《洞头年鉴（2016）》记述时限为2015年1月1日至12月31日，专辑部分资料时间有延溯。记述范围为2015年的洞头区境。

四、《洞头年鉴（2016）》采用分类编辑法，全书主体内容设栏目、分目、条目三个层次，其中分目下设概况，便于记述事物的基本数据和发展变化，个别涉及面较广的设子分目；条目一事一条，动态记述。力求拓展信息资料、信息的广度和深度，条目的数量、文字量均增加25%以上。增加《专辑》，突出年度重要事件。全书共含34个栏目、217个分目、71个子分目、1079个条目（图标）。卷首设《专辑》《大事记》《区情概览》等3个栏目，百科设《中共洞头区委》等29个栏目，卷尾设《附录》《索引》2个栏目，全书共835千字。

五、《洞头年鉴（2016）》根据需要设置相关链接，在卷首设置机构（单位）简称、全称对照表。

六、《洞头年鉴（2016）》采用记述体。文字、称谓、数字、纪年、标点符号等，均按国家有关规定书写，有些计量单位如亩遵从习惯。作者名署在条目文尾，一个分目下连续多个条目均为同一作者的，署名于最后条目文尾。

七、《洞头年鉴（2016）》各项资料均由洞头区各有关部门、单位提供，因统计口径等原因，个别数据不尽一致，正式引用时以《2015年洞头县国民经济与社会发展统计公报》为准。部分数据、表格，均在文尾注明引述来源。

八、《洞头年鉴（2016）》采用的文稿均由区属部门单位、街道（乡镇）落实专人撰写提供，供稿单位领导审核，并由《洞头年鉴》编辑部编辑修改、总纂，经洞头区委史志编委会领导审定后付印。

《洞头年鉴》编辑部

2016年10月

洞头海岛荣誉

全国平安 建设先进县	国家卫生县城	国家级 海洋公园	国家 海洋生态文明 建设示范区
国家生态文明 建设示范区 （国家生态县）	国家级生态保护 与建设示范区	国家义务教育 发展基本均衡 县（市、区）	中国“十大 美丽海岛”
国家 AAAA 旅游风景区	中国 七夕文化之乡	国家 计划生育优质 服务示范县	全国双拥 模范县三连创
全国海钓基地	中国十大摄影 发烧风景地	中国最佳 海岸摄影地	中国羊栖菜之乡

浙江省 森林城市	浙江省 园林城市	浙江省 美丽乡村先进县
浙江省 体育强县	浙江省 旅游发展十佳县 （市、区）	浙江省 平安县“十连创”

浙江省 教育基本 现代化区（县）	浙江省 重点风景名胜区	浙江省 最值得去的 五十个景区之一	浙江省 “基本无违建县”

2015年6月24日至25日，浙江省委书记、省人大常委会主任夏宝龙（左二）调研洞头“三改一拆”“五水共治”“一打三整治”及城市防洪设施和美丽乡村建设、海岛旅游开发等工作
（黄曙林/摄）

2015年10月14日，浙江省政协主席乔传秀（左二）到洞头区调研视察“两路两侧，四边三化” 专项整治工作
（区新闻中心提供）

2015年3月18日，民政部副部长宫蒲光（左一）赴洞头调研民政综合改革和区划调整工作

（区新闻中心提供）

2015年7月2日，浙江省副省长黄旭明（左四）率省海洋渔业局等单位在洞头调研

（张志健/摄）

2015年1月22日，国家税务总局副局长张志勇（右二）检查指导洞头国税、地税工作

（区国税局提供）

2015年12月15日，浙江省人大常委会党组副书记、副主任程渭山率省视察组到洞头区视察扶贫脱贫暨“消除4600”工作

（林苗琳/摄）

2015年2月28日，浙江省人大常委会副主任、省总工会主席、省委赴温州督查组组长厉志海（右二）督查洞头教育群众路线实践活动整改落实工作情况。图为东沙避风港察看小型渔业设施修复项目现场 （夏建伟/摄）

2015年11月23日，温州市委副书记、代市长徐立毅（左四）调研洞头“十三五”规划等工作

（林晓苏/摄）

2015年1月17日，洞头县重大项目集体开工仪式举行。省委常委、市委书记陈一新，市委副书记、市长陈金彪等市、县领导出席

（夏建伟/摄）

2015年3月13日，市政协主席余梅生调研考察洞头县城市建设“十三五”发展规划

（郑芯芯/摄）

2015年2月2日，县委十届八次全体（扩大）会议审议通过《中共洞头县委关于全面深化法治洞头建设的意见》

（夏建伟/摄）

2015年5月6日，洞头县“红色印迹馆”开馆仪式

（郑芯芯/摄）

2015年11月16日，中国·洞头首届紫菜网络节启动仪式

（林晓苏/摄）

2015年5月20日，第二届最美洞头人暨洞头县第三届道德模范颁奖仪式　（郑芯芯/摄）

2015年9月26日，洞头籍书法大师潘海溶在洞头剧院现场书写《十二生肖颂》，总长25米，突破上海大世界吉尼斯"最长十二生肖主题诗词书法作品"记录

（苏婷婷/摄）

撤县设区

2015年7月23日，国务院批准洞头撤销县建制，设为温州市洞头区，并将温州市龙湾区灵昆街道划归洞头区管辖，以原洞头县和龙湾区灵昆街道的行政区域为洞头区行政区域。9月1日，温州市召开洞头撤县设区动员大会暨授牌仪式。9月2日，温州市洞头区正式挂牌成立，标志洞头告别62年建县历史。

①
② ③ ④ ⑤ ⑥ ⑦

①温州市洞头撤县设区动员大会暨授牌仪式
②省委常委市委书记陈一新为洞头区委授牌
③市人大常委会主任陈笑华为洞头区人大常委会授牌
④市委副书记、代市长徐立毅为洞头区政府授牌
⑤市政协主席余梅生为洞头区政协授牌
⑥2015年9月2日，温州市洞头区正式挂牌揭幕
⑦2015年9月2日，区领导为全区7个街道(乡镇)授牌　　（区新闻中心提供）

县设区动员大会暨授牌仪式

协商会议温州市洞头区

温州市洞头区成立挂牌揭幕仪式

温州市洞头区干部大会

① ②
③ ④ ⑤ ⑥ ⑦

①6月24日上午，洞头先锋女子民兵连建连55周年纪念活动现场
②浙江省委书记夏宝龙慰问洞头先锋女子民兵连
③与会领导和代表参观女子民兵连纪念馆
④“传承弘扬‘海霞’精神打造‘四有’新一代女民兵”主题研讨会
⑤创新发展海霞红色旅游研讨会
⑥⑦军事科目表演　　　　（区新闻中心提供）

洞头先锋女子民兵连建连55周年活动

6月24日，洞头先锋女子民兵连建连55周年纪念活动在洞头县海霞广场举行。南京军区政治部副主任凌希少将，省军区司令员王海涛少将，省军区副政委兼政治部主任单秀华，市领导徐立毅、余梅生、胡剑谨、孟建新，温州军分区领导任明龙、潘学军、洞头先锋女子民兵连第一任连长汪月霞以及国家、省市有关部门负责人出席纪念大会。同时配合纪念活动，还举办贯彻习近平讲话精神暨创新发展“海霞”红色旅游主题研讨会和“传承弘扬海霞精神打造四有新一代女民兵”主题研讨会等。

数字洞头

2015年，洞头区认真贯彻落实党中央、国务院和省委、省政府、市委、市政府一系列决策部署，坚持“加快同城发展，建设海上花园”发展战略，主动适应经济发展新常态，沉着应对各种风险挑战，经济社会发展取得新成效。

●全社会固定资产投资

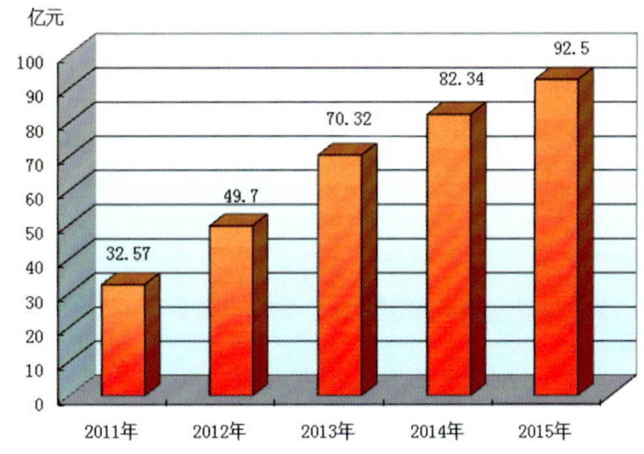

●农村居民人均可支配收入

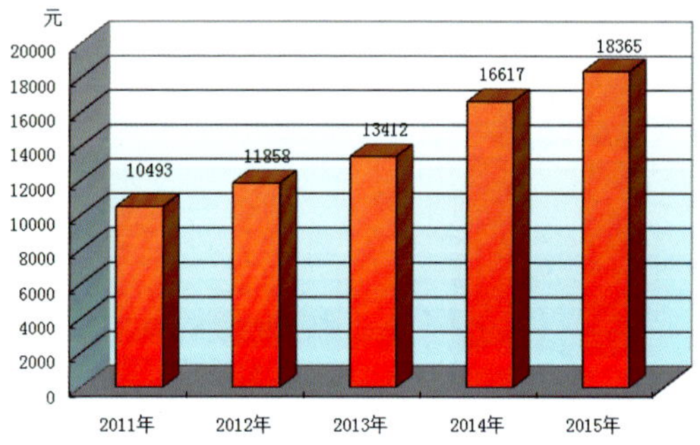

●城镇居民人均可支配收入

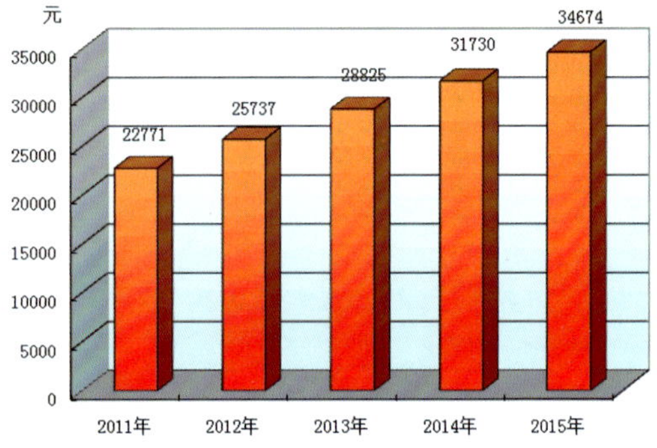

●社会消费品零售总额

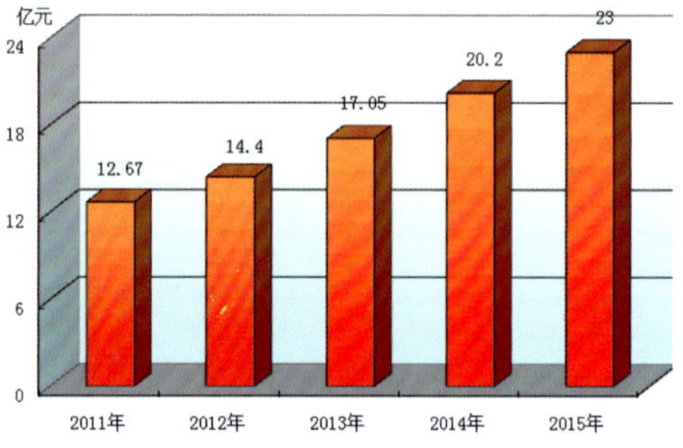

●一般公共预算收入

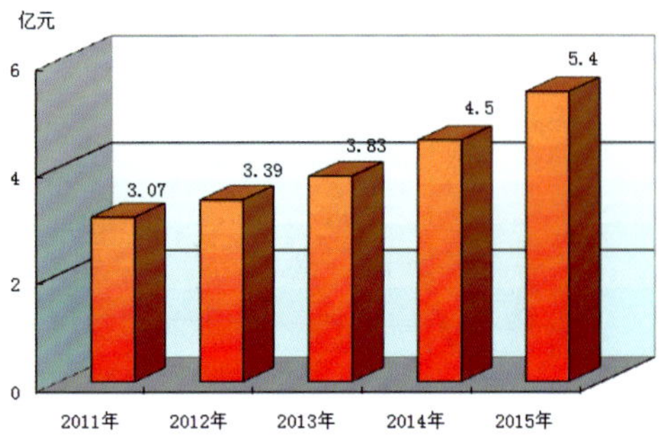

●地区生产总值（GDP）

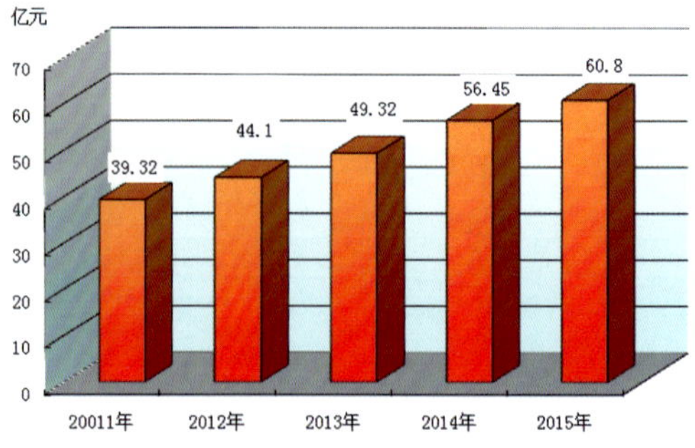

辉煌“十二五”

●全国平安建设先进县

自2004年浙江省委作出建设“平安浙江”重大决策部署以来，洞头一直把平安建设作为重大民生工程紧抓不放，全面深化“平安洞头”建设，建立社会应急联动体系，保持社会治安状况稳定，到2015年实现省平安县“十连创”，并于2013年被中央综治办授予“全国平安建设先进县”称号。

●国家级义务教育发展基本均衡县（市、区）

2013年6月洞头县通过“全国义务教育发展基本均衡县”认定，义务教育均衡发展达到基本均衡标准。2014年3月，洞头县被国务院教育督导委员会正式授予“全国义务教育发展基本均衡县(市、区)”称号。

●国家级海洋公园

2012年12月，国家海洋局批准成立洞头国家级海洋公园，这是浙江省首个国家级海洋公园。2014年12月，《洞头国家级海洋公园总体规划》成为全国首个通过评审的国家级海洋公园总体规划。

●国家级海洋生态文明建设示范区

2013年2月16日，国家海洋局对外公示首批国家级海洋生态文明示范区名单，洞头成功入选首批国家级海洋生态文明建设示范区。

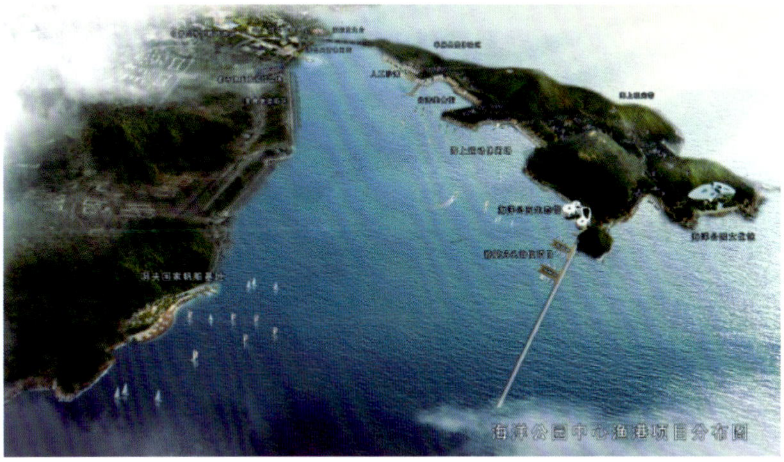

●国家生态文明建设示范县

2013年10月14日，洞头被批准为第六批全国生态文明建设试点县，率全国十四个海岛县和全市之先启动省级生态文明示范县（区）创建。2014年5月，洞头县被授予“国家生态文明建设示范区”(国家生态县)称号。

●国家级生态保护与建设示范区

2015年4月30日，由国家发改委、科技部、国土资源部、环保部、国家海洋局等11部委联合公布洞头入选全国首批国家级生态保护与建设示范区，也是浙江省唯一入选的沿海市县（市、区）。

〓城乡面貌日新月异 基础设施明显改善，大门大桥、洞头峡跨海大桥、连港环岛公路建成通车，77省道延伸线部分贯通；城市建设加速推进，新城二期交通、河道网络基本形成，状元南片完成垦区吹填，霓屿新区建设扎实推进；乡村建设成效显著，实施农房集聚和小岛迁大岛。

〓转型步伐快马加鞭 工业经济稳步发展，新增规上企业14家、产值超亿元企业5家，创成国家高新技术企业8家、省市科技型企业40家；旅游发展富有成效，启动创建国家 AAAAA级旅游景区，实现社会旅游综合收入78.8亿元，年均增长17.4%；餐饮服务、商贸流通等服务业保持良好发展态势，社会消费品零售总额实现翻一番；网络经济快速发展；电商交易额年均增长31.5%；临港物流加快发展，完成港口货物吞吐量3239万吨；海运业运力规划实现翻一番；渔农业效益不断提升，建成渔农业精品园10个，完成渔港建设投资3.1亿元。

改革创新大放活力 完成新一轮乡镇行政区划调整，4个乡镇改为街道建制，大门海洋经济示范区“三位一体”模式顺利运作，灵昆街道托管体制全面落实；深化行政管理体制改革，组建综合行政执法局、市场监督局、工务局，成立区旅委；完善政府投融管理体制，有序推进金融改革，新增各类金融机构 6家，存贷款总额突破百亿大关；深化农村综合改革，组建7家农合联和87个村股份经济合作社，完成56个村土地确权；调整完善土地利用总体规划，创新用海用岛管理，新增建设用地8878亩；鼓励引导科技创新，建成科技孵华园，专利申请量、授权量分别是“十一五”时期的6倍和7倍。

社会发展欣欣向荣 全区财政累计用于民生支出55.6亿元，占一般公共预算支出的73.7%，城乡医保、低保等16项民生保障实现同城同待遇。基本养老保险、医疗保险参保率分别达83%和100%；新增城镇就业6835人，实现渔农民转产转业2299人，全面消除家庭人均年收入4600元以下贫困现象；新增各类养老服务场49家，建成安置房1086套16.3万平方米；创成国家义务教育发展基本均衡县、省教育基本现代化区（县）；建成省文化示范村7个、省小康体育村74个，创成省体育强县。成为全省2014年医疗卫生事业发展取得较大进步的县（市、区）之一。

部分机关、单位、社会团体等简称、全称对照

简　称	全　称
区委	中共温州市洞头区委
区委办	中共温州市洞头区委办公室
区考核办（区委区政府督查室）	温州市洞头区绩效考核委员会办公室
	中共温州市洞头区委督查室
	温州市洞头区人民政府督查室
区人大	温州市洞头区人大常委会
区人大办	温州市洞头区人大常委会办公室
区政府	温州市洞头区人民政府
区府办（法制办、应急办）	温州市洞头区人民政府办公室
	温州市洞头区人民政府应急管理办公室
区政协	政协温州市洞头区委员会
区政协办	政协温州市洞头区委员会办公室
区纪委（监察局）	中共温州市洞头区纪律检查委员会
	温州市洞头区监察局
区人武部	中国人民解放军温州市洞头区人民武装部
区法院	温州市洞头区人民法院
区检察院	温州市洞头区人民检察院
区委组织部	中共温州市洞头区委组织部
区委宣传部	中共温州市洞头区委宣传部
区委统战部[民宗局、外侨办（侨联）]	中共温州市洞头区委统战部
	温州市洞头区民族宗教事务局
	温州市洞头区外事侨务办公室
	温州市洞头区归国华侨联合会
区委政法委（综治办、维稳办）	中共温州市洞头区委政法委员会
	温州市洞头区社会管理综合治理委员会办公室
	中共温州市洞头区委维护社会稳定工作领导小组办公室
区台办	中共温州市洞头区委台湾工作办公室（温州市洞头区人民政府台湾事务办公室）
区编委办	温州市洞头区机构编制委员会办公室
区直机关工委	中共温州市洞头区直属机关工作委员会
区信访局	中共温州市洞头区委、温州市洞头区人民政府信访局
区委老干部局	中共温州市洞头区委老干部局
区委史志办	温州市洞头区委党史区志办公室
区文明办	温州市洞头区精神文明建设指导委员会办公室
区委渔农办（农林水利局）	温州市洞头区渔农村工作办公室（农林水利局）
区档案局	温州市洞头区档案局
区发改局	温州市洞头区发展和改革局
区经信局	温州市洞头区经济商务和信息化局
区教育局	温州市洞头区教育局
区科技局	温州市洞头区科学技术局
区公安分局	温州市公安局洞头分局
区民政局	温州市洞头区民政局
区司法局	温州市洞头区司法局
区财政局（国资办）、地税局	温州市洞头区财政局
	温州市洞头区国有资产管理办公室
	温州市洞头地方税务局
区社保中心	温州市洞头区社会保险基金管理中心
区国土资源局	温州市洞头区国土资源局
区住建局	温州市洞头区住房和城乡规划建设局
区交通运输局	温州市洞头区交通运输局
区海洋渔业局	温州市洞头区海洋与渔业局

简　　称	全　　称
区文体局	温州市洞头区文化广电新闻出版局（体育局）
区卫生计生局	温州市洞头区卫生和计划生育局
区审计局	温州市洞头区审计局
区环保局	温州市洞头区环境保护局
区安监局	温州市洞头区安全生产监督管理局
区市场监管局	温州市洞头区市场监督管理局
区综合执法局	温州市洞头区综合行政执法局
区旅委	温州市洞头区风景与旅游发展委员会
区广电台	温州市洞头区广播电视台
区机关事务局	温州市洞头区机关事务管理局
区审管办（公共资源办）	温州市洞头区行政审批管理办公室
	温州市洞头区公共资源交易管理委员会办公室
区供销社	温州市洞头区供销合作社
区工务局	温州市洞头区工务局
区金融办	温州市洞头区金融办
区重点办	温州市洞头区重点工程建设总指挥部办公室
区总工会	温州市洞头区总工会
团区委	共青团温州市洞头区委员会
区妇联	温州市洞头区妇女联合会
区科协	温州市洞头区科学技术协会
区文联	温州市洞头区文学艺术界联合会
区残联	温州市洞头区残疾人联合会
区工商联	温州市洞头区工商业联合会
区红十字会	温州市洞头区红十字会
区关工委	温州市洞头区关心下一代工作委员会
区慈善总会	温州市洞头区慈善总会
区国税局	浙江省温州市洞头区国家税务局
公积金洞头分中心	温州市住房公积金管理中心洞头分中心
区港航局	温州市洞头区港航管理局
区盐务局	温州市洞头区盐务管理局
国网洞头供电公司	国网温州市洞头区供电公司
区气象局	温州市洞头区气象局
区烟草专卖局	温州市洞头区烟草专卖局
电信洞头分公司	中国电信股份有限公司洞头分公司
区邮政局	温州市洞头区邮政局
移动洞头分公司	中国移动通信集团浙江有限公司洞头分公司
联通洞头分公司	中国联合网络通信有限公司洞头分公司
洞头华数公司	温州市洞头华数广电网络有限公司
人行洞头支行	中国人民银行洞头区支行
工行洞头支行	中国工商银行股份有限公司洞头支行
农行洞头支行	中国农业银行股份有限公司温州洞头支行
中行洞头支行	中国银行股份有限公司洞头区支行
建行洞头支行	中国建设银行股份有限公司洞头支行
邮储银行洞头支行	中国邮政储蓄银行股份有限公司洞头支行
温州银行洞头支行	温州银行股份有限公司洞头支行
洞头农村信用合作联社	浙江温州洞头农村信用合作联社
洞头富民村镇银行	浙江洞头富民村镇银行股份有限公司
区边防大队	温州市洞头区公安边防大队
区公安消防局	温州市洞头区公安消防局
武警中队	武警洞头区中队

总 目

目　录

中共温州市洞头区委

洞头区人民政府

政协洞头区委员会

社会团体　工商联

法 治

农业　水利

海洋与渔业

工　业

交通　信息化

基础设施建设

城乡建设与管理

商 贸

旅 游

大门海洋经济示范区

财税　审计

金融　保险

经济管理监督

环境保护　国土资源

教　育

科技　气象

文化　传媒

人力资源与社会保障

民 政

卫生　体育

社会　民生

街道（乡镇）

人　物

附　录

索　引

专 辑

朝朝满载 · 陈钦煅

“海霞精神”

爱岛尚武 励志奉献

“五岛连桥”精神

小县办大事 小岛创大业

撤县设区纪事

【概况】 2015年7月23日，国务院批复洞头撤县设区，洞头告别62年建县历史。自撤县设区以来，洞头区认真贯彻执行《国务院关于同意浙江省调整温州市部分行政区划的批复》（国函〔2015〕122号）精神和省市要求，精心谋划、周密部署，扎实有效推进区划调整实施工作。

区委、区政府高度重视，第一时间成立领导小组，由区委书记董智武担任组长，区长王蛟虎担任第一副组长。领导小组下设综合协调组、机构人事组、人大工作组、政协工作组、事权财权组、社会事务组、区划调整组、政法维稳组、宣传引导组和纪律监督组等10个工作小组，负责制定专项工作方案和实施工作。领导小组多次召开会议，研究制定实施意见，确保区划调整各项工作有序推进。坚持在市委、市政府领导下，以主人翁态度主动作为，认真研究制定《洞头实施撤县设区工作方案》。前期，由常务副区长张志宏带队前往绍兴考察学习撤县设区经验。同时结合考察情况，向市里提出政策意见建议，并积极参与《关于温州市部分行政区划调整的实施意见》起草等工作。分阶段开展撤县设区宣传报道。

2015年9月1日，温州市委、市政府在市人民大会堂召开洞头撤县设区动员大会暨授牌仪式。省委常委、市委书记陈一新出席并讲话。市委副书记、代市长徐立毅主持。市四套班子领导陈笑华、余梅生、陈作荣、仇杨均、姚高员、任玉明、陈建明等参加大会。市四套班子主要领导分别为洞头区四套班子授牌。区领导董智武、王蛟虎、叶永辉、叶国胜等出席授牌仪式。9月2日上午，温州市洞头区成立挂牌仪式在区政府门口举行，温州市洞头区正式成立。温州市副市长陈建明，区领导董智武、王蛟虎、叶永辉、叶国胜、汪慧平等出席挂牌仪式并揭幕。在剧院召开洞头区干部动员大会暨街道（乡镇）授牌仪式，陈建明、董智武讲话。随后，全区所有街道（乡镇）在一周内完成挂牌工作。根据市人大常委会《关于温州市部分行政区划调整有关政权机构名称等问题的决定》，及时做好区四套班子、纪委、人武部、法院、检察院等机构的更名，工作人员职务名称也相应改变。10月，全区94个党政机关事业单位等机构完成更名，新牌子、新印章全面启用。稳妥做好涉及机关企事业单位和居民各类信息变更工作。做好与龙湾区、乐清市的陆域和海域勘界等工作。洞头区地名更换纳入“温州市地名数据库管理系统”。

在市委、市政府领导下，洞头区多次与瓯江口管委会就涉及灵昆街道的管理体制及有关政策进行对接。参与制定《洞头区灵昆街道委托瓯江口产业集聚区管委会管理实施方案》，明确将灵昆街道的党建工作、人事管理以及部分经济、社会事务委托给瓯江口产业集聚区管理，其余部分职能或由市级部门延伸管理，或由洞头区相关部门承担。10月23日，洞头区与瓯江口产业集聚区正式签订灵昆街道托管协议，并在主要媒体上发布托管事项通告。按照有利于社会稳定，有利于百姓办事，有利于瓯江口建设的原则，对涉及灵昆街道的相关事项，按照“成熟一个移交一个”原则，与龙湾区共同做好交接。其中有关民生保障事项（如就学、医疗、殡仪），暂时保持原有渠道、方式不变，并按“就高不就低”原则做好群众的民生保障工作。同时，做好“两代表一委员”确认、接收和管理，开展档案资料收集、移交、考核、统计等相关工作衔接，确保各项工作平稳过渡。针对灵昆群众密切关注的审批服务问题，在瓯江口管委会行政服务中心增设洞头区行政服务中心灵昆分中心，由区相关审批部门工作人员进驻办公，实现灵昆群众办事“不出岛”。

按照国务院批复精神和省市有关规定，在暂时保持县级事权不变的基础上，合理设置职能机构，科学配置编制资源，逐步实现由县级政府管理体制向区级政府管理体制转变。针对撤县设区后洞头新的目标定位，研究提出“一平台三区”全新定位，即温州城市东拓主平台、海洋产业集聚区、海岛旅游度假区、生态文明示范区。积极对接《温州市城市总体规划（2013—2020年）》修编和温州市“十三五”发展规划纲要编制，为全面融入温州中心城区发展奠定基础。开展市区一体化课题研究，加强与市直部门对接，以解决群众最关心、最直接、最现实的利益问题为突破口，在供水、社保、教育、卫生、文化、体育、公共交通等基本公共服务领域，加快实现“同城同待遇”。

【洞头撤县设区工作大事记】 2012年4月，温州市成立部分行政区划调整工作领导小组。5月，温州市向省政府上报《关于温州市部分行政区划调整请示》及申报材料。8月，省政府向国务院上报《关于调整温州市部分行政区划的请示》及申报材料。11月，民政部部长李立国在温调研期间，专题听取了温州市委、市政府主要领导关于实施行政区划调整的汇报。2014年2月，温州市再次向省政府专题汇报部分行政区划调整(洞头撤县设区)工作情况。3月，市领导率民政部门负责人赴民政部专题汇报。4月9—10日，浙江省政府熊建平副省长来温调研民政综合改革工作时，温州市就洞头县撤县设区作专题汇报，恳请省政府帮助和支持。10月23日，民政部区划地名司司长柳拯、区划处处长燕翀到洞头实地考察，再次调研了解行政区划调整情况。2015年3月17日，民政部副部长宫蒲光率领区划地名司司长柳拯、规划财务司司长徐立等一行来温调研，18日赴洞头调研，听取洞头县社会经济发展概况及民政综合改革情况汇报。7月23日，国务院批复同意洞头撤县设区，即撤销洞头县，设立温州市洞头区，将温州市龙湾区灵昆街道划归洞头区管辖。以原洞头县和龙湾区灵昆街道的行政区域为洞头区的行政区域。8月10日，省政府下发《关于调整温州市部分行政区划的通知》（浙政发〔2015〕24号）文件。9月1日，温州市召开洞头撤县设区动员大会暨授牌仪式。9月2日，洞头区举行区四套班子和区纪委挂（揭）牌仪式，并召开区本级动员大会暨街道（乡镇）授牌仪式。10月30日，洞头区灵昆街道委托瓯江口产业集聚区管委会管理，从2015年11月1日起正式实行。

灵昆街道历史由来

【概况】 灵昆街道总面积51.3平方千米，岛岸线总长24.69千米；下辖4个社区，9个行政村，1个居委会，39个自然村，2015年末，辖区户籍人口2.25万人。灵昆街道是国家发改委确定的全国百个小城镇经济开发试点镇，温州市首批“小康”乡镇和闻名遐迩的农业强镇。2015年7月23日，根据《国务院关于同意浙江省调整温州市部分行政区划的批复》（国函〔2015〕122号），即撤销洞头县，设立温州市洞头区，将温州市龙湾区灵昆街道划归洞头区管辖。以原洞头县和龙湾区灵昆街道的行政区域为洞头区的行政区域。8月10日，省政府下发《关于调整温州市部分行政区划的通知》（浙政发〔2015〕24号）文件，明确行政区划调整内容。

【地理位置】 灵昆街道原隶属龙湾区。位于温州湾口中部瓯江口内，东临东海，经灵霓大堤与霓屿街道相接，西与鹿城区七都街道一水相依，北与乐清市磐石街道、黄华街道隔江相望，南经灵昆大桥与温州扶贫经济开发区相连。灵昆岛形成系瓯江径流和海流动力共同塑造的产物，形成岛域约有一千余年历史，自古以来为温州海口之门户、交通之咽喉、军事之要塞。

【建制沿革】 灵昆岛之名，最早出现在明成化十二年（1476）的《玉环乡舆图》上。据清光绪《永嘉县志·叙水》记载："有双昆山为海门，遂入于海。海山之际常有蜃气凝结，忽为楼台城橼，忽为旗帜甲马锦幔，光彩动人，地人以此景象为灵气所钟，逐以灵昆名岛"。

清雍正六年（1728）前，灵昆岛和洞头岛、大门岛、状元岙岛、大三盘岛、霓屿岛、半屏岛均属永嘉县。

清雍正六年至宣统三年（1728—1911），属玉环厅，为南乡二十都。据光绪六年（1880）《玉环厅志》记载：玉环厅之"第二十都辖村九：黄大岙、铁炉头、三盘、状元岙、沙角、豆腐岩、灵昆、当铺基、大门"。即大门岛（黄大岙、豆腐岩、大门）、洞头岛（铁炉头、当铺基）、状元岙岛（状元岙、沙角）、大三盘岛（三盘）、灵昆岛（灵昆）。

民国时期（1912—1932），属玉环县，为灵昆乡。

民国时期（1933），浙江省政府将玉环县第四区的灵昆岛和永嘉县所辖的霓屿岛、半屏岛、北策岛等对换管辖。灵昆岛改属永嘉县。

民国时期（1933—1949.5），属永嘉县，为灵昆乡。

1949年5月，属温州市永强区。

1950年5月，归永嘉县。

1958年，灵昆乡改称灵昆公社。

1958年8月，归温州市永强区，改称灵昆生产大队，后改管理区。

1982年2月，归瓯海县。

1984年9月，复置灵昆乡。

1987年9月，改为灵昆镇。

1992年3月，撤瓯海县设瓯海区，灵昆镇随属。

2001年8月，归龙湾区管辖。

2011年3月，龙湾区灵昆镇成建制委托瓯江口新区开发建设管委会管理。

2011年4月，撤销灵昆镇建制，改为灵昆街道。

2015年7月，撤洞头县设温州市洞头区，灵昆街道归洞头区管辖。

2015年10月，洞头区政府委托瓯江口管委会管辖灵昆街道。

（史 志）

洞头先锋女子民兵连建连55周年纪念活动

【概况】 洞头先锋女子民兵连是一支有着光荣历史和优良传统的连队。1960年6月诞生，1978年9月被授予"洞头先锋女子民兵连"荣誉称号。连队先后荣获70多枚奖章、90多张奖状、130余面锦旗、180多本证书；先后2次被评为"全国民兵预备役部队基层工作先进单位"，6次被评为"全国三八红旗集体"，9次被全国、南京军区、浙江省军区评为"民兵工作先进单位"。2011年被评为"全国民兵工作先进单位"。55年来，先后有2400多名渔家姑娘加入女子民兵连，77人被省军区以上评为"神枪手""射击能手""训练标兵"，涌现了汪月霞、陈玉兰、王翠香等一批全国全军英模人物，受到党和国家领导人亲切接见，百余位军队高级将领亲临连队指导。特别是2010年建连50周年之际，时任中共中央政治局常委、中央书记处书记、国家副主席习近平同志发来贺信，勉励女子民兵连在新的历史时期要适应新要求、展现新风采、做出新贡献。连队的先进事迹曾被写成长篇小说《海岛女民兵》，并改拍成电影《海霞》，被载入了中国共产党历史（第二卷）。洞头县举办系列活动纪念女子连建连55周年。

【洞头先锋女子民兵连建连55周年纪念大会】 2015年6月24日上午，洞头先锋女子民兵连建连55周年纪念活动在洞头县海霞广场隆重举行。南京军区政治部副主任凌希少将，省军区司令员王海涛少将，省军区副政委兼政治部主任单秀华，温州市委副书记、代市长徐立毅，总参动员部综合计划局副局长余伟联大校，全国红色旅游工作协调小组办公室常务副主任罗迪辉，温州市政协主席余梅生，省委宣传部副部长鲍洪俊，省民政厅纪检组组长孙兆友，省旅游局副局长杨建武，温州军分区司令员任明龙大校，温州军分区政委潘学军大校，温州市委常委、宣传部长胡剑谨，温州市人大常委会副主任孟建新，洞头先锋女子民兵连第一任连长汪月霞，洞头县委书记董智武，洞头县委副书记、县长王蛟虎在主席台前排就座。叶永辉、叶国胜等县四套班子领导及洞头先锋女子民兵连历任连长、指导员等出席纪念活动。单秀华主持纪念大会。董智武致辞，徐立毅、王海涛、凌希先后讲话。南京军区特发来贺信以示祝贺。纪念大会开始前，与会领导亲切接见了女子民兵连全体官兵并合影，参观视察了洞头先锋女子民兵连纪念馆，活动观摩女子民兵连的刺杀操、对抗射击、军警民联防行动、班组战斗行动等军事课目的汇报表演；连长陈盈盈汇报连队全面建设情况。在县剧院观看了根据洞头先锋女子民兵连真人故事背景改编的青春励志话剧《海霞青春梦》。纪念活动由浙江省军区主办，中共温州市委、温州市人民政府、温州军分区承办。中共洞头县委、洞头县人民政府、洞头县人民武装部承办。

【创新发展“海霞”红色旅游研讨会】 2015年6月24日下午，洞头县举办学习贯彻习近平总书记讲话精神暨创新发展“海霞”红色旅游研讨会。全国红办常务副主任罗迪辉，中央文献研究室科研管理部副主任韩洪洪，中央党史研究室宣教局副巡视员邢济萍，全国红办宣传培训处处长白四座，住建部历史名城保护处调研员傅爽，国家民航局发展计划司价格处主任科员王光良，教育部基础教育一司综合办公室姚明华，浙江省旅游局副局长杨建武，浙江省旅游局规划发展处调研员王银花，温州市人民政府副市长胡纲高，温州市旅游局长张纯洁，县领导叶国胜、张志宏、张贤孟、褚建华等出席会议。张志宏致欢迎词，胡纲高、杨建武致辞。温州市旅游局长张纯洁主持会议。会上，全国红办向洞头县赠阅优秀旅游图书3000多册，用于建设“红色旅游书屋”。举行“红色旅游书屋”授牌仪式，《海霞口袋书》《海霞口述史》首发及赠书仪式、“海霞”红色旅游战略合作签约仪式及“2015海霞之旅”青少年千人体验营启动仪式。随后，中共中央党校党史教研部教授、博士生导师，毛泽东思想教研室副主任、全国毛泽东思想研究会副秘书长祝彦教授北京大学教授、博士生导师、北京大学战略研究所副所长窦文章教授，中国人民解放军总后勤部指挥学院教授党史军史研究专家刘高平大校，省委党校党史党建教研室副主任、教授，洞头县副县长徐彬，国家红办常务副主任罗迪辉等作了主题宣讲。研讨会由全国红色旅游工作协调小组办公室、浙江省红色旅游工作协调办公室指导，中共温州市委、温州市人民政府主办，中共洞头县委、洞头县人民政府、温州市旅游局承办。

【“海霞”精神主题研讨会】 2015年6月24日下午，洞头县举办“传承弘扬‘海霞’精神打造‘四有’新一代女民兵”主题研讨会。温州军分区政委潘学军致辞，温州军分区参谋长张道义主持会议。洞头县委副书记、县长王蛟虎致欢迎辞，叶永辉、徐彬、吴金弟等出席会议。洞头先锋女子民兵连第一任连长汪月霞出席活动。军事科学院研究院张羽、石家庄陆军指挥学院教授陈增运、南京陆军指挥学院国防动员系副主任、教授宗先贵、温州军分区政治部主任吴仿根，以及省委党校党史党建教研室副主任、教授，洞头县副县长徐彬围绕主题分别发言。研讨会由中共温州市委、温州市人民政府、温州军分区主办，中共洞头县委、洞头县人民政府、洞头县人武部承办。

（史　志）

夏宝龙调研指导

【概况】 2015年6月24—25日，浙江省委书记、省人大常委会主任夏宝龙到洞头调研“三改一拆”▲“五水共治”▲“一打三整治”▲、城市防洪设施和美丽乡村建设、海岛旅游开发等工作。省委常委、秘书长赵一德，省委常委、温州市委书记陈一新，温州市委副书记、代市长徐立毅及仇杨均、任明龙、董智武、王蛟虎等市县领导陪同调研。在南塘湾公园，夏宝龙认真听取南塘河整治、建设情况，详细了解洞头县在“五水共治”方面的工作情况，坚定不移照着“绿水青山就是金山银山”路子走下去，努力把绿树青山护得更美、把金山银山做得更大。沿路了解投资3000多万元实施城南污水处理厂提升工程情况。在蓝港花苑，夏宝龙从房价、优惠政策、房子质量、配套设施等多方面了解工程整体情况。考察了东屏蓝色连港海岸带。在中仑村文化礼堂，夏宝龙仔细询问文化礼堂内容、功能，称赞村歌写得好，歌词很有意义，以及“好厝边”工作室志愿者队伍发挥的作用。在中仑村民中心，夏宝龙充分肯定了该村近年来在深入开展教育实践活动，实施“红色细胞工程”，充分发挥党员先锋模范作用，推动服务型基层党组织建设等方面取得的成效。同时还逐一视察了文化讲堂、村史展示室等场所，详细了解村级党建工作、村民生产生活及相关场所的功能、运行情况。夏宝龙在望海楼视察洞头城市规划、临港产业发展、旅游业发展时，对于洞头目前旅游休闲发展方向充分赞赏。在洞头东屏镇中心小学，夏宝龙仔细了解当地中小学教学和校园文化建设情况，还饶有兴致地和教师们一起唱起《大禹纪念歌》。叮嘱要把立德树人作为中小学教育的根本任务，把德育、智育、体育、美育等有机地统一在教育活动的各个环节中，使每一个学生实现全面发展、有个性的发展。24日下午，夏宝龙到连队，观看女民兵们的军事科目表演，并参观连纪念馆，了解新时期“海霞”精神和民兵连建设情况。夏宝龙勉励女民兵们继承光荣传统，发扬优良作风，刻苦训练、努力工作，为建设海岛、巩固海防作出更大贡献。24日晚，夏宝龙到北岙街道海霞村夜访农家，当时村里正组织村民与投资客就民宿开发进行协商。夏宝龙与大家围坐夜谈，一起探讨如何促进村里民宿业发展。他说：“发展农家乐和民宿有利于经济发展，有利于农民增收，前景广阔。希望大家把农家乐和民宿搞得越来越红火，吸引更多游客前来。”

（侯捍兵）

▲三改一拆：旧住宅区、旧厂区、城中村改造和拆除违法建筑。

▲五水：污水、洪水、涝水、饮水和节水。五水共治即治污水、防洪水、排涝水、保供水、抓节水。

▲“一打三整治”：依法打击涉渔“三无”船舶（指用于渔业生产经营活动，无船名号、无船籍港、无船舶证书的船舶）和违反伏休规定等违法生产经营行为，全面开展渔船“船证不符”（指船舶实际主尺度、主机功率等与相应证书记载内容不一致）整治、禁用渔具整治和污染海洋环境行为整治。

“十二五”时期主要成就

【概况】　“十二五”期末，洞头实现地区生产总值61.48亿元，年均增长9.9%；一般公共预算收入5.42亿元，年均增长14.5%；城镇和农村常住居民人均可支配收入分别达34674元、18365元，年均分别增长11.3%和15.5%；五年累计完成固定资产投资320亿元，年均增长33.3%；单位生产总值能耗累计下降16.1%。

【产业经济】　工业经济稳步发展，新增规上企业14家、产值超亿元企业5家，创成国家高新技术企业8家、省市科技型企业40家，中石化LNG项目核准前置条件全部完成，丽水36—1气田开发项目投产运营，浙江弘博DOP项目顺利完工。旅游发展富有成效，启动创建国家AAAAA级旅游景区，建成金海岸开元度假村、连港蓝色海岸带等一批项目，望海楼入选中国历史文化名楼，获省旅游发展十佳县（市、区）等称号，实现社会旅游综合收入78.8亿元，年均增长17.4%。餐饮服务、商贸流通等服务业保持良好发展态势，引进大型超市，新增餐饮服务单位393家、住宿床位2230张，社会消费品零售总额实现翻一番。网络经济快速发展，建成鑫朝电子商务产业园，电商交易额年均增长31.5%。临港物流加快发展，状元岙港区口岸正式扩大开放，新增日本、俄罗斯国际货运航线，完成港口货物吞吐量3239万吨，海运业运力规模实现翻一番。渔农业效益不断提升，建成渔农业精品园10个，梯度更新老旧渔船70艘，引进岱衢族大黄鱼等名优养殖品种，推广紫菜全浮翻转式、深水插杆等养殖新技术，白龙屿海洋牧场生态黄鱼投产销售。完成渔港建设投资3.1亿元，渔港经济带动作用初见成效。

【城乡统筹】　区域规划纳入温州城市总体规划，完成新城二期控规修改和城市设计，实现控规和村庄规划基本覆盖。基础设施明显改善，大门大桥、洞头峡大桥、环岛公路建成通车，77省道延伸线部分贯通；110千伏洞头输变电、鹿西微电网建成投用，实现供水管网“村村通”“户户通”。城市建设加速推进，新城一期日趋繁荣，新城二期交通、河道网络基本形成，北岙中心街延伸工程等旧城改造项目顺利完成；状元南片完成垦区吹填，东屏中心街改造、霓屿新区建设扎实推进。乡村建设成效显著，实施农房集聚和小岛迁大岛建工程，建成农房集聚项目44个惠及6067户。完成80个整村推进实施村建设，创成省美丽乡村建设先进县。统筹推进“三改一拆”“四边三化”“五水共治”等环境综合整治，创成国家生态县、省森林城市、省园林城市，顺利通过国家卫生县城复评。加强海洋生态保护，增殖放流各类苗种4.48亿尾，“一打三整治”取得阶段性成果，获批建设国家海洋公园，获评国家海洋生态文明建设示范区、国家生态保护与建设示范区，洞头岛入选中国“十大美丽海岛”。

【体制改革】 完成新一轮乡镇行政区划调整，4个乡镇改为街道建制。大门海洋经济示范区“三位一体”模式顺利运作，灵昆街道托管体制全面落实。深化行政管理体制改革，组建综合行政执法局、市场监管局、工务局，全面完成“卫计合一”和广播电视“台网分离”。开展省级旅游综合改革试点，成立区旅委，实体化运作旅发公司。加快建设省级海岛综合开发与保护试验区，争取上级资金7.42亿元。完善政府投融资管理体制，融资到位资金37.9亿元。有序推进金融改革，新增各类金融机构6家，存贷款总额突破120亿元。深化农村综合改革，组建7家农合联和87个村股份经济合作社，完成56个村土地确权，流转土地1575亩。调整完善土地利用总体规划，新增建设用地8878亩，盘活存量土地1545亩，清理土地3587亩，完成低效用地再开发376亩。创新用海用岛管理，实施海域“直通车”等审批制度。鼓励引导科技创新，设立国家大院名校温州联合研究院洞头分院，建成科技孵化园，专利申请量、授权量分别是“十一五”时期的6倍和7倍。加强对外经济合作，新增在外洞头商会4家。大力实施招商引资，累计引进亿元以上项目15个，到位资金60.04亿元。

【社会民生】 全区财政累计用于民生支出55.6亿元，占一般公共预算支出的73.7%，城乡医保、低保等16项民生保障实现同城同待遇。完善社会保障体系，基本养老保险、医疗保险参保率分别达83%和100%。统筹城乡就业工作，新增城镇就业6835人，实现渔农民转产转业2299人。积极发展养老事业，新增各类养老服务场所49家。强化住房保障，建成安置房1086套16.3万平方米。推进扶贫开发，全面消除家庭人均年收入4600元以下贫困现象。完成新职教中心、新洞二中等项目改迁建，推进温州医科大学仁济学院、华中小学等五大工程，创成国家义务教育基本均衡发展县、省教育基本现代化区。繁荣城乡文体事业，投用市民活动中心一期，建成省文化示范村7个、省小康体育村74个，获“中国七夕文化之乡”称号，创成省体育强县。启用区人民医院住院综合楼，实施国家基本药物制度和药品零差率销售制度，基本形成“20分钟医疗卫生服务圈”，创成省卫生强县、省慢性病综合防控示范区、省卫生应急工作示范区。深化双拥共建，实现全国双拥模范县“三连创”。弘扬海霞精神，成功举办纪念女子民兵连建连55周年系列活动。完成全国志愿服务记录试点工作。“六五”普法圆满收官。创成省餐饮服务食品安全示范县。构建社会管理“网格化”工作格局，建立社会应急联动体系，荣获全国平安建设先进县称号，实现省平安县“十连创”。

【自身建设】 认真开展党的群众路线教育实践活动、“三严三实”专题教育活动，破解了被征地农民社保、留用地等一批历史遗留问题。健全科学民主决策制度，自觉接受人大、政协监督，累计办理人大代表建议671件、政协委员提案512件。成立民情处置中心，累计处置各类诉求5813件。深化政府信息公开，建立网络问政平台，实行行政复议、行政处罚结果网上公开，获全省法治政府建设先进单位称号。开展“五张清单一张网”建设，行政机关减权38.3%，明确责任清单1147项、财政专项资金管理清单16项，开展政府向社会组织转移职能试点。深化行政审批制度改革，实施商品房“三证联办”、市场准入“多证合一、一照一码”等举措，推行网上审批，实现行政审批三级联网。落实厉行节约各项规定，完成区级机关公务用车和办公用房改革，全面推行国库集中支付和公务活动刷卡消费，实现“三公经费”支出连续三年下降。保持正风肃纪高压态势，累计查处典型案件25起，政纪处分25人次。

（史 志）

责任编辑 卓桂荣

大事记

喜事连连 · 王洁灵

“海霞精神”

爱岛尚武 励志奉献

“五岛连桥”精神

小县办大事 小岛创大业

2015年洞头大事记

一月

1月1日，第八届“体彩杯”中国·洞头横渡半屏海峡冬泳邀请赛举行。

1月5日，洞头县被命名为“浙江省扶残助残爱心城市”。

1月13日，温州市首届中外旅行商大会暨2015中国旅游合作联盟走进温州活动在洞头举行，来自韩国、日本、泰国、菲律宾、比利时等国家及境内外旅行商300余名代表参加。

1月17日，温州赶超发展三年超万亿投资计划——洞头县2015年重大项目集体开工仪式在温州港状元岙港区举行。总投资78亿元的8个重大项目同时开工。

1月22日，国家税务总局副局长张志勇一行到洞头检查指导国税、地税工作。

1月23日，洞头县被省人民政府正式命名为“浙江省体育强县”。

1月25日凌晨，中国首座在设计时同步综合考虑高压输电线路、大直径输水管线过桥方案的海上特大桥——温州市大门大桥一期工程主跨合龙贯通。

1月30日，洞头县第十三届人民代表大会常务委员会第二十九次会议表决任命张志宏、刘素婷为洞头县人民政府副县长。

△洞头县成立民间金融风险处置领导小组，维护民间金融秩序和社会稳定。

二月

2月2日，中共洞头县委十届八次全体（扩大）会议召开。县委常委会主持会议。县委书记、县长董智武代表县委常委会向全会作报告。会议审议通过《中共洞头县委关于全面深化法治洞头建设的意见》。

是日，洞头召开第十届纪律检查委员会第五次全体会议。县委书记、县长董智武讲话，县委常委、纪委书记张雨作工作报告。

2月9日，洞头县人民政府与温州医科大学附属第二医院协作办医签约。同时，洞头县人民医院住院综合楼正式启用。

2月28日，洞头县委召开县级领导干部会议。会议宣布省、市委关于洞头县人民政府主要领导干部的任命决定，王蛟虎任中共洞头县委委员、常委、副书记，提名为洞头县县长候选人，董智武不再担任洞头县县长职务。

是日，浙江省人大常委会副主任、省总工会主席、省委赴温州督查组组长厉志海一行督查洞头教育实践活动整改落实工作情况。

△洞头县被评为浙江省首批教育技术装备规范管理示范县。

△洞头籍科学家——耶鲁大学终身教授、耶鲁大学干细胞中心创始人林海帆，因在生殖科学领域杰出贡献，获国际生殖研究学会2015

年科研奖，成为该奖自1978年设立以来首位获奖的华裔科学家。

三月

3月3日，洞头县召开全县海洋经济暨作风效能建设大会。会议表彰2014年度各类先进单位、先进个人，以及绩效考核优秀单位、县长质量奖和十强企业，十大优秀企业家代表等。县委书记董智武讲话，县委副书记、代县长王蛟虎主持会议。

3月6日，洞头县钱江电视希望小学学生林杰被授予“2014感动温州十大人物”，并获“孝老爱亲”奖。

3月10日，洞头县人民政府第七次全体会议暨政府系统作风效能建设部署会召开。县委副书记、代县长王蛟虎讲话，县委常委、常务副县长张志宏主持。

3月12日，温州市委常委、宣传部长胡剑谨到洞头调研指导宣传思想文化工作。

3月13日，温州市政协主席余梅生到洞头调研。

3月17日，中国人民政治协商会议第七届洞头县委员会第四次会议召开。县政协主席叶国胜作常务委员会工作报告。

3月18日，民政部副部长宫蒲光率区划地名司司长柳拯、规划财务司司长徐立等一行赴洞头调研民政综合改革工作情况，考察了瓯江口新区展示厅、望海楼及女子民兵连纪念馆，听取洞头县社会经济发展概况及民政综合改革情况汇报。

3月18—21日，洞头县第十三届人民代表大会第四次会议召开。会议通过《政府工作报告》《县人大常委会工作报告》等8项决议，会议选举王蛟虎为洞头县人民政府县长，李德通为洞头县人民法院院长。

3月19日，县委、县政府印发《洞头县人民政府职能转变和机构改革方案》。

3月26日，温州市委副书记、市长陈金彪参观2015温州国际时尚文化创意产业博览会洞头展馆。

2015年3月6日，学生林杰入选“2014感动温州十大人物”

是日，温州市副市长任玉明率队到洞头调研农村生活污水治理和“一打三整治”工作情况。

3月30日，省司法厅副厅长俞世裕率队调研指导洞头法律服务体系建设工作。

△洞头县大门镇大荆村村民吕丹丹被评为“孝老爱亲的浙江好人”。

△洞头县北岙街道城中社区居民叶雪琴被联评为“全国孝亲敬老之星”。

△洞头县获“浙江省旅游发展十佳县（市区）”称号。

四月

4月10日，省委宣传部副部长、省委外宣办(省网信办)主任来颖杰到洞头调研对外宣传、互联网信息管理等工作。

4月22日，温州市副市长王祖焕率队调研洞头城市建设和景区规划建设工作。

4月23—24日，省委副秘书长、省直机关工委书记施利民一行赴洞头调研机关党组织“深改革、强规范、提能效”作风建设专项行动贯彻落实情况。

4月28日，洞头县东屏街道渔民林忠民获2015年度“全国劳动模范”称号，并赴京参加全国劳动模范表彰大会。

是日，浙江省首届生态运动会项目——洞头县2015年“聚力同城发展·共建海上花园”千名职工环岛跑比赛在国际放生台举行。

五月

5月4日，洞头县举行纪念“五四”运动九十六周年暨第七届“十大杰出青年”颁奖晚会。

5月6日，洞头县“红色印迹馆”建成开馆。

是日，县政府推出促进房地产市场健康平稳发展系列政策。

5月8日，洞头县人民医院成为温州医科大学附属第二医院洞头分院及温州医科大学全科医学院教学基地(筹)。

是日，温州市委副书记钱三雄到洞头调研。

5月9—25日，洞头县开启“万人团”游洞头主题活动。

5月9—11日，洞头县举办第六届“中国·洞头妈祖平安节”。

5月11日，温州市委副书记、代市长徐立毅等到洞头调研。

5月18—21日，县委书记董智武率党政考察团赴杭州、舟山两地学习考察。

5月20日，洞头县第二届“最美洞头人”暨第三届道德模范评比揭晓：最美教育者陈松财；最美医生肖文；最美村干部林银凤；最美警察甘泽民；最美环卫工人詹莲香；最美的哥叶元森；最美志愿者蔡燕；最美老人朱阿尽；最美少年林杰和最美集体松龄志愿者关爱帮扶小组获奖。

5月22日，全县温商回归工作攻坚推进大会暨招商引资项目集体签约在洞头剧院召开。县政府与相关业主单位签订9个意向性投资项目框架性协议，协议总投资额104.97亿元，并与金融机构签订支持温商回归战略合作框架性协议。市、县领导朱忠明、董智武讲话，王蛟虎主持会议。

△洞头县获“国家级生态保护与建设示范区”称号。

洞头第七届“十大杰出青年”颁奖晚会

六月

6月2日，洞头县市场监督管理局、综合行政执法局和工务局正式挂牌成立。

6月22日，“全国散文名家写洞头”采风团一行10余人在洞头开展为期三天的采风活动。

6月24日，洞头先锋女子民兵连建连55周年纪念活动在海霞广场隆重举行。南京军区政治部副主任凌希少将，省军区司令员王海涛少将，市领导徐立毅、余梅生、胡剑谨、孟建新，温州军区领导任明龙、潘学军，以及国家、省市有关部门负责人等1200多人出席。其间举办贯彻习近平讲话精神暨创新发展“海霞”红色旅游研讨会、“海霞精神”主题研讨会。

6月24—25日，省委书记、省人大常委会主任夏宝龙调研指导洞头“三改一拆”“五水共治”“海上一打三整治”及城市防洪设施和美丽乡村建设、海岛旅游开发等工作。

6月25日，省委宣传部副部长鲍洪俊调研洞头爱国主义教育基地。

△洞头县渔民画艺术品在温州展览馆展出。

七月

7月1日上午7时，“萨哈林安洋”轮靠泊温州港状元岙港区码头8#泊位，标志着温州港—俄罗斯远东地区直达航线正式开通。

7月2日，浙江省副省长黄旭明率队调研洞头“五水共治”“一打三整治”及美丽乡村建设情况等工作。

7月17日，温州市委常委、温州军分区司令员任明龙率队督查洞头半年度重点工作进展情况。

7月23日，国务院批准洞头撤销县建制，设为温州市洞头区，并将温州市龙湾区灵昆街道划归洞头区管辖，以原洞头县和龙湾区灵昆街道的行政区域为洞头区行政区域。

7月28日，浙江省科技厅副厅长曹新安赴鹿西乡调研，实地走访南美白对虾高位池养殖基地、白龙屿生态海洋牧场和山坪露营基地。

7月29—30日，国家海洋局环保司司长于青松、海域司副司长丁磊相继率队调研洞头海洋公园建设、海域使用管理情况，实地走访东沙渔港、仙叠岩临崖栈道、中心渔港、国际放生台、半屏岛、望海楼等地，了解沙滩拟修复、悬崖景观、生态选址、国际海洋生态文化综合体建设等情况。

7月31日，全县“三改一拆”行动暨“无违建县”创建攻坚动员大会召开。县委书记董智武讲话，县委副书记、县长王蛟虎主持会议，董智武、王蛟虎代表县委县政府与经信、国土等 4个部门和6个街道（乡镇）签订责任书。

是日，县政府制定出台推广运用政府和社会资本合作模式实施意见。

△洞头县文联施立松成为中国作家协会会员。

八月

8月5日，中共洞头县委十届九次全体(扩大)会议暨县政府第八次全体会议召开。县委书记董智武代表县委常委会向全会作工作报告，县委副书记、县长王蛟虎主持会议。会议审议通过《中共洞头县委关于全面加强基层党组织和基层政权建设的实施意见》。

8月11日，浙江省人民政府下发《关于调整温州市部分行政区划的通知》（浙政发〔2016〕24号）文件，明确将温州市龙湾区灵昆街道划归洞头区管辖，以原洞头县和龙湾区灵昆街道的行政区域为洞头区的行政区域。

8月25日，温州市人大常委会副主任卓高柱率市人大专项监督组对洞头公检法司机关工作人员依法履职、公正司(执)法情况开展专项监督。

8月31日，浙江省委第五巡视组副组长马晓宁代表巡视组向洞头县委反馈巡视情况，省委巡视工作领导小组办公室副主任邱志明，温州市委常委、组织部长姚高员提出整改工作要求。县委书记董智武作表态发言。

是日，洞头县第十三届人民代表大会常务委员会第三十七次会议通过《关于洞头撤县设区有关事项的决定》。

九月

9月1日，温州市委、市政府在市人民大会堂召开洞头撤县设区动员大会暨授牌仪式。省委常委、市委书记陈一新出席并讲话。市委副书记、代市长徐立毅主持大会。市领导陈笑华、余梅生、陈作荣、仇杨均、姚高员、任玉明、陈建明等参加大会。市四套班子主要领导分别为洞头区四套班子授牌。洞头区委书记董智武，洞头区委副书记、区长王蛟虎，洞头区人大常委会主任叶永辉，洞头区政协主席叶国胜等出席授牌仪式。

9月2日上午，洞头县撤县设区挂牌仪式在区政府门口举行，温州市洞头区正式成立。温州市副市长陈建明，洞头区委书记董智武，洞头区委副书记、区长王蛟虎，洞头区人大常委会主任叶永辉，洞头区政协主席叶国胜，洞头区委常委、纪委书记汪慧平等出席挂牌仪式并揭幕。之后，温州市洞头区干部大会在剧院召开，区领导为七个街道（乡镇）授牌，陈建明、董智武讲话。

9月7日，洞头区委、区府制定出台洞头区五大产业培育提升扶持政策。

9月7日至11月6日，县委书记董智武赴中央党校学习。

9月15日，浙江省人大农业与农村委员会副主任委员陈川、温州市人大常委会副主任潘孝政一行调研洞头转型升级十大组合拳主题监督活动落实情况。

9月24日，温州市农村基层作风巡查第七组组织反馈洞头区巡查工作情况。温州市委常委、纪委书记宋志恒出席。

△贵州浙江洞头商会在贵阳成立。贵州省政协党组副书记、副主席陈海峰，区委副书记、区长王蛟虎，区人大常委会主任叶永辉，区

政协主席叶国胜等参加。

△洞头籍书法大师潘海溶在洞头剧院现场书写《十二生肖颂》，总长25米，突破上海大世界吉尼斯“最长十二生肖主题诗词书法作品”记录。

十月

10月9日，温州银行洞头支行正式营业。

是日，温州市人大常委会副主任王小同一行调研洞头城乡污水处理工作。

10月11日，北京洞头企业商会在京成立。区委书记董智武等参加。

10月13日，温州市政协副主席王益琪率队督查调研洞头“五水共治”工作开展情况。实地察看花岗村农村污水治理工程、新城区二期排涝工程和南塘河五水共治创建等项目。

10月14日，浙江省政协主席乔传秀到洞头调研视察“两路两侧，四边三化”专项整治工作。

10月15日，浙江省海洋与渔业局副局长陈畅率省“一打三整治”专项执法行动督查组实地核查洞头涉渔“三无”船舶拆解档案。

10月16—18日，第八届全国海钓邀请赛暨浙闽城市海钓对抗赛在洞头区举行。主题为“创新·融合·发展”“垂钓·游钓·论钓”。

10月17日，“求是杯”洞头区环岛半程马拉松比赛吸引区内外240余名跑步爱好者参加。

10月20日，洞头区第五届运动会落幕。比赛设大项11个，成年部代表队21个、青少年部代表队18个，参加3022人次。

10月23日，鹿西岛交通综合码头开工建设。

10月30日，温州市洞头区灵昆街道委托瓯江口产业集聚区管委会管理，从2015年11月1日起正式实行。

△洞头景区获浙江广播电视集团城市之声颁发的“2015年听众最喜爱自驾游目的地”奖。

十一月

11月2日，洞头区行政服务中心灵昆分中心成立。区委常委、常务副区长张志宏出席。

11月4—5日，浙江省商务厅副巡视员马建国率省第二十八督查组对洞头区“三改一拆”“五水共治”工作开展第三轮督查。

11月6日，洞头区直升机岛际低空飞行试航在国际放生台成功举行。23日，区政府与温州市兴龙航空投资有限公司正式签约温州市洞头区岛际低空飞行项目。

11月7—8日，国家海洋局副局长王飞调研洞头区海洋生态文明建设情况。

11月9日，中国科学院崔志红研究员一行到洞头调研农村资金互助会及股改工作。

11月9—11日，浙江省妇联副主席张丽萍一行到洞头区调研指导基层妇联组织建设试点工作。

11月10日，洞头区新城农贸市场经装饰提升建设后正式开业。占地面积2907平方米，投资1973万元，按照省四星级农贸市场标准建设。

11月12日，洞头区召开重点工作推进会，布置谋划“十三五”发展规划。区委书记董智武讲话，区委副书记、区长王蛟虎主持。

16日，洞头区举办首届紫菜·羊栖菜网络节，活动主题是“互动品牌健康”。

11月18日，浙江省卫生和计划生育委员会副主任马伟杭一行到洞头区调研医疗卫生工作。

11月21日，洞头区第五届放生节在国际放生台放流30万尾黑鲷鱼苗。

11月23日，温州市委副书记、代市长徐立毅到洞头调研“十三五”规划等工作。

11月24日，区政府公布枫树坑水库湿地、长坑水库湿地、龙潭坑水库湿地为洞头区第一批湿地。

△洞头籍诗人伊夫（陈裕福）参加2015年世界华文文学研讨会暨第七届文心作家(曼谷)笔会，并在世界华语文学论坛上朗诵作品。

十二月

12月4日，洞头区行政服务中心正式启用，面积约2.7万平方米。行政服务大厅约5000平方米，集中与群众办事密切相关的31个政府部门办事窗口。

是日，洞头区企业联合会、企业家协会、工业经济联合会换届大会召开。区委副书记、区长王蛟虎出席并讲话。

12月5日，洞头区委、区政府出台《关于实施信息化战略的决定》。

12月7日，区委理论务虚会议召开。交流年度重要课题成果，深入探讨洞头发展重大问题，研究“十三五”发展规划等。区委书记董智武主持。

12月8日，温州市委常委、组织部长姚高员到洞头调研城市发展历程与规划、“五水共治”、“三改一拆”、海洋生态文明等工作。

12月10—11日，温州市“无违建”创建验收组考核验收洞头区“无违建区”创建工作。

12月15日，浙江省人大常委会程渭山率省视察组就洞头扶贫脱贫暨“消除4600”工作情况开展视察。

12月18日，温州市交通技术学校迁扩建项目奠基仪式在洞头举行。

12月24日，洞头区教育幼儿园（新城园区）正式开园。占地面积8195.9平方米，总投资3256万元，按省一级幼儿园标准建设。

是日，洞头区社会科学界第一次代表大会召开暨洞头区社会科学界联合会成立。区委书记董智武讲话。温州市社科联副主席卢达，区领导王蛟虎、叶永辉、叶国胜、王文胜、张志宏、张贤孟、林海珊、叶锦丽、杨艾立等出席。

12月25日，洞头区文学艺术联合会第五次代表大会召开。区委书记董智武讲话。温州市文联主席邹跃飞，区领导王蛟虎、叶永辉、叶国胜等出席。

12月28日，洞头区新生代企业家协会和洞头区青年企业家协会成立。区领导董智武、王文胜、张贤孟、林新磊、张孚标、吴志安、吴金弟等出席。

是日，区政府对退渔渔农民基本生活保障作出补充规定。

12月29日，浙江省供销社理事会主任、党委书记马柏伟等一行到洞头区调研。

12月31日，浙江省人民政府通报2014年度医疗卫生事业发展取得较大进步市、县（市、区），洞头名列其中。

△洞头区残疾人康复托养中心（特殊儿童关爱中心）成立。

△洞头区获温州市夏季消防安全“双月”攻坚专项行动先进单位。

△状元岙深水港区首次接卸“润通”轮万吨级（13032吨）内贸黄沙，直接采用大船过泊小船不落地作业。

△至2015年底，洞头区基层组织398个，党员6828名。其中党委20个、党工委6个、党组33个、党总支27个、党支部351个；非公有制经济单位党委1个、党总支1个、党支部22个、联合支部18个，企业党员433名。

△至2015年底，洞头区接待海内外游客448.34万人次，同比增长12.57%，实现旅游综合收入20.31亿，同比增长12.93%。

△至2015年底，洞头区拥有银行机构8家，小贷公司2家，保险机构5家，农村资金互助会5家。全区本外币存款余额69.5亿元，同比增长21%；本外币贷款余额57.41亿元，同比增长3%。

△2015年，全区实现地区生产总值61.48亿元，同比增长8.6%，增速排名居全市第二；一般公共预算收入实现5.42亿元，同比增长11.1%；城镇常住居民人均可支配收入34674元，农村常住居民人均可支配收入18365元，分别同比增长9.3%、10.5%。

（谢海燕）

责任编辑　卓桂荣

2015年12月28日，洞头区新生代企业家 洞头区青年企业家协会成立

区情概览

归艇鱼满筐 · 叶锡静

“海霞精神”

爱岛尚武 励志奉献

“五岛连桥”精神

小县办大事 小岛创大业

基本地情

【历史沿革】 据九亩丘出土文物考证，早在3000多年前，洞头列岛就有人类活动。春秋战国，为瓯越之地。秦，属闽中郡。西汉始元二年（公元前85），属回浦县，隶会稽郡。东汉建武元年至三年间（25—27），改回浦县为章安县，永和三年（138）析章安县东瓯乡置永宁县，遂为永宁县地，仍隶属会稽郡。三国，属吴国永宁县地。太平二年（257），分会稽郡东部置临海郡，永宁县属之。东晋太宁元年（323），分临海郡立永嘉郡，以永宁县为郡治。宁康二年（374）分永宁县置乐成县，今洞头区境遂为乐成县地。隋开皇九年（589），改永宁县为永嘉县，隶处州，今洞头区境为永嘉县地。开皇十二年（592），改处州为括州。唐武德五年（622），分括州置东嘉州，分永嘉县复置乐成县，今洞头区境又为乐成县地，隶东嘉州，武德七年（624），又撤乐成县并入永嘉县，今洞头区境地复为永嘉县地。贞观元年（627），废东嘉州，永嘉县隶括州。上元二年（675），分括州置温州，设州治于永嘉。载初元年（689），复置乐成县，隶温州，今洞头区境复为乐成县地。五代十国时，乐成县属吴越国。后梁开平二年（908）改乐成为乐清，今洞头区境为乐清县地，仍属温州。南宋咸淳元年（1265）属瑞安府。元，属温州路。明，属温州府。清雍正六年（1728），置玉环厅，隶温州府，今洞头区境划玉环厅第二十都。

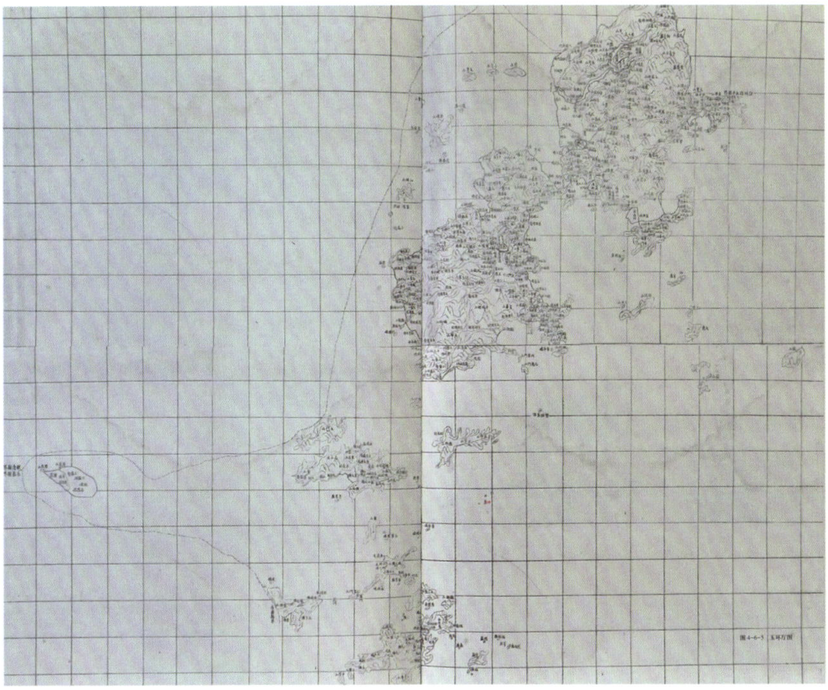

清光绪十九年（1893）玉环厅地图

民国元年（1912），改玉环厅为玉环县，隶瓯海道，今洞头区境为玉环县第四区。民国22年（1933），同属玉环县第四区的灵昆岛改属永嘉县，民国25年（1936），洞头境为玉环县三盘区。

1949年10月8日，洞头境首次解放。

1952年1月15日，洞头全境最后解放后，仍属玉环县。

1953年6月10日，中央人民政府批准洞头置县，隶浙江省温州地区专员公署。

1958年5月29日，国务院批准撤销洞头县建制，7月1日起划归玉环县。

1959年1月7日，国务院决定撤销玉环县建制。4月1日，洞头划归温州市。

1964年10月31日，国务院批准恢复洞头县建制，隶温州地区专员公署。

1965年3月1日起，县人民委员会正式对外办公。

1981年9月22日，温州地区和温州市合并，洞头改隶浙江省温州市。

2015年7月23日，国务院批准洞头撤销县建制，设为温州市洞头区，并将温州市龙湾区灵昆街道划归洞头区管辖。9月2日，温州市洞头区正式挂牌成立。

【位置面积】 洞头区总面积2777.3平方千米，其中陆地面积143.3平方千米。位于北纬27° 40′ 00″ ~28° 5′ 00″，东经120° 52′ 30″ ~121° 30′ 00″，地处浙东南沿海瓯江出海口。南与瑞安市的北麂、北龙乡（大北列岛）隔海相望；西与龙湾永强相对；北望乐清市、玉环县。

【地形地貌】 洞头列岛主要有侵蚀剥蚀高丘陵和低丘陵以及洪积平原、海积平原等堆积地貌。其中高丘陵（海拔250米以上）主要分布于大门岛以及鹿西、霓屿、状元岙等岛的中部和洞头岛的西部，山坡较陡，一般30—40°，特别是边缘地带，常有大于40°的陡坡或陡崖出现；顶部较平缓，坡度一般15—25°。最高山峰烟墩山位于大门岛，海拔高391.8米。高丘陵以凸形坡及直线型坡为主，部分地段为复合型坡。低丘陵（海拔<250米）主要分布于洞头岛、半屏岛、三盘岛、小门岛以及鹿西、霓屿、状元岙等岛的边角部位，山顶部较平缓，为10—25°，山坡坡度25—35°，局部坡麓地带有超过35°的陡坡及陡崖。低丘陵的山坡地形以凸形坡和直线型坡为主，局部为阶梯状复合型坡。堆积地貌主要分布于大门岛、灵昆岛、洞头岛，分布零星。其中洪积平原零星分布于大岛屿的沟谷及山麓地带，上游坡度10—15°，下游坡度3—10°。海积平原主要分布于洞头岛、灵昆岛、大门岛及小门岛，在霓屿岛及半屏岛亦有小块分布，地势平坦。境内无大河发育，溪流多发源于山体中部，向四周呈辐射状独流入海，其特点是数量多、流域面积小，长度短，比降大，枯水期多断流。

【行政区划】 1953年7月，洞头置县后，下设3个区、1个镇、18个乡。此后，行政区划多次变更，至1990年底，全县设1个区2个镇11乡90个建制村10个居委会。

1991年3月18日，北岙镇下街居委会析为创新居委会和赴学居委会。

1992年4月3日，大门乡尾岙村更名为大门乡美岙村。同年5月18日，经浙江省民政厅批准，撤销大门区公所；将大门乡、浪潭乡并入黄岙镇，同时更名为大门镇。至此，洞头县辖2个镇9个乡90个建制村11个居委会。

1994年1月25日，元觉乡状中、状南、状北3个村合并为状元村。元觉乡改设为7个建制村。同年7月30日，双朴乡增设双兴村，双朴乡改设为14个建制村。至此，全县建制村89个。

1995年2月23日，鹿西乡烟墩岗村撤销，并入鹿西村；鹿西乡改设为6个建制村。至此，全县建制村88个。

1996年8月17日，经浙江省民政厅批准，洞头乡改为建制镇，同时更名为东屏镇。至此，全县设3镇8乡88个建制村11个居委会。

2001年11月16日，经浙江省人民政府批准：一、撤销双朴乡、三盘乡、北沙乡并入北岙镇；二、撤销半屏乡并入东屏镇；三、撤销霓南乡、霓北乡，合并为霓屿乡。至此，全县设3镇3乡88个建制村11个居委会。

2002年4月30日，北岙镇的埭口村、苔岙村、双兴村撤销，合并为北岙镇城南社区居委会。至此，洞头县设3个镇3个乡85个建制村12个居委会。同年11月2日，霓屿乡官财岙村改名为同兴村。

2003年4月29日，北岙镇的岭背、上街、新街、中街、后街、创新、赴学等7个居委会撤销，重新调整组建为岭背、上新、城中、银海等4个社区居委会。北岙镇改设为5个居委会23个建制村。同时，东屏镇寮顶村更名为寮顶民族村。至此，全县设3个镇3个乡85个建制村9个居委会。

2004年6月，大门镇沙岩居委会撤销。同年7月14日，北岙镇新城社区居委会成立。同年12月15日，东屏镇前坑寮村、惠头寮村合并，并更名为惠民村。至此，全县设3个镇3个乡84个建制村9个居委会。

2005年3月1日，北岙镇桐桥村更名为海霞村。截至2005年底，全县设3个镇3个乡84个建制村9个居委会。

2006年末，辖3个镇、3个乡：北岙镇、大门镇、东屏镇；元觉乡、霓屿乡、鹿西乡。共有7个社区、2个居民区、84个行政村（本年新增1个社区，减少1个居民区）。

2011年，经省政府批复：一、撤销北岙镇建制，在原北岙镇的行政区域内设立北岙街道办事处。调整后，北岙街道办事处辖6个社区、23个行政村。街道办事处驻镇前街1号。二、撤销东屏镇建制，在原东屏镇的行政区域内设立东屏街道办事处。调整后，东屏街道办事处辖16个行政村。街道办事处驻府前路51号。三、撤销元觉乡建制，在原元觉乡的行政区域内设立元觉街道办事处。调整后，元觉街道办事处辖7个行政村。街道办事处驻繁府路15号。四、撤销霓屿乡建制，在原霓屿乡行政区域内设立霓屿街道办事处。调整后，霓屿街道办事处辖10个行政村。街道办事处驻滨海北路2号。调整后，洞头县辖北岙、东屏、元觉、霓屿等4个街道办事处和大门镇、鹿西乡。

2015年7月23日，国务院正式批复同意撤销洞头县，设立温州市洞头区，将温州市龙湾区灵昆街道划归洞头区管辖。以原洞头县和龙湾区灵昆街道的行政区域为洞头区的行政区域。洞头区辖北岙、灵昆、东屏、元觉、霓屿等5个街道，大门镇、鹿西乡。其中，灵昆街道辖4个社区，9个行政村。至此，全区有7个社区，93个行政村。温州市洞头区人民政府驻北岙街道县前路12号。

【人口状况】 2015年，洞头区户籍人口49782户，比上年增加686户；总人口153069人，比上年减少1704人。其中男性78423人，女性74646人。男女性比例为105.05∶100。全区出生1635人，死亡969人（男575人，女394人），死亡率5.86‰。

【方　言】 洞头区居民大多原是从闽浙沿海地区迁徙而来，故以操闽南话和温州话两种方言为主。洞头区居民方言使用的分布特点，大致为南片岛屿居民大多数以操闽南话方言为主；西、北两片岛屿居民均操温州话方言；而中片岛屿居民两种方言交错夹杂。按行政区域分，北岙、东屏居民大多数操闽南话方言，灵昆、大门、鹿西居民均操温州话方言，而霓屿和元觉居民夹杂操闽南话方言、温州话方言。按常住人岛分，洞头岛、半屏岛、南策岛、大瞿岛、胜利岙岛、花岗岛、青山岛等7个岛屿居民以操闽南话方言为主，灵昆岛、大门岛、鹿西岛、小门岛、大三盘岛、屿仔岛等6个岛屿居民以操温州话方言为主，而霓屿岛、状元岙岛居民夹杂两种方言。闽南话方言使用范围约40平方千米，占全区陆地面积30%左右，使用人口约占全区总人口44%左右；而温州话方言使用范围约93平方千米，占全区陆域面积70%左右，使用人口约占全区总人口56%左右。

资源情况

【海洋资源】 洞头海域渔业资源丰富，能捕捞的鱼类300多种，其中常见的40余种。主要鱼类有：小黄鱼、黄姑鱼、棘头梅童鱼、鲚鱼、鳓鱼、鮸鱼、鲳鱼、鲈鱼、魟鱼、黄鲫、龙头鱼、海鳗、带鱼、马鲛鱼、白姑鱼、石斑鱼、竹荚鱼、鲨鱼、鳎鱼、东方鲀、鲻鱼、鲥鱼、海鲫。岩礁潮带生物159种，占总数的48.4%；泥质潮间带生物142种，占总数的44.1%；沙滩潮间带生物33种，占总数10.2%。主要常见品种有：泥蚶、缢蛏、泥螺、彩虹明樱蛤、青蛤、疣荔枝螺、瘤荔枝螺、锯缘青蟹、龟足、藤壶、弹涂鱼、粗脚厚纹蟹、棒锥螺、棘刺牡蛎、艾氏活额寄居蟹、痕掌沙蟹、海蟑螂、厚壳贻贝、石花菜、海萝、鼠尾藻、孔石莼、紫海胆、瓦氏马尾藻、紫菜、羊栖菜等。浮游植物81种，以近岸广温广盐种为主；浮游动物78种（类）（不包括鱼卵仔鱼），以近海暖水类群和近海暖温带类群为主；底栖生物45种，以沿岸广温低盐种和近岸广温广盐种为主。

南北爿山省级海洋自然保护区珍稀鸟类48 种，其中国家二级保护

动物有黄嘴白鹭、普通鵟、红隼和游隼等4 种，省重点保护动物有中白鹭、白鹭、夜鹭棕背伯劳、红尾伯劳和黑枕黄鹂等6种，新发现灰鹬、斑鸫、纯色山鹪莺3种鸟类。

【矿产资源】 全区境内甲类矿产资源贫乏，已发现的矿产类型有花岗岩、建筑用凝灰岩、海砂、蛎壳、黏土以及矿泉水等6种，矿床地40处。

花岗岩：主要有大门、青山岛、隔头、北策、牛鼻孔、大爬山、大瞿等岩体，岩性包括钾长花岗岩、花岗岩、辉绿岩等。花岗岩开采利用以及大门钾长花岗岩为主，其次有隔头花岗岩、北策辉绿岩。大门钾长花岗岩可开采资源量约为3.18亿立方米，是理想天然防酸、防腐石材；辉绿岩主要分布在北策岛中部，是理想中档板材荒料基地；花岗岩主要分布在北岙街道隔头，估算资源量29.8万立方米。

建筑凝灰岩：区内建筑凝灰岩分布较广，产于上侏罗统火山碎屑岩中，主要住人岛均有分布，有青山岛、灵昆岛、霓屿岛、沙岙屏、铁炉头、小三盘、北岙后石子矿，以及大门、霓屿、本岛等开采点。根据石料的块度大小不同，主要用于工民建、围垦、填海造地等。

海砂：区内海砂分布于灵昆岛瓯江北口、南口和大门岛南侧、西侧海域。灵昆岛瓯江北口，呈东西向条状分布，面积0.7平方千米，由细沙组成，夹杂少量淤泥；灵昆岛瓯江南口、东南口，面积17.95平方千米。大门南侧海域储量较大，距离乌仙头咀约1500米，矿区沿东西向展布，面积约5.6平方千米，砂层有细粉砂、中细砂、淤泥混砂等，海砂矿物成分以长石为主，石英次之，砂层直接赋存表面，呈松散—稍密状，可采性较好。

【旅游资源】 洞头素有“百岛之县”“东海明珠”美称。洞头是全国唯一以区域冠名的国家AAAA级旅游景区、全国海钓基地、中国十大摄影发烧风景地、中国最佳海岸摄影地，是浙江省重点风景名胜区、浙江省最值得去的50个景区之一。全区七大景区，400多个景点，风光迷离，山海兼胜，人文荟萃，气候宜人，富有“岛奇、礁美、滩佳、鱼鲜、生态优”特色，融海上游览、海上运动、海上体验、海洋文化、渔乡风情于一体，与雁荡山、楠溪江构成温州“山—江—海”旅游金三角。

仙叠岩，位于洞头区城东南2.7千米处，景区巨石摩天，危石层叠，险峻多姿，蔚为奇观，是听涛、观海、赏石的绝佳去处。观音训狮、海天独径、祭海石猪、金鹰迎客、蛤蟆欲仙、仙童戴帽、十二生肖等景观，栩栩如生，千姿百态。珍珠礁岩石错落有致，十八钓鱼台拾阶而起，可垂钓写生、捡螺拾贝。被誉为“中国岩雕第一人”的中国美院洪世清教授创作的30余处岩雕作品，加上名家书写的诗词作品摩崖，更增添了赏石品画的雅趣。

大沙岙海滨浴场，呈半环抱形，沙滩平坦开阔，沙质属铁板砂，细柔而不松软，走在上面犹如

踏在地毯上，舒适惬意。这里是晒日光浴、游泳冲浪的好地方，还可进行沙滩排球、自行车赛，晚间可举行篝火晚会，放歌劲舞，尽情欢乐。沙滩四周奇礁兀立，有海豹回头、猛虎下岗、将军观天、龟石岩等景观。浴场边的南炮台山是东海海防要塞，可观鸥鸟、听松涛，一洗尘嚣，是赏海上日出的好去处。

竹屿

半屏山，位于洞头区城南3千米处，民谣曰："半屏山，半屏山，一半在大陆，一半在台湾"，大陆半屏山即为此。景区东部沿岸断崖峭壁，犹如刀削斧劈，直立千仞。连绵数千米的海上天然岩雕长廊在全国堪称一绝，被誉为"神州海上第一屏"。有惟妙惟肖的迎风屏、赤象屏、鼓浪屏、孔雀屏、渔翁扬帆、黄金印、虾将岩、乌龙腾海等四屏十八景，荡舟观浪，听涛赏景，堪称奇绝。景区西部的大沙龙沙滩曲长宽阔，可捡螺、拾贝、戏耍、冲浪。

大瞿景区，位于洞头城区西南约9千米，与附近的双峰山、南摆屿、乌岛等组成岛礁景区，面积约6.05平方千米，有"七十二胜景"。岛上山奇石巧、林密花香，被誉为"海上绿洲"，岛东南部石景荟萃，有千奇百怪的"千佛山"、生动传神的大卫岩，以及百鱼图、石佛观海、仙童击鼓、大象吸水等景观。大瞿山顶有明末抗清名将郑成功练兵的校场遗址。位于大瞿岛东南方的双峰山、北摆山、南摆山为鸥鸟、鹭鸶等候鸟的聚集地。

竹屿景区，位于洞头城区东侧约6.5千米的海域处，面临浩瀚东海，由大竹屿、小竹屿、虎头屿、北猫屿、笔架屿等数十座岛礁组成，景区面积约3.8平方千米。域内天蓝海碧，鸥鸟翔集。游人可观奇礁怪石，听海涛潮响，更能一览虎头屿国际灯塔雄姿。大竹屿有数千平方米的天然大草坪，被誉为东海第一大天然草坪，宜开展孤岛生存、探险野营、海上生态观光等活动。

大门景区，面积约4.5平方千米，以马岙潭度假区为核心，呈辐射状向大门岛东南延伸，包括石和尚、龟岩峰、舢舨岩、马岙潭沙滩、观音礁等十多个景点。这里候鸟翔集、沙滩平坦、山青水蓝、石奇滩佳，享有"温州夏威夷"美誉，是观看日出日落、避夏消暑、度假休闲，以及品尝生猛海鲜的好去处。

鹿西鸟岛，位于鹿西岛东北面，即北爿山屿、南爿山屿，合称南北鸟岛，合称南北鸟岛，岛上阳光充足，周边鱼类繁多，每年都有数以万计的海鸟在此安家筑巢，繁衍生息，形成极为罕见的鸟岛奇观。岛上鸟儿或戏波弄影，或恣意嬉戏，或翩翩起舞，鸟鸣处处，涛声阵阵，恰似一首和谐的百岛奏鸣曲，刹那间又万鸟齐飞，遮天蔽日，恢宏壮观，碧海蓝天，珍禽展翅，辉波荡漾，构成了一幅大自然的精美画卷。

洞头先锋女子民兵连纪念馆，是2000年建连40周年时建造，2010年建连50周年重新修缮，2015年建连55周年又作修缮。初建于1976年。展示了女子民兵连成长的不寻常历程。成立于20世纪60年代，是一支有着辉煌历史的连队，铸就了"爱岛尚武，励志奉献"的海霞精神，其事迹曾被写成长篇小说《海岛女民兵》，拍成电影《海霞》，载入《中国共产党历史》（第二卷）。为省、市爱国主义教育基地，首批国家级国防教育基地。

望海楼，始建于公元434年，距今已有1500多年的历史。位于洞头本岛海拔227米的烟墩山，是洞头旅游标志性建筑。建有望海楼主楼、颜延之雕像、诗词碑廊、同辉亭、泓澄亭、心赏亭等景观。主楼设海洋民俗文化展厅和观景厅，是观赏百岛美景、领略渔村风情的窗口。楼内有启功、沈鹏、韩美林、李铎、朱关田等名家墨宝。作为洞头

历史文化的窗口和百岛旅游第一景的望海楼，以其历史悠久、建筑雄伟、海洋民俗文化气息浓郁，跻身国内名楼之列，被誉为“气吞吴越三千里，名贯东南第一楼”，2012年11月加入中国名楼协会。

海霞军事主题公园，是我国第一座海防军事主题公园，建有“海霞电影棚”“军事演练区”“华山险道”“丛林战道”“国防知识画廊”“军事器材展览室”“CS真人模拟对抗赛”等，还陈列着退役的战机、军舰、火炮，并有军事拓展等项目。这里，岗楼林立、碉堡成群、战壕纵横，是见证“洞头先锋女子民兵连”成长历史、解读“海霞精神”的军事旅游胜地，在这里将让您亲身体验军旅生活，圆一个保疆卫国的军人梦。

中普陀寺，是集佛陀教育、文化旅游、慈善安养为一体的修炼经法圣地。寺院分弘法、修行及综合服务三个区，建筑整体格调体现唐代和明清建筑风格中的清、畅、哀、亮、微、妙、和、雅之韵，突出实用庄严。目前弘法区建有大雄宝殿、天王殿、钟楼、鼓楼、圆通殿、念佛堂、戒台、放生池等。大圆通殿内供奉着高九米、由十三吨纯铜铸造而成的千手千眼观世音坐像，是众多普陀寺中之最。寺内观音圣像陈列馆，收藏的观音佛像、图片、字画等，在各地观音寺院中最为丰富。

大龙山永福寺，是仿明清建筑风格的佛教寺院，是释迦牟尼佛之道场，已有300多年历史。庄严肃穆的殿堂楼阁从翠山碧岭中拔地而起，325尊樟刻和石刻佛像、释迦牟尼佛和十八罗汉威仪端详，尽显海天佛国之风采，是领略海岛风光、感受佛教文化的绝佳去处。

白马古道，连接小朴村和望海楼，属于望海楼森林绿道的一部分，由清风圃、托楼廊、涵秀台和木栈道组成，全长1300米。沿道上下间，浓荫遮蔽；廊台高低处，岛礁入眼，是登山健体、观涛览胜的首选地。小朴村建有白马寺，有马灯民俗活动。过去村民外出，这里是通道之一。

灵昆九村生态园，位于灵昆街道九村，占地面积200余亩。园区内分为科普教育区、亲子互动文化区、水上娱乐运动区、拓展培训区、林果采摘区、民俗文化区、欧陆风情街、野炊烧烤区、休闲垂钓区；3D油画区、真人CS区等20多个区域，可垂钓、采摘、划船、与小

海霞军事主题公园

灵昆街道九村生态园

动物玩耍等。是一座以农业为主题的生态休闲园。

【气候】 洞头区属于亚热带海洋性季风气候区。冬无严寒，夏少酷暑，春季温暖，秋季干爽；夏冬季长，春秋季短，四季分明；全年光照充足，雨水丰沛，温暖湿润。年平均气温17.9 ℃，最冷月（1月）平均气温8.1℃，最热月（8月）平均气温27.6℃，年极端最高气温34.7℃，出现在2005年8月，年极端最低气温-2.2℃，出现在1993年1月。年平均降水量1410.6毫米，年平均雨日148.1天，降水量年际差异显著，最大年降水量1913.1毫米，出现在2005年，最小年降水量785.8毫米，出现在2003年；全年降水量分布不均匀，6月最多，月降水量为192.5毫米；11月至次年1月降水量较少，仅占年降水量的13%左右。春夏之交进入梅雨期，出现连阴雨、气温高、雨势强、湿度大的梅雨天气，为期约1个月；5—9月是本区的主汛期，降水量为806.4毫米，占全年降水量的57%，是全年主要的降水期。年平均相对湿度80%，最小相对湿度24%。年均日照时数1878.3小时；年平均蒸发量1541.5毫米；年平均风速4.2米/秒，最多风向为NNE。年雷暴日数38.8天；平均无霜期322天，最短无霜期281天，最长无霜期365天。主要气象灾害有热带气旋、暴雨、大雾、霾、干旱、大风、强对流天气（雷暴、冰雹、龙卷风）等。其中台风影响最早在5月，最迟在12月。台风影响盛期在7—9月，平均2.1个，占全年（2.7个）的77.8%，其中8月最多，平均每年0.9个。

历史人文

【历史文化】 洞头列岛早在3000多年前即有人类活动，北岙街道风门村的九亩丘遗址和大门岛的岙底等处，曾出土新石器晚期的石斧、石刀及石矛。据相关志书记载，古时洞头岛被称为“中界山”，大门岛名为“青岙山”。南北朝的刘宋时，洞头隶属永嘉郡的永嘉县。公元423年，永嘉太守谢灵运卸任后由颜延之接替，乘船巡察到过大门

岛，并在岛上筑“望海亭”以观海景。距今已有1580多年。唐代时洞头属乐成县。公元825年，温州刺史张又新到洞头、大门等地，寻望海亭遗址，触景生情，写下了两首诗。从颜延之建亭到张又新寻亭，其间378年，人去亭毁，只见灵海翠峰，积水沧浪，诗人无比感慨。《全唐诗》收有张又新的诗作17首，写洞头的占了2首。清朝也有诗人对洞头的描写。诗人王步霄的《三盘颂》，就是对洞头百岛的赞美。

【名人名诗】

望海亭

（唐）张又新

碧海泓澄匝翠峰，昔贤心愿已成空。
只今亭馆无遗迹，积水沧浪一望中。

三盘颂

（清）王步霄

沧海几度变桑田，海外桃源别有天。
云满碧山花满谷，此间少住亦神仙。

海蜇诗

（清）王步霄

美利东南甲玉川，贩夫坐贾各争先。
南商云集帆樯满，泊遍秋江海蜇船。

三盘山

（清）吕荣

见说三盘峻，沧溟一览收；
却愁行处险，聊作望中游。
雪浪云边叠，烟霞日下浮；
地遥身未历，心为坑勾留。

《渔船叹》

（清）玉环同知陆玉书

冲风冒雨趁来潮，猎食渔船拼力摇。
雾里帆樯云里棹，汗淋头面水淋腰。
直将生命争鱼虾，能耐饥寒度暮朝。
举网不空喧妇子，竟忘辛苦说逍遥。

《双昆》

（清）张振夔

群山叠嶂夹江流，潮势东来地欲浮。
人拟关梁开外市，天教砥柱奠中州。
明知沧影终如电，不信桑田已有畴。
共目恬波清似镜，萑苻时事碍行舟。

（史　志）

【海岛习俗】 温州（洞头）婚嫁习俗。洞头有史以来，婚嫁礼仪随着社会的发展，人们生活水平的不断提高而发生着变化。旧时男女婚姻由“父母之命，媒妁之言”而定，从媒人上门说亲到结婚有很多礼节，共有十四个步骤：一合婚，媒人说媒，测算男女双方的“生月”；二定亲，择定吉日，男方准备“盘担”到女方家；三送日，结婚前一个月，择取结婚佳期；四纳彩，俗称“挑盘”，一般在结婚前1~3天进行；五分汤圆，结婚前三天，新郎家挨家挨户分送汤圆；六修面，通常在结婚前一天下午5—6时，为新娘开颜修面，俗称“摘面”；七唱哭嫁歌，从新娘梳头开始，到跪拜祖宗牌位、辞别亲人、跨炉火、上花轿，一直到花轿上路一半止；八娘舅礼，外甥结婚，娘舅送大礼；九安床，迎娶前一晚，请两位属龙属虎的人到新房进行“安床”；十迎娶；十一新娘酒；十二闹洞房与冬瓜诗，冬瓜诗是客人自由发挥的诗作，孩子们向新娘要糖果，俗称“讨冬瓜”；十三“缘茶”与“拜公”，婚后第三天早晨，家人烧好“缘茶”，在厅桌摆上汤圆和糖果等，新娘新郎要祭拜祖宗，俗称“拜公”；十四“三人返”，婚后第十四天早晨，女方家请新娘、新郎赴宴，也称“请女婿”或“回门”。

上梁习俗。“上梁”是新宅落成的一个重要标志，“梁”是一根四米长的横木，用来连接房柱支撑屋顶，梁一上就意味着房子的主体工程结束了。过程虽简单，但对木匠师傅、新宅主人而言却是大事。对木匠师傅来说，中梁要计算准确，按放稳当，正所谓“上梁不正下梁歪”。对主人家人而言，上梁意味着新房已建成，家宅平安，人财两旺。因此，上梁前必须选吉日良辰，“拜梁”抛红圆，梁上“钉八卦”、挂“五谷种”。安放“中梁”时，鞭炮一响木匠师傅的锤子也随即敲响，主人在屋顶向四方抛红圆，口里念着吉祥语，这时新房四周大人和小孩开始抢红圆，场面十分热闹。上梁关系到房东一家人的命运前程，寄托老百姓安居乐业的美好愿望。

送顺风。洞头的“送顺风”习俗，过去是给新下山（第一次去捕鱼生产）的小伙子送纸蓬包，内装红枣、桂圆、荔枝等。送顺风现已扩展到工厂、商店开张，姑娘出嫁，入学，参军等领域。传说财神赵公明运送银子，把船化成纸船，纸船恰巧被一小学童发现并拴住，不能航行。神仙托梦给学校的先生，先生叫这小学童放掉纸船。给学童送点礼品，放掉了纸船，神仙驾船顺风顺水。“送顺风”习俗由此沿袭传承。给新入学的孩子送书包、文具盒、笔，给读大学、参军的人送脸盆或旅行袋，给出嫁姑娘添妆等。

海岛祝寿礼俗。为五十岁以上的老人过生日称为“做寿”，在洞头流传有二三百年历史。旧时民间过生日有“渡坎儿”说法，“坎儿”是指每个人在寿命上的关口。从五十岁起，每隔十年左右就有一个坎。在洞头，为老人做寿是家族中的一件大事。祝寿中的所有活动全都围绕着老人进行，如为其发送请帖，布置寿堂，举办寿宴，叩拜祝福等，或有请法师作敬，献三牲敬天公，请戏班唱祝寿戏餐。

出嫁的女儿们要送上祝寿礼金，挑送礼盒笼，内侄送寿礼。祝寿时，寿星老坐厅堂正位，接受亲友和晚辈的祝福和叩拜，辈分不同，拜礼有别。来宾每人都向寿星老献一份祝寿礼金，仪式完毕，开始举行寿宴，回礼给左邻右舍和来贺寿的亲朋好友。

迎头鬃。“迎头鬃”大约始于清咸丰年间，其实质是对渔业生产先进的表彰仪式。“迎头鬃”活动在每年鱼汛结束时，评出海洋捕捞作业产量最高的渔船，被评上者谓为“扛头鬃”。然后选定吉日举行“迎头鬃”仪式，届时，当地渔行主和乡绅们率领众人给“扛头鬃”渔船送去“头鬃旗”和“红包”，且端上用红布披盖着的大猪头，一路上敲锣打鼓燃放鞭炮，送到“扛头鬃”渔船老大家中。船老大会举办酒席宴请大家，席间交谈往年生产经验和新年生产打算，可以说是一次乡村小型生产经验交流会和新一年正式投入生产的员会。然后在船上祭拜海神，再把“头鬃旗”升到桅上。渔民们都把“扛头鬃”视为极高荣誉。

做祭。“做祭”是专门为去世的亲人而设的一种特别形式的民俗。最重要的一次是去世亲人的周年忌日，在其后每年祭日都要祭祀。每逢上辈人忌日，家里的儿子或孙子要祭拜，已出嫁的姐妹或姑母一家要回家参与祭拜，即使因各种原因不能亲自前来，也要由家人作代表，还要带上冥币、纸制手提袋等。中午要在自己家中逝世亲人木主牌或祖宗炉前摆上菜肴，点烛拈香祭拜，以示不忘上辈人的养育之恩与骨肉亲情，略表做晚辈的孝顺之心及怀念之情。祭祀对象一般上溯三代。在洞头民间，各家各户不论家庭经济状况如何，上辈人的“祭”是一定要做的，不做是不孝，会受到亲戚、邻居的指责。

正月初九拜天公。农历正月初九“拜天公”是海岛居民新年伊始最隆重、最神圣的祭祀活动。据说这一天是天公的诞辰，所谓“天公”，指玉皇大帝，也泛指居住在九重天上的天神。经考证始于明末清初，闽南、瓯越一带沿海移民择居洞头列岛时始。一般在初八夜十二时过后，听到公鸡第一声报晓，各家各户当家人和参拜天公的家庭成员就起床。大家穿戴整齐，洗脸净手后，打开大门，一家人十分虔诚地摆设“拜天公”的用具和供品。祭拜开始时，由当家人点亮大红蜡烛，点燃一大把香，分发给参拜的家庭各位成员，由当家人领头，一齐跪在地上，脸朝上天，参拜“天公”，祈求各自的心愿或表示对天公的感恩。拜毕，把香插在香炉内，待香烛燃烧过半，开始烧化供奉“天公”用的神币大金和金元宝。烧化完毕，开始鸣鞭炮，宣告拜天公结束。“拜天公”有两种形式，一种是各家各户单独祭拜，一种是左邻右舍或姓氏宗族共同结合进行“团祭”（天公会）。

（庄丽燕）

迎头鬃习俗

2015年洞头区发展综述

【概况】 2015年，洞头区辖街道5个（其中灵昆街道属托管）、镇1个、乡1个，社区7个，行政村93个。户籍总人口15.3069万人，人口自然增长率为4.39‰。全年实现地区生产总值61.48亿元（73.15亿元，含灵昆街道，下同），比上年增长8.6%，增速居全市第二。从分产业看，第一产业实现增加值4.36亿元（5.40亿元），增长4.7%，增速继续领跑全市；第二产业实现增加值21.65亿元（29.0亿元），增长4.3%，其中工业完成增加值13.18亿元（16.43亿元），增长10.9%；第三产业实现增加值35.47（38.76亿元），增长11.8%，增速居全市第三。是年，洞头成功入选全国首批国家生态保护与建设示范区，荣获全省旅游发展十佳县，通过省教育基本现代化区、省卫生应急工作示范区考核验收。

物质文明建设

【渔农业】 2015年，全区实施精品渔农业发展战略，发展现代渔农业，促进畜牧业升级转型。全年实现农林牧渔业总产值101877万元（119351万元），比上年增长3.8%，其中农业产值1739万元（9371万元），增长0.5%；林业产值303万元（422万元），增长1%；牧业产值1132万元（5001万元），比上年下降17.9%。农作物播种面积1237公顷（2529公顷），比上年下降7.0%，其中粮食作物播种面积757公顷（914公顷），下降2.6%；粮食作物中谷物播种面积72公顷（101公顷），番薯播种面积467公顷（469公顷），马铃薯播种面积109公顷（143公顷）。水产品总产量17.74万吨（17.90万吨），比上年增长6.0%；渔业总产值10.26亿元（10.84亿元），比上年增长8.6%。捕捞方面，各类渔船作业形势总体稳中趋好，实现捕捞产量16.10万吨（16.12万吨），捕捞产值7.41亿元（7.58亿元），分别增长5.5%、1.3%。养殖方面，岱衢族大黄鱼、紫菜、羊栖菜等优良品种苗种培育和养殖得到推广，新发展紫菜深水彩玻杆养殖和全浮式养殖2300亩。鹿西白龙屿生态海洋牧场加快建设，首批投放试养35万尾大黄鱼苗取得初步成效。全区实现养殖产量1.64万吨（1.78万吨），养殖产值2.85亿元（3.26亿元），分别增长12.1%、33.8%。

【工业】 2015年，全区规模以上工业实现产值49.45亿元（56.39亿元），比上年增长3.0%；规模以上工业增加值8.10亿元（9.53亿元），增长15.4%，工业用电量7873万千瓦时，增长2.5%，增速均居全市第一。六大行业四升二降，其中电子电器、医药工业、化学工业和建材工业产值分别增长9.1%、11.8%、11%和10.6%；机械汽配、水产品加工产值分别下降1.7%和70.6%。受国内外能源产品价格大幅下跌影响，2家能源企业亏损较大，规模以上工业企业利税总额大幅下降，26家（31家）规模以上工业企业实现利税总额1.77亿元（2.14亿元），比上年下降57.0%。

【固定资产投资】 2015年，全区完成限额以上固定资产投资92.50亿元（142.60亿元），比上年增长12.3%，考核口径增速居全市第一。其中基础设施投资完成78.32亿元（115.28亿元），增长18.2%。按经济类型分，国有单位投资76.24亿元（118.79亿元），增长11.2%，非国有单位投资16.26亿元（23.81亿元），增长18.0%，其中民间投资20.71亿元（23.78亿元），增长51.5%。。

【房地产业】 2015年，全区完成房地产开发投资3.89亿元，比上年下降23.4%，房地产开发投资占限额以上固定资产投资比重2.7%，较上年回落1.5个百分点。实施房地产项目12个，完成房屋施工面积67.3万平方米；受民间呈会风波影响，商品房现（期）房销售呈大幅下降，销售总面积5.76万平方米，比上年下降6.7%。

【国内贸易】 2015年，全年实现社会消费品零售总额22.16亿元，比上年增长10.3%；完成商品销售总额89.01亿元，比上年增长9.1%。

【对外贸易】 2015年，全区外贸进出口总额1.59亿美元，比上年下降40%，其中自营出口额4448万美元，下降30.2%。按企业类型分，外贸企业自营出口额479万美元，下降61.3%；生产企业自营出口2968万美元，增长9.6%；出口产品主要有药品、机械汽配、化工等。三资企业自营出口额998万美元，增长88.0%。

【旅游】 2015年，全年接待游客448.34万人次，比上年增长12.6%，实现旅游社会总收入20.31亿元，比上年增长12.9%。完成海霞红色创意园一期工程、仙叠岩临海栈道工程建设，正式签约浙南地区第一家3D海洋艺术馆等。

【交通运输】 2015年，全区海运企业19家，总运力规模47.27万载重吨，继续保持全市第一，拥有万吨级以上船舶9艘（其中5万吨级以上1艘）；全社会客运量1064万·人次，比上年增长0.6%，客运周转量17775万人·千米，下降3.2%；完成全社会货运量1337万吨，下降12.3%，货物周转量174.74亿吨·千米，增长11.5%；港口货物吞吐量592万吨，下降2.1%。

【通信】 2015年，全年通信行业业务收入10996万元，比上年增长5.1%。固定电话用户14093户；移动电话用户113252户，其中3G移动电话用户41657户；互联网用户104781户，其中宽带用户26556户，移动互联网用户78225户；本地电话交换机容量1304门，移动电话装机容量40万门。

【电力】 2015年，全年全社会用电量24478万千瓦时，比上年增长1.2%，其中第一产业用电量126万千瓦时，下降16.5%；第二产业用电量9861万千瓦时，下降4.0%；其中工业用电量7873万千瓦时，增长2.5%；第三产业用电量5413万千瓦时，增长3.4%；居民生活用电量9078万千瓦时，增长6.5%。

【财政税务】 2015年，全年实现财政总收入9.57亿元，比上年增长8.0%，其中公共财政预算收入5.42亿元，增长11.1%，增速居全市第二。公共财政预算支出18.79亿元，比上年增长10.7%，住房保障、国土海洋气象、城乡社区等领域支出增长较快。

【金融】 2015年末，金融机构人民币存款余额69.45亿元，比年初增长21.2%，其中住户存款余额27.24亿元，增长18.7%。金融机构人民币贷款余额57.41亿元，比年初增长3.3%，其中短期贷款30.17亿元，增长2.2%；中长期贷款余额27.14亿元，增长4.2%。

【科学技术】 2015年，全区新增国家级高新技术企业3家，省科技型企业11家，市科技（创新）型企业10家，市级专利示范企业1家，市企业技术研究开发中心1家，1家企业入选市科技创新百强企业。进入科技创业孵化园的孵化企业18家，实现年销售额5227万元，比上年增长19.7%。实施科技发展计划项目20项，科技成果鉴定52项，专利申请162项，授权125项，其中发明11项。实现新产品产值7.03亿元，新产品产值率14.2%。

政治文明建设

【区委、区政府】 2015年，区委、区政府贯彻落实中共十八大和十八届三中、四中、五中全会精神，学习贯彻习近平总书记系列讲话精神，加快同城发展，建设海上花园。开展“破两难、纠四不”专项整治和正风肃纪专项行动，推行“微服暗访、随机调研”和“无会旬”制度。实施五大产业培育提升三年行动，促进经济平稳较快发展。加快发展临港石化，中石化LNG项目核准前置条件已经具备，浙江弘博DOP项目顺利完工。建成市级电子商务创业园和电子电器科技园。完成连港蓝色海岸带提升工程，建成仙叠岩临海栈道和海霞文创园一期工程，开辟鹿西离岛慢游新线路。发展港口物流，状元岙港区开通至俄罗斯远东直达航线，海运业运力规模保持全市第一。建成温州（洞头）中心渔港后方陆域配套一期、状元岙港区围垦西隔堤等34个项目。推进交通设施建设，218省道洞头延伸段纳入省道规划，大门大桥、洞头峡大桥分别于2016年1月21日和2月2日正式通车。加大教育、文化、医疗等民生事业投入，建“1357”网络舆情处置模式，开展“同心同行·共建和谐”活动，举办纪念洞头先锋女子民兵连建连

55周年系列活动。

在全省率先实施“多规合一”改革，实现“一图管理、一表审批”；实施新一轮政府机构改革，完成市场监管、“卫计合一”等体制改革任务，组建综合执法局、工务局，设立瓯江口产业集聚区大门岛分区管委会。推进“五张清单一张网”改革，清理规范68项非行政许可审批事项，实施审批服务“4S”监督评价机制，优化行政服务环境不断。深入开展“三严三实”专题教育，建成红色印迹馆，累计建成22个村民中心、25个文化礼堂；市区联动推进农村基层作风巡查，3名村主职干部受到党纪处分；深化反腐倡廉建设，查处违纪违法案件23起，移送司法机关6人，处分党员干部22人。

【人大工作】 2015年，区人大常委会依法召开14次常委会会议、18次主任会议，听取和审议38个专项报告，作出22个决议决定、7个审议意见。洞头县第十三届人民代表大会第四次会议补选洞头县第十三届人民代表大会常务委员会委员2人，补选洞头县人民政府县长，补选洞头县人民法院院长，任免国家工作人员102人次，新任命43名人民陪审员。加强对街道人大工作的领导和指导联系。督促区政府严格执行年度计划、加强财政资金管理，加强对计划执行情况、五大产业发展、两大工业园区建设、旅游业发展、电子商务发展和花岗岩产业聚集等开展调研；监督“两美建设”、防洪排涝工作，从海岛绿化美化、“五水共治”、“四边三化”等。全年共审查区政府提交的38件规范性文件。代表建议办理满意率97.5%。对公共交通、美丽乡村、渔港码头、旅游开发及住建环卫等五方面的9件建议办理情况开展询问，并对承办这些建议的11个单位进行测评。修订完善《洞头区人民代表大会常务委员会议事规则》等规章制度。废除《票决制试行办法》，建成电子表决系统。

【政协工作】 2015年，区政协产生区级委员150人，列席委员139人，共召开常委会议8次、主席会议10次；组织调研视察 21余次，形成调研视察报告6篇。围绕工业经济转型升级、深水港开发建设、旅游经济壮大等议题踊跃发言，提出对策建议48条，提交大会发言30篇。围绕 “开展一打三整治专项执法行动，推进浙江渔场修复振兴”、美丽乡村建设、灵昆农业发展、海洋环境保护、教育现代化等课题，开展视察调研。组建3个监督小组，开展“五水共治”专项集体监督，围绕农村污水治理、“清三河”等工作，开展明察暗访。开展“五张清单一张网”改革措施落实情况专题集体民主监督，主动参与全区行风评议和“破两难、纠四不”作风效能整治等专项活动。推行委派民主监督工作制度，选派59名委员担任特邀监督员，对部门单位在服务态度、办事效率等方面进行民主监督。

【法治工作】 2015年，洞头区深化法治洞头建设，制定《中共洞头县委关于全面深化法治洞头建设的意见》，加强十大领域法治建设，推进基层法治实践。深化平安建设和法治建设，连续10年被评为省平安县，平安“四率”居全市第一。坚持以打造“海上枫桥”为目标，着力化解基层矛盾，推广基层信访联调模式，推进非正常上访综合治理，实现敏感时段“零非访”。抓好反恐维稳工作，落实反恐各项措施，强化重点人、重点物、重点部位和社会面防控。建立健全“八网合一”的基层治理网、四级联动的民情处置网，推行立体化、智能化、网格化防控，加强“闸门工程”建设，提高群众安全感满意度。打好民间金融风险处置硬仗，强化公检法联手和区乡村三级联动，合力推进指导清算、调解化解、打击非法、资产追偿等工作，开展专案化解“双百行动”，确保社会面整体稳定可控。开展“拔钉清障、打黑除恶”专项行动，综合治理“五闹”行为，维护社会秩序。联动开展安全生产事故隐患排查整治和夏季消防安全“双月”攻坚行动，切实预防重大事故发生。宗教工作实施驻教联络员制度，开展“同心同行·共建和谐”活动。实现洞头42年无责任退兵的目标。

精神文明建设

【文化宣传】 2015年，洞头区注重思想文化宣传工作，带头抓意识形态，带头管阵地、把导向，构建常委会专题研究意识形态工作机制，专题研究部署意识形态工作2次，建立责任考核机制，形成齐抓共管的良好格局。新建农村文化礼堂5家，累计建成农村文化礼堂25家，基本实现2000人以上的村农村文化礼堂全覆盖。创设“德行洞头”礼堂文化建设“七个一”载体，成功入选全市文化礼堂建设创新案例。加强学校思想政治建设，抓好中小学立德树人工作。加强对外宣传工作，制作洞头城市形象外宣片，组织开展异地洞头商会等采访报道活动。建好“洞头发布”等平台，构建“1357”网络舆情处置模式，加强依法管网治网工作。深入践行社会主义核心价值观，召开诚信建设工作推进会，研究部署“信用洞头”建设。开展第二届最美洞头人暨第三届道德模范评选，深化“最美洞头人”主题宣传活动，进一步弘扬正能量。是年，国网供电洞头公司创成洞头区首个全国文明单位，小荆村创建成为洞头区第三个全国文明村，创成省级文明单位2家，7个新申报市级文明单位通过考核，新城社区创成省文明社区，打水鞍村晋级省文明村，新申报4个市级文明村通过考核。

【文化建设】 2015年，全区文化馆1个，乡镇文化站6个；图书馆1个，总藏书24.0万册；艺术表演98场，受益群众5.61万人次；举办“温馨一课、品质生活”成人公益培训、全民读书月、“我们的节日”等文体公益活动近100场。全年送电影1116场、送书12050册、送戏145场、送展览讲座114场，受益群众10余万人次。引导社会力量参与文体管理，组织参加省市文化骨干培训20多期200多人次，开展渔民画、小品等培训56期3600余人次。拥有文化设施建筑面积2.1万平方米；拥有省文化信息资源共享基层支中心1个，省文化强镇1个，市级文化强镇1个，省级文化示范村8个，市级文化示范村（社区）22个、文化示范新社区6个，区级文化示范村29个，市级“百姓舞台”6个，社会力量参与公共文化管理试点1个。

【非物质文化遗产保护】 2015年，洞头区实施“守望行动123”工程，编制东沙妈祖宫等3处省级文保单位四有档案，完成全国第一次可移动文物普查，上报952件（套）文物数据。开展浙江省“海上丝绸之路”遗产点储备申报工作，新增海岛民居生活用具博物馆、古船木创意博物馆、大门镇文物陈列馆，展览文物近2000件。开展组织第十个文化遗产日、第六届妈祖平安节、七夕节、迎头鬃、放生节、开渔节等民俗传承活动，海蜇舞、海岛过年习俗等5个项目入选温州市第九批非遗名录，洞头区和东屏街道被评为第二批省传统节日保护基地，海洋动物故事许根才和妈祖祭典吴江申报第五批国家级传承人。

【地方史志】 2015年，《中国共产党洞头历史（1949—1978）》编撰工作完成第五稿修改稿；收集整理1979—1986年洞头县委重要文件等文献资料，并出版《中共洞头县委文件选编（1979—1986）》，约60万字；启动洞头区改革开放时期党史专题征编工作，部署编撰任务，涉有102个专题内容，60多个单位参与。编纂608千字《洞头年鉴（2015）》，由方志出版社公开出版。编撰出版洞头海岛首部村志——《东岙顶村志》《中国地名谜语》。参与建成红色印迹馆。联合县委宣传部举办“抗日战争在浙江”图片展和抗日战争胜利70周年知识竞赛活动，参加温州市纪念抗战胜利70周年征文活动，其中2篇文章被刊载。组织单位党员干部观看抗战史诗电影《百团大战》。

【图书】 2015年，图书馆馆藏图书总量167582册（含报刊合订本），新增馆藏8488册。订购报刊杂志 118 种，122册。文献借还册次统计中，借阅106976册次，还回108023册次；文献借还人数统计中，借阅人数13956人次，还回15394人次。全年接待到馆读者85718人次，开展讲座105场，展览8场。全年开展儿童阅读品牌和节日主题活动，参加4500多人次。区图书馆全年注册读者11888个，送书下乡12050册次。新增图书流通点2个。读者利用电子阅览室1151人，1499人次，累计上网时间1671小时。健全“文明使者小海豚”和“海豚爸妈”两支志愿者队伍，拥有志愿者近60人。

社会文明建设

【教育】 2015年，全区全日制学校在校学生10355人，拥有学校17所，其中中等职业教育学校2所，普通中学学校7所，小学学校8所。专任教师879人，其中中等职业教育学校教师69人，普通中学教师380人，小学教师430人。全年各类学校招生2511人，毕业生2407人。学前教育继续升等创优，共有幼儿园18所，省等级幼儿园17所，其中，省一级幼儿园1所、省二级幼儿园3所、省三级幼儿园13所，等级幼儿园招生覆盖率99%，3~5周岁儿童学前入园率97.3%，学前教师持证率90.1%、大专以上学历率92%。加速推进义务教育高位均衡，小学、初中生均公用经费分别提高到885元和1185元。小学、初中均衡系数分别达0.33和0.24，小学、初中入学率、巩固率均保持在100%、三类残疾儿童在义务教育阶段入学率为100%。

【医疗卫生】 2015年，区人民医院住院综合楼和区体检中心相继建成并投入使用；市区乡村四级实现电子病历和诊疗信息互联共享，医疗服务能力进一步增强。年末拥有医疗卫生机构72家，其中医院2家，社区服务中心6家，个体诊所20家；卫生技术人员562人，其中医生271人，执业医师172人，平均每万人拥有医生30.9人；病床221张，每万人拥有病床数25.2张；医院年诊疗31.53万人次，比上年增长18.2%。强化妇幼保健，连续9年实现孕产妇“零死亡”，产妇住院分娩比例100%。5岁以下儿童死亡率3.03‰，婴儿死亡率3.03‰。全年报告法定传染病675例，总发病率523.26/10万。

【劳动就业】 2015年，全年城镇新增就业1358人，下岗失业人员实现再就业396人。年末城镇登记失业人员404人，城镇登记失业率2.16%。举办大型专场招聘会4场，赴外招聘1场，提供就业岗位1432个，达成就业意向950人，开发公益性岗位51个，安置就业困难人员上岗50人。全年劳动合同签订率97.5%。

【社会保障】 2015年，全区城乡居民基本养老保险参保人数32875人，比上年增加1049人；城镇职工基本医疗保险参保人数15023人，比上年增加98人；失业保险人数7068人，比上年增加308人；工伤保险参保人数22042人，比上年增加317人；生育保险参保人数10459人，比上年增加594人；城乡居民合作医疗参保人数103300人，比上年减少1632人，城乡居民农村社会养老保险参保人数42406人，比上年减少647人；城乡居民参加新型农村合作医疗比率为100%。城镇低保补助标准每人每月由705元调整为765元，农村由515元调整为575元。年末城镇最低生活保障人数40人，全年发放保障资金24.32万元；农村最低生活保障人数1710人，发放保障资金769万元。拥有中心敬老院3个，民办养老机构9个，居家养老服务照料中心48个，养老机构床位数976张。

【人民生活】 2015年，全年城镇常住居民人均可支配收入34674元，比上年增长9.3%，增速居全市第二。农村常住居民人均可支配收入18365元，比上年增长10.5%，增速居全市第一。农村常住居民人均可支配收入增速明显高于城镇常住居民，城乡收入比由上年的1.91缩小为1.89。全年城镇居民人均消费支出20194元，农村居民人均消费支出14127元。

生态文明建设

【优化生态环境】 2015年，洞头区坚持把生态环境作为立区之本，打好环境治理组合拳，努力建设美丽洞头。大力推进“三改一拆”工作，全部完成无违建街道（乡镇）和村（居）、河道创建，作为全市唯一无违建创建单位上报省级验收。累计拆除违法建筑12.5万平方米，完成年度任务的249%，拆后土地利用率71%以上。抓好“五水共治”工作，实施美丽海岛水乡建设，以“海上桃源·渔耕水乡”为主题，建设治水六大工程，三年累计完成治水投资22.8亿元，提前完成三年18亿元的投资目标。实施“水岸同治”三年行动计划，推进34个村的治污和67个村的改厕工作，农村治污提前一年实现全覆盖，全年新增受益农户6700户。获首批国家级生态保护与建设示范区称号，空气质量和生态质量公众满意度均居全省前列。加强海洋生态修复，常态开展增殖放流和海洋放生活动。推进“一打三整治”，取缔“三无”渔船460艘，提前一年完成省市下达的任务。推进美丽乡村建设，实施整村推进工程，新增精品村7个和精品民宿73家。

【国家生态文明示范区创建】2015年，全区以国家生态文明示范区创建为抓手，生态创建再跨新台阶。现有国家级生态街道（乡镇）5个、省级生态街道1个，市级生态村71个，生态村覆盖率88.1%；国家级绿色学校1家，省级绿色学校6家，市级绿色学校8家；省级绿色社区1个，市级绿色社区3个，县级绿色社区2个；国家级绿色家庭1个，省级绿色家庭13个，市级绿色家庭5个。

【生态保护】 2015年，改造提升城南污水处理厂，出水标准从一级B标准提升到一级A标准排放。建成南塘片区、旧城区、杨文三期和环东沙等污水管网工程项目，城镇污水管网基本覆盖，全区城镇污水处理率92.85%。持续开展挥发性有机物、燃煤锅炉、餐饮油烟、机动车排气等大气复合污染防治工作，全年空气质量优良率95.7%，年均PM2.5指数30.1微克每立方米，空气质量级别处于二级良。

（史　志）

责任编辑　曾焕定

洞头区主要机构及负责人名录

■中共温州市洞头区第十届委员会

书　记　董智武
副书记　王蛟虎（2015.2任）
　　　　林　琼(女，2015.5免)
　　　　王文胜（2015.8任）
常　委　张志宏　钱敏云（女）
　　　　张　雨（2015.5免）
　　　　王小甫
　　　　汪慧平（2015.5任）
　　　　张贤孟
　　　　林新磊（2015.7任）
　　　　李　建　严卫星（挂职）

■温州市洞头区第十三届人民代表大会常务委员会

主　任　叶永辉
副主任　褚建华　林海珊(女)
　　　　叶明理　张孚标
党组书记　叶永辉
党组副书记　褚建华

■温州市洞头区人民政府

区　长　董智武（兼，2015.2免）
　　　　王蛟虎（2015.3任）
常务副区长　张志宏（2015.1任）
副区长　严卫星（挂职）
　　　　林新磊（2015.8免）
　　　　叶海峰　叶锦丽（女）
　　　　吴志安　徐　彬（挂职）
　　　　刘素婷（女，2015.1任）
党组书记　董智武（2015.2免）
　　　　　王蛟虎（2015.2任）
党组副书记　张志宏

■政协第七届温州市洞头区委员会

主　席　叶国胜
副主席　吴金弟　杨艾立(女)
　　　　张释忠　叶明久
秘书长　郭顺清（2015.3免）
　　　　洪文才（2015.3任）
党组书记　叶国胜
党组副书记　吴金弟

■中共温州市洞头区纪律检查委员会（监察局）

书　记　张　雨（2015.5免）
　　　　汪慧平（2015.5任）
副书记　吕子山　纪玉华（女）
常　委　叶先锋
　　　　彭增炜（2015.12免）
区监察局局长　吕子山
副局长　叶先锋

按照洞委办发〔2015〕77号文件精神，12月设置区纪委派驻（出）机构

派驻第一纪检组（驻区委办纪检组）组长　颜厥苗（2015.12任）
副组长　郑元军（2015.12任）
派驻第二纪检组（驻区府办纪检组）组长　柯友疆（2015.12任）
副组长　黄途强（2015.12任）
派驻第三纪检组（驻区委组织部纪检组）组长　张道乐（2015.12任）
副组长　黄海碧（2015.12任）
派驻第四纪检组（驻区委宣传部纪检组）组长　蔡后亮（2015.12任）
副组长　张剑辉（2015.12任）
派驻第五纪检组（驻区委统战部纪检组）组长　陈后银（2015.12任）
副组长　叶建水（2015.12任）
派驻第六纪检组（驻区司法局纪检

组）组长　宋　浩（2015.12任）
派驻第七纪检组（驻区财政局纪检组）组长　张海文（2015.12任）
派驻第八纪检组（驻区市场监管局纪检组）组长　苏盛（2015.12任）
驻区人民法院纪检组组长
叶美征（2015.12任）
驻区人民检察院纪检组组长
叶明鹏（2015.12任）
驻公安洞头分局纪检组组长
陈后群（2015.12任）
区直机关纪工委书记
金献平（2015.12任）
驻区审管办（公共资源办）纪检组组长　张孚庆
驻区城市开发建设指挥部纪检组组长
张剑辉（2015.12免）

■ 区委工作部门

区委办公室(政研室、考核办)
主　任　梁祥赞（2015.3免）
陈永胜（2015.3任）
副主任　方荣巩（2015.3免）
童景景（2015.3免）
童王平
陈宣陆（2015.3任）
曹其忠(兼，2015.11免)
邱亚顿（2015.6任）
政研室主任　童景景（2015.3免）
陈永胜（2015.3任）
副主任　陈坤杯（2015.6任）
室务会议成员　邱亚顿　朱岳奇
许生然(2015.12免)
颜厥苗(2015.12任)
考核办（区委区政府督查室）主任
方荣巩（2015.3免）
童景景（2015.3任）
副主任　朱岳奇
保密局局长　陈宣陆（2015.3任）
机要局局长　许生然
派驻第一纪检组组长
颜厥苗（2015.12任）

区委组织部（区委“两新”工委）
部　长　钱敏云(女)
常务副部长　蔡国华
副部长　陈后安
南建东（2015.4免）
周方前（2015.4—2015.11）
陈昆明（兼，2015.6免）
陈荣荣（女，兼）
曾海端(兼)
谢月英(女，兼，2015.2免)
林　敏（女，兼，2015.2任）
部务成员　石耀光（2015.6免）
陈景克（兼，2015.6任）
张道乐（2015.12任）
“两新”工委书记　陈后安
副书记　南建东（2015.4免）
周方前(2015.2—2015.11)
派驻第三纪检组组长
张道乐（2015.12任）

区委宣传部（外宣办）
部　长　张贤孟
常务副部长　张海珍(女)
副部长　陈志华（2015.4免）
洪　震（2015.4任）
张立志（兼，2015.4免）
刘东升（兼，2015.6任）
部务成员　陈志华（2015.4任）
林振权　陈坤沈
庄海东（2015.2任）
蔡后亮（2015.12任）
外宣办(政府新闻办、网信办、新闻中心)主任　陈坤沈
派驻第四纪检组组长
蔡后亮（2015.12任）

区委统战部[民宗局、外侨办（侨联）]
部　长　张释忠（2015.8免）
林新磊（2015.8任）
常务副部长　洪文才（2015.2免）
张海山（2015.2任）
副部长　郑建林（2015.2免）
唐建业（2015.2任）
许生然（2015.12任）
部务成员　唐建业　郑建林
蔡旭华
彭德金（2015.12任）
陈后银（2015.12任）
民宗局局长　洪文才（2015.2免）
张海山（2015.2任）
副局长　唐建业（2015.12免）
彭德金（2015.12任）
外侨办主任　郑建林（2015.2免）
张海山（2015.2任）
副主任　蔡旭华
侨联主席　郑建林（2015.2免）
张海山（2015.2任）
副主席　蔡旭华
派驻第五纪检组组长
陈后银（2015.12任）
副组长　叶建水（2015.12任）

区委政法委员会（维稳办、综治办）
书　记　林　琼（女，2015.6免）
王文胜（2015.11任）
副书记　王小甫
张志宏（2015.1任）
黄根忠

詹景伟（2015.11免）
颜厥苗（2015.06—2015.12）
维稳办主任　黄根忠
副主任　王仁建（2015.11免）
王昌海（2015.11任）
综治办主任　颜厥苗（2015.12免）
610办公室主任　詹景伟（2015.11免）
王仁建（2015.11任）
副主任　叶明铁

区委台湾工作办公室（区政府台湾事务办公室）

主　任　潘国波

区机构编制委员会办公室

主　任　陈昆明（2015.6免）
陈景克（2015.6任）
副主任　张志强（2015.4任）
周志勇

区直属机关工作委员会

书　记　曾海端
副书记　曾健康
金献平（2015.12任）
纪工委书记　曾健康（2015.12免）
金献平（2015.12任）

区信访局

局长、党组书记　曹其忠（2015.11免）
褚志攀（2015.11任）
副局长　林焕勇
李明营（2015.11任）
纪检组组长　彭德金（2015.12免）

区委老干部局

局　长　谢月英（女，2015.2免）
林　敏（女，2015.2任）

区委史志办公室

主　任　卓桂荣（2015.4任）
副主任　洪震（主持工作，2015.4免）
南建东(兼，2015.4免)
曾焕定（2015.6任）

区精神文明建设指导委员会办公室

主　任　张立志（2015.4免）
刘东升（2015.6任）
副主任　林振权

区渔农村工作办公室（农林水利局）

主任(局长)、党组书记　叶国进
副主任(副局长)　陈声为（2015.12免）
庄明贵　张孚专
倪建峰(2015.12免)
总工程师　林忠荣
纪检组组长　颜厥果
畜牧办主任　朱志德

区档案局(档案馆)

局　长、党组书记　唐建松
副局长　陈小芳(女)
郑元良（2015.3任）

区关心下一代工作委员会办公室

主　任　谢月英（女，兼，2015.2免）
林　敏（女，2015.2任）
副主任　陈秋菊（女）

■区人大常委会工作部门

办公室主任　邱国平（2015.12免）
詹景伟（2015.12任）
副主任　王　锡（2015.4免）
许　环(女)
法制工作委员会主任　倪日新
副主任　柯受营

财政经济工作委员会主任
王　锡(2015.2—2015.12)
侯合海(2015.12任)
教科文卫体工作委员会主任
王祖锦（2015.7免）
柯受华（2015.7任）
代表工作委员会主任
何增祥（2015.12免）
陈胜宝（2015.12任）
城建环保工作委员会主任
颜　杰（2015.3免）
方君旺（2015.3任）
农业和资源保护工作委员会主任
郭杭峰
预算工作委员会主任
王　锡（2015.12任）

■政协洞头区委员会工作部门

办公室主任　陈后春（2015.3免）
洪文才（2015.3任）
副主任　张忠强（2015.12免）
林秀莲（女，2015.12任）
提案委员会主任　柯友疆
经济建设委员会主任　陈信敏
人口资源环境委员会主任
曾华铭(2015.3免)
林建斌(2015.3任)
科教文卫体和文史委员会主任
颜厥明
社会法制和港澳台侨委员会主任
陈赛玉(女，2015.3免)
陈仁毅（2015.3任）
委员工作委员会主任
张和平（2015.12免）
张忠强（2015.12任）

■区人民法院

院　长　李德通（2015.3任）
副院长　吴兴国　黄明华
执行局局长　叶定光
政治处主任　应建国
审委会专职委员　池进峰　吴志法
大门法庭庭长　朱 江
党组书记　李德通
党组副书记　吴兴国
派驻纪检组组长　叶美征

■区人民检察院

检察长　金 依(女)
副检察长　陈志前　朱建忠
反贪污贿赂局局长
刘荣胜（2015.6免）
检委会专职委员　刘荣胜（2015.6任）
反渎职侵权局局长　陈阳熹
政治处主任　刘友山
检委会专职委员　林　涛
大门检察室主任　郭　杰
党组书记　金　依（女）
党组副书记　陈志前
派驻纪检组组长　叶明鹏

■区政府工作部门

区政府办公室（法制办）
主 任、党组书记　邱瑞琳
党组副书记　洪宁群（2015.4任）
副主任　周方前（2015.4免）
吕建伟（2015.12免）
洪宁群　郑祥飞
郑灵巧（2015.2—2015.4）
陈旭阳（2015.7任）
高海龙
郑雪园（女，2015.4任）
柯位宪(兼)
南海滨(兼，2015.12任)
法制办主任　周方前（2015.4免）
邱瑞琳（2015.4任）
副主任　郑雪园(女，2015.4免）
柯繁荣（2015.12任）
人防办主任　洪宁群（2015.4免）
纪检组组长　陈宣陆（2015.3免）
柯繁荣（2015.4—2015.12）
派驻第二纪检组组长
柯友疆（2015.12任）

区发展和改革局（统计局、粮食局）

局长、党组书记　陈永胜（2015.4免）
侯合海（2015.4—2015.12）
黄建敏（2015.12任）
副局长、党组副书记
林建斌（2015.2免）
许生星（2015.2任）
副局长　施晓微（女）
苏剑群（2015.7免）
林声俊（2015.7任）
李光林（2015.11任）
总统计师　李丽琼（女）
重点办主任　林建斌（2015.2免）
许生星（2015.2任）
副主任　林声俊（2015.7免）
周建顺
纪检组组长　金献平（2015.12免）

区经济商务和信息化局

局长、党委书记
许战胜（2015.12免）
吕建伟（2015.12任）
副局长、党委副书记
蔡后亮（2015.12免）
副局长　董希勇（2015.12免）
陈青翩
纪委书记　苏　盛（2015.12免）

区教育局

局长、党委书记　郑元阳
副局长　郭建忠　季晓瀚(女)
林德荣（2015.12免）
陈声为(2015.12任)
纪委书记　郑元军（2015.12免）
督导室副主任
林德荣（2015.12免）
陈声为（2015.12任）
洞一中校长　杨朝生

区科技局

局长、党组书记
王荣平（2015.12免）
曹其忠（2015.12任）
副局长　戴华娒（兼，2015.7免）
曾国军
纪检组组长　江卫兵

温州市公安局洞头区分局

局长、党委书记　王小甫
政委、党委副书记　毛坚钢
常务副局长、党委副书记　张剑亮
副局长　陈继海（2015.7免）
季晓春
刘　吉（2015.12任）
副政委　刘　吉（2015.12免）
庄志剑（2015.12任）
纪委书记　陈后群（2015.12免）
驻纪检组组长　陈后群（2015.12任）
政治处主任　庄志剑（2015.12免）
张志勤（2015.12任）
交警大队长　张志勤（2015.12免）
林英杰（2015.12任）
县交警大队政治教导员　杨倪祥

县交警大队副大队长　　毛立强
刑侦大队长　陈海轮
治安大队长　林英杰（2015.12免）
　　　　　　吕辉敦（2015.12任）
北岙所所长
　　吕辉敦（2015.4—2015.12）

区民政局

局长、党组书记　甘寒冬
副局长、党组副书记　陈宗永
副局长　张海环
纪检组组长　陈亚环（女）
社工办副主任　彭胜强（2015.6任）

区司法局

局长、党组书记　张于斌
副局长　方跃周
纪检组组长　黄海碧（2015.12免）
派驻第六纪检组组长
　　宋　浩（2015.12任）

区财政局(国资办、地税局)

局长、党组书记
　　李　毅（2015.3免）
　　吕东辉（2015.3任）
副局长、党组副书记　陈后平
副局长　颜跃平　曾国雄
　　　　南海滨（2015.12免）
　　　　董希勇（2015.12任）
国资办副主任、总会计师　汪秀琪
派驻第七纪检组组长　张海文
稽查局局长　洪　磊
财政监督局局长　彭晓东
预算局局长　朱红波（2015.7任）
预算执行局局长
　　　　邱蔡芬芬（女，2017.7任）

区人力资源和社会保障局

局长、党组书记　陈荣荣（女）
副局长、党组副书记
　　张道乐（2015.12免）
副局长　张海勇　叶元暖
　　　　林德荣（2015.12任）
纪检组组长　王祖妙
社保中心主任　张海勇

区国土资源局

局长、党委书记
　　郑德思（2015.7免）
　　徐战洪（2015.7任）
副局长　刘　君　董　良
纪委书记　唐海滨
土地储备中心主任
　　唐海斌（2015.4免）
　　柯受志（2015.4任）
国土资源监察大队长　郭建新

区住房和城乡规划建设局

局长、党组书记
　　侯合海（2015.3免）
　　庄峥嵘（2015.3任）
副局长、党组副书记　林海轮
副局长　许曹权　庄瑞兴
　　　　黄进兴
总工程师　朱忠义
纪检组组长　黄海卫
城管大队长　陈建海（2015.4免）

区交通运输局

局长、党组书记
　　黄建敏（2015.11免）
　　林文军（2015.11任）
副局长　黄天南(2015.2免)
　　　　邱东平(2015.2免)
　　　　林生宝
　　　　陈赛玉(女，2015.2任）
总工程师　谢 铭
纪检组组长　黄天南(2015.2任)
港航管理局局长　柯立军
公路管理局局长　林宣志
道路运输管理局局长　林加群

区海洋与渔业局

局长、党委书记
　　陈胜宝（2015.11免）
　　张方任（2015.11任）
副局长　张孚洪　虞建锋
　　　　李昌达（2015.7免）
　　　　林永志（2015.7任）
纪委书记　陈国伟

区文化广电新闻出版局（体育局）

局长、党组书记　甘海选(女)
副局长、党组副书记　苏宇咏
副局长　叶　成（2015.7免）
　　　　张奇峰（2015.4任）
　　　　陈晓莉（女，2015.7任）
纪检组组长　黄途强（2015.12免）

区卫生和人口计划生育局（3月份更名）

局长、党委书记　许生坚
副局长、党委副书记
　　卓桂荣（2015.4免）
副局长　梁友谊
　　　　苏友山（2015.7免）
　　　　郭坤碟（2015.7任）
　　　　叶　成（2015.7任）
纪委书记　许小萍（女）
人民医院院长　陈海友

区审计局

局长、党组书记

陈青委（2015.4免）

许战胜（2015.12任）

副局长　朱顺义

总审计师　洪剑胜

纪检组组长　金海娇（女）

区环境保护局

局　长、党组书记

陈景克（2015.6免）

方均坦（2015.6任）

党组副书记、纪检组组长

陈后银（2015.12免）

副局长　金均民（2015.2免）

林加锋

邱东平（2015.2任）

区安全生产监督管理局

局　长、党组书记

郑灵巧（2015.2免）

邱蔡佩雄（2015.2—2015.7）

陈继海（2015.7任）

副局长　徐国建

纪检组组长　江　济

区市场监督管理局

局长、党组书记

叶昌隆（2015.2免）

陈青委（2015.4任）

楼红耀（原质监局长，2015.4免）

副局长、党组副书记　郭程亮

副局长　曾华海　张向阳

郑晓华　杨空军

纪检组组长　宋　浩（2015.12免）

派驻第八纪检组组长

苏　盛（2015.12任）

区综合执法局（6月机构成立）

局长、党组书记

郑灵巧（2015.4任）

副局长　陈礼遵（2015.7任）

陈建海（2015.4任）

区风景与旅游发展委员会

主任、党委书记　郭金平

副主任、党委副书记

赵秀娟（女，2015.12免）

副主任、总工程师

郑元良（2015.3免）

副主任　林永志（2015.7免）

金均民（2015.2任）

陈孔湖（2015.12任）

总工程师　邱　珮（2015.6任）

纪委书记　邓伦斌

区广播电视台

台长、党组书记　郑铲非

副台长　陈后品　施国强

纪检组组长　王建财

总编辑　郑巨峰

区机关事务管理局

局长、党组书记

方海荣（2015.4免）

南建东（2015.4任）

副局长　朱海斌　杨正辉

纪检组组长　彭亚山（2015.11免）

区行政审批管理办公室（公共资源办）

主　任、党组书记

金威华（2015.2免）

张立志（2015.4任）

副主任　叶海燕(女)

方秀菊（女，2015.11任）

公共资源交易中心主任

李光林(2015.11免)

吕　靖(2015.12任)

派驻纪检组组长　张孚庆

区供销合作社

主任、党组书记

陈仁毅（2015.2免）

陈坤能（2015.12任）

副主任、党组副书记

陈坤能（2015.6任）

副主任　童庆栓

艾国旗（女）

区工务局（6月由县城市开发建设指挥部更名）

指挥、党组书记　柯位宪

副指挥　方跃罴　陈色伍　林海志

派驻纪检组组长　张剑辉（2015.12免）

区金融工作办公室

主　任　吕建伟（2015.11免）

南海滨（2015.12任）

瓯江口产业集聚区大门岛分区（大门海洋经济示范区）管委会

党委书记　吕东辉（2015.6免）

李　毅（2015.6任）

副书记　邱蔡佩雄（2015.2免）

刘文耀（2014.1免）

方均坦（2015.6任）

金威华（2015.2任）

管委会主任

邱蔡佩雄（2015.2免）

金威华（2015.2—2015.6）

李　毅（2015.6任）

副主任　金威华（2015.6任）

王俊伟
郑元永（2015.6免）
郭海辉（2015.2免）
朱显妙
办公室主任　王荣财
产业发展局局长　郭练武
审批服务局局长　王志敏
政策协调局局长　陈献明

4月，依据温委办发〔2015〕58号文件精神，成立瓯江口产业集聚区大门岛分区管理委员会（对应洞头县大门海洋经济示范区管理委员会）。12月，依据市委、区委相关文件精神，建立中共温州瓯江口产业集聚区洞头大门岛分区（洞头区大门海洋经济示范区）管委会委员会，撤销中共温州市洞头区大门海洋经济示范区委员会

管委会主任（副县长级）
李　毅（2015.10任）
副主任
金威华（2015.6任）
朱显妙（2015.12任）
郭练武（2015.12任）
总工程师　胡　麟（2015.12任）
党委书记　李　毅（2015.12任）
党委副书记　金威华（2015.12任）
纪委书记　王振宇（2015.12任）

瓯飞办公室

主　任　庄峥嵘（2015.3免）
颜厥炎（2015.7任）
常务副主任　刘东升（2015.7免）
副主任　林忠星（兼，2015.7免）
陈旭阳（2015.7免）
张　光（2015.12任）
沈莎丽（女，2015.7任）
总工程师　陈孔湖（2015.11免）

■垂直机构

区国家税务局

局长、党组书记
徐郑克（2014.4任）
副局长　黄日民　王国栋
丁赛特（挂职，2015.4免）
林志祥
纪检组组长　黄建生（2014.5任）

温州市住房公积金管理中心洞头分中心

主　任　柯位和
副主任　林进国

区海事处

处　长　温从宝
副处长　吴海峰　陶伟强　宋秀洋

区海洋与渔业环境监测站（海洋预报台）

站　长　姚炜民（2015.2免）
副站长
任　钢（主持工作，2015.2任）

区盐务管理局

局　长　苏明杭（2015.3免）
徐宝存（2015.3任）

国网浙江省电力公司洞头区供电公司

总经理、党委副书记　陈培毅
副总经理、党委书记
潘淑娟(女，2015.9免)
孙一心（2015.9任）
副总经理　林加阳
蔡电宝（2015.8免）
林世溪（2015.8任）
周启东

区气象局

副局长　章立浩(主持工作)
钟万强

区烟草专卖局

局长（经理）、党组书记　周　海
副局长、纪检组组长
林炳群（2015.7免）
曹醒初（2015.7任）
副经理　钟景杰（2015.5免）
林炳群（2015.7任）

中国电信洞头分公司

总经理、党委书记
卢杰慧（2015.2任）
副总经理、党委副书记
卢杰慧(主持工作，2015.2免)
副总经理、纪委书记　王南雷
副总经理　滕剑闯（2015.2任）

区邮政局

局　长　王小夏（2015.1免）
副局长
陈素娟(女，主持工作，2015.1任）

中国邮政集团公司温州市洞头区分公司（5月机构名称变更）

副总经理
陈素娟（女，主持工作，2015.5任）

中国移动洞头分公司

总经理　金小海

中国联通洞头区分公司

总经理　叶海晖

洞头华数公司

董事长、总经理

郑铲非（兼，2015.4免）

倪　颖（2015.4任）

副总经理　倪　颖（2015.4免）

中国人民银行洞头区支行

行长、党组书记　夏剑武

副行长　黄招勇　王建斌

纪检组组长　王剑斌

中国农业银行洞头支行

行　长　吴海和

副行长　郭邵滨（2015.2任）

纪委书记　高建伟（2015.6任）

中国建设银行洞头支行

行　长　李焕章

副行长　陈　磊（2015.10免）

郑胜雄（2015.10任）

中国工商银行洞头支行

副行长　伍小健（主持工作）

中国银行股份有限公司洞头区支行

单位书记　钱　峰

副行长　林　林　林保能

区农村信用合作联社

理事长　陈剑林

主　任　曾华越

副主任　朱建松

监事长　施世来

中国邮政储蓄银行洞头支行

副行长

谢宇红(女，主持工作，2015.12任)

洞头富民村镇银行

董事长　胡旭虹（2013.12任)

行　长　王加耀（2015.9任）

副行长　柯受国（2015.9任）

温州银行洞头支行（10月份机构设立）

行　长　王　洁（2015.10任）

副行长　池进水（2015.10任）

中国人民财产保险股份有限公司洞头支公司

经　理　朱建东（2015.1任）

副经理　朱建东（2015.1免）

张丽彬(女)

中国人寿保险股份有限公司洞头支公司

总经理　陈再辽（2015.11免）

胡晋军（2015.11任）

中国人寿财产保险有限公司洞头支公司

经　理　吕丽贞（女，2013.3任）

中国太平洋财产保险公司洞头支公司

总经理　林海燕（女）

■军事机构

区人民武装部

部　长、党委副书记　李　建

政　委、党委书记　李授雄

副部长　俞　俊

区公安边防大队

大队长　丁伟勇

政治委员　陈孝和（2015.3免）

王进军（2015.3任）

温州市公安消防局洞头区分局

局　长　汪　克（2015.6免）

政　委　黄胜武（2015.5免）

钟伟平（2015.6免）

武警洞头区中队

中队长　方林晓（2015.1免）

雷新年（2015.1任）

政治指导员　雷新年（2015.1免）

方林晓（2015.1任）

■社会团体　工商联

区总工会

主席、党组书记　蔡柔雄

副主席　林郁峰（女）

共青团洞头区委员会

书记、党组书记

王伽伽（女，2015.6免)

何掌霞（女，2015.7任）

副书记　沈加亮（2015.12免）

区妇女联合会

主　席、党组书记

徐玲玲（女，2015.12免）

赵秀娟（女，2015.12任）

副主席　林秀莲（女，2015.12免）

区科学技术协会

主　席　戴华姆

区文学艺术界联合会

主　席　陈志华（2015.12任）

副主席　张志强（2015.12免）

区残疾人联合会

副主席、理事长

陈余平（2015.4免）
吴兹敏（2015.4任）

区工业商业联合会（总商会）

第一副主席、党组书记
洪文才（2015.2免）
郑建林（2015.2任）
副主席(副会长)
叶建水（2015.2免）

区红十字会

常务副会长　陈后春（2015.2任）

区社会科学联合会（12月成立）

主　席　陈坤沈（2015.12任）

■街道（乡镇）

北岙街道

党工委书记　刘素婷(女，2015.3免)
梁祥赞（2015.3任）
副书记　赵海山（2015.11免）
周方前（2015.11任）
褚志攀（2015.6免）
张瑞静（女）
彭增炜（2015.12任）
卢晓伟（挂职，2015.7任）
委　员　叶星杰
陈礼遵（2015.7免）
苏友山（2015.7任）
李孚权
郭海祝（2015.12免）
何掌霞（女，2015.6免）
许晓斐（女，2015.6任）
王海峰（2015.4任）
吕辉敦（2015.3免）
郑　群
纪工委书记　叶星杰
人大工委主任　倪建锋（2015.12任）
副主任　黄庆富（2015.4免）
潘国辉
办事处主任　赵海山（2015.12免）
周方前（2015.12任）
常务副主任　陈礼遵（2015.7免）
苏友山（2015.7任）
副主任　李孚权
柯繁荣（2015.4免）
郭海祝（2015.12任）
林赞峰　颜贤权
人武部部长　王海峰（2015.4任）

灵昆街道

2015年7月23日，国务院批复同意洞头撤县建区，温州市龙湾区灵昆街道划归洞头区管辖。8月10日，省政府下发《关于调整温州市部分行政区划的通知》（浙政发〔2015〕24号）文件

党工委书记　韩包强
副书记　陈精益
倪瑞瑜（2015.5任）
陈婵娟（女，2015.5免）
刘君可（2015.5免）
委　员　陈婵娟（女，2015.5免）
刘君可（2015.5免）
刘加章（2015.5免）
黄祥崇　张爱淑（女）
周国伟（2015.6任）
曹朝晖
翁彩敏（2015.6任）
王光强（2015.5任）
戈庆宝
纪工委书记　张爱淑（女）
人大工委主任
刘君可（2015.5任）
余新定（2015.5免）
副主任　黄建海
办事处主任　陈精益（2015.5任）
陈婵娟（女，2015.5免）
常务副主任　黄祥崇（2015.5任）
副主任　倪瑞瑜（2015.5免）
刘加章（2015.5免）
周国伟　翁彩敏　陈　辉
陈运林（2015.5任）
人武部部长　曹朝晖

大门镇

党委书记　吕东辉（2015.3免）
李　毅（2015.3任）
副书记　邱蔡佩雄（2015.2免）
金威华（2015.2任）
郭海辉（2015.2免）
杨小军
陈春飞（2015.11任）
委　员　郑建伟（2015.6免）
朱文杰　王邦敏
王昌海(2015.2免)
王振宇(2015.2任)
苏友曦　郭剑锋
陈丽芬(女，2015.11任)
纪委书记　王振宇（2015.2任）
人大主席　朱小才
副主席　陈献明
镇　长　邱蔡佩雄（2015.2免）
金威华（2015.2任）
常务副镇长　郑建伟
副镇长　朱文杰
王振宇（2015.2免）
方秀菊(女)
人武部部长　王邦敏

东屏街道

党工委书记　张方任（2015.11免）
　　　　　　郭显玉（2015.11任）
副书记　郭显玉
　　　　林　敏（女，2015.2免）
　　　　周必东（2015.2任）
委　员　陈声伟（2015.6任）
　　　　高浩程（2015.2任）
　　　　彭胜强（2015.7免）
　　　　林维敏　蔡志文
　　　　林阿华（2015.6任）
　　　　郭坤碟（2015.6免）
　　　　柯朝旭（2015.11任）
　　　　邱　珮（2015.7免）
纪工委书记　周必东（2015.2免）
　　　　　　高浩程（2015.2任）
人大工委主任
　　张方任（2015.12免）
　　郭显玉（2015.12任）
副主任　陈强胜　郭守君
办事处主任　郭显玉
常务副主任　郭坤碟（2015.7免）
　　　　　　陈声伟（2015.7任）
副主任　蔡志文　叶礼健
　　　　杨祝琦（2015.7任）
人武部部长　邱　珮（2015.7免）

元觉街道

党工委书记　林文军（2015.11免）
　　　　　　赵海山（2015.11任）
副书记　朱志飞（女，2015.6免）
　　　　苏剑群（2015.6任）
　　　　颜厥炎（2015.6免）
　　　　石耀光（2015.6任）
委　员　李军民　陈志锋　林慷慨
　　　　徐克金　陈　义
　　　　詹育代（2015.11任）
纪工委书记　林慷慨（2015.2任）
人大工委主任
　　林文军（2015.12免）
　　赵海山（2015.12任）
副主任　方跃平
办事处主任　朱志飞（女，2015.6免）
　　　　　　苏剑群（2015.6任）
常务副主任　李军民
副主任　陈志锋　苏　娅（女）
人武部部长　陈　义

霓屿街道

党工委书记　庄峥嵘（2015.3免）
　　　　　　方荣巩（2015.3任）
副书记　张海山（2015.2免）
　　　　郭海辉（2015.2任）
　　　　刘东升（兼，2015.6免）
　　　　吴兹敏（2015.4免）
　　　　苏宇曲（2015.6任）
　　　　吴琼瑜（挂职，2015.3任）
委　员　苏宇曲
　　　　陈声伟（2015.6免）
　　　　林忠星
　　　　陈旭阳（2015.2免）
　　　　彭世伟
　　　　王海峰（2015.4免）
　　　　张　杰（2015.2免）
　　　　陈兵宽（2015.6任）
　　　　林　凌（2015.6任）
纪工委书记　吴兹敏（2015.2免）
　　　　　　彭世伟（2015.2任）
人大工委主任
　　庄峥嵘（2015.3免）
　　方荣巩（2015.3任）
副主任　陈立曼
办事处主任　张海山（2015.2免）
　　　　　　郭海辉（2015.2任）
常务副主任　苏宇曲（2015.7免）
　　　　　　林忠星（2015.7任）
副主任　许晓斐（女，2015.7免）
　　　　陈兵宽（2015.7免）
　　　　林忠星（2015.7免）
　　　　郭志涛（2015.7任）
　　　　叶艳芳（女，2015.12任）
人武部部长　王海峰（2015.4免）
　　　　　　林　凌（2015.6任）

鹿西乡

党委书记　方均坦（2015.7免）
　　　　　朱志飞（女，2015.7任）
副书记　郑元永
　　　　陈坤能（2015.2免）
　　　　张　杰（2015.6任）
委　员　陈春飞（2015.11免）
　　　　沈加亮（2015.11任）
　　　　蔡鹏程（女）　张　杰
　　　　朱明炬
　　　　陈坤能（2015.2免）
　　　　郑振华(2015.2任)
纪委书记　陈坤能（2015.2免）
　　　　　郑振华（2015.2任）
人大主席　方均坦
副主席　张　光
乡　长　郑元永
常务副乡长　陈春飞
副乡长　郑振华
人武部部长　朱明炬

（谢海燕　陈来霞）
责任编辑　卓桂荣

中共温州市洞头区委

千帆竞发·陈钦煅

“海霞精神”

爱岛尚武 励志奉献

“五岛连桥”精神

小县办大事 小岛创大业

概 述

【概况】 2015年，中共洞头区委贯彻落实市委、市政府“五化战略”决策部署，坚持“加快同城发展，建设海上花园”发展战略，开创洞头转型发展新局面。全年实现地区生产总值61.48亿元（全区域地区生产总值73.15亿元，增长8.6%），同比增长8.6%，增幅居全市第二；一般公共预算收入实现5.42亿元，增长11.1%，增幅居全市第二；固定资产投资92.5亿元（全区域固定资产投资142.6亿元，增速19.3%；考核口径固定资产投资60.5亿元，增速17.5%，增幅全市第一），增长12.3%；城镇和农村常住居民人均可支配收入分别达34674元、18365元，分别增长9.3%和10.5%。地区生产总值、一般公共预算收入等8项主要经济指标增速进入全市前三。

区委常委会紧紧抓住撤县设区历史机遇，精准有序做好设区挂牌、财权事权调整、民生保障等工作，全面完成机构设置、名称变更、区域勘界和委托管理等系列工作，挂牌运行行政审批中心灵昆分中心。深入实施重大基础设施建设、精准招商、项目落地攻坚行动。全年完成重点建设项目投资43.5亿元。大门大桥、洞头峡大桥分别于2016年1月21日和2月2日正式通车），218省道延伸线纳入省道规划，推进建设6条环岛公路。注重多元投入、滚动开发，统筹推进浅滩、大小门岛、环海西湖三大区域围垦，规划围垦3.7万亩，推进小门西片、环岛西片、黄岙二期、状元南片等在建围垦工程建设。温州交通技术学校落户并开工建设，挂牌成立温州附二医洞头分院，开通洞头到温州火车南站客运班线和151路市区公交车（2016年2月2日开通试运行）。

全年实现年度投资增幅12%，限上固定资产投资和重点项目投资均创历史新高。开工建设大门产业基地应急引水工程。激活社会投资项目，推进大门交通服务综合体、东港休闲中心等项目实质性动工。在全市率先实施“多规合一”改革。顺利通过省政府土地利用总规修编批准。深化与瓯江口产业集聚区管委会、瓯飞管委会、温州港集团等多方联动机制，合力破解区域开发难题。研究部署五大产业培育提升三年行动。中国燃气华电（LPG）项目开工建设。推动港口合作和口岸开放，努力构建港口集疏运体系和物流体系。重点抓好全域景区化和国家A AA AA 级旅游景区创建，促进从景区观光旅游向乡村休闲旅游、海岛度假旅游拓展。推进状元岙国际邮轮港建设，抓好国家海洋公园主题岛开发，推进鹿西旅游综合开发。引导发展大众海钓、红色海霞和精品民宿，进一步丰富旅游产品，做活旅游市场。鹿西白龙屿生态海洋牧场等项目建设取得明显进展。研究部署七大领域招商工作。是年签订意向投资协议14个，温商回归引进资金17.9亿元。

作为全市唯一无违建创建单位上报省级验收。累计拆除违法建筑12.5万平方米，完成率249%，拆后土地利用率71%以上。实施美丽海岛水乡建设，以“海上桃源·渔耕水乡”为主题，建设治水六大工程，三年累计完成治水投资22.8亿元，提前完成三年18亿元的投资目标。实施“水岸同治”三年行动计划，推进34个村的治污和67个村的改厕工作，农村治污提前一年实现全覆盖，全年新增受益农户6700户。获准建设首批国家级生态保护与建设示范区，空气质量和生态质量公众满意度均居全省前列。推进“一打三整治”，取缔“三无”渔船460艘，提前一年完成省、市下达任务。同时，推进美丽乡村建设，实施整村推进工程，新增精品村7个和精品民宿73家。

在全市率先完成全民参保登记，推进城乡养老保险政策转换衔接，医疗保险、低保等方面实现同城同待遇。实施棚户区改造和“小岛迁、大岛建”政策，建成蓝港花苑二期、布袋岙安置房一期等住房保障项目。强化扶贫开发攻坚，人均纯收入4600元以下低收入农户全面消除。新便民服务中心、新城农贸市场和教育幼儿园建成投用。深化区人民医院与温州附二医紧密型合作机制，推动省、市级专家常态坐诊、医疗资源下沉。组织第八届全国海钓邀请赛、第三届文化艺术节、第五届运动会。成功举办纪念女子民兵连建连55周年系列活动，承办两个研讨会，海霞红色游纳入国家红色旅游发展规划。

连续十年被评为省平安县，平安四率居全市第一。建立健全“八网合一”的基层治理网、四级联动的民情处置网，推行立体化、智能化、网格化防控，提高群众安全感满意度。打好民间金融风险处置硬仗，开展专案化解“双百行动”，确保社会面整体稳定可控。开展“拔钉清障、打黑除恶”专项行动，综合治理“五闹”行为，维护社会秩序。深化法治洞头建设，加强十大领域依法治理，推进基层法治实践。开展“同心同行·共建和谐”活动，持续打造宗教净地。贯彻军事融合发展要求，加强国防后备力量建设，实现洞头42年无责任退兵的目标。

召开基层党建季度例会、区委常委会20余次，研究部署基层党建工作，制定出台加强基层党组织和基层政权建设的实施意见。研究谋划洞头先锋女子民兵连纪念馆和红色印迹馆建设，统筹部署村民中心建设，累计建成村民中心22个，引导社会组织入驻村民中心。推进基层组织建设“百日攻坚”行动，完成村干部坐班、报酬保障等26项任务。落实基层基础“四项保障”，村主职干部报酬人均5.8万元。市、区联动开展农村基层作风巡查92个村，基本实现村居巡查全覆盖的目标。

（史 志）

重要会议

【县委十届八次全体(扩大)会议】

2015年2月2日，洞头县委召开十届八次全体(扩大)会议，认真贯彻落实中央和省市重要会议精神，回顾总结2014年工作，研究部署2015年和今后一个时期的发展任务，审议通过《中共洞头县委关于全面深化法治洞头建设的意见》。县委常委会主持会议。县委书记、县长董智武代表县委常委会向全会作报告，并就全面深化法治洞头建设的意见稿向全会作说明。林琼、张志宏、钱敏云、王小甫、张雨、张贤孟、李建、严卫星等县委常委参加会议。县委委员、候补委员；县纪委委员；县人大常委会副主任，县政府副县长，县政协副主席；县人武部政委，县法院院长，县检察院检察长；县政协秘书长，县人大常委会、县政协各委(室)主要负责人、专职常委；县直属各单位主要负责人；各街道党工委书记、办事处主任、纪工委书记，乡镇党委书记、乡镇长、纪委书记；担任过县级领导职务的党员老同志；县第十次党代会部分党代表等参加会议。

【县第十届纪律检查委员会第五次全体会议】 2015年2月2日，中共洞头县第十届纪律检查委员会第五

2015年2月2日，中共洞头县第十届纪律检查委员会第五次全体会议

次全体会议在洞头剧院召开。市纪委第四纪检监察室主任张纯红，董智武、叶永辉、叶国胜、林琼、张志宏、钱敏云、王小甫、张雨、张贤孟、李建、严卫星等四套班子领导、县委常委，县纪委委员，县直有关单位主要负责人等170多人参加。县委书记董智武讲话，县委副书记林琼主持会议。会议听取并审议通过县委常委、纪委书记张雨代表县纪委常委会所做的题为《聚集主业 服务发展 扎实推进党风廉政建设和反腐败工作》的工作报告，并通报全县2014年度推进惩防体系和落实党风廉政建设责任制考核情况。

【县级领导干部会议】2015年2月28日，洞头县县级领导干部会议召开。会议宣布省、市委关于洞头县人民政府主要领导职务的任命决定，王蛟虎任中共洞头县委委员、常委、副书记，提名为洞头县县长候选人，董智武不再担任洞头县县长职务。温州市委常委、市委组织部部长诸葛承志，市委组织部副部长徐强中出席会议。董智武、叶永辉、叶国胜、张志宏、钱敏云、王小甫、张雨、张贤孟、严卫星等县四套班子领导、法检“两长”及其他副县长级领导干部参加会议。

【全县海洋经济暨作风效能建设大会】 2015年3月3日，洞头县召开全县海洋经济暨作风效能建设大会，全面贯彻落实中央、省、市近期重要会议和县委十届八次全会精神以及全市作风效能建设、温商回归动员大会精神，部署全年工作任务。会议表彰2014年各项工作中涌现出的各类先进单位和先进个人以及绩效考核优秀单位、获县长质量奖企业和十强企业、十大优秀企业家代表等。会议还通报2014年度违反作风效能建设有关规定的9个典型案例，以及在千人评议活动中末位单位的名单。此外，全县六个街道(乡镇)及县发改局、县城市开发建设指挥部等单位作表态发言。县委书记董智武讲话，县委副书记、代县长王蛟虎主持会议。县四套班子领导；县人武部政委；县法检两长；担任过县级领导职务的老干部；各街道、乡镇班子成员，有关科室和基层站所负责人，各村(居)党支部书记、村(居)委会主任；县直属各单位主要负责人、纪委书记(纪检组长)，下属副科(局)级以上单位主要负责人，县机关中层以上干部；相关企业主要负责人；驻岛部队官兵代表；政风行风监督员，市民监督员代表；以及受表彰的各类先进集体和先进个人代表等1000多人参加会议。

2015年3月3日，全县海洋经济暨作风效能建设大会

【全县温商回归工作攻坚推进大会暨招商引资项目集体签约仪式】 2015年5月22日，全县温商回归工作攻坚推进大会暨招商引资项目集体签约仪式在洞头剧院召开。会上，县政府与相关业主单位签订9个意向投资项目框架性协议，协议总投资额104.97亿元，并与金融机构签订支持温商回归战略合作框架性协议。张志宏、林新磊等县政府分管领导及七大产业招商组负责人、审批部门代表、街道(乡镇)代表、项目代表作表态发言。市委常委、市政府党组副书记朱忠明参加会议并讲话。县委书记董智武讲话，县委副书记、县长王蛟虎主持会议。参加会议的有：县四套班子领导；人武部政委；县法院院长、检察院检察长；各街道（乡镇）班子成员、有关科室负责人，基层站所负责人，各村（居）党支部书记、村（居）委会主任；县直属各单位主要负责人，下属副科（局）级以上单位主要负责人，县机关中层以上干部；重点骨干、成长型、商贸流通等企业主要负责人；海运业企业主要负责人；建筑业企业和房地产企业主要负责人；涉旅行业主要负责人；市政府派驻各地招商项目工作组专员；洞头籍异地温州商会会长、异地洞头商会会长；市经合办领导；签约项目代表。

【全县“三改一拆”行动暨“无违建县”创建攻坚动员大会】 2015年7月31日，全县“三改一拆”行动暨“无违建县”创建攻坚动员大会召开。县委书记董智武在会上强调，要在思想上再重视、在力度上再加大、在行动上再加快，持续开展“三改一拆”行动，确保在全市创成首个“无违建县”。会上，董智武、王蛟虎代表县委县政府与经信、国土等4个部门和6个街道（乡镇）签订责任书。汪慧平、林新磊分别作纪律强调和工作布置，国土、住建、综合执法等7家单位作表态发言。县委副书记、县长王蛟虎主持会议。参加会议的有：县四套班子有关领导；县直属各单位主要负责人、部分中层以上干部；各街道党工委书记、办事处主任及部分中层以上干部，各乡镇党委书记、乡镇长及部分中层以上干部，各村居（社区）书记或主任；县国土资源局、县住建局、县综合执法局全体工作人员；县经信局、县民宗局中层以上干部；县委渔农办（农林水利局）、县交通运输局、海洋渔业局和旅委班子成员；有关工业企业、渔家乐业主代表。

全县“三改一拆”行动暨“无违建县”创建攻坚动员大会

【县委十届九次全体（扩大）会议暨县政府第八次全体会议】 2015年8月5日，中共洞头县委十届九次全体（扩大）会议暨县政府第八次全体会议在洞头剧院二楼会议室召开。会议认真贯彻落实习近平总书记在浙江考察重要讲话、省委书记夏宝龙在温州（洞头）考察重要讲话和省委十三届七次全会、市委十一届九次全会精神，总结上半年工作，部署下半年任务，审议通过《中共洞头县委关于全面加强基层党组织和基层政权建设的实施意见》。县委副书记、县长王蛟虎主持会议，县委书记董智武代表县委常委会向全会作工作报告。县委委员、候补委员；县政府组成人员；县纪委委员；县人大常委会副主任，县政协副主席；县人武部政委；县法院院长，县检察院检察长；其他副县级以上领导干部；县政协秘书长，县人大、政协各委（室）主要负责人及专职常委；县直属各单位主要负责人；各街道党工委书记、办事处主任、纪工委书记，乡镇党委书记、乡镇长、纪委书记；担任过县级领导职务的老干部；县第十次党代会部分党代表参加会议。会议还邀请部分人大代表、政协委员等听会。

【温州市洞头区正式挂牌揭幕】 2015年9月2日上午10时，温州市洞头区正式挂牌揭幕，宣布成立，标志着洞头告别62年的建县历史。温州市副市长陈建明及洞头区委书记董智武，洞头区委副书记、区长王蛟虎，洞头区人大常委会主任叶永辉，洞头区政协主席叶国胜，洞头区委常委、纪委书记汪慧平等出席挂牌仪式并揭幕。洞头区四套班子其他领导、各街道(乡镇)主要负责人及社会各界代表参加挂牌仪式。挂牌揭幕仪式结束后，温州市洞头区干部大会在县剧院召开。会议宣读国务院关于洞头撤县设区工作的相关批复文件，并对全区7个街道(乡镇)进行授牌。会上，陈建明指出，洞头撤县设区，是党中央国务院和省委省政府做出的重大决策，是温州市委市政府着眼全局和未来发展的战略谋划，是实施都市化战略的重要举措，符合发展要求，切合温州实际，顺应群众期待，它推动温州由滨江城市向滨海城市跨越，由瓯江时代向东海时代迈进，具有重要而又深远的意义。陈建明强调，洞头区要蓄势谋远、建设一个同城效应更加突显的新洞头；要着眼未来、建设一个生态环境更加优美的新洞头；要以人为本、建设一个民生福祉更加完善的新洞头；要励精图治、建设一个社会发展更加和谐的新洞头。董智武表示，要从全局和战略的高度，深刻认识行政区划调整的重大意义，上下同心、奋力拼搏，不断开创新常态下洞头发展新局面。抢抓历史机遇，适应县设区的发展转换，切实推动发展理念、思维模式的提档升级；立足洞头独特的资源优势和基础条件，深入谋划未来发展思路；坚持聚精会神搞建设，全力改善基础设施硬环境。同时，要紧扣关键环节，全力抓好当前重点任务落实。全力优化管理体制，深化社会建设和公共服务；做好灵昆街道行政区划调整相关工作，保障灵昆发展和干部群众利益；抓好行政区划调整后续工作，确保有效落实。会议要求，全区上下要紧抓撤县设区的大好机遇，统一思想，坚定信心，超前谋划，借势发力，为加快同城发展，“海上花园”建设做出新的更大的贡献。

重要决策

【《中共洞头县委关于全面深化法治洞头建设的意见》出台】 2015年2月2日，中共洞头县第十届委员会第八次全体会议审议通过《中共洞头县委关于全面深化法治洞头建设的意见》并组织下发（洞委发〔2015〕1号）。规定的主要目标是：到2020年，法治洞头建设各项工作得到全面落实，社会主义民主政治建设更加完善，法治政府基本建成，司法体制机制改革各项任务全面落实，全民法治素养有效提升，切实形成执政依法、严格执法、公正司法、全民守法的法治环境，经济、政治、文化、社会、生态文明和党的建设的法治化水平总体走在全市前列。明确了在经济金融领域、民主政治领域、规划建设领域、文化领域、平安建设领域、诚信领域、农廉领域、生态文明领域、社会领域和宗教领域等十大领域的具体推进措施。

【《洞头县人民政府职能转变和机构改革方案》出台】 根据党的十八大和《中共中央 国务院关于地方政府职能转变和机构改革的意见》（中发〔2013〕9号）、《中共浙江省委办公厅 浙江省人民政府办公厅关于市县政府职能转变和机构改革的意见》（浙委办发〔2014〕49号）以及省委十三届、市委十一届历次全会精神，洞头县人民政府职能转变和机构改革着眼与省市政府职能转变和机构改革相衔接，紧紧围绕全面深化改革，推进政府治理体系和治理能力现代化，以职能转变为核心，着力营造更好的改革发展稳定环境，3月19日，中共洞头县委、洞头县人民政府印发《洞头县人民政府职能转变和机构改革方案》（洞委发〔2015〕17号），明确洞头县人口计划生育和卫生局更名为洞头县卫生和计划生育局，将县卫生和计划生育局的研究拟订人口发展战略、规划及人口政策等职责划入发改局；组建县市场监督管理局，洞头县食品药品监管局、洞头县食品安全办、洞头县工商局、洞头质监局职责整合划入洞头县市场监管局；组建洞头县综合行政执法局。洞头县人民政府设置工作部门22个：政府办公室（法制办）、发展和改革局（统计局、粮食局）、经济商务和信息化局、教育局、科学技术局、民族宗教事务局、公安局、监察局、民政局、司法局、财政局、人力资源和社会保障局、国土资源局、住房和城乡规划建设局、交通运输局、农林水利局、海洋与渔业局、文化广电新闻出版局（体育局）、卫生和计划生育局、审计局、环境保护局、外事侨务办公室、安全生产监督管理局、市场监督管理局、综合行政执法局。其中，监察局与纪律检查委员会机关合署办公，民族宗教事务局、政府外事侨务办公室与统一战线工作部合署办公，监察局、民族宗教事务局、政府外事侨务办公室列入县政府工作部门序列，不计入政府机构个数。文件着重在加快政府职能转变，深化政府机构改革，统筹推进事业单位分类改革、乡镇行政体制改革，严格控制和编制等方面提出许多具体措施。同时，文件明确全县事业编制（不含学校、医院和乡镇、街道事业编制）总额以2012年年底统计数为基数精简5%，精简下来的事业编制由省集中管理、统筹使用。

【研究部署基层党组织和基层政权建设工作】 2015年8月5日，中共洞头县第十届委员会第九次全体会议审议通过《中共洞头县委关于全面加强基层党组织和基层政权建设的实施意见》。提出的总体要求是：认真贯彻落实中共十八大、十八届三和十八届四中全会、习近平总书记系列重要讲话精神和省委、市委重要会议精神，坚持党的领导，以推进基层治理体系和治理能力现代化建设为目标，以“红色细胞”“红色阵地”“红色基金”“红色旋风”为抓手，构建基层政治体系、基层法治体系、基层德治体系、村居自治体系等“四大治理体系”，提升基层党组织和基层党员干部发展能力、执行能力、服务能力、维稳能力、革新能力、反腐能力等“六大治理能力”，着力强化党的政治引领、思想引领、制度引领和作风引领，全面增强基层党组织战斗力，全面提升基层政权建设水平，进一步巩固党的执政基础，切实肩负起“干在实处永无止境，走在前列要谋新篇”的新使命，为加快同城发展、建设“海上花园”提供坚强保障。并进一步提出七项重要任务和26条具体工作措施：加强以街道党工委（乡镇党委）为龙头的基层政权建设；着力提升基层社会治理水平；深入实施“红色细胞工程”，加强以村（社区）党组织为重点的基层组织建设；深入推进基层党风廉政建设；落实基层党建和基层政权建设的组织保障。

【部署实施撤县设区工作】 2015年9月2日，中共温州市洞头区委、温州市洞头区人民政府出台《关于推进撤县设区工作的实施意见》洞委发〔2015〕25号）。文件提出，要坚持以中共十八大、十八届四中全会精神为指导，认真贯彻落实《国务院关于同意浙江省调整温州部分行政区划的批复》（国函〔2015〕122号）、《浙江省人民政府关于调整温州市部分行政区划的通知》（浙政发〔2015〕24号）、《中共温州市委温州市人民政府关于切实做好温州市部分行政区划调整工作的意见》（温委发〔2015〕33号）精神，主动融入温州大都市，进一步推进洞头加快同城发展、建设“海上花园”。坚持市委市政府主导、洞头主体原则、坚持“精简、统一、效能”原则、坚持统筹兼顾、确保稳定原则、坚持从简节约、庄重热烈原则。明确撤县设区后，机构设置和职务更名按有关法律法规和文件规定，原洞头县党委、人大、政府、政协、纪委、法院、检察院及所属机构和企业以及群团组织等名称更名为温州市洞头区相应机构名称，上述机构党的组织和纪检组织相应更名；原洞头县所辖街道、乡镇及龙湾区灵昆街道的党委、人大、政府、纪委、人武机构及所属相关机构名称相应变更。机构更名后相关工作人员职务名称相应更名。垂直管理单位名称的改变和机构设置、职务更名，由原审批单位负责。做好公共服务、社会保障、公共交通等民生事业与市区统筹对接工作，逐步实施同城待遇。明确灵昆街道委托管理的空间边界、经济社会管理的职责边界、人财物交接的时间边界，进一步理顺灵昆街道的管理服务体制，具体按市委、市政府关于洞头区灵昆街道委托瓯江口产业集聚区管委会管理的有关规定实施。关于区划勘界、地名更换，对接市民政局，撤县设区后尽快申报洞头区地名更换，全面提供区划勘界原始材料，及时完成区划勘界工作。其他如牌子、印章制作，党代表、人大代表、政协委员等事宜同步跟进。年底前相关撤县设区实施工作基本结束。

【部署五大产业培育提升扶持】 2015年9月7日，中共温州市洞头区委、温州市洞头区人民政府出台《关于印发洞头区五大产业培育提升扶持政策的通知》（洞委办发〔2015〕64号），制定了工业、港口物流业（海运业）、建筑业（房地产）、海水养殖业、休闲旅游业五大产业培育扶持政策。工业方面，提出加大工业投入力度、支持企业自主创新、提高土地产出效益、大力发展电子商务、优化商贸流通发展、营造合力扶企氛围等六大方面35项具体培育扶持政策。港口物流业（海运业）方面，提出鼓励港口物流（海运）企业做强、做大、做优，积极培育游艇、帆船等新兴市场，规范港口物流(海运)企业所得税、社保五费征收，加强港口物流(海运)业人才引进和人力资源培训，营造港口物流(海运)业发展的良好环境等五大方面25项具体的培育扶持政策。建筑业（房地产）方面，提出20项具体培育扶持政策。海水养殖业方面，提出10项具体培育扶持政策。休闲旅游业方面，推进旅游项目建设、加快旅游新业态培育、积极促进乡村旅游发展、加大财政金融支持力度、鼓励旅游客源市场拓展、全面开展旅游创强创优、加强旅游人才队伍建设、营造合力兴旅氛围等8个方面24项具体培育扶持政策。

【部署实施信息化战略】 2015年12月5日，中共温州市洞头区委、温州市洞头区人民政府出台《关于实施信息化战略的决定》（洞委发〔2015〕30号）。主要目标是：到2020年，信息化发展水平位居全市领先水平，信息化发展指数达到0.90以上，两化融合发展指数达到75以上；"互联网+"新业态基本形成，信息经济在全区经济发展中的主导地位基本确立，使全区成为全省有影响力的智慧海洋经济示范区、智慧海岛城市、智慧政务运行高效区、智慧服务业态创新区。该决定提出了全面落实网络经济"一号新产业"发展、信息产业提升发展、"两化"深度融合、智慧城市建设、信息基础设施建设等五方面12项具体信息化战略主要任务。

【部署加强和改进群团工作】 2015年12月25日，中共温州市洞头区委出台《关于加强和改进党的群团工作的实施意见》（洞委发〔2015〕35号）。目标任务是：着力增强服务党的事业和做群众工作的能力，不断提升各项工作的覆盖面和影响力，进一步发挥党的群团组织联系人民群众的桥梁纽带作用。着力加强惠民帮扶、维权服务的工作力度，不断引导广大群众在改革发展稳定第一线建功立业，进一步显现群团组织促进经济社会发展的成效。着力创新组织机制、工作方式，不断增强创造力、凝聚力、战斗力，进一步加强群团组织的自身建设。着力健全党委领导、政府支持、群团组织各负其责、各方积极参与的长效机制，不断完善社会化工作格局，进一步提高群团组织工作的科学化水平。

（顾建军）

"三严三实"专题教育

【概况】 按照中央"三严三实"专题教育工作座谈会和省、市"三严三实"专题党课暨专题教育部署会要求，洞头县"三严三实"专题教育于5月全面启动。县委制定了《关于开展"三严三实"专题教育打造"忠诚干净担当"干部队伍的实施方案》。整个活动坚持问题导向、效果导向，紧紧围绕"严以修身、严以用权、严以律己，谋事要实、创业要实、做人要实"的总要求，聚焦对党忠诚、个人干净、敢于担当，打造"忠诚干净担当"干部队伍，把思想教育、党性分析、整改落实、立规执纪结合起来，教育引导各级领导干部加强党性修养，坚持实事求是，改进工作作风，着力解决"不严不实"问题。区委理论中心组采取个人自学、集体交流研讨、报告会、培训轮训等形式，深入学习习近平总书记系列重要讲话精神，学习党章和党的纪律条规等，对照先进事迹找到差距、见贤思齐，从违纪违法案件中汲取教训、自警自省。先后围绕“严以修身，加强党性修养”“严于律已，严守党的政治纪律和政治规矩”“严以用权，真抓实干”等三个主题分别组织开展3场专题学习研讨活动。以区委常委班子领导及人大、政协党组书记带头讲、带头学为开端，各级党委（党组）书记紧扣“三严三实”要求，联系本地本单位实际，联系党员、干部思想、工作、生活和作风实际，带头开课。并且突出问题导向、效果导向，把查找和解决不严不实问题贯穿专题教育全过程。区四套班子和法检班子查摆出区委、区人大问题各6条，区政府、区政协、区法院、区检察院问题各5条；29名副县级以上领导查摆收集问题191条，其中属于教育实践活动中排查出的问题67条。

【洞头县“三严三实”专题党课暨专题教育部署会】 2015年5月22日，洞头县召开“三严三实”专题党课暨专题教育部署会。会议贯彻学习中央“三严三实”专题教育工作座谈会和省、市“三严三实”专题党课暨专题教育部署会精神，动员部署全县“三严三实”专题教育工作。县委书记董智武开讲专题党课，深刻阐述“三严三实”深刻内涵和重要意义，严肃剖析党员领导干部中存在的不严不实问题，如精神缺钙、立场动摇，眼高手低、不重学习，安于现状、不思进取，为官不为、不敢担当，急功近利、好大喜功，疏于自律、滥用职权等。并对全县党员领导干部践行“三严三实”履行职责提出要求：要弘扬好作风、提振精气神、展现新作为，把中央、省市委和县委县政府的各项决策部署贯彻落实好，把“四个全面”战略布局在洞头实践好，切实推动洞头的改革、发展、稳定等工作。要切实把自己摆进去，用“三严三实”戒尺规范自己言行，真正“严”字当头、落到“实”处，进一步严纪律、强约束、敢担当、务实干，形成风清气正、团结拼搏、廉洁实干的良好政治生态。县四套班子领导，县法院院长、检察院检察长，副县级以上领导干部，县人大专职常委、各委(室)主要负责人，县政协秘书长、专职常委、各委(室)主要负责人，县直属各单位主要负责人，各街道党工委书记、乡镇党委书记等参加会议。

2015年5月25日 洞头县“三严三实”专题党课暨专题教育部署会

【农村基层作风巡查】 （参见“纪检监察”栏目）

【“四风”问题整治】 2015年，洞头区盯牢重要时间节点和突出问题，一个阶段一个阶段地部署，一个问题一个问题地解决，坚决防止“四风”（形式主义、官僚主义、享乐主义、奢靡之风）反弹回潮。全年开展动态督查33次，查处问题98个。查处的9起典型案例在全区海洋经济暨作风效能建设大会上实名通报。全年立案查处违纪违法案件23起，党纪处分15人次，移送司法机关6人，重点查办大门镇腐败窝案串案2人。

【作风效能整治行动】 2015年，洞头区贯彻落实全市作风效能建设等会议精神，狠抓督查，探索纪委微信举报、网媒合作、“12388”热线和民情处置系统等四位一体的督查平台建设，深入推进“破两难、纠四不”、重点工程、“三改一拆”、五水共治等重点中心工作。全年妥善解决“破两难、纠四不”问题12个，重大工程和招商引资等中心工作督查20余个。制发《关于严肃党员干部和国家工作人员在民间金融风险化解工作中有关纪律的通知》等文件4个，劝诫提醒涉险的党员干部和国家工作人员45人次。

【“万名干部蹲千村”活动】 2015年，洞头区按照市委“四村”活动要求，集中开展机关、农村、非公企业“三百双结对”活动。实行区领导联村、机关部门包村制度，主要任务是加强农村支部班子建设、为村经济发展出点子、深入基层送服务；机关部门联企主要是驻企服务送政策、帮助发展解难题、开展党建拓阵地；企业村居结亲主要是开阔眼界拓思路、沟通需求促就业、文明同行抓共建，结对时间三年。通过构建城乡共建大格局，达到转变机关作风、夯实基层基础、扩大领域覆盖、促进共同发展的多赢效果。全年26位区领导、87个部门单位深入93个村居开展蹲村活动，走访群众2.58万多户，收集意见与问题396件，排查出的问题分批交办区民情处置中心解决。

（曹高宇）

区委办（政策研究室、考绩办、督查办、改革办）

【概况】 2015年，区（县）委办公室完成区（县）委十届八次、九次全体(扩大)会议等各类重要报告及领导日常会议讲话、汇报材料230篇，累计编发区（县）委常委会会议纪要20期、区（县）委专题会议纪要18期。完善区四套班子及常委单位办公室主任联席会议制度，实行“月工作要点、周工作安排”工作方法。优化决策部署、会议精神、领导批示等重要工作交办单制度，强化全程跟踪督办。调整完善区四套班子领导挂钩联系点制度，在县处级领导班子成员中推行“微服私访、随机调研”制度。进一步加强全区上下“一岗双责”、外出报告、干部住夜、会议管理、公车管理等五项制度和纪律的执行，以及重要事项报告制度、区四套班子领导节假日值班值守制度和走访慰问、考察调研等工作安排。严格落实发文审核把关制度、收文即办制，实施“马上就办、办就办好”工作法，优化办文流程，提升办文质量。推行“无会旬”制度。严格会议活动管理，实行会议报批制度，有效控制会议数量和规模。提倡开套会并会，简化会场布置，控制会议费用。强化统筹安排，规范办会流程，做到会前精心准备、会中精细服务和会后精准督办，确保会议活动“零差错”“高效率”“抓落实”。特别是牵头保障了省委主要领导到洞头调研、洞头先锋女子民兵连建连55周年纪念系列活动、撤县设区系列会议等重大活动。制定完善多项信息工作制度，通过对比大数据，有效分析党务信息编辑和录用情况，及时反馈基层社情民意。全年编辑本级动态信息73期，领导参阅47期，时政热点21期，乡镇一周工作简况51期，承办各类舆情和紧急信息325条次，其中领导批示17条次。上报本级动态信息219条次，其中省、市录取198条次，《温州信息》刊出35期，录用率38%；上报动态转报167条次，录用127条次；上报网络转报955条次，录用196条次；上报涉温舆情107条次，录用65条次；上报前言观点58条次，录用26条次；上报各类紧急信息、专报18期，其中市领导批示2期；完成约稿90篇。

【目标督查】 2015年，区考绩办制定出台部门、街道（乡镇）考核办法和相关配套考核细则文件，实施全员绩效考核。围绕省、市、区重点工作任务抓考核督查，确保撤县设区后考绩相关工作平稳过渡，以及新常态下各项指标、创建任务顺利完成。是年，洞头绩效考核成绩列温州县（市、区）考核C组第一。延伸督考工作触角，改进督考办法，建立预约督查、跟踪督查、连环督查、明察暗访等系列督查方式，首次编发街道（乡镇）经济社会发展主要指标月度排名情况通报。采取“领导带头，上下联动”方式，大力推进“三改一拆”“四边三化”“五水共治”等15项专项工作落实。全年开展专项督查、联合督查等200余次，编发督查通知书10期，编发洞头督考（督查通报）73期，洞头督考（领导批示件）46期，领导会议交办单5期。

【深化改革】 2015年，区委改革办突出重点领域和关键环节改革，梳理56项改革要点，明确牵头领导和责任单位，确定路线图和时间表，全方位推进改革项目落地生根。重点推进“1+3”市级品牌项目。开展“多规合一”改革，建成全省首个“多规合一”平台，推动规划资源共享、矛盾消解、审批应用，被列为全省数字城市应用推广典型案例。创新海上社会治安管控网格化管理新模式，首创休闲船舶“旅馆式”管理、物联网“以卡管船”管理、养殖海区“户籍式”管理，有效维护海岛社会治安稳定。创新农房流转机制，解决供需平衡、制定流转规则、维护市场秩序、保障公平竞争，盘活闲置农房资产，发展精品民宿73家，同比增长一倍以上。优化村级绩效考核管理制度，将年度考核结果作为村居项目安排、资金补助及村居干部荣誉待遇确定的重要依据。深化省海岛综合开发与保护试验区建设，建立海域海岛收储抵押制度，完善海域使用权公开出让办法，推行海域使用直通车制度，试行海域使用权证书办理项目建设手续，并探索以海域海岛资源为抵押物的融资贷款机制。深化省旅游综合改革试点，实施“政府主导、市场主体”旅游开发模式，实体运作旅发公司，全面推进国家海洋公园主题岛、AAAAA级景区创建配套等系列工程建设。推进公立医院综合改革试点。实施城镇低效用地再开发工作，清理转而未供、供而未用土地2326亩，处置闲置土地816亩。完成全国志愿服务记录制度试点，发展21支1900余人志愿服务队伍。深化全国生态文明建设试点，创成国家生态文明建设示范区。推进国家海洋生态文明示范区建设，开展大竹峙生态主题岛、南北爿山省级海洋特别保护区等一批海洋生态工程建设。开展全国养老服务机构备案登记试点，健全完善的备案登记规范程序。实施新一轮政府机构改革，推行灵昆街道部分事务委托瓯江口新区管理，完成市场监管、“卫计合一”等体制改革任务，组建综合行政执法局、工务局，设立瓯江口产业集聚区大门岛分区管委会。推进“五张清单一张网”改革，清理规范68项非行政许可审批事项，公布第一批政府职能向社会组织转移事项，推广网上审批和跨层级联动审批，实施审批服务“4S”监督评价机制，行政服务环境不断优化。

【政策研究】 2015年，区委政研室形成区委理论务虚会重点课题汇编18个。区领导调研课题《大门海洋经济示范区发展面临重大问题及推进对策研究》《关于加快推进状元岙港区临港产业发展的若干思考》等获市党政系统优秀调研成果奖。是年，区委政研室单独承担完成《国家旅游综合改革试点市（县）经验和做法》《厦门、宁波等地“多规合一”的探索与实践》《桐庐“空心村二次创业”改革对我县农房使用权流转的启示》《洞头区农房流转的探索与实践》《关于我区民宿发展的七条建议》等调研课题，其中《洞头县城市管理与综合行政执法改革调研》获温州发展研究奖，在省《政策瞭望》、市《决策科学》、区《洞头政研》分别刊发1篇、8篇、7篇。牵头完成《县委全面深化改革领导小组2015年工作要点》《加强和改进党的群团工作的实施意见》等草案文件，协助“多规合一”改革、农房使用权流转、综合行政执法体制改革、本岛城市管理一体化、海上社会治安管控、宗教和民间信仰场所拆改建等相关文件起草制定，助推体制机制建设。组织开展重点政策监测、优秀调研成果评选等活动，编印《洞头区重点调研课题文集（2014卷）》，撰写温商回归、实体经济等重点政策监测报告，为区领导科学决策、民主决策提供依据。

【保密工作】 2015年，洞头区国家保密局将保密工作纳入全区街道乡镇、区直单位年度绩效考核体系。开展对政府门户网站、涉密视频会议等安全保密指导。组织全区各单位保密基础数据普查工作，建立保密管理人员数据库。开展“区两会”保密知识宣传展览、“六五”保密法制宣传教育、保密主题宣传月等宣教活动，开通区保密在线短信宣传平台。举办120余名涉密具体负责人和管理人员保密“两识”教育专题讲座。开展全区保密安全隐患大排查、“国有企业、金融机构”保密专项检查、重点部门门户网站信息公开保密检查等专项保密检查活动。全年现场检查涉密计算机、涉密载体、信息公开等20余次，排查各类隐患30余条，下发整改函3件。全年无发生一起泄密事件。

（顾建军）

纪检监察

【概况】 2015年，洞头区召开区（县）委常委会研究党风廉政建设和反腐败工作8次，着重围绕责任制考核、正风肃纪、省委巡视组巡视、区纪委派驻（出）机构设置等事项。全面落实纪委派驻机构统一管理改革，建立街道（乡镇）纪检监察组织工作制度。制定出台《反腐败协调小组工作规则》《反腐败协调小组关于在查办违纪违法案件中加强协作配合的暂行办法》等制度。全年立案23件，涉及乡科级4件，移送司法机关6件，“两规”3人，处分党员干部22人。开展“阳光信访”，全年受理信访件114件，办结率100%，信访总量同比下降15.56%，对8件涉及农村问题的匿名信访件调查结果予以公开，为18人次党员干部澄清问题。开展干部大约谈、集体廉政谈话、集体警示提醒谈话，全区约谈干部566人次，其中科级干部53人次。

区纪委（监察局）整合组织、宣传、广电、文体、妇联等部门资源，开设电视专栏“廉政视线”、广播专栏“廉政之声”、报纸专栏“第一视线”和廉政宣传窗，举办村居主职干部“廉内助”培训班、廉政文化专场演出、“廉政书画进机关”等活动。是年，廉政微电影《监督无处不在》获“遇见洞头”——中国（洞头）新媒体短片大赛最佳短片奖、最佳导演奖，温州市廉政微电影（动漫）大赛三等奖。拍摄案件现场忏悔录，组织2批次近300人参加“旁听庭审”活动。

【纪检体制改革】 2015年，根据党章规定和中共十八届三中全会及中央、省、市有关文件精神，按照中央纪委和省、市纪委关于实现派驻监督全覆盖的要求，区纪委（监察局）完成派驻机构统一管理改革，全区设置综合派驻纪检组8家、单独派驻纪检组3家和派出纪工委1家，监督区级党和国家机关单位54家；划转派驻专项编制44名，配备正科长级纪检组长5名、副科长级纪检组长（副组长）12名、正股级副组长4名。实行街道（乡镇）纪委（纪工委）纪检干部专职专用，全区6个街道（乡镇）配备15名专职纪检干部。

【县第十届纪律检查委员会第五次全体会议】 （参见《中共温州市洞头区委》栏目“重要会议”分目）

【党风廉政建设责任制考核】 2015年，洞头区完善“两个责任”工作机制，制定出台《关于进一步强化党风廉政建设党委主体责任和纪委监督责任的若干意见》，推动主体责任和监督责任具体化。听取6个街道（乡镇）和7个重点部门党委（党组）专题汇报，并实行当场评议。党风廉政建设责任制考核办法，突出对党委（党组）落实主体责任情况的检查考核，加强动态监管。全年下发整改通知书62份，查纠问题98个，对2家单位和4人实施评先评优“一票否决”。14个单位被评为2015年度落实党风廉政建设责任制考核优秀单位。

【全区案件警示教育专题会议】 2015年10月16日，区案件警示教育专题会议在洞一中报告厅召开。区相关部门和乡镇(街道)中层以上干部300余人参加会议。会议通报了洞头区2012年以来涉及领导干部搭“干股”的5起案件，组织观看专题电教片《忏悔录》，区环保局、区公共资源交易中心、区港航局等3个单位上台作专题剖析和表态发言。

【宋志恒到洞头上党风廉政建设专题党课】 2015年6月4日，县“百岛讲坛”邀请市委常委、纪委书记宋志恒为全县党员干部上党风廉政建设专题党课。县委书记董智武主持讲坛，县四套班子领导，各部门、乡镇(街道)副科级以上领导干部及部分中层干部，全县纪检监察干部等560余人参加活动。

【区管党员领导干部党章党规党纪专题集中轮训】 2015年9月17日—18日，集中全区区管党员领导干部开展党章党规党纪专题集中轮训，分两期进行。培训内容包括专题讲座、观看警示教育片、学员自学、集中研讨、撰写学习体会文章等。区委常委、纪委书记汪慧平为参训区管党员领导干

区管党员领导干部党章党规党纪专题集中轮训班

部作开班动员主题报告。区委常委、公安局局长王小甫，区委常委、宣传部部长张贤孟分别主持第一期和第二期开班仪式。293名区管党员领导干部参加培训。

【廉政风险防控】 2015年，区纪委（监察局）根据省委“十大整改”和区委“六大整改”要求，开展领导干部在公款存放方面发生利益冲突和利益输送问题自查自纠、领导干部违反规定插手干预工程建设领域问题专项治理、领导干部在企业“搭干股”和工程建设指挥部违规发放津补贴问题整改行动。落实党内监督各项制度，严格执行报告个人有关事项、任职回避、述职述廉等规定，全面推行部门和单位主要负责同志“五不直接分管”制度，完善区管领导干部廉政信息库，出台防止领导干部利益冲突办法，开通“廉政581”专用账户。

【正风肃纪】 2015年，区纪委（监察局）开展“每月一主题”专项督查。全年开展督查29次，出动人员353人次，检查各类单位、场所447家，查处问题88个，下发通报3起，口头效能告诫1人，党员党纪处分4名。在全区海洋经济暨作风效能建设大会上对9起典型案例进行点名道姓通报曝光。

【“破两难、纠四不”专项活动】 2015年3—12月，区纪委（监察局）牵头开展“破两难、纠四不”▲作风效能整治专项活动。活动广泛征集“两难”线索，设立专项活动举报投诉热线“12388”，畅通民情处置平台、微信举报平台、区级新闻媒体等渠道接受群众举报投诉。建立跟踪督查落实机制，紧盯不落实的事和未解决的问题，做到全程跟踪，确保整改到位、问责到人。全年梳理汇总“破两难、纠四不”问题12个，办结率100%，追责3人，其中诫勉谈话2人，口头效能告诫1人。

▲“破两难、纠四不”：解决机关部门存在的“群众办事难、工作推进难”（简称“两难”）问题，查纠领导干部“不担责、不作为、不认真、不用心”（简称“四不”）现象。

【农村基层作风巡查】 2015年4月13日，县委常委会研究讨论通过《洞头县农村基层作风巡查工作实施意见(试行)》。5月5日，全县召开农村基层作风巡查工作动员会部署农村作风巡查工作。区纪委（监察局）负责组织开展农村基层作风巡查，组建3个县级巡查小组 “四级联动、全覆盖巡查”。建立服务保障、协调联动、整改化解、考核问责等长效机制，强化问题线索收集处置，实行“一周一研判、两周一交办、一月一销号、一事一反馈”，排查出政策处理、干部作风等问题901个，办结807件，办结率89.6%。通过分类归口办理、任务派单交办，解决群众反映的切身利益问题113个。查办巡查发现的违纪案件，3名村主职干部受到党纪处分。活动至年底结束。

【“民主评议行风暨千人评机关中层科室和基层站所”活动】 2015年，根据市委办公室、市政府办公室《关于印发2015年度温州市万人评机关中层处室和基层站所活动工作方案的通知》（温委办发〔2015〕55号）要求，区纪委（监察局）开展 “民主评议行风暨千人评机关中层科室和基层站所”活动，全区（县）44个

温州市第七农村基层作风巡查组反馈会

部门单位、36个机关中层科室、19个行政审批窗口及53个基层站所参加，参评覆盖面100%。活动发放重点测评调查问卷400多份，电话访问服务对象1万多人次，组织参与网络投票评选700多人次。经综合评审，“满意部门单位”7家、“满意率相对较低部门单位”4家；“满意机关中层科室”4个，“不满意机关中层科室”2个；“不满意行政审批窗口”1个；“满意基层站所”6个、“不满意基层站所”3个。

【行政审批4S服务评价制度】 2015年，区纪委（监察局）助推行政审批4S服务评价制度▲创新，按照文明服务标准化、受理登记标准化、告知说明标准化、审批模式标准化等四项评价主体，规范29项具体评价细则，实行日督查、月通报、年排名，形成行政审批事前、事中、事后全过程控制。全年电话回访审批办结件服务对象1672人次，满意率98%。相关工作经验和做法刊载在1月22日《温州日报》。

▲行政审批4S服务评价制度：让各项审批服务规范为标准化(Standardization)操作，从“销售”到“售后”各个环节可控、可知，并形成长效。按照文明服务标准化、受理登记标准化、告知说明标准化、审批模式标准化等四项（简称4S）评价主体，及29项具体评价细则。

【“树新形象、做好榜样”主题教育实践活动】 2015年，区纪委（监察局）开展深化“树新形象、做好榜样”主题教育实践活动。活动深入“书香机关”创建，建立务虚会和理论研讨制度。参加杭培纪检监察干部专项业务培训4批次5人次，组织街道（乡镇）纪委（纪工委）书记参加全市纪委书记业务培训，派员6人次到市纪委挂职学习，加强纪检监察干部应知应会业务学习，以考促学，开发业务测试平台，每季度开展一次业务知识测试。规范纪检监察干部因私出国（境）、个人重大事项报告等工作。开展纪检监察干部“谈心谈话”活动，组织“团结和谐”机关大讨论，提升队伍凝聚力和向心力。

（郑育丹）

组织工作

【概况】 2015年，洞头区基层党组织398个。其中，党委20个、党总支27个、党支部351个。另有，部门党委11个，各类党组33个、区委派出工委6个。党员6828名，其中，女性1921名、少数民族145名；45岁及以下2901名，大专及以上2738名。全年发展党员66人，其中女性23人。其中，非公有制经济单位党委1个、党总支1个、党支部22个、联合支部18个，企业党员433名。全区党员服务中心100个，党员服务站（点）100个。

是年，洞头区委认真落实省委巡视组向洞头区反馈的在党风廉政建设和反腐败工作方面、在执行中央八项规定精神、省委《28条办法》、“六项”禁令和作风建设方面、在执行党的政治纪律方面、在执行组织纪律民主集中制和干部选拔任用方面的13个问题。以问题为导向，落实街道（乡镇）党（工）委书记抓基层党建工作责任制，街道（乡镇）党（工）委书记领办项目安排9个、责任清单重点推进项目20项。推行“微服暗访、随机调研”制度，区委书记带头开展随机调研。实行重点工作“一周一报，定期研判”，每月抽查，季度巡查，全年明察暗访农村基层党组织开展党建工作10次，发出整改通报4期。实行基层党建工作问责制，针对软弱后进村整治、百日攻坚行动等存在问题，约谈街道（乡镇）党（工）委书记、组织委员12人次。洞头区委组织部运用“互联网+”新理念，依托区民情处置中心、民情E通、“96345”民生服务平台，打造在线“党群服务中心”。民情处置中心受理各类民情诉求2200多件，办结率98%。围绕深化民情服务，在东屏、北岙街道试点“东屏E厝边”等微信综合服务平台，建好“洞头区党群服务中心”微信公众号，推行“一支部一微群”微信工作法，构建网上网下一体的党员服务群众体系。

全年提任科（局）级干部40人，其中正科20人、副科20人；调整交流科（局）级干部93人，其中正科31人，副科62人。不适宜担任现职领导干部8人。开展干部参与民间金融风险处置、“三改一拆”等工作专项考察，全年提任干部中来源于街道（乡镇）或重点工作一线的占63.4%。新提任副科长级干部中，35岁以下年轻干部45%、女干部35%、党外干部10%。出台《区管干部选拔任用工作规程》，形成干部动议、民主推荐、考察、讨论决定、任前谈话、任前公示、办理任职、宣布到位等八个环节的操作规程。选派153名干部参与民间金融风险处置、东屿村整村搬迁、农村基层作风巡查等急难险重任务，6名部门年轻党员干部到村担任第一书记。跨部门、街道（乡镇）公开选拔纪检干部。与省委党校承接中组部党建研究所“研判为官不为评价标准研究”子课题报告获优秀奖。开展“三超两乱”问题专项整治，2014年排查出的34个超配干部整改基数全部整改消化到位，进度居全市第一。全年区管领导干部个人有关事项报告366人，考察对象任前财产公示166人。全年52名科（局）级以上领导干部、20名年轻干部参加主体班，82名领导干部参加省、市各类专题培训班。组织354名党员领导干部参加“学党章讲党规守党纪”专题学习。按照“虚拟机构、实体运作”原则，组建招才局。启动博士后科研工作站建设。

【“红色印迹馆”建成开馆】 2015年5月6日，洞头县“红色印迹馆”在市民活动中心举行开馆仪式。该馆自2014年5月开始筹建。展馆占地面积800多平方米，总投入450万元，县新城开发建设指挥部负责建设。整个展馆以“人民对美好生活的向往就是我们的奋斗目标”为主线，从“英雄碧血”“渔乡巨变”“半岛梦圆”“海上花园”等四个方面，记录洞头在党的领导下经历的发展变化，展现不同年代面貌，缅怀纪念时代代表人物，沉淀洞头发展的光辉历史，进一步践行党的群众路线，传承和发扬“小县办大事”“党群连心、团结奋进”的精神内涵，为洞头党员干部党性教育的实践基地、洞头人民群众爱岛爱乡的教育阵地。县委书记董智武、县委副书记林琼揭牌，县委常委、组织部长钱敏云主持，县领导张贤孟、林海珊、叶海峰、杨艾立等参加开馆仪式。

【县深化“五星争创”暨村级绩效考核工作部署会在东屏街道召开】

(参见《街道（乡镇）》栏目“东屏街道”分目)

【出台村级绩效考核政策】 2015年5月，洞头区委制定出台《关于加强村级绩效考核工作的通知》（洞

县领导参观红色印记馆

2015年4月，洞头县深化“五星争创”暨村级绩效考核工作部署会

委办发〔2015〕33号）文件，构建“考、督、用、选、汰”制度体系。强化结果运用，将村级运转经费专项奖励、“十佳村干部”评选、村干部年终奖励、事业编制定向考录等“一篮子”待遇打包挂钩，激发村干部干事热情。制定完善《村干部管理办法》、村级小微权力清单，实施村干部底线管理，规范村干部管理。建立村干部养老保险、定期体检、离任村主职干部生活补助和村干部收入补助等制度，全区村（居）主职干部年基本报酬平均5.8万元，村干部报酬待遇水平居全市前列。

【“两新”基层组织建设】2015年，全区新建非公企业“拓展型”党组织6家，组建北京洞头企业商会党支部。选派12名在职机关党员、退二线领导干部到“两新”组织担任党建指导师和“第一书记”。实施示范项目领办制，培育项目品牌8个，建立金源化工“和合共同体”示范点。创新“社会组织+”党建模式，重点抓好社会组织党建品牌创建。微动力党支部创成市级“一社一品”。北岙、东屏两街道党建公积金试点引路，出台《关于推进全县非公有制经济组织和社会组织党建公积金建设的指导意见（试行）》，明确预存补助标准，探索“两新组织预存+区乡两级财政补助”模式，对公积金使用情况较好的企业给予20%资金补助。全年6个街道（乡镇）全部建立党建公积金，总额21.4万元，其中“两新”组织预存公积金14.4万元，保障了“两新”组织党建工作经费。

【党建“远教入户”工程】2015年，全区91个村居安装智慧党建IPTV，完成党建教学向综合性“视”平台发展的转变。打造远教广场“民生电视台”，形成打水鞍村传统国学栏目、城南社区排舞课堂、海霞村红色展播等一批民生特色专栏节目。拍摄制作大瞿岛党员—周明福坚守孤岛50年免费为群众治病行医的远教微课件《五十年海岛情》，在全省党员教育微课件观摩活动中获一等奖。

【“三百双结对”活动】 2015年11月，区委组织部联合扶贫办开展“三百双结对”▲活动，以机关部门为主体，对农村基层党建和非公有制企业党建工作实行指导帮扶全覆盖。全区一半以上村由区领导班子成员挂钩联系，每个村均由1个机关部门、1个企业结对。全年87个部门单位党员深入各村走访群众2万多户，慰问贫困户400多户，解决问题296件。

▲三百双结对：百个机关部门、企事业单位各挂钩联系百个村居、百个机关部门、企事业单位各挂钩联系百家企业、百家企业结对百个村居。

【党员志愿服务】 2015年，区委组织部探索建立“党员志愿服务+”模式，全区发展45支约1200人党员志愿队伍，形成“海霞妈妈”“好厝边”等一批具有知名度的志愿服务品牌，党员参与志愿活动数占全区党员的1/6。全年举办各类文化活动和志愿者行动400多场次，受益群众3万多人次，帮扶“微心愿”300多个。北岙等街道试行入党积极分子每年50小时志愿服务。

【村民中心建设】 2015年，区委组织部加大村民中心建设指导力度，全年自加压力建设17家，是原

党员志愿者公益活动

计划的2.8倍。出台《村民中心星级管理办法》，建立区直部门“村民中心服务清单”，实行村干部工作日坐班和节假日值班制度，推行村级便民服务无休日制度。6月，省委书记夏宝龙在洞头调研时对洞头区村民中心建设给予充分肯定。

【推行公务员职务与职级并行制度】 （参见《人力资源与社会保障》栏目“人事管理”分目）

（武晓峰）

宣传工作

【概况】 2015年，区委宣传部以“加快同城发展 建设‘海上花园’”为主题，紧密结合“区委七大举措”，围绕“撤县设区”、产业转型、“三改一拆”、“五水共治”、美丽乡村和平安洞头等重点工作和群众普遍关注的热点焦点问题，坚持工作谋划有体系，工作落实有抓手，工作创新有载体，增强宣传思想文化工作整体实力和影响力，推动全区改革和发展。

洞头区委理论中心组健全完善系列学习制度，推行理论学习、中心发言、专题调研和学习通报等制度，受到省委宣传部领导的充分肯定。依托百岛讲坛，开展习总书记系列总要讲话精神、新常态经济发展、国防形势教育、党风廉政建设、媒体素养等专题教育10期，其中千人讲坛2期。区委宣传部以文化礼堂建设工作推进会、业务培训会、现场会和总干事培训班等形式加强文化礼堂建设，新建文化礼堂5家。全区全年开展进机关、进乡镇、进企业、进学校、近文化礼堂等各类主题宣讲428场，“百千读书班”夜学活动176场。组织开展“绿水青山就是金山银山”微型党课比赛、“全城共读一本书”、社科普及周活动等活动。

区委宣传部牵头谋划和具体组织开展洞头先锋女子民兵连建连55周年系列纪念活动，得到各级党政军领导及嘉宾赞誉。组建网络微联盟，将全区近60余家微博、微信网络公众号经营单位（或个人）纳入其中，组织微联盟人员参训，开展网络微联盟“看新区”活动。开展“家乡情·创新梦”洞头商会行华夏主题新闻宣传采访活动，深入访谈洞头在北京、上海、贵州、杭州、乐清等五个商会和企业代表。以平安洞头建设、重点工程建设等为主题，深化政务在线党政

“遇见洞头”新媒体短片大赛动员大会

部门一把手对话网民访谈活动。召开网信工作座谈会，成立洞头区全媒体学堂，邀请市委宣传部新闻处副处长、温州晚报《直播温州》运营总监张景明作媒体融合发展专题讲座。牵头“十三五”文化事业和文化产业发展课题研究和重点建设项目谋划。重视城乡公共文化阵地与基础设施建设，启动城市文化主题公园建设，完成广电网络双向改造和数字电视整转工作，建成覆盖全区的农村应急广播体系。举办第五届全民运动会和第三届文化艺术节，开展市民艺术团系列活动和“全国散文名家写洞头”采风活动等，不断丰富群众文体生活。召开洞头在外知名文化人士座谈会，举办2015年文化产业项目招商会，组织企业参加温州和深圳文博会。开展全区重点文化企业评选，积极扶持渔民画、贝雕、古船木等重点文化产业项目。开展“很美系列”市民文化公益培训，全年开展“画画很美”活动9期，形成了丰富有成效的文艺活动机制。充分结合“撤县设区”契机，加大对外宣传力度。制作洞头城市形象外宣片，举办“遇见洞头”新媒体短片大赛，推出“遇见洞头”—优秀新媒体短片征集与评选、“海誓山盟·爱在洞头”—爱情短片创作大赛、“美在洞头”—手机拍客大赛等三大板块内容，进一步提升洞头对外形象。开展“记忆中洞头”网络文化节，通过微信、微博、网络专题、微场景、有奖竞猜等形式，全面展示洞头经济社会事业发展的翻天覆地变化。《守望大瞿岛》获省级诚信微电影一等奖。全年通过广播、电视、报纸、网站等新闻媒介在中央、省、市级媒体上发表2000余条，外宣成绩创历年新高。

【洞头先锋女子民兵连建连55周年纪念活动策划报道】 2015年，区委宣传部围绕洞头先锋女子民兵连建连55周年契机，开展主题宣传工作。邀请洞头先锋女子民兵连历任连长、指导员、老民兵，以及人武部、海霞办、海霞文化研究协会工作人员，召开宣传策划座谈会。在温州召开洞头区先锋女子民兵连建连55周年纪念新闻通气会、洞头先锋女子民兵连建连55周年纪念活动新闻发布会，新华社、中新社、人民网、浙江日报及温州报业集团、温州广播电视传媒集团等多家媒体记者参加新闻发布会。制作《海霞之光——洞头女子民兵连建连55周年》和《洞头女子民兵连纪念馆》画册、《不同的年代一样的情怀——洞头女子民兵连建连55周年》两个版本的电视公益形象片，在温州电视台、温州都市生活频道滚动播出。各级报刊刊发相关新闻稿件30余条；人民网、新华网、新浪、浙江在线、温州网等网络报道195条；温州发布等新媒体发布海霞内容10条，微信发布2条，CCTV7军旅人生、国防社区、新闻自助餐、解放军报社南京军区分社等微信微博平台均有发布。《东方时尚岛》报纸开设“铿锵玫瑰向海开”专栏，洞头新闻网开设“我们的海霞——不同的年代·一样的情怀”专题。系列报道既有图文，又有连续十几篇的通讯报道，采取讲故事的叙述方式，全面回顾洞头先锋女子民兵连建连55周年走过的历程，展现女民兵“不爱红妆爱武装”的精神面貌。活动期间，网站专题36篇报纸13篇，另加1期特刊。

【文化礼堂活动】 2015年3月、8月，相继召开全县文化礼堂建设工作推进会、洞头县村民中心暨文化礼堂建设现场会。按照“建、管、用”

2015年6月，洞头先锋女子民兵连建连55周年新闻发布会

一体化要求，新建文化礼堂5家。组织开展“春福六送”文化礼堂、首届文化礼堂“村歌”合唱大赛、“传家风家训 讲中国故事”、文化礼堂村晚演出等活动。创设“德行洞头”礼堂文化建设“七个一”▲载体，在中仑村蓝港文化礼堂和布袋岙村霓屿文化礼堂开展试点，全年各文化礼堂开展节庆、文化、礼仪等文化礼堂活动350余场。10月14日晚，洞头区首届文化礼堂“村歌”合唱大赛在蓝港社区文化礼堂广场上演，全区各街道(乡镇)12支队伍参加。温州市委宣传部副部长胡瑞怀，洞头区委常委、宣传部长张贤孟，洞头区委常委、副区长严卫星，洞头区人大常委会副主任林海珊等出席活动。6月24日，省委书记夏宝龙调研指导中仑村蓝港文化礼堂。

▲七个一：成立一个道德公益基金、设立一系列村民道德奖项、一条家规家训带、一条道德宣传廊、一支志愿者服务队、一批共建机制、一系列道德实践活动。

【最美系列工作】 2015年，区委宣传部深化最美系列工作，提升社会主义核心价值观。举行第二届最美洞头人暨洞头区第三届道德模范颁奖仪式，区委书记董智武出席活动并致辞，陈松财、甘泽民、肖文、林银凤、詹莲香、朱阿尽、林杰、叶元森、蔡燕，松龄志愿者关爱帮扶小组等10位个人（集体）获最美洞头人称号。创新推出“最美广场”活动，通过“理论宣讲+最美宣传+文艺演出”方式演绎“最美”精神，开展最美广场“讲洞头好故事”进社区文艺演出、最美故事宣讲进机关活动和“最美广场进军营”慰问演出活动等。与温州新闻网合作，启动拍摄以“最美洞头人”陈胭脂为人物原型的微电影。区“孝心少年”林杰当选“感动温州十大人物”。

（何加义）

统战工作

【概况】 2015年，区委统战部、区民族宗教事务局、区侨务办公室合署办公，是区委、区政府主管全区统一战线工作和民族宗教、侨务工作的职能部门。区民宗局、区侨办为区政府工作部门，接受区政府领导。2010年8月，县政府外事办公室、县政府侨务办公室、县归国华侨联合会三个机构整合为县外侨办〈县侨联〉，与县委统战部合署办公，对外挂县政府外事办公室、县政府侨务办公室、县归国华侨联合会牌子。

组织开展“和谐寺观教堂”创建、佛道教专项治理、文明进香、宗教执法等专项工作，制定出台《温州市洞头区宗教活动场所管理规范（试行）》，初步建立宗教场所规范化管理体系。全年累计检查场所300余处次，完成民间信仰甲类登记编号场所25处。12月，先后完成区道教协会、区佛教协会换届。开展“三改一拆”涉宗违建处置工作及“同心同行·共建和谐”活动，加强依法管理宗教事务，引导宗教界人士参与“寻梦中国·正言正行”等活动，确保宗教界和谐稳定。帮助民族村争取项目帮扶资金25万元。推荐8名党外代表人士参加省、市培训，提升党外干部素质。区“两会”期间，共提交提案、议案41件。开展党外人士调查，建立一人一档信息库。全区党外中层干部147人，副科级以上领导干部11人。实施统战部长约谈党外干部制度，健全党外代表人士谈心交友、对口联系等制度。区知联会成立网络人士联谊小组，吸纳网络意见领袖等12人。同时建立新联会、知联会、网联会小组微信平台，实现联谊议事“互联网”化。组织开展“趣味运动会”、党外书画会友活动、永嘉、瓯海三地联谊会等。

以“温籍侨领洞头行”为主要载体，抓住撤县设区契机，主动对接联系知名侨领前来参观，并开展温州首届国际电影节采风活动进洞头、意大利侨爱慈善洞头行等活动，吸引多国驻华大使及一批海外知名侨领、侨商到洞头考察，全年开展商贸推介专项活动、推介会3场次，累计接待外宾、海外侨商11批次118人。助力温州人云社区建设，建立健全洞头海内外重点人士“一人一档”式信息库。组织开展“香港乡亲家乡行”“洞头籍海外学子家乡行”及“树家规、立家训”家规家训征集等活动。借助“港澳信息攻坚月”活动，加强国内走户、海外联络、节庆慰问、眷属服务等工作。深化“海外学子家乡行”引智品牌，全年对接海外重点人士7

人，走访留学生眷属14户。8月1—5日，邀请10余名洞头籍在港乡亲及二、三代青少年回乡，开展“洞头籍在港乡亲家乡行”活动。9月，受邀前往香港参加同乡会周年庆活动。10月8日，意大利侨爱慈善协会一带一路“爱心联盟”中国行活动走进洞头，结对霓屿街道下社村。区侨办开展普光慈善进洞头活动，为5名贫困儿童长期结对社会公益人士。开展健康伴侨行——送医下乡活动，为25名侨界困难老人安排免费健康体检。实现空巢老人、留守儿童节庆慰问全覆盖。

区台办协助举办“第六届洞头妈祖平安节”活动，60余位台胞参加。邀请台南玄空法寺开山师父全真上人一行到中普寺交流。加强对台经贸旅游文化交流，帮助浙江永宏电器有限公司落实对台小额贸易经营权。全年组织赴台交流考察5批20人次，接待台湾游客5000余人次。

【统战团体服务社会大行动】2015年4月开始，区委统战部启动2015年度统战团体服务社会大行动。活动其间，在非公经济界、宗教界广泛开展“慈善一日捐”“暖巢行动”“节庆送温暖”“高温慰问”等活动，积极落实联侨归心工程，全年组织走访慰问少数民族贫困群众126人，侨户70余户，环卫工人127人次，实现空巢老人、留守儿童节庆慰问全覆盖。全年发放慰问金20万余元。整合海外侨团资源，为特困家庭募集助医助贫善款9万元。

【“同心同行·共建和谐”活动】

（参见《社会　民生》栏目“民族宗教工作”分目）

【“温籍侨领洞头行”活动】
2015年9月开始，区侨办抓住撤县设区契机，筹划开展温籍侨领洞头行暨招商引资推介会活动。邀请30余位受邀参加国庆阅兵礼的温籍华侨到洞头参观。开展温州首届国际电影节采风活动进洞头、意大利侨爱慈善洞头行等活动，吸引毛里求斯、菲律宾等多个国驻华大使，德国华人华侨商贸总会荣誉会长冯定献、意大利中国和平统一促进会会长刘光华、墨西哥侨领耶天慧、迪拜温州商会名誉会长陈志远等外国使节、知名侨领到洞头考察。全年累计接待外宾、海外侨商11批次118人，开展商贸推介活动3场次。

【洞头区佛教协会第三次代表大会】（参见《社会　民生》栏目“民族宗教工作”分目）

【区道教协会第五届代表会议】
参见《社会　民生》栏目“民族宗教工作”分目）

【贵州省浙江洞头商会成立】
（参见《社会团体　工商联》栏目“工商业联合会”分目）

【北京洞头企业商会成立】（参见《社会团体　工商联》栏目“工商业联合会”分目）

【亚洲国家驻华大使、参赞一行到洞头参观考察】2015年9月25日，毛里求斯、菲律宾、巴林、阿富汗、叙利亚等亚洲国家的驻华大使及相关工作人员一行10余人，到洞头参观状元岙深水港、望海楼和仙叠岩临海栈道等处，考察洞头港口建设和旅游产业。区领导林海珊、叶锦丽等陪同考察。

（欧阳红杏）

2015年9月25日，外国驻华使节访问洞头

机关党务工作

【概况】 区直机关工委下辖部门机关党委7个、机关党总支11个、党支部153个，党员2416名（其中大专及以上学历党员1665名，35岁及以下党员495名）。

2015年，区直机关工委发展党员23名，其中35周岁以下12名，大专以上学历18名，“两新”组织9名。年终民主评议推选优秀党员233名。推荐确定优秀党组织59家。健全党内激励和关怀机制，凡住院党员均受到慰问，凡生大病党员均得到补助，金额2000~15000元。全年慰问困难党员、老党员100多人次，慰问补助额近20万元，其中1万元以上补助的6人，2000元以上补助的55人。

区直机关工委指导各级党组织开展“学习党章、践行党章”主题教育月活动、“三严三实”专题教育、“文明干部 从我做起”大讨论等活动。通过优化微型党课巡讲和党组织书记宣讲活动，开展菜单式党员大课堂、大小党课和微型党课等学习活动。从党建论文50篇中筛选12篇优秀论文参加省、市直机关党建理论研究评选，获2015年度市级党建理论研究会二等奖1篇、三等奖4篇。举办“百岛故事·精彩洞头”全区党员干部讲故事比赛，12名选手获奖。选派80余名新任党务干部到乐清市委党校学习培训。举办400多名党员参加的重要会议精神解读、民间金融危机处置等专题的党员大课堂2期。评选推荐10篇优秀作品参加市廉政微故事创作比赛。全年发送廉政短信5000多条、推荐廉政文章12篇。志愿服务活动遍及全区机关153支支部党员服务队、8支行业党员服务队、122个党员服务小组。开展“快乐党员公益行”活动，106名党员志愿者活动现场认领微心愿106个，9个机关党委（党总支）认领微公益项目。按照项目要求，定期开展旅游志愿服务站、社区敬老、助学、快乐便当等微公益服务。评选“创先争优”优秀服务窗口5家。完善《洞头区直机关（单位）党组织工作目标管理考核办法》，促进机关基层党组织工作规范化。

全年刊出《机关党建信息》12期，上报各类信息49条，获省、市机关党建信息工作先进单位。洞头机关工委排舞队表演舞蹈《土耳其的欢乐》在浙江省第九届排舞大赛上获金兰花奖。

【“学习党章、践行党章”主题教育月活动】 2015年9月9日至10月9日，区直机关工委按照中央、省、市、区委以及组织部门部署要求，组织各级党开展“学习党章、践行党章”主题教育月活动。主要进行“三会一课”专题教育，通读党章，“逐字逐句、逐条逐章、熟悉内容、领会要义”，引导党员开展各类践行党章活动。协同区纪委、区委组织部组织147名党员干部参加党章党规党纪集中轮训班，听取主题报告、观看贪官《忏悔录》、参加自学和交流讨论、提交学习体会。各级党组织开设“党章及党员细则专题辅导”“讲党章微型党课”“党章问答比赛”“党章学习知识竞赛”等各类党章宣讲、比赛载体。

【机关基层党组织书记党务干部培训班】 2015年10月21—23日，区直机关工委组织80余名机关基层党组织书记在乐清市委党校集中培训，培训班由温州市委党校副校长蒋儒标、乐清市委党校副校长韩国庆，以及乐清党建业务骨干等教授专家授课。培训班设置集中教学、交流讨论、撰写心得、参观廉政教育基地等环节。重点学习党章、党

党务干部培训

纪、“三严三实”内涵精神、基层党建基本要求、基本规章、基本程序和基层党组织基本职责和工作方法，以及新常态下的中国经济发展、世界格局新变化和中国外交战略布局，人际沟通，以及党务干部领导艺术和领导能力等。同时，组织学员参观乐清市看守所，接受廉政警示教育。

【“讲忠诚、守规矩、提能效”专项活动】 2015年，区直机关工委根据省、市机关工委工作部署，在全区机关党组织中开展“讲忠诚、守规矩、提效能”专项活动。活动要求：全区机关党组织和广大机关党员加强思想建设，坚定理想信念，提高党性修养，争当忠诚奉献表率；规范基本行为，严格制度执行，遵守纪律规矩，争当遵规守纪表率；转变工作作风，严格正风肃纪，提高机关效能，争当高效服务表率。代表温州地区参加省市县机关党组织系统联动推进作风建设现场交流会作经验介绍。牵头开展千人评机关中层科室活动，扩展确定网络评议人员近2000名，选取16个区直部门单位中层科室36个作为评议对象。评选满意机关中层科室4个，不满意机关中层科室2个。

【施利民调研洞头机关党建】 2015年4月23—24日，省委副秘书长、省直机关工委书记施利民带队到洞头调研，重点就机关党组织“深改革、强规范、提能效”作风建设专项行动贯彻落实情况召开座谈会，并实地考察县国税局机关党建工作。施利民就加强机关党的工作提出要求：机关党员要站到最前头，起表率作用；加强机关党务干部的教育、培训，发挥党务干部职能作用。温州市直机关工委副书记吴作俊，县委常委、组织部长钱敏云参加调研。

施利民调研洞头机关党建工作

（张晓炜）

群众信访

【概况】 2015年9月，洞头县信访接待中心更名为温州市洞头区信访接待中心；撤销洞头县人民政府驻杭州办事处机构设置，原有2名全额拨款事业编制和人员划入区信访接待中心，退休人员纳入区信访局管理。

区信访局紧扣“法治信访、阳光信访、精准信访”工作主线，全区信访形势平稳有序，无恶性滋事及突发事件引发的不良影响、无赴省、市非正常上访事件，信访总量、重复访、集体访均明显下降。全年局本级受理群众来信来访376件(人次)，信访总量与上年同期相比下降26.4%，其中接待群众来访114批337人次，同比批次和人次分别下降20.8%和19.7%；受理群众来信39件，同比下降57.1%。群众来访方面，集体访20批168人次，同比分别下降16.6%和30.2%；重复访25批75人次，同比批次上升56.2%、人次上升1.3%；党政领导接待日接待来访群众20批69人次，同比分别下降33.3%和37.8%。是年，信访工作考核文泰洞排名第一。

【实施“阳光信访”】 2015年，洞头区全面实施“阳光信访”，把信访事项办理从“全国信访信息系统”转到浙江省网上信访平台，全区6个街道（乡镇）及40家部门并入浙江省网上信访信息系统，将接待来访、办理来信、督查督办、网上投诉等全部信访事项在网上流转，实现进入系统的信访事项“可查询、可跟踪、可督办、可评价”，并建立“信访事项办理群众满意度评价体系”，提升公信力，压实职能部门的主体责任。全年实现信访事项按期处理率100%，信访事项办理无差错。

【信访督查“百千万”专项行动】 2015年6月始，根据浙江省信访局《关于在全省“三严三实”专题教育中联动开展信访督查“百千万”专项行动的通知》（浙信领〔2015〕6号）、《关于印发〈信访督查“百千万”专项行动工作方案〉的通知》（浙信〔2015〕21号）文件精神，在全区范围开展信访督查“百千万”专项行动，建立区级督查项目库，开展重点信访事项督查，对信访事项办理实行“红橙黄绿”四色动态管理。综合运用多种督办方式，按照“常委带片，副区长管线，人大、政协领导个案重点督办”督查线路，区委常委对联系街道（乡镇）范围内的重点信访事项加强督查，副区长负责分管条线上县本级重点信访事项化解督办，区人大、政协领导参与重点信访事项督办。包括市级督查件在内的28件督查项目全部办结，有效推进信访问题化解。

【社会第三方力量参与基层信访】 2015年，区信访局深化第三方力量参与基层信访工作，实施“一街（乡）一品”管理培育模式，健全社会第三方力量参与信访工作机制，在队伍建设、权力职责、工作保障等方面给予明确和规范。将社会第三方力量按照“就近进格、专业错开、因需服务、总体平衡”原则，编组分布到各个辖区网格中，参与网格化管理服务工作，突出在基层信息排摸、依法信访宣传、苗头性问题化解等方面作用，有序配合基层信访工作。全年社会第三方力量排查各类矛盾纠纷362件，成功化解308件，其中90%以上在基层一线化解。

【健全信访工作机制】 2015年，区信访局优化信访考核办法，实行定量和定性评价相结合，让信访考核办法科学有效。建立疑难信访问题化解工作保障机制，制定印发《洞头区解决疑难复杂信访问题专项资金管理使用实施办法（试行）》（洞信联〔2015〕4号），促进解决疑难复杂信访问题化解，实施工作奖励；健全信访干部关爱机制，建立党委、政府慰问信访干部制度，落实信访干部信访岗位津贴；健全干部使用机制，4名副科级领导干部在区信访局挂职锻炼；坚持信访矛盾纠纷排查和分析研判机制，切实掌握信访隐患和动态信息，及时有效处置各类问题，无发生影响社会稳定事件。全年上报信访快报7篇，季度分析3篇。深化领导干部接访下访活动，坚持每月15日区党政领导接待日制度、律师陪同接访制度，结合“微服私访、随机调研”活动，开展以集中下访、定点接访、重点约访、带案下访等形式接访下访活动。全年区主要领导接待群众12批12人次，区级领导接待日共接待来访群众20批69人次，解决问题8件。

（唐智武）

史志工作

【概况】 2015年，区委史志办瞄准史志新方向，围绕重点新目标，扣牢史志硬任务，促进史志新发展。围绕《中国共产党洞头历史（1949—1978）》的编纂，紧紧把握“加快进度，速度服从质量”工作方针，两度围绕体例要求、敏感重要问题写法对接、篇目结构设置等方面作较大幅度的修改、补充和提升，文稿日趋完善，完成第五次修改稿约22.5万字。《洞头年鉴（2015）》《东岙顶村志》正式出版发行。举办纪念中国人民抗日战争胜利70周年系列活动。参与洞头县红色印迹馆建设，5月份洞头县红色印迹馆正式开馆。

【《洞头年鉴（2015）》编纂发行】 2015年11月，《洞头年鉴（2015）》正式出版发行。《洞头年鉴（2015）》由洞头区委、洞头区人民政府主办，洞头区委史志办编纂，交由方志出版社正式公开出版，这是自1991年《洞头年鉴》创刊以来一直内部发行的新突破。《洞头年鉴（2015）》结合洞头区域发展特点，总结2014年洞头县发生的大事、要是、新事，记载新成就、新进展、新经验，反映各条战线新风貌，使年度特点和地方特色更鲜明。该书由特载、特辑、大事记、县情概览、组织机构、百科等33个篇目组成，为16开精装本，凡608千字，内有彩照组图130余幅。定价158元。主编：卓桂荣、杨志林；副主编：曾焕定。

【《东岙顶村志》出版发行】 2015年12月，洞头海岛首部村志—《东岙顶村志》出版发行。《东岙顶村志》重点记载了东屏街道东岙顶村自然、社会、政治、经济、人文等诸方面的历史与现状，上限追溯事物发端，下限截至2013年底。全书由概述、大事记、专志、人物、附录等组成；卷首配有地图和照片、文内插有图片，记、志、传、图、表、录、注，诸体并用，图文并茂。全面、客观、形象地反映了东岙顶渔村特色，努力展现东岙顶村村民奋发进取的创业精神和时代风貌。《东岙顶村志》凡23万字，由吉林文史出版社出版发行。定价58元。主编：杨志林；副主编：洪震。至此，洞头区县志、部门志、专业志、乡镇志和村志门类齐全。

【《中共洞头县委文件选编》（1979—1986）成编】 2015年，为便于了解洞头党史、研究洞头党史，同时为编写地方党史提供可靠、直观的基础素材，区委史志办收集整理了1979年1月至1986年12月洞头县委主要文件、主要负责人讲话、文章等文献资料，输入电子文档75多万字，12月编辑成书，计60万字。

【纪念抗战胜利70周年系列活动】 2015年7月下旬—8月中上旬，

纪念抗战胜利70周年图片展

县委史志办联合县委宣传部举办纪念抗战胜利70周年知识竞赛活动，2000余人参加，评出优秀组织奖3个和幸运奖50名。牵头开展“铭记历史、缅怀先烈、弘扬以爱国主义为核心的民族精神”主题征文活动。组织参加温州市纪念抗战胜利70周年征文大赛，《日寇在洞头的暴行纪录》《林环岛，另一战线的抗日英雄》被温州史志纪念抗战胜利70周年特刊刊载。走访慰问抗战老兵，并采访宣传报道抗战老兵《硝烟里的峥嵘岁月》，激励后人牢记历史，自强不息，永远跟党走。8月27—9月7日，联合县委宣传部在洞头连城大道举行“抗日战争在浙江——纪念中国人民抗日战争暨世界反法西斯战争胜利70周年”图片展，并开展“三进”活动，参观人数近8000人次。牵头联合县委组织部、县委宣传部、县机关党工委等，组织全县各机关事业单位广大党员干部750人观看影片抗战史诗电影《百团大战》。

【史志理论研究和宣教】 2015年，区委史志办开展资政研究工作，《百岛巾帼之歌》《永远的战旗》《洞头科技发展的历程和特点》分别被省党史刊物《足迹》、全国《铁军杂志》和《温州史志》刊物采用。信息稿被省市史志网、方志网、温州史志等采用6篇，其中《洞头县红色印迹馆开馆》被中国共产党历史网采用。

（谢海燕）

老干部管理

【概况】 截至2015年底，洞头区离休干部18人。其中，居住本地12人，安置居住异地6人；机关12人、事业2人、企业4人；享受副处级待遇8人，享受正科级待遇10人；中共党员12人，占67%。全区离休干部平均年龄约87岁。副县级以上退休干部15人。

区党政领导先后为老干部作社会主义核心价值观、全面从严治党、党风廉政建设和反腐败工作、洞头经济社会发展形势等情况通报。区委老干部局组织老干部开展民间金融风险处置专题座谈会及阅文活动4次。组织老干部考察省级园林城市建设、全域景区化、南策海钓主题岛建设、美丽乡村发展、民俗文化节等“走、看、促”活动10次。8月，常务副区长张志宏、区人武部长李建走访慰问抗战老兵，并代为颁发中国人民抗日战争胜利70周年纪念章。争取公益创投项目支持，推出居家养老精细服务，联系微动力服务组织，协助指导12名老干部居家养老服务工作。加强对北岙街道岭背、上新、城中、银海、新城等五个社区“四就近”工作的指导安排。开展离休干部生活待遇政策落实专项检查，保障离休干部权益开展春节、“七一”、高温送清凉、重阳节等走访慰问活动10余次，走访103人次，发放慰问金12万余元。发放两项经费、疗养活动、电话费等合计65370元。

推选68名老干部加入温州市老干部银色人才库。组织开展环境保护、生态文明、下基层送健康、关爱帮扶等志愿服务活动32场次，参加志愿者300余人次，服务基层群众1000余人次。开展“争做最美老干部”行动，区关爱帮扶小组获“温州市最美老干部”称号，谢月英获“温州市最美老干部贴心人”称号。松龄志愿者服务队关爱分队当选“最美洞头人”。

【离退休干部党建活动】 2015年，区委老干部局组织开展离退休干部支部党员参观考察鹿西实体经济、省级公立医院改革试点等“共享发展成果体验”活动，以及洞头红色印记馆、东海贝雕厂、百福古船木家具厂等。举办离退休党员干部主题演讲比赛活动。开展离退休支部法制电影展播、青少年结对、授课宣传等菜单点题服务12次。为增强离退休干部活动阵地党建功能，成立老年大学党员先锋队。为纪念抗日战争胜利暨反法西斯胜利70周年，举办老干部书画摄影展，展出书画作品60幅、摄影作品32幅。并组织观看《红色典藏——浙江抗日老战士的烽火人生》专题片。

【老干部活动中心工作】 2015年，区老干部活动中心全年接待老同志2000多人次，服务单位团体开展文体赛事52场次。11月，组建区老干部门球俱乐部和老干部台球队。12月，联合区人力资源社会保障局举办第八届全区机关事业退离休干部运动会和第六届老年大学运动会。协助举办在洞头举行的“凝聚正能量·银发绘新章”全市老干部门球比赛。联合区文体局承办洞头区第五届运动会成年部门球比赛。

【洞头老年大学工作】 2015年5月，区老年大学组建“晚晴”合唱团，选送的排舞《达坂城的姑娘》获县第三届“激情飞扬·舞动洞头”文化艺术节排舞比赛一等奖。举办老年大学“迎新春 庆元旦”暨学员学业成果展示活动。组织开展趣味系列体育比赛活动。老年大学11幅摄影作品参加温州市委老干部局举办的“凝聚正能量·银发绘新章”全市老干部摄影作品展览活动。10月份，老年大学门球班组队参加在浙江省岱山县举办的全国部分沿海部分城市第二十二届门球联谊赛中获第四名。县门球协会联合县妇联举办洞头县第六届“巾帼杯”门球赛，近百名中老年“巾帼门球手”参赛。组织200余名老干部及老年大学学员观看温州市文化志愿者艺术团“让爱同行，幸福就在身边”慰问演出活动。

（翁玲玲 甘淑谊）

勘误：《洞头年鉴（2015）》“老干部”分目84页图 老干部参观的应是在建的洞头峡大桥”。

精神文明建设工作

【概况】 区文明办下设综合科、创建指导科（爱卫科）、未成年人思想道德建设科三个科室，承担公民思想道德建设、未成年人思想道德建设、群众性精神文明建设等工作。

2015年，洞头区委召开深化和培育社会主义价值观暨诚信建设工作大会、工作推进会。区文明办制定出台诚信建设主体宣教实践实施方案，建立诚信重点工作月报制度。深化诚信“红黑榜”建设，区道德墙出诚信专刊，报纸、网站挂上诚信红黑榜；街头LED显示屏常年播放“诚信老爹”等公益宣传累计时长6000多小时；举办诚信建设图片展；创作方言快板《争做诚信应会的文明人》等作品，演出10余场；开展“为文明代言 为新区添彩”系列活动之诚信道德讲堂巡礼银行系统和企业诚信专场2个。深化“我推荐我评议身边好人”活动，举办第二届最美洞头人暨第三届道德模范评选表彰活动，全年征集洞头好人事迹192个，张贴好人榜2121张，评选区级道德模范10名，入选市级道德模范提名奖1人，浙江好人2人，中国之声《难忘中国人》广播栏目播出事迹5人。“为文明代言 为新区添彩”系列活动拍摄代言照片673张，《文明代言公益广告片》8个、《小小善良》微电影1部。联合县委宣传部、民政局、总工会等单位开展“迎新春 圆梦想”“五进”送戏慰问文艺演出，先后走进蓝港社区、打水鞍文化礼堂、小三盘海防一连等。

小荆村创成全国文明村，新城社区创成浙江省文明社区，打水鞍村晋级省文明村，小三盘村、小朴村、中仑村和同兴村等创成温州市文明村。目前，全区拥有全国文明村3个，省市区级文明村39个。全区全国文明村占全市总数的50%，市级以上文明村占比30.95%，各级文明村占行政村总数的50%。国网供电洞头公司创成全国文明单位。同时全区创成省级文明单位2家，7个新申报市级文明单位通过考核。51个市级文明单位（服务示范点）通过复评及评选推荐。委托第三方对15个各级文明单位及大厅开展暗访活动。新城社区晋级温州市五星级幸福社区，上新社区2015年初创成四星级幸福社区并通过市级五星级考核，城中社区通过市级四星级幸福社区考核。

联合区妇联开展“我的家训家规和家风故事”活动，征集作品147件，其中家规家训111件。评选一等奖1名、二等奖2名、三等奖5名，优秀奖12名。组织开展“万朵鲜花送雷锋”公益活动12期8个专场。投入7万元建成南塘工业区南塘湾道德主题园一期工程。联合微动力等社会公益组织开展五一文明旅游志愿服务、车窗抛物整治行动。联合团委开展“志愿青春助力 文明洞头行动”“青春志愿行·温暖回家路”等志愿服务。在“文明洞头”微信平台发布86家餐厅信息，推出“文明餐桌”点赞活动。深入文明村镇（社区）创建活动。开展道德示范村创建评选活动，培育“善孝礼和勤信”等道德主题村，评出打水鞍村（“善”道德主题村）等十大道德建设示范（主题）村。深化“春泥计划”实施。推行街道（乡镇）互学互评机制，指导103个村（社区）开展各项活动333项1500余次，开设公益课堂20余个，夏令营10余个。提升“春泥学堂”。新增分设暑期班、寒假班、周末班，增设户外课程，成立“春泥宝贝”社会观察团，免费为全县未成年人提供社会体验、兴趣培养、道德实践等活动453次，参与的未成年人22495人次。新增自建乡村学校少年宫4所，中央支持建设学校1所，全区累计乡村学校少年宫16所，率先实现少年宫在街道（乡镇）和中小学校双覆盖。召开全区第二届乡村学校少年宫建设现场会和集中汇报会，发动开展道德模范宣讲、流动少年宫大篷车、文化电影进校园等活动。

【国网浙江省电力公司洞头县供电公司获评“全国文明单位”】 2015年2月28日，中央文明委授予国网浙江省电力公司洞头县供电公司为第四批全国文明单位（文明委〔2015〕3号）。国网供电洞头公司，近些年先后获全国工人先锋号、全国“用户满意企业”、全国女职工建功立业标兵岗、全国“安康杯”竞赛优胜企业、国家电网公司一流县供电企业、国家电网公司优质服务标杆单位、国家电网“户户通电”工程建设先进集体、国家电网先锋党支部、国家电网先锋党支部标兵、浙江省五一劳动奖状、省级敬老文明号、浙江省巾帼文明岗、浙江省青年文明号、浙江省百佳优质服务窗

口、浙江省治安安全示范单位、浙江省第三届行风建设鼓励奖、浙江省供电先进单位、浙江省百家优质服务窗口、浙江省供电服务品牌20强、浙江省电力公司抗击“菲特”台风优秀青年突击队、浙江电力基层党建工作示范点等荣誉。

国网洞头供电公司1954年成立，隶属于浙江省电力公司，员工213人，担负着全区1个镇1个乡4个街道供电任务，连续9年保持省级文明单位称号。近三年资产总额从1.59亿元升至2.06亿元，供电量从1.99亿千瓦时增长到2.43亿千瓦时，售电量从1.83亿千瓦时增长至2.32亿千瓦时，连续安全生产日5300多天。近些年，国网洞头区供电公司积极培育和践行社会主义核心价值观。弘扬“海霞”精神，立足学雷锋志愿者活动。2007年6月，成立海霞电力女子服务队，设立“海霞扶贫帮困基金”。2009年3月，成立洞头县先锋女子电力排。2012年5月，服务队加入县学雷锋志愿服务总队并积极探索学雷锋志愿服务常态化、制度化管理，推出“六走进”和“五心”特色服务，每年开展活动30余次，累计参加4000余人次。持续开展“青年好声音—我为核心价值观代言”、核心价值观微型党课竞赛，结合“我们的节日”、文明交通劝导等活动，深化核心价值观理念。通过理论中心组学习、座谈会、读书班、学习周等形式，使党的群众路线教育实践活动常态化。开展“中国梦·国网情”主题学习活动、征文比赛、微型党课竞赛等，使中国梦主题教育活动落地深植，获温州市先进学习型党组织称号。开展“五个一”活动，推进道德讲堂建设，培养造就一支“崇德向善、明礼树德”员工队伍，同时将道德讲堂创造性地走进校园、企业、村居、爱国主义教育基地。活动举办14期，参与人员1000余人次。以“始于客户需求，终于客户满意”为目标，推出首问责任制、故障主动抢修、“电力服务地图”、智能互动服务、“三全二定一核心”等创新服务，化被动服务为主动服务，服务新农村建设，连续十一年获县行风评议第一名。

【大门镇小荆村创成全国文明村】

2015年2月28日，中央文明委授予洞头县大门镇小荆村为第四批全国文明村（文明委〔2015〕3号）。大门镇小荆村以其环境优美、民风淳朴、村民敦厚，引领文明风尚，成为景美、人美、道德美的全国文明村。大门镇小荆村，地处温州瓯江口外东南侧的烟墩岗下，共有三个自然村，总面积1.02平方千米。总人口813人，总劳力576人，村民从事种植业和第三产业为主。2014年农村经济总收入1823.5万元，村集体收入116.8万元，人均纯收入11083元。2007年以来，该村先后获评省卫生村、省绿化示范村、省万村联网工程新农村示范网站、省文明村、省特色旅游村、省森林村庄等。

2009年4月以来，以小荆山景区为依托，成功举办六届海岛（大门）油菜花节观赏游，接待游客15.2万人次，实现从业人员78人，带动低收入农户32户，增加渔农户收入760万元。同时开发村公益性岗位，落实失业人员再就业。坚持每年办实事，村庄环境面貌持续提升。投入520多万元开展“美丽乡村”建设拆除露天粪坑164个，整治沟渠2300米，建成景观休闲广场2400平方米、古城墙800米、森林公园0.57平方千米、游步道和绿化带2100米、森林村庄绿化和小公园式3100平方米、停车场820平方米、古道360米、更换路灯63盏、生活污水净化沼气池80立方米和人工湿地污水处理池162平方米，并采用PPC管将全村100%农户生活污水纳入处理池处理，改厕7座。道路硬化3.2千米，建

大门镇小荆村村貌

成村民活动中心483平方米。组建村庄环境卫生保洁队伍，做到日清日运，无害化处理100%。通过广播、生态文明建设宣传窗、LED显示屏、公园指示牌等渠道开展文明宣传活动50余次。持续开展并评选“十星级文明户”28户、“五好文明家庭”26户，农户参与率100%，推进乡风文明建设。常年组织以党员、工青妇组成的志愿者队伍为老弱病残群众送食、送药、送温暖。制定符合村情、民情的《村规民约》，开展移风易俗活动，规范村民言行举止，提高村民文明素质。村部设有阅览室，每天向村民开放。成立健身操队、腰鼓队等业余文艺队伍，开展健身操表演、趣味运动会等文体活动。同时以“我们的节日”为载体，开展越剧表演、清明扫墓、包粽子、制作月饼和重阳敬老礼仪活动等，丰富村民文化生活。举行道德评议会，评选并宣传道德模范7人（热心公益事业、好孙媳、好妻子、好女儿、好儿子、好邻居）。以“春泥计划”行动为载体，促进未成年人思想道德建设。

【洞头县渔农村精神文明建设暨道德示范村创建工作现场会】 （参见《街道（乡镇）》“大门镇”分目）

【吕丹丹入选“发现最美浙江人—浙江好人榜”】 （参见《街道（乡镇）》“大门镇”分目）

【评出十大道德建设示范（主题）村】 2015年，为加强渔农村道德建设，推进“五美”乡村建设、乡风文明建设，培育孝老爱亲、诚信友善、勤俭节约新风尚，加快城乡思想道德同城发展，推进全区域文明程度一体化，区文明委4月起组织开展道德建设示范村评选活动。评选条件以社会公德、职业道德、家庭美德和个人品德建设为重点，通过创建评选，建立完善村道德建设机制、乡风文明、实践教育活动、阵地建设及道德主题村建设等内容，落实社会主义核心价值观。创建突出道德机制建设、乡风文明建设、道德实践教育、道德阵地建设以及道德主题村建设。评选由行政村自愿申报，街道（乡镇）组织初审、推荐初评，区文明办实地考核、民意调查，产生推荐入围名单，综合评议审定，最后由区文明委命名授牌、奖励。入围村奖励经费3万元，道德主题村奖励5万元。全区评出打水鞍村（“善”道德主题村）、海霞村、东沙村、大荆村（“和”道德主题村）、小荆村、东岙顶村（“礼”道德主题村）、中仑村、沙角村（“孝”道德主题村）、下社村（“勤”道德主题村）、鹿西村（“信”道德主题村）等十大道德建设示范（主题）村。投入创建经费42万元。

（林永新）

档案工作

【概况】 2015年，区档案局推进档案资源、利用、安全三大体系建设。被温州市人力资源和社会保障局、温州市档案局授予“十二五”其间全市档案系统先进集体称号。

县委办、县府办出台《洞头县关于加强和改进新形势下档案工作的实施意见》，对全县新时期档案工作做出全面部署和安排。区档案局监测评估《档案事业发展“十二五”规划》，提出“十三五”规划的预期目标。印制《洞头县档案局行政审批工作指南》《重点工程项目档案管理工作规范标准指南》。完成“大陆引供水”一期王山头加压泵站等3个重点建设项目档案验收和登记备份工作。区委宣传部、区委政法委等4家单位通过档案工作目标管理市级认定。对馆藏满30年1984年前的档案进行开放鉴定，主要涉及30个单位文书档案689卷，目录10901条。建立婚姻档案、公证档案索引目录，上传全市馆际目录共享平台29307条，实现第一批民生档案目录“异地查档、跨馆服务”。编制70项民生档案目录指南。对区民政局、国土资源局、住房和城乡建设局等20家单位民生档案规范化管理进行指导。备份区社保中心、区人民医院等涉民领域专业档案数据3756.75GB。修订《洞头区电子文件和数字档案登记备份中心安全保障应急预案》等。采集撤县设区后各单位印模101枚，接收县域名的“国字号”奖牌。修复完成大门区公所、三盘区公所和区委共3个全宗1160卷、5177页。添置绿盟安全审计系统，有效监控业务系统访问行为和敏感信息传播。全年备份37家机关事业单位数据8192.45GB。以“国际档案日”“档案法宣传月”活动为契机，组织开展“学生成长档案袋”制作评比、广场档案成果图片展览、现场咨询、自行车环岛宣传等，推进档案文化“六进”活动。开展“记忆中的洞头”老照片征集活动，并通过洞头发布微信平台、网站、微博等媒体开展广泛宣传。拍摄全市首部以档案工作为载体的微电影《记忆的守护》。

“记忆中的洞头”老照片展示

【《加强和改进新形势下档案工作的实施意见》出台】 根据省委办、省府办印发的《关于加强和改进新形势下档案工作的实施意见》（浙委办发〔2014〕51号），及市委办、市府办贯彻落实《实施意见》精神，县委办、县府办于2月制发《关于加强和改进新形势下档案工作的实施意见》（洞委办发〔2015〕6号）。文件明确的总体目标与任务是：以改革创新为动力，以走向依法管理、走向开放、走向现代化为根本要求，以健全完善覆盖人民群众的档案资源体系、方便人民群众的档案利用体系、确保档案安全保密的档案安全体系为目标，以建设法治档案、智慧档案、民生档案、平安档案、活力档案为主抓手，突出工作重点，创新工作机制，狠抓工作落实，不断开创我县档案工作新局面。同时，在完善档案工作体制机制、健全覆盖人民群众的档案资源体系、健全方便人民群众的档案利用体系、健全确保安全保密的档案安全体系等方面提出了具体措施，以及实现的工作目标。如，力争到2020年底县级档案馆建成数字档案馆，县属各单位全部建成数字档案室。2020年底前，县级档案馆要建成管理先进、设施完善、功能齐全、节能环保，具备档案安全保障能力和公共服务能力的国家级综合档案馆。

【区档案馆新馆开工建设】 2015年，档案馆新馆建设列入全区重点工程建设项目。7月28日，洞头区档案馆新馆开工建设。该工程项目选址位于洞头新城二期B03地块，总用地面积10271平方米，建设面积23458.81平方米，综合项目批复概算总投资1.5亿元，其中档案馆新馆总建设面积9009.07平方米，资金概算为5000万元（不包括装修费用）。该项目由区档案馆与区信用联社、区气象局联合建设。为利于项目推进及手续简化，由区信用联社作为项目代建单位。档案馆新馆建成后，库房存量可满足未来50年档案事业的发展需求。

【档案资源开发利用】 2015年，洞头区档案馆共接待查阅人数209人次、调档1303卷次，拷贝957页、复印407页。全年接收“三重一特”照片5265张、文字资料1547份。征集“记忆中的洞头”老照片、海岛村庄建筑文化变迁、清朝光绪和民国年间地契、大门流逝的记忆等照片档案史料3432张；编辑出版《海岛老厝》《2015洞头记忆—撤县设区》《洞头谱牒文献集成》《洞头谱牒调查研究文集》等文献资料。

【档案信息化建设】 完成馆藏17个全宗的档案数字化加工和目录调整，共计114349页，40410条。新增馆藏字画等专题目录22048条。指导创成省级示范化数字档案室2家、市级规范化数字档案室10家。重新研发了数字档案室管理应用系统。新增区农林水利局等3家单位原生电子档案进馆。

（陈素芳）

机构编制

【概况】 2015年，区编委办规范机构编制管理，政府职能转变加快推进，政府机构改革稳步实施，事业单位改革有序开展。全年办结部门机构编制申请件45项，办理出入编手续573人次，核准56个单位用编计划240名。规范事业单位登记管理工作，办理设立登记3家、变更登记107家，注销登记3家，年检事业单位137家，网上登记、年检率、公示率100%。网站标识管理和中文域名注册申报比例、挂标比例100%。

【行政机构改革】 2015年3月份，中共洞头县委、洞头县人民政府印发《洞头县人民政府职能转变和机构改革方案》通知文件。完成22个政府部门设置。完成洞头县人口计划生育和卫生局更名为洞头县卫生和计划生育局，将县卫生和计划生育局的研究拟订人口发展战略、规划及人口政策等职责划入发改局；组建县市场监督管理局，将洞头县食品药品监管局、洞头县食品安全办、洞头县工商局、洞头质监局职责整合划入洞头县市场监管局，印发市场监管局“三定”规定；组建洞头县综合行政执法局，设置机构编制框架，明确职责，拟订《温州市洞头区综合行政执法工作实施方案》并按程序上报审批；明确12家纪检派驻机构进驻全区54家部门，实现纪检派驻监督全覆盖；完成洞头撤县设区后全区党政机关、人大和政协机关、群团组织及事业单位机构更名。

【12家纪检派驻机构进驻54家部门】 根据党章规定和中共十八届三中全会及中央、省、市有关文件精神，按照中央纪委和省、市纪委关于实现派驻监督全覆盖要求，进一步改革完善区派驻机构领导体制和工作机制，切实加强对区直属各部门和单位领导班子及其成员的监督，强化落实党风廉政建设主体责任和监督责任，12月3日，区委办印发《关于区纪委派驻（出）机构设置的通知》（洞委办发〔2015〕77号），明确了12个派驻纪检机构设置；机构设置中，综合派驻8家，分别是区纪委派驻第一纪检组（驻区委办纪检组）、区纪委派驻第二纪检组（驻区府办纪检组）、纪委派驻第三纪检组（驻区委组织部纪检组）、区纪委派驻第四纪检组（驻区委宣传部纪检组）、区纪委派驻第五纪检组（驻区委统战部纪检组）、区纪委派驻第六纪检组（驻区司法局纪检组）、区纪委派驻第七纪检组（驻区财政局纪检组）、区纪委派驻第八纪检组（驻区市场监管局纪检组）；单独派驻3家，分别是区纪委驻区人民法院纪检组、区纪委驻区人民检察院纪检组和区纪委驻公安洞头分局纪检组；派出机构1家，为区直机关纪工委。派驻机构设立后，撤销区直属各部门（单位）内设纪委（纪工委、纪检组）和监察室（科），撤销区纪委派驻区审管办（公共资源办）纪检组（监察室）、区纪委派驻区工务局纪检组（监察室）。各派驻机构编制和领导职数按有关规定办理。12月9日，区委印发《关于实行统一管理后核定区纪委各派驻纪检机构人员编制的通知》，规定对区纪委派驻纪检机构人员编制实行单列，核定单列行政编制，进驻全区54家部门，实现纪检派驻监督全覆盖。

【政府职能转变】 2015年，区编委办牵头组织经信局、科技局、人力社保局等3个部门与电器商会签约，推进政府职能转移试点工作；印发《洞头区政府职能向社会组织转移目录（第一批）》，明确区政府各系统共142项职能事项，通过授权、委托和购买服务等方式转移，逐步培育发展社会组织，建立政府职能转移清单；印发《温州市洞头区政府职能转变任务分工方案》，拟订2015—2017年区政府职能转变任务分工方案，明确机构改革、权力清单、责任清单、审批机制改革、社会组织改革、要素配置改革、渔农村管理机制、信用体系建设等任务明细、推进完成时间和承担单位，为政府职能转变明晰方向。

【深化权力责任清单】 2015年，区编委办开展垂直管理驻地方机构和街道（乡镇）12家单位权力清单和责任清单梳理，梳理12家单位行政职权608项，部门主要职责236项，部门责任边界事项47项，事中事后监管制度85项，公共服务事项135项。开展全区31家部门行政权力事项库事项信息规范比对工作，审核行政权力5484项。出台《温州市洞头区人民政府部门职责管理暂行办法》，明确部门职责，强化履行落实，完善权责清单动态管理。联合区法制办、审管办对全区68项部门权力清单非行政许可权项开展审核、调整和清理，取消“非行政许可”权项类别。

【事业机构改革】 2015年，撤销城市开发建设指挥部，组建工务局。确定规划建筑设计院、规划测绘大队、市场开发服务中心等3家单位转企改制，住建系统15家事业单位整合为8家，具体为：洞头县建筑节能与墙材革新办公室和洞头县建设工程质量与施工安全监督站合署办公；将洞头县房屋征收管理办公室、洞头县房屋安全鉴定所、洞头县物业管理中心、洞头县农村住房建设管理中心合并，成立洞头县房产管理服务中心；整合县质量技术监督稽查大队和县市场监督管理局稽查大队。撤销县质量技术监督局大门所、县市场监督管理信息服务中心、县个体协会、县城市开发建设指挥部、县驻杭州办事处、县干部档案室、县机关食堂、县城市管理大队、各街道（乡镇）城管中队（6家）等14家事业单位。

【撤县设区机构更名】 2015年，区编委办全力服务洞头撤县改区工作，开展机构编制调研，完成撤县设区中涉及的机构编制调整工作。参与拟定撤县设区机构人事工作有关方案，参与撤县设区社会事务、综合协调工作。9月7日，印发《关于原洞头县直属单位所属机构更名的通知》，按期完成洞头撤县设区后全区327个党政机关、人大和政协机关、群团组织及事业单位机构更名工作。

温州市公安局洞头区公安分局更名仪式

【街道（乡镇）“卫计合一”改革】 2015年12月份，区府办印发实施《关于优化整合街道（乡镇）妇幼保健和计划生育技术服务资源的实施方案》，整合机构设置，将街道（乡镇）计生办更名为卫生计生办，将计生服务站更名为卫生计生管理站，将村计生室更名为村卫生计生室；将社区卫生服务中心更名为社区卫生计生服务中心，挂妇幼保健计划生育服务站牌子；调整人员编制，适当调剂划转各街道（乡镇）原计生服务站事业编制到社区卫生计生服务中心；原计生服务站在编人员按照自愿原则，允许留在街道（乡镇）逐步消化；建立过渡管理机制，原计生服务站技术人员在改革过渡其间先行到社区卫生计生服务中心承担计划生育技术服务工作。

【编制管理】 2015年，区编委办制定出台《关于精简压缩编制的实施意见》，对事业单位重新核编，调剂收回244名事业编制。深化机构编制监督检查，加强机构编制实名制管理，全年开展在编人员到岗情况监督检查2次、编制精简后实名制落实规范专项检查2次，召开实名制系统操作维护培训会，开展实名制系统数据监督检查。规范编外用工管理，全年核准编外用工130名。

（陈美美）

责任编辑　卓桂荣

洞头区人民代表大会

朝朝满载 · 陈钦煅

“海霞精神”

爱岛尚武 励志奉献

“五岛连桥”精神

小县办大事 小岛创大业

概　述

【概况】　2015年，区(县)人大常委会依法召开14次常委会会议、18次主任会议，听取和审议38个专项报告，作出22个决议决定、7个审议意见。

全年开展五大产业发展、两大工业园区建设、旅游业发展、电子商务发展和花岗岩产业聚集等调研视察工作。组织代表参加省市区三级人大联动开展“转型升级十大组合拳落实情况”主题监督活动。跟踪监督“两美建设”、防洪排涝以及海岛绿化美化、“五水共治”、“四边三化”等工作。组织代表联合政协委员对77省道延伸线、大门大桥、洞头峡大桥等工程建设情况开展调查视察。邀请各级人大代表参与“三改一拆”、重点工程建设、工业园区建设等各种调研视察活动。审议通过土地利用总体规划调整方案。作出支持推行政府投资和社会资本合作的PPP模式相关决议，鼓励民间资本参与区基础设施建设。研究全区民间金融风险问题对策，抓好督导清算、规范处置流程等建议。组织代表实地查看政府十大惠民实事进展情况。关注“一打三整治”、社会养老、殡葬改革等工作。组织省市区乡镇四级代表参与主体监督活动、查找人民群众办事审批难活动。召开专题研讨会和街道乡镇人大工作会议，交流经验、推广典型。全年处理来信13件，来访14件35人次。区十三届人大四次会议收到议案151件，30个单位负责办理。代表建议所提问题得到解决或基本解决（A类）的47件(其中1件为闭会议案)，正在解决或列入计划解决（B类）的69件，受条件限制暂时不能解决、留作参考或不可行（C类）的36件。代表对办理情况表示满意82.12%，基本满意14.57%，不满意3.31%。

修订完善《洞头区人民代表大会常务委员会议事规则》等规章制度。废除《票决制试行办法》，建成电子表决系统。带头践行“三严三实”，参加区委理论中心组、百岛讲坛等各种学习，为基层党员、机关干部上党课，组织机关干部参与读书班、读书会、报告会、网络学习等各种活动，强化党性观念、提高服务意识、增强实干精神。

重要会议

【县十三届人代会第四次会议】　2015年3月18—21日，县第十三届人民代表大会第四次会议在北岙举行，出席代表147名，列席人员120名。会议听取和审查县人民政府代县长王蛟虎所作的《政府工作报告》、县人大常委会主任叶永辉所作的《县人大常委会工作报告》、县人民法院代院长李德通所作的《县人民法院工作报告》、县

2015年3月18日，洞头县第十三届人民代表大会第四次会议开幕式

人民检察院检察长金依所作的《县人民检察院工作报告》。会议审议《洞头县2014年国民经济和社会发展计划执行情况与2015年国民经济和社会发展计划草案的报告（书面）》《洞头县2014年预算执行情况和2015年预算草案的报告（书面）》。会议以无记名投票选举王蛟虎为洞头县人民政府县长，李德通为洞头县人民法院院长。会议收到议案151件，2件重点议案合并为1件重点议案。

【区（县）人大会常委会会议】 2015年，区（县）人大常委会举行常委会会议14次，会议情况具体如下：

1月7日，县人大常委会召开第二十八次会议。会议听取和审议县政府《洞头县土地利用总体规划（2006—2020）调整完善方案》的报告，并作出《关于批准洞头县土地利用总体规划（2006—2020）调整完善方案的决议》。会议审议县法院提请的任职议案和李敏提请的辞职报告，以无记名投票表决的方式，任命李德通为洞头县人民法院副院长、审判委员会委员、审判员，接受李敏辞去洞头县人民法院院长、审判委员会委员职务的请求。会议审议县人大常委会主任会议提请的议案，决定县人民法院副院长李德通为洞头县人民法院代理院长。会议补选温州市第十二届人民代表大会代表。

1月30日，县人大常委会召开第二十九次会议。会议审议并通过县人大常委会主任会议、县人民政府提请的人事任免议案。

2月28日，县人大常委会召开第三十次会议。会议听取和审议县政府提请的有关人事任免议案，以无记名投票表决的方式，决定王蛟虎为洞头县人民政府副县长。会议审议董智武同志的辞职报告，以无记名投票表决的方式，接受董智武辞去洞头县人民政府县长职务。会议听取和审议县人大常委会主任会议

洞头县人大十三届四次会议确定的重点建议

表1

标　题	领衔代表
关于岛际交通建设2件代表建议合并成一件重点建议	
《关于全面谋划鹿西岛内岛际交通的议案》	陈余飞
《关于改善大门、鹿西离岛岛际交通的建议》	王信暖

提请的有关人事任职议案，决定副县长王蛟虎代理洞头县人民政府县长职务。会议审议通过《关于召开洞头县第十三届人民代表大会第四次会议的决定》。

3月10日，县人大常委会召开第三十一次会议。会议听取《关于县人大常委会工作报告稿的说明》，审议并原则通过县人大常委会工作报告稿，授权主任会议根据审议意见修改后，提交县十三届人大四次会议审议；常委会委托叶永辉主任向县十三届人大四次会议作工作报告；会议听取、审议并通过县人大常委会代表资格审查委员会委托所作的《洞头县人大常委会代表资格审查委员会关于补选代表资格的报告》；会议审议并原则通过洞头县第十三届人民代表大会第四次会议选举办法（草案），决定提交县十三届人大四次会议表决通过；会议审议决定县十三届人大四次会议列席人员名单。会议审议并原则通过县十三届人大四次会议主席团和秘书长等有关名单（草案），决定提交县十三届人大四次会议通过。会议听取和审议《关于洞头县2014年国民经济和社会发展计划执行情况与2015年国民经济和社会发展计划草案的报告》《关于2014年预算执行情况和2015年预算草案的报告》，要求县政府根据审议意见进一步修改完善，提交县十三届人大四次会议审议。会议听取和审议县财政局局长李毅受县政府委托所作的《洞头县人民政府关于提请审议2015年政府性债务收支计划的议案》，作出《洞头县人民代表大会常务委员会关于批准洞头县人民政府2015年政府性债务收支计划的决议》。会议听取和审议县人大常委会主任会议、县检察院提请的人事任免议案。

4月14日，县人大常委会召开第三十二次会议。会议听取《关于县十三届人大四次会议代表议案建议的初审报告》，审议并原则通过《洞头县人民代表大会常务委员会关于处理县十三届人民代表大会第四次会议代表议案建议的决定（草案）》，授权主任会议根据审议意见作进一步修改。会议听取和审议县人大常委会主任会议、县人民法院提请的人事任免议案。

5月28—29日，县人大常委会召开第三十三次会议。会议听取和审议县政府《关于学前教育工作情况的报告》、县人大常委会《关于学前教育工作情况的调查报告》、县政府《关于旅游工作情况的报告》、县人大常委会《关于旅游工作情况的调查报告》和县政府《关于县人大常委会2014年度提出的部分审议意见落实情况的报告》，并就县政府落实财政与审计工作、贯彻实施科技进步法情况、防洪涝工作、重点工程建设情况、食品安全工作情况、美丽乡村与美丽海岛水乡建设情况等方面的审议意见以无记名投票方式进行满意度测评。

7月27—28日，县人大常委会召开第三十五次会议。会议听取和审议县政府《关于洞头县2014年财政决算的报告》，作出《关于批准洞头县2014年财政决算的决议》。会议听取和审议县政府《关于洞头县2014年度本级预算执行与其他财政收支的审计工作报告》《关于洞头县2015年上半年国民经济和社会发展计划执行情况的报告》《关于洞头县2015年上半年财政预算执行情况的报告》《关于贯彻实施新〈中华人民共和国环境保护法〉的报告》和县人大常委会《关于中华人民共和国环境保护法贯彻实施情况的执法检查报告》。会议听取和审议县政府《关于洞头县环境功能区划（报批稿）》编制说明，通过《洞头县环境功能区划》，作出《洞头县人民代表大会常务委员会关于批准洞头县环境功能区划的决议》。会议听取和审议县公安局《关于提请对县人大代表张于珍采取刑事强制措施许可的报告》，并表决通过主任会议提出的《洞头县人民代表大会常务委员会关于许可对县第十三届人大代表张于珍依法采取刑事强制措施的决定（草案）》。会议听取县人大常委会《关于县人大常委会修订和废止部分制度情况的说明》，表决通过《洞头县人民代表大会常务委员会议事规则》《关于废止洞头县人民代表大会常务委员会会议审议通过事项实行票决制试行办法的决定（草案）》。会议听取和审议县人大常委会主任会议提请的人事任免议案。

8月6日，县人大常委会召开第三十六次会议。会议听取和审议县人民政府提请的《关于提请林新磊免职的议案》，决定免去林新磊的洞头县人民政府副县长职务。会议审议王伽伽同志的辞职报告，接受王伽伽辞去洞头县第十三届人大常委会委员职务，报县第十三届人民代表大会第五次会议备案。

8月31日，县人大常委会召开第三十七次会议。会议听取和审议县政府关于洞头撤县设区工作情况汇报以及县人大常委会主任会议提请审议的《洞头县人民代表大会常务委员会关于洞头撤县设区有关事项的决定（草案）》的议案，并表决通过《洞头县人民代表大会常务委员会关于洞头撤县设区有关事项的决定》。

9月28—29日，区人大常委会召开第三十八次会议。会议听取和审议区政府《关于医疗卫生服务体系建设情况的报告》和区人大常委会《关于医疗卫生服务体系建设情况的调查报告》。会议听取和审议区政府《关于重点工程建设情况的报告》和区人大常委会《关于重点工程建设情况的调查报告》。会议听取和审议区法院倪海平、蔡志海、陈斌斌等三位法官所作的履职报告和区人大常委会《关于部分法官履职工作情况的评议报告》，并就区法院部分法官履职情况以无记名投票方式进行满意度测评。会议听取和审议区政府《关于县人大常委会2014年提出的部分审议意见落实情况的报告》，并就区政府落实计划生育、安全生产、城市管理、省级海岛综合开发与保护实验区、社会养老服务体系建设等审议意见的情况以无记名投票方式进行满意度测评。会议听取和审议区法院《关于县人大常委会2014年度提出的贯彻实施刑事诉讼法情况的审议意见落实情况的报告》、区检察院《关于县人大常委会2014年度提出的贯彻实施刑事诉讼法情况的审议意见落实情况的报告》，并就区法院、区检察院贯彻实施刑事诉讼法情况的审议意见的落实情况以无记名投票方式进行满意度测评。

11月26—27日，区人大常委会召开第三十九次会议。会议听取和审议区政府《关于"十二五"规划实施和"十三五"规划编制情况的报告》《关于"五水共治"推进情况的报告》和区人大常委会《关于"五水共治"推进情况的调查报告》。会议分别听取和审议区人民法院、区人民检察、区公安分局、区司法局《关于机关工作人员"依法履职、公正司法"情况及反馈问题整改的报告》，并就反馈问题整改情况进行满意度测评。会议听取和审议区政府《关于代表建议办理情况的报告》。会议听取和审议区政府关于提请审议2015年度预算调整方案的议案，作出《温州市洞头区人民代表大会常务委员会关于批准洞头区2015年度预算调整方案的决议》。会议听取温州市十二届人大代表吕东辉、侯合海和蔡继勇的述职报告。

12月2日，区人大常委会召开第四十次会议。会议补选王蛟虎为温州市第十二届人民代表大会代表，其代表资格依法报请温州市人大常委会代表资格审查委员会确认。会议审议通过邱国平等人提请的《关于辞去洞头区第十三届人民代表大会人大代表、常务委员会委员职务的报告》、王祖锦等人提请的《关于辞去洞头区第十三届人民代表大会代表职务的报告》。

12月11日，区人大常委会召开第四十一次会议。会议听取和审议区人大常委会主任会议区政府、提请的人事任免议案。

12月30日，区人大常委会召开第四十二次会议。会议听取和审议区人大常委会《洞头区人大常委会代表资格审查委员会关于补选代表的代表资格审查报告》，表决通过《温州市洞头区人大常委会代表资格审查委员会关于区第十三届人民代表大会补选代表的代表资格审查报告》。会议听取和审议区政府提请的《温州市洞头区关于提请审议状元南片市政基础设施工程PPP项目建设有关问题的议案》和《温州市洞头区政府关于提请审议批准洞头区2015年地方政府债务限额的议案》，作出《温州市洞头区人民代表大会常务委员会关于〈温州市洞头区人民政府关于提请审议状元南片市政基础设施建设工程PPP项目建设有关问题的议案〉的决议》和《温州市洞头区人民代表大会常务委员会关于批准洞头区2015年地方政府债务限额的决议》。

重要活动

【考察活动】 2015年，区（县）人大常委会开展考察、督查活动78

次，主要考察、督查活动如下：

1月4日，县人大常委会主任叶永辉带队到东屏街道东港社区开展主任接待日活动。

1月24日，县人大常委会副主任林海珊、张孚标到县质监局考察食品质检工作。

8月13日，县人大常委会主任叶永辉、副主任张孚标带队督查洞头重点工程社会类项目推进情况。

11月19日，区人大、政协联合行动，开展77省道延伸线项目专题考察。

【温州市各县(市、区)人大常委会第65次联席会议在洞头县召开】 2015年6月18日，温州市各县(市、区)人大常委会第65次联席会议在洞头县召开，鹿城、龙湾、瓯海、乐清、瑞安、洞头、平阳、苍南、文成、泰顺、永嘉等11个县(市、区)人大常委会有关领导参加会议。温州市人大常委会副主任李步鸣参加会议。会议由县人大常委会主任叶永辉主持。会议主要交流温州市各县(市、区)人大代表建议督办工作等方面做法和经验。李步鸣要求通过创新督办方式，利用多种手段，可行性、针对性、规范性地去推动代表建议的督办工作，把人民群众和代表最为关心的热点、难点问题解决好、落实好。

【公检法司工作人员依法履职公正司（执）法情况监督和部分法官履职评议工作】 2015年，区人大常委会组织开展公检法司机关工作人员依法履职公正司（执）法情况监督和部分法官履职评议。制定出台《洞头区公检法司机关工作人员依法履职、公正司（执）法情况专项监督实施方案》和《洞头区人民法院部分法官履职评议工作方案》。监督、评议工作从4月启动到12月结束，经过准备动员、走访调研、监督评议、整改落实等四个阶段。组织4个检查组，到全区各街道乡镇和有关部门开展调查研究，掌握被监督对象和被评议对象情况，提出若干整改意见。公检法司部门及被评议的3位法官依照意见制定整改方案，落实整改措施。人大常委会跟踪监督，测评满意度，促进司法机关改进工作、提升干部队伍素质。

法官履职评议动员大会

监督工作

【法制工作监督】 2015年，区人大常委会开展对政府法制和效能建设的视察监督。听取区政府有关法制和效能建设推进情况报告，督促区政府及相关部门完善执法体制机制，强化权力制约和效能监察，提升依法行政能力；督促区政府抓好养老服务设施建设和养老环境改善工作审议意见落实；开展殡葬改革工作调研，督促移风易俗工作进一步落实；关注服刑人员思想改造工作，赴省第一监狱、十里丰和十里坪监狱开展帮教活动。落实备案审查制度，全年审查规范性文件38件。

【财政经济监督】 2015年，区人大常委会听取和审议区政府关于2015年度区本级财政预算执行情况、2014年度区本级决算、2015年度上半年预算执行情况和2015年度预算调整等工作报告。推进公共财政预算审查监督改革，依法加强和改进预决算审查监督工作，部门预算编制审查范围已全覆盖全区183个部门一级预算单位。人大常委会先后听取和审议区政府计划执行情况、财政预算执行情况、国民经济和社会发展执行、旅游工作、重点工程建设、工业园区建设、电子商务、民间金融风险处置、

县人大督查重点工程社会类项目建设

“十二五”规划完成及“十三五”规划编制等专项工作报告。

【教科文卫监督】 2015年，区人大常委会开展学前教育工作调查视察，走访教育局、北岙等街道（乡镇）及多所幼儿园，针对公办幼儿园数量不足、办学水平较低、民办教师养老保险等问题作出审议意见；开展医疗卫生服务体系建设情况调查视察，就洞头的医技队伍建设、卫生服务能力、卫生监督执法、体制机制创新等方面作出审议意见；开展食品安全工作调研，实地查看农贸市场和学校周边餐饮商店，就食品检验检测中心能力建设、信息公开、食品流通服务等方面提出意见。

【民宗侨外监督】 2015年，区人大常委会走访永福寺、太阴宫等各教堂点及民间信仰场所，听取对宗教工作的意见建议，助推宗教部门出台《宗教（民间信仰）场所新增违法建筑管控办法》等制度。与区政府共同邀请温籍华侨到洞头参观，督促区政府开展温籍侨领洞头行暨招商引资推介会活动，吸引30余位知名侨领参加。开展民族工作调研，就做好民族团结进步、推进民族村建设、加大少数民族群众帮扶力度等工作提出意见建议。

【城建环保监督】 2015年，区人大常委会每月开展“三改一拆”暨无违建创建专项督查。加大重点建议案督办力度，督促全面谋划和切实改善大门、鹿西岛际交通问题。审议区土地利用总体规划和环境功能区划。开展新《中华人民共和国环保法》和《中华人民共和国港口法》执法检查活动。组织人大代表进村入户，协助开展贫困人口脱贫情况视察核查活动。协助市人大常委会调研督查洞头区大气污染防治工作和城乡污水处理工作。

【农村与资源监督】 2015年，区人大常委会开展海岛绿化美化工作专项视察、“一打三整治”工作情况视察活动，督促政府重视渔业经济发展，加大海洋资源环境保护力度，妥善解决基层广大渔民群众的生计问题。审议“五水共治”工作情况，开展防洪排涝工作、河道整治回头看、河长制落实情况跟踪检查。配合省、市人大常委会开展转型升级十大组合拳落实情况、城乡污水处理情况开展专项监督活动。

开展“4600以下”脱贫情况核查

联合调查辖区内困难家庭收入情况，对人均纯收入4600元以下贫困家庭实地走访核查，提出低保工作的改进和完善措施建议。

人事任免

【人事任免】 2015年，洞头（区）县第十三届人民代表大会第四次会议补选洞头县第十三届人民代表大会常务委员会委员2人，补选洞头县人民政府县长1人，补选洞头县人民法院院长1人。全年共任命74人，免职28人。

任命：

李德通为洞头县人民法院副院长、审判委员会委员

张志宏为洞头县人民政府副县长

刘素婷为洞头县人民政府副县长

王蛟虎为洞头县人民政府副县长

王　锡为洞头县人大常委会财经工作委员会主任

张海山为洞头县民族宗教事务局局长、洞头县外事侨务办公室主任

邱蔡佩雄为洞头县安全生产监督管理局局长

方君旺为洞头县人大常委会城建环保工作委员会主任

叶明鹏为洞头县人民检察院检察员

方荣巩为洞头县人大常委会霓屿街道工作委员会主任

侯合海为洞头县发展和改革局（统计局、粮食局）局长

吕东辉为洞头县财政局局长

庄峥嵘为洞头县住房和城乡规划建设局局长

许生坚为洞头县卫生和计划生育局局长

陈青委为洞头县市场监督管理局局长

郑灵巧为洞头县综合行政执法局局长

柯受华为洞头县人大常委会科教文卫体工作委员会主任

褚志攀为洞头县人大常委会北岙街道工作委员会主任

方均坦为洞头县环境保护局局长

陈继海为洞头县安全生产监督、管理局局长

詹景伟为洞头区人大常委会办公室主任

侯合海为洞头区人大常委会财经工作委员会主任

陈胜宝为洞头区人大常委会代表工作委员会主任

王　锡为洞头区人大常委会预算工作委员会主任

倪建锋为洞头区人大常委会北岙街道工作委员会主任

赵海山为洞头区人大常委会元觉街道工作委员会主任

黄建敏为洞头区发展和改革局（统计局、粮食局）局长

吕建伟为洞头区经济商务和信息化局局长

曹其忠为洞头区科学技术局局长

林文军为洞头区交通运输局局长

张方任为洞头区海洋与渔业局局长

许战胜为洞头区审计局局长

任命：

邓伦火、甘世算、叶小其、叶元辉、叶双双、卢青松、刘贤春、庄　平、庄艳萍、许荣华、苏丽芬、苏菊香、李玉红、吴金寿、张孚世、陈后林、陈声荣、陈金海、陈雪丽、林　军、林小德、林梅林、林银凤、林碎芬、金文林、周世雄、柯位勇、南宝池、洪雪琴、唐昭君、黄飞云、黄志伟、黄阿透、曾健康、谢夏香、詹育代、褚金凤、蔡后玉、蔡国荣、蔡继勇、颜　波、潘步总、潘荣阳等为洞头县人民法院人民陪审员。

免去：

李敏的洞头县人民法院院长职务。

刘素婷的北岙街道工作委员会主任职务。

洪文才的洞头县民族宗教事务局局长职务。

郑建林的洞头县外事侨务办公室主任职务。

郑灵巧的洞头县安全生产监督管理局局长职务。

叶昌隆的洞头县市场监督管理局局长职务。

颜杰的洞头县人大常委会城建环保工作委员会主任职务。

陈永胜的洞头县发展和改革局（统计局、粮食局）局长职务。

李毅的洞头县财政局局长职务。

侯合海的洞头县住房和城乡规划建设局局长职务。

许生坚的洞头县人口计划生育和卫生局局长职务。

陈青委的洞头县审计局局长职务。

楼红耀的洞头县质量技术监督局局长职务。

陈景克的洞头县环境保护局局长职务。

邱蔡佩雄的洞头县安全生产监督管理局局长职务。

王祖锦的洞头县人大常委会科教

文卫体工作委员会主任职务。

林新磊的洞头县人民政府副县长职务。

邱国平的温州市洞头区人大常委会办公室主任职务。

王锡的温州市洞头区人大常委会财经工作委员会主任职务。

何增祥的温州市洞头区人大常委会代表工作委员会主任职务。

褚志攀的温州市洞头区人大常委会北岙街道工作委员会主任职务。

张方任的温州市洞头区人大常委会东屏街道工作委员会主任职务。

林文军的温州市洞头区人大常委会元觉街道工作委员会主任职务。

侯合海的温州市洞头区发展和改革局（统计局、粮食局）局长职务。

许战胜的温州市洞头区经济商务和信息化局局长职务。

王荣平的温州市洞头区科学技术局局长职务。

黄建敏的温州市洞头区交通运输局局长职务。

陈胜宝的温州市洞头区海洋与渔业局局长职务。

决定：

接受董智武辞去洞头县人民政府县长职务，报洞头县第十三届人民代表大会第四次会议备案。

接受王伽伽辞去洞头县第十三届人大常委会委员职务，报县第十三届人民代表大会第五次会议备案。

副县长王蛟虎代理洞头县人民政府县长。

人大代表

【人大代表】 2015年，洞头区有区级以上人大代表175人，其中，浙江省人大代表1人、温州市人大代表19人、洞头区人大代表155人。

省人大代表：

叶永辉。

市人大代表：

朱铭源、胡剑谨、张国光、姜增尧、董智武、黄志强、虞友义、叶永辉、吕东辉、刘乐飞、江丽萍、张海欧、王蛟虎、陈永胜、侯合海、李天伟、蔡继勇、潘永福、钱云双。

区人大代表：

王蛟虎、方君育、叶丽月、朱扬华、庄艳萍、刘素婷、许曹春、李玉红、吴艳萍、汪秀秀、宋克全、张孚世、陈定生、陈雪丽、林海珊、郑华端、赵海平、柯受华、郭历生、梁祥赞、彭桂香、韩远泉、褚和平、蔡素枝、颜孙胜、王　锡、许生福、苏丽洁、吴良孟、张于珍、张于泉、张孚标、陈佩秋、林志杰、林宝民、林彩英、周方前、郑海珍、郑碎娟、南少奇、倪日新、倪建锋、徐松龙、郭　诚、郭华斌、郭建强、黄慧兰、梁亦传、童林梅、褚建华、王体祥、余新庭、张亦杰、金温顺、周玉林、胡良献、黄成芳、韩包强、曾益林、杨朝生、庄森、张志宏（诚意药业）、郑雪园、王加制、王兴荣、方君旺、吕东辉、朱丰荣、李　毅、沈胜东、陈华荣、林　秀、林秀兰、林宣新、林银凤、黄日新、曹少斌、董智武、王信暖、朱小才、朱伟岳、张冰心、陈民存、陈有微、陈建华、陈银安、林生东、金威华、南建军、钱敏云、黄建敏、黄香彩、王文胜、池进良、苏彩平、何掌霞、陈　集、陈胜宝、林丽丽、林忠锋、周世雄、郭显玉、曾焕团、叶小其、张军猛、陈昆雄、陈炳雄、陈强胜、金上震、柯受营、洪求伟、郭杭峰、曾燕辉、方跃平、叶秀霞、叶明理、叶明喜、吕子远、朱余建、庄恭俊、吴金寿、沈根英、邵云方、赵海山、侯立新、侯合海、詹景伟、方荣巩、叶永辉、叶艳芳、沈上法、张高艳、陈立曼、柯冬琳、洪　玮、黄忠兰、程银友、童孝衡、蔡国华、蔡柔雄、潘　峰、潘步总、石献珠、朱志飞、刘纪东、李德通、吴遵岳、张志宏（区政府）、陈庆杰、陈齐武、陈余飞、郑松英、赵秀娟、郭建国、赖碎和。

（吴作能）

责任编辑　曾焕定

洞头区人民政府

喜事连连 · 王洁灵

“海霞精神”

爱岛尚武 励志奉献

“五岛连桥”精神

小县办大事 小岛创大业

概 述

【概况】 2015年，洞头区实现地区生产总值61.48亿元，增长8.6%；一般公共预算收入5.42亿元，增长11.1%；完成限额以上固定资产投资92.50亿元，增长12.3%；城镇和农村常住居民人均可支配收入分别达34674元、18365元，分别增长9.3%和10.5%。地区生产总值、一般公共预算收入等8项主要经济指标增速进入全市前三。

全年游客接待量和旅游综合收入分别增长11%以上，获“全省旅游发展十佳县”。电商交易额突破1.9亿元。状元岙港区开通至俄罗斯远东直达航线，实现集装箱吞吐量2.9万标箱，增长39.8%。两大工业园区实现产值11.2亿元。中石化LNG项目核准前置条件全部完成，中燃华电LPG项目开工建设。新增紫菜深水和全浮式养殖面积2300亩。现有渔家乐民宿142家、床位1875张。大门大桥、洞头峡大桥基本建成。完成民间投资20.7亿元，增长51.5%。土规修编顺利获批。招商引资实现到位资金17.9亿元。启动城市特色风貌色彩规划研究，完成状元南片控规修改等规划成果。争创全省首批“无违建区”，拆除违建12.5万平方米，完成率249%，排名全市第一。“三改”完成率文泰洞排名第一。深化美丽乡村建设和“五水共治”。完成环境功能区划编制。空气质量优良率排名全市第二，PM2.5平均浓度名列全省前茅。撤县设区涉及的机构设置和更名、区划勘界、地名更换、“两代表一委员”接收等工作基本完成，灵昆街道托管体制全面落实。启动市区一体化发展课题研究，推进市区公共服务向洞头延伸，新辟温州至洞头151路公交线路。“多规合一”改革走在全市前列。创成国家高新技术企业3家、省市科技型企业15家，高新技术产业产值9.27亿元。引进高校、科研院所8家，签订项目26个。启用教育幼儿园新校区，通过省教育基本现代化区考核验收。投用区人民医院住院综合楼和区体检中心，成立温州附二医洞头分院，创成省卫生应急工作示范区。建成居家养老服务照料中心12家。启用新城农贸市场。举办海霞女子民兵连建连55周年纪念活动、第五届区运动会、第六届妈祖平安节、第八届全国海钓锦标赛等活动。“拔钉清障、打黑除恶”▲等系列活动完成政策处理256项。深化“平安洞头”建设，实现省平安县“十一连创”。被评为“浙江省扶残助残爱心城市”、“全省旅游发展十佳县（市、区）”、2015年度“五水共治”建设美丽浙南水乡优秀县（市、区、功能区）、2015年度基本无违建县

（市、区）和浙江省园林城市。

▲“拔钉清障、打黑除恶”：拔除阻碍民生工程建设、影响重点工作推进、损害人民群众利益、破坏洞头环境形象的各类“硬骨头”“钉子户”“拦路虎”。

重要会议

【县政府全体（扩大）会议】 2015年3月10日，洞头县人民政府第七次全体会议暨政府系统作风效能建设部署会召开。洞头县委副书记、代县长王蛟虎讲话，县委常委、常务副县长张志宏主持，县委常委、副县长严卫星，副县长林新磊、叶海峰、吴志安、徐彬等出席。会议讨论并表决通过2015年《政府工作报告（审议稿）》，同时部署加强政府作风效能建设工作。8月5日，洞头县召开中共洞头县委十届九次全体（扩大）会议暨县政府第八次全体会议。县委书记董智武，县委副书记、县长王蛟虎，县委常委等出席会议。会议认真贯彻落实习近平总书记在浙江考察重要讲话、省委书记夏宝龙在温州（洞头）考察重要讲话和省委十三届七次全会、市委十一届九次全会精神，总结上半年工作，部署下半年任务。会议指出，在充分肯定成绩的同时，面对洞头发展面临的困难和问题，必须克难攻坚，狠抓落实，在坚持主动融入主城区加快同城发展、坚持谋划“十三五”发展蓝图、坚持补足发展建设短板、坚持发挥比较优势走在前列勇争先上、坚持全心全意惠民生共享发展成果等方面更进一步。会议明确，下半年工作总体要求是：认真贯彻落实中央和省市委的重大决策部署，坚持“加快同城发展、建设海上花园”发展战略，围绕“稳增长、兴产业、优环境、促统筹、抓改革、惠民生、强党建”的工作主线，深入实施“七项举措”，克难攻坚，狠抓落实，确保完成全年各项目标任务。

【区（县）政府常务会议】 2015年，区（县）政府召开常务会议10次。

3月4日，代县长王蛟虎主持召开县政府第42次常务会议。副县长张志宏、严卫星、林新磊、叶海峰、吴志安、徐彬、刘素婷等出席会议。会议讨论研究并原则同意《2015年县政府工作报告（送审稿）》《洞头县2014年国民经济和社会发展计划执行情况及2015年国民经济和社会发展计划草案（送审稿）》《洞头县2014年财政预算执行情况和2015年财政预算草案（送审稿）》以及《洞头县杨文三期控制性详细规划修改》。

4月23日，县长王蛟虎主持召开县政府第43次常务会议。副县长严卫星、林新磊、叶海峰、吴志安、徐彬、刘素婷等出席会议。会议讨论研究并原则同意《洞头县基准地价更新工作成果》《洞头县海洋生态红线划定方案》《洞头县政府和社会资本合作（PPP）项目初步筛选名单》《关于促进房地产市场健康平稳发展的通知》以及《县政府工作规则（修订）》；会议讨论研究计生相关政策调整、再生资源交易市场选址、大门花岗岩石材加工集聚区建设、岙仔旧村改造工程等相关事宜。

6月15日，县长王蛟虎主持召开县政府第44次常务会议。副县长张志宏、严卫星、林新磊、叶海峰、叶锦丽、刘素婷等出席会议。会议讨论研究并原则同意2015年政府投资项目预算安排、县政府议事协调机构和临时机构调整方案，《洞头县环境功能区划(送审稿)》《洞头县农房使用权流转实施方案（送审稿）》《洞头县公共租赁住房保障实施办法（送审稿）》《洞头县发展学前教育第二轮三年行动计划（2015—2017）（送审稿）》《洞头县渔港综合管理改革试点工作实施方案（送审稿）》及《2015年度洞头县法治政府建设工作要点》。

7月17日，县长王蛟虎主持召开县政府第45次常务会议。副县长张志宏、叶海峰、吴志安、刘素婷等出席会议。会议听取洞头县殡仪服务中心建设情况、安全生产和夏季消防安全“双月”攻坚行动有关汇报；会议讨论研究并原则同意《洞头县LED城市照明整体改造方案》《机关事业单位工作人员基本工资标准调整方案》以及《公务员津补贴调整方案》；会议讨论研究本县推广运用政府和社会资本合作（PPP）模式、温州豪大花岗岩集团有限公司法人股东股权转让等相关事宜。

8月3日，县长王蛟虎主持召开县政府第46次常务会议。副县长张志宏、严卫星、林新磊、叶海峰、叶锦丽、吴志安、徐彬、刘素婷等出席会议。会议听取《关于进一步完善被征地农民基本生活保障补充办法》相关汇报；会议讨论研究并原则同意洞头县2014年度公务员奖励事项，《洞头县市场准入“多证合一”登记制度改革实施意见》。

8月24日，县长王蛟虎主持召开县政府第47次常务会议。副县长张志宏、严卫星、叶海峰、叶锦丽、吴志安、徐彬、刘素婷等出席会议。会议讨论研究并原则同意2015—2016年洞头县新增城镇和农村配电网提升项目安排，《洞头县现代都市渔业旅游综合体项目规划修改及前期交通专题研究成果》《洞头县状元岙加油加气站规划选址论证成果》以及《洞头五大产业培育提升三年行动方案（送审稿）》和配套优惠政策；会议讨论研究洞头县县棚户区及中心街改造、建成区高污染燃料禁燃区范围调整、农村特岗教师津贴、街道和乡镇财政管理体制顺延执行、2014年度转业士官安置工作以及最低生活保障标准提标等相关事宜；会议听取洞头县捕捞退渔渔民转产转业扶持政策的相关汇报。

9月14日，区长王蛟虎主持召开区政府第48次常务会议。副区长张志宏、严卫星、叶海峰、叶锦丽、吴志安、刘素婷等出席会议。会议讨论研究并原则同意《洞头区北沙东片区（双垄村）控制性详细规划修改》成果，《状元南片市政基础设施工程PPP项目物有所值评估报告》《状元南片市政基础设施工程PPP项目财政承受能力论证报告》《状元南片市政基础设施工程PPP项目实施方案》《关于加强渡口安全管理工作的实施意见（送审稿）》，以及2015年度区政府行政规范性文件清理结果；会议讨论研究东沙港沙滩修复、东屿整村搬迁临时安置房建设、设立破产援助专项资金、监察工作等相关事宜。

11月6日，区长王蛟虎主持召开区政府第49次常务会议。副区长张志宏、严卫星、叶海峰、叶锦丽、吴志安、刘素婷等出席会议。会议听取《洞头区大门临港产业基地配套服务区J5—35至J5—40地块控制性详细规划修改》的汇报；会议讨论研究并原则同意《洞头区殡仪服务中心用地规划研究及控规图则》《洞头区个人建房监管“四到场”实施办法》《洞头区利用“多规合一”平台推进建设项目全流程审批管理改革实施办法（试行）》《洞头区农村生活污水治理设施运行维护管理实施办法（试行）》《关于推进“浙江制造”品牌建设的实施意见》《洞头区事业单位区外人员调入暂行规定》以及《洞头区区级行政事业单位公款竞争性存放管理暂行办法》；会议讨论研究本区招投标限额调整、最低工资标准调整、2016年城乡居民基本医疗保障、大病保险制度等相关事宜。

11月24日，区长王蛟虎主持召开区政府第50次常务会议。副区长严卫星、叶锦丽、吴志安、徐彬等出席会议。会议讨论研究并原则同意洞头区2016年“海上花园·森林洞头”建设任务、2016—2017年度园林绿化工作任务、2015年洞头区科技计划项目安排，《洞头区湿地保护规划（2014—2020年）》《洞头区殡仪服务中心尾坑自然村民房搬迁安置实施方案》大门花岗岩产业转型升级扶持政策》以及《浙南（大门）石材产业基地建设及企业准入管理办法》；会议讨论研究2015年度预算调整方案、监察工作相关事宜；会议听取《洞头区城乡环卫保洁、绿化养护一体化实施方案》的汇报；会议组织学习《新〈中华人民共和国行政诉讼法〉解读》有关知识。

12月22日，区长王蛟虎主持召开区政府第51次常务会议。副区长张志宏、严卫星、叶海峰、叶锦丽、吴志安、刘素婷、徐彬等出席会议。会议讨论研究并原则同意《洞头区宗教活动场所建设审批管理办法（试行）》《洞头区普惠性民办幼儿园认定和管理暂行办法》《关于优化整合街道（乡镇）妇幼保健和计划生育技术服务资源的实施方案》《洞头区综合行政执法工作实施方案》《城乡环卫保洁、绿化养护一体化实施方案》《洞头区异地搬迁中期规划修编（2014—2017年）和实施方案》以及《洞头区建筑业培育提升三年行动方案实施细则》；会议讨论研究洞头区2015年地方政府债务限额、智慧城市建设等事宜。

【区（县）政府区（县）长办公会议】 2015年，区（县）政府召开区（县）长办公会议13次。

1月27日，县长董智武主持召开第50次县长办公会议。副县长严卫星、叶海峰、叶锦丽、吴志安、徐彬等参加会议。会议讨论研究并原则同意2015年国民经济和社会发展主要综合指标计划、2013—2014年度洞头县劳动模范和模范集体推荐对象；会议讨论研究2015年度财政预算安排、2015年县重点建设计划及政府投资预算安排有关事宜。

2月3日，县长董智武主持召开第51次县长办公会议。副县长张志宏、严卫星、林新磊、叶海峰、叶锦丽、吴志安、刘素婷等参加会议。会议讨论研究杨文三期A4、A5、A61地块国有土地使用权有关事宜、城南—城北路及东屏大道规划调整方案研究成果；会议讨论研究并原则同意大门镇东屿村整村搬迁安置预期投资资产评估咨询报告、2015年新渔村建设整村推进工程建设方案。

4月7日，县长王蛟虎主持召开第52次县长办公会议。副县长张志宏、严卫星、林新磊、叶海峰、吴志安、徐彬、刘素婷等参加会议。会议讨论研究并原则同意《洞头县“十三五”规划编制工作方案》《洞头县2015年农村生活污水治理和改厕工作方案》《关于进一步加强财政资金审批和拨付管理的通知》，以及2015年度国土资源管理各项计划安排、县政府党组工作情况报告；会议讨论研究大门仁前途至乌仙头公路路面修复工程招标、温州柏莱服饰有限公司土地处置、霓屿街道桐岙村口B、C地块延期建设、布袋岙安置房二期工程建设用地划拨、77省道料场采矿权延期、杨文三期A5、A61地块土地收回价格等有关事宜。

5月6日，县长王蛟虎主持召开第53次县长办公会议。副县长张志宏、严卫星、林新磊、叶海峰、叶锦丽、刘素婷等参加会议。会议讨论研究东港休闲中心项目建设方案调整、大华玻璃幕墙相关政策兑现、珑头湾海洋旅游综合体项目寮顶垃圾填埋场土地整理工程技术顾问单位直接发包、白龙屿生态海洋牧场项目补助资金拨付、县人民医院与温州医科大学附属二医建立紧密型合作办医（医疗托管）等相关事宜。

5月25日，县长王蛟虎主持召开第54次县长办公会议。副县长张志宏、严卫星、林新磊、叶海峰、吴志安等参加会议。会议讨论研究税收等优惠政策、加强矿山生态环境治理、温医大仁济学院迁建工程图书馆建筑高度、扩大有效投资及重点工程推进工作相关事宜；会议讨论研究并原则同意《洞头县创建省级卫生应急工作示范县实施方案》。

7月1日，县长王蛟虎主持召开第55次县长办公会议。副县长张志宏、严卫星、叶海峰、叶锦丽、吴志安、徐彬、刘素婷等参加会议。会议讨论研究鹿西综合交通码头政策处理、77省道延伸线霓屿段主线路基内侧回填及政策处理、三盘港疏浚工程政策处理，以及中普陀三乘广场地块延期开竣工等相关事宜；会议讨论研究并原则同意新联社大楼合建协议。

8月3日，县长王蛟虎主持召开第56次县长办公会议。副县长张志宏、严卫星、林新磊、叶海峰、叶锦丽、吴志安、徐彬、刘素婷等参加会议。会议讨论研究并原则同意《关于全面深化网上审批机制改革的工作方案》《洞头县高污染燃料锅（窑）炉淘汰改造工作实施方案》；会议听取上半年重点工作推进情况、消防安全“双月”攻坚专项行动推进情况以及近期土地出让相关事宜的汇报。

9月10日，区长王蛟虎主持召开第57次区长办公会议。副区长张志宏、严卫星、叶海峰、叶锦丽、吴志安、刘素婷等参加会议。会议讨论研究并原则同意《2015年“温商回归”落地攻坚行动实施方案》《洞头县旅游旺季道路交通管理工作方案》《洞头区行政事业单位办公用房调整实施方案》，以及“东海寿乡”大门岛海上养生小镇项目投资框架协议、“互联网+医疗”项目合作建设投资意向协议、本岛城乡道路客运亏损补助方案；会议听取特色小镇建设情况汇报；会议讨论研究区人民医院改扩建工程改建部分调整方案、机械汽配产业园市政配套费减免事宜。

9月30日，区长王蛟虎主持召开第58次区长办公会议。副区长张志宏、叶海峰、叶锦丽、吴志安、刘素婷等参加会议。会议讨论研究并原则同意《洞头区行政服务中心新大厅单位窗口进驻工作方案》《洞头区政府职能向社会组织转移目录（第一批）》《洞头区小微企业三年成长计划（2015—2017年）》以及《洞头区鹿西岛旅游项目开发投资框架性协议》；会议讨论研究大门镇至小门大桥公路工程提前预回购、主题岛委托设计相关事宜；会议听取2016年投资计划和“十三五”重点建设项目安排情况、加强村主职干部基本报酬保障的汇报。

11月2日，区长王蛟虎召开第59次区长办公会议。副区长张志宏、严卫星、叶海峰、叶锦丽、吴志安、徐彬、刘素婷等参加会议。会议讨论研究华中小学装饰及配套工程初步设计概算、企业债发行、无证无照经营单位相关处理意见事宜；会议听取马岙潭度假区土地历史遗留问题处置相关事宜的汇报；会议讨论研究并原则同意《关于开展农村垃圾减量化资源化处理试点的通知》《完善区政府法律顾问团制度方案》、状元南片市政基础设施工程PPP项目竞争性磋商文件主要内容及项目合同主要条款。

11月17日，区长王蛟虎主持召开第60次区长办公会议。副区长张志宏、严卫星、叶海峰、叶锦丽、吴志安、徐彬、刘素婷等参加会议。会议讨论研究闲置土地处置工作、同城一体化发展课题等相关事宜。

12月4日，区长王蛟虎主持召开第61次区长办公会议。副区长张志宏、严卫星、叶海峰、叶锦丽、吴志安、刘素婷等参加会议。会议听取“十三五”重大项目、2016年重点建设项目计划安排和2015年推进滞后重点建设项目、区政府第九次全体会议筹备等情况的汇报；会议讨论研究并原则同意《洞头区行政事业单位国有资产配置管理暂行办法》《洞头区行政事业单位国有资产处置管理暂行办法》《洞头区行政事业单位国有资产出租管理暂行办法》《洞头区退渔渔民基本生活保障补充规定》《洞头区测绘与建筑设计有限公司组建方案》《温州市洞头区人民政府部门职责管理暂行办法》以及《温州市洞头区具备承接政府职能转移条件的社会组织目录（第一批）》；会议讨论研究国家生态保护与建设示范区生态修复整治项目、机械汽配产业园顺延建设期限等相关事宜。

12月29日，区长王蛟虎主持召开第62次区长办公会议。副区长张志宏、严卫星、叶海峰、吴志安、刘素婷等参加会议。会议讨论研究滨海休闲栈道建设、新城二期相关项目变更调整、九厅村联建房处置、对浙江永宏电器有限公司行政处罚、2015年区长质量奖企业名单，以及《洞头区融入温州中心城区一体化发展课题研究方案》、省级财政性补助资金争取工作方案等相关事宜；会议讨论研究并原则同意发布启用温州2000坐标系；会议听取2016年《政府工作报告》起草和为民办实事项目征集情况的汇报。

重要文件

【**概况**】 2015年，区（县）政府制发文件392件，其中，洞政发39件、洞政函67件、洞政干16件、洞政办发148件、洞政办函27件、洞府纪要95件。收到各类公文2110件，其中，各街道（乡镇）、区（县）级部门372件，上级部门1738件。参见《附录》栏目“重要文件”中的“洞头区（县）政府制发的重要文件选目”分目。

2015年度民生实事项目

【**概况**】 2015年，区政府为民办实事项目，除市民中心游泳馆未正式启用外，其余均实现预定目标，共投入财政资金8426万元。

【**便民服务设施**】 新城农贸市场占地面积2907平方米，地上建筑两

教育幼儿园新校区

层，建筑面积6202平方米，按准五星级农贸市场标准设计和建设。始建于2014年8月。市场装饰提升工程共投入1973万元，于2015年10月底建成，11月9日试营业，11月10日正式开业。

【教育创强建设】 教育幼儿园新校区用地面积12.29亩，建筑面积7567.8平方米，总投资3256万元，按省一级幼儿园标准建设，共设15个班级，招收450名幼儿，各项设施标准位居全市前列。始建于2013年9月，于2015年11月建成，12月正式开园，目前招收7个班级，在园幼儿230人。

【文化体育设施】 市民活动中心二期项目总占地面积25.19亩，总建筑面积18384.4平方米，概算总投资11033万元，其中游泳馆投资约2500万元。截至2015年12月底，市民活动中心二期项目已完成主体工程，装饰工程进入扫尾阶段，设备安装到位，附属工程进行场地回填；游泳馆因地质情况复杂、交叉施工复杂、技术困难等因素影响未启用。

【健康体检环境】 洞头区体检中心位于区人民医院原行政楼三楼，于2015年11月正式投入使用。体检中心可以进行除放射检查以外的物理检测、心电图、B超、血化验等各项检查，实现体检人员与患者有效分流。

【医疗服务水平】 2015年6月，洞头区人民医院成为温州医科大学附属二院洞头分院、温州医科大学全科医学院教学基地并挂牌。实行温州市附属第二医院专家常态化坐诊、预约诊疗等医疗协作，实行重病转诊“直通车”。建立“传帮带”教学机制，加强管理融合。温州市附属第二医院本部下派担任洞头区人民医院执行副院长，5人担任科室主任。温州市附属第二医院专家全年完成门诊12477人次、三四类手术72台。

【老年人意外保险】 2015年9月，区民政局与中国人民财产保险有限公司洞头支公司签订老年人意外伤害保险协议，保险对象为洞头户籍60周岁以上所有老人，约2万人，保费由区政府和保险公司承担，个人无须承担任何费用，减轻老年人伤害风险。

【退捕渔民生活保障】 第61次区长办公会议审议通过退捕渔民保障政策，2015年12月24日，洞头区人民政府办公室印发《关于洞头区退

渔渔民基本生活保障补充规定的通知》。文件规定将陆续退出海洋作业的持证捕捞渔船和已经退渔的社会化管理渔船纳入参保范围，确定每月330元和400元两档退渔渔民待遇标准。全区参加退渔渔民基本生活保障1530人。

【交通出行环境】 2015年，新增10个公共自行车站点、公共自行车200辆，投入资金70余万元；考虑车站路机械立体停车场项目前期可行性研究不深入等因素，经区政府专题研究调整，改为增加公共停车位方式，将年度城区公共停车位建设目标从300个增加到400个并完成建设。

【养老事业】 2015年，新建居家养老服务照料中心15家，比原定计划多7家，其中10家具备助餐功能；新增养老机构床位100张，其中金色黄昏颐养院80张、东屏街道东港社区方荣东托老所20张。

【无线城市建设】 2015年，完成20个公益性无线网络热点区域建设和验收，对市民开通免费无线网络。主要覆盖区新城客运站、洞头人民医院等20个公共场所。目前，每个用户每月可以使用60个小时，每月流量不超过2GB。至此全区建成无线网络热点152个，覆盖洞头便民服务中心、洞头市民活动中心、洞头人民医院等25个免费无线网络热点区域。

区政府办公室工作

【概况】 2015年，区府办统筹协调“三改一拆”“五水共治”“民间金融风险处置”“招商引资”“规划编制”“撤县设区”等各项重大项目、重点工作。组织起草、修改各类讲话、汇报、总结等材料700余份，审核制发文件400余件；编辑政务要闻69期，上报信息640多条，其中被省市府办采用170余篇，获省、市领导批示信息10余篇（其中省领导批示5篇），获省、市政务信息工作三等奖；组织完成《关于羊栖菜生产加工废水治理的建议》《关于深化行政审批联审联办机制的调查报告》《关于进一步推进我区美丽乡村建设的思考》等调研报告12篇。区民情处置中心整合原区民情处置中心、区长信箱（市长专线）受理中心、网络问政服务中心资源，合署办公，充实人员力量，全年受理各类民情诉求2517件，受理件办结率98.5%，群众满意度97.6%，其中，办理区长信箱683件、收集民情问题1539件（含街道乡镇民情处置）、承办市长专线（网络问政）295件。推行分级督查，按“常态督查”“一般督查”“重点督查”三类纳入管理，民生实事类项目实行每月1~2次现场督查，重点建设项目、重要创建工作实时跟踪督查。同时，健全第三方评价机制，发挥媒体监督，建立民情监督员队伍。全年区政府重要决策督查项目159项。梳理公布权力清单，编制完成责任清单、工业投资项目负面清单，加强财政专项资金管理清单管理，晒出政府职能转移“第五张清单”，推进“五张清单一张网”工作。全年全区主动公开政府信息32527条，其中重点领域信息4133条；公开政策信息442条；受理政府信息公开申请28件。统筹人大152件代表建议（其中重点建议1件）、政协103件提案（其中重点提案6件）的分办交办、督促检查，运用政务督查、考绩管理、网络议案提案办理手段，专题研究，部门挂牌。

突发公共事件应急管理

【概况】 2015年，全区发生各类突发事件112起（不包括突发社会安全事件）。共发生各类安全生产事故22起，同比下降24.1%；死亡7人，同比下降30%；受伤20人，同比下降9.1%；直接经济损失65.25万元，同比增长64.2%。社会安全形势总体稳定，2015年，共受理应急联动报警1452起，比上年同期上升6.61%；通过短信和电话回访形式，有效回访率为98%（当天电话回访），群众回访满意度为98.7%。

修订《温州市洞头区海洋灾害应急预案》《温州市洞头区危险化学品生产安全事故应急预案》等专项应急预案8个，指导区气象局制定并发布《温州市洞头区突发公共事件预警信息发布实施办法》，针对性开展危险化学品事故综合应急演练、森林消防演练等各类应急演练152次。上报市各类突发事件信息185条。温州市应急管理信息汇总（第1期、第4期）收录2篇。并在“洞头发布”微信平台开辟“提醒”专栏发布H7N9禽流感预防、秋冬季节传染病预防、暑期学生防溺水安全、电梯事故自救指南等相关应急知识。及时、妥善处置H7N9公共卫生事件。全年未发生因预防不力或措施不到位而引发的突发事件。开展平安春运、“5·12”防灾减灾宣传周等活动102次，发放防震减灾、突发事件应急小手册、卫生应急知识等资料4.6万余份。

【风险隐患排查】 2015年，制定下发《洞头区人民政府办公室关于实行突发事件风险隐患排查工作制度的通知》，按照“属地管理、谁主管谁负责”原则，建立风险评估及动态管理机制。全区开展一次重大危险源排查，对危化企业、地质、建筑工程、海上作业等领域大检查，建立水库、地质灾害、化工、医药、燃气等六类危险源清单，梳理危险源64处。对示范点和村居（社区）、学校、企业开展“回头看”，加强全区物质储备、避灾场所建设等应急保障动态管理。实施基层应急管理“五个一”提质扩面工程，健全完善村居（社区）、学校、企业等应急管理建设，明确专人、专责、专管、专报，实现重心下移和关口前移。通过应急救援演练、培训等途径，加强骨干、综合、专业、专家、志愿者、基层等应急救援队伍建设。

【公路事故应急处置联合演练】 2015年11月18日，区三防办、公安分局、国土资源局、交通运输局、公安消防分局等单位联合组织开展公路事故应急处置联合演练。演练以近日连续暴雨，环岛公路9K+600M公路边坡塌方，造成半幅路面堵塞，交通受阻，途经该处的面包车被挤压，造成人员受困为背景，开展应急救援抢险。区防指办成员单位，各街道（乡镇）领导班子，电信、移动、联通及交运公司等单位员工等150余人参加。演练检验完善了应急救援体系和应急预案的可行性、操作性，提高了应急队伍的处置能力。

（吴尊正）

行政审批服务管理

【概况】 2015年，区审管办（公共资源办）围绕“便民、规范、高效、廉洁”，以建成“政务超市”为目标，以行政审批服务、公共资源交易为工作重点，创新审批模式，规范交易环境，提升服务水平。全年审批收件15522件，办结15467件，办结率99.65%，提前办结10402件，提前办结率96.3%；完成各类交易737项，总交易金额25.74亿元，节支5.5962亿元。11月30日，新行政服务中心正式投入使用，全区31家涉批单位进驻，其中18家设立独立窗口，13家进驻综合窗口，窗口人员110人，进驻事项1093项。

【实体“政务超市”】 2015年11月30日，全区31个涉批部门、8家涉批中介、6家银行以及供电、水务、邮政等单位入驻新行政服务中心，设立“众创”服务窗口。完成36单位“责任清单”编制，建立事中事后监管机制317项，理清部门责任边界事项72项。取消调整最后一批68项非行政审批许可事项。开展行政审批服务“瘦身”比拼活动，第一轮清理事项88项、取消办事环节720个、申报材料584项、前置要件数23个，压缩办事时限数511.5天。同时根据撤县设区需要，设立区行政服务中心灵昆分中心，市场监管等8个部门进驻分中心。

【网上审批改革】 2015年，区审管办(公共资源办）制定下发《全面深化网上审批机制改革的工作方案》，区行政服务中心推行“云政务”试点，实现区、街(镇)、社区行政审批系统全覆盖。完成计生、安监等部门自建审批系统与审批网数据对接，在所有街道(乡镇)、4个社区、2个村设立网上审批自助服务点。推出市场准入“多证合一、一照一码”、房地产“三证联办”、“施工图审查”、预选址联审等多个网上并联审批模式。梳理确定40多项跨层级联动事项，计生再生育审批等14个项目实现网上跨层级联办，全年办理跨层级联动事项691项。开展“网上受理，办件送达”试点，“个体工商户设立登记”“道路运输经营许可证换发补发”等事项实现外网申报、工作人员或代办员送达，办理15件。推出手机终端服务，开通“洞头便民服务厅”公众微信号，群众可通过手机实现网上申报、预约申请、办件查询、投诉评价等。

【重点领域改革】 2015年，区审管办(公共资源办）结合区“多规合一”平台建设，制定出台《洞头区利用“多规合一”平台推进建设项目全流程审批管理改革实施办法（试行）》，实行项目正式报批前预选址“一窗受理”“一表制”网上联审，并明确立项、初步设计、供地审批、施工许可、验收发证等五大阶段牵头部门。跟踪督办30个重点项目204个审批事项推进情况。制定《洞头区重大建设项目审批倒逼提速实施办法》《洞头区招商引资项目审批代办服务工作实施办法》，实行全程无偿代办服务。加强涉批中介监管，明确并公布行政审批前置中介服务事项目录清单，开展中介机构诚信建设主题宣教实践活动，组织中介机构服务“三方”测评，建立中介选取视频洽谈室及中介服务网上信息库，开展区交通工程指挥部视频洽谈选取中介服务。

【商事制度改革】 2015年，区审管办(公共资源办）组织协调市场监管、国税、地税、统计、社保等部门单位，制定出台《洞头县市场准入“多证合一”登记制度改革实施方案》，推出个体工商户“二证合一”和企业准入“五证合一，一照一码”，办出个体类“二证合一”营业执照400件、企业类“五证合一”营业执照37件、“一照一码”196件。落实企业设立登记时取冠省名简化程序，实现区、省“一审一核”两级流程，办理15件。推出全程电子化企业登记及名称自助查重服务，办理36件。放宽企业住所和经营场所登记条件，推动“一址多照”“一照多址”等登记改革，全年办理“一址多照”24户、“一照多址”3户。启动企业简易注销程序，由原先45个工作日压缩为10个工作日，办理3户。

【工程建设领域招投标专项治理】 2015年9月，区审管办(公共资源办）联合纪委（监察）、发改、住建、财政、审计等成立专项工作小组，对2012年以来的工程建设招投标项目开展自查自纠及专项检查。着手加强招投标领域信用子体系建设，完善工程建设招投标领域一盘棋管理机制，重新确定工程建设项目招标采购范围和规模标准，严格建设项目直接发包和邀请招标的审批管理。

【启动电子化招投标平台建设】 2015年，区审管办(公共资源办）启动区公共资源网上服务平台、电子交易和电子监察系统“三分离”平台建设，实现网上报名、标书下载等电子化运作，评标现场全程视频直播，形成一个招标项目一套监管档案。

【审批及交易监督管理】 2015年，区审管办(公共资源办）完善审批服务“4S”监督评价体系，及时督查重点工程审批事项推进情况、联合会议、施工图联合审查、网上审批等制度落实情况。不定期对无休日、预登记、行政审批否决事项双告知制度执行情况开展检查督促。开展电子评价和群众回访，全年共回访群众1600余件，群众满意度98%以上。开展档案内审450件，提出整改意见25条。加强公共资源交易现场监督管理，对交易全程重要环节做到定人定岗定责，纳入双重监管。

【区新行政服务中心启用】 2015年12月4日，新行政服务中心启用并正式对外办公。11月30日区审管办（公共资源办）正式搬迁至新行政服务中心大楼。全区18个单位在新行政服务中心单设窗口、13个单位进驻新行政服务中心综合窗口，行政许可、行政确认、年检、备案、审核转报和其他审批权等六大类事项均纳入中心监管，共有1093项事项进驻区行政服务中心办理。新启用的区行政服务中心大楼(洞头区便民服务中心工程)位于新城二期B01地块，建筑面积约27350平方米，地上五层，地下一层，停车位400个，总投资约12400万元。一楼行政服务大厅约5000平方米，设施完备，功能齐全，集中住建、国土、环保、市场监督、社保中心等与群众办事密切的相关政府部门办事窗口，及社会中介、招标代理机构、银行、邮政快递等共同入驻，实行“一站式”便民服务。区委常委、常务副区长张志宏出席并讲话，区人大常委会副主任张孚标、区政协副主席张释忠等参加。

【洞头区行政服务中心灵昆分中心成立】 （参见《街道（乡镇）》栏目“灵昆街道”分目）

（叶艳明、苏姗姗）

机关事务管理

【概况】 2015年，区机关事务局接待来宾295批次，总计2704人次，先后完成温商回归招商引资、洞头先锋女子民兵连55周年纪念大会等全区重大活动后勤保障工作。制定出台全区办公用房“五统一”管理办法、调配方案，累计调整办公用房单位30家，调配面积4.09万平方米，清理腾退面积0.82万平方米。率先完成1/3公共机构节水型单位创建，机关单位人均综合能耗、单位建筑面积能耗、人均水耗分别同比下降6.22%、3.56%、4.29%。完成行政服务中心物业管理和会议家具采购招投标、环境绿化美化、公共自行车站点设置等工作，以及区行政服务中心配套食堂建设。规范公务用车管理，全年累计出车服务2104次，安全行车45万千米。

【区行政服务中心食堂建设】 2015年11月，区行政服务中心食堂竣工验收并投入使用，累计投入资金840余万元。区机关事务局在妥善处理航港大楼遗留问题基础上，先后完成大楼加固装修、厨具设备采购、社会化服务等招投标工作，落实工程现场全程跟踪服务，组织厨具设备调试以及零星物资采购，确保行政服务中心食堂如期投入使用。行政服务中心食堂位于新城二期，建筑面积2400平方米。

绿色低碳节能宣传活动

【节约型节水型示范单位创建】 2015年，区机关事务局开展节约型、节水型示范单位创建活动，加强用能全程监管，落实节能节水技术改造，完成财政能耗平台建设、图书馆节能灯等节能项目改造推广。全年验收节约型单位5家、节水型单位30家，区图书馆、财政局先后通过省、市节约型公共机构示范单位验收。“节能宣传周”和“全国低碳日”期间，组织开展发放节能宣传手册、节能知识咨询、签名承诺、节能产品推广和环城骑行等形式宣传活动，普及节约低碳理念。

【“文明餐桌”示范食堂创建】 2015年，区机关事务局组织行政服务中心食堂开展市级“文明餐桌”示范食堂创建活动，利用微信、短信、LED显示屏等媒介开展“文明用餐”理念动态宣传。落实食品采购索证、出入库登记验收、菜品24小时留样备检制度，从源头上确保就餐安全。通过“劳务外包”，引入专业餐饮服务公司为服务商，提升行政服务中心食堂服务专业化水平。区行政服务中心食堂在2015年度全市“文明餐桌”满意度创建测评中排名第二，并于12月通过温州市“文明餐桌”示范食堂验收。

（叶明磊）

责任编辑 卓桂荣

政协洞头区委员会

渔婆·许银娣

“海霞精神”

爱岛尚武 励志奉献

“五岛连桥”精神

小县办大事 小岛创大业

概 述

【概况】 2015年，区（县）政协召开常委会议8次、主席会议10次；组织调研视察 21次，完成《洞头区民间呈会金融风险的态势分析及对策研究》等6篇调研视察报告。七届四次会议其间，提交大会发言30篇，提出对策建议48条。

政协七届四次会议收到提案107件，立案103件，其中，委员个人提案82件，联名提案21件，重点提案6件。提交41个单位办理。提案所提出的问题已经解决或采纳的58件，占56.31%；正在解决或列入计划逐步解决的27件，占26.21%；因客观条件限制作为参考的18件，占17.48%。委员对提案的反馈率100%，满意率99%。提案者对第一次办理结果表示满意的87件，占84.47%；基本满意的15件，占14.56%；不满意的1件，占0.97%。

开展“三严三实”专题教育活动，领导班子为机关干部上党课，查摆解决班子“不严不实”问题。抽调机关干部帮助温州金源化工企业做好养殖海区勘定、海域使用权审批等事项。开展“红七月、服务月”和“三百双结对”共建活动，赴豆岩村、小荆村、珑头村结对慰问。全年聘请25名特邀信息员，编发社情民意24期，8期专报被省市政协采用，《建议切实加强机关办公用房长效管理》等得到市委领导批示。在《联谊报》等省市新闻媒体上刊载报道20余篇。

主要会议

【政协第七届洞头县委员会第四次会议】 2015年3月17—20日，政协第七届洞头县委员会第四次会议在北岙召开。参加委员150名、列席139名，邀请100名市民代表旁听。会议审议通过叶国胜代表政协第七届洞头县委员会常务委员会所作的工作报告和吴金弟同志代表政协第七届洞头县委员会常务委员会所作的提案工作情况报告。9名委员就“状元岙深水港开发建设”“民宿发展”“电子商务”等方面作大会发言。会议选举洪文才为政协第七届洞头县委员会秘书长，陈仁毅、林建斌为政协常务委员。会议提交提案107件，立案103件，其中联名提案21件。

【区（县）政协主席会议】 2015年，区（县）政协召开主席会议10次。

1月9日，召开县政协七届三十六次主席会议。会议讨论《县政协常委会工作报告（讨论稿）》和《县政协提案工作报告（讨论稿）》。会议协商通过《关于进一步加强与委员联系、更好发挥委员作用的意见（审议稿）》《关于进一步加强和改进政协新闻宣传工作的意见（审议稿）》及2014年度县政协优秀委员名单和县政

2015年3月17日，政协洞头县七届四次会议开幕

协七届二十一次常委会议建议议程。协商讨论文史资料《记忆中的洞头老照片征集工作方案》。听取2014年县政协社情民意信息工作情况汇报和《百岛百村》编撰有关情况说明等。

3月4日，召开县政协七届三十七次主席会议，会议听取县政协七届四次会议各小组筹备情况汇报。研究确定县政协七届四次会议大会发言和即席发言事宜和《百岛百村》文史资料编撰工作。协商通过县政协七届二十二次常委会议建议议程和列席县政协七届四次会议人员名单等。

3月6日，召开县政协七届三十八次主席会议，会议协商通过关于召开政协第七届洞头县委员会第四次会议的决定（草案）、政协第七届洞头县委员会第四次会议议程（草案）、日程（草案）、报告人建议名单、提案截止日期（草案）、各次大会执行主席及主持人建议名单、列席人员建议名单、委员和列席人员编组名单及关于授权主席会议审议七届政协第二十二次常委会议未尽事宜。协商讨论县政协七届四次会议选举办法（草案）。通过相关人事任免等。

4月17日，召开县政协七届三十九次主席会议，会议审议通过县政协2015年工作要点、县政协七届四次会议重点提案建议名单、县政协关于联动开展“五水共治”专项集体民主监督实施方案、县政协关于围绕“四张清单一张网”改革措施落实情况开展专项集体民主监督实施方案、县政协七届二十五次常委会议建议议程。

5月4日，召开县政协七届四十次主席会议，会议协商通过县政协专委会组成人员调整方案、2015年县政协重点调研课题。通过县政协重点提案遴选与督办办法、反映社情民意信息工作目标考核办法、县政协特邀信息员名单、机关工作人员分工等。

6月19日，召开县政协七届四十一次主席会议，会议协商讨论县政协机关开展“三严三实”专题教育活动、机关党支部“七一”活动、关于生态文明乡村建设外出学习考察安排、2015年县政协委员培训班、浙江“百名新乡贤”候选人名单等事宜。

2015年洞头区（县） 政协重点提案目录

表2

案　由	提案人	主办单位	会办单位
关于“一打三整治”后渔民养老保险、转产就业问题的建议(第99号)	卓桂贞	海洋与渔业局	人力社保局、旅委
关于加强群众体育设施建设的建议(第48号)	潘国波	文体局	发改局、财政局、教育局、住建局
关于筹建洞头县中医院（大门镇中心卫生院）的提案(第45号)	郑海凡	卫生计生局	财政局、民政局、大门镇
关于进一步完善鹿西危急重病人转运机制的建议(第46号)	童海光	卫生计生局	交通运输局
关于改善鹿西岛际交通的建议(第53、54、86号提案合并)	虞建华 王爱兰 季晓瀚	交通运输局	大门镇、元觉街道、鹿西乡
关于对接大门大桥通车加快大门岛建设的建议 (第14、15、16、79号提案合并)	方荣巩 黄立华 林海萍 林碎春	大门海洋经济示范区	公安局、民政局、交通运输局、旅委、大门镇

8月11日，召开县政协七届四十二次主席会议，会议协商讨论县政协关于“委员活动日”暨“六送下乡”活动的实施方案、关于特约监督员调整方案、县政协2015年上半年工作总结和下半年工作安排的汇报、县政协七届二十六次常委会议建议议程。

8月28日，召开县政协七届四十三次主席会议，会议审议通过政协洞头县委员会常务委员会关于洞头撤县设区后有关事项的决定。

10月26日，召开区政协七届四十四次主席会议，会议研究区政协七届五次会议大会发言参考题目和民主评议2015年提案办理工作方案。会议研究《洞头区民间呈会金融风险的态势分析及对策研究》调研报告。讨论界别活动相关事宜。研究部署政协七届五次会议筹备相关事宜和关于余之介文史资料撰写的相关工作。

12月17日，召开区政协七届四十五次主席会议，会议协商讨论《洞头区政协委员退出机制暂行规定》《区政协常委会工作报告（讨论稿）》和《区政协提案工作报告（讨论稿）》。通过区政协七届二十八次常委会议建议议程。

【区（县）政协常委会议】 2015年，区（县）政协召开常委会议8次。

1月16日，召开县政协七届二十一次常委会议，会议审议通过《县政协常委会工作报告（审议稿）》和《县政协提案工作报告（审议稿）》。协商讨论2014年度县政协优秀委员名单。

3月6日，召开县政协七届二十二次常委会议，会议协商通过关于召开政协第七届洞头县委员会第四次会议的决定（草案）、会议报告人建议名单、提案截止日期（草案）、会议议程（草案）、日程（草案）。协商通过调整、增补政协委员建议名单、邀请主席台就座人员建议名单、各次大会执行主席及主持人建议名单、大会副秘书长建议名单、列席人员建议名单、委员和列席人员编组名单、各组召集人建议名单和授权主席会议审议七届政协第二十二次常委会议未尽事宜。讨论县政协七届四次会议选举办法（草案）。通过相关人事任免。

3月18日，召开县政协七届二十三次常委会议，会议听取各讨论小组对县政协七届四次会议《选举办法（草案）》讨论情况的汇报。审议通过《选举办法（草案）》。协商通过县政协秘书长、常务委员候选人建议名单、总监票人建议名单。审议县政协七届四次会议决议（草案）。

3月19日，召开县政协七届二十四次常委会议，会议听取各讨论小组对县人大、政府、政协、法院、检察院等报告讨论情况的汇报、对县政协七届四次会议决议（草案）讨论情况的汇报。审议通过县政协七届四次会议决议（草案）和对县政协秘书长、常务委员候选人名单讨论情况的汇报。审议通过候选人名单；审议通过提案委员会关于县政协七届四次会议提案审查情况的报告（草案）。听取对总监票人讨论情况和各组监票人推荐名单的汇报，审议通过总监票人、监票人名单。

5月5日，召开县政协七届二十五次常委会议，会议审议通过《洞头县政协常委会2015年工作要点（送审稿）》《政协洞头县委员会重点提案遴选与督办办法（送审稿）》，协商通过县政协2015年重点提案和对口提案，协商通过县政协专委会组成人员调整方案，传达市政协余梅生主席在全市政协机关干部培训班上的讲话精神。

8月12日，召开县政协七届二十六次常委会议，会议听取叶海峰副县长代表县政府所作的全县上半年经济社会运行情况通报；会议听取县政协秘书长洪文才所作的县政协常委会2015年上半年工作情况和下半工作打算的汇报。

8月28日，召开县政协七届二十七次常委会议，会议审议通过关于洞头撤县设区后有关事项的决定。

12月23日，召开区政协七届二十八次常委会议，会议听取区政府关于2015年提案和重点提案办理情况的通报；讨论区政府关于“十二五”规划实施和“十三五”规划编制情况的通报；审议《区政协常委会工作报告（讨论稿）》和《区政协提案工作报告（讨论稿）》；审议通过《洞头区政协委员退出机制暂行规定（送审稿）》；通过有关人事任免；对2016年政协提案的征集和政协七届五次会议筹备工作作了部署，并提出了相关要求。

重要活动

【政协调研视察】 2015年，区政协组织组织调研视察21次，主要视察、调研活动如下：

4月8日，区政协组织调研“一打三整治”专项执法工作完成情况。

6月8日，区政协主席叶国胜带队视察调研新城二期重点建设项目。

8月24日，区政协主席叶国胜召开民间金融奉献处置课题调研会。

9月7日，区政协开展民主协商工作。

11月19日，区政协联合区人大开展77省道延伸线项目专题视察。

【“助推‘五水共治’长效机制建设”专项集体民主监督工作】 2015年，区政协开展“助推‘五水共治’长效机制建设”专项集体民主监督工作。制定工作方案，组建5个监督小组，由副主席带队，以小分队、小团组的形式，不打招呼、不定时间、不设路线实地“明察暗访”，开展视察督导农村污水治理、“清三河”等，多次深入农村污水治理工程、海滨河和长坑河等河道，提出意见建议，助推区“五水共治”工作。

【《记忆洞头》编辑发行】 2015年，为了更全面地记录和传承洞头历史文化，留住和珍藏历史中的影像、记忆，积淀精神财富，弘扬洞头精神，区政协科教文史委和区档案局（馆）联合编辑发行《记忆中的洞头》。内容包含东海潮踪、花海桑田、旧城往事、渔村印记、风景如昔、人文海霞、今日洞头7个篇章，收录照片500余张。记录洞头经济社会发展及重要事件、重要会议、重要活动、重大工程建设等。顾问叶国胜，主任吴金弟，副主任杨艾立、张释忠、叶明久、洪文才，主编颜厥明、唐建松，副主编陈赛玉、陈小芳、郑元良，摄影刘海鸣。

政协委员

【政协委员】 2015年末，洞头区市政协委员11人，区政协委员150人。

市政协委员：

叶国胜、张释忠、蔡柔雄、徐玲玲、陈盈盈、许曹鲁、吴华征、罗进勇、周素友、林海珊、释芳振。

区政协委员：

中共、特邀界（36名）：

方荣巩、甘世长、叶　明、叶松飞、叶国胜、纪玉华、李阿安、李金星、吴兹敏、余汉江、余余钱、沈加亮、张和平、张忠强、张海珍、陈坤能、陈建明、范亚成、林小华、林秀莲、林郁峰、郑安良、郑若斌、郑祥飞、柯华荣、柯伟浩、南建东、俞　俊、洪宁群、袁顺仕、黄立华、黄正定、黄蓓蕾、褚志攀、蔡成德、颜厥炎。

经济界（31名）：

王一虎、王传富、王振炎、方　萍、甘良益、石建光、叶明久、叶珠权、朱灵奇、朱荷莲、任秉钧、许丽芳、吴思强、沈　峰、阿怀东、陈占基、陈胜周、陈信敏、陈宪平、陈勤祥、陈增松、林孙林、林海萍、金小海、郑元龙、郑西平、郑建林、黄忠兴、黄莉莉、曾华越、虞建华。

文化艺术界（19名）：

叶凌志、庄明松、许志攀、苏　娅、李伯庆、杨迎炜、张志强、陈　肃、陈成乔、陈素祯、陈献英、林加雄、南薇薇、施丽萍、洪文才、郭顺清、唐　琳、董飞存、颜厥明。

社科科技界（18名）：

庄小萍、庄海民、刘德成、许曹鲁、李慧玲、吴金弟、吴朝阳、陈增远、林　丽、林少珍、林建斌、林高承、周爱民、郑子阳、郑立婷、洪正金、曾华铭、戴华姆。

教育、卫生界（24名）：

王秀兰、王爱兰、叶明收、庄永育、孙月芬、苏丽华、杨艾立、杨细珠、张正强、张高永、陈群斌、林玲玲、林碎春、郑晓华、季晓瀚、郑海凡、泮海境、柯友疆、侯合丽、黄丽燕、梁友谊、童海光、曾　嵘、曾春萍。

民族宗教、台侨联界（22名）：

王祖成、叶建水、朱永光、朱建忠、苏友谊、余雪琴、应　钧、张释忠、陈仁毅、陈后群、陈素萍、陈赛玉、林海燕、卓桂贞、郑声良、郭银生、唐建业、黄明华、释延源、释芳振、谢阿伍、潘国波。

（谢小燕）

责任编辑　曾焕定

社会团体 工商联

喜事连连 · 王洁灵

“海霞精神”

爱岛尚武 励志奉献

“五岛连桥”精神

小县办大事 小岛创大业

总工会

【概况】　洞头区第七届工会委员会两委委员22人(含工会委员会委员和经审委委员)。截至2015年底，全区基层工会237家，工会会员2.2万人，其中行业工会5家、机关事业单位工会92家、街道（乡镇）总工会(工委）7家、社区（村）工会18家、企业工会115家。

2015年，区总工会实施“3+1”教育培训工程，依托省总市总干校举办各类工会主席、骨干培训班。开展“上挂下联、区域共建”试点，成立快递企业联合工会，新增农民工会会员近千名。推进134家基层工会“六有”（有牌子、有印章、有经费、有活动、有场所、有档案）工会达标创建。开展“两法”（工会法、劳动法）考试、送法进企业、普法维权月等工会法治宣传教育。建立街道（乡镇）工会劳动保护监督检查委员会，实施劳动保护分级管理。组织519个企业班组参与“安康杯”竞赛，开展“三送安全”活动。推进工资集体协商机制，全年签订工资协议76份，覆盖企业352家。组织劳模志愿服务、“万朵鲜花送雷锋走进劳模”、共植“劳模林”、圆梦困难职工微心愿等活动。开展“六比六赛”▲示范性立功竞赛，举办消防应急演练、金融业务、安全救护、餐旅服务等技能培训和比武活动21场，参与职工超万人次，获资格证书2224人。新增市级高技能人才创新工作室1家，职工技术服务队1支。组织开展企业班组竞赛、合理化建议、技术创新等群众性劳动竞赛活动，创造经济效益近千万元。组织开展文艺秀、千名职工环岛跑、“海疆杯”篮球赛、职工羽毛球赛、农民工假日免费电影、创意工间操、“书香润职工”等文体活动40余场。开展职工医疗互助保障，赠送职工综合医疗保险1304份，惠及123名出险职工25.8万元。全年参保1.8万多人次，排名全市第一。开展春送岗位、夏送清凉、秋送助学、冬送温暖等解困行动，累计慰问职工1617人次，帮扶职工家庭242户，发放帮扶资金40.5万元。通过公开招投标和市场化运作，推进疗休养工作规范化。新增市级示范服务站1家。

是年，东屏渔民浙洞渔1451—52渔船船长林忠民获“全国劳动模范”称号；温州金源化工有限公司黄莉莉获“全国五一巾帼标兵”称号。

▲“六比六赛”：比科学管理，赛工程质量；比精打细算，赛成本控制；比以人为本，赛科技创新；比完成任务，赛工程进度；比规章制度，赛安全生产；比遵纪守法，赛廉政建设。

【林忠民获“全国劳动模范”称号】　（参见《街道（乡镇）》栏目“东屏街道”分目）

【黄莉莉获“全国五一巾帼标兵”称号】 （参见《工业》栏目）

【县级快递行业联合工会成立】
2015年8月25日，县总工会组织召开洞头县快递企业工会联合会成立暨第一次会员代表大会。大会选举产生洞头县快递企业工会联合会第一届委员会、经费审查委员会、女职工委员会。全县120多名“快递哥”加入工会组织。该工会联合会是目前温州市成立的首家县级快递企业工会联合会。

千名职工环岛跑活动比赛

【“最美劳动者”评选出炉】
2015年10月12日，区总工会联合区委宣传部启动2015年度“最美劳动者”评选活动。采用基层组织推荐、微信投票、评审联评、公示等环节，各基层工会共推选参加78人。温州伟望塑业电气有限公司总经理林威望、区人民医院急诊科护士长林淑苗、霓屿街道办事处农业公共服务中心主任黄忠开、温州交运集团洞头有限公司驾驶员黄继宝、洞头区综合行政执法大队机动中队中队长薛秀华获“最美劳动者”称号；大门镇乌仙头村支部书记尤良华、鹿西司法所所长叶尊国、区广播电视台编辑李广华、浙江迪特高强度螺栓有限公司技术员梁巧明、元觉街道办事处城管中队副中队长谢炳遵获“最美劳动者提名奖”。

【千名职工环岛跑活动比赛】
2015年4月28日，浙江省首届生态运动会暨县2015年“聚力同城发展·共建海上花园”千名职工环岛跑比赛在洞头国际放生台举行。县委书记董智武宣布开赛令，县委副书记、县长王蛟虎讲话，县委副书记林琼主持开幕式。县人大常委会主任叶永辉等县四套班子领导参加。活动由洞头县总工会、洞头县文化广电新闻出版局(体育局)、县美丽海岛水乡建设领导小组办公室主办，全县37个代表队886名选手参加。比赛6个组别，分4条路线，总赛程在1500米到5000米之间。林帆、吴卫军、卓桂华、潘怡怡、张乐微、曾宝蓉等6名选手分别摘得男子青年组、男子中年组、男子老年组、女子青年组、女子中年组、女子老年组冠军。

【县渔民协会工资集体协商会议】
2015年7月24日，县总工会组织召开洞头县渔民协会工会联合会工资集体协商会议，渔民协会行政方代表与职工方代表等20人参加。会议通报全县2015年人力资源市场工资指导价位，分析本行业经营状况、物价水平等因素，提出洞头县渔业从业人员2015年度工资标准。职工代表提出加班补贴、奖金、保险、违约责任等方面具体要求。双方代表经过充分协商，各岗位工资标准、工资支付形式、工资正常增长机制等方面内容基本达成一致。

【第31届“海疆杯”篮球赛】
2015年11月19—24日，区第31届“海疆杯”篮球赛暨第二届“篮协杯”篮球赛在新城广场和洞头一中篮球场举行。11支代表队200余名职工参加比赛。赛事由区总工会、区文体局主办，区篮协协承办。赛制采用小组循环赛，决赛三场两胜制。海豹篮球俱乐部代表队获冠军，东屏“好厝边”代表队获亚军。

（胡俊彪）

共青团

【概况】 2015年底，洞头区共有青团员10349人，其中女团员5079人，占49%。全年新发展团员262人，其中女团员102人，占38.93%。基层团委14个，团总支11个，团工委8个，团支部374个。

团区委全年开设青年学坛讲座，开展学习贯彻“四个全面”战略布局专题讲座、以“入德之门，修身为本”为主题的团干部读书班活动等10余次，覆盖团员干部200余人。开展“缅怀革命先烈 践行社会主义核心价值观”“高举队旗跟党走 共筑少年中国梦”等主题教育活动；组建“青春洞头”全媒体中心，微信粉丝2万人，阅读量7万次，全省新媒体风云榜排名第二，全国新媒体风云榜第三。创先争优项目，全区373家基层团组织优秀率60.2%，达标率87.5%。

【青年创业创新】 2015年，团区委依托浙江工贸职业技术学院校地合作项目，成立洞头青年创业学院，开展青年电子商务专项行动，采取菜单式培训方式，对全区有意创业的青年和已创业青年开展初级入门、中级进阶、高级提升等电商创业培训，培养一批电商网商创业带头人。专题培训5期覆盖358人。举办“邮储银行杯”第二届洞头青年创业创新大赛，设立10个优秀创业项目典型，并选送5个优秀项目参加市大赛。推荐杨建立等10名“农村青年致富协会带头人”培养人选。选送温州恒源水产等5家企业参加市第二届青年网络农博会。安排省青年创业创新行动扬帆工程资金50万元专项资金为农村青年、青年学生等创业青年提供偿还式无息资助资金扶持。组织青年企业家参加青春创业集训营，前往义乌、桐庐、杭州等地学习参观优秀创业项目。

第二届洞头青年创业创新大赛

【洞头区新生代企业家协会、青年企业家协会成立】 2015年12月28日，洞头区新生代企业家协会、洞头区青年企业家协会成立大会暨第一次会员大会召开。59位代表参加。会议选举产生区新青年企业家协会第一届领导机构，研究部署今后一个时期新青年企业家协会工作任务。区委书记董智武讲话，区委副书记王文胜，区委常委、宣传部长张贤孟，区委常委、统战部长林新磊，区人大常委会副主任张孚标，副区长吴志安，区政协副主席吴金弟等出席会议。

【青年志愿服务】 2015年，团区委开展“志愿服务不放假”“旅游+志愿服务”等志愿活动，“五一”假期组织近百名志愿者为堵车游客免费送水送面包。组织“共享蓝天·绿动指尖”“共青林”护绿等活动，栽植树木500余株。举行“环岛骑行·公益在心”养海护生、养水护林环保宣传活动。举办4期志愿者培训，新任志愿者和骨干志愿者200余人参加。实施志愿服务派遣和项目登记管理，开启志愿云管理，打造“E志愿”APP，提供志愿者招募、志愿者交流和志愿服务计时等信息，实现志愿者日常管理的信息化、网络化和规范化。

【大型青春励志舞台剧《海霞青春梦》】 2015年6月23日晚，大型青春励志话剧《海霞青春梦》在洞头剧院演出。话剧《海霞青春梦》作为洞头先锋女子民兵连建连55周年的重要组成部分，以建连55周年军事表演为主要故事背景，以"张远"

《海霞青春梦》舞台剧照

这一人物主线，以点及面带出全连队女兵舍小家成大我的无畏精神，集中展现在和平年代不同的海霞精神。该话剧还曾于2012年、2013年分别在洞头上演过两个版本。出席纪念洞头先锋女子民兵连55周年活动的省市县领导嘉宾等1000多人观看演出。

【青少年关爱工作】 2015年，团区委开展“信科学、反邪教”“共筑食安梦”“进红门体验消防”等活动。推动未成年人观护体系建设，开展合适成年人指派工作11次、犯罪青少年帮扶教育7次，对服刑在教人员未成年子女帮扶结对率超过90%。通过政、社、企三方联动模式，开展“希望工程”“雏鹰起飞”等助学活动，募集青少年关爱扶贫资金与成长资金28万元，资助困难学生338人，其中资助涉险困难家庭学生11名。组织56名特殊群体子女开展“感受社会爱 体验团队情”为主题的第四期“老少携游”活动，组织30名重点青少年开展“筑梦青春路 关爱少年行”重点青少年关爱行动。

【洞头第七届“十大杰出青年”颁奖晚会】 2015年5月4日晚，团县委联合县委组织部、县委宣传部、县广电台和县青年联合会举行纪念“五四”运动96周年暨第七届“十大杰出青年”颁奖晚会。县领导林琼、王小甫、张孚标、吴金弟等参加。经过推荐、申报、考察、公示、投票评选等环节，来自农业、教育、医疗卫生、科技等战线的郑益群、陈素芳、颜丽函、吕作培、张立宁、倪小龙、尤燕妮、杨建立、陈春飞、陈盈盈等获洞头第七届“十大杰出青年”。

【区志愿者协会四届一次理事会(扩大)会议】 2015年12月3日，区志愿者协会四届一次理事(扩大)会议在区剧院二楼会议室举行。区委副书记王文胜参加。会议表彰区2015年度十佳优秀志愿者与孝行元觉志愿者服务队、东屏好厝边志愿者服务队、霓屿街道管事公婆志愿服务队、洞头微动力志愿者服务队、洞头区快乐公益联合会、洞头海霞中学志愿服务队、大门镇浪潭社区学雷锋志愿服务队、洞头海霞电力女子服务队、区人民医院退休职工志愿者服务队、洞头区顺风车志愿队

区志愿者协会四届一次理事（扩大）会议

等10支优秀志愿服务团队，并启动E志愿APP。

【温州好声音洞头赛区暨洞头县第四届青歌赛】 2015年7—8月，“艺东杯”温州好声音洞头赛区暨洞头县第四届青歌赛在洞头举行，经过海选、复赛，12名选手进入决赛。8月19日晚，青年歌手大赛总决赛在溢香国际大酒店举行，比赛采用选手自选歌曲演唱、选手帮唱、选手清唱三个环节。比赛首次引进新媒体微信现场直播，高峰时期在线人数8000余人。周正获冠军，陈旻、陈倩倩分获亚、季军。大赛由中共洞头县委宣传部、县文化广电新闻出版局(体育局)、共青团洞头县委、县青年联合会、县新闻中心联合主办，县流行音乐协会、萤火虫志愿者艺术团承办，县文化局和县音乐工作者协会协助，艺东广告策划有限公司全程冠名赞助。

【第五届广播电视主持人大赛】 （参见《文化　传媒》栏目“广播电视”分目）

（倪煜程）

妇女联合会

【概况】 2015年底，洞头区街道（乡镇）妇联7个（包括灵昆街道）、妇工委1个、单位妇委会24个、行政村（居委会）妇女代表会87个、社区妇联6个。全区街道（乡镇）妇联主席7名（包括灵昆街道），机关企业单位妇工委、妇委会主任25名。

区妇联推进实施女性素质提升工程，女性课堂18期900多人、“海霞之声”专场女性课堂10期400多人。农家特色美食专业技能培训3期104名农村妇女参加，其中99名妇女取得职业资格证书。举办106人参与的“清风伴我家·廉政驻我心”村居主职干部廉内助培训班。基层妇女之家“六学”培训近7000人次。举办第十一届妇女运动会暨“建设法治洞头·送法到家巾帼行”活动。组织第六届“巾帼杯”门球赛。开展“男女平等基本国策”宣传活动18场，拍摄留守儿童关爱题材的微电影《愿·望》，购买妇女儿童公益项目3个。开通“洞头百岛女性”微信公众号，推出《百岛女性》《百岛巾帼》等专题栏目，吸引粉丝7500多人。是年，区妇联获“2014年度全市综治工作先进集体”称号。

【基层妇联组织建设省级试点工作】 2015年，为深入贯彻落实中央和省市区党的群团会议精神，根据省市妇联的要求，区妇联会同区委组织部制定出台区级试点工作实施方案，推出“情系姐妹·温暖童心”服务品牌，制作“试点工作连心卡”。在北岙街道打水鞍村、元觉街道所有村居启动基层妇联组织建设省级试点工作。出台基层妇联组织建设试点工作个性化菜单。“三万大走访”基层联心800余户。推出十大特色载体活动，打造“一村一品”试点工作品牌。建立岗村结对制度，组织8个市级以上巾帼文明岗与试点村结对签约，共同参与“巾帼百岗联村行”活动，明确各岗长兼任试点村第一妇代会主任。在微动力志愿服务队建立首个女性社会组织妇委会。

【张丽萍调研洞头妇女组织建设工作】 2015年9月22—23日，省妇联副主席张丽萍一行6人到洞头区。调研妇女组织建设工作，了解基层妇联组织建设试点工作及“进万家

2015年9月，省妇联副主席张丽萍一行调研基层妇联组织建设试点工作

门、访万家情、结万家亲”大走访大调研活动情况，实地察看洞头先锋女子民兵连纪念馆、东屏妇女领办的特色民宿。张丽萍要求区妇联总结经验，巩固好现有的试点成果，进一步完善推进抓平衡，努力形成常态化的工作机制，确保试点工作收到实效。张丽萍还分别于11月9日和12月2日到洞头调研指导基层妇联组织建设试点工作。省、市调研指导组深入试点村蹲点调研，走访留守儿童、贫困患病妇女、老妇女干部、最美家庭以及妇女来料加工点、电商等各类对象，耐心与妇女群众交流，了解家庭生活、就业、参与女性社会组织等情况，了解所在村基层妇联组织建设的实际情况和妇女群众困难需求。鼓励带头创业的妇女发挥示范引领作用，带动更多妇女姐妹们投身经济建设，发家致富。鼓励贫困患病妇女乐观面对生活。

【家庭文明促进】 2015年，区妇联开展寻找“最美家庭”五大系列活动，收到摄影作品109件，评选优秀作品29件；评选表彰区级最美家庭40户，获市级荣誉11户，省级2户。通过微信、微博等新媒体展播摄影作品，并制作最美家庭宣传图片展巡回社区46次。“感恩母亲·情满岛城”公益活动慰问贫困母亲80名。开展“做合格父母、育合格人才、创最美家庭”主题亲子游园活动。联合举办第九届和谐邻里节暨平安家庭宣传活动。深入各学校、社区开展家庭教育讲座21场，受教育家长近5000人次。开展清洁海岸、义务植树等巾帼亲子志愿服务活动，助力城市建设。

【巾帼创业】 2015年，区评定第四批洞头区“妇字号”农家乐7家，扶持资金20万元，推出“巾帼创业小额贷款”扶持项目，为2819名妇女提供1.6亿元贷款，争取贷款贴息3.08万元。联合举办“春风送岗位”女性专场招聘会、巾帼网络创业沙龙暨创业导师指导会。联合举办农村电子商务（微店营销）创业培训班，取得职业资格证书31名。建立巾帼文明岗“姐妹帮帮团”，开展“巾帼百岗联村行”志愿服务活动3场。东屏街道建立首个“巾帼电商孵化基地”。

【妇女儿童权益保障】 2015年，利用微信公众平台开展“男女平等基本国策20周年”有奖竞答活动。通过法制宣传栏、交警岗亭语音、社区广场LED等平台进行性别文化宣传，全年发微信148条次，微博273条次，网站信息191条次，被省市妇联网站采用134条次。开展普法宣传活动10场次，发放宣传资料1万多份，宣传品4000多份，受众5000多人次。举办“6·26”禁毒文艺晚会和以“建设法治洞·送法到家巾帼行”为主题的普法讲座6场。联合卫生部门开展妇女病普查7560名，其中乳腺癌筛查人数1805例。

【妇女扶贫关爱】 2015年，全年开展“下基层·访妇情·送温暖”活动，走访慰问贫困老妇干、贫困患病妇女、特殊困境儿童403人，慰问金23万元。以“六一礼包、开学礼包”为主题的“爱心礼包 温暖同行”关爱项目为69名留守儿童送上关爱。“六一”其间，县四套班子领导带队走访全县各学校、幼儿园，为150名贫困儿童和2000名幼儿园小朋友送去节日礼物。实施“春蕾计划”，结对“春蕾女童”81人，开展爱心助学活动，发放助学金20.5万元。

【县第十一届妇女运动会】 2015年3月10日，洞头县举办第十一届妇女运动会暨“建设法治洞·送法到家巾帼行”活动，全县街道（乡

2015年3月10日，县第十一届妇女运动会。

镇）、机关企事业单位46个代表队500多名妇女参加。会上启动“建设法治洞头·送法到家巾帼行”活动。运动会开展足球绕杆、企鹅漫步、翻山越岭等比赛。县疾控中心、县人民法院、诚意药业、县人民医院、元觉街道、县教育局代表队获得团体前六名。

【公益微电影《愿·望》首映】 2015年10月，区首部关爱留守儿童题材的公益微电影《为爱守候》（后改名为《愿·望》）完成拍摄。该部影片以妇联干部在日常工作中关爱和帮扶留守儿童的工作经历作为故事脚本，是“妇联人”关爱留守儿童这一特殊群体的浓缩。10月9日，区委常委、宣传部长张贤孟，北京中亚盛成投资管理有限公司董事长范亚成参加在洞一中举行的微电影首映式。

【“我的家训家规和家风故事”征集活动】 2015年3—5月，县文明办、县妇联联合开展“我的家训家规和家风故事”征集活动。家训家规征集包括家族世代传承、历史悠久的经典家训家规，近年创作提炼的现代家训家规，为本次活动写就的家训家规。家风故事内容包括发生在某个家庭或家族内反映自立自强、勤俭节约、尊老爱幼、明事知礼、正直善良、诚实守信等。施立松的家风故事《小小收获，都是大大福气》获一等奖。活动邀请县书法名家对部分获奖家训家规进行书法创作后赠送获奖者，并拍摄全家福。（王　曼）

科学技术协会

【概况】 2015年，洞头区科协所属区级学(协)会10个，街道（乡镇）科协6个。联合市科协组织市老卫协医学专家到北岙街道南塘社区、霓屿街道下郎村文化礼堂开展“百场科普活动助推文化礼堂建设”为主题的系列宣传活动。邀请市地震台台长为师生开展地震科普讲座，发放资料2100份；通过发放宣传折册、设立知识展板、解读相关政策等方式普及防灾减灾知识。开展科技活动周、全国科普日系列大型品牌活动及社区科普益民行动，以及“科普一日游”、“科学探究小达人”系列讲座、青少年科技节、科技创新大赛等科学实践活动。组织科技惠农帮扶活动和学术交流。指导东屏街道寮顶村、霓屿街道下社村、下郎村等地建设LED字幕式科普宣传视频、科普画廊和“二十四节气”科普宣传牌等科普阵地。

是年，北岙街道上新社区被列为省级科普示范创建单位，北岙街道岭背社区、打水軬村、霓屿街道下社村被列为市级科普示范创建单位。大门春满园生态农业示范基地被命名为“2015年度温州市农村科普示范基地”。张高艳被列为“2015年度温州市科普惠农兴村计划带头人”。

【科技（科普）周活动】 2015年5月17—24日，县科协联合多部门举办以“创新创业·科技惠民”为主题的科技（科普）周活动。在社区农村文化礼堂开展科普宣传、反邪教宣传、科技政策法规咨询等惠民活动，设立良好习惯·终生收益”健康生活科普展板，举办“法律专题讲座”“健康保健知识讲座”，邀请医疗专家为社区60周岁以上的群众开展义诊活动，为社区200多名群众免费义诊，赠送药品等。开展“送科技下乡、促科普惠农”服务活动，在北岙街道城中等社区开展节能减排和知识产权主题宣传和健康宣传科普讲座，展示

青少年科普一日游活动

各类知识展板230多块（版），发放宣传资料6000余（份）册、科技咨询300多人次。

【“科学与艺术”科普摄影作品大赛】 2015年5月4—29日，洞头县举办“科学与艺术”科普摄影作品大赛。大赛由县科协、县科技局主办，县摄影家协会承办，主题为“科技引领进步、创新成就梦想”。内容为洞头科研成果、天文气象、生态海洋、科普教育等四类。大赛共征集摄影作品300余幅。经评审组评审，陈友华《海岛闪电》、郭卫民《紫菜烘干成型机》获一等奖，陈斌《追月》、陈礁林《清洁热处理生产的运用》、黄忠进《光通信之熔纤》（组图）、林宏《小丑鱼》获二等奖，陈丽萍《生态洞头·乡村绿化》等8幅作品获三等奖，陈蓓蓓《科学小达人科考活动》等36幅作品获优胜奖。

【全国科普日活动】 2015年9月19—25日，区科协组织洞头区2015年全国科普日活动，主题为“万众创新·拥抱智慧生活”。其间，开展“五小”发明创造成果、社区益民行动、青少年科教实践等，活动项目13项，发放科普资料9600册（份），科普挂图320张，展板90块，科普小礼品500多件，咨询服务及解决生活难题33个，义诊596人次。组织中科院老科学家科普报告巡讲活动走进区实验小学和海霞中学，600多名师生对话登山探险话题和航天遥感科普应用等主题。开展青少年“科普一日游”活动，组织110名师生及部分留守儿童巡游台州海洋世界。

【青少年科教活动】 2015年2月，县科协联合市少年宫举办洞头区第二届青少年机器人创意大赛暨市赛洞头选拔赛。3月，联合县市民活动中心组织“流动少年宫”下乡活动，走进鹿西小学。5月，联合县妇联等单位开展庆“祝六一”儿童节主题亲子游园活动及“六进家庭”宣传活动。11月，联合市科技馆、区教育局在洞头实验中学等5所学校开展“科技馆活动进校园”，让学生参与体验科技活动。

【青少年科技活动和创新大赛】 2015年9月，区科协联合科技局、教育局开展洞头区青少年科技节活动。青少年科技活动包括小学生现场电脑“手抄报”制作比赛、中学生现场网页制作比赛、少儿“七巧科技”竞赛等，评选出一等奖21名、二等奖35名、三等奖65名。青少年科技创新大赛包含科技创新项目竞赛活动（包括创造发明、机器人创意、科学论文等竞赛）和科技实践活动、科学幻想绘画等展示活动，评出科技创新项目一等奖5名、二等奖10名、三等奖19名；少年儿童科学幻想绘画作品一等奖6名、二等奖10名、三等奖23名；优秀科技实践活动一等奖1名、二等奖2名、三等奖5名。

（罗国丰）

工商业联合会

【概况】 2015年，区工商联执委会会员33人，基层商会6个，即北岙商会、大门商会、东屏商会、元觉商会、霓屿商会、鹿西商会；行业商会2个，即电器商会、羊栖菜商会；新增异地商会2个，累计异地商会5个，即上海商会、杭州商会、乐清商会、贵州商会、北京商会，其中贵州、北京为新增异地商会。

区工商联对接银企，为非公经

工商联理想信念教育实践活动动员会

济人士介绍助保贷、易税贷，全年办理12户1180万元，业绩位居全省前列，网点平均办理企业温州第一。联合区司法局举办基层商会、行业协会“法律体检”座谈会暨法律顾问签约仪式，6家基层商会、2家行业协会、2家会员单位分别于浙江新港律师事务所、宏大法律服务所签订常年法律顾问协议。与温州银行洞头支行签订《银企战略合作框架协议》，享受1亿元的综合授信融资额度。元觉商会邀请资深律师为企业管理、财务、销售等人员讲授《新常态下的企业账款安全与催收策略》。电器商会分别与区委办、区经信局、区科技局、区人力社保局等4家单位签署合作协议书，承接包括行业统计、承办专业会议展览等13项政府职能业务。与国家大院名校温州联合研究院洞头分院合作举办“工业产品研发研讨对接会”，北岙商会承办，为72家基层商会会员提供对接高校资源、技术、人才的综合服务平台。建立“百岛商人”微信公众号。召开以“守法诚信”为重点的非公经济人士理想信念教育实践活动动员会，发出《守法诚信 共赢未来》倡议，邀请市委党校教授为100余名非公经济人士和职工代表讲授《社会主义核心价值观——诚信篇》讲座。联合区总工会开展“中国梦·劳动美”文艺秀进企业活动。开展“三百双结对”共建活动，走访慰问大门镇东浪村困难户、6家基层商会所属会员企业困难职工12人。8家执委单位慈善一日捐

2015年10月11日，北京洞头企业商会成立

款24.1万元。5家副主席单位开展“高温关爱 清凉一夏”非公经济人士感恩公益行动，为新老城区127名城市美容师送去慰问物资。认领“红色细胞 圆梦微心愿”5个。新增区总商会同大门镇东浪村结对，宏泰混凝土有限公司同北岙街道小长坑村结对，累计4对，全年共捐款59万余元。

是年，区工商联获“全省‘五好’县级工商联”称号。

【工商联参政议政】 2015年，工商联界别代表委员到基层开展座谈会、结对蹲点等调研活动。针对本地非公经济发展内外因素，中小企业发展中的热难点，优化发展环境等问题，以提案、议案等形式提出意见和建议。全年撰写各类议案、提案13件，其中，工商联副主席任秉钧撰写的《关于进一步完善医疗保险费用缴纳的建议》获评市工商联系统参政议政优秀成果奖，虞建华牵头撰写的《关于改善鹿西岛际交通的建议》、工商联执委林海萍联合撰写的《关于对接大门大桥通车加快大门岛建设的建议》被列为区政协重点提案。

【贵州省浙江洞头商会成立】 2015年9月20日，贵州省浙江洞头商会成立大会在贵州贵阳举行。贵州省政协党组副书记、副主席陈海峰，区领导王蛟虎、叶永辉、叶国胜等参加。洞头区霓屿籍企业家陈国平当选为贵州洞头商会会长、元觉籍企业家唐海敏当选为贵州洞头商会法人、元觉籍企业家候合勇当选为贵州洞头商会执行会长。该商会于6月26日经贵州省民政厅注册登记，由贵州省投资促进局主管。商会宗旨是“发展为先，诚信为本，和谐为重，奉献为荣”，现有会员100多名，涉及行业30多种，洞头企业在黔累计投资50多亿元，年产值100多亿元。贵州省浙江洞头商会是洞头继上海、杭州、乐清后在全国成立的第四家洞头商会。

【北京洞头企业商会成立】 2015年10月11日，北京洞头企业商会成立大会在北京举行。北京市民政局社

团办社会组织登记处处长王大川，温州市政府驻京联络处主任陈海鹏和区领导董智武、叶永辉、叶国胜、张志宏及温州在外有关兄弟商会负责人、洞头籍在北京各界知名人士、北京洞头企业商会全体会员等参加。洞头区东屏籍企业家李金星当选为北京洞头企业商会会长。该商会于2015年9月16日在北京市民政局正式注册，以“团结、合作、创新、服务”为宗旨。有常务理事57人，理事151人，会员208人。北京洞头企业商会是洞头继上海、杭州、乐清、贵州后在全国成立的第五家洞头商会。

【洞头区新生代企业家协会、青年企业家协会成立】 （参见“共青团”分目）

（黄希景）

文学艺术联合会

【概况】 区文联下有11个文艺家协（学）会，即作家协会、书法工作者协会、摄影家协会、美术工作者协会、音乐工作者协会、舞蹈工作者协会、民间文艺工作者协会、诗歌协会、诗词协会、戏曲家协会、朗诵工作者协会。全区现有各级会员606人，其中国家级14名，省级46名，市级147名。施立松加入中国作协，叶楠叶、王成新成为省作协会员。

2015年，编辑《百岛》刊物4期，推出《蓝土地文库》第五辑。组织文艺志愿者走进打水鞍文化礼堂开展“春福六送文化礼堂”专项文艺活动。组织区摄影协会为渔民兄弟拍“全家福”、书法协会为渔区群众写春联，组织音乐、舞蹈协会为渔村百姓送演出、美术协会为渔民朋友送展览。举办“全国散文名家写洞头”、文艺名家讲坛、儿童文学创作、“读者见面会”、诗歌沙龙会、第26届中秋诗会等活动，邀请全国著名小说家王手、全国童话大师赵冰波、全国青春文学领军人物雪小婵、著名作家、诗人马叙、汗漫、黑陶等参加。启动实施“文艺人才培养新帆五年计划”，选出4位县优秀文艺骨干分子新秀结对全国4位名家。举办第二届戏曲歌曲演唱比赛。组织戏曲协会到台州、温岭等地文化走亲，累计送戏15场。举办首期“摄影很美”市民免费培训活动，学员42名。开展“百岛风光·风情”摄影作品展、渔民画艺术品展、“翰墨飘香致盛世·丹青焕彩谱新篇”书法作品展、第三届艺术节视觉艺术大赛暨第八届渔民画作品展、文化走亲（赴龙湾区）暨洞头渔民画作品展、渔民画创作大赛。拍摄首部微电影《遇见更好的自己》。组织渔民画参加浙江省农村文化礼堂视觉艺术创作群体优秀作品比赛。

区文学艺术界联合会第五次代表大会

【区文学艺术界联合会第五次代表大会】 2015年12月25日，区文学艺术界联合会第五次代表大会在洞头剧院召开。温州市文联主席邹跃飞和区领导董智武、王蛟虎、叶永辉、叶国胜、王文胜、张贤孟、林海珊、叶锦丽、杨艾立等参加。大会审议通过《洞头区文联第四届委员会工作报告》等。董智武希望广大文艺工作者加强文艺精品创作，彰显地方特色；围绕中心，主动作为，更好地服务经济社会发展；强化保障，培养一支人才荟萃、德艺双馨的文化文艺队伍。要求全区广大文艺工作者通过加强文艺作品创作，反映时代呼声，引领时代风气，唱响主旋律，传递正能量，体现全社会良好的精神风貌。大会选举产生区文联第五届委员会主席、副主席、秘书长。陈志华当选主席。

【文艺创作】 2015年，区所属各协会在国家级刊物或展演比赛中获奖作品29件，省级刊物或展演比赛中获奖作品59件，市级刊物或展演比赛中获奖作品76件。出版《蓝土地文库》第五辑及诗集《望海楼之约》、郭秀兴诗集《海屋诗联》、庄明松《中国地名谜语》和叶凌志作品《海岛老厝》。（区文联所属各协会会员文艺创作成果见附表）

【《蓝土地文库》第五辑出版】 2015年2月，《蓝土地文库》第五辑由中国文史出版社出版。该书共3卷，为郭铁军随笔《学论语 谈心得 引典例》、许根才海洋动物故事《章鱼学功》、汪文天小说《浪子回头金不换》。全书45万字，各印刷1000册，每卷定价30元。

【文艺名家讲坛】 2015年11月3日晚，首期洞头文艺名家讲坛在区图书馆四楼会议室举行。由温州市洞头区文联主办，洞头区专家协会承办。邀请全国著名作家王手▲围绕“发现自己的文学”主讲。以后每月举办一场名家讲坛。

▲王手：中国作家协会会员、浙江省作家协会副主席，1981年开始发表小说，出版中短篇小说集《火药枪》《柯依娜一个人》《狮身人面》和长篇小说《谁也不想朝三暮四》。

【潘海溶突破大世界基尼斯“最长十二生肖诗词书法作品”纪录】 2015年9月25日，洞头籍书法大师潘海溶▲在洞头剧院现场书写《十二生肖颂》，总长25米，挑战上海大世界基尼斯“最长十二生肖主题诗词书法作品”记录。历史1小时47分时间，成功突破大世界基尼斯“最长十二生肖诗词书法作品”纪录。

▲潘海溶：别名潘鹏，字海龙，号儒苑斋主。现任中国龙文化艺术研究院院长，同时担任中国沫若书画院首席顾问、美国高等教育学院美术系教授、海龙书院院长。曾获“大世界基尼斯之最”（证书编号：03444，2015.09）——《自度词牌并创作词数量之最》。

【“全国散文名家写洞头”采风活动】 2015年，区文联邀请全国散文名家写洞头采风活动2期，分别在6月22—25日和8月19—22日，来自北京、河南、陕西、江苏、广东等地二十名著名作家应邀开展采风活动。第三届冰心散文奖获得者、百花洲文艺出版社社长、总编辑姚雪雪，河南省作协副主席乔叶，陕西省作协副主席吴克敬，知名文化学者雪小禅，浙江省作协散文创委会主任马叙以及国内著名散文家、诗人耿立、黑陶、汗漫等参加。采风团到大瞿岛、望海楼、半屏山、仙叠岩、百福古船木厂、东海贝雕博物馆、红色印记馆、小朴村、白马古道、白迭村等地采风，并参加洞头先锋女子民兵连55周年纪念活动。共创作散文15篇。

【洞头海霞女子散文社成立】 2015年，6月17日，洞头海霞女子散文社成立，散文社以“文声清雅，知书达理”为主题，以“以文养心，秀外慧中”为内涵，全县各行各业12名文学爱好者参加。散文社主要开展赏析名家大作，邀请名家参与；召开散文创作交流会；开展花艺、茶艺、琴艺等女性修养体验及采风活动等。

（施立松）

2015年洞头区部分文艺创作成果

表3

作　品	作者	体裁	获奖、展演及入选情况
《摸叶子》	施立松	文学	全国海洋散文大赛二等奖
在鲳鱼礁抵达梦中故园	施立松	文学	省作家协会“记得住乡愁”征文大赛二等奖
渔村故事	施立松	文学	《温州日报》“水之缘”有奖征文活动一等奖
洞头风情	陈美娟	文学	省国税局廉政文化作品征集活动二等奖
幸福港湾	叶楠叶	文学	省国税局廉政文化作品征集活动三等奖
清正在德 廉洁在志	何律澄	文学	省国税局廉政文化作品征集活动三等奖

续表3

作品	作者	体裁	获奖、展演及入选情况
品读《论语》润泽人生	郑 双	文学	省国税局廉政文化作品征集活动佳作奖
吃螃蟹的人	何律澄	文学	市国税系统“温州故事 精彩中国”故事比赛二等奖
税苑里的小草	郑 双	文学	市国税系统“温州故事 精彩中国”讲故事比赛优秀奖
欲望与盐	郑 双	文学	清廉温州微故事征集 三等奖
有故事的洞头话	侯嘉龙	文学	第三届温州非物质文化遗产征文比赛一等奖
非遗在学校——瓯塑结合海洋渔民画在海岛学校传承	臧乐乐	文学	第三届温州非物质文化遗产征文比赛二等奖
老灶	叶竞悠	文学	第三届温州非物质文化遗产征文比赛二等奖
《给远方的亲人写一封信》	陈佳慧	文学	中央人民广播电台中国乡村之声《乡村少年》“乡村少年秀”第三季征文活动三等奖
《点指扳扳》	林奇福	文学	温州市优秀童谣成年组三等奖
《我爱小岛》	张硕翰	文学	温州市优秀童谣未成年人组一等奖
《华夏美》	陈奕彰	文学	温州市优秀童谣未成年人组三等奖
诗歌《生活如香酒》《万凤之王》《安乐窝》《写在教师节》《方向》	叶英儿	文学	入选《中国文艺家》，获一等奖
《妈妈的殇》	黄丽君	文学	市“瓯越杯”食品安全主题征文比赛二等奖
《红盾与麦穗》	周林	文学	市“瓯越杯”食品安全主题征文比赛三等奖
现场作文	黄奕哲	文学	温州市“我的中国梦”第二届中小学生暑期生活现场作文大赛小学组二等奖
/	黄奕哲	文学	第15届温州市少儿文艺大奖赛小学3~4年级写作优秀奖
/	张鸣一	文学	第九届浙江省少年文学之星征文比赛小学A 组一等奖
/	陈 峤	文学	第15届温州市少儿文艺大奖赛比赛小学组写作优秀奖
《火红的日子》	陈钦煅	美术	省农村文化礼堂视觉艺术创作群体优秀作品比赛金奖
《夕照》	陈建辉	美术	省农村文化礼堂视觉艺术创作群体优秀作品比赛银奖
《渔歌满天扬》	吴秀云	美术	省农村文化礼堂视觉艺术创作群体优秀作品比赛铜奖
《繁荣的渔村》	陈钦煅	美术	省文化礼堂文化员才艺比赛“金兰花奖”
渔民画《渔家喜事多》	叶爱珠	美术	第二届浙江工艺美术双年展银奖
渔民画《携手创丰年》	陈海英	美术	第二届浙江工艺美术双年展优秀作品奖
书法作品	陈海友	书法	市第二届艺术节书法比赛银奖
《岳飞词满江红》	陈海友	书法	市第三届视觉艺术大赛书法大赛银奖
书法作品	朱海平	书法	入选“大爱妈祖——第二届中华妈祖文化”全国书法篆刻大展
书法作品	朱海平	书法	入展温州市首届“墨池奖”书法篆刻大赛并收入大赛 作品集
《庐山谣寄卢侍御虚舟》	甘世宽	书法	入围“关爱生命 文明出行’全国公安交警书法美术作品展
书法作品	甘世宽	书法	入围温州市首届“墨池奖”书法篆刻大赛
书法作品	甘世宽	书法	“劳动美”2015年温州市职工书法艺术展三等奖
书法作品	张鸣一	书法	浙江省兰亭奖中小学生书法大赛温州赛区2015年现场小学低段三等奖
书法作品	张鸣一	书法	温州市第十三届青少年硬笔书法现场大赛一等奖
书法作品	柯友谊	书法	温州市职工现场书法展二等奖
书法作品	柯海滨	书法	温州市科协书法作品展优秀奖

续表3

作品	作者	体裁	获奖、展演及入选情况
《放水灯》	叶凌志	摄影	首届亚青展（温州）青年微电影展现代锦华城“温州之恋”48微电影小时极拍国际大赛纪实摄影比赛一等奖
《生命之水》《防卫》	叶凌志	摄影	温州市2014五水共治建设美丽水乡摄影大赛铜奖
《晒》《老宅老人》《四季洞头》《金沙碧海白云》《幸福之水》5幅作品	叶凌志	摄影	幸福温州摄影大展佳作奖
《穿越》	叶凌志	摄影	2015温州国际时尚文化创意产业博览会摄影大赛优秀奖
《鱼干飘香》	叶凌志	摄影	2015年“跟着美食去旅行摄影大赛三等奖
《紫菜之乡》	叶凌志	摄影	2015年“跟着美食去旅行摄影大赛优秀奖
《海燕》	叶凌志	摄影	“中国梦.海洋情”中华海疆摄影大展优秀奖
《新一代“海霞”》	叶凌志	摄影	“中国梦.海洋情”中华海疆摄影大展入选奖
《春天里》	叶凌志	摄影	入选2015“美丽温州.山水智城”主题摄影作品展
《白鬓梳两边 百孝一颗心》	叶凌志	摄影	入选2015年温州市《中国梦文化情》视觉艺术作品展
《海岛水乡》	叶凌志	摄影	入选2015年温州市《我的浙南美丽水乡》视觉艺术作品主题展
《海陆空白加黑为了极拍》	郭卫民	摄影	首届亚青展（温州）青年微电影展现代锦华城“温州之恋”48微电影小时极拍国际大赛纪实摄影比赛三等奖
《爱在水乡》	金如龙	摄影	入选2015年温州市《我的浙南美丽水乡》视觉艺术作品主题展
《花海小屋》	金如龙	摄影	浙江省走进“南孔圣地=休闲衢州”摄影抓拍赛铜奖
《山城》	金如龙	摄影	丽水国际摄影节“百诺杯”摄影大赛入围奖
《快乐的油漆工》	杨海贵	摄影	入选2015年温州市《我的浙南美丽水乡》视觉艺术作品主题展
《港湾》《中国年 幸福梦》	林　宏	摄影	入选2015年温州市《我的浙南美丽水乡》视觉艺术作品主题展
《码头》	林加杰	摄影	入选2015年温州市《我的浙南美丽水乡》视觉艺术作品主题展
《逐梦归航》	林加杰	摄影	入选2015年温州市《中国梦 文化情》视觉艺术作品展
《渔港之夜 梦回故乡》	张志强	摄影	入选2015年温州市《中国梦 文化情》视觉艺术作品主题展
《搏浪追梦》	叶楠叶	摄影	入选2015年温州市《中国梦 文化情》视觉艺术作品主题展
《甩！甩！看中了》	林萍萍	摄影	“劳动美”温州市职工摄影艺术展三等奖
《风声夕阳里》《浪魂》《礁韵》	陈裕法	摄影	入选“中国梦，海洋情”中华海疆摄影展
《坡南古街印象》	刘海鸣	摄影	“千年古邑—美丽昆阳”全国摄影大展铜奖
《嵩溪潺潺》	刘海鸣	摄影	“五水共治—两美蒲江”全国摄影大展获优秀奖
《牧场晨旭》《耕耘》	刘海鸣	摄影	入选“中国梦—海洋情”中华海疆摄影展
《大门春色》	刘海鸣	摄影	入选“美丽温州·山水智城”主题摄影展
小学摄影	林诗芸	摄影	温州市第二十七届中小学生艺术节摄影比赛小学组二等奖
小学摄影	林诗芸	摄影	第十五届温州市少儿文艺大奖赛小学摄影组三等奖
美丽的海岛渔村	陈　斌	摄影	入选“中国梦—海洋情”中华海疆摄影展
渔排风情	陈　斌	摄影	入选“海上丝路过去与现在摄影大展”
鸽尾礁风光	陈　斌	摄影	入选“美丽温州 山水智城”优秀摄影作品
《对视》	陈　斌	摄影	入选2015年温州市《中国梦 文化情》视觉艺术作品主题展
《霞光梦影》	陈海山	摄影	入选2015年温州市《中国梦 文化情》视觉艺术作品主题展
《雨中情》	陈丽萍	摄影	入选2015年温州市《中国梦 文化情》视觉艺术作品主题展
《快乐的油漆工》	杨海贵	摄影	入选2015年温州市《我的浙南美丽水乡》视觉艺术作品主题展

续表3

作品	作者	体裁	获奖、展演及入选情况
排舞《土耳其的欢乐》	洪星星 黄果果 黄海花	舞蹈	浙江省第九届排舞大赛金兰花奖
新创排舞《相约洞头》新创组	洪星星 陈献英	舞蹈	浙江省第九届排舞大赛金兰花奖
《烤船谣》	孙海英 洪星星 陈献英 杨蔓芳 陈诗琪 林婕等	舞蹈	温州市十六届音舞节舞蹈专场表演金奖、创作金奖 浙江省群众舞蹈比赛创作兰花银奖表演兰花银奖
舞蹈《小海蜇的蓝色畅想》	陈蓉蓉 林　雪 洪星星	舞蹈	温州市十六届音舞节舞蹈专场表演银奖、创作银奖，浙江少儿舞蹈大赛兰花奖和创作兰花奖
排舞《达坂城的姑娘》	单立言 苏　晨	舞蹈	省“文化礼堂”乡村排舞大赛中年组金奖、温州市第八届排舞大赛表演金奖
《达坂城的姑娘》	林雪、黄春花 区老年大学	舞蹈	温州市第八届排舞大赛表演银奖
排舞《爱的华尔兹》	郑　云	舞蹈	温州市第八届排舞大赛铜奖
排舞《七朵莲花》	杨曼芳	舞蹈	温州市第八届排舞大赛铜奖
排舞《欧洲舞曲》《舞动激情》	洪星星	舞蹈	温州市第八届排舞大赛铜奖
排舞《给我一个吻》	陈诗琪	舞蹈	温州市第八届排舞大赛铜奖
《爱的华尔兹》	施佩佩	舞蹈	温州市第八届排舞大赛铜奖
《达坂城的姑娘》	魏蔚	舞蹈	温州市第八届排舞大赛铜奖
舞蹈《潮头盼》	洪星星 陈诗琪	舞蹈	温州市第十二届社区舞蹈大赛铜奖
中国舞少儿A组	陈炫灵	舞蹈	温州市第15届少儿文艺大赛铜奖
中国舞少儿A组	叶沁程	舞蹈	温州市第16届少儿文艺大赛铜奖
《健身球》《柔力球》	徐银娣 陈爱萍等	舞蹈	省首届生态运动健身舞比赛温州分赛区获优胜奖
《迈向新的辉煌》	作曲：董夫腾 作词：邱国鹰	歌曲	浙江省文化礼堂村歌大赛金奖
《开往春天的公交车》	陈美美　王河 陈美美　许晓晖 赵舒雷　褚金凤 杨蔓芳	小品	温州市十六届音舞节原创小品专场创作银奖、表演铜奖
《疯狂的朋友圈》	陈美美	戏剧小品	2015年温州市小戏、小品、微电影剧本征文比赛创作银奖、表演铜奖
《相亲大会》	陈美美	小品	2015年温州市小戏、小品、微电影剧本征文比赛表演铜奖
《开往春天的公交车》	王　珂 陈美美	小品	第五届温州艺术节小戏小品比赛表演铜奖、创作铜奖
《等待阳光》	陈献英 陈美美	小品	第五届温州艺术节小戏小品比赛表演铜奖
《京胡与乐队》	彭木平等	器乐	市十六届音舞节原创声乐专场表演金奖、创作金奖
/	苏义怀	/	省文化礼堂文化员才艺比赛辅导“金兰花奖”

续表3

作　品	作者	体 裁	获奖、展演及入选情况
《太阳的舞蹈》	作词：芮彭年 作曲：张华 张海军 演唱：张馨尹	声乐	温州市十六届音舞节原创声乐专场表演金奖、创作银奖
《大海丰碑》	作词：邓丹心 作曲：张海军 演唱：张逸仙	声乐	温州市十六届音舞节原创声乐专场表演银奖、创作银奖
/	曾瑞希	演讲	温州市未成年“我爱家乡山水美“故事大赛一等奖
《千手观音》	叶永福	民间艺术	第二届浙江工艺美术双年展银奖
《明春翠羽》	王卫东	民间艺术	第五届中国（浙江）工艺美术博览会银奖
《五伦图》	郑大志	民间艺术	第五届中国（浙江）工艺美术博览会铜奖
《风中之城》	吕叶	朗诵	全国青年图书馆朗诵大赛优秀奖

（区文体局、区文联提供）

残疾人联合会

【概况】 2015年，洞头区（含灵昆街道）持证残疾人3110人，其中视力残疾229人，听力残疾343人，言语残疾103人，肢体残疾1482人，智力残疾435人，精神残疾381人，多重残疾137人。全区低保残疾515人，占低保人数38.8%，重度残疾人生活补助率100%；全年残疾人危旧房改造30户，救助残疾人900户，发放残疾人辅助器具120余件。全年投入残疾人事业资金620余万元。调整残疾人就业保障金征收标准，全年增收残疾人就业保障金336万元。

区残联启用残疾人康复托养中心，新建特殊儿童关爱中心。组建海霞妈妈助残志愿服务队、残疾人心灵护航工作站，全区助残义工531人。开展残疾人维权入户调查，入户见面率95%，为4名受害的残疾补助诈骗事件残疾人提供帮扶。全年接待来信来访残疾人23件（次），办结率100%，保持零上访。开展“有爱无碍·共享阳光”“关爱·从这里启航”“关注孤独症儿童，走向美好未来”“有爱无碍·平安快乐行”等三大系列7大活动，残疾人参与社区活动率70%，位居全市首位。出台《洞头县残疾人特殊救助办法》。全年为396名重度残疾人发放补助金217万元；投入83万元为87人精神、智力残疾人提供庇护服务；投入40万元，实施人工耳蜗植入手术2例、儿童肢体矫正手术6例、提供残疾儿童培智8人，残疾儿童抢救性康复比例100%；为153户残疾人家庭提供无障碍设施改造。全年按比例安置残疾人135人，就业率85%，全年扶持 139名残疾人就业创业，发放就业创业补助资金47万元；创办和扶持残疾人扶贫示范基地6个，补助资金9万元，辐射带动50余户农村残疾人增收致富。区委、区政府制定出台完善贫困残疾人子女及残疾儿童助学政策。全区现有义务教育阶段适龄残疾儿童、少年（听障、智障、脑瘫、自闭症儿童、盲生等）147人，入学率98 %。其中在普通中小学随班就读94人，在特校就读 31人。203名残疾孩子和贫困残疾人子女获助学补助43万元，4名残疾大学生获学费及住宿费补助5.8万元。

是年，获市残疾人体育竞标赛三银两铜、市残疾人技能比赛摄影组第一名，区海韵残疾人轮椅健身队获温州市首届残疾人健身操大赛冠军。

【区残疾人康复托养中心启用】 2015年12月28日，区残疾人康复托养中心(特殊儿童关爱中心)挂牌揭幕仪式在区残疾人综合服务中心举行。区委副书记王文胜为区残疾人康复托养中心揭幕。温州市残联副理事长周良华和副区长刘素婷参加。残疾人康复托养中心采用“康托联体”+“康服联合”运行模式，为全区肢体残疾人提供康复托养服务；特殊儿童关爱中心采用“康教

区残疾人康复托养中心启用

联合”机制，妥善安置适龄残障儿童入学培训，填补了洞头无残疾人特殊学校的短板。

【县残疾人工作会议暨县残联第六届主席团三次全会】 2015年4月29日，县残疾人工作会议暨县残联第六届主席团三次全会在县残疾人综合服务中心召开。吴兹敏做工作报告并传达省、市残疾人工作会议精神，副区长刘素婷作讲话。会议审议并表决通过关于县残联第六届主席团第三次会议工作报告的决议(草案)。表决通过县残联第六届主席团第三次会议关于调整主席团主席、副主席、委员和执行理事会理事长的决定(草案)，刘素婷当选六届主席团主席，吴兹敏当选副主席、执行理事会理事长。

【第九次“全国特奥日”趣味运动会】 2015年7月24日，县残联在综合服务中心举办县第九次“特殊奥运，快乐融融”趣味运动会。县微动力助残志愿队和县精智残专门协会共同承办。各街道（乡镇）和庇护场所70余名智障人士参加，年龄最小运动员8岁，最大58岁。运动竞赛项目包括成人组立定跳远、推轮椅、掷沙包、定点投篮；少儿组：夹弹珠、袋鼠跳、套圈、投乒乓球等8个单项以及心心相印、摸石头过河残健组合2个团体项目。

【“华中杯”残疾人门营店装饰PK赛】 2015年6月26日，洞头开展温州（洞头）首届“华中杯”残疾人门营店装饰PK赛。活动由县残联主办，40余人参加。比赛时间为60小时，通过自评、互评、店主满意度评估、市民满意度调查等环节，经过住建局专家4人评审。温州三和铭源装潢服务公司、洞头县华越广告有限公司和洞头县华盛装饰分获一、二、三等奖。设计师蔡华建获洞头县人力资源和社会保障局颁发的“洞头技能大师”证书。苏道华、也华省、郭君杰获“洞头县青年岗位能手”证书，洞头县华越广告公司获最佳低碳环保奖。本次比赛，为10名残疾人免费装修门营店。

【区残联“红色心灵驿站”成立】 2015年9月，区残联“红色心灵驿站”在恒博福利企业成立。宗旨是发挥残联工作者及党员先锋模范作用，与福利企业、福利机构开展共建联谊，帮扶指导，奉献爱心，造福社会。主要开展心理咨询辅导、调解矛盾纠纷、健康讲座、心理服务等。平时残疾人遇到心理、家庭、婚姻等问题，可拨打心理护航热线“515806”即“我要我帮你了”获得专业心灵援助。

（陈时秒）

社会科学联合会

【概况】 2015年12月24日，洞头区社会科学界联合会成立。社科联现有16个社科团体成员单位，即洞头区法学会、洞头区反邪教协会、洞头区海霞文化研究会、洞头区教育学会、洞头区海洋文化研究会、洞头区民间文艺工作者协会、洞头区朗诵艺术协会、洞头区财政税务学会、洞头区国际税收研究会、洞头区会计学会、洞头区乡村文化建设促进会、洞头区羊栖菜协会、洞头区渔民协会、洞头区护理学会、温州市心理学会洞头分会。全区共有市级社科基地4家，即望海楼、洞头先锋女子民兵连纪念馆、洞头东海贝雕艺术博物馆、蓝港文化礼堂。类型包括历史古迹、纪念馆、

区社科联成立大会

博物馆和文化礼堂。

联动相关单位和街道（乡镇）开展“社科普及周”活动，区司法局开展青少年“法在心中”主题教育活动，进行校园法治动漫画创作，拍摄微电影《法不容情》；区图书馆开展“亲子乐读 享阅读乐趣”读书活动等。北岙街道在东沙渔港码头举行以“鱼虾满仓，共筑爱心”为主题的开捕仪式；东屏街道展示脚擂鼓、荷花龙、海蜇舞等洞头民俗表演。洞头第一本专业社科刊物《洞头社科》出版，收集论文13篇，内容涉及经济建设、社会发展、文化探究等方面。开展社科论文评比，共征集127位作者论文132篇；建立区级民间社科人才库，首批成员14人入选。

洞头区社科普及周暨第九届和谐邻里节开幕式

【洞头区社会科学界联合会成立暨第一次代表大会】 2015年12月24日，洞头区社会科学界联合会成立暨第一次代表大会召开。区领导董智武、王蛟虎、叶永辉、叶国胜、王文胜、张志宏、张贤孟、林海珊、叶锦丽、杨艾立及市社科联副主席卢达等出席会议，各学会、协会、研究会、部门单位、人民团体、乡镇街道、学校、企业和社科工作者等103名代表参加会议。大会审议并通过《洞头区社会科学界联合会章程》、洞头区社科联工作报告，选举产生了洞头区社科联第一届理事会常务理事、秘书长、副主席、主席。陈坤沈当选为洞头区社科联第一届理事会主席。

【区“社科普及周”暨第九届“和谐邻里节”】 2015年10月10日，区“社科普及周”暨第九届“和谐邻里节”开幕式在东屏街道中仑村蓝港文化礼堂举行。市社科联副主席张京，区领导张贤孟、叶锦丽、叶明久等参加。活动以“普及社会科学，建设海上花园”为主题，内容包括主题活动、专题讲座、咨询宣传、社科展览等四大类别52项活动，500余人次参加活动。活动持续到11月中旬。

（郑跃帅）

红十字会

【概况】 2015年，洞头区现有基层红十字会组织25个。其中（乡镇）街道红十字会6个，学校红十字会 16个，非公企业红十字会2家，社区红十字服务工作站1个。红十字志愿服务队6支，志愿者76人。全年募捐善款35.17万元，救助困难人员184人次，发放救助金23.04万元。全区新增参加造血干细胞捐献登记爱心人士24人。联合区妇联慰问特困留守儿童52名。牵头发动为区急性白血病患者抗洪英雄叶元峰之妻叶金花募集善款50.8万余元。开展“红缘计划”项目验收评审会。是年，区红十字会获温州市红会系统年度重点工作考评综合先进单位。

【应急救护培训】 2015年，区红十字会开展应急救护培训14期，普及培训2544人，救护员培训432人。其中，全年完成学校在职教师培训三年行动计划培训指标的90%。9月，成立区首支红十字应急救援队，成员由洞头先锋女子连民兵骨干排组成。主要职责是配合政府参与防汛抗台紧急抢险救援工作。

【区红十字“博爱心理驿站”成立】 2015年9月16日，区红十字博爱心理驿站在区实验中学成立。博爱心理驿站是洞头区红十字会、洞头区教育局、洞头区心理咨询志愿服务队在洞头区中小学校开设的首个免费心理工作室。宗旨是宣传心理健康知识，通过开设心理辅导班、邀请心理专家开班讲座等形式，提高中小学生、家长、老师在心理健康方面的感知力，指导家长掌握和孩子交流的正确方式，提升家庭教育水平，促进中小学生健康成长。

【区红十字应急救护培训基地成立】 2015年5月，区首个红十字会应急救护培训基地在半屏山学生综合实践学校成立。主要职责是弘扬“人道、博爱、奉献”精神，传播急救知识与技能，开展应急救护培训工作，实现全区中小学生应急救护培训三年至少一次的小班化教育。该基地占地面积4333平方米，是学生技能培训的综合性基地，单次可接待300多人。全年开展应急救护培训20多期，培训1000人次。

（蔡淑娟）

党外知识分子联谊会

【概况】 2015年，区党外知识分子联谊会会员60人，理事24人，其中人大代表5人、人大常委2人、政协委员19人、政协常委6人、副科级以上领导干部11人。

召开区知联会理事会议和会员大会。举办“迎五一趣味运动会”，近40名会员参加；开展党外书画会友活动；赴文成开展“茶文化”产业发展参观考察交流。联合新的社会阶层人士联谊会开展重大病、困难对象排查、登记活动和小三盘敬老院慰问活动，送去价值2万元慰问品。开展“诵经典、扬美德”为主题的传统文化宣传教育活动。全年相继开展普洱茶知识讲座、茶道艺术交流、书画会友、中华道德文化巡讲等培训、交流活动9场次，参与人员420人次。“两会”其间，李慧玲、潘峰、黄莉莉等提交《关于加强港口安全生产监管的提案》《加快推进农村电子商务网络建设》等提案、议案17件，涉及环境综合整治提升、海岛文化品牌打造、企业经营管理等多个领域。组织开展“我为四个全面做什么”主题论文征集活动。推荐骨干会员2人参加温州市党外干部培训班、骨干培训班，推荐青年会员参加温州市党外知识分子联合会论坛等。3人参加温州市不同类型的培训班、论坛等。

（金霞霞）

责任编辑　曾焕定

法 治

繁忙的渔村 · 陈姝樾

“海霞精神”

爱岛尚武　励志奉献

“五岛连桥”精神

小县办大事　小岛创大业

概 述

【概况】 2015年，洞头区法治工作以平安建设“十一连创” 为主线，以平安“夺金鼎”为目标，深入推进经济金融、民主政治、规划建设、文化、平安建设、诚信、农廉、生态文明、社会、宗教等十大领域法治建设。全年未发生影响稳定的政治性事件、暴力恐怖活动、重大群体性事件及群死群伤的治安灾害事故，社会大局保持稳定。

开展“拔钉清障、打黑除恶”专项行动，综合治理“五闹”行为。联动开展安全生产事故隐患排查整治和夏季消防安全“双月”攻坚行动，预防重大事故发生。开展“同心同行·共建和谐”活动，打造宗教净地。公检法联手和区乡村三级联动处置民间金融风险，推进指导清算、调解化解、打击非法、资产追偿等工作，开展专案化解“双百行动”，确保社会面整体稳定可控。是年，没有发生重大涉稳事件、重大集聚上访、重大治安案件、重大舆情炒作，处置工作转入常态化。化解基层矛盾，推广基层信访联调模式，推进非正常上访综合治理，实现敏感时段“零非访”。落实反恐各项措施，强化重点人、重点物、重点部位和社会面防控。建立健全“八网合一”基层治理网、四级联动的民情处置网，推行立体化、智能化、网格化防控。完成“9·3”抗战胜利70周年纪念活动、第二届世界“互联网”大会、洞头先锋女子民兵连建连55周年庆典等重大活动维稳任务。完成“12348”专线平台建设，改版海霞法治网，拍摄法治微电影《法不容情》，开播《法治新时空》和《百姓茶坊》法治栏目。举办“百岛讲坛”法治专场3场，开展“百千读书班”夜学活动法治专题28场，发放法治宣传书籍2万余册。建成新城法治文化公园、东岙顶法治文化细胞工程等法治文化基地。推行“互联网+”法治宣传模式，拓宽新媒体宣传渠道，在“12·4”国家宪法日暨全国法制宣传日前夕播出《法治洞头》宣传片，打造法治网站、普法微博、普法微信、普法短信“四位一体”的新媒体法治宣传网络。全年开展领导干部年度述法，举办各类法治讲座190场，开展现场法律咨询98场、分发宣传资料和宣传品6.6万余份、发送普法短信8.3万余条、微博346条、微信250期。

是年，洞头连续十年被评为省“平安县”。

党委法治工作

【概况】 2015年，洞头区认真贯彻落实中共十八届四中全会确立的依法治国战略部署和省市关于法治建设的决定精神，审议通过《中共洞头县委关于全面深化法治洞头建设的意见》，通过“百岛讲坛”专家讲座、领导干部和公务员法律知识考试、非人大任命领导干部任前法律知识考试等，提高各级干部运用法治思维和法治方式推进改革发展的能力。

【《全面深化法治洞头建设的意见》出台】 （参见《中共温州市洞头区委》栏目“重要决策”分目）

【法治先进县（市、区）创建】 2015年，洞头区以创建法治先进县（市、区）为载体，区委常委会、“法治洞头”建设领导小组会议专题研究部署全年法治建设工作目标、任务，出台年度法治工作要点，明确领导小组成员单位责任分工，完善法治建设指标体系和考核标准，认真落实市对区法治工作考核要求，将法治工作纳入区绩效考核体系，纳入区委理论中心组专题学习计划，领导干部年度述法纳入区法治政府建设考核内容。开展街道（乡镇）、基层站所（庭、队）法治创建活动，北岙街道再度获评市级创建法治街道（乡镇）工作示范单位，区渔政执法大队、洞头区司法局霓屿司法所创成市级创建法治基层站所（庭、队）工作示范单位。是年，洞头区再度被评为市级创建法治县（市、区）工作先进单位。

【党内规范性文件审查】 2015年，出台党内规范性文件前置审核工作制度，全年对36件以区委（区委办）名义印发的党内规范性文件开展前置审查工作，上报市委备案党内规范性文件28件。区委常委会专题听取党内规范性文件备案工作汇报，明确对未经区委法治办、区法制办审核的党内规范性文件，不得提交区委常委会、区政府常务会议研究。

（*顾建军*）

社会治安综合治理工作

【概况】 2015年，区政法工作以维护社会稳定、创新社会治理方式、深化司法体制改革、强化基层基础建设为着力点，推进平安建设、法治建设和队伍建设，

开展“创新基层社会治理推进年”活动，建成街道（乡镇）社会治安综合治理指挥平台和基层社会治理“一张网”，区镇（乡）村三级干部入网驻格，实现“事、人、责”三统一。推行社会治理信息采集“以奖代补”制度，信息采集量同比翻番，化解率100%。出台律师参与化解和代理涉法涉诉信访案件制度，全面指导完成村规民约制定修订工作。平安细胞工程创建实现全覆盖，东屏街道“好厝边”“安心公寓”等做法作为全市“护平安、树标杆”经验在温州日报刊登报道。全力推进重大矛盾纠纷、社会风险三级排查化解管控工作，落实挂牌督办、领导包案。探索视频监控社会化建设、专业化应用新路子，新建高清视频点位125个，改造校园监控80个。

【王辉忠调研洞头平安建设工作】 2015年4月9—10日，省委副书记、政法委书记王辉忠一行到洞头调研平安建设工作。市领导陈金彪、马晓晖、黄宝坤，县领导董智武、王蛟虎、林琼、王小甫陪同调研。调研组一行到县公安局治安缉查大队调研卡口建设工作，到东屏街道调研“三改一拆”、基层“网格化”管理等工作，并召开平安建设座谈会。王辉忠对县公安局通道卡口在平安建设中发挥的作用给予高度评价，对“三改一拆”、基层“网格化”管理等工作给充分肯定。要求各地严格落实平安建设责任，及时解决存在的矛盾和问题，切实担负起维护一方稳定、确保一方平安的重大责任和使命。王辉忠肯定“好厝边”志愿者服务队等社会力量推动社会管理综合治理工作取得的经验。强调创新社会治理体制重心在基层、关键在基层，要把发动群众与服务群众有机统一起来，创新预防和化解社会矛盾体制，筑牢社会和谐根基。要把忧患意识、问题导向、统筹理念贯穿于平安建设始终，严格标准、拉高标杆，不断巩固和发展社会和谐稳定良好势头。要以社会治理新理念开辟平安建设新路径，把法治德治自治有机结合起来，实现管理和服务、政府和群众、顶层设计和基层实践的统一。要强化社会风险管控，通过细致工作尽早预判、尽早化解、尽早预警，努力做到防患于未然。要加强统筹、整合资源，适应社会治理从“条条”管理向“块

块”治理转化的趋势，“网上网下、线上线下”相结合，筑起社会稳定和公共安全的“铜墙铁壁”。

（许　望　吴世娟）

【“平安洞头”建设】 2015年，洞头区委政法委完善立体化社会治安防控体系。健全社会稳定“三色预警”和应急联动机制，推进社会治安综合治理。全年创成标准化企业24家，无证幼儿园整治率85%以上，“平安医院”合格率90%以上，查获非法采砂违规船舶18艘，立案42件，罚款106.65万元 。健全社会矛盾预警机制、利益表达机制、协商沟通机制和救济救助机制，畅通群众诉求表达渠道。接待涉及“薪闹”违法行为8起，涉及108人，涉案金额170.02万元；调处化解医疗纠纷2起。落实信访事项终结制，把信访纳入法治化轨道。全面排摸信访遗留案件8个。加大非法信访打击处置力度，治安拘留2人次，刑事强制措施1人次；打处“黄赌”违法犯罪人员61名、聚众“场闹”违法人员3名、拦路讨薪违法人员7名。打击处理民间金融风险涉案人员63人，其中法院审结生效5人，开庭审理定期宣判3人，审理阶段11人，检察审查起诉阶段10人，公安侦查阶段34人。规范行业性、专业性人民调解组织，推动人民调解向矛盾纠纷多发易发的行业和领域延伸，构建人民调解、行政调解、司法调解联动的“大调解”体系。开展平安校园、平安交通、平安家庭、平安企业、餐饮服务食品安全示范创建、平安街道等20个平安细胞创建工作。平安考核963.07分，夏季消防双月攻坚排名全市第一。亡人火灾事故连续15年未发生，是全省唯一无“命案”“两抢”的县(市、区)。

【社会治理信息采集“以奖代补”制度】 2015年4月，根据省委政法委部署，调动广大群众参与社会治理，及时采集上报信息，推动不稳定因素及时有效处理，提升基层社会治理水平，县综治办制定出台《洞头县社会治理信息采集上报“以奖代补”实施办法（试行）》，对“网格化管理、组团式服务”工作中各村（社区）网格长、专（兼）职网格管理员、网格信息员、志愿者、村（居）民等提供信息的人员按照一般信息、较大信息、重大信息、高风险信息分别给予奖励5元、100元、300元、500元。全年排查6751条信息，发放奖励资金 24301元。

（许　望）

全县平安建设“夺金鼎”暨“拔钉清障、打黑除恶”动员大会

法治政府建设

【概况】 2015年，洞头区深化法治政府建设，印发《2015年洞头县法治政府建设工作要点》《贯彻实施浙江省行政处罚裁量基准办法》《规范告知行政复议申请权》《落实行政机关负责人出庭应诉》等相关文件。落实常务会议学法制度，贯彻实施新《中华人民共和国行政诉讼法》等。组建政府法律顾问团，实现区、乡、村三级法律顾问全覆盖。增强基层法制力量，全区各街道（乡镇）设置法制办公室，与街道（乡镇）党政综合办公室合署办公，承担本行政辖区法制工作的指导和监督管理。

【规范性文件管理】 2015年，区法制办严格落实行政规范性文件“三统一”，按照规范性文件制定管理办法的要求，做到部门起草、公开征求意见、集体审议、编号公布、备案审查。全年区政府出台规

2015年11月，洞头区府院联席会议

范性文件48件，由区法制办公开征求意见26件，提交市办备案48件，出具规范性文件合法性审查意见书48件。开展行政规范性文件清理，清理1986年以来的227件规范性文件，其中：继续有效的行政规范性文件187件、废止和宣布失效40件，并公布继续有效和废止的行政规范性文件目录。更新行政规范性文件库，首次将部门现行有效的规范性文件纳入公开范围。

【行政执法监督】 2015年，区法制办落实行政处罚信息网上公开制度，7月1日起，所有行政处罚信息在浙江政务网上公开，主动接受群众对案件的监督。强化行政执法证件管理，全年共参加行政执法证申领综合法律知识考试113人次，考取行政执法证50人。

【行政争议化解】 2015年，区法制办健全矛盾纠纷化解机制，完善人民调解、行政调解、仲裁调解、司法调解、法律援助“五位一体、六大衔接”劳资纠纷联调联处，探索建立海渔事重特大纠纷案件联调机制。运行府院联席会议、化解行政争议工作联席会议、行政复议与行政审判联席会议等联席会议，加强政府和法院之间的工作衔接，合力化解行政争议。加强复议能力建设，创新行政复议审理机制，全面实行听证方式审理复议案件。全年受理行政复议申请7件，其中确认违法2件、维持2件、撤销2件、终止1件。强化行政首长出庭应诉制度，全年行政诉讼案件70件，均由行政负责人出庭应诉。

【行政执法案卷评查】 2015年，区法制办扩大行政执法案卷评查范围，除对行政许可案卷、行政强制案卷、按一般程序作出的行政处罚案卷评查外，把街道（乡镇）做出的社会抚养费征收案卷纳入评查范围。共计抽取行政许可案卷25卷、行政处罚案卷26卷、行政强制案卷7卷、社会抚养费行政征收案卷30卷进行评查。共查出行政许可案卷问题90条、行政处罚案卷问题119条、行政强制案卷问题19条、行政征收案卷问题132条。其中，被评为优秀案卷13卷、合格案卷67卷、不合格案卷8卷。

【组建政府法律顾问团】 2015年，区法制办建立以法制办人员为主体，聘用10名具备各专业特长律师的区政府法律顾问团，创新法律顾问聘用机制，以按件计费的模式，最大化激发律师参与的积极性。同时，实现区、乡、村三级法律顾问全覆盖。全年参加各类涉法会议133次，为政府决策参谋把关。

（林生敏）

公 安

·概述·

【概况】 2015年，区公安分局围绕“平安连创”目标，推进“四项建设”▲。全年各类案件保持低发，是全省唯一无“命案”“两抢”的县（市、区），并获执法质量、信访工作和队伍正规化建设三项“省优”。全年警情总量同比下降10.15%；破获各类刑事案件177起，破案率40.41%，高出全市平均水平21.41%；抓获各类犯罪嫌疑人216名，人案比（指抓获的人数与发案数的比例）49.32%，高出全市平均水平26.79%；两抢、命案、放火、绑架等严重刑事案件持续“零发案”。立案侦办各类经济犯罪案件52起，破案53起；提请检察院逮捕108人次，检察院批捕91人次，不批准逮捕7人次（均系有罪不捕），批捕率100%；共移送起诉160件200人，相对不诉1人，移送起诉率99.50%，移诉准确率100%；全年未发生被检察机关要求立案监督及被法院判决无罪案件情况。抓获各类逃犯22名，打处侵财犯罪80人、“黄赌毒”违法犯罪229人，成功捣毁北岙街道建设巷一带卖淫招嫖集聚点。批准强制隔离戒毒37人次，提前解除强制隔离戒毒17人次，社区戒毒30人次；新增行政诉讼案件4件，办结4件，其中3件胜诉、1件原告撤诉。全年未发生重大执法过错和执法安全问题。开展“缉枪治爆”行动，收缴易制爆化学品55.5千克、运动枪支122支、手榴弹1枚及一批管制刀具，并查处涉危违法犯罪4人。全年接受初信初访件共12件，其中“公安口”3件，吸附稳控赴省进京非访15批次，成功化解黎某某等一批重点信访件。

出台《2015年度执法质量考评内容及标准》《执法办案区管理“十必须十严禁”》和执法办案积分、过错责任追究等制度。保障“三改一拆”和“五水共治”等中心工作；完善“双百”（百名民警入百村、百名民警联百企）常态走访和情报维稳机制，开展“维稳百日攻坚大会战”和“拔钉清障、除恶治乱”等专项行动，排控化解不稳定因素155起，妥善处置包括“呈会”等群体突发事件66起，打击聚众“场闹”、拦路讨薪等违法行为10人。全年审批事项439件，受理网上办事4732件，受理公民出国（境）申请9311人次，其中护照3588人次、往来港澳通行证及签注4263人次、大陆居民往来台湾通行证及签注1460人次。

▲四项建设：基础信息化建设、警务实战化建设、执法规范化建设、队伍正规化建设。

【刘力伟到洞头调研】 2015年8月5—6日，省委常委、公安厅长刘力伟一行到洞头视察工作，市领导钱三雄、黄宝坤和县领导董智武、王小甫陪同调研。视察组一行到新城社区居委会、燕子山边防派出所、海霞村女子民兵连等地进行实地调研，看望慰问一线公安民警和边防官兵。省公安厅长刘力伟充分肯定市、县两级公安工作取得的成效，要求，市、县两级公安机关要认真学习、深刻领会夏宝龙书记近期专题调研反恐维稳工作重要讲话精神，围绕“9·3”抗战胜利70周年纪念活动、第二届世界互联网大会等重大安保任务，从严从实抓好反恐防暴、反宗教渗透和非访稳控各项措施，切实维护社会大局稳定。同时要求公安部门全力化解民间金融风险，为党委政府中心工作保驾护航。

【县平安建设推进会】 2015年8月12日，为推进夺取平安“十一连创”工作，洞头县召开平安建设推进会。县领导董智武、汪慧平、张贤孟、王小甫、叶锦丽参加。县委常委、公安局长王小甫主持。县委书记董智武要求各部门单位围绕平安创建考核，深入分析，找出应对措施；要控硬治软，全面减少考核扣分；要承上启下，避免工作脱节扣分；要落实责任，切实减少暗访和抽查扣分；要强化宣传，力争“平安四率”零扣分。

2015年8月5日，省委常委、公安厅长刘力伟到洞头视察工作

全县平安建设推进会

【微电影《今天我出警》获省二等奖】 2015年5月，县公安局组织拍摄微电影《今天我出警》。该微电影讲述双朴派出所的一个缉毒故事，民警在侦破贩毒案件中，找到了属于自己的爱情，体现了铁汉柔情的一面。编剧：季舒钰；监制：季舒钰；导演：杨忠兴；参演人员：毛坚钢、郑群、李上朗、汪浩瀚、季舒钰等；时长：12分钟。在各大在线媒体等地方播放。全省公安微电影创作大赛中《今天我出警》获二等奖（一等奖空缺），并获最佳导演奖和优秀剧本奖。

·社会防控·

【“拔钉清障、除恶治乱”专项行动】 2015年4月13日晚，洞头县公安局在全县范围内开展“拔钉除障、打黑除恶”统一行动。县委常委、公安局长王小甫参加指挥督导行动。专项行动共出动警力227人次，检查出租房327间、旅馆27家、建筑工地40处、娱乐服务场所74家、网吧8家，核查嫌疑人员121人次。

【洞头县2015年夏季全民治安大巡防活动】 为推进“平安洞头”建设，遏制夏季违法犯罪多发态势，形成“警民携手、群防群治”良好局面，2015年7月13日晚，市“心防工程”预防通讯（网络）诈骗集中宣传周暨洞头县2015年夏季全民治安大巡防活动启动仪式在新城广场举行。县领导王小甫和县委政法委、县公安局及6个街道（乡镇）和金融系统相关领导参加。王小甫为6个乡镇街道警民巡防队和金盾志愿服务队授旗；大门镇警民巡防队、县公安局特警大队、金盾志愿服务队代表作表态发言。与会领导为成功拦截通讯（网络）诈骗典型案件的4名群众代表颁奖，县局警车方队为巡逻活动拉开序幕。

【夏季社会治安防控集中清查行动】 2015年7月16日晚，县公安局组织开展夏季社会治安防控第一次集中清查行动。行动共出动警力207人次，检查出租房401间、旅馆48家、建筑工地25处、娱乐服务场所15家、棋牌室36家、网吧7家；共核查嫌疑人员316人次，检查车辆712辆次，抓获外省网上逃犯1名，破获盗窃案件1起，刑拘1人。此外，还处罚网吧1家，整改消防隐患9处，查处交通违法行为73起。

·交通管理·

【道路交通安全管理】 2015年，区公安分局紧紧围绕全省五年治堵的工作部署，实施“交通假日警务”战略，优化城区交通分流组织，开展各项道路交通秩序整治。至12月底，全县机动车保有量19414辆，其中汽车12663辆、摩托车6722辆、挂车29辆。全年涉及交通事故的警情3508起，立案交通事故18起，死3人，伤19人，直接经济损失89500元。与2014年同期相比，涉及交通事故的警情数下降4.4%，四项指数分别为：事故数下降18.1%、死亡人数下降50%、伤人数下降5%、直接经济损失下降43.1%。共处理简易程序的交通事故2082起，其中伤人事故235起。全年查获各类道路交通违法行为23720人次，其中罚款23579人次、行政拘留71人次、暂扣驾驶证61本。

【交通违法整治】 2015年，区公安分局组织统一行动、夜间路检行动及“查酒驾小分队”整治等，保持对酒驾等严重交通违法行为“零”容忍。全年查处酒后驾驶67

人次，醉酒驾驶50人次，无证驾驶149人次，超速行驶5466人次，其他违法行为16210人次。暂扣车辆1197辆，滞留证件277本。查处酒后、超速二项严重违法行为累计与2014年同比上升5.94%和82.07%。

·信息化管理·

【公安技防网络建设】 2015年，新建视频监控点位125个，改造高清视频监控80个，整合7道智能电子卡口，安装50处高清智能抓拍系统。开发“首次入洞”预警系统，提升灵霓北堤卡点功能，完善五岛沿线和城区“警灯工程”布局，开展全民大巡防活动，全年警情总量同比下降10.15%，仅发刑事案件437起（日均不到1.2起），受理治安案件同比下降16.32%。并通过卡控缉捕，抓获刑拘对象53名，协破案件31起，“警灯工程”打击战果超出市局任务指标的1倍。

【“物联网”治安管控】 2015年，区公安分局开展物联网治安管控双月攻坚战活动，提升物联网管控专业化水平。全年发放“e居卡”2.19万个，制卡率98.35%，新建门禁42个，授权率46.35%，登记备案电动自行车2.03万辆，登记备案率99%，并建设侦测基站71个。深化“物联网”轨迹应用，破获侵财案件5起，查处违法犯罪人员55名，打击盗销电动车破案率、追赃率、人案比分别达到55.56%、71.43%和55.56%。延伸“物联网”应用领域，安装60家沿街店铺防盗门戒装置，并推出娱乐、商业场所刷卡积分制，取得良好成效。

【“以外管外”新居民管理试点】

（参见《社会　生活》栏目“人口”分目）

·案例举要·

【郭某某集资诈骗案】 2015年1月，县公安局发现郭某某等人以高利息回报组织多个经济互助会，后因资金断裂，停止经济互助会，已涉嫌非法吸收公众存款罪。经查，犯罪嫌疑人郭某某（女，汉族，50岁，洞头县北岙街道人）自2010年至2012年其间，伙同叶某某等五人共组织24个经济互助会，以会脚身份分别参加数十人组织的不同金额的232个经济互助会，为达到能继续维持应会目的，便通过“以会养会”方式，自己组织叫会，非法吸收公众存款1200余万元，其行为已涉嫌非法吸收公众存款罪。2012年12月至2014年其间，犯罪嫌疑人郭某某明知自己没有能力再支付会钱后，仍以本人名义在家中通过标会形式，共组织16个经济互助会，吸收邻居、亲戚、朋友等人及其介绍的不特定的人群80多人参会，涉案金额1.44亿元，其行为已涉嫌集资诈骗罪。1月29日，犯罪嫌疑人郭某某被洞头县公安局刑事拘留；3月6日，被洞头县人民检察院批准逮捕。2016年7月25日，温州市中级人民法院依法对郭某某一案进行一审宣判，判处有期徒刑十六年，并处罚金50万元。同时，责令被告人郭某某退赔全部违法所得。

（翁定福）

检　察

【概况】 2015年，区检察院受理提请审查逮捕案件105件116人，审查后批准逮捕85件95人。受理移送起诉案件176件217人，依法提起公

诉158件199人。不起诉2件2人。处置各类信访事项46件，全年未发生赴省进京涉检信访案件。全年受理移送起诉未成年人刑事案件5件5人，附条件不起诉1件1人。

区检察院深入贯彻刑事诉讼法，严格排除非法证据，对事实不清、证据不足的，不批准逮捕4件4人；对构成犯罪，但没有社会危险性、无逮捕必要，不批准逮捕6件7人，不起诉2件2人，切实保护当事人的合法权益。对1名不符合羁押条件的在押人员，建议不宜羁押得以落实，保护被监管人员合法权益。加强预防和纠正超期羁押工作，实现“零超期”。推进社区矫正法律监督工作，抓好减刑、假释、保外就医专项检察工作，全年未发生社区矫正人员脱管、漏管案件。办理4件虚假民事诉讼提请抗诉案件，均被市中级人民法院改判。针对长期存在的“黑车”市场问题、“非法采矿”监管问题、“预防网络少年犯罪”问题，向相关行政执法部门提出检察建议10件，回复10件。开展“三严三实”教育实践活动，推进作风转变，开展检务督察32次。组织开展基层法律宣传、教育12次，接待群众来访19人次，参与大门镇司法所调解矛盾纠纷13件。开展未成年人法制教育，受教育在校生300余人。全年在省级以上刊物发表理论调研文章6篇，34篇稿件被市级以上新闻媒体刊发。开展以“规范司法行为、提升司法公信”为主题的“检察开放日”活动。坚持“公开是原则、不公开是例外”，公开重要案件信息22条，公开法律文书145份，利用各种媒介公开检务信息683条，通过检务大厅，提供阅卷、咨询服务145次。

是年，大门检察室被市委评为“2014年度创建法治基层站所示范单位”。

【打击金融犯罪】 2015年，洞头县发生民间金融风险后，为加强民间“呈会”处置力度，推行以案释法教育，逐步消除金融风险影响，重建社会信用体系。积极应对区民间金融风险，区检察院选派5名骨干力量到区金融风险处置小组，参与开展案件打击、资产追偿、法律咨询和舆论引导工作。依法批准逮捕39件40人，依法提起公诉15件20人，报送市检察院审查起诉4件4人。查办金融犯罪案件工作进展信息，得到市委主要领导的批示关注。

【查办职务犯罪】 2015年，区检察院全年立案查处贪污贿赂案件5件10人，渎职侵权案件2件2人，其中立案查处原大门镇镇长等人贪污窝串案、原大门镇常务副镇长玩忽职守受贿案和国网洞头供电公司职工李某伙同他人共同贪污600余万元特大贪污案，为国家和集体挽回经济损失128万元。

【职务犯罪预防】 2015年，区检察院就违法、违规采矿案件背后职务犯罪现象，发出检察建议，得到相关单位的整改落实回复。加强职务犯罪预防个案专项分析总结，撰写3篇调研文章被省检察院采用。举办预防职务犯罪专题讲座12场，受众500余人。开展非罪行贿档案查询和应用，受理非罪行贿档案查询122起。组织北岙街道、大门镇、海防连官兵参观预防教育基地和观摩案件庭审等警示教育。

【国网洞头供电公司职工特大贪污案】 因发现国网洞头供电公司职工李某涉嫌犯罪，2014年12月28日，对其以涉嫌贪污罪立案侦查，29日，对同案犯唐某补充立案侦查。2015年1月15日，经温州市人民检察院决定，对犯罪嫌疑人李某、唐某执行逮捕。3月23日，移送温州市人民检察院审查起诉。经侦查查明：犯罪嫌疑人李某利用职务便利，伙同犯罪嫌疑人唐某在江苏省海安县注册成立南通梓江机电设备安装有限公司。后李某通过仿冒单位领导签名、盗用单位领导账号登录电脑系统进行审批等形式，伪造南通梓江机电设备安装有限公司承包国网洞头供电公司发包的无线采集器安装、调试等集抄建设工程合同、开工报告、竣工报告、工程结算书、发票校验申请单、付款申请书等材料，并以该公司名义向国网洞头供电公司申请支付工程款。犯罪嫌疑人唐某通过向海安县税务部门申请开具南通梓江机电设备安装有限公司外出经营税收管理证明，供李某向洞头税务部门申请开具工程发票等形式予以配合。截至2014年8月，共伪造温州市洞头区打水鞍村等集抄零星安装改造工程建设等19份集抄工程建设合同及相关支付结算材料，以南通梓江机电设备安装有限公司名义骗取国网洞头供电公司支付的工程款624.5812万元。通过查办该案，检察机关为国家挽回经济损失178.6427万元。2016年6月，经浙江省高级法院终审判决，以贪污罪判处李某有期徒刑11年，以贪污罪判处唐某有期徒刑8年。

（陈剑韬）

法 院

【概况】 2015年，区人民法院全年受理案件2059件(含旧存105件)，同比上升54.22%，结案1824件，同比上升44.08%。受理刑事案件162件(含旧存3件)，审结144件，判处184人，公开审理系列职务犯罪案件4件7人；受理民商事案件1184件(含旧存68件)，审结1054件；受理行政案件12件，审结10件，审查非诉行政执行案件14件，审结14件；全年受理执行案件683件(含旧存34件)，执结598件，实际执行到位金额7810.26万元。依托网上“点对点”查控机制，查询各类信息3920次，冻结并扣划存款1200万元、查封房产98套、限制出境2人；全年司法拘留19人，并对2名涉嫌拒不执行判决、裁定罪的被执行人追究刑事责任。

出台《关于探索完善人民陪审员参与案件审理职权的试行方案》，探索人民陪审员参与案件事实认定的审理机制。新增人民陪审员43名，共计62名。推行令状式裁判文书改革，简化裁判文书，提高工作效率。坚持以审判为中心改革，会同检察、公安出台《关于刑事案件证人出庭作证的实施办法》，规范证人出庭作证，提高庭审质量。召开金融审判联席会议，审结金融案件69件，化解不良贷款8476万元。实行发改案件三级评查制度，建立办案能手评选、晋职晋升办案平均线制度，全年共评查案件781件。调整设立9个审判站点，推行预约立案、上门立案、午间法庭等便民措施，全年为行动不便、年老多病的当事人提供上门服务13次，为88名农民工、下岗职工、孤寡老人、残疾人等特殊困难群体，缓减免交诉讼费28.9万元。全年组织人民调解员大型培训2次。建成电子档案借阅室，开设窗口提供诉讼文书送达、开具生效裁判文书证明等服务，开通“12368”服务热线，提供查询、联系等服务219次。

是年，被市中院评为2015年度全市法院信息化建设先进集体。

【“洞头县人民法院”更名为“温州市洞头区人民法院”】 2015年8月18日，温州市第十二届人民代表大会常务委员会第二十九次会议通过《关于温州市部分行政区划调整有关政权机构名称等问题的决定》，决定原洞头县人民法院改为洞头区人民法院。9月30日，最高人民法院批复同意撤销洞头县人民法院，设立温州市洞头区人民法院。9月1日，温州市机构编制委员会将温州市洞头县人民法院大门法庭更名为温州市洞头区人民法院大门法庭。11月30日，启用“温州市洞头区人民法院”及内设机构、大门人民法庭等印章，原“洞头县人民法院”及内设机构、大门人民法庭等印章同时废止。

【温州大学法学实践教学基地成立】 2015年11月19日，区人民法院与温州大学签署双向合作协议，共建法学实践教学基地。温州大学法政学院院长王宗正向该院授予“温州大学法学

2015年11月，洞头区人民法院与温州大学共建法学实践教学基地

实践教学基地”牌匾，并聘任洞头区人民法院院长李德通为温州大学法政学院兼职教授。协议明确：一是双方共建实践教学基地，该院为温州大学学生实习提供便利，每次为温州大学组织的法学教学及社会实践活动提供不少于10个实习岗位。指派实际经验丰富、理论水平强的审判人员担任指导教师；二是双方积极开展科研合作，实现资源共享，为双方司法实务研究及学术研究提供便利。根据实际需求，共同组建科研团队进行合作调研与课题研究。三是双方开展人才交流活动，建立法学沙龙，组织研讨法学理论及实务问题；温州大学发挥教学优势提供法学理论培训、专业咨询等服务，该院指派人员参与温州法学司法实务教学活动。

【“法官走遍村居”专项活动】 2015年3月始，为进一步发挥人民法院服务基层作用，推进农村法治建设，县人民法院开展“法官走遍村居”活动，实现法律指导92个村居、社区全覆盖。在该项活动中，共解答、咨询法律问题32个，调处民间纠纷15起。

【企业破产援助专项资金设立】 2015年9月，经区人民法院申请，洞头区人民政府同意建立区级企业破产援助制度，并设立破产援助专项资金。区财政安排专项资金50万元，实行专款专用。专门用于援助或垫付破产企业维稳和破产案件费用、财政处置等特殊需要，以及企业难以负担的相关费用等专门支出。

【数字审委会系统建设】 2015年12月，县人民法院完成数字审委会系统完成建设并投入使用。数字审委会系统建成后，实现了审委会会议的智能化以及案件审理信息智能化，减少大量纸张的消耗，提高调阅的方便性。数字审委会系统同时跟审判系统、数字法庭系统以及法律法规库做好对接，能够在审委会议时调用案件信息、庭审录像、庭审笔录、法律法规等信息，提高会审质量与效率。

【企业无形资产在淘宝网成功拍卖】 2015年6月，浙江立鹏建设有限公司▲因资金链断裂，严重资不抵债，被县人民法院裁定进入破产程序，经管理人清算，该企业已确认负债高达1亿余元，除拥有房屋建筑物工程施工总承包一级资质及钢结构工程专业承包三级、机电设备安装工程专业承包三级、地基与基础工程专业承包三级资质等无形资产外，基本上无其他可执行的财产。为最大程度的保障债权人债权得到受偿，企业破产重整能够成功，11月20日，区人民法院通过淘宝网司法拍卖平台，成功拍卖起拍价为650万元的浙江立鹏建设有限公司100%股权，最终以958万元价格拍出。为该企业节省佣金47.9万元，比传统拍卖快半个月。此为洞头区人民法院首次将无形资产在淘宝网平台上推出拍卖。

▲浙江立鹏建设有限公司成立于1997年6月25日，洞头县一级建筑企业，先后两次取得温州市建设工程“瓯江杯”奖荣誉。

【邵某某非法吸收公众存款罪、集资诈骗罪】 2015年5月28日，县人民法院当庭宣判被告人邵某某犯非法吸收公众存款罪判处有期徒刑三年六个月，并处罚金人民币50000元；犯集资诈骗罪，判处有期徒刑十年零六个月，并处罚金人民币5万元，数罪并罚，决定执行有期徒刑十一年零六个月，并处罚金人民币10万元，同时责令被告人邵某某退赔违法所得共计人民币220.9740万元，返还被害人。

2010年5月至2013年7月其间，被告人邵某某在本县非法组织100元至3000元不等的“经济互助会”11个，吸引130余名社会不特定对象参会，非法吸收公众存款共计人民币97万余元，造成未得会会脚的损失共计人民币54万余元。2013年9月至2014年5月其间，被告人邵某某明知自己无偿还能力，仍非法组织300元至30万元不等的“经济互助会”6个，吸引30余名社会不特定对象参会，骗取未得会会脚的集资款共计人民币166.8280万元，并用于支付购房款、购车款以及会钱。

【首例“民间互助会”会主亲属洗钱案】 2015年8月25日，县人民法院判决首例“洞头民间互助会”会主亲属洗钱案，被告人吕某某因构成洗钱罪，判处有期徒刑二年三个月。自2014年以来，被告人吕某某国在明知其岳母林某某（另案处理）与其妻子苏某某（另案处理）未经有关部门批准，以高息为诱饵，通过经济互助会形式向社会不特定对象非法吸收公众存款的情况下，向苏某某提供3张农业银行卡供其转账，另专门开设1张农业银行卡供苏某某使用；并将林某某违法所得180万元用于购置不动产及支付房贷。

（戴 宁）

司法行政

【概况】 2015年，区司法局共办理公证案件1270件，涉及6000余人，受理法律援助案件210件，为困难群众挽回经济损失或取得经济利益514余万元。建立重特大海渔事纠纷案件联调机制、物业纠纷人民调解衔接机制，全年各级人民调解组织调解纠纷1412件，调解成功1393件，调处成功率98.65%，协议金额8615.18万，其中涉及民间金融纠纷引发的各类纠纷208件，重特大海渔事纠纷59件，全区涉及赔偿的19件非正常死亡案件，全部成功调解并执行完毕。

完成“12348”专线平台建设，推进人民调解规范化建设，搭建法律“惠企”平台，推行“组团式”法律顾问服务模式，开展法律服务；在职业技术教育中心、海霞中学、东屏小学开展聘用法律顾问试点。全年律师代理诉讼案件263件，收费327.84万元，其中民事案件227件、刑事案件32件、行政案件4件。建立“阳光生态园”社区矫正公益服务基地，成立“社区矫正执法大队”，出台《社区矫正刑罚执行权力清单》《社区服刑人员义务清单》《社区矫正工作责任清单》，举办“社区服刑人员融入社会的机遇与挑战”等大型论坛；启用社区公益服务基地。全年期满解矫103名，变更居住地14名，在册社区服刑人员94名，受理审前调查案件68件，组织集中教育879人次、个别谈话教育1339人次、走访教育585人次，公益劳动1243人次，开展心理咨询69人次，风险评估43人次。在册刑释解教人员647名，建档率100%，帮教率97.5%，安置率95%。开展基层法治实践创建，全区103个村（社区）建成国家级民主法治村1个、省级民主法治村9个、市级民主法治村28个、区级民主法治村52个。

是年，北岙街道新城社区被评选为第六批“全国民主法治示范社区”，成为区首个国家级“民主法治示范社区”。洞头区司法行政服务中心创成全省首批、全市首家省级四星级规范化司法行政法律服务中心。

【段正坤调研洞头公证工作】 2015年3月31日，司法部原副部长、中国公证协会名誉会长段正坤率调研组到洞头区调研指导公证工作。中国公证杂志社副主编毛剑平、温州市司法局副局长程鸿伟等陪同调研。调研组实地查看洞头公证处接待窗口和公证办公场所，听取公证处的发展历程、人员结构、规范化建设、业务领域拓展等情况汇报，观看了公证综合应用系统演示。对洞头公证处开展的农村法律顾问及服务离岛群众便民惠民举措等工作给予肯定，要求树立服务理念，推进服务便民化，确保公证质量，提升公证公信力。

【洞头“六五”普法工作通过省市验收】 2015年7月21日，温州市人大常委会副主任黄德康率“六五”普法检查考核组成员一行8人，到洞头区考核验收“六五”普法工作。区领导王蛟虎、严卫星、张孚标、张释忠等参加。检查组一行实地察看了东屏街道东岙顶村法治文化区域和北岙街道等地的普法工作

“六五”普法工作汇报会

开展情况。随后召开工作汇报会，听取洞头区区长王蛟虎所作的洞头“六五”普法工作汇报及3个部门的典型发言，与相关职能部门进行互动交流，并查阅普法工作台账。考核组要求进一步加强领导干部学法用法，切实提高运用法治思维和法治方式的能力；进一步加强依法治理，切实提高普法工作法治作用和法治实效；进一步培育全民法治精神，切实营造遵法守法学法用法的良好氛围。经考核组核查审议洞头通过省市“六五”普法验收。

【国家宪法日暨全国法制宣传日“普法进社区”活动】 2015年12月4日，洞头区在新城人本超市小广场举办“12·4”国家宪法日暨全国法制宣传日“普法进社区”活动。活动由区普法办、区司法局主办，全区24家区级机关、2家律师事务所、1家公证处和6支志愿者团体承办。活动展示展板60余块，分发各类法治宣传资料及礼品6000余份，接受法律咨询服务30余人次。除新城主会场外，全区7个街道、乡镇各设有分会场于当日上午同时启动宣传活动。

【监地远程视频会见帮教】 2015年，区司法局与浙江十里坪监狱签订《监地衔接工作合作协议》，建立监狱与地方衔接机制。3月12日，司法局监管指挥中心联合开展首次远程视频会见帮教活动，共组织5批次15名在监服刑人员家属与监狱服刑人员进行对话帮教，实现与监狱的无缝对接，减轻在监服刑人员家属的探视成本和家庭负担。

【浙江泽商（洞头）律师事务所授牌】 2015年3月16日，浙江泽商（洞头）律师事务所举行挂牌仪式，温州市司法局副局长朱进龙、县领导林琼、严卫星、张孚标和泽商（洞头）律师事务所全体律师及区其他法律服务单位代表参加。至此，县执业律师队伍发展至2所9人。

【群体性法律援助案件】 2015年4月，温州华光海藻食品有限公司因涉及出口退税案件，导致经营困难，拖欠养民货款和工人劳务费，共牵涉拖欠货款养民家庭77户、劳资纠纷21人，涉案金额近500万元。根据区政府交办意见，区司法局制定以法律援助解决群体性案件的工作方案，组建专案组，抽调多名业务骨干参与办案，一周内完成所有养民的法律援助案件指派工作。

【《法治时空》《百姓茶坊》法治类栏目开播】 2015年5月3日，区司法局与区广播电台重新整合改版，联合推出《法治时空》和《百姓茶坊》两档法治类栏目。栏目在FM100.9洞头人民广播电台播出，以“普及法律知识、弘扬法治精神，推进依法治理，传播社会正气”为宗旨，分“法治动态”“以案说法”“法规讲坛”等版块，每周一期，每周五晚间7点10分播出，每期15分钟，以嘉宾访谈形式邀请政法干警、律师、法律工作者等人员就社会热点问题进行讨论法治讲解。

【海渔事重特大纠纷案件联调机制】 2015年7月28日，县司法局联合县海洋与渔业局、公安边防大队、洞头海事处、县综治办等单位联合出台《洞头县海渔事重特大纠纷案件联调机制的实施意见》，打造海岛特色枫桥模式，主要解决渔船碰撞、股份重组、劳资纠纷、人员伤亡、渔船航行损坏海上养殖物等海渔事纠纷。全年调解成功重大海渔事纠纷59件，协议达成金额4970.68万元。

【法治微电影《法不容情》出品】 2015年10月15日，法治微电影《法不容情》完成拍摄，该片由区普法办、区司法局出品，台州璀璨影视公司拍摄。该片讲述了主人公李某，因急需钱给自己孩子治病，与他人合伙拐卖孩子触犯《中华人民共和国刑法》，最后李某被警方抓获的过程。该片深刻反映了法律大于私情，无论个人有什么理由都不能触碰法的高压线。该片总策划：张于斌、卓桂贞、陈婧妍；导演：陈奕龙；编剧：刘梦霞；演员：陈刚、宝儿、苏嘉伦等。时长10分钟，在实验中学、街心公园小广场等场所播放。

（林声响）

责任编辑　曾焕定

武　装

沙滩渔韵味浓·陈晨

“海霞精神”

爱岛尚武 励志奉献

“五岛连桥”精神

小县办大事 小岛创大业

国防后备力量建设

【概况】　2015年，区人武部按照“抓准备、谋打赢、保特色、创先进”的思路，围绕“党员干部如何修身、律己、用权、做人、干事”这个主题，开展，如“学习践行强军目标，开展做新一代革命军人（做新一代海霞传人）”等系列活动。联合举办洞头先锋女子连建连55周年系列活动。投入2000余万元建设营地、纪念馆扩建改造。开展“八一”、春节等重大节日，区领导班子慰问部队官兵、困难退伍军人195人次，发放慰问金75.66万元，慰问物资金额33.78万元。全年安置4名现役干部随军家属，接收转业士官6人。

是年，省委书记夏宝龙、南京军区政委郑卫平、南京军区副政委王平、省军区司令员张明才、省军区政委王新海、省军区副司令员姚淮宁、温州军分区司令员任明龙等军地领导到女子民兵连视察工作。连续7年被温州市政府、军分区表彰为征兵工作先进单位。

【夏宝龙视察洞头先锋女子民兵连】　(参见《中共温州市洞头区委》栏目“重要调研”分目)

【人武部党委扩大会议】　2015年2月4日晚，县人武部召开党委扩大会议。县人武部第一书记董智武、部党委各位委员、各街道（乡镇）专武部长、机关党工委、海洋与渔业局人武部长，部全体干部职工，女子连连长、指导员参加。人武部党委书记、政委李授雄主持会议。会议传达省军区和军分区党委扩大会议精神，表彰通报先进，董智武作讲话。8月26日，召县人武部开第二次党委扩大会议。会议传达省军区、军分区党委扩大会议精神以及省军区、军分区司令员讲话精神，部署工作任务。

2015年6月24日，洞头先锋女子民兵连建连55周年纪念大会

【武装工作现场办公会】 2015年11月18日，区委书记、人武部党委第一书记董智武在区人武部会议室主持召开书记、区长武装工作现场办公会议。区领导王蛟虎、王文胜、张志宏、部长李建、政委李授雄以及区委办、区府办、区委组织部、区民政局、区财政局、区人力社保局等单位主要负责人参加。李建汇报了人武部基本情况和武装工作完成情况及下一步工作打算，提出需要研究解决的议题。董智武充分肯定人武部机关自身建设、征兵工作、女子连建连55周年纪念活动、后备力量建设等取得的成绩。会议讨论研究了随军家属就业安置、出台征兵优惠政策、女子连队伍建设等问题。

民兵·预备役

【概况】 2015年，区人武部召开全区民兵组织整顿任务部署会，对6个街道（乡镇）三大类民兵队伍进行电话和现地集中点验。组织区海上应急分队和海上动员骨干80人次完成共同课目、应急课目训练和海上行动有关政策、技能学习；组织四批89人次海上民兵干部骨干，参加省军区、军分区和本级组织的跨区联训、指挥训练及海上侦察报知技能训练；组织常态备勤的10艘动员渔船五次接受省军区、军分区电话抽点，动员5艘次渔船参加训练和执行任务；制定出台征兵新激励政策，给应征入伍大学生发放一次性5000元奖金，事业单位定向招聘退役士兵等四项优惠措施。全年征兵超额完成1人，征集的新兵中大专以上学历占59%，实现洞头42年无责任退兵的目标。

【民兵应急连训练】 为确保高标准完成拉动点验和检验性考核任务，2015年12月13—16日，区人武部在区民兵训练基地组织封闭式民兵应急连业务技能集训。16日，军分区副参谋长林朝辉率考核组一行对洞头区民兵应急连全员额全要素进行拉动点验。检查人员在编情况、单兵携行具和个人战斗装备、指挥器材等武器装备情况。考核民兵应急连武器的分解结合、5千米拉动和拉动途中的情况处置等内容。

【防卫行动对抗演练】 2015年10月28—29日，区人武部组织辖区民兵58人与海防营在状元岙码头举行防卫行动对抗演练。演练分为红军（民兵分队配属部分海防连官兵）、蓝军（海防营机炮连），演练围绕侦察与反侦察、袭扰与反袭扰、破坏与反破坏进行对抗行动演练。演练检验了重要目标防卫行动方案的可行性。

国防动员

【概况】 2015年，区人武部按照“节俭适用、配套管用、规范适用”原则，依托海洋渔业指挥中心，探索海上民兵动员力量建设。组建民兵海上作战支援、海上救护、海上侦察、军港码头抢修分队。完成动员10艘300吨以上渔船编组带船专武干部和退伍兵。每年给予一定补助用于动员渔船配备海事卫星电话补助，确保在海上能联得上、招得回。开展海上民兵信息员培训。完成12艘重点民兵信息船、38艘普通民兵信息船和74名民兵信息员编组，在全省率先出台《洞头区军地情报信息搜集实施办法》和奖励措施，规范民兵信息员情报信息工作。全年参加上级编成内的实兵演练4次，接受军区和省军区远程情报侦搜检查5次。

【市国防动员工作考核】 2015年7月17日，温州军分区司令员任明龙率市国防动员委员会考评组到洞头开展国防动员工作综合考评检查。考评组通过问卷调查、对口检查、电话抽查以及实地查看等方式，对洞头县国防动员工作及各办国防动员工作开展情况进行全面的考评，并听取洞头县国防动员委员会工作情况汇报。县国动委主任、县长王蛟虎代表县国防动员委员会汇报2012年以来洞头县国防动员工作开展情况及下步工作思路。任明龙对洞头县近年来国防动员工作取得的成效给予充分肯定，对下一步推进国防动员工作落实提出要求。县委常委、县人武部部长李建主持会议。

国防教育

【概况】 2015年，区人武部围绕“能打仗、打胜仗”目标，根据军分区“如期形成大规模作战能力”实施意见，组织对辖区国防工程、

开展国防教育

重要目标、沿海岛屿进行战场勘察，开展“查人头、对专业、核潜力”活动，建立动态数据库备。开展“国防教育宣传日”“征兵宣传月”等活动，在广播、电视上开办国防教育专栏和专题节目，在广场、街道两侧和路口等场所设置宣传栏，定期公开展播爱国主义教育影片。8月1日，邀请军事科学院教授给县四套班子上国防形势辅导课、观看国防教育专题片、到连队观摩军事表演、组织实弹射击等，体验军事生活。开展中小学校、企事业单位军训5700人次。组建海霞市民服务团、宣讲团、艺术团，开展“寻找最美海霞记忆”系列活动，开发民兵体验、青少年军事教育等项目，全年接待各界群众开展革命传统教育30余万人次。

【国防教育专题讲座】 2015年8月11日，洞头县“百岛讲坛”特邀国防大学军事战略研究专家、教授王宝付到洞头作国防专题教育讲座。讲座主题为当前国际战略形势和周边热点问题。董智武、王蛟虎等县四套班子领导、县党政机关企事业单位科以上领导干部、乡镇(街道)主要负责人、驻军单位官兵代表共100多人参加。张贤孟主持。

军民联防

【概况】 2015年，区人武部组织驻岛部队和广大民兵支援海岛建设，参与抗台抢险、山林防火、事故救援、突发事件等急难险重任务，全区基干民兵和洞头先锋女子连官兵应对突发事件、参与防台抢险救灾和山林灭火行动共出动民兵435人次，累计转移疏散群众780人次。组建民兵护村队、联防队，参与平安创建工作和“拔钉清障、打黑除恶”专项行动，维护社会稳定。开展军训、扶贫帮困，参加重点工程建设、植树造林和卫生城市创建等活动。全区31个部门、9个非公企业、10个社区村(居)委会与驻岛部队开展军民共建活动，建立军民共建点56个。

“百岛讲坛”——国防教育讲座

【杨晖慰问海上民兵分队】 2015年1月27日，南京军区参谋长杨晖中将到驻洞头岛某部训练营地慰问正在训练的洞头县海上民兵分队，并送上慰问金。浙江省军区副司令员姚淮宁、温州军分区司令员任明龙陪同。杨晖充分肯定民兵们冒着严寒刻苦训练和无私奉献的精神，指出军民融合式发展是未来战争克敌制胜的法宝，海上斗争是体系作战的重要组成部分，要求广大民兵要服从命令，听从指挥做出更大成绩。

2015年1月27日，南京军区参谋长杨晖中将慰问海上民兵分队

洞头先锋女子民兵连建设

【概况】 2015年，区人武部贯彻市委、市政府、军分区的指示要求，协调区有关部门编制洞头先锋女子民兵连五年建设规划。加大投入，保障训练，开展女民兵骨干排政治教育20天以上，组织女民兵骨干排集中训练3个月以上，培养一批女民兵入党。联合举办洞头先锋女子民兵连建连55周年系列活动，市级以上主流媒体260余篇（条）刊发报道，展示当代海霞传人新风采。洞头先锋女子民兵连“刺杀班”56人集结杭州预备役团，为省委书记夏宝龙、省长李强等省四套班子军事日活动军事课目汇报演示刺杀操。成立温州市洞头区红十字会海霞应急救援队等，在全县多领域开展各种服务活动。浙江省军区副司令员周少锋、南京军区郑卫平、副政委王平相继视察连部。

【洞头先锋女子民兵连建连55周年纪念大会】 （参见《专辑》栏目）

【创新发展“海霞”红色旅游研讨会】 （参见《专辑》栏目）

【“海霞”精神主题研讨会】 （参见《专辑》栏目）

【大型青春励志舞台剧《海霞青春梦》】 （参见《社会团体 工商联》栏目“共青团”分目）

【郑卫平视察洞头先锋女子民兵连】 2015年1月31日，南京军区政委郑卫平到洞头视察看望慰问洞头先锋女子民兵连。省军区政委王新海、军分区司令员任明龙陪同。郑卫平充分肯定“爱岛尚武、励志奉献”海霞精神，指出“思想不乱、传统不丢、训练不断、作风不松、组织不散、活动不断” 非常贴切，要坚持和传承下去；强调要按照习主席提出的有灵魂、有本事、有血性、有品德“新四有”革命军人的标准来要求自己，牢记用强军目标来建设连队，学军习武精武。郑卫平代表南京军区蔡司令员和党委机关，为女民兵们送上羊年祝福并与全体官兵合影留念。郑卫平参观洞头先锋女子民兵连纪念馆并赠送生活用品等。

（邱少华）

2015年6月24日，省委书记夏宝龙（右一）参观纪念馆

2015年1月31日，南京军区政委郑卫平（右一）看望慰问女子连官兵

公安消防

【概况】 2015年，区公安消防局开展重大火灾隐患集中整治、消防安全“打非治违”等专项整治行动，联合东屏街道部署开展“千户民房消防能力提升行动”专项整治活动。全年接警328次，出动车辆387车次，出动官兵1899人次，营救被困人员15人，疏散9人，抢救财产价值418.5万元。全年检查各类单位1538家，督促整改火灾隐患3558处，行政处罚33起，责令“三停”单位4家，罚款金额12.07万元，火灾调查14起。全区共排查劳动密集型场所和小作坊107家，完成整改96家，整治率90%。全年争取专项经费324.5万元，购置重型水罐消防车等消防装备，完成训练塔改造等。

出台《洞头区消火栓管理办法》。制定完善预案68个，举行夜间演练20家，协同作战演练4次。推行“提前介入服务”“承诺服务时限“一次性告知”等便民服务制度。全年指导企业60余次，受理消防行政许可项目36个，备案项目68个，预审项目26个。开展消防宣传“驻百镇、进千村、入万企”活动，利用微博、短信等公众平台发布新动态。开辟广播电视台专题栏目，解读居住出租房管理相关政策规定。68家消防安全重点单位开展消防知识和技能培训100余次，逃生疏散演练70余次，发放宣传资料8000余册。并通过“海霞女子民兵连”“海霞妈妈”“海霞志愿队”等消防宣传队伍开展宣传工作。

职工消防安全培训

【消防安全“户籍化”管理】 2015年，区公安消防局深化“网格化”“户籍化”创建工作，出台《洞头区推行消防安全“户籍化”管理工作方案》。全区7个街道（乡镇）划分22个网格，所属社区划分122个网格，所属行政村划分193个网格，落实事业人员编制14人，管理人员347人。按照《2015年度街道（乡镇）绩效考核办法》和《2015年度县直单位绩效考核办法》（洞委发〔2015〕21号）文件要求对全区街道（乡镇）、部门单位实施消防安全工作考核，实现常态化“长效”考评机制。

【夏季消防双月攻坚专项整治活动】 2015年，根据市委办市府办《温州市夏季消防安全“双月”攻坚专项行动方案》（温委办传〔2015〕73号）文件精神，在全区集中开展夏季消防安全“双月”攻坚专项行动。洞头区共有出租房1865家，整改1817家，整治率97.4%；合用场所283家，整改271家，整治率95.7%。瓯江口新区共有出租房359家，整改351家，整治率97.8%；合用场所218家，整改214家，整治率98%。其间，全区共查封出租房、合用场所519家，停水停电257家，拘留2人。在市政府组织的3次阶段验收均名列全市第一。

【“放飞梦想圆梦消防”主题夏令营活动】 2015年8月29日，洞头区开展“放飞梦想·圆梦消防”主题夏令营活动。活动由区公安消防局主办。28名高中生参加。目的是提高全区高中生消防安全意识和自防自救能力。内容含参观警营、体验警营生活、原地着装、佩戴空气呼吸器、攀爬6米拉梯和1人两盘水带、体验连接操等。

（庄晨露）

武警工作

【概况】 2015年，武警洞头区中队牢固树立“强军就是强素质，强军就是强训练”思想，以强军目标为牵引，以应急班建设为契机，以战训法精神转化为突破口，狠抓军事训练和战备执勤，全面提高官兵遂行任务能力。召开开训动员大会，严格落实周会操，月考核制度，营造比、学、赶、帮、超的浓厚氛围，激发训练热情。定时、定量、定人员、定任务、定目标，组织无职务士官和后勤人员训练，选派训练尖子到支队特勤排集训，突出应急班的训练。在支队组织的勤训轮换和应急班集训中分别取得团体第三、第二成绩。全年出动兵力500多人次完成区重大活动及洞头区抢险救灾任务准备。协助区公安分局开展联合城市武装巡逻、三盘山林火灾、区“两会”执勤、“清会办”押解、洞头区第五届升旗仪式等任务。开展“三严三实”教育活动，组织学习习主席“四个全面”战略思想、新纲要等，观看《冲出亚马逊》《战狼》等红色题材影视、“争创先进，我的责任”演讲比赛等；开展《燃烧军人尚武激情》《铸剑—铸就爱军精武军人品质》等一系列战斗精神教育。组织团员参加地方植树、义务献血等活动。与驻地上新社区海岛老妈妈开展双拥共建活动，参加北岙街道“党员在行动”红色细胞工程建设。

（沈　平）

边防工作

【概况】 2015年，区边防大队以沿海地区陆地治安防控、海上维稳、以及服务地方经济发展为中心任务，在海上抢险救灾、抗台、海上事故救助和群体事件处置等方面做出新贡献。全年争取经费537.25万元，完成灵昆所、燕子山所和鹿西所餐厅、库室等改造工程、巡逻艇建设等。结合“三个专题教育”，组织基层政工领导干部到洞头海霞村、军事主题公园、女子民兵连、红色印记馆、司法局、岭背社区、洞头广电等10多个单位走访共建，开展登山、球赛、法制讲座等活动。开展洞头所警营开放日、洞头广电到鹿西走亲、八一警民联欢等实践活动。

是年，灵昆、燕子山2个边防派出所被浙江边防总队评为四星级党支部，灵昆边防派出所被评为先进基层单位，鹿西边防派出所、洞头边防派出所被评为三星级党支部。

【“枫桥式”海上警务在全市推广】 2015年，区边防大队针对全区海洋经济发展形势，大胆探索，借鉴和运用“枫桥经验”，延伸警务，积极打造洞头特色的“枫桥式”海上警务。与海事渔政部门的海上定位系统对接，整合海防监控、海洋渔事监控等系统资源，投入494.7万元建设巡逻艇，建立海上养殖“网格化”管理，推动海上物联网建设体系，在海上救助和日常船舶检查中发挥作用。全年调处海上矛盾纠纷100余起。作为2015年县委全面深化改革重点项目建设，得到省委常委、公安厅长刘力伟等领导肯定。并在全市公安系统推广。

【洞头区首个驻企警务室成立】 2015年12月1日，洞头区首个驻企警务室——灵昆边防派出所驻温州万年混凝土有限公司警务室成立。企业警务室设立在该公司的三楼，灵昆边防派出所将派人24小时轮流值守。温州万年混凝土有限公司位于洞头区灵昆街道双昆村，现有员工400多人，大多是外来务工人员。该警务室不仅能及时调解厂区内员工矛盾纠纷，也能产生治安辐射，为周边企业撑起一把治安“保护伞”。

【**海上警务建设**】　2015年，区边防大队根据当前洞头海洋经济发展和旅游业发展面临的新形势新情况，加强海上警务建设，全面清查辖区各类船舶数据，整改完成918艘船舶档案，物建一批海上治安信息员，掌握海上动态信息。牵头研究海上社会治安管控措施，先后与洞头区涉海部门、街道（乡镇）等8个单位建立联勤联动工作机制。组织开展隐患大排查、百日安全竞赛等活动。开展打击成品油春雷专项行动，成功查获非法买卖成品油案件5起，查扣非法买卖成品油380余吨。

【**边防执法**】　2015年10月19—27日，灵昆边防派出所破获各类案件7起，抓获逃犯3人，刑拘3人，强制隔离戒毒2人，治安拘留3人，成果调解3起案件，辖区社会治安稳定工作得到区委常委、公安分局局长王小甫批示。

【**案例举要**】　案件一：2015年5月25日，王某（男，31岁，灵昆叶先村）在其家中以一氧化碳中毒的方式自杀死亡，死者母亲情绪极为激动，认为是S1线工程征地拆迁问题给其造成精神压力致其自杀，并纠集亲戚前往街道办事处闹事讨要说法，后在民警劝说下返回家中。为防止其反复前往街道闹事，灵昆边防派出所民警在密切关注事态发展的同时，坚持每日走访死者母亲，开展法律教育和政策宣传，耐心劝导、妥善稳控，最终死者母亲表示对死因无异议。

案件二：2015年6月29日，陈某（男，53岁，洞头区霓屿街道）在养殖紫菜作业中操作清洗机时触电身亡，其家属认为清洗机经销商陈某负有责任，遂聚集到灵昆街道陈某家中讨要说法。为防止事态恶化，灵昆边防派出所一边做好死者家属情绪安抚的同时，一边积极走访灵昆街道和霓屿街道司法部门，会同他们一起对事件进行调处，经多方协调，最终于7月4日促成双方达成一致调解协议。

洞头边防大队联合执法行动

案件三：2015年8月22日，死者杨某（男，48岁，安徽省淮南市）在给自己水果摊接电时触电身亡，死者家属认为死者提供接线条件的灵昆南堤绿化项目部和供电条件的垃圾中转站负有一定责任，拟聚集亲友老乡30余人前往讨要说法。灵昆边防派出所灵昆派出所民警积极安抚死者家属情绪，协调灵昆街道调解委员会召集三方人员进行调解。经过两天协商，最终达成一致协议。

案件四：2015年12月27日，鹿西边防派出所在辖区鹿西村海景街319号成功捣毁一聚众赌博窝点，抓获参赌人员朱某某（女，36岁，洞头区鹿西人）、郑某某（男，37岁，洞头区鹿西人）、陈某某（男，36岁，湖北罗田县人）等18人，现场缴获赌资八万余元人民币。涉嫌参与赌博的18人被依法行政拘留。

（王增环）

人民防空

【**概况**】　2015年，区人防办公室组织草拟制定洞头区人民防空“十三五”发展规划（初稿）。推进洞头人防应急指挥中心建设，完成初步设计批复和施工图审查。对全区人防工程标识牌全面排摸，并对部分人

李杭（左一）调研半屏山人防教育基地

防标识牌缺失及时整改安装。推进基层人防“综合减灾示范社区”创建工作，新增社区申报“全国综合减灾示范社区”1个，争创“全省综合减灾示范社区”社区3个。

组织开展“3·1”国际民防日“5·12”防灾减灾日“9·18”等人防主题日宣传活动，在浙江迪特高强度螺丝公司组织开展防空疏散演练、人防知识问答活动，在城关一小开展人防知识手抄报评比活动，在霓屿社区开展家庭应急讲座和现场防灾教学实践等活动。全年发送宣传短信3万余条、宣传资料5000余份，制作图片展板40余幅。全年被上级简报、杂志、网站采用19篇，其中1篇在南京军区人防简报中刊登。

【人防审批制度改革】 2015年，区人防审批纳入全区“多规合一”审批平台，通过“整合流程、一门受理、协同审批、信息共享、限时办结”等措施，推动项目审批网络化和审批部门信息共享化，建立项目审批管理新机制，确保不出现人防管理漏项问题。创新审批服务手段，正式实施人防工程施工图网上预审工作，进入区审批中心微信公众账号“洞头便民服务厅”。开展行政审批服务“瘦身”比拼活动，进一步缩短审批时限，人防审批提速50%以上，人防窗口回访满意率100%。全年人防审批17件，依法收费526.35万元。

【李杭调研县人防教育基地】 2015年3月11日，省人防办主任李杭一行11人到洞头调研人防教育基地建设工作。省、市领导宋光宝、张国光、魏学勋和县领导张孚标、林新磊等陪同。调研组一行先后参观户外拓展区、野外生存体验区和人防教育馆。对洞头县半屏山人防教育基地给予高度评价，认为依托学校建设教育基地投资小、效果好，为洞头开展人防宣传教育提供新的思路，有利于加强学生层面的防空防灾知识宣传教育，提高学生的国防观念和防空防灾意识。

【县人防教育基地建成投用】 2015年3月30日，洞头县首个人防教育基地揭牌。副县长吴志安，县人防办、东屏街道、县教育局相关负责人，县实验小学师生和实践学校全体职工参加。该基地为于东屏街道（半屏山）金岙村，2014年9月开始施工建设，占地面积4333平方米，包括户外拓展区、家政体验区、影视观赏区和人防教育馆等，是学生防空防灾知识和技能教育的综合性基地，单次可接待300多人。区人防办联合区教育局制定中小学生轮训计划，全年累计接待学生6000余人次。

（王　瑜）

责任编辑　曾焕定

农业　水利

螺贝春秋·王思恩

“海霞精神”

爱岛尚武 励志奉献

“五岛连桥”精神

小县办大事 小岛创大业

农 业

· 概述 ·

【概况】 2015年，洞头区实现农业产值1739万元（9371万元，含灵昆街道，下同），增长0.5%；林业产值303万元（422万元），增长1%；牧业产值1132万元（5001万元），比上年下降17.9%。农作物播种面积1237公顷（2529公顷），比上年下降7.0%；其中粮食作物播种面积757公顷（914公顷），下降2.6%；粮食作物中谷物播种面积72公顷（101公顷），番薯播种面积467公顷（469公顷），马铃薯播种面积109公顷（143公顷）。建成生态循环农业主体4个，创建健康优质农产品示范乡镇1个，培育市级渔农业龙头企业11家。引进渔农业招商引资项目13个，实际到位资金8610万元。

全区市级以上农民专业合作社22家，区级渔农民专业合作社126家，新增家庭农场4家。建成农产品电商平台（邮乐网），扶持星贝海藻、鸽礁水产等多家农业龙头企业开设网店，筹建农产品电商企业旗舰店、农业电子商务示范村，创建石子岙村农业物联网应用示范点等。渔农业企业参加全国各地农博会6次，参展企业14家31次，销售收入逾250万元，达成意向订单额1000余万元。实施新型渔农民培训889人（其中渔农村实用人才培训425人，渔农民转移就业技能培训464人）。农村生活污水治理按照“三年任务两年完成”目标，安排专项资金5300万元，新增治理村34个，新增受益农户6700户。全县除近期规划搬迁村外，实现农村生活污水治理行政村覆盖率100%、村域农户受益率80%以上的行政村覆盖率100%，实现农村生活污水治理设施正常运行率100%、排放达标率100%。农户改厕工作纳入农村治污工程，投入专项经费1200万元，用于69个村5000户以上改厕。全面消除“4600以下”低收入农户。“异地搬迁”项目投资4000万元，完成东屏蓝港花苑二期（占地18.9亩，建筑面积1.88万平方米，建筑套数114套）建设。东屏街道蓝港一期、二期房屋进入两证办理阶段，兴港、和港和沙港家园均完成主体建设；霓屿街道乐康家园基本完成主体工程。新成立扶贫资金互助会3家（累计8家），全年累计发放借款103万元，惠及40户渔农户；实施低收入农户倍增计划和渔农民转产转业等扶持项目，下拨补助资金117.8万元；下派第十批区派农村指导员15名，走访农户3368户，争取落实扶贫资金逾900万元。

【夏宝龙调研指导“五水共治”“三改一拆”等工作】 （参见《专辑》栏目）

【乔传秀调研洞头“五水共治”工作】 2015年10月15日，省政协主席乔传秀到洞头调研“五水共治”工作。市政协副主席余梅生、洞头区区长王蛟虎陪同调研。调研组一行实地查看洞头“南塘湾”水乡示范区。乔传秀对“五水共治”工作取给予充分肯定。要求注重建立长效机制，真正把整治突出问题与建立常态化长效化的管理保障机制，与“五水共治”“三改一拆”等工作有机结合，强化整治效果。坚持注重发挥包括政协民主监督在内的各种监督形式在推进专项整治中的作用。

【“五水共治”工作】 2015年，实施美丽海岛水乡建设，以“海上桃源·渔耕水乡”为主题，建设治水六大工程，全年完成投资9.1亿元，三年累计完成治水投资22.8亿元，提前完成三年18亿元的投资目标。实施“水岸同治”三年行动计划，推进34个村的治污和67个村的改厕工作，农村治污提前一年实现全覆盖，全年新增受益农户6700户。治水投资提前完成三年任务，农村治污提前一年实现全覆盖，新增受益农户6700户。实现“全区除近期规划搬迁村外的农村生活污水治理行政村覆盖率100%、村域农户受益率80%以上的行政村覆盖率100%、农村生活污水治理设施正常运行率100%、排放达标率100%”目标任务。

【崔志红调研洞头农村资金互助会及股改工作】 2015年11月9日，中国社会科学院崔红志研究员一行到洞头调研农村资金互助会及股改工作，市委农办政策法规处处长徐炯陪同。调研组参观海霞村并开展农房流转调研。崔红志对洞头农房流转工作予以肯定，认为盘活闲置农房，创新闲置农房流转机制，维护市场秩序，破解农房流转的体制机制障碍，走出一条多元化农房流转新路子。

·美丽乡村建设·

【概况】 2015年，全区投入美丽乡村建设资金6600多万元。打造半屏渔家文化为主题的美丽乡村精品线1条，创建滨海山村、特色民宿、古楼文化为主题的美丽乡村精品村7个，即下尾村、东郊村、小荆村、东岙顶村、沙岗村、下社村、山坪村；完成东沙、小荆、金岙3个村的历史文化村落保护利用建设。是年，评出“最美庭院”5户、“美丽庭院”31户。

【整村推进工程】 2015年，全区实施整村推进工程，确定擂网岙村、风门村、大朴村、东郊村、九仙村、大王殿村、阜埠岙村、西山头村、九厅村、沙岙村、枫树坑村、东浪村、潭头村、乌仙头村、岙仔村、同兴村等16个村为整村推进建设单位，涵盖绿化、亮化、美化、洁化等105个建设项目，总投资1736万元。修缮历史文化保护点6处，即双垅舞龙保护、温山底古桥周边环境整治、大门太阴宫周边整治、白鹭门炮台修缮、曾荣生宅周边整治和扎不断村风水墙周边环境整治。

【农村生活垃圾减量化资源化处理试点】 2015年，洞头开展农村垃圾减量化资源化处理试点，制定《关于开展农村垃圾减量化资源化处理试点的通知（洞政办发〔2015〕119号）》。计划利用两年时间，每年选择5~8个村作为试点村。确定寮顶、山坪、海霞、小荆、金岙等5个为试点村，其中寮顶、山坪2个村列入省级试点村。以“渔农民可接受、财力可承受、面上可推广、长期可持续”为衡量标准，构建适合区渔农村实际的“分类收集、定点投放、分拣清运、回收利用、生物堆肥”的垃圾减量化资源化处理运行体系，减少垃圾处理量，降低处理成本，提升农村生态环境质量。

·农村扶贫工作·

【概况】 2015年，全年“消除4600”以下农户478户1359人。向省政府积极争取“异地搬迁”扶贫政策，将霓屿岛、元觉岛上相关扶贫重点村的异地搬迁成功纳入本轮省财政扶持范围。全年组织渔农业企业参加全国各地农博会6次，参展企业14家31次，建成扶贫创业就业中心1家，建成扶贫资金互助会3家，发放来料加工工资1049万元。组织渔农民素质提升培训889人，实现转移就业464人。

【“4600以下”低收入农户消除工作】 2015年，根据省市消除“4600以下”低收入农户工作部署，制定《洞头县基本消除农村家庭人均纯收入4600元以下农户工作实施方案》（洞委办发〔2015〕59号）。实施“产业帮扶、培训就业、金融扶贫、异地搬迁、社会救助、结对帮扶、“低保”兜底等七大帮扶措施。9月17日和10月30日，相继组织开展“4600元以下”农户情况入户问卷调查。11月，联合区委组织部布置“三百双结对”开展困难农户结对帮扶工作。12月，开展“消除4600”扫尾工作入户核查，召开洞头区扶贫开发暨“消除4600”工作动员大会会议。区人大、政协派员开展对街道（乡镇）“消除4600”核查。12月15日，省人大常委会党组副书记、副主任程渭山一行到洞头视察核查低收入贫困人口脱贫工作。至年底，全区人均纯收入4600元以下低收入农户已全面消除，共计478户1359人。

▲4600以下：农村家庭人均纯收入4600元以下。

【程渭山视察洞头扶贫脱贫工作】　2015年12月15日，省人大常委会党组副书记、副主任程渭山率省视察组到洞头视察扶贫脱贫暨“消除4600”工作相关情况。区领导董智武、王蛟虎、叶永辉、王文胜、叶明理、刘素婷参加调研。省视察核查组一行到东屏街道寮顶村，对部分贫困家庭进行走访慰问，并听取意见建议。随后，实地视察“小岛迁”农房集聚项目蓝港花苑建设及住户生活情况等。程渭山对洞头扶贫脱贫工作予以肯定，要求具体了解关心低收入群众致贫原因，根据因病、因灾、因债等不同的致贫原因进行帮助。采取措施要具体，工作要落实，建立责任制度，将扶贫工作常态化。

·农业执法·

【概况】　2015年，区农业执法大队组织开展农资打假专项执法、主要农作物种子专项执法、禁限用农药专项执法、杨梅质量安全专项执法、肉品“百日会战”专项活动等农产品质量安全专项执法活动11次，对全区农产品生产主体、农资经营单位的农资经营使用、农产品生产记录、上市农产品监测情况开展执法检查，重点查处农药超范围使用、使用高毒禁限用农药及农残检测高残留等质量安全隐患问题。检查农产品生产主体18户次，农资经营单位26户次，开展农药隐性成分检测省级送检10批次，合格率100%；蔬菜禁（限）用高毒农药监测省级送检6批次、市级送检72批次，合格率100%。“绿剑”集中执法行动24次，日常执法巡查活动41次，全年出动执法检查人员148人次，检查监管对象136户次。县级定量监测200批次，合格率100%；农残检测3613批次，合格率99.83%；制定农作物生物灾害应急预案，开展有害生物普查防控，防除加拿大一支黄花等有害生物。

·农业机械·

【概况】　2015年，全区机具总量195台，其中渔船农业用北斗终端158台，手扶拖拉机1台，耕整地机械28台，水产养殖机械8台。全年使用中央资金18.463万元，指标确认书168份，收益农户151户。落实农机安全生产目标管理责任制，各街道（乡镇）与辖区村居，村居与辖区内的拖拉机驾驶人签订农机安全生产责任书，构筑三级农机安全生产保障网络。开展农机安全生产打非治违和隐患排查治理行动。发放宣传资料800份，发送农民信箱信息600余人次。开展农业机械免费实地检验试点，消除各类事故隐患检验拖拉机83台，检验率89%，排查一般农机安全隐患3项，整治率100%。完成3台报废拖拉机的解体和注销手续；发放补偿资金1.3万元。12月1日，联合公安、交通、卫生等部门和各街道乡镇在东屏街道后寮村开展农机事故应急处置演练活动，检验区农机事故应急处置、现场救援能力和紧急救援协调能力。

·林业·

【概况】　2015年，洞头区完成林相改造4170亩，森林抚育10984亩，枯死木清理16146亩。种植县花三角梅1.5万株、经济林果苗2.3万株。全区森林覆盖率46.8%。全年审核林地征占用申请6起，征占用面积32.5公顷，审核率100%。创建省市级森林村庄4个。全区监测面积 42.7万亩，普查面积42.7万亩，监测覆盖率、普查率100 %。防治森林病虫害防治，越冬代松毛虫面积819亩。清理松村线虫枯死木16146亩。审核林地征占用申请4起，征占用面积25.38公顷，收取森林植被恢复费203.54万元。完善森林消防“群防群控”体系建设，加快“引水上山”工程，森林火灾受害率控制在1‰以内。开展“保护生态绿盾护林”“雷霆—1、2、3”系列等专项执法行动5次，受理林业行政案件5起，查结4起，撤案1起，查处率100%，行政处罚4人，收缴罚款2.3万余元。

【绿化造林】 2015年，组织全区领导干部开展植树造林活动，实施绿化美化林相改造7883亩，投入资金526万元。发动义务植树1.2万人次，栽种各类苗木3.5万株。村庄绿化面积137亩，森林通道绿化20千米计60亩。创建森林村庄8个，其中省级森林村庄2个，市级森林村庄2个，区级森林村庄4个。全年评出村庄绿化管理先进村10个、村庄绿化管理合格村20个。

【资源管理保护】 2015年，根据省市森林公安局的统一部署，区森林公安局开展"2015年雷霆1号"清火行动暨强化野外火源管控，打击违法违规行为的专项行动；联合区禁毒大队、农业执法大队等部门开展"2015年雷霆2号"林区禁种铲毒专项行动，打击种植毒品原植物违法犯罪活动；开展"爱鸟周""春季护鸟行动"等专项行动，打击各类破坏野生动物资源的违法犯罪活动。全年出动警力264人次，车辆88台次，开展各类普法宣传3次，媒体报道16次；成功救助国家二级保护动物夜鹭1只，天鹅1只，珠颈斑鸠2只。共受理林业行政案件5起（其中非法狩猎案1起，毁坏林木案2起，擅自改变林地案1起，过失引起森林火灾案1起），查结4起，行政处罚4人，收缴罚款23283元。是年，区森林公安局被市林业局授予"集体嘉奖"1次。

【森林消防】 2015年，洞头区强化四级联动包保责任制、坟区网格化管理、推行文明祭祀、应急扑救、法律法规宣传等措施，落实森林防火行政领导责任制，与6个街道（乡镇）签订森林消防工作责任状，联合安监、市场监管和公安等相关部门开展执法行动。清明节其间，设置临时检查点167个，检查进入林区人员，严格野外用火管理。举行全区森林防火实战演练，开展森林消防"引水灭火"培训，执行森林火灾报告和归口管理制度。开展广场业务咨询和森林消防宣传活动，发放宣传资料1.1万份，发放森林消防通告1000份。全年森林火灾"零"发生。

·畜牧业·

【概况】 2015年，全区生猪年末存栏8100头、羊2827头、家禽164611只，全年猪肉产量1483吨、蛋产量946吨。洞头区畜牧业部门全面落实畜禽养殖业污染防治和整治工作。全年累计关停生猪养殖场5家，整治提升生猪养殖场1家，涉及存栏生猪1000多头。完成全区生猪存栏50头以上养殖场污染治理，实现洞头区畜牧业污染治理工作3年目标2年完成。组织开展肉品安全专项检查4次，屠宰场专项整治1次，检查畜禽养殖场8个。全年免疫生猪4158头次，家禽87228余次，建成病死动物无害化处理收集点1处；完成产地检疫生猪323批次、2475头，屠宰检疫生猪7546头，瘦肉精检测28批次；查处动物卫生违法案件4起，罚款720元；开展春秋季动物集中免疫，生猪三种疫苗（猪瘟、猪口蹄疫、猪蓝耳病）免疫率100%，家禽规模养殖户禽流感疫苗免疫率100%；落实死亡动物无害化处理与保险联动机制建设，实现保险查勘理赔与死亡动物集中无害化处理无缝衔接。开展畜产品质量安全百日严打行动，全年查处各类案件4起。全年抽检样品159份，其中养殖环节28份、宰前环节131份。

【H7N9亚型流感防控处置】 2015年1月中旬，根据省、市要求和部署及北岙街道一农户发生H7N9疫情的实际，区畜牧部门紧急开展H7N9亚型流感的防控工作。组织工作人员62人次对辖区内16家家禽养殖场（户、点）全面排查，进村居开展调查和血清学筛查，送检样品检290份。开展H7N9亚型流感知识宣传，指导养禽户做好自身防护工作。及时了解全区H7N9亚型流感的防控风险，采集禽类及周边环境样品送市级实验室检测，有针对性地做好防控技术指导。

水 利

·概述·

【概况】 2015年，区列入省市区等重点水利工程主要有围垦、垦区排涝、垦区回填等项目，总投资约2.6亿元，实际完成年度计划投资35876万元，占年度计划总投资的138%。全区安排排水岸同治建设项目28项，完成投资5.3亿元，完成年度投资计划122%。全区47条河道落实各级河长109人，河道警长47人，督查长8名。出台《城区河面河岸一体化市场保洁方案》，实施长效保洁长度34千米，保洁率和覆盖率均100%。基本建成新城二期海景河、海滨河等防洪减灾工程建设，完成投资1亿余元。

是年，洞头区获评省2015年“清三河”达标县（市、区）。

【洞头区获“省‘清三河’达标县（区）”称号】 2015年11月，省“清三河”达标县（区）复核组一行到洞头区复核“清三河”创建工作并通过审查。年底洞头区获2015年“清三河”达标县（市、区）称号（省治水办〔2016〕3号文件）。近年来，洞头区从“源头”抓起，投资近3亿元全方位实施治污项目建设。投入3321万元改造提升城南污水处理厂，使出水标准从一级B标准提升到一级A标准；完成农村生活污水治理村69个，新增受益农户13800户。铺设污水管网约38.1千米，城镇污水管网基本覆盖；将农村生活垃圾收集处理补助标准提高到30元/人，实行垃圾外运处置，垃圾收集率、无害化处理率均100%；安排1200万元用于全区69个村5000户以上的农村改厕；关停生猪养殖场16家，涉及存栏生猪4000多头，防治畜禽养殖业污染；整治“垃圾河”3条，清理海滨河、埭口河、大门黄岙垦区片等河道34千米，建成滨水公园8座等。

【“水岸同治”重点片区攻坚行动】 2015年5月25日，县政府召开第54次县长办公会议，研究讨论并通过《洞头县“水岸同治”重点片区攻坚行动实施方案》。该方案以科学治水、系统治水、依法治水为指导，以“海上桃园·鱼耕水乡”为主题，重点围绕“两环四岛”，逐步建设成自然环境优美、海洋生态有序、海岛文化鲜明、区域经济多元的美丽海岛水乡核心区，提升滨水公园亲水绿道，实施水乡文化工程，亮丽景观工程，努力实现水清、河畅、岸绿、景美、人聚、业兴的治理目标。是年，洞头区“水岸同治” 建设项目28个，完成投资5.3亿元。

【省节水型社会创建通过验收】 2015年12月7—8日，省第一批县(市、区)节水型社会建设验收组到洞头区考核验收节水型社会创建工作。验收组一行到霓屿交通控制中心、县市民活动中心(图书馆)、温州金源化工有限公司、城南污水处理厂等地实地考察，并查看有关创建台账资料。8日，召开省级节水型社会创建工作验收会。听取洞头区节水型社会创建工作情况汇报及省技术评估组反馈评估意见后，验收组同意洞头区通过省节水型社会创建工作验收。自2014年以来，洞头区细化工作目标，创新工作措施，推进节水型社会建设工作，建成农业节水型灌区2个、节水型工业企业3家、节水型校园8个、节水型服务业单位2个和一批节水型单位，全区用水总量、万元GDP用水量等多个节水指标均高于全市平均水平。

·防台防汛防旱·

【概况】 2015年底，洞头区通过省防指专项考核组洞头区基层防汛防台体系规范化建设的实地考核验收。全年全区汛期汛情基本平稳，无严重的洪涝灾情。成功抵御9号台风“灿鸿”、13号台风“苏迪罗”、21号台风“杜鹃”等多个台风及暴雨影响，全年累计受灾4.15万人次，转移22128人次，农作物受灾面积13.74公顷，直接经济损失1415.5万元。全区累计降雨量1332.6毫米，较常年（1410.6毫米）偏少78.0毫米。汛期（4月15日至10月15日），全区总降雨量602.5毫米。6月7号入梅，7月13日出梅，梅期7天。台风期的雨水量情况：从主汛期7月15日至10月15日，总降雨量274毫米。各街道（乡镇）均未出现旱情。

【水政工作】 2015年，区农林水利局审查、审批开发建设项目水土保持方案13件，水许可年审年检18件，征收水土保持补偿费13.12万元、水资源费6.45万元。开展执法巡查18次，无水事违法案件发生。对区年取水量5万立方以上的取水许可户计量实时监控安装。利用3月22日第二十三届 “世界水日”，3月22—28日第二十八届 “中国水周”，县农林水利局联合县文明办、节水办、防汛办、微动力志愿者服务队组织开展水法律法规宣传咨询活动。活动其间，针对工业、企业用水节水情况进行专项检查。

【新水文站建设工程开工】 2015年5月11日，新水文站建设工程开工建设。新水文站建设工程北岙后二期围垦东西大堤交汇处的单屿山脚，概算388.19万元。工程设计防洪标准百年一遇，主要由引桥、雨量观测场、潮位台、人工潮水位观测通道以及防撞墩组成。引桥净宽2.00米；雨量观测场尺寸6.0米×8.0米；潮位观测平台边长4.5米×4.5米，上部测验用房为单层钢筋砼框架结构，潮位台外侧设保护墩两个。工程建设单位为温州市洞头区水库管理站，设计单位为温州市水利电力勘测设计院，监理单位为中水淮河安徽恒信工程咨询有限公司。工程预计2016年5月底完工。

·水利工程建设·

【概况】 2015年，全区水利工程建设完成投资3.34亿元，其中环岛西片围涂工程已完成圈围，状元南片垦区回填、黄岙二期、小门西片、大门港口物流区促淤堤均超额完成年度投资计划。建成城片南片防洪排涝体系，基本建成新城二期河道护岸工程，重要城区已基本达到50年一遇防洪防潮标准。

【环岛西片围涂工程合龙】 2015年1月12日，洞头环岛西片围涂工程在围堤龙口位置完成合龙。环岛西片围涂工程位于洞头岛西北侧沿海，从洞头岛西北邻北岙后二期的小朴鼻礁附近山体起至白迭和尚礁，堤线总长4069米，围涂面积3440亩。海堤设计标准为50年一遇，设排水闸一座，净宽均为6米，该工程概算总投资5.7亿元，2011年12月开工。该工程由浙江广川工程咨询有限公司设计，建设单位为温州市洞头水利发展有限公司，由浙江省第一水电建设集团股份有限公司施工，监理单位为浙江广川工程咨询有限公司。完成投资8800万元，累计完成投资37700万元。

【南塘中闸加固改造工程竣工】 2015年11月3日，南塘中闸加固改造工程通过竣工验收。南塘中闸加固改造工程是对老水闸拆除重建，位于北岙街道南塘工业区，主要由水闸、泵站及堤防护岸三部分组成，工程等别为Ⅲ等，其中水闸规模3孔×5.0米，20年一遇，设计流量128立方米/秒，排涝泵站设计流量18立方米/秒，建设堤防护岸长1.5千米，设计排涝标准为20年一遇，防潮标准为50年一遇，批复概算投资5531.36万元。2011年12月开工建设。该工程由浙江省水利水电勘测设计院设计，洞头区海涂围垦工程建设指挥部负责建设，浙江省水电建筑安装有限公司负责施工，浙江东洲建设监理咨询有限公司负责监理，区水库管理站负责运行管理。

【状元南片市政基础设施工程PPP项目成功采购】 2015年12月9日，洞头区第一个PPP项目洞头区状元南片市政基础设施工程，以竞争性磋商采购方式采购成功。工程总投资约16亿元，涵盖软基处理、料场开采、市政、水利、景观等工程领域，分批分期开工，计划8年建成。该项目主要由洞头区工务局负责组织实施，列入区第一批PPP项目库，经过多轮磋商摸底、资格预审、竞争性磋商采购招标及采购结果确认谈判等程序，最终确定成交单位为龙元建设集团股份有限公司与宁波嘉业汇投资管理有限公司联合体。

【龙潭坑水库除险加固工程竣工】 2015年11月23日，龙潭坑水库除险加固工程通过竣工验收。2014年3月开工建设。龙潭坑水库除险加固工程位于北岙街道隔头村，工程设计洪水标准为30年一遇，主要建设内容为坝体上游面增加0.5~2米混凝土防渗面板，坝体水平裂缝固结、灌浆及相关配套工程建设，批复概算总投资483.45万元。该工程参建单位为：建设单位为洞头区水库管理站，施工单位为浙江山海建设有限公司，监理单位为浙江广川工程咨询有限公司，设计单位为温州市水利电力勘测设计院，运行管理单位为洞头区水库管理站。

（庄倩倩）

责任编辑　曾焕定

海洋与渔业

丰年 · 马诗琪　方梓宇

“海霞精神”

爱岛尚武 励志奉献

“五岛连桥”精神

小县办大事 小岛创大业

概　述

【概况】 2015年，洞头区渔业总产量17.90万吨，同比增长6.13%；养殖产量1.78万吨，同比增长14.55%；渔业总产值10.84亿元，同比增长8.69%。全年完成渔港工程建设投资2863万元。发放渔业油补资金1.18亿元，惠及渔民群众约1万人。全年发生渔业安全生产事故3起，死亡3人，同比均下降25%。全年征收海域使用金1794万元，新增海域使用权4宗，续期4宗，新确权海域使用面积58.3公顷，新增用地271.4公顷。

是年，洞头入选全国首批国家级生态保护与建设示范区（浙江省一市五县，洞头为全省唯一入选的沿海市县）。区海洋渔业局获全省县级海洋与渔业工作先进单位。

【《洞头国家级海洋公园总体规划》获批复】 2015年5月22日，国家海洋局正式批复（国海环字〔2015〕246号），原则同意通过《洞头国家级海洋公园总体规划》简称《总体规划》。2012年12月，国家海洋局批准成立洞头国家级海洋公园，选划区总面积311平方千米，其中海域面积295.2平方千米。该《总体规划》是中国第一个通过评审的“国家级海洋公园”总规，也是洞头建设国家级海洋公园建设工作的重要依据。《总体规划》范围包括南北爿山屿、鹿西白龙屿及其周边海域、洞头岛东南沿岸、洞头东部列岛和大瞿岛的周边海域及海岛，选划区总面积311平方千米，其中海域面积295.2平方千米。主要重点分成重点保护区、生态与资源恢复区、适度利用区和预留区四个功能区。2014年12月22日，《总体规划》通过专家评审。

洞头国家级海洋公园总体规划蓝本

【王飞调研洞头海洋生态文明建设工作】 2015年11月7—8日，国家海洋局副局长王飞率战略规划与经济司、环境保护司、东海分局相关负责人一行到洞头开展海洋生态文明建设调研。省海洋与渔业局局长黄志平、温州市副市长任玉明、市海洋与渔业局局长汤筱疏和县领导王蛟虎、刘素婷等参加。调研组一行先后前往鹿西渔港、白龙屿生态海洋牧场、望海楼海洋生态文明建设展示馆、海洋公园核心区半屏、东岙拟修复沙滩以及海洋公园仙叠岩生态栈道实地查看。王飞一行肯定了洞头海洋生态文明建设工作，要求继续抓好国家级海洋公园、国家级海洋生态文明示范区管理能力建设，拉动温州市乃至浙江省的海洋生态建设能力提升，加快基础性建设，建立大数据、大分析，加强对海洋资源的认知。

【丁磊调研洞头海域使用管理工作】 2015年7月30日，国家海洋局海域司副司长丁磊、国家海洋局东海分局党委书记周振华一行到洞头调研海域使用管理工作。省市领导李月定、任玉明，市海洋与渔业局局长汤筱疏和县领导王蛟虎、刘素婷陪同调研。调研组一行实地查看了温州浅滩围垦、东沙渔港沙滩整治修复、霓屿布袋岙等用海项目，并开展座谈，听取市、县关于海管理基本情况的汇报。丁磊一行积极评价近年来温州市海域综合管理工作。要求妥善处理依法行政与改革创新关系，严格用海审批，加速审批程序“瘦身”，有序推进海洋资源市场化配置；要推行“离岸式”开发，倡导生态用海。

海洋渔业

【概况】 2015年，全区渔业总产量比上年增加1.03万吨，其中海洋捕捞产量16.12万吨，同比增长5.28%；养殖产量1.78万吨，同比增长14.55%；全区渔业总产值比上年增加8672.42万元，其中海洋捕捞产值7.58万元，同比增长0.43%；养殖产值3.26万元，同比增长34.37%。全区渔业从业人员9893人。其中，专业从业人员7828人，比上年减少483人。

是年，海水养殖产业被列入区五大产业培育提升计划。成功在省海洋水产养殖研究所洞头基地培育“岱衢族大黄鱼”鱼苗700万尾，在三盘网箱开展试养7~8万尾，实现苗种供应本地化。启动羊栖菜品系选育研究工作，“浙东1号”紫菜等优良品种试养情况良好；继续推广紫菜深水彩玻杆和全浮流养殖技术，新增紫菜深水养殖2300亩；鹿西白龙屿生态海洋牧场基本完成海上养殖设施建设，大黄鱼苗试养145万尾；鹿西南美白对虾高位池养殖模式取得成效；引进“吉庆和”养殖发展有限公司，标准化、工厂化养殖取得突破。

【海洋捕捞业】 2015年，全区捕捞业从业人员3963人，比上年减少247人。全年海洋捕捞产量161215.8吨，比上年增加8086.9吨，同比增长5.28%。其中，拖网123121.13吨，比上年增加10408.55吨，同比增长9.23%；围网300吨；刺网17359.29吨，增加8506.37吨，同比增长96.08%；张网20338.35吨，减少10513.55吨，同比下降34.08%；其他作业97吨。

【作业与品种】 2015年，全区渔业机动船1541艘，比上年减少216艘；总吨位45366.5吨位，比上年减少6380.5吨位；总功率95516.14千瓦，比上年减少11833.5千瓦。其中捕捞渔船755艘，36538吨位，69187.35千瓦，分别比上年减少35艘，减少3691吨位，减少8977.35千瓦；辅助渔船82艘，8167吨位，19839.1千瓦，分别比上年减少2艘，增加36吨位，减少869千瓦。非机动船只392艘，588.8吨位，分别比上年减少420艘，减少316吨位。捕捞用机动船中，250～599匹马力渔轮236艘，33424吨位，59093千瓦，分别比上年减少29艘，减少3286吨位，减少6497千瓦；60~249匹马力渔轮20艘，873吨位，1992.8千瓦，分别比上年减少12艘，减少446吨位，减少1126.8千瓦；59匹马力以下渔轮499艘，2241吨位，8101.55千瓦，分别比上年增加6艘，增加37吨位，减少1353.57千瓦。

海洋捕捞产品有：鱼类、虾类、蟹类、头足类、其他类。其中，鱼类152157.67吨，增加10220.31吨，同比增长7.20%，主要有海鳗2734.65，鳓鱼575.5吨，鳀鱼23747吨，远东拟沙丁鱼12233吨，鲷42吨，蓝圆鲹332吨，白姑鱼171吨，黄姑鱼139吨，鮸鱼7吨，小黄鱼1209.36吨，梅鱼3065.3吨，带鱼10277.7吨，金线鱼65吨，梭鱼92吨，鲐鱼6115.5吨，鲳鱼2767.9，马面鱼556.8吨，马鲛鱼4041.04吨，鲻鱼9583.6吨，龙头鱼10540.9吨，金枪鱼32吨，竹筴鱼390吨；虾类8214吨，减少271.7吨，同比下降7.79%；蟹类1757.2吨，增加324.8吨，同比增长22.67%；贝类888.3吨，增加83.51吨，同比增长10.38%；头足类3142.67吨，减少258.23吨，同比下降7.59%；其他类56吨。

【渔民转产转业】 2015年，全区加快渔旅融合发展，扶持发展渔村民宿经济，现有渔家乐民宿142家、床位1875张，形成“岩海凸垄”度假山居、沙岙“月半湾”、海霞“那鹿湾”等一批特色民宿。出台退渔渔民转产转业扶持和社保政策。全区渔民9893人，其中专业从业人员7828人，比上年减少483人。

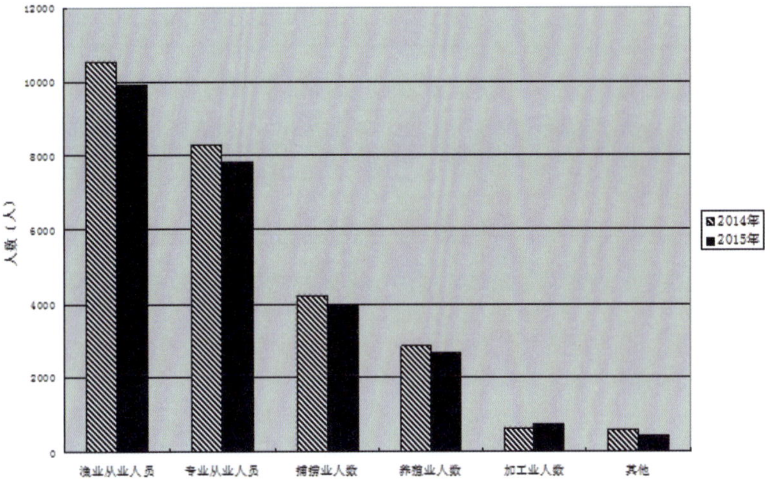

图1　　2014—2015年洞头区（县）渔业劳动力结构变动情况

2014—2015年洞头区（县）渔业船舶变动情况

表4

类别				内容	2014年	2015年	同比趋势
一、机动渔船	合计			艘	1757	1541	↓
				总吨位	51747	45366.5	↓
				千瓦	107349.94	95516.41	↓
	（一）生产渔船	小计		艘	1673	1459	↓
				总吨位	43616	37199.5	↓
				千瓦	86641.84	75677.31	↓
		1．捕捞渔船（按功率分）	小计	艘	790	755	↓
				总吨位	40229	36538	↓
				千瓦	78164.72	69187.35	↓
			441千瓦以上	无			
			184—440千瓦	艘	265	236	↓
				总吨位	36706	33424	↓
				千瓦	65590	59093	↓
			44—183千瓦	艘	32	20	↓
				总吨位	1319	873	↓
				千瓦	3119.6	1992.8	↓
			43千瓦以下	艘	493	499	↑
				总吨位	2204	2241	↑
				千瓦	9455.12	8101.55	↓
		2.养殖渔船		艘	883	704	↓
				总吨位	3387	661.5	↓
				千瓦	8477.12	6489.96	↓
	（二）辅助渔船			艘	84	82	↓
				总吨位	8131	8167	↑
				千瓦	20708.1	19839.1	↓
二、非机动渔船				艘	812	392	↓
				总吨位	904.8	588.8	↓

说明：↑为增加，↓为下降

2014—2015年洞头区（县）海洋捕捞产量结构情况

表5　　　　单位：吨

类别		内容	2014年	2015年	同比趋势
一、海洋捕捞总产量	合计 吨		153128.9	161215.77	↑
	1.鱼类	小计	141937.36	152157.67	↑
		海鳗	2318.13	2734.65	↑
		鳓鱼	395	575.5	↑
		鳀鱼	19115.9	23748.3	↑
		远东拟沙丁鱼	19320.5	12233	↓
		鲱鱼	0	0	—
		石斑鱼	1	0	↓
		鲷	44	42	↓
		蓝圆鲹	706.2	332	↓
		白姑鱼	178	171	↓
		黄姑鱼	141	139	↓
		鮸鱼	102	7	↓
		大黄鱼	0	0	—
		小黄鱼	1074.8	1209.36	↑
		梅鱼	2113.6	3065.3	↑
		方头鱼	7.5	0	↓
		带鱼	11098.32	10277.65	↓
		金线鱼	67	65	↓
		梭鱼	97	92	↓
		鲐鱼	7523.8	6115.5	↓
		鲳鱼	2729.9	2767.8	—
		马面鱼	616.9	556.8	↓
		马鲛鱼	3645.3	4041.04	↑
		鲻鱼	11424.4	9583.6	↓
		龙头鱼	14846.83	10540.9	↓
		金枪鱼	37	32	↓
		竹筴鱼	6379	390	↓
	2.虾类	小计	3485.67	3213.95	↓
		毛虾	1639.7	1765.9	↑
		对虾	382	355.5	↓
		鹰爪虾	494.77	204.05	↓
		虾姑	350.1	264.3	↓
	3.蟹类	小计	1432.42	1757.15	↑
		梭子蟹	1047.12	1025.5	↓
		青蟹	42	100	↑
	4.贝类		804.82	888.33	↑
	5.头足类	小计	3400.9	3142.67	↓
		乌贼	1235.2	1168.1	↓
		鱿鱼	2054.2	1873.57	↓
		章鱼	82	69	↓
	6.其他		2067.73	56	↓
二、海洋捕捞分作业产量	合计		153128.9	161215.77	↑
	1.拖网		112712.58	123121.13	↑
	2.围网		278	300	↑
	3.刺网		8852.92	17359.29	↑
	4.张网		30851.9	20338.35	↓
	5.其他		433.5	97	↓

说明：↑为增加，↓为下降

2014—2015年洞头区（县）渔业产值结构情况

表6

类别			内容	2014年	2015年	同比趋势
一、渔业总产值	合计		万元	99761.55	108433.97	↑
	1.海洋捕捞		万元	72781.14	73573.83	↑
	2.海水养殖		万元	22089.51	30842.84	↑
	3.内陆养殖		万元	154.6	252.3	↑
	水产苗种		万元	4736.3	3765	↓
二、海水养殖品种及结构	合计		吨	15441.33	17596.86	↑
			万元	22089.51	30842.84	↑
			亩	43672.2	44433	↑
	1.鱼类	小计	吨	3313.31	3252.78	↓
			万元	5101.35	4887.2	↓
			亩	1109.2	1071	↓
		鲈鱼	吨	309	380	↑
			万元	684	881.28	↑
			亩	199.5	210	↑
		石斑鱼	吨	5.9	6	↑
			万元	28.6	30	↑
			亩	10	10	—
		美国红鱼	吨	1519.75	1340.78	↓
			万元	1748.3	1517.92	↓
			亩	364.7	314	↓
		鲷鱼	吨	110	134	↑
			万元	362.45	416	↑
			亩	97	111	↑
		大黄鱼	吨	0	0	—
			万元	0	0	—
			亩	0	0	—
		鮸状黄姑鱼	吨	17.66	19	↑
			万元	21	8	↓
			亩	40	16	↓
		鮸鱼	吨	1081	571	↓
			万元	1692	827	↓
			亩	263	155	↓
	2.虾类	小计	吨	159.5	242.5	↑
			万元	713	1166.5	↑
			亩	425	463	↑
		南美白对虾	吨	138.5	177.5	↑
			万元	603	718	↑
			亩	365	398	↑
	3.蟹类	小计	吨	84.1	102.5	↑
			万元	1083	1129	↑
			亩	588	528	↓
		梭子蟹	吨	4.1	43	↑
			万元	36	271	↓
			亩	208	168	↓
		青蟹	吨	77.5	59.5	↓
			万元	1027	858	↓
			亩	360	360	—
	4.贝类	小计	吨	2872.8	3335	↑
			万元	4587.61	5405.4	↑
			亩	11246	6347	↓
		泥蚶	吨	403	612	↑

续表6

类别			内容	2014年	2015年	同比趋势
二、海水养殖品种及结构	4.贝类	泥蚶	万元	1205	1668.4	↑
			亩	730	740	↑
		鲍	吨	21	0	↓
			万元	105	0	↓
			亩	2	0	↓
		蛤类	吨	499	561	↑
			万元	826	823.7	↓
			亩	800	630	↓
		蛏子	吨	1942.8	2131	↑
			万元	2430.61	2792.5	↑
			亩	9714	4947	↓
	5.藻类	小计	吨	9011.62	10664.08	↑
			万元	10604.55	18254.74	↑
			亩	30304	36024	↑
		紫菜	吨	672	1547.95	↑
			万元	4475.5	11883.5	↑
			亩	18291	24052	↑
		羊栖菜	吨	7840.98	8768.13	↑
			万元	5869.08	6097.24	↑
			亩	11246	11668	↑
		海带	吨	202.04	348	↑
			万元	115.07	274	↑
			亩	303	304	↑
		鼠尾藻	吨	228	0	↓
			万元	143.4	0	↓
			亩	454	0	↓
		苔菜	吨	4	0	↓
			万元	1.5	0	↓
			亩	10	0	↓
三、海水养殖区域及结构	合计		吨	15441.33	17596.86	↑
			万元	22089.51	30842.84	↑
			亩	43672.2	44433	↑
	1.北岙街道		吨	5182.7	5885.2	↑
			万元	6400.59	6586.3	↑
			亩	5777	5445	↓
	2.灵昆街道		吨	850	1240	↑
			万元	2804.5	3846.5	↑
			亩	2000	1920	↓
	3.大门镇		吨	3758	4164	↑
			万元	4567.4	4840.5	↑
			亩	6379	6435	↑
	4.东屏街道		吨	3003.73	2943.66	↓
			万元	2432.02	2905.54	↑
			亩	4103.2	4130	↑
	5.元觉街道		吨	88.9	63	↓
			万元	102	72	↓
			亩	138	98	↓
	6.霓屿街道		吨	2325	3021	↑
			万元	5537	12095	↑
			亩	24940	25750	↑
	7.鹿西乡		吨	233	280	↑
			万元	246	497	↑
			亩	335	655	↑

海水养殖

【概况】 2015年，全区海水养殖总面积44433亩，比上年增加760.8亩，同比增长1.74%。海水养殖总产量17596.86吨，比上年增加2155.53吨，同比增长13.96%。羊栖菜育苗11940万株，紫菜6980万贝壳。海水养殖面积中，海上养殖36956亩，比上年增加5669.5亩，同比增长18.12%，产量13847.86，比上年增加1572.83，同比增长12.81%；滩涂养殖5107亩，比上年减少4757亩，同比下降48.22%，产量2370吨，比上年增加158.7吨，同比增加7.17%；其他养殖2370亩，比上年减少152亩，同比减少6.02%，产量1379吨，比上年增加424吨，同比增长44.40%。全区养殖业从业人员2649人，比上年减少217人。启动羊栖菜品系选育研究工作，完成鉴别现有养殖羊栖菜群体10个品系；纯化、保存具有生产应用价值品系4种，实验放大3个品系1200余片附苗帘苗种，实验推广养殖户9户，出口公司1家；建成羊栖菜品系海区科研试验田5海亩；保存优良品系标本4品系、6批；检测分析营养指标3品系9组样本。

坛紫菜浮流翻转式养殖

【海水养殖产业培育提升计划】 2015年9月，区政府制定《关于印发洞头区五大产业培育提升扶持政策的通知》（洞政办发〔2015〕75号），海水养殖产业作为五大产业之一被列入其中。内容包含鼓励紫菜养殖产业提升、鼓励引进养殖优良新品种、鼓励发展“走出去”养殖、鼓励岛礁增养殖合理开发、鼓励现代渔业园区建设、完善养殖辅助设施建设、优化海水养殖环境、鼓励羊栖菜国内市场开发与拓展、鼓励渔业保险、加强渔业平安建设等，具体包括自育自养补助、紫色养殖亩数超额奖励、苗种投资额补助、基础设置修复建设等10条优惠政策。至2017年年底努力目标，引进养殖优良品种、发展“走出去”养殖、完善养殖辅助设施建设、优化海水养殖环境，促进海水养殖业发展。

【鹿西白龙屿生态海洋牧场110万尾大黄鱼鱼苗投入试养】 （参见《街道（乡镇）》栏目“鹿西乡”分目）

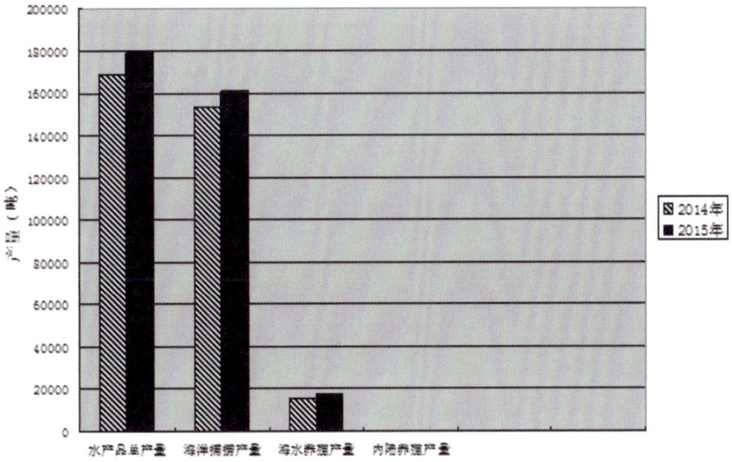

图2　2014—2015年洞头区水产品总量对比图

2014—2015年洞头区（县）海水养殖面积产量结构情况表

表7

类别		内容	2014年	2015年	同比趋势
按品种划分	合计	吨	15441.33	17596.86	↑
		万元	22089.51	30842.84	↑
		亩	43672.2	44433	↑
1.鱼类	小计	吨	3313.31	3252.78	↓
		万元	5101.35	4887.2	↓
		亩	1109.2	1071	↓
	鲈鱼	吨	309	380	↑
		万元	684	881.28	↑
		亩	199.5	210	↑
	石斑鱼	吨	5.9	6	↑
		万元	28.6	30	↑
		亩	10	10	—
	美国红鱼	吨	1519.75	1340.78	↓
		万元	1748.3	1517.92	↓
		亩	364.7	314	↓
	鲷鱼	吨	110	134	↑
		万元	362.45	416	↑
		亩	97	111	↑
	大黄鱼	吨	0	0	—
		万元	0	0	—
		亩	0	0	—
	鮸状黄姑鱼	吨	17.66	19	↑
		万元	21	8	↓
		亩	40	16	↓
	鮸鱼	吨	1081	571	↓
		万元	1692	827	↓
		亩	263	155	↓
2.虾类	小计	吨	159.5	242.5	↑
		万元	713	1166.5	↑
		亩	425	463	↑
2.虾类	南美白对虾	吨	138.5	177.5	↑
		万元	603	718	↑
		亩	365	398	↑
3.蟹类	小计	吨	84.1	102.5	↑
		万元	1083	1129	↑
		亩	588	528	↓
	梭子蟹	吨	4.1	43	↑
		万元	36	271	↑
		亩	208	168	↓
	青蟹	吨	77.5	59.5	↓
		万元	1027	858	↓
		亩	360	360	—
4.贝类	小计	吨	2872.8	3335	↑
		万元	4587.61	5405.4	↑
		亩	11246	6347	↓
	泥蚶	吨	403	612	↑
		万元	1205	1668.4	↑
		亩	730	740	↑
	鲍	吨	21	0	↓
		万元	105	0	↓
		亩	2	0	↓
	蛤类	吨	499	561	↑
		万元	826	823.7	↓
		亩	800	630	↓

续表7

类别		内容	2014年	2015年	同比趋势
4.贝类	蛏子	吨	1942.8	2131	↑
		万元	2430.61	2792.5	↑
		亩	9714	4947	↓
5.藻类	小计	吨	9011.62	10664.08	↑
		万元	10604.55	18254.74	↑
		亩	30304	36024	↑
	紫菜	吨	672	1547.95	↑
		万元	4475.5	11883.5	↑
		亩	18291	24052	↑
	羊栖菜	吨	7840.98	8768.13	↑
		万元	5869.08	6097.24	↑
		亩	11246	11668	↑
	海带	吨	202.04	348	↑
		万元	115.07	274	↑
		亩	303	304	↑
	鼠尾藻	吨	228	0	↓
		万元	143.4	0	↓
		亩	454	0	↓
	苔菜	吨	4	0	↓
		万元	1.5	0	↓
		亩	10	0	↓
按海水养殖类型划分	小计	吨	15441.33	17596.86	↑
		万元	22089.51	30842.84	↑
		亩	43672.2	44433	↑
	海上养殖	吨	12275.03	13847.86	↑
		万元	15566.9	22933.44	↑
		亩	31286.2	36956	↑
	滩涂养殖	吨	2211.3	2370	↑
		万元	3207.11	3374.9	↑
		亩	9864	5107	↓
	其他	吨	955	1379	↑
		万元	3315.5	4534.5	↑
		亩	2522	2370	↓
按海水主要养殖方式划分	小计	吨	15441.33	17596.86	↑
		万元	22089.51	30842.84	↑
		亩	43672.2	44433	↑
	池塘	吨	955	1384	↑
		万元	3315.5	4542	↑
		亩	2522	2378	↓
	普通网箱	吨	3260.31	3175.78	↓
		万元	4936.35	4656.2	↓
		口	4871	4580	↓
	筏式	吨	9011.62	10664.08	↑
		万元	10604.55	18254.74	↑
		亩	30304	36024	↑
	吊笼	吨	3.1	3	↓
		万元	26	15	↓
		亩	8	8	—
	底播	吨	2211.3	2370	↑
		万元	3207.11	3374.9	↑
		亩	9864	5107	↓

说明：↑为增加，↓为下降

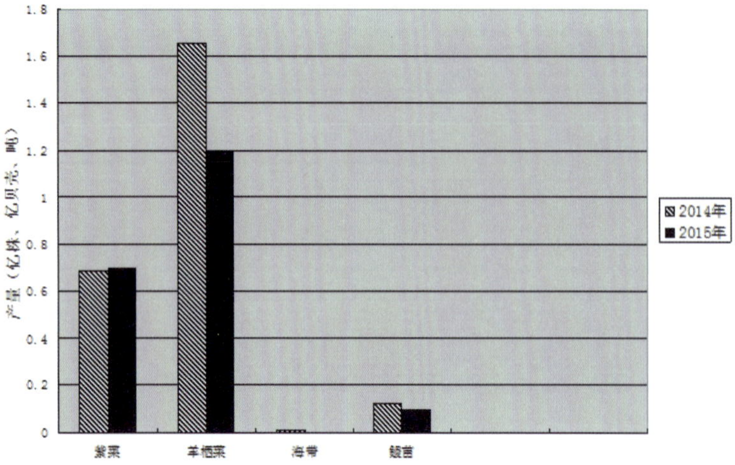

图3　2014—2015年洞头区苗种生产对比图

水产品流通加工

【概况】　2015年，全区水产品加工企业20家，年水产品加工能力20063吨。现有水产制冷冰库24座，一次冷藏能力6328吨。全区通过省级无公害产地认定15家，无公害产品认定16个。全区水产品加工业从业人员768人，比上年增加122人。

【产地认定6家】　2015年，全年通过产地认定6家，即浙江良泰水产有限公司、浙江裕康食品有限公司、洞头县鸽礁水产食品有限公司、洞头县远鹏水产有限公司、洞头县众益水产品养殖专业合作社和洞头县源泰贝藻养殖专业合作社。

【无公害产品认证6个】　2015年，全区通过无公害产品认证6个，即浙江良泰水产有限公司的羊栖菜、浙江裕康食品有限公司的羊栖菜、洞头县鸽礁水产食品有限公司的羊栖菜、洞头县远鹏水产有限公司的羊栖菜、洞头县众益水产品养殖专业合作社的紫菜和洞头县源泰贝藻养殖专业合作社的羊栖菜。

渔港工程建设管理

【概况】　2015年，东沙渔港开工建设渔港疏浚工程、鹿西渔港主体工程基本建成；着手开展洞头中心渔港泊稳条件提升工程可行性研究，完成项目可行性研究报告编制。

【东沙渔港开工建设渔港疏浚工程开工】　2015年12月，东沙渔港疏浚工程开工建设。该工程概算1754.94万元，港池疏浚总面积为310908平方米，疏浚总方量约58.98万立方米，礁石处理520立方米，疏浚物倾倒区位于东沙渔港东北侧海域，距东沙渔港水上航行平均约9.5海里。全年完成投资303万元。工程批复概算投资2141万元，占批复概算投资的14.2%。建设单位为温州市洞头区渔港工程建设指挥部，温州交通建设集团有限公司负责施工，温州港湾工程咨询监理有限公司负责监理。

【鹿西渔港主体工程基本建成】　2015年，鹿西渔港主体工程基本完工。该工程是省重点工程建设项目，于2011年10月获省发改委浙发改设计〔2011〕138号批复初步设计，批复概算投资17248万元。主要建设斜坡式防波堤1085米，码头156米、4个泊位，护岸180米，管理房587平方米及水电配套设施等，2012年正式开工建设。全年完成投资2560万元，累计完成工程投资16489万元，工程批复概算投资17248，占批复概算投资95.6%。

渔港综合管理

【概况】　2015年，洞头区启动全省渔港综合管理改革试点工作，区政府第44次常务会议通过《洞头县渔港综合管理改革试点工作实施方案》。区渔政渔港监督管理站挂牌办公，探索实施渔港渔船管理“五位一体”模式。开展以救生设备为重点的船用产品专项整治，跟踪整改69艘无故不开机渔船。通过监控和手机知信平台共发送各类渔船安全信息52932 条。组织协调应急救援8 次，成功解救 56 人，挽回经济损失1180万元。参加省海洋与渔业局举办的防汛抗台演习。在大门镇、霓屿街道举办60马力以下渔业船舶五等机驾合一培训班2期700人，在本岛举办渔船普通船员培训班2期331人。

【省渔港综合管理改革试点工作】 2015年，在全省率先启动渔港综合管理改革试点工作，落实渔港管理机构，推行涉港管理多部门联勤联动，探索实施渔港渔船管理“五位一体”模式。渔港综合管理改革工作旨在推进渔港管理创新，提高渔港综合管理水平，改变目前渔港管理方面存在的一些乱象问题，巩固和提升渔港服务渔业、服务渔民、发展渔港经济等功能，为全省渔港管理提供可借鉴的经验。7月1日，洞头县渔政渔港监督管理站正式揭牌运行，标志洞头县渔港综合管理迈入新阶段。7月3日，区政府出台《渔港综合管理改革试点工作实施方案》，明确各涉港管理部门的工作职责。是年，全省渔港综合管理改革试点工作现场会在洞头召开，洞头在会上作典型交流发言，改革试点工作得到省市领导肯定。

【港口和海上安全巡查】 2015年，区海洋与渔业局实施重点时段、重点区域和重点渔船分类监管，共出动人员2560人次；开展联合巡查10次；共检查渔船498艘，发出整改指令书182份，发现一般隐患197个，整改197个；处罚 102艘渔船，取缔非法的涉渔船舶 80艘。开展“洞头初级水产品百日严打”及“两节”、“两会”等专项执法行动，分批开展水产品抽检，全年开展水产品养殖检查30次，检查养殖鱼排、养殖场、养殖户等水产品生产单位62家，抽样检查88个样品。

海洋渔业执法管理

【概况】 2015年，洞头区推进“一打三整治”工作，加大违规网具整治、打击非法采砂力度，在全省首推退渔渔民养老保障政策。查处非法采砂、倾废等破坏海洋生态环境案件17起，清理海岸海岛垃圾76吨，废油42吨，增殖放流各类水产苗种1.2亿尾（粒）。联合区国土局、洞头海事处等执法力量，开展非法采砂联合执法行动12次，出动执法船36次，查处13艘非法采砂船，移交2起，立案2起，处罚77.5万元，拆解非法采砂船生产工具8件。开展“海盾2015”“碧海2015”“护岛2015”等专项行动，查处违反海域使用、破坏海岛、岸线等海洋环境行为。建立154个无居民海岛“一岛一档”，查处破坏海岛案件1起，制止组织登岛旅游10起，清理捕捞网30多件；查获海洋倾废案件4件，罚款20万元。开展伏休执法管理112次，航程2900海里，参加人员821人次，检查渔船355艘次，查获违规渔船59艘，立案49起，其中外籍重大钢质违规渔船8艘。清理违规养殖网箱6口，面积40.2亩；清理紫菜违规养殖面积970亩。

【王胜强调研洞头海岛保护工作】 2015年7月15—16日，国家海洋渔业局海岛保护处处长王胜强、东海分局海域海岛处处长彭立功到鹿西乡调研海岛整治修复项目。东海分局、省海洋与渔业局、市海洋与渔业局等相关处室负责人和县领导叶海峰陪同调研。调研组一行走访了东臼白龙屿海洋生态牧场、海水淡化项目现场及山坪景观露营平台等地。王胜强充分肯定洞头县在海岛保护和利用方面上所取得的成效及“渔旅融合”发展思路，并要求加快推进海水淡化与综合利用创新及产业化基地建设。

【“一打三整治”专项执法行动】 2015年，为贯彻落实省委、省政

“一打三整治”执法行动

府浙江渔场修复振兴计划，保障渔民群众长久生计，洞头区依法开展“一打三整治”工作。成立涉渔“三无”渔船处置办公室，出台涉渔“三无”船舶处置办法，分类处置“三无”渔船。建立以每个街道（乡镇）为责任分区的涉渔“三无”船舶取缔工作联系责任制。全区共取缔“三无”渔船460艘，提前一年完成省下达的417艘取缔任务；整治“船证不符”渔船63艘，累计清理没收违规网具5882件；查处非法采砂、倾废等破坏海洋生态环境案件13起。省海洋与渔业局副局长陈畅率省“一打三整治”专项执法行动督查组对洞头涉渔“三无”船舶拆解档案进行核查抽查。

渔业科技服务

【概况】 2015年，区海洋与渔业局加大渔业养殖技术示范指导，确定坛紫菜、羊栖菜、鼠尾藻、大黄鱼为主导种类，主推浅海藻类养殖模式与技术、浅海贝藻立体养殖模式与技术、抗风浪浅海网箱养殖模式与技术，建设渔业科技示范基地2个（洞头亿达海洋开发有限公司、洞头灵潭藻类养殖专业合作社），扶持建立科技示范户80户，示范面积1万亩，辐射带动周边养殖户1938 户2.65万亩。举办渔养民实用技术培训3期，培训渔业从业人员207人次，其中，有北岙街道网箱养殖鱼类病害防治技术培训、东屏街道浅海藻类养殖技术培训、联合浙江省海洋水产养殖研究所在洞头基地开办的海水网箱配合饲料养殖技术及推广培训。举办渔用终端实际操作培训班4期，培训渔民老大260余名。全年帮助养殖户开展鱼类病害远程诊断病例5例，水产苗种检疫2批次。是年，加快海洋与渔业公众服务体系信息化建设，完成渔用终端更新换代项目工程，渔船更换新型终端227艘，渔用终端年检修率100%。投资近100万元建设新区级渔船安全救助信息中心，提升和更新视频会议室、监控中心和机房设备。

海洋管理

【概况】 2015年，《洞头国家级海洋公园总体规划》获国家海洋局正式批复实施。《洞头县海洋生态红线划定方案》通过县政府审查批准。新确权温州浅滩二期（南堤）促淤堤工程洞头段、洞头县水文站建设工程、温州浅滩二期西区促淤堤工程、东瓯海洋综合观测平台、洞头县半屏山景区提升工程5宗项目用海，确权面积110.462公顷；审批续期用海项目4宗，面积3.1092公顷。全年征收海域使用金1794.57万元。完成状元南片7个项目用海位置变更审批和竣工验收工作，新增建设用地271.4238公顷。推进海域使用权抵押登记工作，全年抵押登记项目4宗，抵押金额4.3亿元，有效缓解企业资金压力。全面启动海域使用权公开出让工作。批复洞头区半屏岛东侧羊栖菜养殖项目、洞头区三盘渔家乐休闲中心项目、黄岙二期三宗围海养殖、大王殿渔业基础设施等项目用海挂牌出让方案。

【国家“海疆万里行”宣传采访活动走进洞头】 （参见《环境保护 国土资源》栏目“海洋生态保护”分目）

【“6·8”全国海洋宣传日活动】 2015年6月8日，洞头“6·8”海洋宣传日活动在洞头中心渔港国际放生台举行启动。县领导叶海峰、温州市海洋与渔业局资源环保处处长吴群力和县直机关部门代表，洞头和温州的海洋环保志愿者、社会群众近300人参加，活动现场放流鱼类苗种6万尾。邀请县自行车协会成员作海洋环保环岛宣传，组织海洋环保志愿者拾拣海洋垃圾，举办海洋宣传进校园等系列活动。活动由县人民政府主办、洞头县海洋与渔业局承办。

（张温妮）

责任编辑　曾焕定

工　业

盼 · 王思惠

“海霞精神”

爱岛尚武 励志奉献

“五岛连桥”精神

小县办大事 小岛创大业

概 述

【概况】 2015年，洞头区实现工业总产值60.49亿元，同比增长3.9%，其中规模以上工业实现产值49.45亿元，比上年增长3.0%；规模以下企业实现工业总产值11.04亿元，同比增长8.0%。工业性投资1.68亿元，同比下降62%。规模以上工业增加值8.10亿元，增长15.4%。全区进出口总额实现15926万美元，同比下降40%。其中，进口定额实现11478万美元，同比下降43.09%；出口总额实现4448万美元，同比下降30.15%。工业用电量7873万千瓦时，增长2.5%，增速均居全市第一。六大行业实现产值56.7亿元，占工业总产值93.73%，其中化学工业完成产值36.9亿元，同比增长11%，比重占工业总产值61%；医药工业、建材工业、电子电器产值同比增速分别为11.8%、10.6%、9.1%；水产品加工和机械汽配产值同比下降70.6%、1.7%。规模以上工业企业27家，占工业总产值81.8%以上，其中超亿元企业6家。27家规模以上工业企业营业收入（不含供电公司）51.23亿元，营业利润—2.0亿元，利税总额1.7亿元，同比增速为—57.0%，远低于市平均水平，主营业务收入利润率为—3.9%，比市均值低9.9%。2家能源企业账面亏损3.47亿元（中油受油气产品价格低迷影响较大，丽水油气作业有限公司受油气价格和前期投资量大分摊折旧多双重因素影响）。全区单位GDP单位能耗降低2.2%。

全区新增国家高新技术企业3家、省科技型企业11家，市科技（创新）型企业10家、市企业技术研究开发中心1家。1家企业入选市科技创新百强企业。全年完成技改投资1.27亿元(累计6.4亿元)。市级以上现代企业制度试点5家、精细化管理示范企业3家，试点1家。年内，全区信息化指数0.87，在全市排名第三，略低于龙湾、乐清，高于其他县（市、区）。“光网城市”“无线城市”建设上，完成所有铜缆网络电信用户向光网络迁移，光纤覆盖率100%。“两化”融合总指数43.14。

【2015年度全县“十强企业”】 2015年2月，县委、县政府通报表彰2015年度洞头县“十强”企业，“十强”企业分别是：浙江诚意药业股份有限公司、温州中石油燃料沥青有限责任公司、浙江中燃华电能源有限公司、温州金源化工有限公司、浙江永宏电器有限公司、温州市东启汽车零部件制造有限公司、浙江华胜海运有限公司、洞头县宏泰混凝土有限公司、浙江方舟工程机械设备有限公司和温州市三峻轿车配件有限公司。

（叶　森）

【温州中石油燃料沥青有限责任公司获2014年度“县长质量奖”】 2015年2月，温州中石油燃料沥青有限责任公司获2014年度“县长质量奖”，受到县委、县政府通报表彰。温州中石油燃料沥青有限责任公司成立于 2001 年 7 月，注册资本 4000 万元，组织机构健全，现有在职员工 188 人，是中石油燃料油有限责任公司下属的专业化沥青生产厂，是中国石油在华东地区的重要沥青燃料油生产企业。公司的沥青产品通过交通部A类产品质量鉴定，遍布浙江、福建、江西、上海、江苏、安徽等地。现已形成年加工原油100万吨的常减压蒸馏沥青生产装置和40万吨减粘裂化装置，总加工能力达到200万吨/年。原油及各类产品储罐31个，库容共计17万立方米。先后获“浙江省制造业百强企业”“省级安全标准化企业”“温州市百强企业”“洞头县科技创新型企业”等荣誉。公司重视企业文化建设，积极支持公益事业，累计捐赠300多万元；采用多种方式关爱员工，修订《员工培训奖惩管理办法》，明确奖惩措施，投入培训经费280万余元，近三年员工满意度达90%以上，员工流失率在2%以内，完成QC小组活动项目8个；重视技术研发及成果应用，具有总部技术研究院、科研院校、公司技术委员会的三级技术服务团队，近三年申报发明专利3项，沥青产品被成功应用于国道、省道及市政道路建设；拥有一套较为完备的生产管理体系，生产技术成熟，保证产品质量高于国标；不断改进生产检测设备，采用国内的先进沸点蒸馏仪，为生产提供科研依据。

【浙江金海蕴生物有限公司获2014年度“县长质量奖”】 2015年2月，浙江金海蕴生物有限公司获2014年度“县长质量奖”，受到县委、县政府通报表彰。浙江金海蕴生物有限公司是由温州金融投资集团与海蕴生物合资组建的有限责任公司，2014年被评为“温州市科技创新企业”。公司占地面积21000平方米，总资产3300万元，现有员工100余人，其中专业技术人员15人。公司集研发、生产、销售于一体，拥有国内首条自主开发的羊栖菜自动化生产线。先后通过ISO 9001质量体系认证、ISO 22000食品安全管理体系认证、即食羊栖菜QS认证，成为专业生产高品质羊栖菜系列产品的现代化企业。公司专注于即食羊栖菜和饲料，下设食品厂和饲料分厂，产品远销日本等东南亚国家和地区；重视营销网络建设，积极开拓市场，现拥有全国各地经销商187家；重视技术研发工作，近三年研发完成即食羊栖菜、烘烤羊栖菜、羊栖菜海藻酱、海藻冻、裙带菜等新产品，拥有羊栖菜脱砷、脱腥、即食生产、食品包装等国家授权专利7项；建立一套完整的生产管理体系，通过质量KPI检测；不断改进生产设备和检测设备，使即食羊栖菜成品不加任何防腐剂。

（张为婕）

【黄莉莉获“全国五一巾帼标兵”称号】 2015年3月，温州金源化工有限公司副总经理黄莉莉被中华全国总工会评为“全国五一巾帼标兵”。近年来，黄莉莉先后被评为浙江省五一巾帼标兵、温州市女职工建功立业标兵、温州市2011—2012年度劳动模范、温州市勇克时艰杰出职工入围奖、洞头县巾帼建功标兵、洞头县女职工建功立业标兵、洞头县先进生产(工作)者等称号。自2004年在温州金源化工有限公司从事市场销售工作以来，面对各种市场环境，以执着精神、创新热情、纯朴人格魅力、严谨工作态度以及女性特有的细腻、精明和才干，博得广泛赞誉。提出正确销售策略，选准销售突破口，开拓较为广阔的国内市场，也使公司产品走出国门。近三年，个人销售任务均超额完成并以20%逐年递增，2014年销售收入2亿元，创下的销售业绩占公司总销售收入65%。公司因此陆续开发出202、207、209等纺丝级新产品，实现了可观的经济效益。

2015年洞头区工业企业分布情况

表8

指　标	工业单位数（个）	2015年产值（万元）	比上年±%
总　计		604891	3.9
一、按规模分组			
年销售收入2000万元及以上	27	498708	3.5
2000万元以下		106183	
工业企业		81370	
个体工业		24813	
二、规模以上工业按登记注册类型分组			
国有工业	1	15115	7.4
有限责任公司	3	330176	12.7
私营工业	21	131174	—12.2
港、澳、台商投资公司	2	22244	—11.9

2015年洞头区规模以上工业企业产值情况

表9

序号	单位详细名称	工业产值（万元）
1	国网浙江省电力公司洞头县供电公司	14073.3
2	温州市三峻轿车配件有限公司	3399.3
3	浙江吉龙电子科技有限公司	2078.5
4	温州北方电子机械有限公司	2146.7
5	温州武荣科技有限公司	2510
6	温州小岛特细纤维材料有限公司	2252.8
7	温州金源化工有限公司	20203.7
8	洞头县宏泰混凝土有限公司	16207
9	洞头华夏阀门有限公司	2222
10	温州佳海食品有限公司	2855.2
11	浙江方舟工程机械设备有限公司	3647.8
12	温州久一重工有限公司	6270.7
13	温州仕博汽车零部件有限公司	2420.4
14	浙江金海蕴生物有限公司	2952.9
15	温州市东启汽车零部件制造有限公司	9096.1
16	温州蓝天管件阀门有限公司	5018
17	温州奥米流体设备科技有限公司	2978.5
18	浙江三丰水产食品有限公司	34326.8
19	浙江诚意药业股份有限公司	30878.7
20	浙江永宏电器有限公司	10058
21	浙江良泰水产有限公司	2236
22	浙江恒博电气制造有限公司	6713
23	浙江迪特高强度螺栓有限公司	3146.8
24	温州江东能源发展有限公司	13663.8
25	温州市瑞泰紧固件有限公司	2325.3
26	洞头县丽水油气作业有限公司	67140.8
27	温州中石油燃料沥青有限责任公司	289988
合计		5670000000

说明：含不同经济性质种类

2015年洞头区工业六大行业产值情况

表10

六大行业	产值（万元）	同比增长%	占总产值%
合　计	567022	1.6	93.7
其中：化学工业	369018	11.0	61.0
机械汽配	65111	−1.7	10.8
电子电器工业	48416	9.1	8.0
医药工业	34522	11.8	5.7
水产品加工	15526	−70.6	2.6
建材工业	34429	10.6	5.7

2014—2015年洞头区（县）街道（乡镇）工业总产值情况

表11　　　　单位：万元

街道（乡镇）	2014年	2015年	同比±%
合　计	505136	520047	3.0
其中：北岙街道	96374	99668	3.4
大门镇	310987	284711	-8.4
东屏街道	71192	34160	-52.0
元觉街道	12732	23296	83.0
霓屿街道	9961	73124	634.1
鹿西乡	3890	5088	30.8

注：未含灵昆街道

2015年洞头区工业企业投资技改项目情况

表12　　　　单位：万元

单位名称	项目名称	计划总投资	累计完成投资	本年完成投资
温州江东能源发展有限公司	年产80万吨洁净褐煤生产线	2820	1910	180
温州佳海食品有限公司	佳海食品有限公司厂房建设	2613	2812	200
洞头远鹏水产有限公司	迁建年产450吨羊栖菜生产线	1750	1778	551
浙江弘博新材料科技有限公司	塑料增塑剂生产基地（一期）项目	8835	8185	485
温州金源化工有限公司	新增年产500吨喹吖啶酮高档颜料改扩建项目	2750	2905	136
浙江诚意药业有限公司	口服固体制剂车间技改项目	2000	1562	730
浙江迪特高强度螺栓有限公司	迪特公司改扩建项目	2000	872	872
温州市三峻轿车配件有限公司	三峻公司改扩建及生产流水线技改项目	887	650	150
温州伟望塑业电气有限公司	南塘机械汽配园	13000	5240	1910
浙江方舟工程机械设备有限公司	方舟厂房建设	3092	3259	100
温州北方电子机械有限公司	汽车开关、电磁阀、继电器、LED灯生产线改扩建项目	1610	883	6
洞头联盛电子科技有限公司	南塘电子电器科技产业园（二期）	3700	1770	1770
浙江中燃华电能源有限公司	中油华电小门岛石化基地LPG技改项目	19424	11525	5276
合　计				12366

企业平台管理

【两大工业园区平台建设】 2015年，杨文、南塘工业园区实现工业产值约9.7亿元，利税1.1亿元。两大工业园区新引进吉庆和、海港城、宏庆汽配等4家企业，实现工业产值约11.2亿元，利税8500万元。相继建成杨文防洪排涝一期工程，以及杨文一期沥青道路修护、中心街延伸道路绿化等项目。小微园电子电器园主体工程基本完成。完成投资额1544.96万元。开展园区低效用地处置协调，重点招商引进吉庆和紫菜精深加工项目，盘活南塘标准厂房1幢；重点盘活工业区柏莱公司、标准厂房、鑫朝公司等低效用地3宗；推进低效用地再招商，仕博二期改扩建等低效用地开发建设等6宗。大门花岗岩产业园一期围垦基本完成。杨文、南塘工业园区拆除违法建筑22处2200平方米，其他列入补办工程规划审批手续（总量53处4935平方米）。

【企业转型升级】 2015年，全区上规企业4家，个转企45家，“限下”转“限上”6家，企改股正常推进1家。完成浙江中燃华电能源有限公司、浙江诚意药业股份有限公司等4个重点技改项目，累计投资1亿元以上，完成率200%。其中，推荐浙江诚意药业股份有限公司口服固体制剂车间技改项目申报2015年浙江省技术改造重点项目。浙江中燃华电LNG技改总投资14495万元，建成后扩能新增10万吨周转液化气。引导企业开展技术中心创建、精细化管理试点（示范）培育，新增省级创新型示范中小企业1家（温州伟望塑业电气有限公司）和市级企业技术中心创建1家（温州蓝天管件阀门有限公司）。大门花岗岩加工产业列入市级低小散块状行业整治提升试点项目，全年淘汰关停花岗岩企业（作坊）25家。

【助企扶工】 2015年，区经信局加强政策扶工，加快小微企业认定与地方水利建设基金减免力度，兑现2014年度洞头区工业、商贸流通业优惠政策资金总计862.37万元。先后召开涉工企业例会、部门协调会等80次，协调企业问题83个。累计企业走访服务60余次，汇总分类工贸组驻企难题43个，解决难题30个。联合金融部门召开“税易贷签约仪式”，开展助保贷业务进企业宣传推广活动，建立企业资金风险化解政银企三方现场协调机制，加大应急转贷资金扶持，提高转贷资金额度，全年助保贷2笔500万元。召开应急转贷会议6次，为5家企业转贷12次计4985万元。

【企业节能降耗】 2015年，区经信局组织2014年度重点用能单位节能和“万吨千家”企业考核。建立企业节能工作联络平台，对重点用能单位开展能源监察。新增省、市清洁生产审核验收合格企业26家。固定资产能评年内备案项目数12个、审批项目6个，转报市里项目2个。审核企业清洁生产6家，兑现清洁生产资金补助63.44万元。围绕“节能有道，节俭有德”主题举办节能宣传周活动，发放宣传资料500余份，受理群众咨询200余人次。

主要行业

·机械汽配行业·

【概况】 2015年，全区机械汽配行业实现总产值6.51亿元，同比下降-1.7%。温州市示范性小微企业园机械汽配产业园于6月底组织进场桩基施工。温州东启零部件制造有限公司获省高新技术企业、省工商企业信用AAA级“守合同重信用”单位、市高成长型企业、市专利示范企业等荣誉，该公司卡钳再制造项目成为浙江省首个被列入工业和信息化部《机电产品再制造第二批试点单位》名单项目。温州市三峻轿车配件有限公司当年度工业产值和销售收入均超出上年度20%以上。温州伟望塑业电气有限公司申请专利2件，获2015年浙江省创新型示范中小企业和市企业技术研究开发中心称号。

·电子电器行业·

【概况】 2015年，全区电子电器业实现总产值4.84亿元，同比增长9.1%。年内，浙江永宏电器有限公司获“浙江省突出贡献企业”、“温州市民营企业文化建设示范点”、市高成长型企业等荣誉，公司董事长洪玮获“温州市优秀企业家”称号。浙江恒博电气制造有限公司获“国家高新科技企业”称号。洞头信达、温州北方、浙江广和、洞头华侨等4家企业被认定为省级科技型企业，洞头传感器厂、温州欧克邦尼、温州晟荣等4家企业被认定为市级科技型企业。行业申报省级新产品3家，分别是：浙江广和、洞头信达、洞头华侨。申请专利20件，其中浙江广和5件，温州北方4件，洞头信达4件，浙江恒博4件，浙江吉龙、浙江恒威、浙江亿通各1件。

南塘工业园区航拍图

【浙江恒博电气制造有限公司获“国家高新科技企业”称号】 2015年9月17日，浙江恒博电气制造有限公司获“国家高新科技企业”称号。系由浙江省科学技术厅、浙江省财政厅、浙江省国家税务局、浙江省地方税务局联合颁发。该企业在近三年内通过自主研发、受让、受赠、并购等方式对其主要产品（服务）的核心技术拥有自主知识产权。截至2014年，该公司大学专科以上学历的科技人员56人，占职工总人数30.11%，直接从事研发的科技人员30人，占职工总数16.13%。2014年，高新技术产品销售额收入5100.08万元，占企业当年总收入72.88%，占企业当年全部高新技术产品收入100%。2012—2014年共计投入研发经费856.84万元，占三年销售收入20045.01万元的4.27%。

【温州蓝天管件阀门有限公司获“国家高新科技企业”称号】 2015年9月17日，温州蓝天管件阀门有限公司获“国家高新科技企业”称号。系由浙江省科学技术厅、浙江省财政厅、浙江省国家税务局、浙江省地方税务局联合颁发。该企业近三年通过自主研发、受让、受赠、并购等方式对其主要产品（服务）的核心技术拥有自主知识产权。截至年底，该公司大学专科以上学历的科技人员26人，占职工总人数32.5%，直接从事研发的科技人员13人，占职工总数16.25%。2015年该公司收入总额2200万元，其中高新技术产品销售额收入1593万元，占企业当年总收入72.4%。近三年研发项目16项，实现科技成果转化15项，年平均转化成果5项。核心技术拥有自主知识产权的高新技术产品950万元，占企业当年全部高新技术产品收入的59.6%。2013—2015年共计投入研发经费524.43万元，占三年销售收入的6.7%。

·医药行业·

【概况】 2015年，洞头区医药行业实现总产值3.45亿元，同比增长11.8%。浙江诚意药业股份有限公司一枝独秀，全年实现主营收入2.9亿元，获“温州市领军企业”称号。

·化工行业·

【概况】 2015年，洞头区化工业实现总产值36.90亿元，同比上升11.0%。是年，温州中石油燃料沥青有限责任公司实现实缴税收2.67亿元，同比下降12.2%。温州金源化工有限公司通过国家高新技术企业认定，并获“温州市领军企业”称号，该公司副总经理黄莉莉获“全国五一巾帼标兵”称号。

【温州金源化工有限公司获“国家高新科技企业”称号】 2015年9月17日，温州金源化工有限公司获“国家高新科技企业”称号。系由浙江省科学技术厅、浙江省财政厅、浙江省国家税务局、浙江省地方税务局联合颁发。该企业通过5年以上独占许可方式，主要产品（服务）的核心技术拥有自主知识产权。大专以上学历的科技人员74人，占当年职工总数31.5%，大专学历以上从事产品研发人员29人，占职工总数12.3%。2012—2014年，研究开发费用总额2211万元，占全部研究开发费用总额比例60%，2014年高新技术产品（服务）收入16893万元，占企业当年总收入的60%以上。

·水产品加工行业·

【概况】 2015年，洞头区水产品加工行业实现总产值1.55亿元，同比下降70.6%。受养民转产转业等因素影响，水产加工品年产量6167吨，同比减产43.6%。是年，温州佳海食品有限公司工业产值和销售收入均超出2014年度20%以上。浙江金海蕴生物有限公司获浙江省科技型企业、温州市信用管理示范企业等荣誉。

（叶　森）

·供电行业·

【概况】 2015年11月起，原“国网浙江省电力公司洞头县供电公司”更名为“国网浙江省电力公司温州市洞头区供电公司”，简称“国网温州市洞头区供电公司”。2015年，洞头区（不包括灵昆街道）全社会用电量2.45亿千瓦时，同比增长1.23%；售电量2.34亿千瓦时，同比增长1.66%；线损率4.4%；供电可靠率99.902%，电压合格率99.684%，居民端电压合格率99.84%；电网最高负荷5.70万千瓦。实现全年安全生产无事故，连续安全生产5757天。是年，获“全国文明单位”称号，公司海霞党员服务队获“国家电网浙江电力金牌共产党员服务队”，元觉供电所获2014—2015年度“中国最美供电所（文明创建奖）、省电力公司标准化五星级供电所等荣誉。

【电力供应】 2015年，全区第一、二、三产业占全社会用电比重分别为：0.52%、40.29%、22.11%，其中，第一产业用电量126.08万千瓦时，同比下降16.53%；第二产业用电量9860.85万千瓦时，同比下降3.98%；第三产业用电量5412.67万千瓦时，同比增长3.41%。居民生活用电比重为37.09%，用电量9077.91万千瓦时，同比增长6.48%。

2015年洞头区（县）行业用电分类情况

表13　　　　单位：万千瓦时

项目类别	本年累计	计划总投资	累计完成投资	本年完成投资
用电量	上年累计用电量	同比增长(%)	占比（%）	180
全社会用电总计	24477.51	24179.70	1.23	100
A.全行业用电合计	15399.61	15654.18	-1.63	62.91
第一产业	126.08	151.04	-16.53	0.52
第二产业	9860.85	10269.13	-3.98	40.29
第三产业	5412.67	5234.01	3.41	22.11
B.城乡居民生活用电合计	9077.91	8525.52	6.48	37.09
城镇居民	4345.09	4698.73	-7.53	17.75
乡村居民	4732.81	3826.79	23.68	19.34

【电网建设】 2015年，220千伏大门输变电工程通过国网经研院初步设计审查及可研复审，并提前完成迁改工程政策处理。全面启动新增城镇和农村配网提升改造工程，完成1.2亿元18个项目（共26个子项目）可研审查，累计下达建设资金7195万元。全年开展配网建设项目26个，投产和开工35千伏及以下变电容量1.36万千伏安、配电线路110.95千米。开展大修项目13个，检修老旧线路投入资金1647万元，保障电网设备健康、安全运行。

【优质服务】 2015年，国网温州市洞头区供电公司组织高危及重要用户、化工行业等易燃易爆场所用电安全专项检查，开展重要用户停电应急演练。结合“双月”消防攻坚行动，推广居民户保安装，完成1.6万多户保补装，安装后投运率95%，有效提升用户用电安全。深入业扩报装提质提速工作，实行客户办理业务“一证受理”和居民客户申请“免填单”服务，实施一岗制供电服务快响试运行。

【国网浙江省电力公司洞头县供电公司获评“全国文明单位”】（参见《中共温州市洞头区委》栏目“精神文明建设工作”分目）

【元觉供电所获“中国最美供电所”（文明创建奖）称号】 2015年，国网温州市洞头区供电公司元觉供电所获2014—2015年度“中国最美供电所（文明创建奖）。评选活动由中国电力传媒集团组织，自2014年8月启动，经网络和微信投票，评委会初选复选、终审等环节，最终确定15个。元觉供电所坐落于元觉街道沙角村，担负着元觉、霓屿两街道供电任务，供电营业户数8128户。多年来，该所坚持“始于客户需求，终于客户满意”服务理念，积极开展“弘海霞、优服务、亮品牌”创先争优等活动，强化队伍建设、创新服务方式、提升服务水平，成为当地新农村建设排头兵。连续十年在当地行风评议中名列前茅，获全国电力行业用户满意服务明星单位、国家电网公司标准化示范供电所等称号，累计收到客户、村两委锦旗30余面。

（池　莉）

·供水行业·

【概况】 2015年，洞头县水务发展公司因撤县设区易名为温州市洞头水务发展有限公司。基本完成水务体制改革。城南污水处理厂提升改造工程投入试运行，出水水质达到一级A标准。长坑水厂技改一体化工程投入运行。完成五岛沿线及本岛19个泵站技改，以及埭口河污水箱涵改造工程及新城雨水管网清淤、疏通工程。更换本岛片2009年之前周期水表3600余只。改造更换老城区车站路、望海路、西山巷旧管网约3千米。年底，水务公司整体搬迁入住王山头新厂区。

水务公司王山头新厂区全貌

【长坑水厂技改一体化工程】 长坑水厂技改一体化工程2015年3月竣工，并通过各项设备调试，具备应急供水能力。该工程于2014年7月开工建设，工程建设资金445.79万元。在原长坑水厂现有供水规模10000吨/天基础上，通过改扩建工程，再新增10000吨/天制水规模，形成15000吨/天造水能力规模，确保陆域引水管线在事故状态下洞头本岛区域供水，提升洞头区应急供水能力。

【城区旧管网改造工程竣工】 2015年10月，城区旧管网改造工程竣工。洞头城区旧管网建成于90年代中期，管网多数为镀锌管和铸铁管，管道老化，管网供水能力低，漏失率高，供水水质、水量、水压均得不到保证。3月起，洞头水务发展有限公司启动对城区车站路、望海路、西山巷旧管网的更换改造，整个工程投资190万元，更换旧管网约3千米。

【水务体制改革】 2015年4月，为保障大门、鹿西群众用水安全和提高污水处理能力，洞头水务发展有限公司将位于大门镇的原洞头县第二自来水厂及鹿西乡水管站统一并入洞头县水务发展公司管理。撤县变区后，洞头县水务发展有限公司名称改为温州市洞头水务发展有限公司。公司下设自来水、排水2家分公司，以及工程建设、大门、鹿西3家子公司。现有员工90人（包括大门、鹿西）。洞头水务体制改革源于2014年底县政府确定的水务体制改革方案。

【水务公司王山头新厂区正式启用】 2015年11月23日，洞头水务发展有限公司整体搬迁入住王山头新厂区（包括长坑水厂各部（室）、赴学路厂区各部（室），除营业收费部、污水处理部、排水管理部外）。洞头水务发展公司王山头新厂区位于新城二期王山头地块，建设规模占地45亩，日供水能力5万吨，建设资金3000万元，2010年4月开工建设。承建单位为浙江金桥建设集团有限公司、浙江省工业设备安装集团有限公司，设计单位为中国市政华北设计研究总院有限公司，监理单位为上海华申监理有限公司。

【城南污水处理厂提升工程】 2015年4月始，城南污水处理厂提升工程试运行。为使城南污水处理厂出水指标从一级B标准提升到一级A标准，县政府决定提升改造城南污水处理厂。该工程于2013年10月10日开工建设，2014年11月完成土建工程。累计投入2100万元，处理规模8000吨/日，建有SBR池、加药配电房、终沉池、反消化滤池、污水浓缩池、污泥压榨车间。年底前城南污水处理厂具备削减污水中COD、BOD、氮和磷等污染指标能力，出水指标达到城市污水排放一级A标准。

（钱海山　方全旭）

责任编辑　卓桂荣

交通信息化

渔家乐融融 · 詹海萍

“海霞精神”

爱岛尚武 励志奉献

“五岛连桥”精神

小县办大事 小岛创大业

概 述

【概况】 2015年，启动洞头区综合交通运输“十三五”发展规划编制。完成乌仙头至浅滩预工可及霓屿至本岛（西堤）方案编制。开展330国道前期研究。农村公路改造提升、生态美丽示范路考评、公路边“三化”考核，均位居全市前列。推进大门节点改造、交通隐患整治、交通信息监控中心、交通绿道等一大批工程。完成港口建设投资2.15亿元。开辟状元岙港至远东俄罗斯直达国际航线。海运业新增运力5万吨，运力规模稳居全市第一；引资项目“向阳红10”科考船，首航印度洋执行科考任务；新城二期、海中湖、奥博（东沙渔港）等三个游艇基地列入《温州市游艇基地布局规划》。洞头至温州动车站实现班车运营，大门至温州、乐清班线完成审批。开展“黑车整治百日攻坚战”、渡口临水环境综合整治。建立政府购买社会化服务履行渡口管养机制。建立“智慧交通”云端响应平台，在建工程全部实现24小时动态监控，交通运输行业管理向着现代化、规范化发展。

【大门大桥主跨合龙暨全桥开通】 （参见《街道（乡镇）》栏目“大门镇”分目）

【开辟俄罗斯远东集装箱直达航线】 2015年7月1日，“萨哈林安洋”轮靠泊温州港状元岙码头8#泊位，标志着温州港——俄罗斯远东地区直达航线正式开通。该航线为状元岙港区实现口岸扩大开放后开通的首条外贸集装箱航线，试运行其间为旬班，该航线有温州港（状元岙港）始发、经上海后直达俄罗斯海参崴、东方港。航线直达货物通过远东港口海铁联运，可接

2015年7月1日，温州状元岙港至俄罗斯远东直航航线正式开通

转至莫斯科、新西伯利亚、叶卡捷琳堡以及俄罗斯全境，改变了以往须由内支线经宁波、上海港出口的局面，具有直达、准时、便利、便捷的特点，这是杭州关区（包括杭州、温州、台州、金华、丽水、衢州、青田）内唯一一条至俄罗斯远东的可直达航线。全年可为温州及腹地进出口企业节省近2000万元直接物流成本。同时，温州边检站将服务窗口前移到洞头分站，在状元岙港区实现集船舶手续办理、证件签发、快速出警、执法办案、边检服务等于一体的“一站式”服务。俄罗斯远东直航的开辟，进一步增强了港口辐射功能，全年集装箱吞吐量28486标箱，增长37%。

（张丹丹　苏剑培）

【温州港—俄罗斯远东地区直达航行正式开通】　（参见《街道（乡镇）》栏目“元觉街道”分目）

交通设施建设

【概况】　2015年，全区公路、水运和站场设施建设共投资9.7989亿元，其中大门镇至小门大桥公路投资额2134万，大门大桥一期工程（洞头段）投资额 1.5153亿元，新城二期滨海大道投资额 5308万元，77省道延伸线龙湾至洞头疏港公路工程投资额5.4277亿元，洞头县新垄隧道及连接线工程投资额5880万元，77省道布袋岙接线公路工程投资额3560万元，大门海洋经济示范区公路改造提升工程投资额1.1677亿元，交通绿道网建设工程已基本建成。做好本区330国道、218省道、326省道等对外通道前期研究工作；326省道规划调整延伸至大门，争取向灵昆方向延伸；完成小朴至风吹岙公路工程、丽水N36—1气田霓屿终端至霓南改建西向接线公路工程的工可编制，屏海路改建工程完成初设编制工作。

【新垄隧道及连接线工程启动】
2015年1月18日，洞头县新垄隧道及连接线工程启动。该工程起点为新城区的城南大道，与中兴路相接，在东港休闲中心西北侧与环岛公路相连，线路全长约1.3千米，其中隧道长约550米。工程按城市次干道Ⅰ级标准建设，设计速度50千米/小时，总投资1.54亿元。工程由浙江省交通规划设计研究院设计，中国公路工程咨询集团有限公司监理，中天路桥有限公司承建，温州市洞头区交通工程质量监督站监督管理。至年底，路基、防洪渠工程全面开展，隧道中导洞贯通，完成投资5800万元。

【77省道布袋岙接线公路工程启动】　2015年7月8日，77省道布袋岙接线公路工程启动。项目起点为布袋岙新区规划文化路(西岙自然村)，终点为五岛公路天窗岙处。公路总里程1.1千米，其中隧道540米，公路等级为双车道二级，设计时速60千米，路基宽度13米，路面采用沥青混凝土。隧道采用单洞双车道，净宽12.5米，净高5米。总工期18个月，项目投资估算6668.17万元，其中直接工程费用4887.43万元。工程由温州市交通规划设计研究院设计，中国公路工程咨询集团有限公司监理，中铁十局集团第二工程有限公司承建，温州市洞头区交通工程质量监督站监督管理。至2015年底，路基填筑、隧道主体贯通，全年完成投资3130万元。

【鹿西岛综合交通码头工程开工】
2015年10月23日，洞头区鹿西岛交通综合码头开工建设，位于鹿西岛西侧老虎岩附近，预计总投资4634.58万元。该工程是洞头区重大民生工程。建设规模为：新建综合

洞头区鹿西岛综合交通码头效果图

交通码头一座，布置1个500吨级滚装泊位，2个300吨级客运泊位及老虎岩护岸工程。主要建设内容包括45米×14米客运码头平台一座，27.5米×7米栈桥一座，6米×6米靠船墩4座，2米宽人行连桥4座，车渡平台4座(3座高桩墩台式，1座重力式)，改造护岸57.2米，建设107.33米老虎岩护岸围筑形成实体式平台1494平方米以及相应的水电等配套设施。年通过能力预计40.8万人次，车2.88万人次。该工程由温州市规港航局设计，洞头交通工程建设指挥部负责建设，台州市椒江交通建设工程有限公司施工，天津天科工程监理咨询事务所监理。是年，完成投资1716万元。

三盘3000吨级码头首艘靠泊货船——“海洋石油655”号

【温州交通技术学校迁扩建项目奠基】 2015年12月18日，温州交通技术学校迁扩建项目举行奠基仪式。该工程总用地面积72291.39平方米（约合108.44亩），总建筑面积约58321平方米。项目办学规模为学校学历教育，在校生规模3000人，社会各类培训3万人/年。工程主要建设内容包括训练场、成人教学楼、大中型客货车培训楼、教学楼、实训楼、职高综合楼、宿舍楼、食堂及配套服务用房等。工程按一次性规划设计、分三期建设实施，项目总工期30个月。项目投资总估算3.58亿元。

温州交通技术学校迁扩建项目奠基仪式

【三盘港3000吨级货运码头工程通过竣工验收】 2015年1月14日，三盘港3000吨级货运码头工程通过竣工验收。三盘港3000吨级货运码头工程为新建3000吨级货运泊位1个，码头平台尺度125米×22米，引桥两座等生产辅助设施，设计年通过能力20万吨，工程总投资概算2470万元，竣工决算总投资2291万元。于2011年10月11日开工建设，2013年7月30日完工，2013年9月11日通过交工验收，2014年8月9日投入试运行。该工程由温州三盘港码头有限公司负责建设，由温州海湾水运工程咨询设计有限公司设计，永嘉县交通工程公司负责施工，温州港湾工程咨询监理有限公司监理。

【洞头县状元北片避风港改造工程通过交工验收】 2015年8月7日，洞头县状元北片避风港改造工程通过交工验收。工程概算总投资2301.96万元，工程直接费1814.53万元，新建防波堤总长219.495米，避风港新筑岸线长250米。该工程于2013年11月开工建设，由温州市海港规划设计有限公司设计，温州港集团有限公司负责建设，上海大润港务建设集团有限公司负责施工，由海海科工程咨询有限公司监理。

交通工程质量监控

【概况】 2015年，区交通工程质量监督实施招投标备案监管，抓好交通工程建设的施工、监理、设计等招投标领域工作，严格执行工程质量标准和规程，加大工程质量和安全监督执法力度，提高交通工程质量和安全监督工作水平。全年对11个工程项目实施质量监督、安全监管，其中隧道工程新建2个，续建工程1个，公路工程2个，边坡治理工程2个，公路养护大中修工程4个，无出现工程安全事故。

【招投标监督管理】 2015年，区交通运输管理局为进一步规范交通建设项目招标投标管理工作，确保招投标活动公开、公平、公正，维护建设市场竞争秩序，保证项目建设质量安全，加强招标文件备案，严格执行建设工程项目招标受理规定，发现有不合法、不合规或排斥潜在投标人的条款坚决不予备案，直至修改符合要求为主。实行与业主、相关行业行政主管部门联合审查招标档，确保内容的合理、合法。招投标文件审查完善到位后结合相关数据备案。实行开标、评标全过程监督，对监督专家评委打分存异议，可以要求其解释清楚，并纠正失当行为。标后履约单位的人员、设备、进度、质量和安全等到位和完成情况，并且避免转包或挂靠承包。

【工程质量监管】 2015年，区交通运输管理局采取飞行检查、专项督查以及综合督查等方式，对工程质量进行全方位检查，确保各工程部位不漏检。交通工程质量监督站检查发现77省道布袋岙接线公路工程隧道开挖掌子面与初期支护安全距离过大，洞口二次衬砌未及时跟上等问题，立即下发检查意见书责成施工单位及时停工整改落实。全年监督审查隧道安全专项方案评审2个，发出现场质量意见书10份，发现隐患数49条，整改49条。现场安全抽查意见书11份，发现隐患数70条，整改70条。质量安全检查通报1份。

交通运输管理

【概况】 2015年，全区拥有城乡客运经营企业6家。共有城乡客运线路25条，拥有客运车辆100辆3027座位，中长途客运全部实现快线经营模式，农村客运全面实行按片区经营模式经营。其中：跨市地班线1条（洞头—杭州），营运客车1辆39座；跨县班线2条（洞头—温州，洞头—乐清），营运客车13辆442座；城区城乡公交线路3条，营运客车18辆1076座；农村客运线路19条，营运客车 68辆1470座。

全区拥有出租车经营企业4家，出租车115辆460座(其中本岛100辆，大门10辆，鹿西5辆)，出租车从业人员942人(其中上岗驾驶员345人)。拥有货运企业15家，货车183辆1373吨位。其中集装箱货运企业1家，集装箱车辆26辆846吨位。全区拥有驾驶员培训学校2家，教练车50辆。拥有汽车维修企业28家，其中二类小型车维修企业4家，三类专项维修企业16家，摩托车维修业户8家。全年完成公路客运量、旅客周转量分别为1030万人和16496万人千米，同比增长0.59%和0.98%。完成公路货运量、货物周转量分别为105万吨和5486万吨千米，同比增长8.25%和21.91%。春运其间，道路运输累计完成客运量116.08万人次，同比减少4.23%，投入营运车辆约216辆。水路运送旅客3.86万人次，同比下降6 %，投放客船7艘，客位数722个，客渡船4艘，渡船客位数314个。节日期间，未出现较大旅客滞留情况。联合海事、边防、渔政等涉海部门启动大规模联合执法8次，节假日及重大赛事联合安保行动11次。

【城乡客运发展】 2015年，区交通运输管理局制定大门海洋经济示范区公共交通客运运行方案，启动大门至温州、乐清班线招投标。推进大门岛内农村客运整合，提出大门镇、鹿西乡岛内农村客运企业整合意见和班线优化具体方案。开展大王殿村和岙仔村通公交调查，

自行车骑行绿道

衔接新行政审批中心搬迁公交线路调整。会同发改部门实施本岛公交线路一票制，启动公交线路无人售票，推进公交智能化建设水平。完成鹿西和本岛12个港湾站建设，启动大门镇30个港湾式停靠站建设。试点开展“风情文化公交港湾站”设计，将海岛渔家船木文化和元素融入半屏渔村松柏园港湾站的建设。

【运输行业管理】 2015年，区交通运输管理局会同交警部门对城区部分地段实地勘察，设置出租车专用候客点6个，缓解出租车候客停车难问题。确定大众朗逸车型为洞头出租车更新推荐选型之一。为全区出租车免费更换统一式样的座椅套及车窗标语、顶灯标贴，改善出租车乘车环境。联合区文明办组织开展“诚信出租车驾驶员”评选活动，完善评选机制。推行“先学车、后付费”驾培新模式在温州交运洞头驾校试点推广。帮助解决鹿西渔农村群众转产转业学驾人员理论培训签证问题。部分行政审批事项许可权限下放至乡镇办理，推出重大道路运输许可事前上门指导服务举措，减少审批中间环节，为承办对象提供便捷服务，新增三级驾校1家。通过互联网受理办件申请，实现“互联网+”审批服务模式。

【洞头易学驾校建成投用】 2015年8月，洞头易学驾校建成获经营许可。该校按照三级驾校标准建设，总投资369万元，占地面积约15000平方米，考试设施完善，科目设置齐全合理，可容纳32台车同时训练。易学驾校校址位于洞头区南塘工业区B03—3地块第1~2层。

【打击非法从事出租客运经营“百日攻坚”专项行动】 2015年10月20日，洞头区启动打击非法从事出租客运经营“百日攻坚”专项行动。区人民政府发布《集中开展打击出租汽车市场非法营运专项整治行动》通告，区公安局、区运管局联合开展。重点打击有组织、有规模的“黑车”营运团伙和利用“洞头微生活总站”等网络媒介和“叫车平台”从事非法经营“黑车”。专项行动开展错时稽查49次，查获黑车17辆。

公路运输

【概况】 2015年，全区建成农村公路51条（未包括灵昆），通村公路硬化率实现100%，建成公路总里程212.62千米，公路网密度 212.62千米/百平方千米，实现全区所有街道（乡镇）及行政村实现通准四级及以上等级公路。五岛公路（按省道标准养护）日平均交通量0.7814万辆，比上年同期增长3.10%，拥挤度

洞头区打击非法从事出租客运经营“百日攻坚”专项行动

1.30。是年，生态美丽示范路考评工作获全市第一名。

【公路养护】 2015年，完成农村公路大中修工程（包括马观线、霓正线、鹿东线和环岛公路西线公路）修复，全长约11.4千米。对2座桥梁实行定期检测，技术评定均为2类。共排查隧道15座，发现隐患隧道3座，治理3座。隧更换道灯具130套，改造提升白迭隧道和沙岙照明设施。开展全区公路桥梁定期检测，完成状元大桥加固维修工程。推进“四边三化”“三改一拆”“无违建县”工作，全年出动车辆1350车次，人员4300人次，累计时长4.2万多小时，完成路面保洁10.8万平方米，清理垃圾240多吨，新增绿化面积2000多平方米。

【路政管理】 2015年，全年执法人员共查处超限车辆135辆，卸载货物2926吨，收缴罚款64.77万元。查获轴载超限运输100%以上的运输车25辆次，第一时间保护公路与桥梁的安全畅通。查处车辆“滴、漏、撒”污染路面案件7起，路面秩序明显改善。通过治超联席会议、联合治超等方式，密切与交警、特警、运管等相关部门的配合力度，扫除执法盲区。

【公路安全生产】 2015年，举办全市公路系统近年来最大规模公路塌方应急抢险综合演练，首次实现车载视频、单兵现场影像远程传送，数字集成对讲机现场指挥、演练现场与指挥中心远程化有效对接，提升公路应急抢险能力。完成临水临崖高落差危险路段整治4处，累计新增钢护栏1670米，更换维护钢护栏1980米、警示柱460根、柱式轮廓标337根、附着式轮廓标1540个、防撞桶70只、转角镜38个、边沟盖板70块等公路隐患。

（叶健民）

港口开发

【概况】 洞头拥有温州港两大核心港区。其中状元岙港区是温州港优先重点发展的深水港区，着重引导温州城市东拓，以集装箱、散杂货运输为主，规划码头岸线11.27千米，规划深水泊位25个，吞吐能力7000万吨，集装箱500万TEU，一期已建成两个5万吨级（兼靠10万吨级）泊位，是浙南地区第一个具备10万吨级船舶靠泊能力的深水泊位；大小门港区重点发展以石油、化工品中转、储存和加工为主，兼顾大宗散货的中转运输，临港工业和港口物流紧密结合，规划码头岸线12.4千米，规划各类生产性泊位54个。

2015年，状元岙港区二期工程新建5万吨级集装箱泊位3个，总投资 28.56亿元。年度累计投资18023万元。状元岙港区华港化工码头工程建设5万吨级（兼靠）8万吨级液体化工码头一座和20.4万立方罐区，总投资9.15亿元。年度累计投资3500万元。大小门岛港区引进中石化LNG项目，石化产业岛核心区基本建成。推进丽水36—1气田项目终端配套码头工程、鹿西综合交通码头工程、三盘公务码头工程、温州港深水航道西航道等前期配套码头工程建设。邮轮游艇等新兴产业发展初具雏形，新城二期、三盘港公共游艇等项目前期开展，温州港集团与丽星邮轮签署邮轮项目意向合作书，国际邮轮母港成功落户状元岙港。

【状元岙港区开启“义乌集装箱重进重出”模式】 2015年5月，状元岙港区启动“义乌集装箱重进重

状元岙港区开启义乌集装箱重进重出模式

出”模式，即满载台湾货物的集装箱由温州口岸入关，在状元岙港区卸船登陆至义乌后，卸空台湾货物，装入义乌商品后再由温州口岸状元岙港区出口，实现集装箱利用效益的最大化。自2010年实现在温州港状元岙港区将义乌小商品输往台湾以来，货量一直保持稳定增长。2015年，经状元岙码头发往台湾的义乌货物共计4608TEU，占台湾线总出口货量的55.9%，同比增长11.4%。为降低义乌—温州的拖卡运价，减轻公司运营成本。

【港口管理】 2015年，区港航管理局辖区内港口企业年度核验11家，实现“一企一档”全面纳规管理。累计受理行政许可7件（其中港口经营许可4件，港口岸线使用许可3件），受理行政处罚1件，未发生行政复议和行政诉讼。船舶验证1062艘次，港口危货作业审批410件，辖区申报率100%。开展“打非治违”和隐患排查治理，检查港口企业98次，出动人员345人次。航道检查13次，巡航里程1170千米，确保进出温州港和大小门岛航道的畅通。排查整改安全隐患103项；与海事、边防、渔政等涉海部门启动大规模联合执法8次，为港口建设发展提供良好安全环境。

【港口生产】 2015年，两大核心港区拥有港口生产性泊位13个（万吨级以上泊位3个），堆场总面积30.6万平方米，仓库总面积近1万平方米，储罐43个。全区港口企业11家，港口生产总体平稳，集装箱增势明显。全年完成港口货物吞吐量600.7万吨、同比减少0.7%；完成集装箱吞吐量28486标箱、同比增长37.4%。

（张丹丹）

海路运输

【概况】 2015年，洞头辖区水运企业19家，在册船舶146艘（其中客船7艘，拖轮3艘），运力规模47.5万吨，与年初相比运力新增4.8万吨，运力规模持续稳居全市第一位，船舶平均吨位3253载重吨，总运力同比增加11.76%、平均吨位同比增加6.4%。拥有水路客运船舶7艘、824客位，水路货运船舶136艘、47.5万载重吨，其中万吨级以上船舶10艘（5万吨级以上1艘）。全年完成水路客运量、旅客周转量分别为34.3万人和1279.37万人千米，同比增长1.47%和44.12%。完成水路货运量1231.77万吨，同比减少15.89 %，完成货物周转量1742177.16万吨千米，同比增长 11.46 %。

【港口物流业（海运业）育提升扶持政策】 2015年9月，区委、区政府制定《洞头区五大产业培育提升扶持政策》（洞政办发〔2015〕75号），港口物流业（海运业）作为五大产业之一列入其中。内容包括鼓励港口物流(海运)企业做强、做大、做优、积极培育游艇、帆船等新兴市场、规范港口物流(海运)企业所得税、社会保险“五费”征收、加强港口物流(海运)业人才引进和人力资源培训四大内容，相关产业培育提升扶持政策26项。

【全国首艘民营LNG运输船舶船体结构完成】 2015年，全国首艘4.55亿元的民营LNG船船体合拢完成，由全国首家获LNG船舶运输资质的民营企业——浙江华祥海运有限公司投资。截至2015年底，船体结构分段建造完成，设备安装基本完成，预备下水试航。温州市华顺船务有限公司成功获得船舶管理业务经营许可，这是目前温州市唯一一家获此许可的水路运输企业，获批后，拥有经营资质为船舶所有人或者承租人、经营人提供船舶机务、海务、买卖、租赁等相关船舶管理服务，其航运产业链，业务渗透范围更广泛，拓宽延伸相关产业链。

【渡口管养实行政府购买社会化服务】 2015年，洞头渡口安全管理办公室通过公开招投标，采取市场化运作，由政府出资购买社会化服务托管四大渡口，由洞头欣海港务有限公司中标，服务期自2015年9月25日至2017年9月24日。协议规定服务单位的服务管理接受区渡口办和渡口所在街道（乡镇）监督管理。根据托管实施方案，托管公司需履行渡口安全管理工作、维护渡运秩序、渡口安全教育、制止超载抢渡行为、安全隐患消除、落实恶劣气象预警预控及在旅客压港情况下向交通（港航）报告协调运力等方面职责，区财政以全额拨款方式，支持管理公司人员配备和管养维护。此社会化服务模式属全省首创。

（张丹丹　苏剑培）

通　信

·邮政·

【概况】 2015年，洞头区邮政局村邮站73个，其中一类站49个，三类信息化村邮站24个；村邮员86名，其中专职11名。全区邮路6条，农村邮路6条，城市投递道段6条，农村投递道段12条，步班投递线路4条，摩托车投递线路5条，邮路单程总长260千米。全年邮政业务收入767.2万元，同比增长6.7%。邮政业务总量643.8万元（未含邮储银行部分），同比增长15.7%，其中国内函件10.56万件，同比下降 56.4%；国内包件0.74万件，同比下降38.33 %；国内特快4.61万件，同比增长769.8 %；国际及港澳台特快 4 件（不包含速递），同比下降46.7%；机要件352件，同比增长13.2 %；年末邮储平均余额7212.07 万元（不含邮储银行部分），同比增长11.3 %；汇票0.44万笔（不含邮储银行部分），同比下降38.89 %；集邮票品5.9268 万枚，同比增长44.3 %；全年收订报刊281.4604 万份，同比增长1.98 %。实现村邮站业务交易65070笔，金额537万元，投递邮件62 万多件。全年函件量10.56万件，集邮业务5.9268万枚，订阅报刊281.4604万份。

【寄递业务“蚂蚁计划”】 2015年，区邮政局启动包裹快递业务改革，建立以营销团队为主，支撑团队为辅的营销体系。加强与速递物流公司的沟通，建立协调会议制度，规范客户管理、资费政策、网运资源整合和投递等工作，合力拓展包裹寄递市场。主动走访客户，成功与多家大客户达成合作协议；成立商务小包客户服务小组，制定两包业务售后服务流程，负责本地区两包协议客户的售后服务受理及处理工作；成立投送和上门揽收包裹的商务投递队伍，整合原有邮路。

【农村电商业务“星火计划”】 2015年，区邮政局积极争取政府支持，发挥邮政农村市场传统优势，整合小商超、村邮站两大资源，围绕“购物不出村、销售不出村、生活不出村、金融不出村、创业不出村”五大服务，农村电商服务主渠道架构初步搭建。全年建立农村服务站点42个。

【村邮网购——洞头特色馆”现场体验活动】 为让老百姓享受家门口、零距离、不出村的邮政服务，2015年4月2日，洞头“电子商务进万村”工程启动仪式暨“村邮网购——洞头特色馆”现场体验活动在洞头新城广场举行。此次活动旨在为农村居民提供网络代购、农产品销售，让农村居民现场体验到与城镇居民一样的现代消费环境与网购服务。全年共建农村电商服务站41个。

（洪丽娟）

·电信·

【概况】 2015年，中国电信洞头分公司设综合部、市场部、网络部、政企部、城关支局、北岙支局、大门支局、霓屿支局和灵昆支局。公司在岗职工129人。设自有营业厅2家、营业服务网点10个。全年业务收入3200万元，拥有固定电话1.65万户、移动手机用户2.5万户、宽带用户2.2万户。开通 4 G 网络基站26个。新增和升级改造政企MSTP业务至IPRAN网络承载45条、新增IPRAN A设备6套、基站传输IPRAN改造站点18个。全年总投资284.57万元。管线建设立项11个投资184.26万元，管线维护立项3个投资25万元，自维线路迁改工程3个16.31万元。完成民生迁改20余处。新建4G基站19个，新建室分信源8个，新建FTTB设备31台。开展基站资产与铁塔公司的资产调查、划拨与移交工作，参与洞头—鹿西—大门的海底光缆建设，拆除小灵通基站、温州港城集团、民安六期、交警高清监控等系统集成项目，完成区委政法委天翼对讲项目、公安行业应用、法院公车定位、司法矫正、卫生监督执法等行业应用项目。全年开展宣传营销165场次，参与660人次。

【洞头—鹿西—大门的海底光缆工程完工】 （参见“移动”分目）

【《“智慧城市”建设战略合作框架协议》签订】 2015年10月3日，洞头区政府正式与中国电信温州分公司签订《“智慧城市”建设战略

海底光缆施工现场

合作框架协议》。协议本着政府主导、电信运营、聚合产业、服务民生、创新共赢的原则，围绕智慧政府、智慧民生、智慧产业等领域，开展战略合作，推进智慧洞头建设。通过整合网络、通讯、视频监控、地理空间、软硬件平台集成等各种信息技术和公共安全技术，实行对民生、环保、公共安全、城市服务、工商业在内的各种需求做出智能响应和城市管理与运行的高度智慧化，提高城市运作效率。

【4G基站建设】 2015年，完成4G三期增补基站建设19个，即新城客运中心、桐桥胜利岙、中普陀寺南、大门横河西路、屿仔工业区、小三盘联建房、半屏山景区、大王殿村、垄头村、瓯江口新区滨水南、小朴村、南塘工业区、霓屿浅滩、北岙水头岩、霓北客运站、大朴村、南炮台山景区、东屏寮顶、燕子山隧道东口。改造基站8个，即鹿西岙外、鹿西鲳鱼礁、鹿西东臼、鹿西口筐、杨文隧道、鹿西黄岩头、鹿西扎不断、鹿西山坪。

（洪　军）

·移动·

【概况】 2015年，中国移动洞头分公司设有综合部、网络部、市场部、政企部四个部门和北岙、外岛两大区域经营部，下辖新城、北岙、东屏、霓屿、大门、鹿西营业厅6家以及网点45家，公司在岗职工57人。全年运营收入突破7200万元。洞头移动4G用户3.28万户。推进洞头数字化进程，涉及智慧旅游、手机办公、城管执法、民情E通、警务通、智慧交通等领域。是年，客户触点满意度列全市第一、万用户投诉比控制列全市第一、业务规范和质量管控列全市第一。全年，中国移动洞头分公司实施项目31项，总项目金额近445万元。其中，视频监控类项目14项，主要为平安校园监控，涉及全区（县）50余所中小学及幼儿园，共计80个摄像头，保障学生出入安全。

【《智慧洞头建设战略合作框架协议》签订】 2015年12月3日，洞头区政府正式与中国移动温州分公司签订《智慧洞头建设战略合作框架协议》。协议本着政府主导、移动运营、聚合产业、服务民生、创新共赢的原则，围绕智慧政府、智慧民生、智慧产业等领域，开展战略合作，推进智慧洞头建设。通过整合网络、物联网、云计算、大数据、空间地理信息集成、移动互联网等各种信息技术和公共安全技术，优化城市规划、建设、管理和服务体制等方面，完成家庭、社区、就业产业园区和城市的整体结合，提高城市整体运作效率。

【洞头—鹿西—大门海底光缆工程建成】 2015年5月，洞头—鹿西—大门海底光缆工程海底光缆建成。该工程由洞头移动牵头，洞头电信、洞头联通、洞头县广播电视台等运营商联合建设，全长约18千米，其中洞头—鹿西段长约14千米、鹿西—大门段长约4千米，总投资1078万元。该工程由华信邮电咨询设计研究院有限公司设计，深圳市都信建设监理有限公司监理，上海市基础工程集团公司承建，光缆由江苏中天科技股份有限公司生产。于2014年8月开工建设。该工程为县重点工程和洞头十大民生工程之一，建成后实现大门、鹿西两个外岛有线电视的联网，为全区广电网实现全网数字化、双向化及温州—洞头—乐清环网工程建设打下基础。

【移动4G建设】 2015年，中国移动洞头分公司实现4G业务规模发展，至年底，洞头移动4G用户3.28万户，移动用户4G使用渗透率36%。全县开通移动4G基站215个，实现主城区、街道（乡镇）和旅游景点的4G网络全覆盖，精品栅格比例90%。

（李婷婷）

·联通·

【概况】 2015年，中国联合网络通信有限公司洞头县分公司设经理室、综合区域营销中心（公众、集团、零售）、综合支撑中心（建维、财务、后勤）。全年开通3G基站31个，营业厅2家，网点3家。全区联通手机用户累计5000户、固定电话用户500户、宽带用户近1000户。年收入约500万元。参与全区信息化、物联网、智慧工地建设，与政府部门、企业开展合作，完成多项智慧项目建设。开展4G宣传活动，平均每周2次。

（邵苗苗）

信息化建设

【概况】 2015年，洞头区推进智慧政务、智慧旅游、智慧民生、智慧交通等项目建设。“智慧城市”建设完成数字洞头地理空间框架平台升级改造和“七规合一”政府空间管理应用工程建设。建设AP点120个，无线网络覆盖区人民政府、便民服务中心、新城客运站、城关车站、新城广场、人民医院、六大街道、乡镇卫生服务中心、人民剧院、中心街、市民活动中心、劳务市场、烈士陵园、车管所办事大厅、国税办事大厅、洞头先锋女子民兵连展览馆等20个热点区域，开通免费无线网络（idongtou），免费提供三年无线网络。累计建设热点区域84个，AP点447个。全区新建、改造4G通信基站60多个，敷设光纤100多千米，实现全区4G信号村村通和光网络全覆盖，全区光纤用户累计3万多户。拟定《无线局域网建设和免费开放三年行动计划（2015—2017年）》。建立“市场化运作，政府奖励”运营模式，鼓励和支持运营企业参与建设，创新免费无线网络商业模式，实现免费无线网络建设和运营的可持续发展。区政府办公室推进政务服务网建设，完善和更新便民服务事项基本信息186项，完成政府网站普查，并启动政务服务网街道（乡镇）延伸工作，实现政务服务五级联动。推出OA系统移动端APP，并延伸至北岙街道、东屏街道、元觉街道等单位。全区数字城管系统累计处置城市管理问题4693件，处置率100%，结案率100%，综合分值99.91分，居各县（市）第二，文泰洞第一。

【无线城市网络建设】 2015年，洞头区无线城市网络建设项目通过公开招投标，由移动公司承建，总金额48万元，分三年支付。无线城市建成后可提供无线接入服务，方便市民通过电脑、手机、PAD等终端设备接入网络，获取文字、图片、视频等信息服务，通过无线网络浏览新闻、搜索资料、网上聊天、收发邮件、传送文稿等。同时开发和提供无线政务、电子商务、便民服务、旅游资讯、时事新闻、掌上娱乐等服务项目服务。

【金融信息化建设】 2015年，中国人民银行洞头区支行引导推动金融机构网上支付、手机支付、银行卡助农服务等三项业务在农村地区的应用。截至12月底，增设助农取款服务点16个，增长31%。全年ATM机新增9台、POS机新增146台，网银、手机银行用户新增2.2万户，大大方便民众存取款和资金结算。推进电商融合发展，网上支付、手机银行用户增长21%。配合旅游民宿等新业态发展，创建刷卡无障碍示范村2个。

（吴尊正　叶　森　林海鸥）

责任编辑　曾焕定

基础设施建设

载歌载舞庆丰年·张丽萍

“海霞精神”

爱岛尚武 励志奉献

“五岛连桥”精神

小县办大事 小岛创大业

招商引资

【概况】 2015年，编制《洞头县产业发展重点方向和招商对象研究》，涉及港口石化、旅游休闲、港口物流、商贸服务、装备制造、健康养生、现代教育等七大产业重点招商领域。包装LNG产业、游艇码头、竹屿岛航空航海综合体及主题岛开发等临港石化、时尚旅游项目。全年完成十大重点招商引资项目和31个重点推介项目包装储备。成功签订新(清洁)能源综合利用项目、电动工程机械再制造项目、大门观音礁度假酒店、航空航海综合体等九大项目的意向投资框架性协议，协议总投资额105亿元。实施叩门招商、上门招商，区主要领导、分管领导先后率队赴北京、河北、上海、杭州等地开展招商引资活动，走访北京洞头商会、贵州洞头商会、新天绿色能源股份有限公司、浙大网新集团、葛洲坝集团投资控股有限公司、上海坤大集团等。聘请11位洞籍在外知名人士为招商大使，帮助宣传洞头、推介项目，吸引名企名商来洞考察洽谈。全年引进锦之美汽车城、城市客厅等项目。温商回归到位资金17.93亿元，其中新引进项目10个，到位资金8.2亿元；结转项目8个，到位资金9.73亿元。

【全县温商回归工作攻坚推进大会暨招商引资项目集体签约仪式】（参见《中共温州市洞头区委》栏目“重要会议”分目）

【实施温商回归“1号工程”】 2015年，县委、县政府成立招商决策小组，负责重大项目招商和疑难问题研究决策。重大招商项目通过招商联席会议、招商项目例会制度，定期研究策划重点引资项目，推进重点在谈项目，跟踪落实签约项目。同时成立PPP融资工作领导小组和PPP融资工作团队，加强对PPP融资运作指导，包装状元南片基础设施建设等一批PPP项目。建立健全职能部门、街道(乡镇)联系在建(落地)招商引资项目制度。联动推进在建后续跟踪服务跟踪。

（苏　澄　张益稳）

城市重点工程

【概况】 2015年，全区重点建设项目安排107项，计划投资42.9亿元，完成投资43.5亿元。其中区本级财政投资项目完成投资172818万元；非区本级财政投资项目完成投资262199万元。建成大门大桥一期工程（含小门连接线工程）、教育幼儿园（北岙园区）建设工程、供电局物流中心项目等34个项目建成。2015年，区工务局（原县新城开发建设指挥部）负责实施重点工程33项，其中新建项目11项，续建项目18项，重大前期项目4项，全年计划投资6.19亿万元，完成投资6.7088亿元。完成便民服务中心工程、市民活动中心（二期）主体工

程，推进新城二期开发提速工程、状元南片基础铺垫工程、霓屿新区建设推进工程、公共服务设施保障工程、教育重大设施推进工程、城市防洪防汛安保工程、旅游生态景观优化工程、治水重大设施推进工程。

【大门大桥主跨合龙暨全桥贯通】

（参见《街道（乡镇）》栏目“大门镇”分目）

【便民服务中心工程竣工】 （参见《洞头区人民政府》栏目“行政审批服务管理”分目）

【新城农贸市场装饰提升工程竣工】 （参见《商贸》栏目“市场管理与服务”分目）

【教育幼儿园（北岙园区）投用】

2015年12月9日，教育幼儿园新城园区投入使用。该项目位于原洞头县新城区一期03—05地块，现温州市洞头区北岙街道城南大道136号。项目用地面积12.29亩，建筑面积7567.8平方米，规模建设15个班，学生数450名。建设内容包括生活区、教学区、音体活动区、办公区、食堂区、架空活动区、室外活动区及相关附属配套用房。该项目于2013年12月2日开工，基桩、结构安全等级二级，结构抗震等级为四级，地下室防水等级为二级，设计使用年限50年。项目概算总投资为3138.49万元，其中工程费用2562.77万元，工程建设其他费用304.84万元，教学设备购置费220万元，预备费50.88万元。全年完成投资1516万元。工程建设主体单位洞头区工务局，建设施工单位温州龙峰建设有限公司，设计单位浙江求新建筑设计有限公司，监理单位温州市宏业建设监理有限公司。

【县人民医院改扩建工程竣工】

2015年1月，县人民医院改扩建工程建成投用。该工程于2011年5月开工建设，工程建设规模总用地面积17201平方米，总建筑面积13787.05平方米（十层、框架），改建部分建筑面积7400平方米。总投资7898万元。工程由杭州中宇建筑设计有限公司设计，温州华厦建设监理有限公司监理，浙江立鹏建设有限公司承建。

【鹿西岛综合交通码头工程开工】

（参见《交通　信息化》栏目“交通设施建设”分目）

【职教中心迁建工程（2号宿舍楼）开工】 2015年12月，职教中心迁建工程（2号宿舍楼）开工建设，总建筑面积27863平方米，含行政楼教学楼宿舍楼食堂等。工程概算670万元，工期180天。施工单位为福建天恒建设工程有限公司，监理单位为温州市长城建设监理有限公司，设计单位为北京通程泛华建筑工程顾问有限公司。

【王山头边坡治理工程竣工】

2015年6月，王山头边坡治理工程竣工。该项目于2014年11月开工建设，工程建设规模路堑里程为K0—62.66—K0+382.68，全长约445.34米，高程为4.15—89.63米，治理范围水平占地面积约22000平方米，主要包括危石清理、锚杆、挂网、生态复绿及相关配套内容，工程概算2027万元。工程设计单位为浙江省第十一地质大队，监理单位为浙江省第七地质大队，施工单位为浙江岩土科技股份有限公司。

（陈羿珲）

2015年洞头区重点工程建设新建项目情况表

表14　　单位：万元

序号	项目名称	年度计划投资	1—12月完成情况		实施单位	责任单位
			累计投资额	完成年度计划（%）		
1	海滨河左岸绿化及提升工程	1000	1435	—	区工务局	区工务局
2	新城农贸市场装饰提升工程	4350	4380	—	区工务局	区工务局
3	霓屿公路节点改造提升工程	800	800	—	霓屿街道	霓屿街道
4	洞头—鹿西—大门通信海缆工程	1500	1000	—	区移动公司	区移动公司
5	女子连纪念馆提升工程	3000	2060	—	区旅发公司	区旅委
6	珑头湾海洋旅游综合体	10000	45000	450.00	温州金桥公司	区发改局
7	东沙渔港疏浚工程	100	303	303.00	区渔港指挥部	区海洋与渔业局
8	鹿西综合交通码头工程	1200	1716	143.00	区交通指挥部	区交运局
9	王山头船闸工程	300	345	115.00	区工务局	区工务局
10	洞头区档案馆	—	348	113.70	区档案馆	区档案馆
11	洞头区气象服务中心	—	82	113.70	区气象局	区气象局
12	状元南片河道、湖泊驳坎及绿化景观工程	800	852	106.50	区状南公司	区工务局
13	美丽渔村精品工程（暂名）	1500	1565	104.30	区旅发公司	区旅委
14	77省道布袋岙接线公路工程	3000	3130	104.30	区交通指挥部	区交运局
15	状元南片市政道路工程	1100	1144	104.00	区状南公司	区工务局
16	新城二期防洪排涝泵站工程	300	310	103.30	区工务局	区工务局
17	城北污水处理厂	1500	1520	101.30	区工务局	区工务局
18	霓屿义务教育学校（新区义校）	600	607	101.20	区工务局	区工务局
19	水桶擂公共游艇码头	500	505	101.00	区交通运输局	区交通运输局
20	5A景区创建配套工程	900	910	101.10	区旅发公司	区旅委
21	海霞军事主题公园改扩建工程	600	602	100.30	区旅发公司	区旅委
22	马岙潭、观音礁景区及周边环境提升工程	1665	1670	100.30	大门镇	大门镇
23	华中小学装饰工程（暂名）	800	807	100.90	区工务局	区工务局
24	大门交通服务综合体	3000	3001	100.00	温州市交运公司	大门镇人民政府
25	220kV大门输变电工程	500	500	100.00	区供电公司	区供电局
26	大门海洋经济示范区交通基础设施改造提升工程	6500	3587	55.20	区交通指挥部、大小门岛投资公司、大门镇	区交运局、大门镇
27	国家海洋公园主题岛建设工程（大瞿岛、大竹峙岛、南策岛、中心渔港）	1100	310	28.20	区旅发公司、区海洋与渔业局	区旅委、区海洋与渔业局
28	中石化温州液化天然气（LNG）项目	30000	4557	15.20	中石化公司	区发改局
29	小门岛环岛公路工程	4000	0	0.00	大小门岛投资公司	大门镇
30	大门镇污水处理厂提升扩建工程	500	0	0.00	大门镇	大门镇
31	温州中石油燃料罐区扩容及附属配套设施工程	5800	0	0.00	中石油燃料公司	区经信局
32	布袋岙污水处理厂	400	0	0.00	区工务局	区工务局
33	屏海路改建工程	500	0	0.00	区交通指挥部	区交运局
34	洞头区殡仪服务中心	500	0	0.00	区工务局	区工务局
35	天然气利用工程一期（LNG气化站）工程	300	0	0.00	区管道燃气公司	区住建局
36	东港休闲中心	—	9136	—	洞头龙野酒店投资有限公司	区旅委
37	新增城农网改造升级工程	—	3200	—	区供电公司	区供电局

固定资产投资

【概况】 2015年，洞头区完成限额以上固定资产投资92.5亿元，增长12.3%，其中项目投资88.61亿元，增长14.7%，房地产开发投资3.89亿元，下降23.4%。在项目投资中：国有投资70.82亿元，增长5.1%；非国有投资17.79亿元，增长79.7%。分产业看，第一产业完成投资1.22亿元，增长30.5%；第二产业完成投资1.68亿元，下降62.0%，其中工业投资1.68亿元，下降62.0%；第三产业完成投资85.72亿元，增长20.6%，占限上项目投资比重96.7%，比上年提高4.7个百分点。工业技改投资1.27亿元，下降60.8%，占工业投资比重75.5%。全区商品房施工面积56.17万平方米，下降16.6%；商品房销售面积5.76万平方米，下降6.7%，其中住宅销售面积5.05万平方米，下降14.2%。

（陈文锲）

2015年洞头区限额以上项目投资汇总

表15

指标名称	自年初累计完成投资	上年同期	增长（%）
一、投资额（万元）			
1.计划总投资	4807044	4289388	12.1
其中：本年新开工项目	414607	947509	-56.2
2.自开始建设累计完成投资	2525934	1741260	45.1
3.自年初累计完成投资	886144	772685	14.7
其中：国有投资	708211	673662	5.1
其中：非国有投资	177933	99023	79.7
其中：民间投资	177797	98287	80.9
其中：投资项目	886144	772685	14.7
其中：基础设施投资	783213	663064	18.1
1. 水利、环境和公共设施管理	450079	420045	7.2
2.电力、燃气及水的生产供应业	9686	19443	-50.2
3.交通运输、仓储和邮政业	280017	162739	72.1
4.教育设施	39509	55184	—28.4
5.体育设施	3082	4027	-23.5
6.卫生设施	840	1626	—48.3
其中：工业投资	16776	44119	-62
其中：工业技术改造投资	12666	32330	-60.8
按三次产业分			
1.第一产业	12180	17534	-30.5
2.第二产业	16776	44119	-62
3.第三产业	857188	711032	20.6
按登记注册类型分			
1.内资企业	885129	771850	14.7
2.国有企业	612663	613198	-0.1
3.股份合作企业	634	3693	-82.8
4.有限责任公司	104275	71556	45.7
5. 国有独资公司	23737	7800	204.3
6.其他有限责任公司	80538	63756	26.3
7. 私营企业	157507	72693	116.7
8.其他企业	10050	10710	-6.2
9.港、澳、台商投资企业	1015	803	26.4
10.外商投资企业		32	-100
按建设性质分			
（1）新建	721925	652987	10.6

续表15

指标名称	自年初累计完成投资	上年同期	增长（%）
（2）扩建	17730	16392	8.2
（3）改建	20018	10184	96.6
（4）迁建	35936	59836	-39.9
（5）单纯购置	89805	32298	178.1
（6）内涵技术改造	730	988	-26.1
3.按构成分			
建筑工程	685833	616623	11.2
安装工程	3750	4467	-16.1
设备工器具购置	100345	46451	116
其中：用于更新的设备	306	835	-63.4
其他费用	96216	105144	-8.5
其中：土地购置费	55091	29062	89.6
按国民经济行业分2012			
（一）农、林、牧、渔业	12180	17534	-30.5
渔业	12180	17534	-30.5
（二）采矿业	180	1730	-89.6
煤炭开采和洗选业	180	1730	-89.6
（三）制造业	6910	22946	-69.9
农副食品加工业	751	1258	-40.3
纺织服装和服饰业		150	-100
石油加工、炼焦及核燃料加工业		3250	-100
化学原料及化学制品制造业	621	8404	-92.6
医药制造业	730	1899	-61.6
橡胶和塑料制品业		601	-100
非金属矿制品业	0	940	-100
通用设备制造业	872	0	
汽车制造业	2160	4174	-48.3
电气机械及器材制造业		32	-100
计算机、通信和其他电子设备制造业	1776	2238	-20.6
（四）电力、热力、燃气及水的生产和供应业	9686	19443	-50.2
电力、热力的生产和供应业		9959	-100
燃气生产和供应业	5276	6249	-15.6
水的生产和供应业	4410	3235	36.3
（五）建筑业	0	0	0
（六）批发和零售业	4380	0	-
零售业	4380		-
（七）交通运输、仓储和邮政业	280017	162739	72.1
道路运输业	117355	123771	-5.2
水上运输业	158432	34168	363.7
装卸搬运和运输代理业	730	2200	-66.8
仓储业	3500	2600	34.6
（八）住宿和餐饮业	52236	50	104372
住宿业	50636	50	101172
餐饮业	1600		-
（九）信息传输、软件和信息技术服务业	0	0	0
（十）金融业	634	3693	-82.8

续表15

指标名称	自年初累计完成投资	上年同期	增长（%）
货币金融业	634	3693	-82.8
（十一）房地产业	48684	56801	-14.3
房地产业	48684	56801	-14.3
（十二）租赁和商务服务业	0	0	***
（十三）科学研究和技术服务业	0	0	***
（十四）水利、环境和公共设施管理业	450079	420045	7.15
水利管理业	236206	347094	-31.9
生态保护和环境治理业	19129	24471	-21.8
公共设施管理业	194744	48480	302
（十五）居民服务和其他服务业	440	0	***
居民服务业	440		***
（十六）教育	39509	55184	-28.4
教育	39509	55184	-28.4
（十七）卫生和社会工作	840	1626	-48.3
卫生	840	1626	-48.3
（十八）文化、体育和娱乐业	3082	4027	-23.5
体育	3082	4027	-23.5
（十九）公共管理和社会组织	1977	6867	-71.2
国家机构	1977	6867	-71.2
（二十）国际组织			
三、本年新增固定资产（万元）	729400	129048	465.2
四、项目个数（个）			
1.施工项目个数	137	128	7
其中：本年新开工	42	34	23.5
2.本年投产项目个数	57	27	111.1
五、房屋建筑面积（平方米）			
1.房屋施工面积	1769389	1434812	23.3
其中：住宅	582648	573829	1.5
2.房屋竣工面积	184397	6956	2550.9
其中：住宅	143723	6956	1966.2
3.房屋竣工价值	0	0	***
六、本年资金来源合计（万元）	955084	764133	25
1.上年末结余资金	59151	51132	15.7
2.本年资金来源小计	895933	713001	25.7
(1)国家预算内资金	20014	9987	100.4
其中：中央预算资金	1800	1000	80
(2)国内贷款	444662	256812	73.1
(3)自筹资金	396423	388148	2.1
其中：企、事业单位自有资金	0	25741	-100
其中：股东投入资金	0	156	-100
其中：借入资金	272	0	***
(4)其他资金来源	34834	58054	-40
七、各项应付款合计（万元）	22358	39937	-44
其中：工程款	10014	7438	34.6

（区发改局提供）

责任编辑　曾焕定

城乡建设与管理

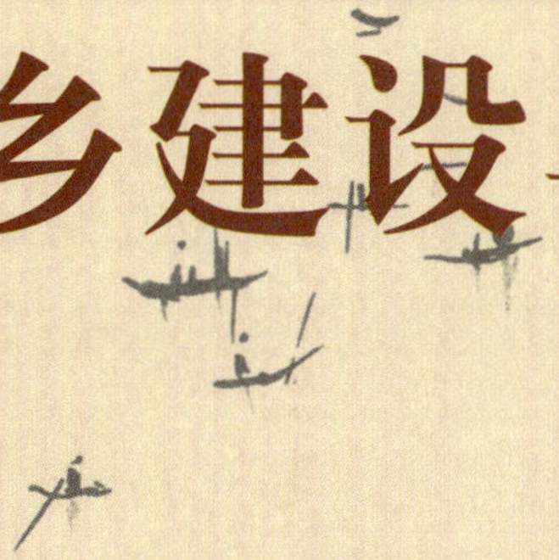

夕照渔村 · 陈建辉

“海霞精神”

爱岛尚武 励志奉献

“五岛连桥”精神

小县办大事 小岛创大业

概　述

【概况】 2015年，区住建局按照“加快同城发展，建设海上花园”发展战略和全区域景区化要求，对接温州总规，拟定洞头区都市化实施战略研究（2015—2020年）。启动规划编制项目23个、规划调整6个。完成岭背、银海、城南等5个旧住宅片区项目改造和风门村、擂网岙村、岙仔等9个城中村整治改造项目。率全省之先完成“多规合一”改革，制定《洞头区“七规合一”系统平台运行维护管理办法》，推进数字洞头应用，建成省首个“多规合一”地理信息平台，实行多规融合机制，将平台建设成果推进到审批应用。安排大比例尺基础测绘数据测绘和更新，启用温州2000坐标系配合“七规合一”管理。推进城市拥堵治理工作，完成城南片区市政道路工程和新城二期滨海大道建设，新增地下空间开发2.5万平方米。加快绿地建设，基本建成海滨河左岸绿化景观工程和城南片埭口河滨水公园。完成新城区雨水管网疏通、排查工程和雨污分流改造工程。出台《洞头县公共租赁住房保障实施办法》，实行廉租住房和公共租赁住房保障并轨运行全面清理审批事项。制定《洞头区私人建房审批流程》，试行个人建房监管“四到场”实施办法。全年办理行政许可事项985件，办理选址意见书10件，办理建设用地规划许可证471件（其中公建23件、私建448件）办理建设工程规划许可证504件（其中公建27件、私建477件）。全年接收并整理档案归档4452卷（包括房产档案）。梳理并完成与区综合行政执法局相关行政处罚和行政强制职责划转移交工作。

是年，区住建局获市城乡规划工作目标考核优秀单位、市测绘与地理信息管理工作目标考核优秀单位。

【“多规合一”改革经验在全省推广运用】 2015年，洞头区在全省率先推行“多规合一”改革。5月，出台《洞头区探索开展“七规合一”推动空间规划管理体系改革方案》，明确“四个一”的主要任务，即建成一个平台、实现一张蓝图、推进一表审批、健全一套机制。“多规”主要指发改、国土、住建、林业、交通、旅游、海洋与渔业、环保等重点部门涉及陆海空间管理的规划，来源于“三规合一”。通过“整合流程、一门受理、协同审批、信息共享、限时办结”等措施，减少审批前置、缩短审批时限。“多规合一”改革，有效实现政府职能的转变。解决了空间规划冲突、资源环境利用和保护、审批效率低下、社会矛盾等问题。洞头“多规合一”列为省测绘行业推广应用典型案例。在全省数字城市试点应用案例全省推广，市委十一届九次全会明确提出洞头

“多规合一”在全市推广，《温州日报》对此进行大篇幅大版面报道。

规划编制

【概况】 2015年，全区规划批复8个，调整规划6个。完成“退二进三”海港城、跨境电商服务接待中心策划方案咨询及规划调整必要性分析论证、观音礁酒店规划送审成果审查、大门镇东浪村村庄规划送审成果、东岙度假酒店策划方案咨询。完成洞头城市特色风貌色彩规划、大门临港产业基地控规局部修改中间成果。完成北岙中心街综合管线入地建设工程、大门镇观音礁村村庄规划修编初步方案。

【规划批复8个】 2015年，全区规划批复8个，即杨文三期控规修改、城北污水处理厂规划选址论证报告、国有资产处置地块(原大门财政所、鹿西乡政府地块)规划调整、现代都市渔业旅游综合体项目规划修改及前期交通专题研究、状元岙港区加油加气站规划选址论证、北沙东片区双垄村控规修改、洞头殡仪服务中心用地规划研究及控规图则。

【规划调整6个】 2015年，全区规划调整6个：即状元南片控规修改、大门甲山村规划前期研究及局部地块控规修改、再生资源交易市场规划选址论证和南塘工业区C—01地块规划调整、旧城及拓展区ba—03b地块控规修改、新城二期E07/E08地块规划修改。

【《洞头区北沙东片区（双垄村）控制性详细规划修改》获批】 2015年9月24日，《洞头区北沙东片区（双垄村）控制性详细规划修改》经区政府审查批复。规划区涵盖北岙街道双垄村，规划用地面积0.86平方千米。规划确定双垄隧道道路工程的线位方案。同时，本次规划修改结合片区的人口老龄化发展趋势，在控规修改中进一步完善区内养老服务设施的布局。

【《现代都市渔业旅游综合体项目规划》修编】 2015年5月，鉴于中普陀寺宗教旅游区的拓展推进，城南片区需先行启动示范片区建设和发展，县政府启动对《现代都市渔业旅游综合体项目规划》修编。原规划项目地块位于洞头本岛，温州（洞头）中心渔港渔用码头后方。项目规划用地面积约146亩，建筑面积约116500平方米，建设主题为“海洋休闲城市综合体”。功能定位为海产品交易区（干货）、海洋博物馆（水族馆和海洋知识、历史）、儿童海洋世界（娱乐）、海产品购物步行街（指与海相关联的产品，包括艺术品、精加工海货等）、海鲜餐饮区、世界海洋馆（各个海洋国家或者我国海洋城市馆）、休闲商务区等。项目总投资约4亿元以上。修编后城南片区纳入规划中，融入中普陀宗教文化，使旅游业“吃、住、行、游、购、娱”六大要素相互配套，形成比较完善的旅游综合产业服务体系。

【《洞头殡仪服务中心用地规划研究及控规图则》通过审定】 2015年11月16日，《洞头殡仪服务中心用地规划研究及控规图则》经专家审定通过。规划位于北岙街道东郊村尾坑自然村，规划用地面积0.0244平方千米。规划立足以打造具有示范性、纪念性、感恩性、文明性的殡葬服务场所为目标，发展文明殡

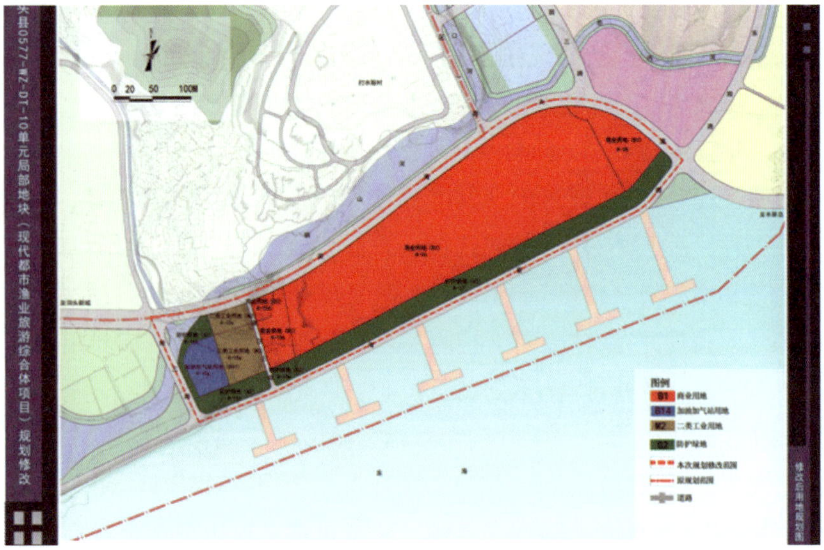

状元南片控规修改—用地规划图

葬方式。完善弥补殡葬设施的不足，推动节约土地资源、保护生态环境，规范人们丧葬行为、营造文明和谐的殡葬氛围、促进殡葬事业与经济社会协调发展。

城市设计

【概况】 2015年，全区城市设计明确环海西湖城市核心区、临港产业区、旅游休闲区和瓯江口产城融合区等四大功能分区。按照创建整岛公园和国家AAAAA旅游景区要求，开展洞头岛整岛公园城市设计和洞头村至东岙、东岙顶村沿线等连港蓝色海岸带——国家AAAAA级旅游景区周边村城市设计。完成洞头岛整岛公园城市设计中间成果、洞头村至东岙、东岙顶村沿线城市设计报批成果。完成洞头区都市化实施战略研究（2015—2020年）、洞头城市特色风貌色彩专项规划前期研究、状元南片控规修编等多项规划修编。

规划管理

【概况】 2015年，洞头率全省之先完成“多规合一”改革，建立“七规合一”项目地理信息服务平台，基本实现规划坐标系、基础数据库、空间规划图“三统一”。全面实施个人建房监管“四到场”制度。全年基础测绘发改立项415万元，采集、更新基本比例尺基础测绘数据约12平方千米，建成用于探测地下管线185千米并通过省级质检验收。

【“多规合一”地理信息平台建设】 2015年4月29日，洞头县“七规合一”项目地理信息服务平台通过专家组验收。该平台由浙江省地理信息中心研发。主要是通过对洞头县涉及规划的县发展改革局、住房和城乡规划建设局、国土局、交通运输局、海洋与渔业局、农林水利局和风景与旅游发展委员会等8个主要部门主要专题规划开展研发“七规合一”项目，实现规划数据统一定位基准、统一坐标系统、统一数据标准，形成专题规划数据空间化标准技术流程，建立多规数据库体系编制“多规融合”图册，为其他市、县开展“多规融合”提供成功的应用范例。来自省测绘与地理信息局、省发展规划研究院的测绘、发改、规划等领域多位专家参加评审。基本实现规划坐标系、基础数据库、空间规划图“三统一”，累计引领性规划29项、分析选址和辅助审批规划21项、查询统计一般规划13项。

【实施个人建房监管“四到场”】 为规范个人建房批后管理，防控违法建设，实施城乡“精准规划”，保障建设工程质量和施工安全，推进洞头“无违建区”创建，2015年11月20日，区政府出台《温州市洞头区个人建房监管“四到场”实施办法》（洞政办发〔2015〕124号），在全市率先全面实施个人建房监管“四到场”制度，包括定位放线、规划验线、中间规划检查、竣工规划核实四个环节，整合政府监管资源。相关部门(单位)、街道（乡镇）人员同时到场开展核验、检查、监督工作，对个人建房实行全程监督管理，从源头上杜绝违法建设行为，以此解决多头管理、效率低下、推诿扯皮问题。

（吕韵姿）

城区建设

【概况】 2015年，完成滨海大道、王山头边坡治理、77省道洞头连接线开山段、海滨河左岸绿化及提升、公安业务技术用房外墙干挂和应急处置中心主体施工等工程建设。建成安置房一期、二期工程、新城农贸市场装饰提升工程。完成

多规合一实现一个平台工作

海霞中学迁建工程（一期）桩基和地下室施工、区人民医院改扩建工程室外附属工程施工。区内九条市政道路一期工程进入路面施工，基本完成新城二期市政道路滨海大道路面施工和四座桥梁安装护栏。新城二期河道护岸工程进入新西河开挖桩基、底板浇筑，海景河加固段施工。环海西湖亮丽工程二标段灯具完成安装。城北污水处理厂开工建设。完成海湾家园四区(金海湾)专用停车位268个；新增公共自行车200辆，新增公交线路1条、公交站点5个、公交车辆1辆，完成地下空间开发1.1万平方米。

【新城一期保障房工程建成】 2015年12月，新城一期保障房工程（02—06地块）建成。该工程于2012年12月20日开工建设，工程建设规模：建设用地面积约5234.2平方米，地上总建筑面积15014平方米，其中1号楼为7504.9平方米，2号楼为4475.6平方米，地下室建筑面积2545.9平方米，架空层建筑面积100.15平方米。总投资5910万元。工程由浙江中维建筑工程设计有限公司设计，温州华厦建设监理有限公司监理，浙江金达建筑有限公司承建。

【新城二期保障房工程建成】 2015年，新城二期保障房工程（03—02地块）建成。该工程于2013年6月5日开工建设，工程建设规模总用地面积8558.3平方米，总建筑面积21829.08平方米，建筑限高39米，建设内容主要包括120套单元住宅，部分公共配套用房、给排水、照明、小区绿化、道路等。总投资7375万元。工程由浙江中维建筑工程设计有限公司设计，浙江万基工程管理有限公司监理，温州正康建设有限公司承建。

【城北污水处理厂开工建设】 2015年12月，城北污水处理厂开工建设。项目投资估算36770万元，其中一期工程投资16862万元。该工程设计日处理污水2.5万吨，其中一期实施日处理规模0.8万吨。建设内容主要包括：细格栅间及曝气沉砂池、生物池及二沉池、活性滤砂池及紫外线消毒槽、鼓风机房及变配电间、加碳加药间、中控室及化验室、除臭装置、脱水机房等，上层覆土绿化及边坡治理工程。工期36个月。项目设计单位为中国市政工程华北设计研究总院有限公司，监理单位为浙江省第七地质大队。施工单位为中铁二局第三工程有限公司。是年，投资1520万元，完成计划101.3%。

（郑小君）

新城一期保障房

城区绿化

【概况】 2015年，制定2015—2017年城市公园新建和提升改造工作计划、立体绿化年度计划、彩化工作计划等。建成海滨河左岸绿化景观工程。完成洞头老电厂停车场、上新社区停车场、洞头实验小学及房屋立面等立体绿化建设，累计3000多平方米；美化、彩化洞一中、蓝港社区等；完成街容示范街（新城大道）和绿化示范路（连城大道）。新增公园绿地5.66公顷。

（钱海山）

村镇建设

【概况】 2015年，北岙街道南塘花苑主体工程通过验收，并启动附属配套工程建设；东屏街道蓝港二期交付。基本完成霓屿布袋岙安置房一期专项验收，布袋岙二期A标主体、砌体工程均已完成。布袋岙二期B标(B12/B16地块)主体工程完工，并于年底完成砌体工程施工。完成岭背、银海、城南等5个旧住宅区项目改造和新城金海花苑旧住宅区样板示范小区建设，以及风门村、擂网岙村等9个城中村整治改造项目。全年改造旧住宅区35.78万平方米、城中村改造205.41万平方米。

【城中村整治】 2015年，洞头区城中村整治改造结合整村推进和美丽乡村建设创建、“五水共治”、交通治堵等工作，以及存量在建项目，完成街道（乡镇）等综合整治改造项目近40个，整治后受益户14103户、受益建筑面积193.09万平方米。推进北岙风门村安置房、霓屿布袋岙二期农房改造集聚建设，助推“小岛迁、大岛建”等民生工程，加快大门镇东屿村整村搬迁工作。

【农房集聚建设】 2015年，北岙街道南塘花苑通过主体工程验收，进入附属配套工程建设中。东屏街道蓝港一期、二期房屋进入两证（土地使用证、房屋所有权证）办理阶段。兴港、和港和沙港家园均完成主体建设。霓屿街道乐康家园基本完成主体工程。

住房建设

【概况】 2015年，区住建局组织完成6个街道（乡镇）全国农村危房普查网站信息采集。改造全区危旧房50户。完成2014年度省级美丽宜居示范村试点村北岙街道寮顶村、元觉街道花岗村的规划编制费用调节和2015年度省级美丽宜居示范村试点东屏街道金岙村建设专项补助资金分配，以及北岙街道小三盘试点村通过示范村考核验收后的专项补助资金和规划编制费用申请。上报2016年度省级美丽宜居示范村试点预申请5个。

【开展全国农村危房普查】 2015年3月，根据住房城乡建设部统一部署和要求，洞头开展全国农村危房普查工作，在核对已建档的危旧房名单基础上，通过实地走访开展危旧房普查，并拍照建档。将普查筛选的名单通知街道（乡镇），对遗漏的农村危房实施再勘查。截至年底，完成6个街道（乡镇）全国农村危房普查网站信息采集工作。全区鉴定危险房屋27间，其中D级危房18间，C级危房8间，B级危房1间。全年危旧房改造50户。

【美丽宜居示范村创建】 2015年，洞头区推进省级美丽宜居示范村培养建设，编制村庄规划、加强村居建设、提升市容环境等。2013年度省级美丽宜居示范村试点村小三盘村通过审核验收。完成2014年度省级美丽宜居示范村试点村东屏街道寮顶村规划文本和五区观景木平台、夜景照明工程项目的招投标及渔具房建设和元觉街道花岗村村庄规划文本编制及审批，制定建设方案。完成2015年度省级美丽宜居示范村试点村东屏街道金岙村项目设计。北岙街道下尾村、大门镇西浪村被确定为2016年度省级美丽宜居示范村试点，补助资金265.9万元。

房地产管理

【概况】 2015年，洞头区积极扶持房地产业发展，出台房地产业培育提升扶持政策。巩固房地产市场调控成果，调整房地产用地结构，盘活存量商品房房源，防范房地产市场风险，规范房屋产权登记工作，促进房地产市场健康平稳发展。区住建局开展首届精品楼盘联合推介会。全年受理商品房备案312件。

【房地产市场秩序管理】 2015年，区政府出台《关于促进房地产市场健康平稳发展的通知》（洞政发〔2015〕16号）。区住建局加强预售许可审批，完成三盘海景花苑和东屏屏中花苑项目的预售许可，批准预售139套，建筑面积19079.63平方米。加强商品房预售备案管理，全年受理商品房备案312件，建筑面积43842.91平方米，办理退房38件。加强价格监管，商品房均价7523.89元/平方米，其中住宅均价7875.94元/平方米，非住宅均价6061.72元/平方米。强化中介管理，梳理全区房地产估价代理机构，不定期开展抽查，检查4次。

【产权产籍登记】 2015年，区住建局规范房屋登记工作，推行“三证▲联办”服务，进一步完善“一窗式、一站式、一条龙”和上门、延时、预约等服务方式为群众提供服务。最大限度地压缩办证时限，全年办理各类产权产籍登记8082件，面积162.60万平方米；大门、鹿西送证上门服务198件；出具产权登记信息查询证明8324份。

▲三证：土地使用证、房屋所有权证和契证。

【房地产交易】 2015年，全区新建商品房上市1.9080万平方米，同比下降81.37%；成交各类新建商品房4.3843万平方米，同比下降53.37%，总成交金额32986.91万元，同比下降57.36%。

【首届精品楼盘联合推介会】 2015年12月19日，区住建局组织五家房产公司在区行政服务中心联合开展以“楼市春暖花开，择居面朝大海”为主题的洞头区精品楼盘联合推介会，近2000人参加活动。共签订购房合同37套，签订购房意向86份。区住建、公积金、银行等部门现场设置政策咨询台，解答房产合同签订、公积金贷款、银行贷款等方面疑问，帮助市民了解房产政策优惠和各项手续办理问题。

住房保障

【概况】 2015年，区政府制定出台公共租赁住房保障实施办法，规范保障管理。推行使用白蚁监控装置办法。推进城镇棚户区、城市危房改造及配套基础设施建设和危旧房改造。改造危旧房50户，其中北岙街道19户、东屏街道9户、元觉街道2户、霓屿街道2户、大门镇13户、鹿西乡5户。

【《洞头区城镇棚户区和城市危房改造及配套基础设施建设三年计划（2015—2017年）》出台】 2015年9月22日，区政府出台《洞头区城镇棚户区和城市危房改造及配套基础设施建设三年计划（2015—2017年）》，加大城镇棚户区改造力度。同时制定《洞头区2015—2017年城镇棚户区改造实施方案》和《洞头区2015—2017年棚改配套基础设施建设计划》。至2017年底前基本完成城镇棚户区、急需改造的旧住宅区、建成区内的城中村、城镇丙类危房等改造工作。完成棚户区改造实物安置1010户，建筑面积11.11万平方米；危旧房改造货币安置205户，建筑面积1.44万平方米；安置住房开工504套，开工建筑面积7.30万平方米；安置房竣工1776套，建筑面积30.62万平方米；总投资1.2785亿元，建设棚改配套基础设施项目4个，计划期投资1.2335亿元。

【《洞头县公共租赁住房保障实施办法》出台】 2015年6月30日，为完善住房保障体系，加快发展公共租赁住房保障，根据《公共租赁住房管理办法》(住房城乡建设部令第11号)、《关于公共租赁住房和廉租住房并轨运行的通知》(建保〔2013〕178号)和《关于加强保障性安居工程建设和管理的实施意见》(浙政办发〔2012〕53号)等规定，县政府制定出台《洞头县公共租赁住房保障实施办法》（洞政办发〔2015〕61号），加强行政区域内公共租赁住房保障及其监督管理。《实施办法》包含总则、资金保障和房源筹集、准入管理、租赁补贴、实物配租、申请程序、年审管理、变更和退出管理、监督管理、法律责任等10章56项内容。自发布之日起施行。

【廉租住房保障】 2015年，区政府制定出台《洞头县公共租赁住房保障实施办法》，实行廉租住房和公共租赁住房保障并轨运行。公共租赁住房保障家庭新增6户18人，租赁补贴发放15.2904万元。干部职工住房补贴符合条件的203人，补贴发放376.7886万元。房改房上市审批17件，总建筑面积1981.66平方米。新开工保障性安居工程414套，完成率414%。城中村改造安置房建设项目4个，2516套、40.18万平方米，住房保障工作走在全市前列。

【公房物业管理】 2015年，区住建局组织23个住宅小区物业管理考核。排查全区物业小区安全隐患68处，审核拨付碧海云天等维修项目130多个278.1636万元，收取金海湾、杰诚锦园维修金63.8826万元，保修金91.9556万元。

【白蚁防治】 2015年，区住建局推行使用白蚁监控装置取代传统药物治理办法，选取三盘临海别墅为试点，在别墅周围植被中安装白蚁监控装置4个，定期回访查看装置诱蚁及灭治效果。全年公建项目预防施药32幢、预防面积83.6万平方米，私人建房预防施药63户、预防面积2.7万平方米，旧房白蚁灭治106户、预防面积2.7万平方米，并为留守老人、困难户免费白蚁灭治18户。

（吕韵姿）

住房公积金管理

【概况】 2015年，全区住房公积金缴存人数、归集额、提取人数、增值收益等指标持续增长。公积金洞头分中心全年业务收入1715万元，同比增长6.7%，住房公积金业务支出575万元，同比减少37%，实现增值收益1140万元，同比增加445.68万元，增值收益率3.64%。办理各类公积金提取12780人次，提取总额8945万元。贷款逾期率控制在万分之一之内。

是年，公积金洞头分中心被评为市住房公积金系统全面管理先进单位。

【住房公积金政策执行】 2015年，公积金洞头分中心规范归集缴存、提取业务，落实“保低控高”政策。简化无房租赁提取手续，规范贷款业务，完善贷后管理，建立逾期贷款催收制度。7月起对公积金在贷户（重点是对个体工商户、自由职业者、非公企业员工）是否正常缴存按月开展排查，建立月通报制度。发现1例逾期超6期的涉及民间金融风波的在贷户，交由区处置办挂牌交易。加强抵押清理，5月下旬开始对历年预售房超时限未做房产抵押165件在贷户进行一次性清查。

【住房公积金扩面】 2015年，公积金洞头分中心推进全区机关、企事业单位劳务派遣员工建缴住房公积金，年末基本实现行业全覆盖。连续举办2期区域内受托银行业务经理、经办人员培训会，发挥银行客源优势推动公积金扩面。全年开展公积金政策法规广场便民咨询3场。全年新增非公企业缴存单位6家，缴存净增605人，完成年度计划252.08%。全区公积金缴存人数7428人，制度覆盖率85.6%，居全市第一。

【住房公积金归集】 2015年，全区公积金归集总额1.3355亿元。全年归集到位率99.98%，居全市第一。6月，联合区财政局、区人力社保局，集中开展年度个人缴存基数调整，人均月缴存额由原来的1380元调高到1550元，平均增加170元，与市区同步。至年底，住房公积金归集余额33494.13万元，同比增加4447.16万元，增长15.31%。

【住房公积金提取】 2015年，公积金洞头分中心全年完成公积金提取12780笔总额8945万元。简化无房租赁提取程序，取消租赁合同、出租房屋登记证明等材料。维持已签按月划转还贷业务，为贷款职工提供便利减轻还贷压力，按月划转还贷客户占在贷户51.29%。

【住房公积金贷款】 2015年，公积金洞头分中心向市中心调剂资金，累计借入8000万元用于发放贷款。全区预售房成交量267套、二手房成交量630套，其中提交公积金贷款(包括公转商贴息贷款)申请274套（占总成交量30.55%）、总额10136万元，同比增长9.2%。年末贷款余额39370万元，占全区商业住房贷款32.54%，居全市第一。首套房首付比例最低降到20%；进一步放开二套房贷款限制，首付比例由60%降低到30%。10月，推出公转商贴息贷款，申请到放款一个月内办结。全年申请52户发放46户总额1795.5万元，贷款发放到位率91.56%，比全市平均高38个百分点，居全市第一。

（蔡　楚）

城市管理

【概况】 2015年，区综合行政执法局出台实存量违法建筑处置、没收建筑物管理办法、设施农用地管理办法等政策，强化存量违建后续处置。实行农民建房审批“无违建”承诺制、新批民房建设挂牌公示制度、个人建房监管实行“四到场”等制度，新批房屋建设实行动态化巡查管控。完善《违法建设网格化巡查防控实施办法》，落实县、乡、村三级网格化管理体制。提升“洞头区违法建设管控处置中心信息系统”，基本完成“一户一档、一楼一档”建档建设。规范店牌店招、广告牌设置和道路挖掘。截至年底，旧住宅区累计完成受益户数1689户，受益改造面积35.78万平方米，城中村改造累计完成受益户数14843户，受益改造面积205.41万平方米。旧厂区累计改造6.39万平方米。全年组织600多人次参与拆违活动，拆除临时搭建和新建违建构筑物27件1444.53平方米。全年处置来信来访件400多件，处置率100%。审批行政项目17项，累计受理45件。

【市政设施管理】 2015年，区综合行政执法局修复城区主次干道、垃圾桶、果壳箱、路灯等市政附属设施，补植新城区部分缺株绿化带，路灯亮灯率99%以上。加大绿地、公园绿化养护监督力度，建立绿化、河道、路灯养护月考核制度，全面排查城区市政道路、园林绿化、果壳箱、路灯等市政设施，截至12月底，累计巡查市政设施和绿化养护232次，更换和维修果壳箱352个，市政设施修复591处，更换灯头、灯泡、镇流器1811次，维修更换电缆线路14.1千米，巡查路灯123次。改造老城区供水管网，建成污水管网，提标改造管网。增设公共自行车站点10个，新增公共自行车200辆，范围涵盖杨文、南塘两大工业区及新城二期，形成老城区、新城一期、新城二期、工业园区等环线运行，公共自行车租赁时间较之前延长近1/4。

【城市环境管理】 2015年，探索城乡环卫保洁、绿化养护一体化管理，推出“点线面结合、分类管理、分步实施”的城市管理举措，创新“区域化一把扫帚”机制。全年配合开展国家、省市赴洞头考察调研、大型赛事活动等环境巡查56次，召开协调会、现场指导51次。召开迎检卫生督查布置会4次，通过省对市国家卫生城市暗访考核。全年督查指导24次，四个季度暗访考核名列全市前茅、居文泰洞第一。全面落实“三年工作、两年完成”治污工作部署，全年完成农户改厕5030户。开展疤点普查，完成垃圾中转站、风门村、城南社区和南塘工业区等闲置地及周边的垃圾清理、乱点整治和硬化、绿化等工作。

（钱海山）

建筑业管理

【概况】 2015年，区政府出台《洞头区培育建筑业(房地产业)发展的三年行动方案》，配套制定《洞头区建筑业培育提升三年行动方案实施细则》，扶持建筑企业优惠政策，支持本地企业转型升级。全年在建工程 78 个，造价 36亿元。激活建筑破产企业2家（浙江立鹏建设有限公司、温州卓宇建设有限公司），新引进建筑施工企业8家（温州正博建设工程有限公司、浙江利鹏市政园林工程有限公司、温州中航建设有限公司、温州中广建设有限公司、温州鸿盛园林建设有限公司、温州顺茂建筑有限公司）。全年实现建筑业产值10.4亿元。

【建筑市场管理】 2015年，区住建局创新招投标方法，采用法人到位加分制，破解招投标乱象，发出企业法人约谈5份，通报批评24家企业，在温州市招投标诚信平台上对21家企业进行扣分，对3 家企业记入不良行为记录。全年完成公开招标工程监督39个，中标价格14783.9016万元。实行建筑市场信用评价管理制度，引导企业开展质量创优。处理建筑业农民工工资欠薪投诉25起。

【建筑节能与墙改】 2015年，区住建局推进建筑节能改造。收取专项基金24个，建筑面积 12万平方米，预收金额 120.1万元；返退项目15个，返退金额97.4万元，净收入80.9万元；查勘项目22个，建筑面积44.8万平方米。新型墙体材料产量约5134万块标砖，新型墙体材料生产比例100%。

【建筑业(房地产)培育提升扶持政策】 2015年9月，区委、区政府制定《洞头区五大产业培育提升扶持政策》（洞政办发〔2015〕75号），建筑业（房地产）作为五大产业之一列入其中。内容包括扶持本地建筑业企业发展、鼓励区外建筑业企业将总部迁入注册、对区内建筑业企业通过ISO 14000环境管理体系认证、ISO 9000质量管理体系认证、OHSAS 18000职业健康安全管理体系认证等具体的扶持政策；加大对房地产企业的扶持力度，简化商品房套型结构调整审批程序，支持房开企业将存量商品房用于出租，或通过适当方式转化为保障性住房等20项。

【《洞头区建筑业培育提升三年行动方案实施细则》出台】 2015年12月29日，区政府出台《洞头区建筑业培育提升三年行动方案实施细则》（洞政办发〔2015〕146号），加快培育我区建筑业发展，规范建设工程招投标市场、工程建设行为，促进工程参建各方加强管理诚信履约，保障工程建设健康有序开展。细则规定区外建筑业企业将总部迁入注册区，分别给予特级、一级、二级和专业、三级和其他专业承包企业200万元、100万元、50万元、30万元奖励资金，并对办公用房实行补助。新成立具有资质的劳务公司，奖励20万元。设立建筑业企业做大做强奖励机制，建筑企业年实缴税收总额首次超500万元、1000万元的建筑业企业，授予突出贡献奖，分别给予10万元、20万元奖励等一系列优惠政策。

【建设工程质量治理行动】 2015年1月，县住建局制定出台《洞头区建设工程质量治理两年行动实施方案》，与78个在建工程签订安全生产责任书，签订率100%。开展春节前建筑施工领域安全、建筑施工安全和工程质量治理、在建工程消防隐患、“安全月”活动等专项检查，累计检查工地51个，发放质量整改通知书74份，安全隐患整改通知书98份，停工通知书12份。严格分户验收复核把关，分户验收率100%，质量责任标牌设置率100%。开展住宅工程质量常见问题再治理工作，确定新的常见性质量问题治理目标，严格建筑工程质量通病控制，消除墙体开裂、渗漏、露筋等质量通病现象，提高住宅工程质量水平。

（吕韵姿）

城乡环境治理

【概况】 2015年，区综合行政执法局按照“宜耕则耕，宜绿则绿，宜建则建”原则，完成北岙大长坑河、东屏岙内休闲广场和松柏园停车场、元觉状元新、老农贸市场周边整治和霓屿布袋岙海外楼场地平整、停车场建设和鹿西渔村整治等拆改利用项目，拆后土地利用率71%以上。推进“三改一拆”暨“无违建县”创建工作，明确全区6个“无违建街道（乡镇）”和93个村（居）“回头看”目标任务。加强双休日和节假日等重要节点、重点路段值班巡查，实行全员值班，及时劝导、劝离经营点和流动摊贩。联合交警、市场监管、旅委等部门，开展联合执法20余次，查处违法违规行为180余起。结合省文明城市和国家卫生县城复评要求，集中整治群众反映强烈的脏乱差现象，城市主干道、出入口等主要部位和节点的环境改观明显。

【城乡环境集中整治】 2015年，区综合行政执法局开展“两路两侧”“四边区域”洁化、绿化、美化专项行动，推进环境综合整治。加快河沟、池塘环境治理，重点整治渔农村乱堆、乱放行为，清除临时垃圾堆放点，合理设置垃圾收集点。完成洞头县爱琴电镀厂、洞头县恒博电镀厂等3家电镀厂旧址场地排查工作，消除污染场地隐患。开展为期一个月的农贸市场及其周边秩序整治，以及第二十七个爱国卫生月活动。整治城市“牛皮癣”“六乱”等问题，清理垃圾杂物600多吨。开展卫生创建和复评工作，东屏街道创成省卫生街道，大门镇通过市级卫生镇复评，创成省市区级卫生村6个、复评10个。全区各级卫生村、卫生街道69个，占行政村（街道）总数的77.5%。

【城乡环卫一体化管理】 2015年，区综合行政执法局根据城乡环卫一体化的要求扩面提质，拓展建城区环卫道路清扫保洁范围，将靠近建城区的九厅村、风门村，杨文工业区、南塘工业区纳入城区环卫保洁体系，同时以建城区为中心逐步推进环卫保洁市场化运作向外拓展延伸。推进环卫保洁市场化运作层面和深度，将区本级区域内的87个行政村居实行分级分类管理，实行“一区一环七线”以线为主、以线带点，逐步延伸进村，提高农村生活垃圾集中收集能力。实施农村生活垃圾集中收集处理工作考核，实行以奖代补形式，拟定提高至50元/人·年。初步完成城乡环卫一体化保洁方案，组织老干部对全区各街道（乡镇）87个村（居）随机抽取考核。本岛片4个街道（乡镇）生活垃圾收集到中转站压缩处理后统一运往温州永强焚烧厂。各街道（乡镇）按照人口500：1的比例配备各村（居）环卫保洁员队伍，负责各村（居）的道路保洁。加大无主建筑垃圾巡查、管理力度，城区道路机械清扫率56.62%，其中主干道机械清扫率100%，全区生活垃圾收集率、无害化处理率均100%，经费投入约1500万元。

【供水污水处理】 2015年，启动长坑制水车间应急供水，实行王山头泵站与长坑制水车间合并供水，补压补量。7个片区管网水设点取样每月2次，实时掌握水质变化动态，根据实际水质变化增加检测频次。更换改造老城区车站路、望海路、西山巷的旧管网，投入资金90万元，更换旧管网约3千米。完成城南污水处理厂提升改造工程并投入试运行，通过有效控制调节进水水质、水量，实现好氧、缺氧、厌氧状态交替，具有良好的脱氮除磷效果，出水水质达到一级A标准。

城管执法

【概况】 2015年6月，洞头县成立综合行政执法局，城管大队成建制从县住建局析出划入综合行政执法局。区综合执法局组织开展城区市容市貌专项整治行动。全年开展联合执法20余次，查处违法违规行为180余起。

【洞头县综合行政执法局成立】
2015年6月，因机构改革，成立洞头县综合行政执法局，9月随撤县建区易名。明确城管大队成建制从住建局析出划入综合行政执法局；原城管大队承担的市容环境卫生、城市绿化监督和管理职能并入综合行政执法局；将原住建局承担城乡规划、建筑业、房地产管理的行政处罚职责和市政公用的管理和行政处罚职责全部划入综合行政执法局。撤销各乡镇街道城管中队和乡镇综合行政执法试点设立的相关机构，所涉职责和人员编制全部划入综合行政执法局（县综合行政执法大队），各乡镇街道综合行政执法中队，为综合行政执法局派出机构，目前各街道（乡镇）已成立综合执法中队，人员按双向选择划转，并选派优秀的人员进驻街道（乡镇）。核定县综合行政执法局编制12名，县综合行政执法大队全额拨款事业编制67名。

【城区市容市貌专项整治行动】
2015年，区综合行政执法局开展城区市容市貌专项整治行动，全年出动人次2975人次，累计发放专项整治通知单1556份，暂扣物品456起，劝离、劝导流动摊贩及清理各类违章经营占道6560余次，拆除各类违章横直幅3655幅，破旧店招店牌105处1550平方米，不规范遮阳篷469处，清理各类小广告25673余张，清理建筑垃圾375处，粉刷遮盖小广告3760平方米。查处违章设置大中型广告牌21家，并发放责令限期改正通知书21份。

【“无违建县”创建】 2015年，对照浙江省“无违建县”创建标准及验收考评体系，出台《关于进一步落实存量违法建筑处置工作的通知》《洞头县没收建筑物管理办法》《关于印发洞头县设施农用地管理办法的通知》等政策，制定《洞头县“无违建村（社区）”复评考核办法》，实行农民建房审批“无违建”承诺制、新批民房建设挂牌公示制度、个人建房监管实行“四到场”等制度，完善《洞头县违法建设网格化巡查防控实施办法》，落实县、乡、村三级网格化管理体制。提升“洞头区违法建设管控处置中心信息系统”，开展“一户一档、一楼一档”普查建档。2013—2015年，累计完成旧住宅区改造70.33万平方米、旧厂房改造21.91万平方米、城中村改造372.58万平方米，“三改”累计完成464.82万平方米，完成三年任务的622.25%。全区拆除违法建筑4583处28.17万平方米、没收处罚3710处5.54万平方米，全面完成存量违建处置，拆后土地利用率77.74%。

（钱海山）

责任编辑 曾焕定

商　贸

网网花儿开 · 许爱花

“海霞精神”

爱岛尚武 励志奉献

“五岛连桥”精神

小县办大事 小岛创大业

概　述

【概况】　2015年，洞头区商品销售总额实现94.3262亿元，同比增长9.2%，较上年同期回落9.4%，其中批发业销售额65.21亿元，同比增长7.4%；零售业营业额23.8亿元，同比增长14.1%；住宿业营业额0.89亿元，同比增长20.8%；餐饮业营业额4.12亿元，同比17.2%。造成增速放缓的主要原因：重点企业增速放缓、重要综合品种价格大幅下降、重点企业销售波动大。社会消费品零售总额实现22.263亿元，同比增长10.2%，其中限额以上消费品零售额59.872亿元，同比增长13.0%；全年四个季度增速均保持在10.0%以上。限上商贸企业38家，其中批发企业18家，全年新增限上批发企业4家，限上批发业销售额53.4亿元，其中石油制品及批发市场销售总额46.6亿元，主要的批发企业有浙江中燃华电能源有限公司和温州华航能源有限公司，全年销售总额44.9亿元，占洞头区限上石油制品批发总额的96.4%。

网络经济

【概况】　2015年，区经信局出台“两化”融合优惠政策，引导企业加大信息化投入，发展智能制造，规模以上企业ERP应用率50%以上。组织温州泰信、浙江吉龙、温州海赛普等企业参加118届广交会、夏洽会、浙洽会、消博会等展销会。全年三批中小企业国际市场开拓资金累计兑现24万元。开展“电子商务进万村”工程，建成农村电子商务服务站20个，电子商务培训7350人次。推进电商集聚发展，建成鑫朝电子创业园8000平方米，进驻企业15家。全年网络零售额1.1亿元，同比增长39.8%。

【“双十一”电商销售】　2015年，全区“双十一”网络零售额500万元以上，其中添尚电子信息技术有限公司日交易量2.2万件，交易额70万元；天猫专营店龙马服饰有限公司日交易量1000多件，交易额200多万元；跨境电商维度贸易有限公司日交易量2000多件，交易额30万元左右。

【霓屿电商特色小镇】　2015年，霓屿电商特色小镇依托“掌上温州”供销电商平台，联结霓屿街道农民专业合作社、养殖供销大户，用“互联网+”方式，推介霓屿紫菜，打响霓屿紫菜品牌，增加渔农民收入并倒逼霓屿紫菜产业转型升级。“掌上温州”供销电商平台以“互联网+紫菜”代销模式重点推介鲜紫菜和干紫菜。全年电商小镇网上销售额350万元。

（叶　森）

供销合作经济

【概况】　2015年，全区农民专业合作社总数109家，发展数居省、市供销社系统前茅，经营总额33129万元，同比增长17.3%。制定出台《洞头区区级规范化示范性合作社认定办法》（洞政办发〔2015〕88号），新评选认定区级规范化合作社10家（累计37家），区级示范性合作社25家。推进村级综合服务社“一网多用”功能，构筑农村现代经营流通网络服务，新建农村综合服务社3家、经营综合服务体1

家，分别累计7家、2家。培训农产品经纪人及农村实用人才，全区累计经纪人资格证书256人，相关证书423人。农产品经纪人协会会员85人。

是年，联合区市场管理局、信用联社开展农民专业合作社信用评定、授信等服务体系工作，全年专业合作社取得授信20家。全年发放农户贷款140笔，涉及渔轮、种养殖大户及个体工商户三类对象累计互助金1780万元。

【洞头区首届紫菜·羊栖菜网络节】 2015年11月16日，洞头区在新城广场举行首届紫菜·羊栖菜网络节启动仪式。此次活动以“互动 品牌 健康”为主题，以线上线下互动，市民养民联动，活动持续到12月31日。区委副书记、区长王蛟虎出席活动并致辞，区领导叶明理、张释忠、刘素婷等参加。市供销合作社联合社主任王友松为洞头区设立“掌上温州供销”洞头区运营中心授牌。本届网络节网络电商平台现场签约“掌上温州供销”电商平台、淘宝特色中国温州馆、浙江金海蕴生物有限公司，还与全国供销总社“供销E家”、浙江网上供销社、江苏网上供销社、京东中国特产浙江馆、“淘江南”、“乡村淘”以及“田园直供”等37个电商大平台和156家淘宝C店铺参与互动推广。现场设置电商平台互动体验区和紫菜羊栖节特色展销区，霓屿紫菜（羊栖菜）养殖户、生产企业、电商平台等12家企业参展。目前全区紫菜、羊栖菜养殖面积分别达1.83万亩和1.3万亩。本次活动由市委农办（农业局）、市供销合作社联合社、区人民政府主办；区委渔农办（农林水利局）、区海洋渔业局、区供销合作社、共青团洞头区委员会、东屏街道办事处、霓屿街道办事处、温州市供销电子商务有限公司等承办。

【新城农贸市场农产品展销中心】 2015年11月16日，洞头区供销合作社在新城农贸市场建立区供销社农产品展销中心。该中心坐落在新城农贸市场二楼C005、C006、C007、C008摊位。区供销社（农合联）发挥自身独特资源优势和农村电商网络优势，汇集全区几十家专业合作社、企业70多种无公害、营养型、食疗型农产品，均以产地或厂家直销价方式销售，并为机关、企事业单位、学校、宾馆饭店及有一定购买量的个体客户，提供送货上门服务。也将成为对外宣传洞头名特优农产品的一个窗口和游客购物景点。

【农产品经纪人培训】 2015年11月12—14日，区农产品经纪人协会举办洞头区农产品经纪人职业资格认证培训班。50人参加，合格50人。培训旨在推进区农产品电子商务发展，利用“掌上温州供销”电子商务平台，集中开展网上销售，提升全区农产品品牌知名度和产品市场占有率，降低流通成本、解决渔农产品卖难的有效途径。培训邀请浙江科技职业技术学院教师、专家讲解，内容包括：农产品电子商务、农产品经纪人专业知识、农产品营销与品牌建设、职业道德、营销法律法规、市场信息采集与分析、建立客户与谈判订约、理论知识考试和技能操作考试，培训结束后由浙江科技职业技术学院组织考核，凡理论知识和技能操作合格的，由国家人力资源和社会保障部、中华全国供销合作总社颁发《职业资格证书》。

（张　庄）

粮食行业

【概况】 2015年，区人民政府年度粮食安全责任制执行情况被市人民政府考核为良好。九厅中心粮库通过省粮食局“三星级”粮库复评。全区“放心粮油店”6家。是年，洞头区粮食局落实储备粮规模6500吨（其中成品粮110吨）、菜籽油20吨。新增储备粮规模1400吨，准低温储粮3236吨，轮换储备粮1674吨、成品粮110 吨。投入近90万元改造和提升仓储设施、通库道路、药剂熏蒸设备、粮油检化验室等。开展储备粮和储备食用植物油库存检查，库存粮油质量合格率、储存粮油品质宜存率、入库与储存质量检验建档率均100%，储备粮油均达到“一符四无”标准要求。保持与安徽、江西等地长期粮食产销合作关系，与安徽巢湖市农户签订3600亩粮食订单协议并建立稳定粮食购销关系，调入轮换补库稻谷2000多吨。开展省际粮食产销对接活动，组织粮食企业参加江西上饶举办的浙、赣两省五市粮食网上交易会。完善《洞头区粮食应急预案》，联合开展粮食应急预案粮食加工演练和培训。全区粮食监测及应急供应网点12个、日产应急加工粮食50吨设备1套。

对外贸易

【概况】 2015年，洞头区进出口总额实现15926万美元，同比下降40.1%。其中，进口总额11478万美元，同比下降44.82%；出口总额4448万美元，同比下降23.98%。服务外包合同执行额35.49万美元，完成全年离岸执行额目标的177.5%，同比增长106.7%。从企业类型来分，外贸企业出口额481.29万美元，较上年下降74.25%；生产企业出口额2968.41万美元，下降21.11%；三资企业出口额998.5万美元，增长35.46%。洞头区主要的外贸出口企业有浙江诚意药业有限公司、温州市东启汽车零部件制造有限公司、温州金源化工有限公司等老牌企业，分别出口941万美元、924万美元、733万美元，占全区出口额的58.4%；进口企业主要是浙江中燃华电能源有限公司，全年进口额11109万美元，占全区进口的96.8%，该企业被评选为“温州市进口龙头企业”。全年新增限额以上商贸企业6家、外贸运行监测企业5家及对外贸易经营者备案登记企业1家。分三批次审核上报省外经贸发展专项资金项目，累计金额20万元。区经信局开展海洋经济扶持政策补助兑现，收集申报资金150万元，涉及企业50余家。走访商务企业29家，帮助企业协调解决生产经营和出口过程中遇到的困难问题8件。

（叶　森）

个体工商和餐饮住宿业

【概况】 截至2015年底，全区在册个体工商户5098户，同比增长11.4%，同比增加6.69%；资金额40345万元，同比增长21.2%，同比增加0.97%。新设个体工商户户数总量和资金规模均有大幅度增长，全区新设个体工商户755户，资金额7938万元，同比分别增长33.39%和38.7%。是年，洞头区大力发展旅游业，实施旅游富民政策，举办特色旅游节、开发自行车环岛游、国际海钓节等项目，促进旅游市场快速发展，带动住餐消费回升。全区饭店餐饮行业餐饮店593户，宾（旅）馆59户。全区住宿和餐饮业实现营业额50144万元，同比增长17.8%。全区累计限上餐饮企业12家、住宿企业3家，全年餐饮业营业额4.12亿元，同比增长17.2%，其中限上餐饮业营业额3458.7万元，同比增长17.8%；住宿业营业额8911.6万元，同比增长20.8%，其中限上住宿业营业额3774.8万元，同比增长15.1%。区主要餐饮企业有洞头县金田大酒店、洞头县溢香国际大酒店，全年营业额分别为994万元、979万元，占全区限上餐营业营业额的57%。餐饮住宿企业经营情况随旅游季节性波动较大，呈现大起大落现象。同时多数餐饮住宿企业为个体户，在一定程度上制约了高水平高档次餐饮住宿企业的发展。

（张为婕　叶　森）

食盐专营

【概况】 2015年，洞头区盐业公司调入盐产品2082.076吨，年底库存量396.1846吨。销售各类盐产品2001.6928吨，其中小包装碘盐销售219.5928吨。销售收入270万元，其中非盐产品收入26.7万元。企业利润额-2.7万元。结合行业面临的新形势，转变执法模式，以宣传服务促进盐政执法、推动食盐专营。把城乡农贸市场、辖区边界、城乡结合部、养殖场、食品加工户、腌制用盐大户作为整治重点。开展农村市场整治，落实食盐零售许可证制度。全年检查生产经营单位58个，全区碘盐合格率、碘盐覆盖率和合格碘盐食用率分别为100%、100%和92.3%。是年，区盐业公司完善访、送、销整体功能，建立食盐零售配送客户档案213家，配送客户68家。全年配送零售客户小包装碘盐145.67吨，占小包装碘盐销售的66.34%。

（叶　森）

烟草专卖

【概况】 2015年，洞头区烟草公司销售卷烟3876.92箱，同比下降3.06%，实现批发销售额（含税）1.6403亿元，同比增长7.23%；实现单箱销售额4.23万元，增幅10.61%，增幅列全市第一；税利3511.69万元，同比增长29.57%。同时紧盯全国知名品牌和重点品牌发展目标，通过开展专项营销、生动化陈列、重点品牌消费体验等活动，在全市率先完成300~500元重点规格进货面目标。是年，破获二级国标互联网案件1起，判刑3人，涉案额180余万元。查获2万元以上的卷烟非法流入案件1起。通过全程控管和专项行动，全年查处各类涉烟违法案件4起，市场净化率98%以上，全年无外流案件。

【破获二级国标互联网销售假烟卷烟案】 2015年，洞头“8.13互联网销售假烟卷烟案”告破。2014年7月15日，洞头县烟草专卖局接到群众举报，发现陌陌上发布售烟信息涉嫌非法经营违法行为，经初步调查后于8月11日移送洞头公安部门。洞头公安部门8月13日立案侦查，成立专案组，先后赴浙江杭州、山西太原、交城，广东汕头、贵州都匀等地区开展调查取证、案件侦办，并在2015年3月之前先后抓获4名嫌疑人。经查，该案涉及8个省份，上下家关系3层，涉案总金额181.16万元。2015年4月、12月，该4名涉案人被洞头区（县）人民法院判决最高六年不等的刑期，并处罚金及没收相关涉案物品，上缴国库。洞头“8·13”互联网涉烟案件是洞头区烟草专卖局近年来破获的最大网络销售假烟卷烟案，被国家烟草专卖局评为二级国标案件。

（李　昱）

拍卖典当业

【概况】 2015年，温州洞头拍卖行组织包括涉民间金融风险房产公开拍卖在内的各类拍卖活动13场次，总成交额4193万元，营业税及附加费2.3万元。成立于1993年，注册资本50万元，是浙江省拍卖行业协会会员单位，是洞头区经信局下属国有企业单位。洞头鑫隆典当有限责任公司，企业典当业务总额40万元，发生典当业务3笔，年末资产总额565.96万元，年末典当余额519.3万元，当年息费收入7.25万元，直接对外债务余额16.34万元。主要经营范围是动产质押、房抵押、限额内绝当物品的变卖、鉴定评估及咨询服务和商务部依法批准的其他典当业务。

（叶　森）

市场管理与服务

【概况】 截至2015年底，洞头区商品交易市场8家，网上交易市场1家，其中农贸市场5家（北岙农贸市场、新城农贸市场、元觉农贸市场、大门农贸市场、鹿西农贸市场），消费品市场1家，生产资料市场2家。元觉农贸市场创成全区第三家省级放心农贸市场。新城农贸市场装饰工程投入资金1973万元，历时15个月于11月份正式开业。全年出动执法人员216人次，开展联合执法7次，各农贸市场交易情况良好，市场经营环境有序，未出现严重的违法违规经营行为。走访调研全区农贸市场并撰写《洞头区农贸市场商品价格分析及相关建议》调研报告。

【新城农贸市场正式启用】 新城农贸市场于2015年10月底建成，11月10日正式开业。始建于2014年8月。新城农贸市场装饰工程装修施工启动于2月5日，市场招商同步进行。共投入资金1973万元。由浙江众城建筑设计有限公司设计、温州焜伟建设有限公司承建。位于北岙街道新城区腾飞路海湾家园四号地块，占地面积2907平方米，按五星级农贸市场标准设计和建设。地上建筑两层，建筑面积6202平方米，地下建筑一层，建筑面积4911.6平方米。其中：地上一层为综合性农贸市场，地上二层为与旅游产业相配套的特色产品销售区，经营洞头本土特色干水产品及其他地区的特色产品，市场还设有免费食品检测室等。

【食品安全“百日会战整治行动”】 （参见《经济管理监督》栏目“食品药品监督管理”分目）

【食品安全电子监管】 2015年，全区创建“阳光厨房”36家，其中特大型、大型餐饮单位、学校食堂11家，覆盖率39.2%。全区纳入食品电子监管食品经营企业53家，安装企业使用率100%。婴幼儿乳制品、酒类经营单位电子追溯系统覆盖率95%以上。大型商超建立电子查询监管系统，重点食品可溯源率90%以上。全年创建县级电子化管理示范单位3家。

【食品安全检验检测】 2015年，区市场监督管理局开展定性检测12659批次，销毁处理不合格35批次，涉及商品31.5千克。开展各类食品定量检测855批次，合格率94.5%，立案24件，责令整改1件，移交公安1件，罚没款3.379万元。在北岙农贸市场、元觉农贸市场建立食品安全快速检测室并免费向公众开放，检测结果通过显示屏实时公布，同时通过短信、网站、媒体等定期发布检测信息。

（张为婕）

责任编辑　卓桂荣

旅游

千帆竞发·陈钦煅

“海霞精神”

爱岛尚武 励志奉献

“五岛连桥”精神

小县办大事 小岛创大业

概 述

【概况】 洞头区现有七大景区，分别是仙叠岩景区、半屏山景区、东沙景区、大门岛景区、鹿西岛景区、竹屿景区和大瞿岛景区，景点400多个。旅行社5家，分别是新境界旅游有限公司、大自然旅行社有限公司、华夏旅行社有限公司、温州长运集团洞头旅行社和洞头欢乐岛旅行社有限公司。12月，洞头区大门风景旅游管理中心正式挂牌。

2015年，区委、区政府以“旅游主业化、全域景区化”为发展理念，以国家AAAAA级旅游景区创建为抓手，深化旅游综合改革，力抓产业招商、项目建设、业态培育、市场营销、新品质提升，推进省级旅游综合改革试点。全年接待海内外游客448.34万人次，同比增长12.57%，实现旅游综合收入20.31亿元，同比增长12.93%。

是年，洞头区获浙江旅游总评榜“旅游发展十佳县(市、区)”及“2015听众最喜爱自驾游目的地”、“80后游客最喜爱的浙江旅游目的地（景区）”、市风景名胜区综合整治先进理事单位等称号。

【省级旅游综合改革试点】 2015年4月，洞头县制定《全域景区化建设2015年行动方案》，旨在通过全域景区化建设，夯实旅游基础、优化产业结构，增强洞头旅游业的整体实力和市场竞争力，为旅游业更好更快发展创造新的基础与环境。5月，县委、县政府制定《2015年全面深化旅游综合改革试点工作实施方案》，成立旅游综合改革试点工作领导小组，区委书记任组长、区长任第一副组长，建立定期研究、快速解决旅游发展中重大事项的决策机制，区委书记、区长分别就民宿发展、海钓发展、主题岛开发、鹿西岛开发、招商引资等开展调研7次。是年，在旅游综合改革、项目空间布局、旅游接待（特色民宿）、旅游品牌营销、旅游业态融合等方面实现创新突破、提质发展。考试招录国有企业员工10名。推进温州市洞头旅游文化发展有限公司实体化运作，全年完成融资2.47亿元。

【洞头获浙江旅游总评榜“旅游发展十佳县(市、区)”称号】 2015年3月27日，“梦回丝路·2014中国旅游总评榜”颁奖典礼在西安举行，洞头旅委获“年度最具推广力旅游局”奖，全国范围内获此综合奖项仅17家，洞头区成为浙江省唯一一家上榜单位。中国旅游总评榜是2007年由中国城市第一媒体旅游联盟(全国21家主流平面媒体)联合各方旅游权威组织精心打造的行业品牌活动，被誉为中国旅游界的“奥斯卡”奖，是国内具权威和影响力的旅游品牌评价体系。

本次奖项涵盖酒店、景区、旅行社、航空、旅游局等多个旅游领域16项奖，该获奖榜单是通过楚天都市报、齐鲁晚报、大河报、广州日报、钱江晚报等21家主流媒体，本着公平、公正、公开的原则，分别开展各地分榜评选，最终角逐出全国范围年度优秀旅游品牌。

【第八届全国海钓邀请赛暨浙闽城市海钓对抗赛】 2015年10月16日，第八届中国·洞头国际矶钓名人邀请赛暨全国海钓锦标赛开幕式在洞头国际放生台举行。该赛事由中国钓鱼运动协会、浙江省体育局、浙江省旅游局全力支持，温州市洞头区委、温州市洞头区人民政府、温州市体育局、温州市旅游局联合主办，浙江省钓鱼协会、温州市洞头区风景与旅游发展委员会承办。中国奥委会委员、中国钓鱼运动协会副主席万伯翱，温州市政府副市长苗伟伦，中国电影文学学会副会长、中国作家协会影视委员会副主任、《诗刊》编委、中国游记名家联盟主席黄亚洲，温州市人民政府副秘书长丁福良，浙江省水上运动管理中心主任、双人皮划艇奥运冠军孟关良，温州市旅游局局长张纯洁，浙江省钓鱼协会秘书长孙浙东、县领导王蛟虎、叶永辉、王文胜、叶海峰、叶明久和来自浙江、福建两地14支队伍，近90名专业选手参加。王文胜主持活动。对抗赛主题为“四海一家·垂钓洞头”。大赛包括浙闽城市海钓对抗赛、海钓产业创新发展研讨会、全国知名钓具品牌展览会以及游钓系列活动等。经过两天比赛，霞浦队、台州队、莆田队分获第一名、第二名、第三名，洞头队和宁波队分获第四、第五名。

【洞头区大门旅游管理中心正式挂牌】 2015年12月7日，洞头区大门旅游管理中心正式挂牌。该中心为股级公益一类全额拨款事业单位，全额拨款事业编制4名。主要职责：负责对大门景区的管理。负责景区内沙滩、洞穴、植被、岩礁、海域、自然景观、鸟岛等风景旅游资源的保护；负责景区门票的管理；负责景区内社会治安、安全管理、消防安全等日常管理；负责景区从业人员的管理培训工作；负责景区内游客投诉的处理工作；负责理景区内旅游经营活动的监督管理。

2015年10月16日，第八届全国海钓邀请赛暨浙闽城市对抗赛开幕式

旅游市场营销

【概况】 2015年，洞头区举办第八届全国海钓邀请赛暨浙闽城市海钓对抗赛，开展“心系大海·游钓洞头”快乐家庭亲子游钓活动、全国知名钓具品牌展览会、海钓产业创新发展研讨会。承办温州市首届中外旅行商大会暨2015中国旅游合作联盟走进温州活动，配合街道（乡镇）开展第六届中国·洞头妈祖平安节、第八届七夕民俗风情节、第七届大门油菜花节和洞头区第五届放生节等节庆活动。

【旅游宣传促销】 2015年，洞头区旅委积极参加浙江（江西）旅交会，温州市首届中老年时尚生活博览会、“5·19中国旅游日”温州旅游产品展卖等市场营销活动，协助开展“纵横中国房车万里行驶入洞头”、“在外温商子女寻根之旅”夏令营、“散文名家踩线洞头”等活动。走访金丽温、福建等地与旅行社开展对接，引进台湾旅行社踩线团、金丽温台旅行社踩线团、福建北部旅行社踩线团等，与旅行社合作开拓台湾市场，通过微博、微信、电商等渠道展开新媒体营销。举办蓝色海岸音乐趴、泼水节等活动，将海钓、放生、露营等产品与活动进行整合。与横店集团签订景区合作协议，开展旅游淡季“十个一万”营销与景区包时段营销，开发旅游“伴手礼”系列产品，建成旅游商品旗舰店。

【浙江（江西）旅游交易会推介】 2015年4月10—12日，浙江（江西）旅游交易会（简称旅交会）在江西南昌国际展览中心举办。旅交会由浙江省旅游局主办，浙江省各市旅游局(委)、省旅行社协会、省饭店业协会协办。洞头区旅委参加本次旅交会推介。洞头展馆除旅游指南介绍，同时开展互动环节，展区新意设计吸引大批市民参与游玩。活动其间南分发导游图、风光资料袋等宣传资料1万多份。

【“在外温商子女寻根之旅”夏令营活动】 2015年7月14日，50名来自全国各地及美国、意大利、荷兰等国家温商子女到洞头参加“寻根之旅”夏令营活动。此次活动由温州市旅游局主办。此次活动将参观雁荡山、楠溪江、洞头、江心屿等旅游胜地与人文景观，领略家乡“东瓯名镇”和“美丽的旅游风光，品地道家乡美食、赏悠久家乡文化。洞头是本次“寻根之旅”夏令营活动的第二站，参观望海楼等景区，感受洞头海岛文化，学习贝艺制作、开展沙滩运动会，感受渔家文化、采集民俗民风。

【洞头获“2015听众最喜爱自驾游目的地”称号】 2015年10月23日，在杭州召开的“自在畅游智驾温州”——温州旅游互联网推广大会上，洞头景区被“私家车第一广播浙江电台城市之声”听众投票评为“2015听众最喜爱的自驾游目的地”称号。温州旅游互联网推广大会是温州在新形势、新背景下推进“互联网+旅游”的重要举措，更是“时尚温州”不断创新旅游发展模式的全面展现。近年来，温州市着力培育温州自驾游服务体系，打造“自驾游名城”目的地品牌，“自驾游温州”已成为当下时尚度假的新方式。

【市首届中外旅行商大会暨2015中国旅游合作联盟走进温州活动】 2015年1月13日，温州市首届中外旅行商大会暨2015中国旅游合作联盟走进温州活动在洞头召开，来自韩国、日本、泰国、菲律宾、比利时等国家的旅行商代表，台湾、香港及中国旅游合作联盟的旅行商代表，温州各旅游企业代表等300余名嘉宾参加。大会由温州市人民政府主办，温州市旅游局、洞头县人民政府承办。洞头县风景与旅游发展委员会、中国旅游合作联盟协办。会上，温州旅游代表向与会嘉宾现场推介“诗画山水、时尚温州”的独特魅力，洞头、文成旅游部门分别与中国旅游合作联盟签订《中游联盟采购合作协议》，同时温州各旅游企业代表与中外旅行商进行项目洽谈和签约。现场启动百家旅行商共推“诗画温州”仪式。

【2015纵横中国汽车房车万里行活动】 2015年2月4—6日，“2015纵横中国汽车房车露营万里行”活动在洞头举行。活动由中国汽车运动联合会主办，中国汽车运动联合会汽车露营分会、北京金色向日葵户外休闲俱乐部、温州市旅游局、楠溪江风景旅游管委会、永嘉旅游投资集团有限公司、雁荡山旅游管委会、洞头县风景与旅游发展委员会、北京中资投资有限公司（暨温州美丽自驾游服务有限公司楠溪江国际房车露营公园）等承办。洞头站活动让市民更直接了解房车文化，体验房车旅游的便捷与新颖之处。也向游客宣传推荐洞头精品汽车房车自驾游线路，体验洞头“海上花园”魅力。

【中国·洞头海洋旅游商品创意设计征集大赛】 2015年2月，“海霞游礼”中国·洞头海洋旅游商品创意设计征集大赛结束。大赛于2014年5月启动，由温州市旅游局、洞头县人民政府主办。大赛旨在弘扬百岛海霞文化，推进海霞品牌的意识形态传承与红色旅游产业的有机融合，提升海霞品牌的精神感召力与市场吸引力，拔高红色旅游产业的价值链。大赛共征集到实物类作品、设计类作品700余件。浙江省旅游局政策法规处主任李伟刚、洞头县政府旅游发展顾问邱国鹰、国家旅游商品研发中心主任季慎峰、温州大学城市设计学院院长陈钦权、温州市旅游局市场处处长张丹担任大赛评委。大赛共评设计类特等奖1个，金奖1类，银奖3类，铜奖5类，优秀奖15类；实物类金奖1类，银奖3类，铜奖5类，优秀奖10类。“凤求凰贝雕摆盘”获实物类金奖，“手绘明信片”“海霞文艺小兵”“望海楼商务组合”等作品获实物类银奖；“望海楼香薰”获设计类特等奖，“船哨子”获设计类金奖，“海楼游礼”“地图雨伞”“文蟹武虾”等作品获设计类银奖。

旅游设施建设

【概况】 2015年，洞头区旅委建成仙叠岩景区二期提升工程仙叠岩至大沙岙临海栈道、半屏山景区提升工程连港蓝色海岸带灯光、绿化项目、海霞红色旅游文化创意园工程市政道路工程等配套项目、海霞军事主题公园改扩建工程真人CS、丛林穿越、高空滑索项目。完成美丽渔村精品工程“两线三点”建设小朴、花岗、海霞、下尾四村规划及海霞村、沙岙村三线落地工程。

【东海第一临海悬崖栈道试运营】 2015年7月1日，东海第一临海悬崖栈道（仙叠岩至大沙岙中门台段）正式投入试运营。该栈道工程位于洞头仙叠岩景区，起于半屏山景区，终点至垄头金沙滩，由半屏山临海悬崖栈道（1.5千米）、国际放生台至仙叠岩栈道（1.8千米）、仙叠岩临海悬崖栈道（2.3千米）、南炮台山临海悬崖栈道（2.8千米）、大沙岙至金沙滩临海悬崖栈道（3千米）5段组成，总长11.4千米。为目前中国沿海最长的临海悬崖栈道，现已建成5.6千米、正在建2.8千米，总投资8500万元作为国家AAAAA级旅游景区创建工程和洞头国家级海洋公园的重要组成部分，该项目的建设将形成以海岸观光、海上娱乐、海洋文化、海上运动和休闲度假为特色的滨海旅游综合开发，进一步扩大洞头海洋旅游的区位辐射力和吸引力。该工程建成后将洞头核心景区仙叠岩、南炮台山、大沙岙、金沙滩、国际放生台、半屏山等景点串联成环形线性景区，为洞头打造全域景区打下坚实基础。该栈道横穿5个行政村，沿线分布渔家乐特色示范村3个，渔家民宿47家458个床位、星级渔家乐14家，游客可在此深度体验古朴精致的海岛渔村风情和七夕成人、宗教放生、妈祖平安等传统渔家文化。

东海第一临海悬崖栈道

【半屏山景区提升工程】 2015年1月，半屏山景区提升工程开工建设。该工程位于半屏东屏街道半屏岛，规划红线范围约170.5亩，总占地面积11.3万余平方米，其中建筑面积2600平方米，绿化用地面积11万余平方米，概算总投资3419余万元。主要建设山上游客中心，海上游客中心、滨海休闲栈道、临海悬崖栈道及广场平台等景区项目。是年，完成3.5千米半屏山山上游游步道和900米海上栈道建设，完成2000平方米眺望平台和2000平方米白龙广场基础建设。工期420天。项目建设单位为洞头县旅游文化发展有限公司，设计单位为浙江西城建筑设计有限公司，施工单位为广东筑奥园林有限公司，监理单位为浙江之江监理工程有限公司。

半屏山提升工程

【海霞红色旅游文化创意园开工】 2015年3月，为提升红色文化教育旅游资源，海霞红色旅游文化创意园开工建设。工程位于北岙街道海霞村，主要建设内容为室外景观和地下停车场，其中室外景观工程主要包括文化广场、主题雕塑、浮雕墙及绿化等。工程项目概算投资1958万元，其中一期工程完成1400万元。项目建设单位为洞头县旅游文化发展有限公司，设计单位为浙江中维建筑工程有限公司，施工单位丽水天宇建筑工程有限公司，监理单位为温州华厦建设监理有限公司。

【仙叠岩提升工程（游客中心、救生中心）开工】 2015年10月15日，仙叠岩提升工程（游客中心、救生中心）开工建设。该工程总造价450万元，计划工期180天，工程主要建设游客中心、救生中心。包含大沙岙景点入口建筑和海滨浴场救生室进行改扩建，景区周边环境、绿化、智能设施提升。项目建设单位为洞头区旅游文化发展有限公司，设计单位为浙江佳境规划建筑设计研究院有限公司，施工单位瑞宇建设有限公司，监理单位温州裕达建设工程项目管理有限公司。

旅游项目开发

【概况】 2015年，洞头区旅委制定2015—2016年旅游休闲产业招商工作方案，成立旅游休闲产业招商工作组。参加各级旅游招商大会，对接中青旅、横店、盛鹏达等知名央企民企16批次，达成意向投资10亿元以上，实现到位内资9136万。签约鹿西旅游综合体项目、岛际低空飞行项项目、3D海洋魔幻艺术馆项目，成功引进华中水乐园、高空蹦极、百岛梦幻冰雪王国、中鹿旅游台湾观光工场等项目，激活东港休闲中心、名品广场等社会投资项目，解决马岙潭景区历史遗留问题。

【岛际低空飞行项目签约】 2015年11月23日，洞头区政府与温州市兴龙航空投资有限公司正式签约温州市洞头区岛际低空飞行项目。项目选址于华中地块，占地面积近7亩，主要建设C类直升机场，主要有候机室和停机坪，候机室内布局候机区、休息室、安检门、售票台、验票区等。直升机使用机型为美国罗宾逊R—44直升机。空中游览航线初步定为：本岛片区环岛、本岛—鹿西—大门、本岛—大瞿—南策三条线路。总投资估算约5亿元。

【华中水乐园项目开工】 2015年7月，华中水乐园项目开工建设。该项目位于新城区海悦城地块，占地面积28.68亩，建筑面积19120平方米，总投资约3000万元。分演出区、休闲健身区、戏水区、游乐区四个区域，是集竞赛、演艺、健身、儿童游戏、休闲娱乐为一体，以“水”为核心的现代化娱乐主题乐园。年底完成项目建设和内部装修。

【洞头鹿西·海上度假公园综合开发项目签约】 2015年10月，区政府与厦门金宏利进出口有限公司签约洞头鹿西·海上度假公园综合开发项目。该项目位于鹿西乡，用地面积约534.6亩，总建筑面积56800平方米，其中一期工程30800平方米，二期工程26000平方米，计划总投资约6.5亿元，建设内容包括观景平台、度假酒店、海滩、旅游综合体等。2016年计划完成前期，开工建设露营平台配套及农业观光园等。

【中鹿旅游台湾观光工场项目签约】 2015年10月，区旅委与温州中鹿观光工场有限公司签约中鹿旅游台湾观光工场项目。该项目建筑面积约3500平方米，总投资约1000万元，主要建设内容有：台北馆、台中馆、阿里山馆、金门馆、一条根馆、台湾箱包馆、现烤牛肉馆、现做牛轧糖馆、奶茶咖啡馆、现做凤梨酥馆、LED种菜馆、洞头特产馆、海钓器具展示柜、购物超市、休闲区以及游客餐厅等。

乡村旅游

【概况】 2015年，洞头区新增民宿47家，床位513个；新增农家乐7家，餐位1320个；直接从业85人。全年农家乐休闲旅游接待游客178.78万人、直接营业和游客购物收入1.24亿元，同比分别增长20.47%、56%。区旅委出台加快渔家乐民宿发展的若干意见、农房使用权流转实施方案、渔家乐民宿管理暂行办法（试行）等政策文件，引入胜利岙那鹿湾、岩海凸垄度假山居、沙岙月半湾等3个以自然村整村开发特色民宿项目，培育推出花石间、怡蓝湾、钱苑后院等一批特色民宿。推进大门龟岩森林、马岙潭景区交通配套工程等建设，配合办好“乡”约大门、“醉”美花海——第七届海岛(大门)油菜花观赏游。鹿西岛建成近4000平方米的山坪露营基地，引进中鹿休闲生态农业田园项目，“离岛、慢生活”品牌影响逐步扩大。

【“农家乐”提升工作】 2015年，区旅委以民宿发展为重点，统筹推进区域旅游协调发展。协助资味满满餐厅申创市农家乐三星级，以及那鹿湾、花石间、东海度假公馆申创市旅游特色客栈。新增区级渔家乐特色村5个、示范点1个、二星级经营户12家。组织各街道（乡镇）、部门单位乡村旅游专职人员70余人赴温州、杭州等地参加乡村旅游研讨班，学习乡村旅游转型升级经验。

【旅游环境整治】 2015年3—5月，区旅委联合公安、交通、市场监管等部门，加强旅游景区、星级酒店、通景公路占道违法经营及景区周边食品卫生安全等进行检查，以及“三无”船舶、黑车的排查整治力度，全年开展联合执法行动13次。成立环境整治工作领导小组，制定景区环境综合整治实施方案，建立严格的旅游景区卫生保洁制度，加强对通景公路沿线环境卫生、景区周边商品店及景区厕所的排查，确保整治工作到底到边。全年投入100余万元用于景区厕所改扩建工程，改扩建3A、2A标准厕所各2座。

旅游行业管理

【概况】 2015年，区旅委与12家涉旅企事业单位签订“安全目标管理责任书”，开展防汛安全大检查、安全生产月、安全生产大排查大整治等专项活动，参加旅游行业安全生产检查22次。印发《洞头县旅游系统消防安全管理规定》，修订《洞头县旅游突发公共事件应急预案操作手册》，修编《防汛应急预案》，进一步细化应急预案实施细则和流程图。组织参加第四届“中国历史文化名楼杯”讲解员大赛，望海楼讲解员2人获三等奖。组织开展导游年审培训、民宿发展培训。开展防汛预案演练和消防安全生产应急演练活动，参加全县职工消防安全技能大比武活动，获团体三等奖。指导东方罗马假日酒店和温州海逸酒店做好节水型酒店创建

第七届海岛(大门)油菜花观赏游

工作，配合东方罗马假日酒店做好三星级酒店复评前期准备工作。

红色旅游

【概况】 2015年，洞头区举办创新发展海霞红色旅游研讨会，建设“红色旅游书屋”，编写完成《海霞口袋书》（上册：英雄连队；下册：将军寄语）、《海霞口述史》，启动编辑《海霞精神》等书籍。举办“2015海霞之旅”青少年千人体验营活动。海霞红色旅游发展成功纳入国家红色旅游十三五发展规划，海霞红色旅游文化园通过全国红色旅游经典景区第一轮审核，洞头先锋女子民兵连纪念馆被列入全国爱国主义教育基地培育名录。

【“创新发展海霞红色旅游”主题研讨会】 （参见《专辑》栏目）

【红色旅游阵地建设】 2015年，区旅委建成海霞红色文化旅游园区，建设海霞红色旅游文化创意园一期工程。完成洞头先锋女子民兵连纪念馆改扩建、海霞军事主题公园改扩建、海霞精品村“三线入地”等工程建设，推进海霞村那鹿湾特色民宿集群式开发。

新开发的民宿

【概况】 2015年，区旅委制定出台《关于加快渔家乐民宿发展的若干意见》《洞头县农房使用权流转实施方案》《洞头县渔家乐民宿管理暂行办法（试行）》等政策文件，引入胜利岙那鹿湾、岩海凸垄度假山居、沙岙月半湾等3个以自然村整村开发特色民宿项目，培育推出花石间、怡蓝湾、钱苑后院、祝宿、十八号公馆等一批特色民宿，全年发展精品民宿73家，新增渔家乐民宿床位1100张。

【花石间】 2015年4月，花石间民宿开业。花石间民宿由渔家石头房改造，2014年开始装修，坐落于北岙街道海霞女子民兵连纪念馆旁，占地面积500多平方米，总投资140万。设有室外泳池、棋牌室、户外露台等，房间4个，床位5个。

花石涧

那鹿湾·鹿鸣舍

钱苑后院

东海度假公馆

怡蓝湾

海海人生

【怡蓝湾】 2015年5月，怡蓝湾民宿开业。怡蓝湾民宿位于洞头区东屏街道半屏山屏海路上，背山面海，以地中海风情为主题。共7个房间11个床位。

【海海人生】 2015年5月，海海人生民宿开业。海海人生民宿位于洞头区东屏街道半屏山屏海路上，以鱼元素风格为装修主调。共5个房间8个床位。

【钱苑后院】 2015年5月，钱苑后院民宿开业。钱苑后院民宿位于洞头区东屏街道府前路221号，靠近洞头仙叠岩等核心景区。占地面积100平方米，建筑面积近300平方米。共5个房间15个床位。

【那鹿湾·鹿鸣舍】 2015年10月，那鹿湾·鹿鸣舍民宿开业。那鹿湾·鹿鸣舍民宿位于洞头区北岙街道海霞村胜利岙，海霞军事主题公园旁，由海岛石头房改建。共4个房间4个床位。

【东海度假公馆】 2015年4月，东海度假公馆民宿开业。东海度假公馆位于洞头区北岙街道三盘岛（下尾）三盘东路12号，高端欧式建筑私家海景别墅。共9个房间12个床位。

（苏静静）

责任编辑　曾焕定

大门海洋经济示范区

夕照渔村·陈建辉

“海霞精神”

爱岛尚武 励志奉献

“五岛连桥”精神

小县办大事 小岛创大业

【概况】 2015年，温州瓯江口产业集聚区管理体制作出调整，成立瓯江口产业集聚区大门岛分区管理委员会（对应洞头县大门海洋经济示范区管理委员会）。全年大小门岛完成固定资产投资15.53亿元，区域内完成到位内资7.95亿元。实现经济总收入41.85亿元。参与税收分成收入2106万元。洞头县大门海洋经济示范区于2012年3月正式挂牌成立，功能定位为浙江海洋经济发展示范区先行区、温州对台经贸合作试验区，其管辖范围包括大门镇、鹿西乡行政区域，陆域面积45.86平方千米。管理上实行区镇统分（一镇带一乡）管理体制。大小门岛陆域总面积35.26平方千米，其中大门岛面积28.6平方千米，为温州市第一大岛；小门岛面积4.63平方千米。下辖3个农村新社区，25个村（居），人口2.7万人。大小门岛具有良好的港口岸线资源，大小门岛港区是温州港三大核心港区之一，也是温州唯一可以建设20万吨级以上泊位的港区。共布置各类生产性泊位38个，其中10万吨级以上泊位5个（大型LNG泊位2个，通用散货泊位3个），5万吨级19个。大小门岛位于瓯江口外的中心区域，原来对外交通主要以水上交通为主，开通一条前往大门至洞头本岛、大门至乐清（温州）的航线。大门大桥的开通，实现了与乐清陆岛相连至甬台温高速复线，大门镇距高速仅30千米。

【温州瓯江口产业集聚区管理体制调整】 2015年4月29日，根据市委、市政府《关于温州瓯江口产业集聚区管理体制调整的通知》（温委办发〔2015〕58号）文件精神，成立瓯江口产业集聚区大门岛分区管理委员会（对应洞头县大门海洋经济示范区管理委员会），实行“一套人员、多块牌子”运作模式。9月，瓯江口产业集聚区大门岛分区正式挂牌成立。示范区工作人员实行交叉任职工作运作模式：瓯江口产业集聚区洞头大门岛分区（大门海洋经济示范区）管委会党委书记、管委会主任（副县级）兼任大门镇党委书记。示范区管委会副主任兼任大门镇镇长。其他不再兼任。示范区分专职人员和兼职人员，其中专职人员在大门海洋经济示范区管委会工作，兼职人员在原单位工作。在人事方面，副科级以上领导干部由区委直接任命，中层干部由功能区党委任命。示范区实行独立的财务核算。

【瓯江口产业集聚区大门岛分区管理委员会成立】 2015年4月29日，市委、市政府对温州瓯江口产业集聚区管理体制进行调整（温委办发〔2015〕58号），大门岛作为分区列入瓯江口产业集聚区。9月28日，温州市机构编制委员会同意设立瓯江口产业集聚区大门岛分区管理委

大小门港区

员会（对应洞头区大门海洋经济示范区管理委员会）（温州市编〔2015〕119号），机构规格为正科级，主任可按副县长级配备，实行“一套班子、三块牌子”运作模式。10月26日，温州市人民政府任命李毅为瓯江口产业集聚区大门岛分区管理委员会主任（副县长级）（温政干〔2015〕59号文件）。12月，洞头区委任命李毅为瓯江口产业集聚区洞头大门岛分区管委会党委书记。。

【投资融资】 2015年，洞头区大门海洋经济示范区加大固定资产投资，超额完成大门大桥、小门西片围垦、大门港口物流区促淤堤、长沙安置房(长沙农房集聚一期工程)等一批重点工程年度投资任务。其中，大门大桥实现试通车，小门西片围垦形成地块，大门产业基地引水工程等开工建设。重点工程建设完成投资13.2亿元，占大小门岛固定资产投资的84.9%。做大融资平台，拓宽融资渠道，创新融资方式，全年银行融资到位资金3.8亿元。

【招商引资】 中石化温州液化天然气（LNG）项目总投资108亿元（一期投资），2013年以来开展项目前期研究工作。截至年底，21项评价中完成20项；19项支持性文件中，除军事部门支持意见外，其他各项均办理完成。项目场平工程一期（东屿料场）于9月份顺利开采，完成投资4557万元，为年计划的91%。中燃华电公司罐区LPG技改项目，完成一号低温罐建设。浙江弘博DOP项目顺利投产。花岗岩产业集聚区一期工程完成场地回填和市政配套设计。对接总投资240亿元的沙滩储油项目和总投资28亿元的热电联产项目。观音礁海景度假酒店和大门健康养生产业招商项目正式签订框架协议。

【重点工程建设】

2015年，洞头区大门海洋经济示范区续建项目：大门大桥一期工程（含小门接线公路）累计完成投资15153万元，为年计划的138%；黄岙二期围涂工程，累计完成2189万元，为年度计划的55%；小门岛西片围涂工程(回填)，累计完成6479万元，为年度计划的162%；温州大门港口物流区促淤堤工程，累计完成8109万元；大门镇至小门大桥公路工程（隧道），累计完成2000万元；大门镇长沙安置房(长沙农房集聚一期工程)，累计完成4087万元，为年度计划的136%；LNG陆域场地工程（一期），累计完成4557万元，为年度计划的91%。

【政策处理86小项】 2015年，洞头区大门海洋经济示范区及时处置工程建设中新出现的政策处理问题，打造“和谐工程”，形成“一把手挂帅、一线调处、网格化推进和全员参与”的政策处理工作格局。全年完成区域内30个大项86个小项政策处理任务。没有因政策处理不当而引发群体性事件。

（林万敏）

责任编辑　卓桂荣

财税 审计

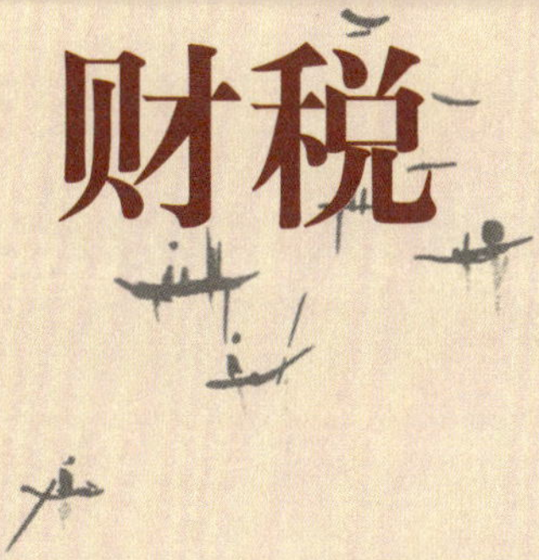

归艇鱼满筐 · 叶锡静

“海霞精神”

爱岛尚武 励志奉献

“五岛连桥”精神

小县办大事 小岛创大业

财 政

【概况】 2015年，全区财政总收入9.57亿元，增长8.0%。其中，一般公共预算收入5.42亿元，增长11.1%，占财政总收入的56.6%；上划中央“四税”收入4.15亿元，同比增长4.2%。税收收入4.34亿元，增长4.1%，占一般公共预算收入的80.1%。全年一般公共预算收入中，四大主体税种合计入库3.11亿元，四大主体税种分化明显：其中增值税6154万元，同比增长-21.3%，扣除“营改增”收入1760万元因素，实际同比减收837万元，同比减收16.0%；营业税19110万元，较上年同期增长6.3%；企业所得税3558万元，同比下降16.8%；个人所得税2240万元，同比降幅6.5%。全区其他地方各税本期入库12295万元（扣除本期成品油价税改革城建税划出650万元），同比增收1706万元，比上年同期上升16.1%。资源税、城建税、房产税、印花税、车船税、耕地占用税、契税分别增长4%、3%、19%、23%、29%、8%、70%。土地增值税收入与2014年同期基本持平，城镇土地使用税收入降低21%。全年非税收入完成入库10814万元，增收3705万元，同比增长52.1%。增收主要是因为取得矿产资源专项收入1930万元，罚没收入较去年同期增长1296万元，且2015年由于预算口径变更，11项政府性基金纳入一般公共预算，故非税收入增幅明显。全区一般公共预算支出18.79亿元，比2014年同期增长10.7%，完成年度预算的101.3%。民生事业支出完成13.28亿元，占一般公共预算支出的70.7%，同比增长7.9%。

【财政支出管理】 2015年，全区民生事业支出13.28亿元，占一般公共预算支出的70.7%，同比增长7.9%。教育、社保、城乡社区等重点领域支出分别为31324万元、10454万元、19749万元，同比增长1.3%、13.9%、129.8%。整合支农专项资金1600万元支持“美丽乡村”建设，投入1207万元用于村级公益“一事一议”奖补项目实施，进一步改善渔农村生产生活环境。全年全区三农支出8.7亿元。落实国家和省、市对小微企业的财税优惠政策，加大对中小企业和新兴行业的扶持力度。全年累计减免企业各项税费4258万元。配合区委、区政府研究制定相关政策，加大对重点行业和新兴产业扶持，累计兑现财政优惠政策资金3326万元。发挥财政应急转贷专项资金和助保贷作用，及时为企业解决临时资金周转难题，累计发放应急转贷金额4950万元。完成PPP项目库建立和专业团队组建，推进状元南片基础设施和污水处理厂PPP项目2个。通过多渠道、多举措超额完成筹融资29亿元，确保重点工程建设顺利推进。

【撤县设区财政体制调整】 2015年，洞头撤县设区后，洞头区财政管理体制由“省管县”财政体制，转变为“市对区”财政体制。区财政局超前做好撤县设区财政体制调整对洞头财政影响的测算，争取省、市政策支持。根据浙江省人民政府办公厅《关于温州市有关事项的复函》（浙政办发函〔2015〕86号）精神，浙江省对洞头区补助政策按照“保基数、调增量”原则实施，已有的财力性补助按基数给予保障，纳入固定补助；转移支付增量纳入温州市整体考虑，统一实行省对市转移支付系数。根据《浙江省财政厅关于深化财政体制改革的实施意见》（浙财预〔2015〕50号）文件精神，洞头区原属于一类二档，享受0.9转移支付系数，现调整为二类六档，享受0.2转移支付系数。

【预算管理改革】 2015年，区财政局贯彻落实新《中华人民共和国预算法》，实施全口径预算管理，完成一般公共预算、政府性基金预算、社会保障预算、国有资本经营预算等四大预算。实施预算审查机制，在2014年50家部门、单位预算上会审查基础上，扩面到所有部门预算上会审查，实现部门预算编制全覆盖。推开区级财政预决算、部门预决算和“三公”经费预决算信息公开，全年“三公”经费下降16.9%。制定出台《洞头区区级财政资金竞争性存放实施方案》《洞头区区级财政资金竞争性存放实施细则》，以首期1亿元社保资金实行竞争性存放。规范财政结余资金管理，盘活财政存量资金9144万元。

【投融资体制改革】 2015年，洞头区财政局积极探索投融资体制改革，协助区政府出台《关于推广运用政府和社会资本合作模式的实施意见》（洞政发〔2015〕22号）文件，通过PPP模式引进社会资本投资基础设施和公共服务领域建设，破解政府融资难题。组建专业团队，建立PPP项目库，并向社会公布第一批PPP项目名单17项。完成首个PPP项目16亿元状元南片市政基础设施工程政府采购。实行地方政府债务规模限额管理，全年全区地方政府债务限额11.7亿元，低于地方政府债务率警戒线，风险总体可控。

【财政监督管理】 2015年，区财政局完善政府购买服务机制，配合县政府出台《洞头县政府购买服务财政资金使用管理暂行办法》《洞头县政府购买服务采购管理暂行办法》，建立区政府向社会力量购买服务工作联席会议制度，加强政府采购监管，全年节约采购资金1871.17万元。积极开展绩效目标管理工作，将30万元以上的部门预算支出项目全部纳入绩效评价，覆盖面100%。强化财政建设项目审核，全年完成财政投资建设项目工程预算审核、工程结算、专项资金、竣工财务决算等项目454个，涉及送审金额3.24亿元，核减财政资金1536万元。

【固定资产管理】 2015年，区财政局全面升级行政事业单位国有资产管理系统，启动行政事业单位国有资产登记管理，首次推行年度资产配置管理。制定《洞头区行政事业单位国有资产配置管理暂行办法》《洞头区行政事业单位国有资产处置管理暂行办法》《洞头区行政事业单位国有资产出租管理暂行办法》《温州市洞头区行政事业单位办公用房装修、通用办公设备和机动车辆配置限额标准》等4项资产管理制度，进一步加强国有资产管理，维护国有资产安全、完整，防止国有资产流失。全年组织国有闲置房产公开拍卖2次，涉及国有闲置房产16处，收回盘活资金786.5万元。获全省财政系统国有资产管理工作考核县级优秀单位称号。

【街道（乡镇）财政管理】 2015年，区财政局制定各街道（乡镇）财政税收工作考核办法，从税收任务完成率、财政收支平衡、债务控制、财经纪律、财政机构建设、资金监管等6个方面加以考核。组织开展乡镇财政干部培训，培训率100%。推进乡镇公共财政服务平台应用，乡镇公共服务平台建设覆盖率100%，并将民政、残联、社保、计生、渔农等21个项目全部纳入乡镇公共财政服务平台发放，发放涉农各项资金14585万元，涉及28978人次。

【推广运用政府和社会资本合作（PPP）模式】 2015年4月始，成立以县政府主要领导为组长的协调管理领导小组、县分管领导为组长的PPP项目工作小组等运行机构。区政府制定出台《关于推广运用政府和社会资本合作模式的实施意见》（洞政发〔2015〕22号），理顺管理关系和操作程序，明确各部门职责分工和工作流程。区组织发改、财政、行业主管部门、项目业主等单位参训、考察。联动发改部门和行业主管单位广泛采集项目，建立PPP模式项目库30个，通过初步评估并结合项目实施条件充分性公布首批PPP项目名单17项，其中城北污水处理厂项目和状元南片市政基础设施工程项目成功入选省财政厅第二批PPP推荐项目目录（浙财金〔2015〕72号）。状元南片基础设施建设项目总投资16亿元签约落地，城北及霓屿污水处理厂总投资3.6亿元，完成项目实施方案编制阶段。

【政府采购管理】 2015年4月，财政部门制定出台《洞头县政府购买服务财政资金使用管理暂行办法》《洞头县政府购买服务采购管理暂行办法》。10月，建立区政府向社会力量购买服务工作联席会议制度。转发市政府政府购买服务指导目录，主要涉及公共服务、政府履职辅助性服务两大类52项内容。全年采购预算总额42899.65万元，采购额37982.64万元，节约资金4917.01万元，节约率11.46%（包含建设口工程招标采购）。其中，政府采购预算9380.03万元，采购额8218.79万元，节约资金1871.17万元，节约率19.95%。

（翁坚强）

税 务

·地方税务·

【概况】 2015年，区地税局在严峻的宏观经济形势下，坚持组织收入工作原则不动摇，勤征细管，挖潜增收，通过培育优质税源、加强税源分析预测和监控、优化收入结构、健全管查互动机制等，强化税收征收管理，保证地方税收收入持续稳定增长。全区地税部门组织各项收入8.48亿元，增长28.4%。其中，税收收入4.28亿元，增长11.5%；非税收入4.20亿元，增长51.7%。营业税、企业所得税、契耕两税、其他各税分别入库1.90亿元、5231万元、4009万元、8937万元，分别增长16.2%、8.5%、63.6%、2.1%；个人所得税入库5601万元，下降6.5%。重点税源企业税收持续增长，22家省级重点税源企业入库1.21亿元，增长19.0%，占税收收入比重的29.0%。第二产业、第三产业税收均有不同程度增长，其中第二产业占据主导地位，分别入库2.59亿元、1.68亿元，分别增长16.60%、4.40%，分别占税收收入比重的60.60%、39.30%。

【支持转型升级】 2015年，区地税局开设纳税人实体学校，开通“税贷通”，为企业营造良好发展环境。在清理税收优惠政策基础上，兑现落实国家对小微企业等优惠政策，全年为企业累计减免各项税费4258万元。落实“个转企”扶持政策，通过免收工本费、享受税收优惠政策、政府购买财务报账无偿代理服务等，完成个转企52户。开展以“支持温商创业创新，推动洞头科学发展”为主旨的温商创业创新专题宣传，新引进项目9个，建立定点联系制度，摸清企业需求和项目进展，挖掘潜在税源，全年新增地税税收174.8万元。

【税源征收管理】 2015年，区地税局强化重点税源监管，在做好全区地税收入前100家企业和22家省级以上重点税源监控基础上，扩大税源监控范围，将更多行业、企业纳入重点税源监控范围，实施每月纳税20强排名制度并及时向社会公布。协助区政府研究制定《关于调整企业社会保险费行业最低申报比例征收标准的通知》（洞政发〔2015〕38号），进一步规范社保费征收管理。坚持税收分析制度，定期召开财政、国税、地税联席会议，研判收入形势，拓宽合作领域，形成横向联动的部门信息交换机制。做好企业所得税汇算清缴、税费结算、营业税清理、土地增值税清算、年所得12万元以上个人所得税申报等工作。开展漏征漏管户、非正常户专项清理。开展收费专项清理行动，推行税收执法权力清单，联合多部门施行“五证合一”“一照一码”登记制度。完善瓯江口新区建筑业税收委托代征工作。探索“团队化”检查模式，电子查账软件应用工作取得重大突破，有效提升稽查信息化水平。开展重点行业税收专项检查、重点税源企业税收检查、打击发票违法犯罪活动，全年检查纳税户64户，立案20户，查补入库各项税费合计290万元。

【纳税服务提质】 2015年，区地税局全面落实《浙江地税纳税服务规范》，探索研究“营改增”扩围后办税服务厅区域设置、业务变化、窗口职能以及功能转换等变化，深化涉税审批提速增效、同城通办、自助办税、提醒服务、预约服务、简并资料等各项服务措施，提升办税服务厅工作效率。权力清单从179项删并为100项。简化办税流程，规范涉税审批，缩短办税时限。参加行政审批服务瘦身比拼活动，涉批事项100项，参与“瘦身”清理82个，取消办事环节558个，申报材料400项，前置要件2个。开展“税收去哪儿”主题宣传月儿童现场绘画比赛、税法知识有奖竞答活动等，利用微信公众号、微博等线上平台，加强与纳税人互动交流。借助“互联网+”，推广网上办税，着力打造智慧税务，实现平均每月80%以上税款通过网上扣缴入库。开展纳税信用评价工作，营造依法诚信纳税氛围，确定A级纳税人332户，B级纳税人198户，C级纳税人18户，D级纳税人10户。在2015年度全省纳税人满意度专项调查中，综合得分86.3，在全省71个县(市、区)局中名列第17，全市排名第4。

2015年9月30日，洞头首张加载统一社会信用代码的营业执照　（叶枫\摄）

【开启“五证合一、一照一码”登记制度】 2015年9月30日，洞头区全面开启“五证合一、一照一码”登记制度。洞头首张加载统一社会信用代码的营业执照，是由温州苏宁云商销售有限公司洞头北岙店负责人在区行政审批中心办理的。“五证合一、一照一码”登记模式，即将原由工商（市场监管）、质监、税务、人力社保、统计等五部门分别核发的不同证照，改为由工商部门核发加载法人和其他组织统一社会信用代码的营业执照。将营业执照的注册号、组织机构代码证号、税务登记证号、统计证号及社保登记证号统一为一个登记码，标注在营业执照上，实现“一表申请、一窗受理、同步审批、统一发证”模式，即企业可凭加载统一代码的营业执照代替税务登记证使用，不再需要到地税部门办理税务登记证。地税部门通过国地税联合办证系统获取企业“一照一码”相关登记信息。简化了企业开办流程，节约了办理成本，是审批制度改革的进一步深化。截至12月底，共办理由工商行政管理部门核发加载法人和其他组织统一社会信用代码营业执照的登记户75户。

·国家税务·

【概况】 2015年，区国税局累计入库税收45858万元，全年入库税收45858万元，其中中央级37790万元。同比减收2744万元，下降了5.65%。是年，石油加工行业入库税收23295万元，同比减收3723万元，下降13.78%，占所有税收比重50.80%，占据洞头国税税收收入半壁江山。

是年，区国税局办税服务厅被省局记集体三等功1次。连续12年获评“省级青年文明号”；连续3年获评区“争先创优”优秀服务窗口。

【张志勇到洞头慰问调研】 2015年1月22日，国家税务总局副局长张志勇一行深入洞头县局慰问调研。国家税务总局人事司副巡视员王志华、省国税局党组副书记、副局长王小平、省国税局副巡视员胡蓬星等陪同调研。张志勇一行到洞头县局办税服务厅，看望办税服务厅税务干部职工，听取办税服务厅各项便民服务举措的情况介绍，详细询问《全国县级纳税服务规范》实施运行情况，勉励大家再接再厉，不断提升纳税服务能力与水平，赢得纳税人更多的赞赏。此外，还召开座谈会，听取洞头县局工作汇报和意见建议，详细了解规范津补贴、“营改增”扩围、《纳税服务规范》落实等情况。

【实施出口退税无纸化管理】 2015年11月始，区国税局全面实施出口退税无纸化管理，实现申报、审核审批和退库全流程的无纸化管理。5月份开始无纸化报关单，取消纸质报关单改为电子信息传输，报关单传递时间由过去平均33天缩短为1周。生产企业人工审核环节由14项减为3项，外贸企业由21项减为5项，比总局规定的20个工作日提速到10个工作日完成。对符合规定条件的，从受理、人工审核、计算机审核、复审到核准等五个环节，限时审核，实施“先退后审”、“快审快退”、旬退等制度。全区55家出口企业全部实现“网上办理”，既不需提供纸质申报材料，也无需前往办税服务大厅，只需提供通过税控数字证书签名后的正式电子数据，一点鼠标就可以实现出口退（免）税申报，大大提高退税效率，缩短退税周期，节约企业资源。

【落实税收优惠政策】 2015年，区国税局贯彻落实《出口退（免）税管理工作规范1.0版》、出口退（免）企业分类管理有关规定，争取增值税调库指标，主动调库2800万元，占增值税总额12.86%，同比增长7倍。简政放权，行政审批项目由2014年的56项缩减为7项，减幅87.5%，其中非行政许可类审批全部取消。11月起，全面实行出口退（免）税无纸化管理。在全区外贸形势低迷情况下，全年办理出口退（免）税累计3540万元，同比逆势增长14%。全面落实增值税转型、研发费用加计扣除、加速折旧、暂免征收增值税、减半征收所得税、提高起征点等优惠政策，减轻小微企业税收负担。全年办理固定资产申报抵扣增值税754万元，累计减免各项税收1.35亿元，同比增长32.38%，办理用于民生的免税销售额8.53亿元。办理福利企业退税221.38万元。减免起征点以下个体工商户增值税918.68万元，减免小微企业增值税62.33万元、企业所得税83.92万元，小微企业受益面100%。从10月1日起，购买1.6升及以下排量乘用车实施减半征收车购税新策。

【税收征管】 2015年，区国税局推进《全国税收征管规范1.0》《出口退免税管理工作规范》《国地税合作工作规范》等政策落地，开展建筑业、房地产业、金融保险业和生活服务业等“营改增”摸底调查与“营改增”扩围改革试点前期各项工作。联合市场监督管理、地税等部门推进“五证合一、一照一码”改革。开展消费税和车购税征管政策调整。推行增值税发票系统升级版，对389户一般纳税人和152户小规模纳税人使用增值税防伪税控纳税人全覆盖，获市局集体嘉奖。领先全市连续15年保持零新欠。全年入库率、登记率、滞纳金加收率、涉税事项准期办结率、处罚率均100%。落实《深化国税、地税征管体制改革方案》，协助财政部门完成地方公共预算收入同比增长10%的年度目标。实现税源管理从“管户制”到“管事制”转变，保质保量完成汇算清缴后续管理工作。实施金税三期上线工作方案，做好数据清理与补录、初始化数据完善、操作培训及双轨运行。结合行业评估模型建设，借助第三方信息提升纳税评估质效。完善中小税源风险管理机制，做好企业所得税预缴汇缴管理，强化后续审核和高风险事项团队管理，提高防范出口骗税水平。启用增值税发票电子底账管理系统，加强烟、酒、车、油等行业重点税源企业消费税管理、车辆购置税管理、实施非居民税收专业化管理。

【税收行政执法】 2015年，区国税局应用“国税系统基层单位税收执法风险管理信息系统”，开展税收执法管理信息系统疑点信息核查，规范进户执法，落实“企业宁静日”制度，全年执法准确率99.98%。推行兼职法制员制度和法律顾问制度，聘任社会兼职及党员业务骨干14人为兼职法制员。开展打击发票违法犯罪活动、税收专项检查工作，全年累计8次，每旬监督梳理已经取消和下放的行政审批事项。编制税收权力清单和责任清单，加大合法性和合规性审查力度，全年实行柔性评估29次，补缴增值税39.15万元，企业所得税1.77万元，滞纳金5.2万元，冲减留抵11.51万元，调整应纳所得税额64.07万元。开展税收规范性文件清理，深化税收执法风险防控长效机制建设。创建法治税务示范基地，全面提升依法治税水平。实施税收“黑名单”制度，落实联合惩戒措施，多次开展重点税源企业税收检查，严厉打击骗取出口退（免）税违法犯罪活动。

【便民纳税服务】 2015年，区国税局举办税收宣传月、企业服务月、小微企业税收政策宣传周、“便民办税春风行动、面对面纳税辅导”等载体，分类定向扩大政策宣传面。走访重点税源和成长型企业，送政策、送服务，全年举办纳税人学堂5次，培训480人次。实行审批事项办税服务厅集中受理、内部流转、限时办结、窗口出件，受理时间、流程环节平均减少30%。联合地税部门加强2015年度纳税信用评价工作和动态管理，联合金融机构开展“银税互动”合作，开拓企业融资渠道，帮助小微企业获得无担保贷款500多万。走访企业开展“洞商回归、产业培育”等税收政策调研，联合财政、地税部门，全面分析税收形势和经济运行情况，积极建言献策，发挥税收辅助决策作用，撰写《关于营改增基层遇到的问题及建议》等各类工作调研报告20余篇，其中《出口退税税收执法风险防范的国际借鉴研究》获全市国税系统论文评比一等奖。

【办税服务厅被省局记集体三等功】 2015年，区国税局办税服务厅被省局记集体三等功1次。连续12年获评“省级青年文明号”，连续3年获评区“争先创优”优秀服务窗口。多年来，办税服务厅创新纳税服务“互联网+税务”手段，为纳税人提供多渠道、一体化、一网式应用服务。重视纳税服务平台建设，推动税收业务全流程电子化和线上线下业务融合发展，努力实现纳税人“足不出户、一手掌握”办理涉税业务。实施办税服务厅分类管理，完成办税服务厅规范化标准化设置，在同城通办基础上，实现涉税申报、发票管理、表证单书发放、纳税咨询等业务全市通办。在年度省局组织的纳税人满意度调查，温州市受评的13个单位中名列第4。

（陈海舟）

2015年洞头区国税局税收收入完成情况

表16 单位：万元

项目	本月实绩				本年实绩			
	本月入库	上年同期入库	同比增收额	同比增幅	累计入库数	上年同期入库	累计同比增收	累计同比增幅（%）
税收收入总计	5.816	4.923	893	18.14%	45.858	48.602	−2.744	−5.65
其中：1.不含免抵调库	3.516	4.523	−1.007	−22.26%	43.058	48.202	−5.144	−10.67
2.不含车购税	5.733	4.692	1.041	22.19%	44.646	46.286	−1.640	−3.54
一、增值税	3.522	3.014	508	16.85%	21.768	26.638	−4.870	−18.28
1、免抵调库增值税	2.300	400	1.900	475.00%	2.800	400	2.400	600.00
2、不含免抵调库增值税	1.222	2.614	−1.392	−53.25%	18.968	26.238	−7.270	−27.71
二、消费税	2.205	1.677	528	31.48%	19.613	14.115	5.498	38.95
三、企业所得税	6	1	5	500.00%	3.265	5.533	−2.268	−40.9%
五、个人所得税	0	0	0		0	0	0	
六、车辆购置税	83	231	−148	−64.07%	1.212	2.316	−1.104	−47.67

2015年洞头区国税申报纳税实缴入库企业（前30名）

表17 单位：万元

排行	纳税人名称	法定代表人名称	税额	上年同期税额	同比增收	增幅（%）
1	温州中石油燃料沥青有限责任公司	火金三	23295	27017	−3723	−13.78
2	浙江诚意药业股份有限公司	颜贻意	3170	2355	815	34.60
3	浙江中燃华电能源有限公司	沈联进	2651	871	1780	204.31
4	温州金源化工有限公司	黄日新	1842	2170	−328	−15.10
5	洞头县农村信用合作联社	陈剑林	1584	1975	−391	−19.78
6	温州市东启汽车零部件制造有限公司	陈　集	1152	134	1018	757.68
7	浙江永宏电器有限公司	洪　玮	877	390	486	124.59
8	温州市烟草公司洞头分公司	周　海	695	593	103	17.32
9	国网浙江省电力公司温州市洞头区供电公司	陈培毅	597	818	−221	−27.05
10	中海油温州能源销售服务有限公司	倪爱玲	515	211	305	144.72
11	浙江华胜海运有限公司	陈宝程	463	400	64	15.92
12	洞头县宏泰混凝土有限公司	胡成业	448	808	−360	−44.53
13	温州市三峻轿车配件有限公司	虞冷霜	262	149	113	76.02
14	洞头县昌海电力实业有限公司	苏建华	250	260	−10	−3.80
15	浙江方舟工程机械设备有限公司	陈素贞	231	218	13	6.06
16	洞头县安泰危化品运输有限公司	林加杰	215	255	−41	−16.04
17	浙江金海蕴生物有限公司	李剑锋	212	191	21	10.83
18	中国移动通信集团浙江有限公司洞头分公司	金小海	198	87	111	128.43
19	温州仕博电器科技有限公司	管加华	172	42	130	309.03
20	温州佳海食品有限公司	林志杰	170	99	71	71.45
21	温州市洞头东晟饲料有限公司	黄招勇	155	0	155	——
22	温州武荣科技有限公司	徐　旺	153	20	133	680.17
23	洞头海湾房地产开发有限公司	张崇畴	152	285	−133	−46.69
24	温州伟望塑业电气有限公司	苏友蓉	144	91	53	57.82
25	浙江盛龙船务有限公司	余余钱	143	130	13	9.84
26	浙江吉龙电子科技有限公司	高明章	120	35	86	247.43
27	浙江迪特高强度螺栓有限公司	邵晓忠	116	124	−8	−6.23
28	温州蓝天管件阀门有限公司	王建隆	115	158	−43	−27.14
29	洞头县固力混凝土工程有限公司	郑巨荣	95	7	87	1193.19
30	浙江广和电器有限公司	吴良孟	92	95	−2	−2.44
合　计			40287	39988	298	0.75

说明：申报纳税实缴入库数=申报数—退库数+免抵调库数

审计工作

【概况】 2015年，区审计局实施审计项目36个，查出违规资金2434万元，管理不规范资金14964万元，上缴财政859万元，核减政府投资项目工程造价1181万元，移送有关部门案件线索4件。审计公告13个。制定出台《政府投资项目跟踪审计办法》《审计项目复核审理工作试行办法》等7项制度。5个审计项目获温州市优秀、表彰审计项目（其中内部审计项目3个）。6篇审计调查报告、论文在市、区各类评比中获奖。审计信息上报63篇，被批示采用信息56篇次。

【财政预算执行审计】 2015年，区审计局开展2014年本级财政预算执行情况、科技经费、霓屿街道政策处理资金审计，反映预算编制不完整不规范，科技项目部分资金长期闲置，资金使用率不高，政策处理资金管理不规范等问题。财政部门出台《洞头区行政事业单位公款金竞争性存放管理暂行办法》，着手整合闲置资金，将财政专户利息等收入353万元上缴国库。上缴财政历年科技项目结余资金479.85万元，促进出台《洞头区创新券实施管理办法》，开展创新券试点工作，发放“科技红包”，全年发放创新券100万元，发挥科技资金导向作用。

【财政资金征管审计】 2015年，区审计局开展城市基础设施配套费征收审计，反映现行征收标准未按省文件执行，出让与非出让市政配套费征收未实行统一标准。市政配套费征收不严，抽查发现2个项目存在少征市政配套费10.2万元，1个项目多征12.5万元，部分项目配套费减免不合规。部分市政配套费使用不符合规定，安排工作经费等费用支出191万元。促进上缴财政22.48万元。

【财务收支审计】 2015年，洞头区审计局开展鹿西乡中心小学2014年度财务收支审计，反映部分项目预算编制不准确，往来款挂账未清理，保险手续费未确认收入，应缴个人所得税未及时上缴，食宿楼后期建设项目历年结余未收回，农村教师生活津贴发放超范围等问题。收回历年结余资金1.6万元，上缴个人所得税5.9万元，个人退出违规发放津补贴1800元。

【民生资金审计】 2015年，区审计局开展保障性安居工程建设跟踪审计，反映了部分廉租住房保障对象不符合条件，廉租住房租赁补贴标准不高等问题，促成区政府出台《洞头县公共租赁住房保障实施办法》，提高廉租房租赁补贴标准，完善廉租住房保障办法，住建部门终止6户不符合条件的城镇廉租住房保障家庭资格，上缴住房保障专项经费闲置资金10.9万元。开展机构和居家养老情况专项审计调查，反映未拨付专项资金，部分社区居家养老专项资金使用不足或闲置，机构养老单位超范围支出管理费用等问题，上缴财政资金25.71万元。

【生态建设和环境保护审计】 2015年，区审计局开展2013—2014“森林洞头”建设项目实施及资金使用跟踪审计，反映“森林洞头”实施过程中存在任务落实情况达不到进度要求、绿化实际资金投入比例偏低等问题，促成出台《洞头区绿化美化林相改造项目和资金管理办法》《洞头区城市开发建设指挥部现场管理人员履职情况考核办法（试行）》。开展矿山生态治理资金专项审计，反映已闭坑矿山漏征少征规费、未及时收回缓交的采矿权出让金、治理备用金制度落实不到位等问题，并做出审计决定上缴到期未缴的采矿权出让金2043万元，促成区政府出台《洞头区采矿权有偿出让管理办法》。开展“五水共治”政策落实专项审计，反映部分生活污水收集不全、部分后续增加的零星扫尾工程建设存在暂停或拖拉等问题。

【“清风禁令执行”审计】 2015年，区审计局开展2014年度公务支出公款消费专项审计，对存在问题的18个主管部门（街道、乡镇）下发审计整改函，上缴退回违规发放的津补贴1.6万元，并督促办理个别长期不在岗人员清退手续。开展农村“三资”审计，反映项目资金使用管理不规范，债权债务不合规、资产出租亟待规范等问题，街道工作人员退出兼职奖励4198元。

【固定资产投资审计】 2015年，区审计局完成区公安消防局新消防站工程、残联办公楼装修工程，港航监测中心一期工程等8个项目竣工决(结)算审计，实施山头顶片安全饮用水工程、东沙渔港工程等5个竣工结算审计，反映工程建设过程中存在的项目超概算未报批、合同提前终止、工程招标后建设地点变更增加工程建设管理难度、签证单管理不规范造成结算争议较大等问题，核减工程投资额1181万元。对大门镇至小门大桥公路工程等6个工程项目跟踪审计，及时叫停退场不符合品牌要求的抛光砖材料100平方米，核减工程进度款457.48万元。

【经济责任审计】 2015年，区审计局跟踪28位领导干部离任交接工作，形成55个部门经济责任年度报告。实现经济责任审计由单一的离任审计向任中审计转变，对领导干部的监督关口由事后监督向事中、事前监督前移，对5家行政事业单位开展领导干部经济责任审计，其中4个是任中审计，查出问题资金1024万元，上缴财政43万元。首次将领导干部经济责任审计内容纳入《关于洞头区2014年度本级预算执行与其他财政收支的审计工作报告》中。

（曾玲莉）

责任编辑 卓桂荣

金融　保险

鱼跃蟹欢·罗纯香

“海霞精神”

爱岛尚武 励志奉献

“五岛连桥”精神

小县办大事 小岛创大业

金　融

·概述·

【概况】　2015年12月，区金融办从区府办析出独立运行。是年，人寿财险洞头营销部升格为支公司，温州银行洞头支行9月份正式开业。截至年底，洞头共有银行机构8家（中国银行洞头支行、中国农业银行洞头支行、中国建设银行洞头支行、中国工商银行洞头支行、洞头农村信用社合作联社、中国邮政储蓄银行洞头支行、浙江洞头富民村镇银行股份有限公司、温州银行洞头支行）；小贷公司2家，保险机构5家，农村资金互助会5家。全区全年本外币存款余额69.5亿元，同比增长21%；本外币贷款余额57.41亿元，同比增长3%。

是年，浙江诚意药业股份有限公司上市申报材料报中国证监会审核。浙江永宏电器有限公司、浙江金海蕴生物责任公司陆续启动新三板挂牌工作。7家企业挂牌浙江股权交易中心。

·民间金融风险处置·

【概况】　2015年1月，洞头发生民间金融风险，县委、县政府组建以县金融办为牵头单位的洞头县民间金融风险处置领导小组。领导小组下设办公室、政策咨询组、宣传组、治安维护组、风险处置组，分批次抽调全区各机关共200名精干力量，实体化集中办公，并建立完备的应急预案。处置工作以“打击非法、自清自理、政府引导、维护稳定”十六字为指导方针，开展接待登记、清算确认、调解化解、资产追偿、案件打击、舆论引导和慰问安抚等各项工作，维护社会稳定大局和群众合法权益。开设8个接待点10多个窗口，全面受理群众的投诉举报、政策咨询等服务。全年累计接待群众6.1万人次，成功调解1700多起。全年累计发布知识解答17期，权威公告151个，新闻资讯39条，案例宣传22篇，印制宣传手册2期。处置多起涉及民间金融风险的突发舆情，对2名散布谣言人员实施治安拘留等，对网络大V等人员实施约谈和引导。

【资产追偿】　2015年，区金融办抽调公检法、纪委、人行、审计等24名骨干力量，推进财产线索收集、追查信息汇总、银行数据分析等各项追偿工作。建立管控机制，管控洞头辖区内房产车辆转让、船舶买卖、股权转让等交易行为，防止转移隐匿资产。联动市级房管部门，开展涉险人员在温州市区房产管控。对接省市人行，破解个人银行账户查询难题，加快资金流分析比对，明确资金走向，实施深入追偿。全年累计收缴各类房产305套，汽车10辆，追偿到位资金8784万元，累计分配资金6445万元。

【打击民间金融涉案人员】 2015年，区金融办学习借鉴外地工作经验，加强治安维稳，划定法律红线，使暴力讨债、非法拘禁、群众闹事等行为迅速得到控制。重点打击出险金额巨大、有钱不还、组织“新呈会”、高消费、失联、赌博等民愤集中人员。联合区纪委、县委组织部开展对公职人员及其近亲属债务纠纷的约谈和处置，发布公职人员“八不准”和处置工作人员“六不准”等规定。全年累计打击民间金融涉案人员69人，判决8人。

【建立民间金融应急预案】 2015年，区金融办建立区和街道两个层面的应急预案，完善危机应对机制，防范各类突发涉金融事件风险。掌握辖区内非法金融案件情况，部门联动、果断处置。建立媒体接待及新闻发布工作预案。

【专案化解】 2015年，区金融办分批次开展专案化解工作，累计安排专案化解对象99名，全面整合处置办、公检法部门和街道等力量，全年成功化解49人。

（郑德锋）

·中国人民银行洞头区支行·

【概况】 2015年，全区本外币存贷款余额合计126.9亿元，新增14.0亿元，增速高于全市平均2.4个百分点，全市排名第一。人行洞头支行出台《洞头区货币信贷工作指导意见》，引导金融机构主动适应经济发展新常态，保持信贷平稳适度增长，强化对结构调整和转型升级关键领域的金融支持。贯彻落实房地产信贷政策，引导金融机构落实首套房政策要求。跨境人民币交易额为上年2.3倍，政府重点项目贷款新增6.17亿元，有效支持区域经济金融发展。开办电子退税业务，服务外贸经济。参与公款竞争性存放改革，推进公共财政资金集约高效使用。推进国库集中支付改革，通过集中支付拨款占比稳步提高，全年国库收支业务增长12%。

全区有预算单位零余额账户199个，全年开办个人公务卡 3586张，刷卡金额353.68万元，乡镇国库集中支付运行顺畅。完善财政专户监测信息系统，提高对财政专户和非税收入的监督管理，提升国库预算监督功能。全年办理国库核算业务8.73万笔，核算各项收入31.68亿元、各项支出29.48亿元，通过国库集中支付核算 11亿元，占全部支出37.31%。

【农村信用体系建设】 2015年，人行洞头支行信用建设四项成果居省市前列。率全省之先启动首个整乡授信活动(洞头鹿西乡），在鹿西乡鹿西村启动整村授信示范点建设，仪式现场授信金额1.5亿元。在北岙街道白迭村等39个村开展整村授信活动，授信总额6.38亿元；出台全市首个农民专业合作社信用评定管理办法，支持农民专业合作社健康发展；推进应收账款融资服务平台工作，完成102户渔农民和1家核心农业龙头企业平台注册，交易金额274万元，其中核心企业完成15户养殖户应收账款在线确认；洞头区道德示范村建设应用“三信”评定成果，创全省之先。完成第6批区级信用村、信用户评定和复评，全区累计评出区级信用村40个、区级信用户890户。在全市率先提出“一行一品”差异化征信宣传，征信宣传成效明显。

【《农民专业合作社信用等级评定管理办法》出台】 2015年3月12日，人行洞头支行联合洞头县供销合作社、农村经济合作组织出台《农民专业合作社信用等级评定管理办法》。明确了农民专业合作社信用等级评定的组织架构、评定程序、评定条件、评定标准和评定结果应用要求。其中评定标准采用百分制，包括道德品质、信用记录、内部管理、经营能力、偿债能力等五个方面指标，并按高到低分档确定AAA级、AA级和A级三档信用等级，成为全市率先出台首个区级农民专业合作社信用评定管理办法。全年评出A级以上农民专业合作社14家，给予支农再贷款优先信贷支持，助推区域农民专业合作社发展壮大。

【普惠金融深化年活动】 2015年，人行洞头支行深化普惠金融服务活动，深化普惠金融服务。引导参与商标质押百亿融资行动，推进农村扶贫小额贷款业务、小微企业助保贷、易税贷等业务。全年普惠资金5.63亿元，惠及2421人。其中，党员先锋贷款1753万元，惠及112名党员；巾帼创业贷款6655万元，惠及107人。支农再贷款1.15亿元，涉农贷款42.92亿元，同比增长17.98%；科技贷款5766万元，同比增长61.97%。

【金融稳定】 2015年，人行洞头支行建立金融统计监测平台，上报金融重大事项报告、企业风险报告、信贷风险提示和民间金融风险日报、周报逾百期。主导存款保险制度宣传、核定，处置化解不良贷款9482万元。开展公众理财安全宣传、反假币知识传授和反宣币整治，推进"安防进万家"活动，遏制侵财诈骗案件发生，处理民众投诉4起。金融网点全年堵截骗汇20笔60.52万元。配合民间金融风险处置，促进洗钱立案和宣判。截至12月底，全区银行业化解处置不良贷款10095万元，贷款不良率1.76%。

【金融服务】 2015年，人行洞头支行修订完善支付结算工作考核办法，加强结算服务工作管理。引导金融机构进一步推动推动网上支付、手机支付、银行卡助农服务等三项业务在农村地区的应用。截至12月底，增设助农取款服务点16个，增长31%，达到有需求农村应布尽布。全年ATM机新增9台、POS机新增146台，网银、手机银行用户新增2.2万户，大大方便民众存取款和资金结算。积极推进电商融合发展，网上支付、手机银行用户增长21%。配合旅游民宿等新业态发展，创建刷卡无障碍示范村2个。

【温州银行股份有限公司洞头支行正式开业】 （参见"温州银行洞头支行"分目）

【人民币流通监测和反洗钱监管】 2015年，人行洞头支行建立人民币现金监测点。设立"零破币兑换"专柜，开通零币兑换预约服务，全年为群众兑换残损币、火烧币合计43630元。组织反洗钱培训，规范完善反洗钱交互平台建设、制度建设。开展打击制贩假币犯罪活动、防范"侵财诈骗"活动、整治支付结算领域违法犯罪活动。协同公安部门开展信用卡套现案件的侦查。配合洞头民间金融风险处置办公室做好涉嫌抬会人员账户资金排查，强化对可疑交易的分析报告，促成洗钱犯罪判决2例、立案2例。加强账户监控，推进账户实名制的落实，全年办理开户核发1091户。

（林海鸥）

2015年洞头区金融机构人民币存贷款情况

表18 单位：万元

单位＼内容	存款		贷款	
	余额	比年初增减	余额	比年初增减
中国工商银行股份有限公司洞头支行	41437	8044	95967	20250
中国农业银行股份有限公司温州洞头支行	131925	15219	115816	218
中国银行股份有限公司洞头县支行	28644	11083	29006	-37201
中国建设银行股份有限公司洞头支行	79480	9499	71332	-7527
中国邮政储蓄银行股份有限公司洞头支行	54972	1696	32379	-352
温州银行股份有限公司洞头支行	24693	24693	10107	10107
浙江温州洞头农村信用合作联社	265248	56390	192229	22730
浙江洞头富民村镇银行	10056	4989	27216	10015
合计	636455	131613	574052	18240

（人行洞头支行提供）

·中国工商银行股份有限公司洞头支行·

【概况】　截至2015年底，工行洞头支行各项存款余额4.14亿元，比上年增长8000万元，增长0.2%，其中单位存款2.62亿元，比上年增加1.32亿元；储蓄存款余额为1.56亿元，比上年下降0.48亿元。各项贷款余额为9.59亿元，比上年增加2.02亿元。中间业务收入628.11万元，比上年下降884.64万元，实现账面利润2541.68万元。

是年，工行洞头支行加快业务创新，提升市场地位，优化客户结构，有效控制风险。以代发工资业务拓展工薪阶层，以创新产品拓展渔农村基层客户，以理财产品拓展中高端客户，做到存款稳中有升，个人金融资产大幅提升。同时强化贷款营销，优化信贷结构，大力发展个人贷款和项目贷款。加强网上银行、手机银行、自助终端等渠道建设，运用“互联网+”思维加快推进业务转型，加大手机银行、工银e支付客户拓展力度。启动柜面高低柜改革，实现现金业务和非现业务分流，加大大堂营销人员投入，做好阵地营销，深化人员内涵化管理。同时开展“网点服务十八步”建设，规范员工服务，提升服务质量，提升网点竞争软实力。

（邵丹蕾）

·中国农业银行股份有限公司温州洞头支行·

【概况】　2015年，中国农业银行股份有限公司洞头县支行更名为中国农业银行股份有限公司温州洞头支行。截至年末，本外币存款13.20亿元，比年初增加1.52亿元，存款增量四行（工行、农行、中行、建行）第一，四行市场份额占比46.81%，四行一社份额24.12%。其中，对公存款余额6.54亿元；个人存款余额6.65亿元。各项贷款余额11.58亿元，全年实现拨备前利润4077万元，实现拨备后利润2620万元。

是年，转变网点发展方式，优化服务水平，开展6SV2.0服务品质认证，加强电子银行、手机银行、自助终端等渠道建设，手机银行有效客户增加1199户。新增金融自治村3个，新增大门惠农服务点1个，新创霓屿布袋岙四星级服务点1个，推进村民信贷档案建设。拓宽农村结算渠道，开展场外上门服务10次。积极拓展业务范围，成立全区首个海霞金穗理财工作室，通过讲座、社区活动、义务宣传等方式为广大群众普及金融知识。开展惠农理财进农村宣讲，在鹿西乡推出“渔民药箱”惠农医疗服务；组织人员到霓屿、东屏、大门、鹿西开展金融下乡活动，将金融知识带入乡村；探索惠农通“金穗E店”建设，打响惠农通品牌；惠农通星级服务点占比83.3%，居全市农行第一。

（王庆华）

·中国银行股份有限公司洞头支行·

【概况】　截至2015年底，中行洞头支行本外币存款余额2.88亿元、各项贷款余额2.9亿元。是年，中行洞头支行加强网上银行、手机银行、ATM、自助终端等电子渠道建设，推出系列便民优惠措施，其中主推手机银行以其跨行转账手续费全免，搭配商贸通和常青树等特色借记卡种，集温州地区所有银行ATM取款免费的功能，满足洞头当地居民就近取款的需求。在洞头区行政审批中心，新设立自助终端一台，方便居民存取。在保持原有特色产品基础上，结合本地实际，相继推出消费通、随借随还和爱家分期等个人资产类创新产品，利用网银和专项分期等特色渠道，打通居民对

中国银行洞头县支行金融服务活动

日常资金流转和大宗物品专项分期需求的桥梁。主推步步高和聚财通等存款类创新产品。汇划易、聚财易和理财易等特色资金归集业务均得到广大居民的青睐。

（丁嘉元）

·中国建设银行股份有限公司洞头支行·

【概况】 2015年，建行洞头支行存款新增0.67亿元，新增占比19.88%，个人存款新增0.23亿元，新增占比23.51%；各项贷款余额为7.1332亿元，比上年下降0.7527亿元。是年，建行洞头支行加强电子银行、手机银行、自助终端等渠道建设。搬迁自助银行一家，新增存取款一体机1台。

（倪献琴）

·中国邮政储蓄银行股份有限公司洞头支行·

【概况】 2015年，邮储银行洞头支行各项存款余额5.5亿元，较上年增加1673万元，增长3.14%；各项贷款余额5.76亿元，较上年增加13491万元，增长30.6%；零售贷款不良率0.69%，较上年上升0.6个百分点，小企业贷款不良率3.02%，较上年上升3.02个百分点。完成代理保险301.87万元，代理基金350.15万元，理财1767.23万元。

是年，邮储银行洞头支行采取手续费优惠或减免方式等，推广手机银行、网上银行、自助服务机具的使用，新增网银用户1524户，较年初增长25.29%，新增手机银行用户2007户，较年初增长59.43%。推出首个农房消费贷款产品——“美丽乡村”农房建设小额贷款产品，为洞头城南社区半山片村民联建房项目的30个住户提供总计435万元的贷款资金支持。完成首个公贷项目——“五水共治”项目后续放款1.9亿元，为该项目发放公司贷款2亿元。年内小企业贷款结余5198万元，较上年下降5156万元，下降49.80%；年内零售贷款结余32379万元，较上年下降353万元，下降1.08%。有效梳理排查风险隐患，提高辖内案防工作和合规经营水平。同时采取“一户一策”方案，努力化解“呈会”引发的不良资产风险，全年收回逾期及不良贷款300多万元。联合团县委、人才办、渔农办举办“邮储银行杯”洞头县第二届青年创业创新大赛，为大赛获奖者提供总计170万元授信额度和一定的奖励基金。

（叶巧玲）

·温州银行股份有限公司洞头支行·

【概况】 温州银行洞头支行于2015年10月9日正式开业。截至2015年末，存款3.5亿元，对公对私合计561户，发放政府类项目洞头新城开发总公司授信1亿元贷款，贷款余额1.01亿元。开展大门岛扶贫结对活动，为洞头区慈善总会捐款20万余元。推广“五惠存”“普惠贷”及高端信用卡等具有优势特色的业务产品，推出“普惠贷”“心想卡”等高额度、使用灵活的高端信用卡，在一定程度上缓解居民资金周转的困难。支行已激活高端信用卡131张。推出多款保本理财产品和节日特别款理财产品。注重理财产品的风险把控。截至12月底，支行理财销售额2024万元。

【温州银行股份有限公司洞头支行正式开业】 2015年10月9日，洞头入驻第一家股份制商业银行——温州银行股份有限公司洞头支行正式开业。目标客户为洞头区内农户、个体

2015年12月2日，区长王蛟虎与邮储银行温州市分行行长陈时峰座谈

2015年10月9日，温州银行股份有限公司洞头支行开业

工商户。主要信贷产品包括金鹿普惠贷、小微小额等贷款。温州银行洞头支行为洞头地第8家银行业金融机构，对于推动民间资金运转、缓解农村金融供需矛盾、促进区域经济发展将有重要作用。温州银行洞头支行与洞头区工商联签约，提供1亿元的授信额度，并在后期对推荐的优质企业提供全方位金融服务，支持地方实体经济发展。温州银行洞头支行签约政银意向性合作项目2个，预计新增授信超2亿元。

（曹　炯）

·洞头农村信用合作联社·

【概况】　2015年，洞头农村信用合作联社辖内营业部1个，信用社7个，2分社个，部室9个，在岗员工154人，营业网点覆盖全区各乡镇街道。截至年底，各项存款余额26.52亿元，比上年同期增加5.64亿元，增长27%，在农信系统内增长率排名全省、全市均居第二位，分别比全省、全市平均增长率高16个百分点以上。日均存款同比增加4.99亿元，增幅25.09%，居全省第一位。全区存款余额市场占比41.68%，比上年同期上升0.3个百分点，继续居首位。存款增量市场占比42.85%，比工行、农行、中行、建行四大国有大型银行合计数高9.54个百分点。其中储蓄存款增量2.48亿元，占比57.99%。

【贷款业务】　截至2015年底，洞头农村信用合作联社各项贷款余额19.22亿元，同比增加2.27亿元，增长13.41%，比全市农信系统平均增长率（9.38%）高4.03个百分点，比洞头银行业增长率（3.28%）高10.13个百分点。全区贷款余额市场占比33.49%，同比上升2.99个百分点。增量占比124.6%。涉农贷款余额18.81亿元，同比增加2.24亿元，增长13.54%。小微企业贷款余额4.16亿元，同比增加5070万元，增长13.88%，均高于贷款平均增长率，实现“两个不低于”目标。全年新增存款客户1.05万户，客户总量15.99万户；新增借记卡1.86万张，借记卡发卡总量18.24万张。其中市民卡新增1.33万张，总量8.72万张，市场占比达70%（不包括灵昆街道）。贷款总户数11382户，同比增加254户，增长2.28%。其中，个贷总户数11260户，新增238户，个贷余额15.81亿元，同比增加1.60亿元。新增贷记卡1413张，丰收青年卡274张、丰收五一卡51张。新推“ETC”高速收费业务，新增个人网银和手机银行5691户；企业网银新增105户。电子银行业务替代率77.41%，同比上升5.87个百分点。

洞头农村信用合作联社新城分社

【农村市场拓展】 2015年，洞头农村信用合作联社推出个人应收账款质押贷款、“福寿贷”、小额扶贫贷款、“幸福安居”贷款、科技贷款等。发放爱心卡4699张，授信3000万元。对辖内38个村居实行整村批发授信，授信总额62952万元，鹿西乡整乡授信1.5亿元。积极应对利率市场化，参加财政资金竞争性存放招投标，首期取得社保基金定期存款3000万元。发行理财产品15期，累计金额23553万元。成功加入全国银行间同业拆借市场，于11月份发行首期同业存单5000万元。优化配置辖内自助机具，新增各类机具140台。增设新城分社，增建自助银行4个，调整迁址改建5个（离行式共25处）。至2015年末，全区共布设ATM机50台、便民服务终端25台、POS机437台，成功创建东岙村和东岙顶村“刷卡无障碍”村居。拓展市民卡应用，新增公交车刷卡功能，成功上线“银医通”、华数电视收费、财政非税MIS—POS、交警罚没款等多项民生业务，基本实现农村金融服务全覆盖。

【会计管理奖惩问责制】 2015年，洞头农村信用合作联社实行会计管理奖惩问责机制，定期开展会计、信贷检辅活动，严防“一知半解”带来的操作风险。完善贷款授信机制，严把授信审批关，规范信贷授信业务调查、审查和审批等环节。全年退出5位大额自然人客户，金额630万元。加大不良贷款处置，盘活客户贷款22笔、793万，核销贷款793万元，收回不良贷款1127万元，其中从担保企业收回不良贷款249万元。下达审计整改意见书21份，处罚182人次，罚款27595元。

（唐疆疆）

·浙江洞头富民村镇银行股份有限公司·

【概况】 截至2015年底，洞头富民村镇银行各项存款余额10055万元，较年初增加4988万元，其中储蓄存款余额6318万元，单位存款余额3737万元，分别较年初增加2622万元和2366万元。日均存款8794万元，较年初增加5473万元。各项贷款余额27216万元，较年初增加10015万元。贷款户数2085户，较年初增加819户。资本充足率23.38%，流动性比例61.14%。

2015年3月，洞头富民村镇银行大门支行开业，发放贷款490 笔，金额6218万元，吸收存款1226万元。与白迭村开展银村共建，举行推进普惠金融启动仪式。全年共对白迭村、上社村、东岙顶、小北岙、状元岙、垅头村等 4 个街道（乡镇）6 个行政村实施大面积走访建档，共走访1809户，建档数489户，办理贷款221户，贷款金额2600万元。

（杨楚楚）

·民营金融机构·

【温州市洞头区诚意小额贷款股份有限公司】 该公司注册资本8000万元，放贷规模1亿多元。截至2015年底，公司累计发放贷款2157笔，发放金额127149万元，实现税金2123.26万元，实现利润6626.95万元。针对本区渔农业、小微企业的发展特点，创新金融产品和金融服务模式，推出渔联贷”“随心借”“诚意助”“股权质押贷款”“出租车经营权质押贷款”等贷款产品，为解决小微企业融资难打开新通道。是年，被评为“浙江省A级优秀小额贷款公司”。

（陈文静）

【洞头恒博小额贷款公司】 截至2015年底，该公司贷款余额12944万元，全年营业收入2130万元，净利润1231万元，创税521万元。全年调整贷款结构，提高客户更新率。筛选优质客户，特别是对洞头传统的水产加工业、养殖业、鱼粉加工业客户制定灵活授信方案，给予政策倾斜。

（王慧颖）

保险

·中国人民财产保险股份有限公司洞头支公司·

【概况】 2015年，中国人民财产保险股份有限公司洞头支公司实现保费收入2529万元，同比上年增速6.67%。其中车辆保费收入1890万元，财产险保费收入97万元，意外健康险保费收入210万元，责任险保费收入178万元，船舶货运险保费收入111万元，信用保证保险保费收入35万元，农业保险保费收入7万元。全年为104217人提供城乡居民大病保险，为全县中小学校及幼儿园提供校园方责任保险，为7家医疗机构提供医疗责任保险，为乡镇村居提供农村小额意外伤害保险，为全县2万名老年人提供意外伤害保险。全年承保油菜花3650亩，林木85508亩，农房26839户，供风险保障6.11亿元。连续八年承保全县自然灾害公众责任保险，提供保险保障16亿元。全年受理案件2025件，赔款支出950万元，其中车辆赔款支出776万元，财产险赔款支出52万元，意外险赔款支出83万元，责任险赔款支出26万元，大病医疗赔款支出90万元，未决赔款436笔，未决金额872万元。

（郑燕青）

·中国人寿保险股份有限公司温州洞头区支公司·

【概况】 2015年，中国人寿保险股份有限公司温州洞头区支公司实现保费3080.61万元，比上年增加187.11万元，增长6.47%。其中，首年保费1102万元，续期保费1978.61万元。全年理赔给付支出174.17万元，比上年减少5.45万元，下降3.03%。全年各类给付金额1002.5万元，比上年增加575.68万元。全年给付各类生存金、满期金等领取金额426.83万元。为全县6个镇（街道）村干部开展意外伤害、医疗保险及补充养老保险业务，提供人身保障和最佳服务。推广渔工补充保险，开展农村小额保险。全年发生学生赔案331件，理赔支出51.23万元。

（林征宇）

·中国人寿财产保险公司洞头支公司·

【概况】 2015年，中国人寿财产保险公司洞头支公司全年保费收入1045万元，其中车险保费收入688万元，非车险保费收入357万元。非车险保费收入中企财险78万元，责任险44万元，工程险47万元，船舶险125万元，其他险种63万元。全年赔案1249件，赔款支出602万元，其中车辆赔款285万元，非车险赔款317万元。国寿财险温州洞头区支公司为全县中小学校及幼儿园提供监护人责任险，为养老机构提供养老机构责任险，为企业提供食品安全责任险和出租人责任险等。

（张莉莉）

·中国太平洋保险公司洞头支公司·

【概况】 2015年，中国太平洋保险公司洞头支公司实现保费收入1171.65万元，同比上年下降22.42%。其中车辆保费收入794.13万元，非车险377.52万元。全年赔案1634件，赔款支出728.01万元，其中车辆赔款支出522.41万元，非车险赔款支出205.6万元。

（陈文漱）

·中华联合财产保险洞头支公司·

【概况】 2015年，中华财险洞头支公司实现保费收入890.61万元，同比上年增长7.68%，其中车辆保费收入822.43 万元，意外健康险保费收入13.32万元，责任险保费收入 22.06万元，财产险保费收入0.1万元，船舶货运保费收入32.70万元。全年受理案件 2387件，赔款支出 545.94万元，其中车辆赔款支出524.79万元，非车财险赔款支出21.15万元。推广食品安全责任险，为2所学校食堂（洞头区第一中学食堂、洞头区职教中心食堂）提供食品安全责任险，共计保额1千万元。全年华亿车行保费收入40多万元。与邮政签订全面合作协议，累计保费收入21.39 万元。6月与温州远航海运有限公司签订船舶保险协议，至年末总保费收入56.42万元。10月与洞头信用合作联社签订保险兼业代理合同。全年有限报案数16221件，同比增长11.4%，未决案件79件，其中车损27件，人伤案件52件（2012年未决4件，2013年5件，2014年9件，2015年61件）。累计赔款金额522.75万，同比下浮2.91%。未决金额137.96万，下浮28.87%。综合赔付率73.33%，简单赔付率58.45%。

（王珊红）

责任编辑　曾焕定

经济管理监督

渔婆 · 许银娣

“海霞精神”

爱岛尚武 励志奉献

“五岛连桥”精神

小县办大事 小岛创大业

宏观经济管理

【概况】 2015年，洞头区坚持以科学发展观为指导，致力产业发展、项目建设、城乡统筹、改革深化、民生改善，实现经济社会平稳健康发展。区发改局争取省级海岛综合开发与保护试验区、海洋生态文明示范区和全国生态文明建设试点政策红利，融入浙江省“七驾马车”产业发展思路、温州市“时尚之都”建设之中。加快实施77省道、大门大桥等对外交通，启动温州港集团业务调整，发挥状元岙、大小门两大港区在洞头海洋经济中的重要作用。全区经济运行总体稳步增长，全年实现地区生产总值61.48亿元，同比增长8.6%，增幅居全市前列。六大行业产值56.7022亿元，同比增长1.6%。推进107项重点工程建设，完成投资43.5亿元。全年完成限额以上固定资产投资92.5亿元。深化省海岛综合开发与保护试验区建设，全年实施海洋经济重点项目37项，预计完成投资30.93亿元。加快海洋旅游融合发展，推进珑头湾海洋旅游综合体建设，完成投资8亿元。出台五大产业培育提升扶持系列政策等，制定《洞头县探索开展“七规合一”推动空间规划管理体系改革方案》。开展课题调研15个，完成《洞头县“十三五”重大项目布局研究》等课题及经济运行分析材料20余篇，为区委区政府科学决策提供参考依据，

【规划编制管理】 2015年，区发改部门根据洞头区“十三五”规划编制工作总体安排，对各部门承担的专项规划编制工作进行督查，听取各部门在编制规划过程中的思路和意见。开展“十三五”规划建言献策活动，利用各种媒体向社会广泛征集“十三五”规划编制意见和建议，提高“十三五”规划质量。加强规划综合管理，衔接协调发展规划与省、市规划，洞头区“十三五”发展规划纲要同各重点专项规划的关系。12月初形成洞头区“十三五”发展规划纲要（草案），完成各部门意见征询、专家论证及区委区政府审定，形成洞头区“十三五”发展规划纲要（送审稿）。针对2015年国民经济计划重点项目计划，发改部门于2014年7月初着手谋划2015年重点建设项目计划编制安排，经多方征求意见，于2015年2月底形成重点建设项目计划（送审稿）。针对国民经济和社会发展主要指标计划，2014年10月中旬组织开展2014年全县国民经济和社会发展主要指标完成情况及2015年预测情况的调研，并形成初步方案，为编制2015年目标计划奠定基础。结合县“十二五”规划纲要提出的主要经济社会发展指标、目标任务及新常态下全县面临的机遇和挑战，尤其是产业发展面临的瓶颈障碍等，认真对比分

析，沟通、衔接相关职能部门，并与省市主管部门就指标安排及重点工作内容充分对接，2015年1月底提交两套指标安排方案供领导决策参考。主要指标安排方案与重点项目安排先后通过县政府常务会议和县委常委会审核通过，基本确定2015年GDP增长7%的方案安排。2015年2月初经过梳理后形成《2015年国民经济计划报告（初稿）》，并下发各相关单位征求意见，形成《草案（送审稿）》，并最终在洞头区第十三届人民代表大会第四次会议上审议通过。

全年实现地区生产总值61.48亿元，同比增长8.6%，增速排名居全市第二；一般公共预算收入实现5.42亿元，同比增长11.1%；城镇常住居民人均可支配收入34674元，农村常住居民人均可支配收入18365元，分别同比增长9.3%、10.5%。城镇登记失业率≤4%；人口自然增长率控制在6‰以内；单位地区生产总值综合能耗和主要污染物排放总量完成市下达任务。除工业总产值等个别指标完成数低于目标值之外，区十三届人大四次会议确定的其他主要指标计划均得到较好执行。但洞头区经济总量小、产业结构不优的状况尚未根本改变，用地指标不足、资金缺乏和环境容量小等要素保障对经济发展的约束性加大，交通等基础设施和城乡公共服务体系建设与同城发展要求仍有差距。

洞头“十二五”国民经济和社会发展主要指标完成情况

表19

序号	指　标	2010年	2015年	“十二五”规划目标值	“十二五”年均增长率（%）	“十二五”规划目标增长率（%）	指标完成评价
1	地区生产总值（亿元）	34.59	61.48	68	9.9	12	未完成
2	人均生产总值（元）	27072	46777	52000	9	11	未完成
3	一般公共预算收入（亿元）	2.74	5.4	4.4	14.5	10	完成
4	全社会固定资产投资（亿元）	21.97	92.5	90	33.3	33	完成
5	全社会消费品零售总额（亿元）	10.99	22.16	23	15.1	16	基本完成
6	港口货物吞吐量（万吨）	486	600	1000	4.3	15.5	未完成
7	外贸出口总额（万美元）	5310	4445	7000	—	5	未完成
8	城镇常住居民人均可支配收入元）	20307	34674	34300	11.3	11	完成
9	农村常住居民人均可支配收入元）	8937	18365	16500	15.5	13	完成
10	城乡居民收入比	2.32	1.9	2.1	—	—	完成
11	服务业增加值比重（%）	54	57.7	58	—	—	基本完成
12	R&D投入占GDP比重（%）	0.93	1.0	1.0	—	—	完成
13	城镇登记失业率（%）	3.7	2.16	4	—	—	完成
14	每千人拥有医生数（人）	1.5	2.1	2.1	—	—	完成
15	人口自然增长率（‰）	5.9	6	6	—	—	完成
16	城市化率（%）	44.7	55	55	—	—	完成
17	万元GDP综合能耗（吨标煤）	0.76	0.65	0.65	—	—	完成
18	恩格尔系数（城/乡）	39.4/44.3	36.7/37.4	39	—	—	完成
19	主要污染物排放指标	完成					
20	城镇生活污水集中处理率（%）	77	90	90	—	完成	

注：“十二五”规划主要指标统计范围为原洞头县域

【宏观调控】 2015年，洞头区经济增长方式由粗放型向集约型转变，三次产业协同发展。工业转型加快，“三转一市”加快推进，完成“个转企”44家。服务业有序发展，全年实现服务业增加值35.47亿元，同比增长11.8%，占GDP比重57.7%。渔农业稳步发展，实现渔业总产量17.74万吨，总产值10.26亿元，分别同比增长6.0%、8.6%。区域经济为海洋经济，2015年洞头列入省、市重点建设实施项目20个，其中涉及海洋发展项目18个，总投资195.4亿元。

【经济体制改革】 2015年12月，洞头区制定《温州市洞头区县域经济体制综合改革总体方案》，成立洞头区县域经济体制综合改革工作领导小组，确定全面建立资源要素差别化配置机制、企业投资项目高效审批制度，推进产业结构调整创新机制、城乡一体化发展体制机制创新，建立健全民间资本进入社会事业领域、“多规合一”等六个方面主要改革任务及14项具体改革内容。推进小微企业园建设，探索推广多种开发建设模式。创新温商回归工作举措，破解温商回归项目落地问题，推进投资与服务贸易便利化改革，促进总部回归、贸易回归、高端项目回归。用足用好城镇低效用地再开发政策。自主创新开展“多规合一”改革工作。

（厉海晓、林振静）

价格管理

【概况】 2015年，区发改局加强价格管理，规范市场价格秩序。全年查处各类价格违法案件2件，实行经济制裁37172元，其中：退还消费者36972元，罚款200元。开展成本监审项目3项，办理价费审批事项7项。受理市长专线、区长信箱、群众来访等来源渠道的价格举报案件11件，办结11件。办理公安机关委托价格认定案件38件，认定标的额28万元。

全年出动巡查力量200人次，检查经营户（单位）680家次。突出对农贸市场、商场超市、旅游景点、宾馆酒店、停车场的巡查，重点对粮油、肉禽蛋菜、成品油、液化气，及景点门票价格、客运票价、停车收费等与群众日常生活密切相关的商品价格和服务收费的检查，打击价格欺诈、价格串通、哄抬物价、不按规定明码标价不正当价格行为，责令收费单位限期整改，规范价格行为。开展教育收费、涉农涉企收费、旅游行业价格行为等专项检查。共检查中小学校8家、幼儿园13家、行政事业单位18家、旅游消费场所165家。

【行政事业性收费公示报告制度】 根据《浙江省物价局 浙江省财政厅关于实施行政事业性收费公示报告制度的通知》（浙价成〔2015〕86号）要求，2015年1月1日起，全面停止洞头区行政事业性收费许可证核发及收费年度审验工作，并开始实施行政事业性收费公示报告制度。据统计，洞头区2014年度行政事业性收费单位38家，行政事业性收费金额4212万元，减少1559.67万元，减幅27.02%，收费总额占全区年财政一般预算总收入的4.97%。

【成本监审】 2015年，区发改局开展洞头区水务公司城市供水和污水处理、洞头区教育第二幼儿园保教费成本监审等成本监审项目。首次引入第三方机构开展洞头友谊公交旅游运输有限公司出租车运营成本审核，共核减不合理成本费用119万元。

（柯友庆、颜先念）

市场监督管理

【概况】 2015年，洞头区完成“三局合一”机构体制改革，完善市场监管体制建设。全区新增小微企业152家，其中新增信息、环保、健康、旅游等七大产业小微企业85家。新增“个转企”44家，其中公司制企业38家。新增“规上”和“限上”企业12家、科技型小微企业9家，组织企业在省股权交易中心挂牌6家。组织小微企业专场培训6场356人。全年认定（延续）“守合同重信用”AAA级7家、AA级7家。查处商标违法案件18件、广告违法案件22件、查处合同案件6件。发放“个转企”补助资金16.68万元。推进质量强区建设，维护公众消费权益，保障居民舌尖安全、用药安全和特种设备安全。指导浙江诚意药业有限公司7个车间通过新版GMP认证，药品的购销存实现“五证合一、一照一码”。开展元觉农贸市场省放心农贸市场和星级文明规范市场的创建，并创办省级放心农贸市场。整修后的新城农贸市场正式营业。“洞头土特产交易网”被列入温州市电子商务重点项目。

是年，洞头县获省级“无传销县”称号。洞头区民营企业协会被评为温州市优秀社会组织、“温州市涉农企业（组织）商标创牌先锋单位”称号。

【洞头县市场监督管理局成立】 2015年6月2日，根据洞头县委、县政府《关于印发〈洞头县人民政府职能转变和机构改革方案〉的通知》（洞委发〔2015〕17号）精神。整合县食品药品监督管理局的职责、县食品安全委员会办公室的职责、县工商行政管理局的职责、县质量技术监督局的职能职责。设立洞头县市场监督管理局，挂洞头县工商行政管理局、洞头县食品药品监督管理局、洞头县质量技术监督局、洞头县食品安全委员会办公室牌子。县市场监督管理局为县政府工作部门，负责全县工商行政管理、食品药品监督管理、质量技术监督管理等市场监督管理工作。共设14个职能科室；3个直属机构，分别为洞头区市场监督管理局稽查大队、洞头区市场监督管理局网络经营监督管理办公室、洞头区市场监督管理局消费者权益保护分局；3个派出机构，分别为洞头区北岙市场监督管理所、洞头区东屏市场监督管理所、洞头区大门市场监督管理所；2个下属事业单位，分别为洞头区产品质量监督检验所（洞头区食品药品检验检测中心）、洞头区消费者权益保护委员会秘书处。共有编制121人。

【“五证合一”登记制度改革】 2015年8月5日，县市场监督管理局为浙江中领智控科技有限公司颁发洞头首张“五证合一”营业执照，标志着洞头县“五证合一”登记制度全面实施。该制度从根本上减少证、照数量，采取“一表申请、一窗受理、并联审批、一份证照”的流程，仅核发一张“五证合一”营业执照，并在营业执照上同时标明企业注册号、组织机构代码、税务登记证号、社保登记证号、统计登记证号。审批时限由原来的15个工作日缩短为3个工作日，效率提高80%以上，申请材料由原来5份减少到1份。

·工商行政管理·

【概况】 2015年，洞头区在册个体工商户5098户，同比增长11.4%，资金数额4.0345亿元，同比增长21.2%。新增市场主体921户，其中新成立个体工商户669户、企业226户、农民专业合作社26户。全年办理各类工商登记注册、食品药品、质监审批事项5000余件，办结率100%；接受各类业务咨询12560件，档案查询986件，回访满意率100%。办理网上审批事项31件，办理“一址多照”“一照多址”28家，实现营业执照、食品流通、餐饮服务许可等事项证照同步受理、同步发放。全年开展无证无照经营整治行动12次，罚没款11.48万元，无照率0.29%，全市最低。全区商品交易市场8家，其中农贸市场5家，消费品市场1家，生产资料市场2家；网上交易市场1家。

是年，洞头县市场监督管理局注册登记分局获温州市“十大效能示范岗”称号。

【首家“渔家乐民宿”登记注册】 2015年1月12日，县工商部门为洞头十八号公馆旅游服务有限公司办理登记注册。该公司的经营范围为旅游项目开发，农业综合观光服务，旅游纪念品的零售，注册资金10万元。这是2014年7月29日县政府《洞头县渔家乐民宿管理暂行办法（试行）》出台后，洞头县登记成立的首家“渔家乐民宿”。

【首张温商回归营业执照】 2015年9月1日，县市场监督管理局为温商郑先生颁发区首张“全程电子化登记”的温商回归营业执照。“全程电子化登记”即申请人登陆“浙江工商全程电子化企业登记（特色小镇）试行版”系统进行申报。工作人员通过网络实时预审填报信息，并将预审结果通过短信通知，免去申请人因材料准备不全或错误而造成的来回奔波之苦。目前，该系统已推行有限责任公司、合伙企业设立的网上登记功能。

【商标广告管理】 截至2015年底，全区注册商标1429枚，在申请商标141枚，其中个人注册商标795枚，公司注册商标634枚。省著名商标9枚、市知名商标10枚、区名牌商标7枚。全年办理户外广告登记42件，查处商标案件5件，罚没款6.15万元；查处广告案件5件，罚没款2.86万元。全区广告信用评价指数居省首位，无出现违法广告播放行为。

【消费者合法权益】 2015年，区市场监督管理局先后建立北岙街道上新社区、老干部活动中心等2个国民消费教育基地，建立“五进”消费维权站点7个。全年受理各类申诉举报103件，其中举报17件，办结率100%，为消费者挽回经济损失83.4万元，立案查处2件，罚没款0.1万元。受理投诉117件，结案率100%，挽回经济损失17.15万元。开展流通领域商品质量抽检工作，检查经营单位918户，抽取11家经营单位46批次商品进行检测，合格34批次，不合格12批次，给予行政告诫10起，立案查处2起，罚没款0.2万元；组织消费教育大型集中宣传2次，发布消费警示5期。

2014—2015年洞头区（县）内资企业消长情况

表20

项目		内容	内资企业 总量（家）	内资企业 非私营企业（家）	内资企业 私营企业（家）	农专社（家）	个体户（家）
新设单位	设立注册户数	2014年	204	5	199	33	566
		2015年	250	17	233	33	755
		同比（%）	22.54	240	17.09	0	33.39
新设单位	新增注册资本（万元）	2014年	62088	1000	61088	9675	5723
		2015年	63831	4100	59731	6574	7938
		同比（%）	2.81	310	−2.22	−32.04	38.7
注（吊）销单位	注销户数	2014年	41	5	36	2	274
		2015年	78	9	69	12	274
		同比（%）	90.24	80	91.66	500	0
累计总数	累计户数	2014年	1432	273	1159	162	4576
		2015年	1624	281	1343	183	5098
		同比（%）	13.41	2.93	15.88	12.96	11.41
	累计注册资本（万元）	2014年	605405	295711	309694	19140	33288
		2015年	681934	292847	389087	25374	40345
		同比（%）	12.64	−0.97	25.76	32.57	21.2

说明：本表数据含分支机构

·食品药品监督管理·

【概况】 2015年，洞头区市场监督管理局全年开展联合执法行动57次，出动执法人员6146人次，检查食品生产经营单位5661家次，检查医疗机构、药品及保化生产经营企业250家，约谈企业5家，立案43件，结案43件，罚没款15.247万元。接到举报投诉14件，举报投诉处理率100%。

【食品安全“百日会战”整治行动】 2015年3月1—6月10日，县市场监督管理局重点针对畜禽水产养殖、屠宰、肉品和水产品生产流通餐饮、走私冻品存储销售4个重点环节和养殖场、屠宰点、仓库冷库、交易市场、生产经营单位、集中加工区域6个重点领域开展全面集中检查。开展联合执法行动38次，出动执法人员856人次，检查肉品、水产品生产经营单位1023家，畜禽、水产养殖场48个，查处违法行为56起，责令限期整改89户，立案15起，涉案金额7.3万元。

【食品安全责任保险试点】 2015年8月，洞头县印发《洞头县食品安全责任保险试点工作实施方案》，在全县中小学校及幼儿园食堂、水产品生产加工企业和大中型餐饮服务单位等重点领域推行食品安全责任保险试点工作。通过3年努力，推进食品生产、流通、餐饮服务及食用农产品种植养殖等环节的食品安全责任保险制度，基本建立事前风险预防、事中风险控制、事后理赔服务相统一的风险管理机制，逐步健全食品安全风险防范化解体系。太平洋财产保险股份有限公司洞头支公司、中国人民财产保险股份有限公司洞头支公司、中华保险公司洞头支公司等3家保险机构参与承保。9月7日，洞头区召开食品安全责任保险试点工作推进会，部署推进食品安全责任保险工作。

【食品安全电子监管】 2015年，全区创成“阳光厨房”36家，其中特大型、大型餐饮单位、学校食堂11家，覆盖率39.2%。全区纳入食品电子监管食品经营企业53家，已安装企业使用率100%；婴幼儿乳制品、酒类经营单位电子追溯系统覆盖率95%以上；大型商超建立电子查询监管系统，重点食品可溯源率90%以上；县级电子化管理示范单位创成3家。

【食品安全宣传】 2015年，区市场监督管理局组织开展食品安全“四个你我”、食品安全“七进”系列、食品安全巡回宣讲等各类宣传活动22次，接受咨询800余人次，发放宣传资料1万余份，展示宣传展板14幅次，宣传简报6期，中小学食品安全知识知晓率达90%。举办各类食品安全培训班9期，培训500余人次。发送食品安全类短信30万条，彩信18万条，微博221条，微信周刊15期，电视台专题栏目4期，播放公益广告180余次。

【学生饮食放心工程】 2015年，区市场监督管理局以学校食堂、商店及校园周边200米以内的食品生产经营单位为重点，开展食品安全专项检查和提升工程。出动执法人员912人次，检查相关单位416家，全区中小学校检查覆盖率100%。学校食堂大宗食品统一配送定点采购率100%，指导学校食堂升级改造4家；学校食堂量化等级B级以上17家，量化A、B等级比例60.7%；品牌超市进校园比例67%，学校饮用水城镇管网接入率100%。创成学校“阳光厨房”食堂6家；现场指导新建学校食堂设计方案2家。

【食品安全检验检测】 2015年，区市场监督管理局开展定性检测12659批次，销毁处理不合格35批次，涉及商品数量31.5千克。开展各类食品定量检测855批次，合格率94.5%，立案24件，责令整改1件，移交公安1件，罚没款3.379万元。建立北岙农贸市场、元觉农贸市场2个食品安全快速检测室并免费向公众开放，检测结果通过显示屏实时公布，同时通过短信、网站、媒体等定期发布检测信息。

【药械安全监管】 2015年，洞头区市场监督管理局组织开展中药材、胶囊剂药品、医疗器械“五整治”、节假日“三品一械”、打击销售使用假劣药品等十余项质量专项检查，出动执法人员1100余人次，检查药品、保健食品、化妆品生产经营企业248家次，出具行政指导建议书86份，约谈企业5家，责令整改5家，立案2家，监督检查覆盖率100%。全年完成药品不良反应报告83例、医疗器械不良反应事件14例。全区14家处方类药店均通过新版GSP认证，27家药品零售企业均进入中国电子监管网系统。开展零售药店分类分级管理，3家药品经营企业获“诚信示范药店”称号。抽样保健食品2批次、快检25批次，抽样化妆品5批次、快检20批次。开展涉药人员培训3期323人次，受训率95%以上。

【“东岙渔家乐一条街”获“省级餐饮服务食品安全示范街”称号】 2015年7月26日，洞头县东屏街道东岙村“东岙渔家乐一条街”被命名为“省级餐饮服务食品安全示范街”，并由浙江省食品药品监督管理局正式授牌。“东岙渔家乐一条街”有餐饮服务单位10余家。近年来，县市场监督管理局进行统一培训，统一量化公示、统一使用食品原料进货和消毒记录台账、统一执行菜品留样制度。推出“餐饮服务动态等级脸谱”公示制度。落实餐饮服务食品安全责任，促进餐饮服务单位规范经营，提高餐饮服务食品安全水平。2014年11月20日，“东岙渔家乐一条街”通过市局的初步评定验收。至此，洞头县“321工程”“餐饮服务食品安全示范县、示范街、示范单位、示范学校食堂”等系列示范创建工作实现全覆盖。

·质量技术监督管理·

【概况】 2015年6月，洞头县机构体制改革，工商行政管理、质量技术监督和食品药品监督“三局合一”，各项监管职责得到进一步梳理，监管体系进一步健全完善。制定出台《关于推进“浙江制造”品牌建设的实施意见》，指导企业申报温州名牌产品3家，其中温州市东启汽车零部件制造有限公司的制动卡钳、温州蓝天管件阀门有限公司的碟阀等2个产品被评为温州市名牌产品。上报省著名商标延续认定2枚、新申报1枚，市知名商标延续认定3枚、新申报2枚。新增实施卓越绩效企业2家、“首席质量官”制度企业3家、质量损失率统计制度企业1家，规上企业主导产品采标率56%。加强管理体系认证行政监管，出动42人次，抽查19家企业；检查有机食品获证企业1家、销售单位

7家，以及检查4家销售单位26种儿童玩具产品。

【2014年洞头县“县长质量奖”】 2015年3月3日，洞头县召开全区海洋经济工作暨作风效能建设大会，会上表彰2015年洞头县“县长质量奖”▲，温州中石油燃料沥青有限责任公司、浙江金海蕴生物有限公司获该奖，分获20万元奖励。开展“县长质量奖”评选，旨在树立质量管理标杆，引导企业导入实施卓越绩效模式，走质量效益型之路，增强核心竞争力和可持续发展能力。洞头县自2011年起设立县长质量奖制度，目前7家企业获此奖项。

▲县长质量奖：县政府设立的最高质量荣誉，主要授予洞头县实施卓越绩效管理模式，在工业、工程建设、服务等行业内处于领先地位，并取得显著社会效益和经济效益的企业。

【企业标准化建设】 2015年，区市场监督管理局鼓励企业参与国家标准、行业标准、地方标准规范制修订，洞头区海光机械电器厂主导制定国家标准2项，温州海力砂轮有限公司参与国家标准制定1项，省海洋研究所洞头基地着手制定羊栖菜、紫菜优质苗种培育地方农业标准规范。开展循环经济标准化试点，洞头区“制动钳再制造循环经济标准化试点”被列入2015年第一批省标准化重点项目。推进羊栖菜标准化综合示范区创建。企业标准自我声明公开试点完成8家企业31个标准公开。

【特种设备安全监察】 2015年，区市场监督管理局制定《洞头县2015年度特种设备安全管理工作考核细则》，将特种设备“五个率”▲纳入年度目标考核，评选特种设备使用示范单位3家；检查特种设备使用单位45家次，检查完成率112.5%，隐患整改率100%。特种设备安全专项整治排查使用单位251家，发现隐患设备58台，发出指令书30份，整改率100%。联合开展电梯应急救援演练，提升电梯救援水平。登记注册液化石油气瓶57875只，全年新增3997只，检验气瓶18364只，报废气瓶2823只。组织开展特种设备安全进企业、进社区、进校园宣传活动，检查特种设备使用单位111家，排查各类安全隐患94处，出具《安全监察指令书》50份，监督检查回访率100%。特种设备使用登记率、定期检验率、作业人员持证上岗率、事故隐患整治率均100%。

▲五个率：特种设备使用单位主体责任考核通过率、设备注册登记率、定期检验（报检）率、作业人员持证上岗率和隐患排查治理率。

【首期先进质量管理方法训练营】 2015年7月24—25日，县市场监管局联合温州市质量与品牌研究中心，举办洞头县首期先进质量管理方法训练营，全县“县长质量奖”获奖企业、市名牌产品企业、规上工业企业及部分成长型企业负责人和质量主管等37人参加。活动邀请浙江俊尔新材料股份有限公司、浙江红蜻蜓鞋业股份有限公司代表分别作《企业战略与质量品牌》和《卓越绩效模式》专题讲座，并统一安排参训人员到温州市市长质量奖获奖企业——浙江红蜻蜓鞋业股份有限公司和温州福达合金材料股份有限公司现场观摩学习。

【计量工作】 2015年，区市场监督管理局组织开展“计量惠民”服务系列活动，对医用三源、衡器、加油机、出租车计价器等重点计量器具管理，检定强检计量器具1840台件，衡器、加油机等重点计量器具受检率为100%，一次检定合格率96.36%，定期公布强制检定结果5期；开展“舒心旅游”等计量维权专项行动，对房屋面积测量用计量器具、液化气等进行检测，查处计量作弊案件1件；新增集贸市场“四统一”示范点1个，统一配置电子计价秤48台；组织进社区、村居、学校等活动8次，免费计量服务791人次，发放体温计、100g定量小砝码等生活计量器具300余份，全年为群众免费检定校准电子秤、人体秤、血压计等810台件，发放宣传材料560份，媒体报道5次。

（张为婕）

统计工作

【概况】 2015年，全区统计机构7个（含灵昆街道），专兼职统计人员20人（含灵昆街道），配备兼职统计人员和辅助统计调查员村居103个（含灵昆街道），“四上”单位基本明确专兼职统计人员。启动第三次全国农业普查准备工作。区统计部门完成城乡一体化住户调查收支专业定报工作。开展1%人口抽样调查、群众安全感满意度等专项调查，协助完成海岛县情况调查；建立重点企业网格化管理、重点企业用电与生产监测、定期访户等制度；参与“十三五”前期课题调研，承担“十三五”统计指标框架研究；全年形成经济运行分析报告37篇和信息20篇。全年复评单位100家，复评完成率95.2%，其中3家停业，1家变更；创建达标4家，其中部门2家，企业2家。基本单位名录库节点全部延伸到街道（乡镇）。全年上报并通过审核“四上”企业18家，其中工业企业4家，商贸企业6家，服务业企业4家，建筑业企业1家，投资项目3个。结合统计调查制度改革、区（县）一体化改革、经济发展热点以及政府考绩重点内容，及时修正统计数据发布内容，提升产品质量。编辑“两会”材料、统计年报、统计年鉴、月统计信息卡等多期。组织开展各类培训和资格考试近800人次；完成统计稽查案件8件，其中责令整改1件；开展统计宣传，共发放统计普法材料2800余册，发送短信近1000条。

【统计执法检查】 2015年，区统计部门围绕“依法统计”主线，以经济和社会发展主要指标为重点，全年稽查28家，其中投资10家，立案1家。开展规（限）额以上工业、贸易、服务业专项数据检查，自查企业单位及投资项目121家，其中投资企业25家，实地抽查11家企业。巡查街道（乡镇）本级2家及辖区内统计调查单位16家，涵盖村居4个、工业企业3家、投资项目3个、建筑业企业1家、商贸企业1家和服务业企业4家。

【群众安全感满意度调查】 2015年10—11月，洞头区开展群众安全感调查，涉及5个街道（乡镇）8个村居160户居民。通过区内纸质问卷调查和省电话回访调查。全区群众安全感满意率98.06%，分别高出温州市和浙江省平均水平2.0个和1.72个百分点。平安建设群众知晓率88.9%，分别高出温州市和浙江省平均水平4.4和4.6个百分点。平安建设群众参与率62.7%，均高出温州市和浙江省平均水平14.4个百分点。据省统计局核定的数据显示，2015年洞头区群众安全感调查满意率、知晓率、参与率均居温州市第一。其中满意率、知晓率连续五年居全市第一。

【城乡一体化调查】 2015年，洞头区开展城乡一体化住户调查，对象为5个街道（乡镇）14个村居147户。调查数据包括工资性收入、经营净收入、财产净收入和转移净收入等四大收入和食品烟酒、衣着、居住、生活用品及服务、交通通信、教育文化娱乐、医疗保健、其他用品和服务等八大生活消费支出。全年城镇常住居民人均可支配收入34674元，较上年增长9.3%，人均收入水平居全市第九，增速居全市第二。人均生活消费支出21025元，同比增长2.5%。农村常住居民人均可支配收入18365元，居全市第六，同比增加1748元，增长10.5%，增速居全市第一；人均生活消费支出14976元，同比增加851元，增长6.0%。

（林小鹭、余克新）

安全生产监督管理

【概况】 2015年，洞头区发生各类事故22起，同比下降24.1%；死亡7人，同比下降30.0%。其中，各类事故死亡人数占市下达死亡控制指标的50%，排名全市第一。全年全区未发生较大以上安全生产事故。拟定洞头区安全生产“十三五”规划编制工作实施方案，启动安全生产“十三五”规划编制工作。推进企业标准化创建，创成二级和三级标准化企业24家，评定安全生产诚信企业56家。全区涉及危险化工工艺、重点监管危化品的生产储存装置和设施均完成安全自动化控制系统改造。全年发放宣传资料1.2万份，建立宣传栏19处。培训各类对象10437人（包括企业负责人及管理人员509人、特种作业人员126人、其他从业人员9802人），实体型企业负责人、安全管理员、特种作业人员持证率100%。全年办理许可32件，提前办结率100%。

【行政执法监察】 2015年，区安全生产监督管理局推进安全生产综合执法，加大对重点领域、重大非法违法行为的执法力度。全年组织开展13个专项执法（整治）行动，监督监察各类生产经营单位950家次，制作现场检查记录195份，排查各类限期整改隐患568项，整改率100%；立案处罚5起，罚款26.6万元，办结投诉（举报）件12件。全年无行政案件被诉讼、被复议。全区执法案卷评审中，被评为优秀案件1卷。

【安全生产应急】 2015年，区安全生产监督管理局修订洞头区重特大生产安全事故应急预案、危险化学品生产安全事故应急预案和矿山生产安全事故应急预案。全区涉及危险化工工艺、重点监管危化品的生产储存装置和设施均已完成安全自动化控制系统改造。5月，参与环岛西片围涂工程项目部举办的隔头料场爆破撤离及伤员抢救应急预案演练；11月，联合区应急办、区公安分局、区环保局、区计生卫生局、区安监局、区公安消防局、温州金源化工有限公司在温州金源化工有限公司厂区开展危险化学品事故综合应急演练。全年指导参加中小型演练5次，参加240人次。

【安全生产专项整治行动】 2015年，区安全生产监督管理局集中开展对矿山、危化品、烟花爆竹、建筑施工、船舶修造等工矿企业，道路交通、水上交通等交通运输企业，医院、学校、人员密集场所、“三合一”场所、出租房及其他有关行业和领域隐患排查治理。全年组织执法检查，参加人数13199人次，检查单位和处所9062家，下发限期整改指令书1603份，发现重大隐患46处，到期整改39处。责令停产停业整顿单位26家。

【隐患排查治理】 2015年，区安全生产监督管理局组织开展重点行业和领域隐患排查治理，全年排查单位3106家次，发现隐患2450处，整改2206处，整改率90.04%。完善三级隐患数据库，对事故隐患名单予以公布，实施重大隐患挂牌督办，市级挂牌重大事故隐患2处、区级挂牌重大事故隐患5处、街道（乡镇）级86处安全隐患，整改率100%。建立“安全生产事故隐患曝光台”制度，借助《温州都市报》平台对事故隐患和违法违规行为公开曝光5批次。

【“全国安全生产月”活动】 2015年，区安全生产监督管理局联合住建局、洞头海事处等安委办成员单位开展主题为“加强安全法治、保障安全生产”的全国第十四个“安全生产月”活动。邀请区安委会成员单位参与进家庭、农村、工地和企业的“安全户外行”宣传，邀请市、区安全生产专家讲座。在微信公众号开展“全民找隐患”活动，组织企业员工参与安全知识竞赛12场，参观图片展览1800人次，培训职工5002人，演讲比赛1场，发放宣传资料12300份，悬挂标语（横幅）201条，张贴宣传画1160张，出黑板报56期，出动宣传车12台次。组织执法安全检查50次，840人次参与检查（其中区领导参加检查45人次），检查企业（个体工商户）400家（户），发现一般事故隐患302项，当场整改181项。

（吴梦鸽）

县领导视察中海油丽水36—1气田终端处理厂

2015年洞头区安全生产事故一览

表21

类别	事故次数		死亡人数		受伤人数		直接经济损失(万元)		其中一次死亡3人以上事故	
类别指标	全年	同比(±%)	全年	同比(±%)	全年	同比(±%)	全年	同比(±%)	全年	同比(±%)
工矿企业	1	100	1	100	1	100	0	平	0	平
道路交通	18	-18.2	3	-50	19	-5	15.25	-3.17	0	平
水上交通	0	平	0	平	0	平	0	平	0	平
火灾	21	-133	0	平	0	平	5.7	262	0	平
渔船捕捞作业及运输	3	-25	3	-25	0	平	50	100	0	平
合计	22	-24.1	7	-30.0	20	-9.1	65.25	64.2	0	平
道路交通	18	-18.2	3	-50	19	-5	15.25	-3.17	0	平
水上交通	0	平	0	平	0	平	0	平	0	平
火灾	21	-133	0	平	0	平	5.7	262	0	平
渔船捕捞作业及运输	3	-25	3	-25	0	平	50	100	0	平
合计	22	-24.1	7	-30.0	20	-9.1	65.25	64.2	0	平

国有资产监督管理

【概况】 2015年，区属企业年末资产总额109亿元，比上年增长15.7%；净资产27.8亿元，比上年下降3.7%；年末负债总额81.45亿元，比上年增长24.2%；年末负债率74%，比上年增长5%。累计实现营业收入1.5亿元，比上年下降14%；实现利润总额155万元，比上年下降86.3%。盘活国有闲置资产，举行两次国有闲置房产公开拍卖，拍卖房产16处，实际成交金额786.5万元。

区国资办启动事业单位登记管理，推行年度资产配置管理。制定区行政事业单位国有资产配置管理暂行办法、行政事业单位国有资产处置管理暂行办法、行政事业单位国有资产出租管理暂行办法、行政事业单位办公用房装修、通用办公设备和机动车辆配置限额标准等资产管理制度。规范国有企业法人治理监管，完善国有企业监事制。实行经营预算管理、工资总额管理。完成国有企业银行开户调查，对新设立的国有企业银行开户采取备案制。

【国有闲置房产首次公开拍卖】 2015年1月22日，洞头县首次对19处国有闲置房产集中公开拍卖，由县财政局牵头，在县公共资源交易中心举行国有闲置房产公开拍卖活动。包括洞头县原北岙街道繁荣农工商联合公司、原环卫所办公楼、原县卫生局沿街一层房产等19处闲置房产，涉及总建筑面积1958平方米。参加拍卖活动41人，拍卖出原环卫所办公楼、教育局宿舍部分沿街房产、原鹿西税务所办公楼等房产11处，总资产评估价417.8万元，实际成交额702.7万元，资产溢价69%。其中，原环卫所办公楼(中心街252号)以290万元成交（起拍价147.4万元）。

【国有资产配置限额标准】 2015年，根据《洞头县行政事业单位国有资产管理暂行办法》（洞政发〔2011〕68号）等有关规定，区财政局制定《温州市洞头区行政事业单位办公用房装修、通用办公设备和机动车辆配置限额标准（试行）》，规范国有资产配置。内容包含办公用房装修限额标准、办公家具配置限额标准、通用办公设备配置限额标准、办公通用软件配置限额标准和机动车辆配置标准。9月30日开始施行。

（翁坚强）

责任编辑　曾焕定

环境保护　国土资源

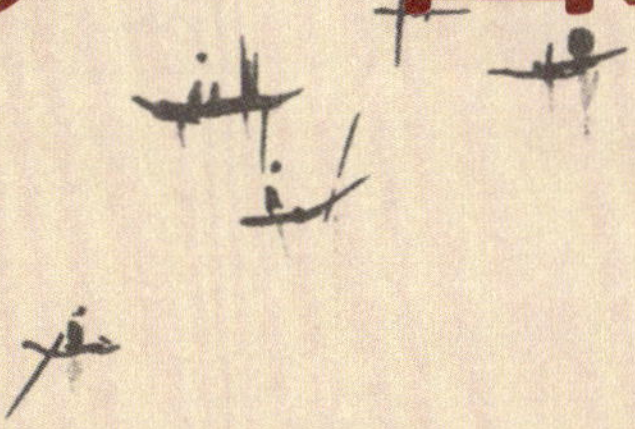

海区又绿羊栖·杨金花

“海霞精神”

爱岛尚武 励志奉献

“五岛连桥”精神

小县办大事 小岛创大业

环境保护

【概况】 2015年，区环保局以改善环境质量为目标，以“治水、治气、治污”为重点，以主要污染物减排为主线，深化重点行业污染治理，严厉打击环境违法行为，履行环境管理综合协调职责，不断提高全区生态环境质量与社会和谐水平。市对县考核，环境质量全市第一，“四边三化”考核全市第一，主要污染物减排工作全市第二、文泰洞第一。PM2.5年均浓度全省排名第七，公众生态环境满意度居全市第一。

是年，洞头区环境监测站及时全面监测分析全区空气、水、声等主要环境要素。全年环境空气质量24小时连续自动监测，酸雨监测做到逢雨必测；完成饮用水源水质监测、“五水共治”水质考核监测和跨行政区域河流交接考核断面监测；开展功能区噪声、城市区域噪声和城市交通噪声监测。全年出具污染源监测报告213份。

洞头区县级以上饮用水源地为长坑水库，监测项目按《地表水环境质量标准》（GB3838—2002）相关项目共64项。监测结果表明长坑水库水质达标率100%。按照《浙江省跨行政区域河流交接断面水质保护管理考核办法》，洞头区跨行政区域河流交接考核断面为长坑交接断面，考核指标为高锰酸盐指数、氨氮、总磷。是年，长坑交接断面水质考核结果为优秀。洞头区平原河网水质考核站位设在海滨河，水质考核目标为主要污物高锰酸盐指数平均浓度符合Ⅲ类水标准，氨氮、总磷平均浓度达到Ⅴ类水标准。监测结果显示，海滨河高锰酸盐指数平均浓度达到II类水标准，氨氮、总磷平均浓度达到Ⅲ类标准。全区采集降水样品129个，降水pH值范围3.74～6.83，pH均值4.85，值酸雨率84.5%。根据国家对“两控区”酸雨污染控制要求评价标准，洞头区属中酸雨区。

全年空气质量自动监测站有效监测天数351天，按《环境空气质量标准》（GB3095－2012）评价，环境空气质量级别（AQI）为一至四级，其中一级（优）166天，占总天数的47.3%；二级（良）170天，占总天数的48.4%；三级（轻度污染）13天，占总天数的3.7%；四级（中度污染）2天，占总天数的0.6%。全年空气优良率天数95.7%，同比提高1.3%，可吸入颗粒物浓度明显下降，PM2.5年均值30微克/立方米，低于年均35微克/立方米考核标准，同比下降6.3%，空气质量居全省前列。在三级及以上级别的15天中，首要污染物为PM2.5的有7天，为臭氧8小时均值的有5天，PM2.5和PM10同时超标的有3天。是年，PM2.5年均浓度0.030毫克/立方米，全省排名第七。

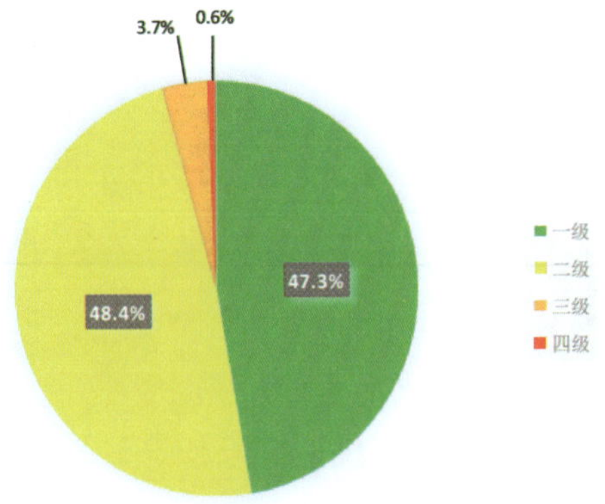

图4　2015年洞头区空气质量等级统计

是年，洞头区城市区域环境噪声平均值52.3分贝，城市道路交通噪声平均值68.2分贝。按照《环境噪声监测技术规范 城市声环境常规监测》（HJ640—2012）评价，洞头区城市区域环境噪声属较好，城市道路交通噪声属较好。城市功能区环境噪声状况较好，2类功能区、4类功能区定点测点昼夜等效声级值均能达标。

2015年洞头区功能区定点噪声监测结果统计

表22　　单位：dB（A）

监测时间	警池巷（2类区）				中心街（4类区）			
	昼间		夜间		昼间		夜间	
	等效声级	适用标准	等效声级	适用标准	等效声级	适用标准	等效声级	适用标准
2015年	47.4	60	34.2	50	55.8	70	46.2	55

【生态文明建设】 2015年，洞头区按照《洞头县生态文明建设规划（2013—2020）》要求，积极探索全国生态文明建设试点工作的体制和机制建设，深入实施生态化战略行动。开展绿色细胞工程创建，北岙街道、东屏街道、鹿西乡通过全国环境优美街道（乡镇）复查。新创市级生态村2个、市级绿色学校2所和省级生态文明示范基地1个，省级生态文明示范基地——城关第二小学通过验收。3个限期整改的市级生态村通过市级验收。发放生态创建奖励资金29.4万元，开展环境污染责任保险试点工作，新增试点投保企业1家。全区累计创成国家级生态街道（乡镇）5个、省级生态街道1个，市级生态村71个，生态村覆盖率88.1%；国家级绿色学校1家，省级绿色学校6家，市级绿色学校8家；国家级绿色家庭1个，省级绿色家庭13个，市级绿色家庭5个。完善水环境质量考核办法。开展“两路两侧”“四边区域”洁化、绿化、美化专项行动，推进环境综合整治；加快河沟、池塘环境治理，重点整治渔农村乱堆、乱放行为，清除临时垃圾堆放点，合理设置垃圾收集点。全年否决突破环境容量、不符合环保和产业政策要求的新建项目23个。开展环保进机关、进社区、进学校、进企业、进农村、进家庭等“六进”系列宣传活动20余场次，发放环保宣传资料8000多份。将环境保护知识纳入学校教育内容。开展“6·5”世界环境日、“生态文化月”等专题宣传活动，举办第五届养海放生大型活动。开通“洞头环保”公众微信号，利用微博新媒体，畅通公众参与渠道，2015年度区公众生态环境满意度78.83%，同比提升3.85%，居全市第一。

【环境执法】 2015年，区环保局接待环境保护来信来访案件74件，其中市转信访15件，处理率、结案率、反馈率均100%。建立环境监察精细化、网格化管理机制，推行“阳光执法”。通过在线监测监控平台，实时掌握企业污染物排放动态，确保化工、制药等市控以上重点排污企业做到稳定达标排放。开展绿箭系列等各类整治违法排污企业专项执法行动，重点排查重点排污企业和沿河（沟）企业，严厉打击企业污染物恶意偷排、漏排和超标排放等环境违法行为；加强饮用水源保护地环境安全综合整治，及时准确掌握饮用水源水质动态，确保保护区内饮用水源安全；加大农村环境整治力度，联合开展畜禽养殖场污染源综合整治，关闭禁养区、限养区等违法排污养殖场，整合保留1家规模化生态养猪场，规范污染物排放。规范排污申报制度，落实企业排污费征收，实行按季度污染排放量对企业动态核算，准确掌握企业污染物排放动态，全面实行“刷卡收费”制度，征收排污费及时上缴区财政，全年征收排污费101万元，增长率20.2%。出动执法人员1629人次，检查企业549家次，责令企业整改44家次，联合有关部门取缔关闭企业16家，立案查处14件，罚款额31.89万元，执行加处罚款8.3万元，同比增长1倍。涉嫌环境犯罪案件移送公安机关2件，实现查处环境犯罪案件零突破。

【污染治理】 2015年，围绕温州市创建环保模范城市攻坚计划，区环保局开展重点项目攻坚，完成企业稳定达标工程、重污染企业voc整治以及清洁生产等项目建设，实现温州综合材料生态处置中心点火试运行。海洋环境保护及大气污染防治两大创建环保模范城市亮点获国家验收考核组高度评价。污染减排方面，围绕“十二五”减排总体指标及年度计划，确定九大污染减排项目，寮顶垃圾填埋场渗滤液处理、黄标车淘汰、燃煤锅炉淘汰等项目获省、市减排认可，全年全区主要污染物化学需氧量、氨氮、二氧化硫、氮氧化物排放总量同比分别下降5.3%、4.8%、13.68%和12.19%。治水方面，开展大门镇杨梅田规范饮用水源创建，包括对杨梅田水源保护区内污水治理、垃圾清运、畜禽养殖、标志标牌等，划定一、二级保护区域，配套建设村级污水处理设施并于12月通过验收。完成长坑水库一级保护区围网建设并实施信息提醒，组织开展洞头区饮用水源保护规划编制，将长坑和龙潭坑水库纳入温州市饮用水源保护规划。治气方面，制定洞头区大气污染防治实施计划，完成3家化工（含制药）企业VOCs整治，并创成省级示范企业1家，完成VOCs排放源调查17个。启动温州中石油燃料沥青有限责任公司、浙江诚意药业股份有限公司（LDAR）体系建设。配合发改部门淘汰燃煤锅炉12台，其中禁燃区内3台，对其中一台实施“煤改电”。协调住建部门划定建成区内高污染燃料禁燃区。全年全区淘汰黄标车547辆，其中在用黄标车385辆，强制注销黄标车162辆。

长坑水库

【固体废物管理】 2015年，洞头区工业危险废物产生企业4家，产生危险废物量631.22吨，其中电镀污泥378.25吨，占总量59.9%，其他工业企业危险废物252.97吨，占总量31.1%；委托处置危废量456.01吨，处理率72.2%，仓库累计贮存量175.21吨。产生医疗废物41.1吨，委托处置量41.1吨，处理率100%。产生一般固体废物14239.50吨，委托和自行利用处置14094.84吨，无害化处置率95%以上。开展危废及污泥全过程监管，完成危废产生单位出入口建设，强化定期监管，将固废储存和转移作为日常监管重点内容，每日登记危废产生量，清晰记录转移去向、转移时间、转移量，严格落实转移报批计划和转移联单制度。完善一般固废规范化处置体系建设，建立固废管理台账，采用综合利用和无害化填埋方式进行安全处置。强化医疗废物管理体系，建立长效管理，以“乡村医务室→社区卫生院收集→区人民医院统一收集→运送有资质的处置单位”一体化管理模式安全处置医疗废物。排查洞头县爱琴电镀厂、洞头县恒博电镀厂等3家电镀厂旧址场地，消除污染场地隐患。建立温州综合材料生态处置中心同时设计、同时施工、同时投产使用属地监管方案，明确监管内容、监管方式、监管频次及监督性监测等要求，提升企业经营规范化管理水平，保障环境安全。

【“十二五”减排目标全部实现】 “十二五”其间，洞头区大力推进污染减排工程。在水污染减排方面，完成城南污水处理厂水量提升和提标改造工程，出水由一级B提升到一级A标准。寮顶垃圾填埋场渗滤液处理项目，采用膜工艺处理垃圾渗滤液，出水达到污水综合一级排放标准；完成畜禽养殖行业污染减排项目1个。在大气污染减排方面，大力实施燃煤总量控制，完成锅炉清洁能源改造项目4个，其中实施煤改生物质1台，煤改电3台，淘汰锅炉13台，大力控制移动排放源，累计淘汰黄标车计1105辆。全区化学需氧量、氨氮、二氧化硫、氮氧化物四项主要污染物分别削减129.3吨，16.8吨，90吨，116.54吨，下降率分别达到12.39%、11.92%、14.84%、14.74%，超额完成省、市下达的四项指标分别下降11.7%、10.4%、10%、10%的减排目标。

【海洋环境保护及大气污染防治创建线路通过国家验收】 海洋环境保护及大气污染防治是国家环保模范城市创建的基层项目。2015年，洞头区围绕指标抓落实，围绕重点项目抓进度，共建档案38册，全面记录创建历程。全年重点落实大小门岛综合材料生态处置中心工程、重点企业稳定达标工程、重污染企业有机废气整治以及清洁生产等重点项目，培育海洋保护、生态创建等亮点项目。10月13日，洞头县通过国家环保部海洋生态保护和工业大气污染治理2条国家环保模范城市创建线路检查，得到环保部专家组充分肯定。

【区公众生态环境满意度全市第一】 2015年，全区公众生态环境满意度78.83%，同比提升3.85%，居全市第一。洞头区环保局制定出台《洞头县推进温州市创建国家环保模范城市宣传教育工作实施方案》，明确“十进”活动任务分解表，招募国家环保模范城市志愿者，营造全社会共同参与的创建氛围。发挥群众主体作用，创新共建机制和活动载体。以“践行绿色生活 共建海上花园”为主题开展生态文明月主题实践暨“6·5”世界环境日宣传系列活动，以“养海护生感恩海洋”为主题举办5000余人参加的第五届放生节活动，开展公众生态满意度提升专项宣传进村入户、进企业、进校园等各类宣传活动20余场，分发各类宣传资料2万余份，利用微博、微信新媒体宣传，畅通公众参与渠道。

（吴信智）

2015年温州各县（市、区）省公众生态满意度调查情况

表23

县（市、区）	认知度	生态环境	人居环境	环境污染整治成效	环保满意度	信心度	满意度得分	总得分
温州市	51.19	66.91	69.20	63.28	67.45	69.63	67.50	65.01
鹿城区	56.60	67.27	68.55	65.97	69.95	73.30	69.21	65.42
龙湾区	49.50	58.45	64.21	67.54	61.48	65.89	61.71	58.05
瓯海区	50.50	65.75	67.25	62.22	67.67	67.37	66.33	61.58
瑞安市	55.70	60.95	65.65	58.92	63.55	66.30	63.31	61.02
乐清市	67.15	62.76	66.60	62.58	65.26	66.09	64.79	65.50
洞头县	70.95	85.08	84.20	78.37	80.57	82.30	82.21	78.83
永嘉县	57.25	67.77	69.87	62.37	66.61	69.30	67.40	64.35
平阳县	49.80	63.82	66.60	57.86	63.87	67.89	64.31	59.96
苍南县	62.15	65.50	68.00	60.71	66.11	68.76	66.09	64.91
文成县	70.75	85.40	82.57	78.73	80.61	81.52	81.86	78.53
泰顺县	63.50	84.45	81.15	75.61	78.30	76.99	79.44	74.65

国土资源

【概况】 区国土资源局设有办公室（政策法规科）、纪检监察室、地籍科、规划耕保科、土地利用管理科和行政审批科、矿管科等7个行政科室，下属土地储备中心、国土监察大队、统一征地事务所、土地登记交易中心、地质环境监测站等5个事业单位，基层国土资源所6个。系统干部职工70人。

2015年，区国土资源局加大耕地保护力度，落实耕地保护共同责任机制，与6个街道（乡镇）签订耕地保护和土地矿产卫片执法检查目标管理责任书。全区耕地保有量不少于20100亩，基本农田不少于19110亩。完成永久基本农田划定工作方案和100亩高标准基本农田建设任务。落实耕地占补任务，异地调剂指标130亩，确保全区耕地总量保持动态平衡。土地利用总体规划调整通过省政府批准。上报审批建设用地6个批次，使用年度计划指标1142亩。有效保障重点工程、民生项目等建设用地，为77省道延伸线龙湾至洞头疏港公路、新城二期市政道路等重点基础建设项目供地1327亩，为教育、农民建房等民生项目供地360亩，其中为大门产业基地应急引水小门配水站、城南污水处理厂提升工程等“五水共治”项目供地33亩。

全年盘活存量土地524亩，完成年度任务数523.6%，全市排名第一。工业供地117亩。清理转而未供土地446亩。清理供而未用土地1360亩。城镇低效用地再开发226亩，其中完成省级任务数108亩，完成年度任务数360%。处置闲置土地816亩。开展矿山储量动态监测，深化“四边三化”矿山生态环境治理行动，积极开展矿山粉尘防治专项行动，连续11年实现地质灾害“零伤亡”。全年立案查处矿山（海砂）违法案件4件、移交5件。严格落实动态巡查制度，动态巡查603人次，巡查车辆163车次，发现违法用地69起，制止率100%，退还耕地3.5亩。立案查处土地违法案件6件，涉及土地面积10.7亩。清理非法“一户多宅”147宗，处置1987年以来历史遗留农村附属用房3500多宗，促进“无违建”创建。全年办理土地登记2692宗。其中国有初始登记28宗，变更登记1247宗；集体土地初始564宗，变更681宗；注销登记77宗；其他登记75宗；抵押登记20宗，抵押金额12.64亿元。

【国土基层所实现“一乡一所”全覆盖】 根据《浙江省国土资源厅 浙江省机构编制委员会办公室 浙江省人力资源和社会保障厅关于进一步加强乡镇国土资源所建设的意见》（浙土资发〔2014〕45号）文件精神，2015年4月1日，区国土资源局推进街道（乡镇）国土资源管理体制改革，在原有2个基层所基础上，调整并正式挂牌成立北岙、大门、东屏、元觉、霓屿、鹿西等6个国土资源所，率先在全市实现国土“一乡一所”管理全覆盖。按照“机构进乡、人员入院”要求，6个基层所挂牌当日正式运转。当地群众可就近办理咨询、信访，建房申请等业务。

【温州市洞头区土地利用总体规划（2006—2020）获省政府批准】 2015年12月8日，省政府原则同意洞头区调整完善后的土地利用总体规划（2006—2020）（调整完善版）（《浙江省人民政府关于温州市洞头区土地利用规划的批复》（浙政函〔2015〕165号）。文件明确要求：洞头必须坚持“十分珍惜、合理利用土地和切实保护耕地”的基本国策，严格保护耕地资源，优先保护生态环境，统筹安排各类用地，从严控制城乡建设用地。到2020年，全区耕地保有量不少于1434公顷，永久基本农田保护面积不少于1274公顷，标准农田保护面积不少于100公顷；要严格控制建设用地规模，原则同意到2020年洞头区建设用地总规模控制在2848.9公顷以内（未包含现状土地外的46公顷建设用海），城乡建设用地规模控制在2200公顷以内；要切实提高节约集约用地水平，以调整、改造、挖掘为主，建设用地扩展应优先利用闲置地、空闲地及未利用地，尽量不占或少占耕地，促进各项建设节约集约用地，积极探索以增量撬动存量新机制；强化土地用途管制，严格按照总体规划确定的土地用途使用土地，优化建设用地结构和布局，推进城乡统筹发展；合理优化国土空间。严守基本农田保护、生态保护和城镇建设用地扩展边界三道红线，坚持生态和资源保护优先，严防城市建设无序扩展，打造“生产空间集约高效、生活空间宜居适度、生态空间山清水秀”的国土利用空间格局；要严格实施总体规划。总体规划是温州市洞头区土地利用和管理的依据，具有法定效力。在全区范围内的城乡建设、农村土地综合整治、土地开发整理等各项土地利用活动，都必须符合总体规划要求。

【海霞村胜利岙崩塌治理工程】
海霞村胜利岙崩塌治理工程列入年度市政府重点地质灾害治理工程。2015年7月2日，项目治理经区发改局立项同意，从勘察设计、立项、招投标及施工，历经10个月，总投入140万元，边坡治理长度约120米，高度4~20米。主要工程采用削坡土石方11000立方米，坡面主动防护网2530平方米，锚杆285根、长1300米，截水沟长170米，排水沟长190米，平面绿化200平方米。该工程治理，及时消除隐患，确保了附近村民生产生活和海霞公园景区游客及车辆的安全。12月25日，海霞村胜利岙崩塌治理工程通过验收。

【大门镇沙岙矿区采矿权挂牌出让】 2015年8月28日，洞头县大门镇沙岙矿区饰面用花岗石矿采矿权在温州市矿业权交易中心网上挂牌，洞头县南坪花岗岩制品有限公司以78万元的价格竞得。该矿区面积约0.033平方千米，储量为129645立方米，生产规模为18.5千立方米/年，采矿权出让期限为自采矿许可证颁证之日起7年。

【小朴王山头料场治理工程】
2015年7月5日，小朴王山头料场治理工程完工。该工程开工于2014年12月8日，由洞头县城市开发指挥部负责建设。施工单位为岩土科技股份有限公司；监理单位为浙江省第七地质大队。该工程治理面积约2万平方米，建设内容主要是清理危岩、削坡、边坡加固、边坡复绿和截水排水等工程，治理费用合计1039.5万元。

（吴乐丹）

海洋环境保护

【概况】 2015年，区海洋渔业局围绕国家海洋公园、国家海洋生态文明示范区、国家生态保护与建设示范区建设，加强海洋环境保护力度，推进海洋生态环境监测，组织开展近岸海域环境质量、海洋功能区、重点入海排污口及邻近海域、洞头海洋公园、海洋垃圾监测等。同时，收集三盘港海水养殖区等资料综合评价分析。全年布设和收集各类监测站位44个，获取和收集监测数据4000多个。

监测结果表明，2015年3月和10月，洞头近岸海域水质状况有所改善，劣四类水质海域面积同比分别减少179.6平方千米和248.8平方千米；5月和8月，洞头近岸海域水质状况略有下降，第一类、第二类水质海域面积分别为995.2平方千米和1800.6平方千米，同比分别减少133.4平方千米和148.8平方千米。海洋沉积物质量状况总体良好，局部海域沉积物中铜含量超出第一类海洋沉积物质量标准，铜含量超标站位的比例较2014年有所降低。海洋生物多样性总体处于中等水平，群落结构基本稳定。洞头海洋公园局部海域无机氮和活性磷酸盐含量超标，其余监测指标均满足海域功能使用要求。三盘港海水养殖区综合环境质量优良，满足养殖区环境质量要求。洞头城南污水处理厂入海排污口全年有10个月份监测到不同程度的超标排放现象，排污口邻近海域为四类海水水质，沉积物监测要素除铜外均符合第一类海洋沉积物质量标准，大型底栖生物种数和栖息密度较2014年减少。状元岙自然海滩邻近海域大块漂浮垃圾数量减少，未发现中小块漂浮垃圾；海滩垃圾数量与2014年持平，但重量减少。洞头近岸海域未发现赤潮。

（张温妮）

海洋生态保护

【概况】 2015年，洞头区启动国家级海洋公园主题岛项目建设，完成大竹峙岛防波堤项目可研工作，开工建设南北爿山鸟类观测平台项目。大竹峙岛保护和开发利用示范项目建设完成海底电缆路由调查。获2014年度中央海域使用金9900万元支持，是迄今为止全省获补助金额最大的海洋开发单体项目。利用中央海域使用金补助1280万元，完成鹿西岛整治和修复项目，包括海水淡化工程、水网改造提升工程和植被修复工程。开展洞头国家级海洋公园珍稀鸟类调查，监测记录南北爿山岛各种鸟类48 种，其中国家二级保护动物4 种、省重点保护动物6种，新增加 3种鸟类。开展近岸水域环境污染整治，设置废油回收点5个、回收船3艘，垃圾清理船8艘、垃圾回收点1个，清理海岸、海岛垃圾75.726吨，废油40.829吨，保洁海岸线近62千米。定期开展海域海岛海岸线巡查，建立154个无人岛“一岛一档”生态管理档案，全区自然岸线保有率65%。是年，《洞头县海岛保护规划》通过专家审查。制定洞头县主要海岛常态化监测监视方案。全年修复海岛岛碑23块。实施涉海建设工程海洋环境补偿2例，区级财政和企业投入增殖放流资金264.46万元，投放苗种11850万尾，其中黑鲷347万尾，岱衢族大黄鱼326万尾，日本对虾11177万尾。

【启动国家级海洋公园主题岛项目建设】 国家级海洋公园主题岛项目建设范围包括南、北爿山岛、大竹峙岛，涉及南北爿山鸟类观测平台项目和大竹峙岛保护与开发利用示范项目。南北爿山鸟类观测平台项目2015年10月开工建设，总投资851万元，其中省级海洋综合管理资金补助760万元，项目包括观测平台、码头、管理房等工程，旨在提高南、北爿山省级海洋特别保护区管护能力和水平。项目完成部分桩基平台搭设，启动保护区筑巢引鸟计划前期工作，制定筑巢引鸟方案。 而大竹峙岛保护与开发利用示范项目是全国无居民海岛保护开发利用示范项目，总投资1.05亿元，获2014年度中央海域使用金9900万支持，是迄今为止全省获补助金额最大的海洋开发单体项目。是年，完成项目综合码头工程；防波堤建设工程；海水淡化及配套管网项目建设工程；海岛道路建设工程；海岛供电系统建设工程；垃圾减量化、资源化处理及污水处理建设；通信基站及配套设施工程和海岛生态环境监测监视评估体系等八大工程项目的设计、调查、勘探等前期工作。其中，综合码头和防波堤工程完成地形测量、地质勘查、水文测验、波浪分析、泥沙潮流数模，可研报告编制，其余六大工程完成可行性研究报告批复。

【《洞头县海岛保护规划》编制通过专家审查】 《洞头县海岛保护规划》于2015年2月通过专家审查，编制始于2014年4月，按照浙江省海洋与渔业局《关于开展市县级海岛保护规划编制工作的通知》（浙海渔规〔2013〕5号）文件要求着手开展。该规划范围是洞头县行政管辖海域范围内，进入《中国海域海岛标准名录》（浙江分册）301个海岛。其中居民海岛13个，无居民海岛288个（未包括灵昆岛）。该规划编制，合理界定海岛功能定位，保护海岛生态环境，规范洞头县海岛开发行为，为洞头海岛保护与开发的宏观指导提供依据，实现“在保护中开发、在开发中保护”，达到经济效益、社会效益和生态效益相统一。

【国家“海疆万里行”宣传采访活动走进洞头】 2015年4月12—14日，国家“海疆万里行”国家级海洋生态文明示范区主题活动走进洞头，此次活动主题为“弘扬生态文明、建设美丽海洋”，由国家海洋局组织。《人民日报》、新华社、《光明日报》《经济日报》《中国日报》、中国新闻社、《中国海洋报》《海洋世界》杂志、中国网等十多家中央媒体组成的报道团齐聚洞头，聚焦海洋生态环保，弘扬生态文明。洞头县县长王姣虎在记者见面会上全面介绍了洞头海洋生态文明建设情况以及取得的成效与经验。报道团一行走访了浙江省海洋水产养殖研究所洞头基地、中心渔港、美丽乡村——海霞村、红色印记馆、城南污水处理厂、百福古船木公司、浙江金海蕴生物有限公司、东海贝雕工艺品公司、大竹峙岛、白龙屿生态海洋牧场等。考察洞头生态文明建设的发展与规划之路，采访报道洞头县海洋生态旅游、海洋生态循环经济、生态渔业和海岛环境治理的发展成效和经验做法。累计发表报道近30篇，各大网站报纸转载上千篇，其中光明日报《洞头：海岛小县的和谐大美》获评2015年度“海洋好新闻”。

【鹿西岛整治修复项目】 鹿西岛整治修复项目于2015年4月实现海水

淡化项目和南山水库、第二水库管网并网。完成海水淡化项目附属用房、厂房、泵房主体结构施工及水池、泵房设备安装。同时投入资金560万元，整改提升昌鱼礁全村管网；投入资金158万元完成植被修复工程，对鹿西村、东臼村、扎不断村和昌鱼礁村部分节点绿化美化。项目于2013年8月申报成功，项目总投资1810.1069万元（其中中央补助1280万元，地方配套530.1069万元），主要建设内容：包括海水淡化工程、水网改造提升工程和植被修复工程。项目承担单位为洞头区海洋与渔业局，承建单位为鹿西乡人民政府。

【修复海岛岛碑23块】 温州市海洋渔业局2014年委托专业技术单位对全市海岛名称标志受损情况的调查结果显示：洞头县海岛名称标志受损数量28个，其中大部分是整个标志碑体被卷走，需要重新设置。2015年7月，洞头启动海岛名称标志修复项目，9月修复海岛岛碑23块。岛碑大部分位于洞头东部、南部。考虑其中5个无居民海岛高程较低，不易再受风浪破坏，不再重新设置。

【“6·8”全国海洋宣传日活动】（参见《海洋与渔业》栏目“海洋管理”分目）

（张温妮）

海事管理

【概况】 2015年，温州洞头海事处成功处置海上险情6次、救助22人。办理船舶签证查验5300余艘次。实现“灿鸿”“苏迪罗”“杜鹃”等防台“零沉船、零伤亡”，全年未发生一般等级以上事故 。协助区政府出台加强水上交通安全工作的指导文件，整合海上监管力量，形成“政府领导、部门联动”海上平安交通多元共治大格局，化解海上执法力量分散的体制弊端。同涉海相邻部门建立海上非法采砂联合执法和保安看船机制等7项联动执法机制。全年开展“春雷”“亮剑”等联合执法33次，立案调查违法船舶85艘次，处罚案件72件，罚款额人民币120.9万元，严厉打击非法采运砂、成品油走私、岛际非法运输等违法行为。发挥通航保障、专业咨询、人才培养等专业优势，助力状元岙港正式对外开放后的发展大提速。为164艘次大型船舶进出港区提供安全保障，推动状元岙口岸危险货物集装箱落地，温州邮轮产业落户洞头，保障二期续建项目快步推进、助力开通俄罗斯远东——状元岙直达班轮航线，对台直航集装箱吞吐量2.9万TEU，增长39.8%。

是年，获温州海事局年度目标考核第一，通过温州市级文明单位复评，还获浙江海事局基层文化建设示范点、浙江海事局精品支部等称号。

【渡口管养模式入选浙江海事年度十大新事】 2015年6月，温州洞头海事处推动区政府开全省先河，由财政掏钱，以政府购买社会化服务方式规范渡口管理，改造或新建渡口，并委托专门企业对渡口实行封闭管理，改变以往渡口敞开式、无序化管理的落后模式，实行先购票后登船，有效防控客渡船超载/超重运输、恶劣天气冒险开航、携带危险品运输等危险，从源头上为辖区岛际客渡运安全扣上“安全锁”。元觉码头卖出第一张先购票后登船“船票”。这一新模式入选浙江海事2015年度10大新事。

【水工船舶项目制监管模式向全市推广应用】 温州洞头海事处面对全区20余个海上基建项目的船舶超载、内河船参与运输等监管难题，积极探索项目制监管模式，2015年7月获浙江海事局领导批示肯定，之后由温州海事局向全市辖区推广。即以水上工程项目部为基本单元，变海事单方监管为海事、业主、施工方共同治理、综合治理新模式，通过提高准入门槛、研发新船型、风险押金和白名单制度、推行自救互救等措施，有效破解船舶超载、内河船参与运输等监管难题。截至年底，累计新造25艘标准船型海船，清退内河船舶21艘，清退超载作业沿海船舶4艘，21名遇险船员因互救获救。

（沈杰庆）

责任编辑　卓桂荣

教　育

繁忙的渔村 · 陈姝樾

“海霞精神”

爱岛尚武 励志奉献

“五岛连桥”精神

小县办大事 小岛创大业

概　述

【概况】 2015年，洞头区各级各类公办学校20所（未含灵昆街道），其中普通高中1所，职业高中1所，初中4所，小学8所，九年一贯制学校2所，幼儿园4所；民办学校20所（未含灵昆街道），其中民办幼儿园14所，民办教育培训机构6所。在校生13118人，其中高中1959人，初中2602人，小学5794人，幼儿园2763人。全年教育经费 3.32 亿元，国家财政性教育经费3.14亿元，公共财政教育支出3.13 亿元，分别比上年增长3.11%、1.62%、1.95%。

教育基本现代化区（县）创建通过预评估。巩固开展全国义务教育均衡发展县成果，制定实施《洞头县发展学前教育三年行动计划（2015—2017）》。教育幼儿园搬入新园、成立教育第五幼儿园。申报创建学前教育达标乡镇2个，达标乡镇创建率100%。创成省标准化学校12所，标准化学校创建率85.7%。创成市义务教育等级学校13所，其中市一级学校2所、二级学校6所、三级学校5所，全区等级学校覆盖率92.8%。创建温州市特色项目学校2所、温州市科普教育特色学校1所，教育第三幼儿园、大门镇小被评为市级绿色学校。学生体质测试合格率97.2%，位居省市中上水平。全区共有15类300多个社团，其中“精品社团”26个。创成乡村学校少年宫16所，实现中小学校全覆盖。学生在各级各类比赛中获奖400余项，其中，实验小学学生在全国七巧科技比赛中获一等奖。

是年，获“全省教育装备规范管理示范县”称号；连续四年获省教育科学和谐发展业绩考核优秀单位；连续十年蝉联温州市教育科学和谐发展业绩考核一等奖。

【省级教育基本现代化区（县）通过预评估】 2015年12月，洞头区通过省第二批教育基本现代化区（县）创建预评估。2012年7月正式启动浙江省教育基本现代化县创建工作。2008年，县委、县政府出台实施《关于优先发展教育，加快教育现代化建设的意见》（洞委发〔2008〕40号）。2013年，制定出台《洞头县创建教育现代化县实施方案》，确定“2014年实现教育基本现代化、到2017年实现教育现代化”目标，并将创建教育现代化县写入政府工作报告。成立创建领导小组，县委书记担任组长，将教育现代化县创建的五大类四十二项指标分配到各部门、街道（乡镇），实行部门“一把手”责任制。创建其间统一城乡教育建设标准、经费投入、师资配备和管理体制，统筹教育现代化发展设施布局。启动和续建中小学迁建工程5所，改扩建幼儿园2所，新建幼儿园校舍面积2306平方米。新建学校塑胶运动场4所，全县塑胶运动场覆盖率100%。新建教学楼12幢，新增教学面积26381平方米，改建各类功能用房63间，

2015年6月25日，省委书记夏宝龙调研指导教育工作

投入1389万元实施43项小型基建项目。2016年1月，通过省第二批教育基本现代化区（县）创建，为市首个省级教育基本现代化区（县）。

【夏宝龙调研指导教育工作】（参见《专辑》栏目）

教育行政

【概况】 2015年，洞头区全面优化本岛及灵昆地区校网布局结构。全年免除学生学费、代管费210人次23.866万元、义务教育阶段免费营养餐817人次40.85万元。提供国家助学金379人次37.9万元、特困生补助26人次7.02万元，共计109.636万元。教育收费连续15年零投诉。全年收到各类群众来信48件次，办结率100%。开展全区中小学（幼儿园）师德建设专项检查工作，20所学校1043名教师开展自查，无发现违反师德师风行为。

【实施农村特岗教师津补贴制度】 2015年1月1日始，根据省市部署和工作要求，建立农村特岗教师津贴。洞头县按照“学校越偏远，教师待遇越高”原则，全年财政拨付近100万元用于外岛、农村、偏远教师补助，保障海岛偏远学校教师待遇。

【韩平一行到洞头检查春季开学】 2015年3月10日，浙江省教育厅副厅长韩平一行到洞头开展“进课堂查实情，到基层抓落实”春季开学工作检查。检查组先后到霓北小学、太阳岛幼儿园和洞一中检查。韩平要求立足海岛实际、开发海洋特色课程、狠抓教育发展“基本功”，从内涵提升、教学改革和队伍建设等三个方面着手实施。省、市教育局王振斌、张其宏、王剑波、万小峰、朱朝国和副县长叶锦丽陪同。

【李杭调研学生综合实践学校工作】（参见《洞头区人民政府》栏目“人民防空”分目）

【半屏山学生综合实践学校暨县人防教育基地揭牌】（参见《洞头区人民政府》栏目“人民防空”分目）

【实验中学成立“博爱心理驿站”】（参见《社会团体 工商联》栏目“红十字会”分目）

【县第二届教职工气排球比赛】 2015年5月7日，县第二届教职工气排球比赛在洞一中体育馆举行。教育系统19个学校(单位)34支气排球队200余名教职工参加。洞头一中、县教育局机关、洞头职教中心和洞头实验小学、东屏小学、城关一小分获赛男子组和女子组冠、亚、季军。比赛由洞头县总工会、洞头县教育工会联合举办。

学前教育

【概况】 2015年，全区幼儿园18 所，其中公办4所、民办14所；99个班级，其中公办29班、民办70班。全区3~5周岁幼儿 4580 人，本区入园 2763 人，外出入园数 1657 人，3~5周岁入园率97.3%。全区幼儿教职工388人，其中专任教师201人，持证教师181人，持证率90 %，居全市第一。全年创建省三级幼儿园2 所，等级幼儿园招生覆盖面 99 %，居全市第一；全区街道（乡镇）中心幼儿园 6 所，创建率100%。制定实施《洞头县发展学前教育三年行动计划（2015—2017）》《普惠性幼儿园认定管理办法》。教育幼儿园搬入新园、成立教育第五幼儿园。申报创建学前教育达标乡镇2个，达标乡镇创建率100%。

【《洞头县发展学前教育第二轮三年行动计划（2015—2017年）》出台】 2015年6月30日，县政府出台《洞头县发展学前教育第二轮三年行动计划（2015—2017年）》（洞政发〔2015〕20号）。行动计划包括指导思想、目标任务、主要措施、工作要求等四部分，提出扩大优质学前教育资源、健全学前教育公共服务体系、提升学前教育师资水平、提升保教质量四项措施16项内容。到2017年目标：新增幼儿园3所；普惠性幼儿园覆盖面82%，等级幼儿园覆盖面97%以上，优质教育资源（省二级及以上幼儿园）覆盖面50%；新创建学前教育达标（先进）街道（乡镇）3个；建立学前教育成本分担和运行保障机制，财政性学前教育经费占同级财政性教育经费比例7%以上；建立一支稳定、合格、专业的幼儿教师队伍，全县幼儿园专任教师大专及以上学历比例85%以上，专任教师持有教师资格证比例85%。建立学前教育质量检测评估体系，提升科学保教水平。

【《洞头区普惠性民办幼儿园认定和管理暂行办法》出台】 2015年12月28日，为构建以普惠性幼儿园为主体，覆盖面广、质量有保证的学前教育公共服务体系，促进洞头区学前教育快速发展，推进省级教育现代化区创建，区教育局、发改局、财政局联合出台《洞头区普惠性民办幼儿园认定和管理暂行办法》，制定认定标准、认定程序（自愿申报、组织认定、公示公告、签订协议、授牌公布）、政策支持、政策资金兑现、监督管理等方面规定，通过普惠性民办幼儿园的认定，加大财政扶持力度。规定年检合格，区教育局与财政局联合确定政策性补助以及奖励资金额度，一级、二级、三级幼儿园奖励标准分别为20万元、12万元、4万元。

2015年洞头区幼儿入园分布情况

表24

地区别	幼儿园数	在幼儿园数	其中：中心幼儿园	
			班级数	幼儿数
北岙街道	9	1630	7	226
东屏街道	3	465	7	178
大门镇	2	278	7	206
元觉街道	1	87	3	87
霓屿街道	2	166	3	72
鹿西乡	1	137	5	137
合计	18	2763	32	906

说明：未含灵昆街道

【教育幼儿园（北岙园区）投用】

（参见《城乡建设与管理》栏目“重点工程建设”分目）

义务教育

【概况】 2015年，全区小学8所（不含2所九年一贯制学校小学学段），小学班级162个，在校学生5794人（女生2765人），其中新居民子女782人，残疾儿童36人（送教3人）。小学适龄学生入学率100%，巩固率100%，新居民子女入学率100%，三残儿童入学率100%。小学新生班级28个，新生招生927人；小学毕业班级26个，小学毕业生914人，升学率100%。初中6所（含2所九年一贯制学校初中学段），班级68个，在校学生2602人（女生1245人），其中新居民子女276人，残疾儿童26人（送教4人）。初中适龄学生入学率100%，年巩固率100%，新居民子女入学率100%，三残儿童入学率100%。初中新生班级数23个，新生招生856人。初中毕业班级23个，初中毕业生916人，初中毕业生升入高中阶段学校901人，初中升学率98.36%，普职招生比例1.17∶1。

截至2015年9月，13所学校完成温州市义务教育办学水平等级评估，1所待评，义务教育阶段等级学校创建率92.86%，居全市第一。其中，实验中学、海霞中学通过温州市义务教育办学水平一级学校评估；城关一小、城关二小、霓北小学、大门镇小、洞二中、鹿西小学通过二级学校评估；实验小学、东屏镇小、城关三小、霓北中学、元觉义务教育学校通过三级学校评估。

2015年洞头区义务教育基本情况

表25

地区别	小学				初中				入学率%		年巩固率%		升学率%	
	当年毕业		当年招生		当年毕业		当年招生							
	班级数	人数	班级数	人数	班级数	人数	班级数	人数	小学	初中	小学	初中	小学	初中
合计	26	914	28	927	22	916	23	856	100	100	100	100	100	98.36
北岙街道	12	443	14	495	6	266	6	263	100	100	100	100	100	100
东屏街道	4	159	4	155	8	339	8	298	100	100	100	100	100	98.23
大门镇	3	111	3	103	4	154	4	158	100	100	100	100	100	95.45
元觉街道	2	61	2	44	1	47	2	51	100	100	100	100	100	97.87
霓屿街道	3	80	3	81	3	110	3	86	100	100	100	100	100	99.09
鹿西乡	2	60	2	49					100	100	100	100	100	

说明：未含灵昆街道

【**洞头区第二届乡村学校少年宫现场会暨社团活动展示会**】 2015年12月15日，洞头区第二届乡村学校少年宫建设推进会暨成果展在大门镇中心小学举行。区领导张贤孟、叶锦丽参加。会上对新建的洞头一中、城关三小、职教中心、霓北中学等4所学校，以及继元觉街道义务教育学校之后被列为中央专项彩票公益金支持建设的大门镇小、鹿西小学授牌。至此全区16所中小学校（未含灵昆街道）都建有乡村学校少年宫，率先在全市实现少年宫在街道（乡镇）和学校的全覆盖。

【**林杰获“2014感动温州十大人物”称号**】 2015年3月6日，“最美温州人——2014感动温州十大人物”▲颁奖典礼暨感动温州十周年晚会在温州广电集团一号演播大厅举行。洞头县钱江电视希望小学学生林杰获“2014感动温州十大人物”，并获评“孝老爱亲”奖项。县领导张贤孟出席活动。该活动由中共温州市委宣传部、温州日报报业集团、温州广播电视传媒集团、浙江日报温州分社联合主办，温州都市报、温视新闻综合频道、温州新闻网承办。广大市民以个人或集体的名义向活动组委会推荐身边的“感动人物”，经筛选、初评、网络投票、最后评审等环节产生最终获奖名单。3月12日，市委常委、宣传部长胡剑谨到钱江电视希望小学看望慰问林杰。

▲“2014感动温州十大人物”分为“爱岗敬业”“诚实守信”“孝老爱亲”“文化传承”和“急公好义”5个奖项，每个奖项2名，共计10名。

普通高中教育

【**概况**】 2015年，全区普通高中1所，即洞头区第一中学，属省二级重点高中。全区普通高中30个班级，在校学生1274人（其中女生648人）。是年，普通高中新生班级数10个，招收新生430人；普通高中毕业班10个，普通高中毕业生396人，毕业率98.23%；普通高中会考（含高一学业考试）平均成绩合格率98.92 %，超过全市总平均成绩。报考普通高校总人数411人，比去年减少90人，其中文科143人、理科224人、艺术兼文科22人、艺术兼理科17人、体育兼文科1人、体育兼理科4人。普通高校录取总人数377人；其中一批文理科上线9人，二批文理科上线117人，三批文理科上线221人，艺术类上线30人，体育类上线0。本年高考总录取率91.73%。

是年，洞头一中与嘉兴一中建立友好合作关系。洞头区第一中学被评为“浙江省二级普通高中特色示范学校”。

【**洞头一中与嘉兴一中建立友好合作学校**】 2015年7月，洞头县第一中学与嘉兴市第一中学实施合作办学并签订协议。协议规定：洞头一中每学期分两批选派学科骨干教师12余人次到嘉兴一中为期一个月实践学习，嘉兴一中组织学科骨干老师10余人次分批分期到洞头一中开展名师送教活动；洞头一中每年选派若干名优秀学生到嘉兴一中学习交流；合作期至2018年。9月，洞头一中选送首批4名优秀学生作为交换生赴嘉兴一中学习，11月选派首批骨干教师4人到嘉兴一中跟岗学习。

【**黄高湧、包虹名师工作站落户洞头一中**】 2015年5月21日，温州市黄高湧、包虹名师工作站授牌仪式暨开班典礼在洞头一中举行。温州市教师教育院副院长张新强，温州市名师黄高湧、包虹和教育局负责人及温州市数学和生物名师工作室学员参加开班典礼。建立名师工作站旨在加强学校师资队伍建设，促进青年教师快速成长。黄高湧、包虹名师工作站有教师6人。

中等职业教育

【概况】 2015年，洞头区职业技术教育中心（简称区职教中心）21个班级，在校生685人，其中女生260人。高三毕业6个班级，毕（结）业生169人（含结业1人），其中电子电工专业99人，学前教育专业37人，旅游服务与管理专业15人，计算机专业18人；招收新生8个班级298人，其中电子电工专业119人，学前教育专业65人，旅游服务与管理专业34人，计算机专业40人，电子商务40人；高职单招单考报名41人，其中计算机18人，电子电工23人。录取人数36人。其中本科上线5人，专科上线31人。高职单招单考总录取率87.80%。

区职教中心深化与浙江旅游职业学院、浙江工贸学院和东方职业学院专业合作办学，推进职高专业品牌化发展。成立中等职业学校课程改革领导小组、制定实施方案、深化普职课程改革，提升职业教育质量。职教中心成为温州市首批课程改革基地。创成省级实训基地和省级新型农民培训示范基地各1个。

【程江平到职教中心开展课改督查】 2015年10月23日，省教育科学院副院长程江平率省教育厅中职课改督查组到洞头职教中心开展课改工作督查。督察组对中职课堂改革中课改理念、课改方案、制度、课堂组织形式及取得的阶段性成果给予积极肯定，要求加大改革力度和深度，切实将课改和学生发展相结合。

【县职教中心获温州市学前教育类五项技能竞赛好成绩】 2015年5月23—24日，温州市学前教育五项（钢琴、声乐、舞蹈、讲故事、美术）技能竞赛在市中等幼儿师范学校举行。县职教中心陈莹莹获钢琴一等奖、声乐一等奖，庄培玲、李颖俩同学获“五项全能奖”；团体（五人）获二等奖。

成人社区教育

【概况】 2015年，全区成人文化技术学校（含社区学校）6 所，举办农村实用技术培训 140期，参训人数 10573 人次。全年电大专科毕业80人，其中行政管理专业19人，学前教育专业45人，园林技术专业16人。招收新生57人，其中学前专业25人，行政管理 12人，园林专业20人；浙江大学远程教育本科毕业49人，招收新生76人。电大专科在校学生173人，浙江大学远程教育本科在校学生205人，共计378人。是年始，根据省市要求，温州市全面取消各县（市、区）全国高教自学考试考点，统一考试安排在市里考点举行。

【省标准化成人教育学校复查组到洞头复查】 2015年12月10日，省标准化成人教育学校复查组到洞头开展省标准化成校复查。督查组一行实地查看北岙、东屏、霓屿、元觉等街道4所成人文化技术学校的校园面积、校舍建筑、图书室、电脑室、培训室、安防等硬件情况，通过听取汇报、座谈、查阅台账、走访等方式，对照创建省级成人文化技术学校的办学方向、队伍建设、办学条件、教育教学、教育经费等6项指标细致考核评估。北岙街道成人文技校、东屏街道成人文技校、霓屿街道成人文技校、元觉街道成人文技校通过复查，洞头区实现省标准化成人文技校全覆盖。

民办教育

【概况】 2015年，全区民办学校20所，其中民办幼儿园14 所，民办教育培训机构6 家。民办幼儿园在园幼儿1837人，占全区在园幼儿总数66 %；民办幼儿园教职工244人，专任教师130，持有教师资格证110名，持证率 85%；大专以上学历教师 120 名，学历合格率 92.3%。太阳岛幼儿园、育才幼儿园、城关中心幼儿园、鹿西中心幼儿园继续列入温州市民办教育综合改革试点学校。全区48名民办教师享受“五险一金”政策。全年确立民办教育专项资金 300万元，实际资助民办教育机构 365.53万元，其中专项补助143.15 万元，政府购买服务222.38万元。

【民办幼儿园年检】 2015年7月，经县教育局检验，太阳岛幼儿园为优秀单位，城关中心幼儿园、育才幼儿园、双兴幼儿园、智多星幼儿园、东屏中心幼儿园、东屏快乐幼儿园、元觉中心幼儿园、霓屿朵朵幼儿园、霓屿曙光幼儿园、大门中心幼儿园、大门第二幼儿园、鹿西中心幼儿园等12所幼儿园为良好单位，城关第二幼儿园为合格单位。

教育设施

【概况】 2015年，全区小型教育基建项目37 项，财政资金合计965.55 万元。教育技术装备经费投入420.3万元，中小学教育装备总值累计3918.1万余元。

全年维修改造洞一中、洞二中、元觉义校、霓南义校等校舍；完成洞一中、职教中心、城关一小、鹿西小学等校园文化景观改造工程，以及洞一中、实验中学、教育五幼等改厨改厕工程。推进职教中心迁建二期工程、华中小学、洞头区教育幼儿园（北岙园区）、海霞中学迁建工程、洞二中扩建工程二期工程和霓屿新区学校工程等。华中小学完成室外运动场地施工。改造东屏小学、元觉义校电路。

【区教育装备发展指数居全市领先】 2015年，全区学校班级多媒体覆盖率、建网率均100%，全区中小学生机比3.2：1，生均藏书保持54册。各类创建21个，创成率100%。创成区职教中心音体美室和3个实训功能室，实践基地学校拓印制作功能室和教育三幼美术室，以及洞一中物理、生物学科教室。霓北小学创成市功能室建设示范校，洞二中、鹿西小学创成市功能室建设达标校，洞一中创成市书香校园示范校，霓北中学、城关三小创成市书香校园学校。建成实验小学微格教室，在实验中学、实验小学、元觉义校三所学校推广“虚拟机器人”应用，在海霞中学配备专业机器人实验室。创成海霞中学、大门镇小、霓北小学、城关二小等虚拟机器人室，海霞中学硬件机器人室通过市高端创新实验室验收。

【市示范数字化校园创建】 2015年，洞一中、海霞中学、大门镇小创成市示范数字化校园，达成率25%，高于全市平均水平12.4个百分点，数字化校园(含示范)达成率37.5%，高于全市平均水平26.5个百分点。

【温州市教育学会电化教育委员会年会在洞头召开】 2015年12月17—18日，温州市教育学会电化教育委员会年会在区实验中学召开。市各国家和省级现代教育技术实验学校、省市示范数字化校园、市级年度教育信息化先进单位、各兄弟县市区代表等130余人参加。区实验中学教师马海伟、东屏小学教师庄婷婷展示智慧课堂《直线相交》《PEP7 unit5 What does he do?A Let’s talk》，获与会代表认可。

师资队伍建设

【概况】 2015年，全区教职工1088人(包括区教育局直属单位工作人员和内退教师)，其中在职在岗1040人，重病长病人员23人，内退教师13人，挂靠12人。专任教师915人，其中公办幼儿园教师45人，小学教师430人，初中教师264人，高中（含普高与职高）教师176人；中级职称505人，占55.2 %；高级职称176人，占 19.2%；研究生学历17人，本科学历685人，大专学历191人，中师中专22人。幼儿专任教师学历合格率及高一级学历均100%；小学专任教师学历合格率100% ，专科及以上学历 95.1%；初中专任教师学历合格率99.6% ，本科及以上学历92% ；普通高中专任教师学历合格率97.4% ，研究生学历9.48%，职高专任教师学历合格率96.7%。是年，招录新教师32名；新增中高职称10人，中一职称14人，小中高职称6人，小高职称14人，幼中高职称2人，幼高职称6人。制定出台《洞头县中小学（幼儿园）岗位统筹设置实施方案（试行）》，调整后中级岗位增加75个。

是年，鹿西小学教师虞乐琴被评为浙江省师德先进个人；东屏小学教师颜丽函获区第七届“十大杰出青年”；教师陈松财获第二届“最美洞头人”。

【《洞头县2015年教职工流动意见》出台】 2015年8月，县教育局制定出台《洞头县2015年教职工流动意见》（洞教政〔2015〕111号）文件，元觉、霓北、三盘片学校任教教师其在校工作1年等同于外岛服务半年，鹿西在原服务年限基础上相应减少一年，霓南6年(或霓南3年+鹿西2年)。人员调配上新教师原则上不直接分配到鹿西，鹿西的教师主要从三盘、元觉、霓北学校调配。全年完成区内教师流动55人，占可交流的教师比例29.7%，其中骨干教师10人，占符合交流条件骨干教师总数的21%，校长流动14人。

【名师工程】 2015年，第三届中小学学科骨干教师、骨干班主任评选，评出学科骨干教师40名、骨干班主任16名、骨干校长10名。全年获评市学科骨干教师20名、市骨干班主任10名。洞一中教师郭妍妍和东屏镇小教师杨业被评为“浙江省教坛新秀”。全年获市“优秀班主任”3人、“优秀教师”5人、“优秀教育工作者”2人，“市新闻奖教金优秀校长”“市新闻奖教金优秀农村教师”“市终身班主任”“市师德楷模”各1人。

【教师专业培训】 2015年，全年投入师训经费178万元。参加国家级培训 2人次，省市级骨干教师、校长培训86人次。全区教师培训87925学时，培训学时完成率107.23%。其中自主选课55485学时，教师实际参训率99.63 %。国家省市级指令性集中培训88人次。校本培训26600学时，教师人均培训24学时。90学时及以上集中培训63人次，集中培训完成率5.61 %。素养提升短期培训1757人次。“教评学”完成率100 %，“学评教”满意率96.73 %。新教师试用期培训36人。426位教师获省心理健康教育上岗资格C证。全年近100名教师获得教师资格。学前教育教师资格持证率提升19.5百分点，持证率90.1%，居全市第一。

【教育信息化领导力培训】 2015年3月25日，洞头县教育信息化领导力培训在温州举行。全县各中小学校长、分管校长、信息化中层干部和局机关直属单位相关人员共50人参加。培训围绕加快推进“促进有效学习”课堂变革，提升信息化建设管理、教研师训部门人员和学校负责人对教育相关前沿技术的了解，促进现代化教育理念转变而展开。培训其间考察学习了温州市实验中学“创客教育”、第十七中学“数字化校园建设”经验。

【校长长沙高级研修班】 2015年7月，洞头县教育局在湖南长沙举办洞头县校长高级研修班， 为期5天。全县校长、副校长和局机关教学管理干部等53人参与培训。学习的主要课程有《湖湘文化与湖南人才群体》《曾国藩传统文化思想与晚清思想精华》《周易与中华文化智慧》《佛学与中国文学》《传统诗词艺术意境》等内容，学员学习“心怀天下，敢为人先”的楚文化思想，为学校校园文化建设增进人文素养，进一步提高教育教学管理能力。

【虞乐琴获评浙江省师德先进个人】 2015年8月，鹿西小学教师虞乐琴被评为浙江省师德先进个人。虞乐琴，1979年9月出生，洞头鹿西乡人，本科学历，小学高级教师，任教五年级语文学科。从师范毕业后到边远孤岛—鹿西，将一番心血洒向碧蓝的海岸。作为县学科骨干教师、骨干班主任、县优秀班主任，始终把关爱学生放到第一位，用爱播撒快乐，用心浇灌“花朵”。2011—2014学年所带的班级连续四年被评为县优秀班集体。2004年被评为最美乡村教师，2014年被评为温州市师德楷模。

教学教研

【概况】 2015年，区教育局制定出台《关于进一步提高洞头区中小学教育教学质量的若干意见》，推进小班教学与有效教学改革融合新突破。区小班化实验校含全区所有小学、义校及霓北中学，共有实验教学班130个。东屏小学被列为省级小班化实验校，霓北中学、城关三小、钱视小学被列为市级小班化实验校。搭建域外、校际合作，启动海霞中学与金华四中合作办学工作，建立洞头区与北京时代凤凰教育研究院教师培训关系，举办“校长长沙高级研修班”“山东校园文化建设提高班”培训交流。区教师发展中心与金华市婺城区教研室开展联合教研并签署备忘录，与文成县教研室开展联合检测。开展教师学科素养、专业技能和校本培训，开辟县外培训“第二课堂”。

是年，教师获国家、省、市奖项近340人次。3位教师课堂教学课例在“一师一优课、一课一名师”比赛活动中入选全国优课；在全国级学术杂志上发表论文6人次；市级及以上教科研成果奖160余项，获省市各类课程建设精品奖43人次；获市课题成果奖80人次；获市优秀论文奖54人次；参与学科教学类评比并获省市优秀奖项120人次。区教育局获浙江省2015年度重视教科研先进单位，实验中学成为浙江省青春健康教育基地，区教师发展中心获省“十二五”师训先进单位称号。

【课堂变革工作】 2015年，区教育局推进课堂变革、激活研训平台、提高课堂教学效率。小学推行“游园式”学业质量检测方案，每学年开展两次游考活动，推行“分级分段分项”测评改革；小学一、二、三年级试行语文、数学、英语、科学“面试测评项目”。初中各学科根据课堂教学评价量表，紧紧围绕“学为中心，以学定教”的课改理念，提高学生学习效率。洞一中开展特色示范课程选课走班、必修课程分层走班和新高考分类走班教学等“三类走班”，创成省二级特色示范高中。职教中心深化与浙江旅游职业学院、浙江工贸学院和东方职业学院专业合作办学。成立中职课程改革领导小组、制定课程改革实施方案、深化普职课程改革，成为温州市首批课程改革基地，申报创建省二级重点职业高中。全区全年举办课改论坛6次，成立各学科智囊团，小学、初中、高中各学科晒课241节，中小学一线教师的堂录像率100%，两名教师入选省名师优课名录。

海霞中学与金华四中开展教研活动

【特色办学】 2015年，区教育局新增教育三幼儿园《玩美三部曲》和元觉义校《海岛农村特色教育——乡土瓦画的实践与探索》等2所区级特色项目学校。教育幼儿园《海洋故事绘本阅读》、教育二幼《绘·乐整合园本课程》、城关一小《“话说洞头”海岛文化教》、钱视小学《科技教育》和实验中学《阳光教育（心理健康教育）》等5所学校列为区优秀特色项目学校。教育幼儿园《做渔乡好娃娃》、城关二小《洞头节日》获区级精品课程一等奖；洞一中《弘扬传统文化，做有道德的人》、东屏小学《快乐“石点头”——卵石画校本课程》、大门镇小《快乐小书虫——班级读书课程》获区级精品课程二等奖；洞一中《P E game（高中英语）》、洞一中《初高中语文衔接课程》、大门镇小《儿童简易编程——Scratch》、洞一中《显微摄影》、实验小学《智力美画板之闽南民风民俗画创作》、洞一中《走进英语背后的文化之吃喝玩乐在英国》获区级精品课程三等奖。

【海霞中学与金华四中合作办学】 2015年7月，洞头县海霞中学与金华第四中学实施合作办学签订协议。协议规定：海霞中学每学期分两批选派学科骨干教师到金华四中进行为期一个星期跟岗学习，金华四中组织学科骨干教师到海霞中学开展名师送教活动。合作期至2018年。10月，金华四中组织10位名优教师分两批到海霞中学开展教学指导；10月、12月，海霞中学选派两批骨干教师共18人到金华四中学跟岗学习。

【区教师发展中心与金华市婺城区教研室联合教研】 2015年11月，洞头区教师发展中心与金华市婺城区教研室开展联合教研并签署备忘录。备忘录规定建立命题研究机制、优生培养机制和名师互访机制。12月，婺城区教研室主任叶一平到洞头指导教研工作。

2015年洞头区教师教育教学课题、论文获奖（发表）目录（省级以上）

表26

序号	作者	成果题目名称	成果出处	获奖等第（发表）	获奖（发表）时间	作者单位
1	郭海坚	论文《“学导型三元课堂”课堂的理论与实践探究》	全国中文核心期刊《教学与管理》（太原师范学院）	发表	2015.7	洞头一中
2	刘德庆	论文《“潮间带”居民的生存策略》	全国教育类核心期刊《生物学教学》（华东师范大学）	发表	2015.12	洞头一中
3	赵志胜	“直角坐标系中基本图形的探究”复习课	《中小学数学》	发表	2015.3	实验中学
4	郑海山	“直角坐标系中基本图形的探究”复习课	《中小学数学》	发表	2015.4	实验中学
5	张旭	中学足球训练教学中运用分层评价的效果探究	《中小学教育》	发表	2015年12期	海霞中学
6	郭海链	《课堂变革：直面教学目标的达成津渡》	《小学数学教育》	发表	2015年7—8期	实验小学
7	陈佳佳	《例谈初中名著导读的有效教学》	《浙江教育报（教师周刊）》	发表	2015年458期	实验中学
8	曾月静	《如何将阅读引向深入》	《浙江教育报》	发表	2015.5	实验中学
9	蔡连生	培养阳光自信的海岛骄子	浙江大学出版社《一校一品》编辑委员会	发表	2015.2	实验中学
10	曾伟胜	基于试题评价—引导的小学数学课堂教学改革探讨	《读写算》杂志社	发表	2015.1	实验小学
11	陈政	《多元评价策略在小学美术课堂教学中的应用研究》	河南省《快乐阅读》编辑部	发表	2015.9	东屏小学
12	陈政	《让美在指尖流动》	江西日报社《都市家教》	发表	2015.10	东屏小学
13	林柳琴	论文《高中女生青春期性教育的现状分析和选修课程的开发》	2015年浙江省高中生物教学论文评比	一等奖	2015.11	洞头一中
14	刘德庆	论文《基于能力发展的《海洋生物》选修课程实践》	2015年浙江省高中生物教学论文评比	二等奖	2015.11	洞头一中
15	谢苗苗（第2作者）	中学足球训练教学中运用分层评价的效果探究	中国人民大学书报资料中心《中小学教育》	二等奖	2015年12期	洞头一中
16	杨业	《常规·常态·常新——教学常规评价的管理创新》	2015年“黄浦杯”长三角城市群“管理的变革”征文	三等奖	2015.9	霓北小学
17	颜丽函	《“创造多彩教育”学校校本研修文化的构建与研究》	省“十二五”中小学教师与校长培训研究立项课题评比	三等奖	2015.5	东屏小学
18	吴蓉辉	三导四有课堂变革实践研究	浙江省教研室教科研论文评比	三等奖	2015.11	城关二小
19	陈玮萍	当贝壳遇见音乐	浙江省“幼儿园游戏方案和案例”征集活动评审	三等奖	2015.1	教育二幼
20	侯仙琴等6人	美丽海洋　蓝色绘本	“浙江省幼儿园精品课程”征集活动评审	入选	2015.1	教育幼儿园

平安校园建设

【概况】 2015年，全区中小学平安校园创建率100%，其中优秀学校5所，占31.3%，良好学校8所，占50%。区教育局加强学校安防力量，累计投入218.41万元，其中监控设施设备投入及维修费用19.45万元，保安人员经费191.76万元，110报警器维护费7.2万元。开展“千万学生饮食放心工程”建设，中小学B级以上食堂10家，占90.91%，引进品牌超市3家，占75%。所有公办食堂实行大宗食品统一采购，统一配送率100%。

洞头县中小学艺术节器乐合奏比赛

【消防安全网格化管理】 2015年4月13日，县教育局制定《洞头县教育系统消防安全管理规定》和《洞头县教育系统网格化管理捆绑式责任示意图》，积极落实消防安全网格化管理。响应全市消防双月攻坚专项行动，下发《关于开展暑期安全巡查活动的通知》和《中小学暑期安全巡查登记表》，开展消防专项巡查，发现消防隐患17处，整改17处，整改面积1080平方米，落实整改资金4.8万元。

【防溺水专项督查】 2015年8月，县政府印发《洞头县防范中小学生溺水安全管理工作方案》（洞政办发〔2015〕74号），县教育局联合县综治办等部门开展夏季中小学生防溺水安全专项督查行动。检查水库13个、游泳池2个、其他水域2个和学校5所。全年无出现学生溺水事故。

校园文化建设

【概况】 2015年，区教育局制定出台《洞头县校园文化建设实施方案》，按照“一校一特色、一校一品牌”发展思路，通过环境文化、制度文化、精神文化、活动文化等载体建设校园文化。19所中小学、幼儿园制定校园文化发展路线。推进海霞中学、洞二中学校等8个校园文化建设项目，累计完成12个。组织到龙湾、金华、杭州、秦皇岛、内蒙古、山西、长沙、山东等地学习校园文化建设及国学研讨培训，召开校园文化建设论坛2期。洞一中等2所学校被确定为市级功能室示范案例。全年获市艺术节优秀作品一等奖4个，二等奖12个，三等奖44个。联合区科协组织60余名学生代表赴台州海洋馆科普一日游活动，邀请中科院老科学家科普演讲团科普演讲，开展航模飞行表演活动。全年学生获市级一等奖5人次，二等奖15人次，三等奖41人次，实验小学一同学获全国七巧科技比赛一等奖。

【学校系列主题教育】 2015年，区教育局深化以“我们的节日”为主题传统文化教育，开展“清明祭先烈”“端午包粽子”“中秋诗词欣赏”“重阳孝道社会实践”等系列活动。以社会主义核心价值观为主题践行教育，开展“弘扬雷锋精神，争当美德少年”、“做一个有道德的人”、传唱《大禹纪念歌》、“文明学生，从我做起大讨论”等活动。开展以“纪念抗战胜利70周年”为主题的爱国主义教育，将9月3日阅兵式和《开学第一课》、“铭记历史·圆梦中华”演讲比赛、“洞头红色足迹寻访”等活动融入其中。

【读书节活动】 2015年4—12月，为响应国家“全民阅读”号召，培养师生良好阅读习惯和浓厚阅读兴趣，区教育局相继举办“我爱记诗词”“幼儿绘本情景剧”“读后感征文”“家庭诗词听写”“中学生汉字听写”“班级经典诵读”“书法作品评比”等读书活动比赛。获一等奖24名、二等奖50名、三等奖93名、优秀奖51名、优秀指导师奖43名。

（曾恋艳）

责任编辑　曾焕定

科技　气象

喜事连连 · 王洁灵

“海霞精神”

爱岛尚武 励志奉献

“五岛连桥”精神

小县办大事 小岛创大业

科 技

·概述·

【概况】 2015年，全区实现规模以上工业新产品产值7.03亿元，完成率163.59%；高新技术产业产值9.27亿元，完成率97.58%；网上技术市场交易额8321万元，完成率376%，现场签约1项，交易额500万元，技术成果拍卖项目成交金额80万元。全年新增国家级高新技术企业3家、省科技型企业11家、市科技（创新）型企业10家、市企业技术研发中心1家。全区省科技型企业数累计34家，其中高新技术企业数为8家，占规上企业数比重居全市第一，全省第六，创历年最好成绩。区本级财政科技投入4768万元，占本级财政预算支出的4.1%。安排区级科技计划项目20项，投入区本级科技三项经费600万元。列入国家、省、市科技计划项目15个，争取上级科技经费支持199万元。全年全区专利授权125件，同比增长29%，其中发明专利授权11件，创历年新高，同比增长267%，增幅居全市第二。

【《洞头县创新券实施管理办法（试行）》出台】 2015年6月，为贯彻落实《浙江省人民政府办公厅关于加快培育发展科技型小微企业的若干意见》（浙政办发〔2014〕156号）、《浙江省科学技术厅 浙江省财政厅关于印发推广应用创新券，推动“大众创业、万众创新”的若干意见(试行)的通知》(浙科发政〔2015〕20号)、《公众创业创新服务行动方案》(浙科发条〔2015〕21号等文件精神，深化科技经费管理制度改革，加大政府购买服务力度，推进科技资源开放共享，按照省、市统一部署应用创新券，县科技局联合县财政局制定《洞头县创新券实施管理办法（试行）》。创新券由县科技局发放，旨在鼓励全县企业、专业合作社、科研机构和创新创业团队充分利用创新载体的科技资源开展的检验检测、合作研发、委托开发、研发设计、发明专利申请和维护等研发活动和科技创新。该办法包含管理机构与职责、发放对象与范围、使用期效与兑现期限、管理与监督等内容。设立创新券专项资金100万元。全年发放创新券70多万元。

【国家级高新技术企业新增3家】 2015年9月17日，温州金源化工有限公司、浙江恒博电气制造有限公司、温州蓝天管件阀门有限公司被认定为国家级高新技术企业。证书由浙江省科学技术厅、省国家税务局、省地方税务局颁发。全区累计8家。

【浙江省科技型企业新增11家】 2015年，洞头恒通电气制造有限公司、洞头县信达电器有限公司、温州市海力砂轮制造有限公司、温州北方电子机械有限公司、温州市三峻轿车配件有限公司、洞头县华侨电器有限公司、浙江太和航运有限公司、温州武荣科技有限公司、浙江广和电器有限公司、浙江金海蕴生物有限公司、浙江奥米科技有限公司被认定为浙江省科技型企业。全区累计34家。

【温州市科技（创新）型企业新增10家】 2015年，浙江太和航运有限公司、浙江奥米科技有限公司、洞头县华侨电器有限公司、洞头县信达电器有限公司、温州市海力砂轮制造有限公司、温州欧克邦尼电气有限公司、洞头县传感器厂、温州仕博汽车零部件有限公司、温州晟荣工业自动化有限公司、浙江广和电器有限公司被认定为温州市科技（创新）型企业。全区累计40家。

·科技研究成果·

【概况】 2015年，全区安排科技计划项目20项，投入区本级科技三项经费600万元。列入国家火炬计划项目1个；创成国家级高新技术企业3家、省科技型企业11家、市科技（创新）型企业10家、市企业技术研究开发中心1家，入选市科技创新百强企业1家。

是年，坛紫菜“浙东1号”获国家级水产新品种认定证书；温州市东启汽车零部件制造有限公司通过温州市专利示范企业复审；伟望汽车零部件企业技术研究开发中心被认定为温州市企业技术研究开发中心；浙江诚意药业股份有限公司入选温州市科技创新百强企业；浙江永宏电气股份有限公司的“船舶用大容量蓄电池管理装置”列入国家火炬计划项目。

【“船舶用大容量蓄电池管理装置”列入国家火炬计划项目】 2015年12月18日，科技部公布2015年度国家星火计划、火炬计划项目，浙江永宏电气股份有限公司的“船舶用大容量蓄电池管理装置”名列其中。浙江永宏电气股份有限公司（原洞头永泰电器厂）创建于1980年，主要从事特种装备及其配套的生产、研发、销售的高新技术企业。是洞头区优秀骨干企业、国家经贸部扩大机电产品出口生产企业、科技示范先进单位和“重合同、守信用”单位。1998年通过中国船级社ISO 9001质量管理体系认证，2000年通过国家特种装备部门产品质量管理体系第二方认定，并列为特种装备合格承制方单位；2008年获得科学技术工业委员会颁发的“特种装备科研生产许可证”，并于同年获得特种装备研发生产单位保密资格审查认证委员会颁发的“三级保密资格单位证书”和国家特种装备部门颁发的“装备承制单位”证书。2003年获“浙江省科技型中小企业”称号，2014年获“浙江省突出贡献企业”称号。

【浙江金海蕴生物有限公司竞价拍得“电芬顿处理技术”】 2015年12月12日，区科技局组织企业参加“2015中国浙江网上技术市场活动周”。浙江金海蕴生物有限公司在省秋季技术成果竞价拍卖活动中以120万元拍得“一种基于高盐高有机物浓度废水高效处理的电芬顿处理技术”，解决企业今后生产中的废水处理问题。

【坛紫菜“浙东1号”获国家级水产新品种认定证书】 2015年4月，根据农业部第2242号公告，浙江省海洋水产养殖研究所（温州海洋研究院）坛紫菜▲“浙东1号”通过第五届水产原种和良种审定委员会第二次会议审定，正式获得国家级水产新品种认定证书。坛紫菜“浙东1号”（品种登记号GS—01—013—2014）系该所与宁波大学合作选育的新品种，与普通坛紫菜品种相比，叶片厚度提高8.8%，产量提高15.0%以上，壳孢子放散量提高25.0%以上。自2012年来，县水产科技推广站引进宁波大学培育的坛紫菜新品系，用自由丝状体代替传统果孢子培养贝壳丝状体，利用贝壳

船舶用大容量蓄电池管理装置

丝状体成熟后产生的壳孢子采苗。经过试验，坛紫菜新品系贝壳丝状体成熟后壳孢子放散同步并有明显高峰，刺激1天就能完成采苗要求，比本地苗缩短1~3天。坛紫菜“浙东1号”具有出苗整齐、生长速度快等优点，连续多年多点试验均获得较好经济收益。还具有抗胁迫条件强、品质好特点，网帘上幼苗附着特别牢固，掉苗少，养殖效益远远超过本地传统养殖种。

▲坛紫菜：俗名紫菜、乌菜，是中国特有的一种可人工栽培的海藻，暖温带性种类，为浙江、福建和广东沿岸的主要栽培藻类，富含蛋白质、多糖和维生素，可供食用或药用。坛紫菜历史悠久，早在宋朝太平兴国三年就被列为贡品，目前福建、浙南沿海多有种植。坛紫菜味美价廉，含有大量人体必需的氨基酸，矿物质和维生素，是品位极高的营养保健食品，素有“营养宝库”的美称。

【省级新产品开发研究10项】 2015年，双向硬密封三偏心蝶阀（温州蓝天管件阀门有限公司）、纤维增强树脂高速切割砂轮（温州市海力砂轮制造有限公司）、汽车真空助力器mBA控制阀体（温州伟望塑业电气有限公司）、节能型软密封球阀（温州武荣科技有限公司）、高频切断程控锻钢球阀（洞头华夏阀门有限公司）、铁路车轮传感器CYDV—20（洞头县华侨电器有限公司）、电磁输油泵（洞头县信达电器有限公司）、汽车隔振衬套（温州鸿鹏汽配制造有限公司）、接近开关GH1—11（浙江广和电器有限公司）、长距离接近开关LH16—G18—CP1（洞头县信达电器有限公司）等10个项目列入省级新产品试制计划。

·科技服务平台·

【概况】 2015年，区科技局搭建产学研技术创新合作平台，引进国家大院名校温州联合研究院在温州地区的首家分院。目前，洞头分院入驻院校5家，科研院所3家，驻洞头专家8名。签约技术合作交易项目29项，交易额8321万元。开展科技金融结合试点，通过与金融部门联合下乡、举办培训班等搭建“政银企对接平台”，推出科技贴息贷款、专利权质押贷款和科技企业保证保险贷款等科技金融服务产品，实现科技创新与金融资本的有机结合，全年11家企业获得科技金融贷款4000多万元。出台《洞头区创新券实施管理办法（试行）》，全年全区发放创新券70多万元，支持范围包括检验检测、技术服务、发明专利申请等研发活动和科技创新。组织浙江诚意药业股份有限公司、浙江永宏电器有限公司等企业，前往浙江大学、浙江工业大学、杭州电子科技大学等在杭高校、科研院所开展科技对接交流活动。

【科技创业孵化平台】 2015年，区科技局推进科技企业孵化器建设，提高创业能力和服务质量。累计入驻科技创业孵化企业18家，实现销售额1.5亿元，创利税1200多万元，培育规上企业1家，培育、引进贝雕和古船木两个具有洞头特色的海洋文化项目，促进科技与文化的深度融合。

【国家大院名校温州联合研究院洞头分院入驻签约】 2015年1月30日，国家大院名校温州联合研究院洞头分院入驻签约仪式在洞头县永宏科技孵化园内举行。市科技局党委副书记卢智远、洞头县副县长徐彬等参加。洞头县与哈尔滨工业大学、浙江工业大学、合肥工业大学、西北工业大学、杭州电子科技

国家大院名校温州联合研究院洞头分院签约仪式

大学、浙江省机电设计研究院、温州装备数字化技术研发与服务平台等7家高校、科研院所签订入驻协议。同时，进行“国家大院名校温州联合研究院洞头分院”授牌和大院名校科技成果推介。

【“产学研”合作】 2015年，成立国家大院名校温州联合研究院在温州地区的首家分院，引进哈尔滨工业大学、合肥工业大学、西北工业大学、浙江工业大学、杭州电子科技大学、浙江省机电设计研究院、温州装备数字化技术研发与服务平台、温州市食品研究所等8家院校和科研院所入驻。邀请入驻高校、科研机构与温州金源化工有限公司、浙江永宏电器有限公司、温州市东启汽车零部件制造有限公司、浙江金海蕴生物有限公司、温州市三峻轿车配件有限公司等20多家企业开展技术对接洽谈，全年组织入驻专家走访企业60余次，收集各类技术难题与需求48项，解决技术难题22项，达成初步合作意向20项，成功签约合作8项。11月18日，国家大院名校温州联合研究院洞头分院在洞头县永宏科技孵化园内举办“产学研”合作校企交流会。洞头分院8名入驻专家与汽车制造、电子电器、机械制造、水产品加工等洞头支柱产业领域企业就产学研合作过程中碰到的客套多交心少、期待多代价少、意向多合作少、惯性多换位少等“四多四少”问题深度开展交流和讨论。

【曹新安考察调研洞头科技工作】 2015年7月27—28日，省科技厅副厅长曹新安一行6人到洞头考察调研。市科技局局长徐顺东、副局长金传顺，洞头县县长王蛟虎、副县长徐彬参加。调研组实地考察浙江省海洋水产养殖研究所洞头基地、南美白对虾高位池养殖及白龙屿生态海洋牧场等地。曹新安一行充分肯定洞头在渔农业养殖科研方面所取得的成绩，要求洞头科研人员结合洞头实际，进一步加大成果转化力度，按照规模化、标准化、生态化要求，发展生态循环养殖，实现渔业产业的可持续发展，促进渔农业增效、渔农民增收。

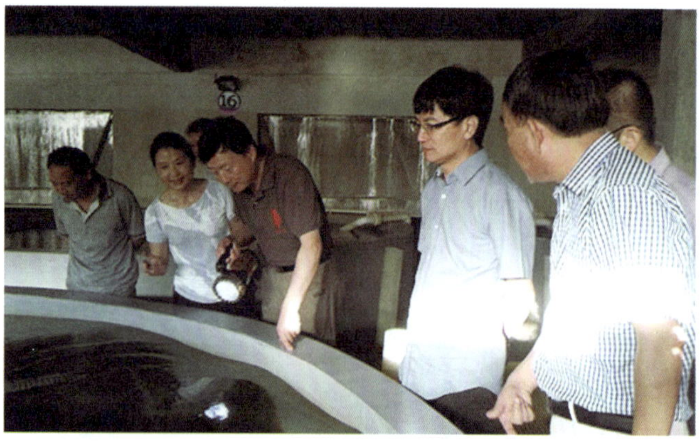

·知识产权·

【概况】 2015年，洞头区申请专利149件（其中发明专利23件、实用新型94件、外观设计32件），授权121件（其中发明专利11件、实用新型94件、外观设计16件）。通过市级专利示范企业复审1家。

2015年洞头区申请专利获得授权基本情况

表27

序号	专利号	专利名称	专利权人	专利类型
1	2013100041365	发动机燃油控制系统	浙江恒威电子科技有限公司	发明专利
2	2014100286719	汽车制动液储液罐密封性检测台	温州伟望塑业电气有限公司	发明专利
3	2014104246477	一种汽车单向阀性能检测设备	温州伟望塑业电气有限公司	发明专利
4	2014102583584	一种基于模拟量测量接收管的高精度测量光幕	洞头默克蒂森工业自动化有限公司	发明专利
5	201210469573X	一种办公用品搬运方便把手	洞头恒通电气制造有限公司	发明专利
6	2012104608892	一种旋钮式可调摇摆幅度曲柄摇杆结构	浙江恒博电气制造有限公司	发明专利
7	2014106781762	一种羊肉海鲜酱的加工方法	温州恒源水产有限公司	发明专利
8	2013106693165	一种防治稻纵卷叶螟的水乳剂	洞头县乒乓杨梅专业合作社	发明专利
9	2013105920265	一种高效反式氯氰菊酯和仲丁威的水分散粒剂及应用	洞头县乒乓杨梅专业合作社	发明专利
10	2013106701405	一种含有氟氯氰菊酯的水分散粒剂及应用	洞头县乒乓杨梅专业合作社	发明专利
11	2013105921022	一种高效反式氯氰菊酯和苯氧威的水乳剂及应用	洞头县乒乓杨梅专业合作社	发明专利
12	2015204843923	一种绕线机的绕线装置	洞头县军工机电配套厂	实用新型

续表27

序号	专利号	专利名称	专利权人	专利类型
13	2015201164422	一种收获船的收料室	洞头县水产科学技术研究所	实用新型
14	2015201164028	一种在风浪小、水质清的海区对羊栖菜胚放养的筏架装置组	洞头县水产科学技术研究所	实用新型
15	2015201164140	一种羊栖菜胚海区放养的筏架装置组的筏杆结构	洞头县水产科学技术研究所	实用新型
16	2015201164297	一种多功能培养箱	洞头县水产科学技术研究所	实用新型
17	2015201164225	一种羊栖菜胚海区放养的筏架装置组的培养基组	洞头县水产科学技术研究所	实用新型
18	2015201164456	一种收获船的螺旋桨及船舵保护装置	洞头县水产科学技术研究所	实用新型
19	2015201164263	一种羊栖菜胚海区放养的筏架装置组的培养基组与筏杆的连接结构	洞头县水产科学技术研究所	实用新型
20	2015201164117	一种收获船的送料装置	洞头县水产科学技术研究所	实用新型
21	2015205778461	一种耐+110℃的温度接近开关	洞头县信达电器有限公司	实用新型
22	2015205778480	一种电机壳体	洞头县信达电器有限公司	实用新型
23	2015205780029	一种长距离接近开关	洞头县信达电器有限公司	实用新型
24	2015206515340	电磁输油泵	洞头县信达电器有限公司	实用新型
25	2014207193392	汽车电源智能总开关	温州北方电子机械有限公司	实用新型
26	2015202177557	一种大电流电源继电器	温州北方电子机械有限公司	实用新型
27	2015206447606	可拆卸式汽车悬架控制臂	温州鸿鹏汽配制造有限公司	实用新型
28	2015206445314	可自补性汽车转向机构	温州鸿鹏汽配制造有限公司	实用新型
29	2014208359268	一种张力矫直机	温州久一重工有限公司	实用新型
30	2014208359963	一种张力矫直机的升降机	温州久一重工有限公司	实用新型
31	2014208360814	一种张力矫直机的机身	温州久一重工有限公司	实用新型
32	201420835961X	一种装卸机	温州久一重工有限公司	实用新型
33	2014208358814	一种张力矫直机的齿条组件	温州久一重工有限公司	实用新型
34	2015201088946	圆形连接器	温州晟荣工业自动化有限公司	实用新型
35	2015201088912	一种防震圆形连接器	温州晟荣工业自动化有限公司	实用新型
36	201520108865X	改进型圆形母针连接器	温州晟荣工业自动化有限公司	实用新型
37	2015201071803	一种连接器的公母针结构	温州晟荣工业自动化有限公司	实用新型
38	201520107244X	一种圆形电连接器	温州晟荣工业自动化有限公司	实用新型
39	2015201072717	一种改进型圆形母针连接器	温州晟荣工业自动化有限公司	实用新型
40	2015201072420	圆形电连接器	温州晟荣工业自动化有限公司	实用新型
41	2015204380921	圆形电连接器	温州晟荣工业自动化有限公司	实用新型
42	2015205014227	带分体式储能器的离合器主缸	温州市东启汽车零部件制造有限公司	实用新型
43	2015205025823	整体式储能器的离合器主缸	温州市东启汽车零部件制造有限公司	实用新型
44	2015205035153	带减震器组件的离合器主缸	温州市东启汽车零部件制造有限公司	实用新型
45	2014204503927	一种新型离合总泵中心距检具	温州市东启汽车零部件制造有限公司	实用新型
46	2015203972838	带流量控制截流阀离合器分泵	温州市东启汽车零部件制造有限公司	实用新型
47	2015203972607	缸体内带卡环的自调隙制动分泵	温州市东启汽车零部件制造有限公司	实用新型
48	2015203989345	带真空度传感器助力器	温州市东启汽车零部件制造有限公司	实用新型
49	2014207206956	一种切割砂轮原料的双锅式混料机	温州市海力砂轮制造有限公司	实用新型
50	2014207214914	一种自动化的切割砂轮成型机组	温州市海力砂轮制造有限公司	实用新型
51	2014207208858	一种内置压机打蜡的回转式切割砂轮成型机组	温州市海力砂轮制造有限公司	实用新型
52	2014207196441	一种用于切割砂轮成型的硬化隧道窑	温州市海力砂轮制造有限公司	实用新型
53	2014207191842	一种切割砂轮成型机组的压机液压系统	温州市海力砂轮制造有限公司	实用新型
54	2014207208078	一种带吸尘机构的切割砂轮原料混料机	温州市海力砂轮制造有限公司	实用新型
55	2014207209653	一种回转式十工位切割砂轮成型机组	温州市海力砂轮制造有限公司	实用新型
56	2014207210152	一种切割砂轮成型机组的取件机构	温州市海力砂轮制造有限公司	实用新型
57	2014207208275	一种散热增强型的切割砂轮	温州市海力砂轮制造有限公司	实用新型
58	2014207200305	一种切割砂轮成型机组的卸模定位液压油路系统	温州市海力砂轮制造有限公司	实用新型
59	2014207287525	一种汽车变速箱用信号开关	温州市三峻轿车配件有限公司	实用新型
60	2014207288937	一种汽车变速箱信号开关与定位机构一体组件	温州市三峻轿车配件有限公司	实用新型
61	2015200407215	一种垂直式风力机	一能电气有限公司	实用新型
62	201520040666X	一种用于垂直式风力机的泄压装置	一能电气有限公司	实用新型

续表27

序号	专利号	专利名称	专利权人	专利类型
63	2015200406532	一种用于垂直式风力机的聚风装置	一能电气有限公司	实用新型
64	2015200408792	一种用于垂直式风力机的尾舵装置	一能电气有限公司	实用新型
65	201420621168X	挂壁式书架	浙江奥士家具有限公司	实用新型
66	2014206219959	笔记本电脑桌	浙江奥士家具有限公司	实用新型
67	201420472157X	餐桌	浙江奥士家具有限公司	实用新型
68	2014206231310	床	浙江奥士家具有限公司	实用新型
69	2014206219412	一种桌子	浙江奥士家具有限公司	实用新型
70	2015205278579	一种发光下水道井盖系统	浙江德润市政园林有限公司	实用新型
71	2015205999286	一种垃圾处理车	浙江德润市政园林有限公司	实用新型
72	2015206778401	园林用松土施肥装置	浙江德润市政园林有限公司	实用新型
73	201520648398X	一种新型橡胶减震器	浙江方舟工程机械设备有限公司	实用新型
74	2015205471932	一种阻旋式料位控制器	浙江广和电器有限公司	实用新型
75	2015205509380	一种起重机用凸轮控制器	浙江广和电器有限公司	实用新型
76	2015205468520	一种新型的起重机用凸轮控制器	浙江广和电器有限公司	实用新型
77	2015205468554	一种电感式传感器	浙江广和电器有限公司	实用新型
78	2015205490933	一种汽车减震器	浙江广和电器有限公司	实用新型
79	2015201929373	一种新型的电动接地开关	浙江恒博电气制造有限公司	实用新型
80	2015201932840	一种新型传动齿轮机构的电动接地开关	浙江恒博电气制造有限公司	实用新型
81	2015201951339	一种带传感器的电动接地开关	浙江恒博电气制造有限公司	实用新型
82	2014204051436	一种电线电缆	浙江吉龙电子科技有限公司	实用新型
83	2015205073988	一种电梯下坠缓冲防护装置	张信理	实用新型
84	2015205085449	一种织袜机的针刀组件	张尧林	实用新型
85	2015205613933	一种可爬楼梯轮椅	张耀	实用新型
86	2015207575495	一种具有封口日期的环保垃圾袋及垃圾袋卷	吴隆波	实用新型
87	201520758896X	一种手提自动封口环保垃圾袋	吴隆波	实用新型
88	2015207579091	一种封口子母环保垃圾袋	吴隆波	实用新型
89	2015207575090	一种提手封口环保垃圾袋	吴隆波	实用新型
90	2015207577861	一种手提封口子母环保垃圾袋	吴隆波	实用新型
91	2015200498623	数控车铣一体机	许拥护	实用新型
92	2015204320691	螺纹型接近开关外壳	洪恭火	实用新型
93	2014205815201	一种建筑物透明外墙砖	胡存芬	实用新型
94	2014205815184	一种建筑物外墙砖	胡存芬	实用新型
95	2015201021560	一种适用于配电箱的导轨支架	黄笑红	实用新型
96	2015201212159	输液微量调节器	李梁相	实用新型
97	2014205871748	智能数字化自动供胶系统	孙岁财	实用新型
98	2015203547072	一种液晶型继电器式稳压器	唐启志	实用新型
99	201520519479X	一种新型大电流电源继电器	王传富	实用新型
100	2014206478760	床椅磁棒保健垫	陈德来	实用新型
101	2014207009341	身足按摩磁棒	陈德来	实用新型
102	2014207734124	能量石健身按摩棒	陈德来	实用新型
103	2014207150999	健身按摩磁棒	陈德来	实用新型
104	2014205805727	一种自动感应门锁	陈国东	实用新型
105	2015200732300	一种商用厨具风机	陈汉虎	实用新型
106	2015200731755	一种强排风机	陈汉虎	实用新型
107	2014207979808	超声波贴布机的送胶布机构	郑海益	实用新型
108	2014203993168	一种轻便组装靠椅	郑晓莉	实用新型
109	2014203195613	方铁快速铣飞平面夹具	朱丰建	实用新型
110	2014305536285	客流计数器(A)	温州亿通自动化设备有限公司	外观设计
111	2014303820501	锁头	陈国东	外观设计
112	2015302036535	金属开关面板（有花纹系列）	陈海杰	外观设计

续表27

序号	专利号	专利名称	专利权人	专利类型
113	2015302034864	金属开关面板（无花纹系列）	陈海杰	外观设计
114	2015300231251	燃气热水器风机	陈汉虎	外观设计
115	2015300329442	燃气热水器强排风机	陈汉虎	外观设计
116	201530176528X	包装瓶	黄君平	外观设计
117	2015300440863	一种配电箱面板	黄笑红	外观设计
118	2015300440878	一种配电箱的托盘支架	黄笑红	外观设计
119	2015301352499	光幕传感器	潘华进	外观设计
120	2015301668256	稳压器（SDR—3）	唐启志	外观设计
121	201530166867X	稳压器（SDR—1）	唐启志	外观设计
122	2015301670720	稳压器（SDR—4）	唐启志	外观设计
123	2015301668311	稳压器（SDR—2）	唐启志	外观设计
124	2015302178451	继电器	王传富	外观设计
125	2015303351397	超短底座的LED灯	叶铈耀	外观设计

【科技人才培养】　2015年，洞头区实施加快海洋经济发展若干优惠政策，鼓励科技人才开展创新创业活动。实行“人才+项目”培养模式，提高科技人才工作积极性。开展区两个重点科技人才创新团队培育（诚意药业技术创新团队和温州东启技术创新团队），加快集聚各类创新人才，提高科技创新能力。利用省海洋水产养殖研究所洞头基地、区水科所等本地科研院所技术力量与资源优势，加强与中国海洋大学、宁波大学、温州大学等高校、科研院所“产学研”合作，建立综合性的科技创新与服务平台。市科技特派员项目“生态休闲农业关键技术与示范”通过验收。与2支省级团队科技特派员开展结对服务计划。与浙江旅游职业技术学院签订《洞头县海岛生态旅游产业服务协议书》，与浙江省海洋水产养殖研究所签订《洞头县海洋藻类产业服务协议书》，为区发展提供技术和人才支撑。

洞头区科技金融合作推进会

【科技富民行动计划项目】2015年，全区完成国家科技富民强县行动计划项目专项“洞头县羊栖菜产业提升工程”项目任务指标。完成霓屿街道市级科技富民强镇专项“坛紫菜产业提升工程”各项任务指标，至年末，全区紫菜养殖面积2.1万亩，产量每亩增加337千克，产值每亩增加2715元；转移和增加渔农民就业374人，产值增加1752万元，带动加工产值增加1168万元，从业渔农民人均纯收入增加2254元。坛紫菜“浙东1号”获得国家级水产新品种认定证书。东屏街道市级科技富民强镇专项行动计划“羊栖菜产业化技术集成与提升”项目，羊栖菜养殖单产每亩增加150千克。

【农业科技】　2015年，区科技局引进外地品种6个，推广新技术12项，研发新产品20个，授权专利25件。开展近海围岸养殖、高位池养殖、深水养殖等养殖新模式与新技术开发探索与示范。“大黄鱼近海沿岸围网生态养殖技术研究”“南美白对虾高位池养殖技术开发”等重大重点科技项目取得良好经济效益。鹿西白龙屿海洋生态牧场养殖技术开发申报省级重大科技计划项目。开展海岛特色农业研究，实施“小三盘农业产业园种、养殖技术的开发”“不同季节采摘水果的引进种植”等项目，形成生态高效、科技示范、教育培训、旅游观光和食住休闲等多功能的农业特色产业园区。

【科技减灾】 2015年，区科技局联合区应急办、区教育局等部门在东屏小学开展“5·12”防灾减灾地震应急演练。组织参加应急讲座培训5次，活动宣传5次，累计受众5000余人，发放宣传资料5000余份。加强应急队伍建设，做好村居、社区抗震减灾志愿者队伍建设工作，全年新增志愿者队伍2支68人。

（侯文慧）

气　象

·概述·

【概况】 2015年，受超强厄尔尼诺现象（热带中东太平洋海温偏高）共同影响，极端天气气候事件频发。全区平均气温18.2℃，较常年偏高0.3℃；年降水总量1332.6毫米，较常年偏少；年蒸发总量903.5毫米，较常年偏少；年内出现暴雨次数比常年偏少，但12月出现历史罕见暴雨；年内大风天数较常年偏少；霾日数27天较去年明显减少；日照时数创历史新低。台汛期主要遭受三个台风影响，201513号超强台风“苏迪罗”在闽中登陆，对我区影响偏小，但给温州其他地区带来的风雨影响却不亚于正面登陆台风。

制定《温州市洞头区突发公共事件预警信息发布实施办法》《温州市洞头区气象监测设施规划建设和资源共享管理办法》。2015年度省级气象灾害监测预警全覆盖县建设评分居全市第一。推进山洪地质灾害防治气象保障工程建设。完成北岙街道东沙村区域自动气象站、东屏街道后寮村农业小气候监测站项目建设，以及寮顶村、东岙顶村等19个气象预警信息发布接收终端建设。建成农村应急广播体系气象分控平台。安装新城车站、审批中心、医院等11个点室内气象预警信息发布接收终端。

全年办理新建、改建、扩建建设工程项目的防雷装置设计审核、施工跟踪监督检测手续和竣工验收50件，其中防雷装置设计审核26件，防雷装置竣工验收31件。联合区安监、公安、平安办等开展防雷安全排查，落实防雷隐患整改。开展危化品和爆炸火灾环境防雷安全专项大检查7次56人次。

【科技服务】 2015年，洞头沿海赤潮气象预报预警课题项目业务化，建立赤潮监测预报预警业务平台。城中社区、东沙村、外埕头村完成气象防灾减灾标准化村建设。完成气象灾害重点防御单位认证5家。成功接入区三防办防汛视频会商系统，开展视频通报业务，实现与区水利部门、各街道（乡镇）会议会商的硬连接。实现7个重点部门接入国家突发事件预警信息平台。与区公安分局达成共享视频实景协议，共享各港口、码头、灾害点等关键点视频监控。8月建成农村应急广播体系气象分控平台。开展气象科普活动，提升基层防灾减灾能力。组织编写印制《洞头县雷电监测公报》《洞头县公共气象服务白皮书》。结合“3·23”世界气象日、“5·12”防灾减灾日、法制宣传月、“12·4”宪法日等开展气象科普知识宣传，发放宣传资料1万余份。

【社会活动服务】 2015年，区气象局组织开展为农直通式气象服务，深入羊栖菜企业开展调研，制作羊栖菜等专题服务材料31期，洞头气象微信平台同步推送26期，洞头气象门户网站访问量23227次，同比增长30%。围绕区重大活动、节假日，开展专业气象服务，为洞头先锋女子民兵连建连55周年纪念活动、全国海钓邀请赛暨浙闽城市海钓对抗赛等提供可靠的气象保障服务。

【公共气象服务】 2015年，区气象局新增街道（乡镇）、景区逐12小时精细化天气预报；开展生态环境气象服务，重点强化霾和空气污染气象条件监测预报。强化重污染天气预警与应急服务，开展重污染天气联合会商并建立预警信息联合发布机制。通过微信平台以及网站的全面升级，提供全方位的气象产品信息。做好春运气象服务、汛期气象保障服务。加强对台风重要天气过程的会商联防、严密监测、提前预报、精细服务，累计发布灾害性天气预警114次，通过预警短信平台发布预警信息近55万人次。编发气象呈阅件4期、气象信息内参106期，专题气象服务111期。

【气象行政审批】 2015年，区气象局深化气象审批体制改革，主动融入区政府行政审批改革，将气象行政审批内容纳入相应审批制度、审批流程和联合审批范围。按照建设“四张清单一张网”要求，制定本部门权力清单、责任清单。开展权力清单清理，清理后共有权利事项55项，其中行政许可4项、行政处罚33项、行政确认2项、行政奖励1项、其他行政权力12项、年检2项、审核转报1项、非行政许可事项、行政强制、行政征收、行政给付、行政裁决均为零。

·气候要素·

【气温】 气温适宜、冬暖夏凉。受全球变暖和超强厄尔尼诺现象共同影响，2015年洞头区平均气温18.2℃，较常年（17.9℃）偏高0.3℃，见图1。年极端最高温度31.6℃，出现在8月6日和8月24号；年极端最低气温1.8℃，出现在2月9日；入春（3月13日，常年3月26日）和入夏（5月28日，常年6月4日）偏早，入秋（10月9日，常年9月30日）和入冬（1月8日，常年12月4日）明显偏迟，夏天持续时间133天，较常年偏长19天（常年116天）。

自6月份以来，随着副高西伸，各地陆续出现持续晴热高温盛夏期，天气炎热，降水量显著偏少、蒸发量大，而本站极端最高气温为31.6℃，未出现35℃及以上的晴热高温天气。据统计，自6月1—7月31日以来，洞头区最高气温仅为30.4℃，而温州市区最高气温为38.2℃，全市最高气温为42.2℃（平阳鳌江）。洞头区夏季气温明显偏低，舒适宜人，是东南沿海一带夏季避暑的最佳地，也是夏季休闲旅游的理想目的地。1月8日入冬，较往年明显偏迟，气温偏高。

全年除7、8、9月平均气温较常年同期偏低外，5月平均气温与常年基本持平，其余月份均偏高。11月平均气温偏高幅度最大，为1.2℃；1月次之，为1.0℃，其余偏高月份的偏高幅度都在1.0℃以内。

【降水】 降水偏少，雨日偏多且各月降水较常年相比差异显著。2015年降水总量1332.6毫米，较历年（1410.6毫米）偏少78.0毫米。

全区各月降水量分布不均，2015年月降水量不再是台汛其间，月最大降水量出现在12月（194.6毫米），最少依旧出现在10月（30.8毫米）。其中3月、7月、11月、12月降水量较常年同期偏多，12月偏多幅度最大（偏多294%），为历年

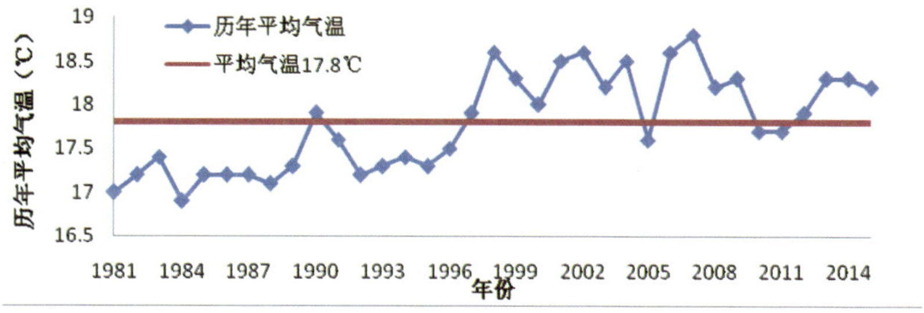

图5　1981—2015年洞头历年平均气温演变图

2015年洞头区各月平均气温与距平

表28　　单位：℃

月份	1	2	3	4	5	6	7	8	9	10	11	12	全年
2015年	9.1	9.0	11.5	16.0	20.1	24.5	25.7	27.1	24.6	21.6	17.4	11.6	18.2
历年	8.1	8.4	10.7	15.1	19.9	23.8	27.1	27.6	25.4	21.0	16.2	10.9	17.9
距平	1.0	0.6	0.8	0.9	0.1	0.7	−1.4	−0.5	−0.8	0.6	1.2	0.7	0.3

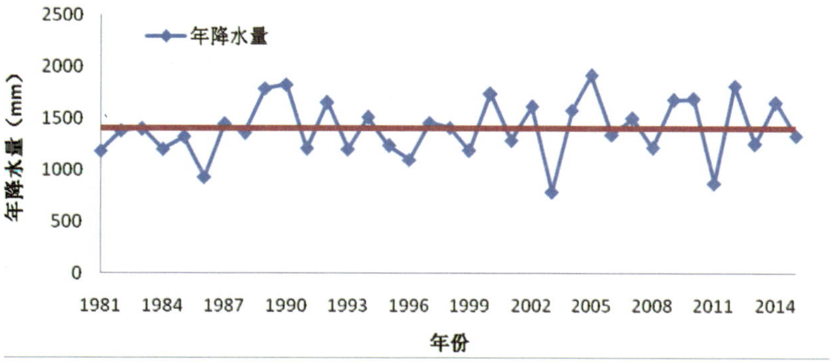

图6　1981—2015年洞头历年总降水量演变图

同期雨量最多，突破历史记录；4月（偏少46.7%），6月（偏少65.7%），8月（偏少15.2%），10月（偏少40.8%）；其余各月接近常年同期雨量。全年降水日数172天，较常年偏多23.9天，

【日照】 日照时数创历史新低。洞头本站年总日照时数1457.4小时，较常年（1873.1小时）异常偏少，为历年第一少，突破历史记录。

本站各月日照时数分布不均，年内仅1、2月日照时数较常年同期偏多，其中1月偏多幅度最大，比常年同期偏多43.7小时；2月次之；其余月份日照时数较常年同期偏少，其中11月比常年同期偏少最多，达84.2小时；12月次之，比常年同期偏少67.4小时。从本站各月日照时数统计来看，9月、11月为历年同期日照时数最少，创历史新低。

【蒸发】 年蒸发总量903.5毫米，较常年（1541.5毫米）偏少。2015年月蒸发量较常年呈现增长趋势，在8月增长最多。

·灾害性天气·

【主要气候事件】

1.12月出现历史罕见暴雨

2015年12月23—24日，受低涡倒槽和西南急流共同影响，洞头区普降大到暴雨，并伴有7～8级大风。其间，全区面雨量65.6毫米，累积雨量最大站竹屿80.8毫米，超过50毫米的13个站（共17个站），占所有站点的77%，其中23日当天竹屿、南策岛

2015年洞头区各月降水量与历年同期平均值比较

表29 单位：毫米

月份	1	2	3	4	5	6	7	8	9	10	11	12	全年
2015年	47.2	50.6	155.3	63.9	159.6	66.1	157.3	148.3	139.2	38.9	111.6	194.6	1332.6
历年	63.3	84.9	133.1	136.8	167.3	192.5	118.0	174.9	153.7	66.2	70.5	49.4	1410.6
距平	-16.1	-34.3	22.2	-72.9	-7.7	-126.4	39.3	-26.6	-14.5	-27.3	41.1	145.2	-78

2015年洞头区逐月降水日数与距平

表30 单位：天

月份	1	2	3	4	5	6	7	8	9	10	11	12	全年
2015年	4	11	18	14	19	18	14	17	18	8	15	16	172
历年	12.3	13.7	18.1	17.0	15.4	15.0	8.9	11.2	11.5	7.5	8.9	8.6	148.1
距平	-8.3	-2.7	-0.1	-3	3.6	3	5.1	5.8	6.5	0.5	6.1	7.4	23.9

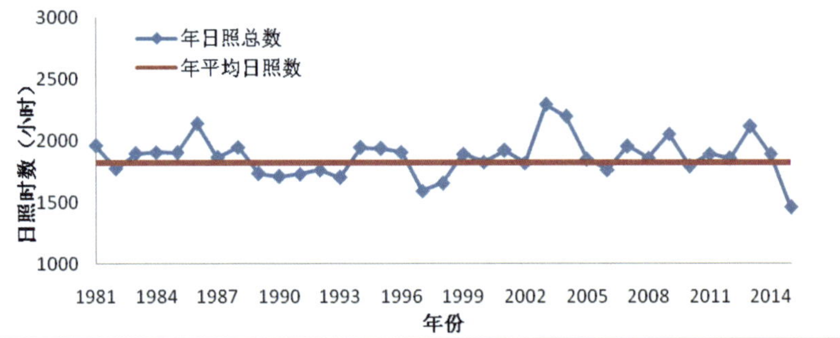

图7　　1981—2015年洞头历年总日照时数演变图

2015年洞头区逐月日照时数与距平

表31 单位：小时

月份	1	2	3	4	5	6	7	8	9	10	11	12	全年
2015年	153.2	99.7	102.7	108.9	77.9	123.5	176.3	196.6	133.9	138.8	66.9	79	1457.4
历年	109.5	93.7	103.1	124.2	138.0	147.4	246.3	240.7	192.6	185.3	151.1	146.4	1878.3
距平	43.7	6	-0.4	-15.3	-60.1	-23.9	-70	-44.1	-58.7	-46.5	-84.2	-67.4	-420.9

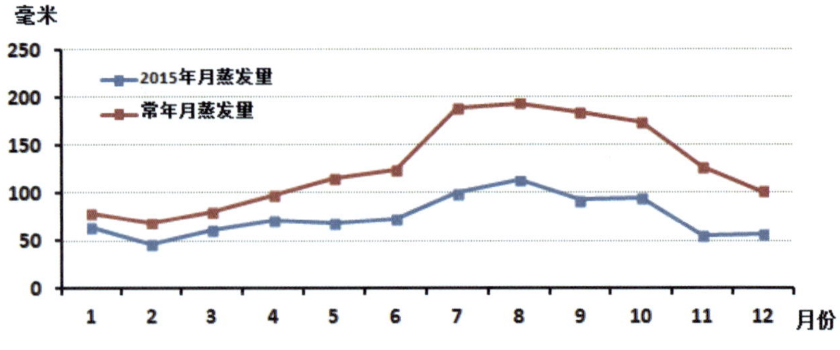

图8　　2015年洞头区逐月蒸发量与常年同期平均曲线图

都出现50毫米以上的降水。此次暴雨过程出现时间晚，突破历史记录，属于冬季12月罕见暴雨。

2. 霾日数较上年明显减少

2015年全区霾日数27天，较2014年（38天）明显减少。全年出现24天轻微霾、3天轻度霾、无中度霾和重度霾。霾日数月均值差别较大，以1月最多，为11天，其中有2天达到轻度霾标准；12 月次之，为7天；5、6、7、8、9 、11月均未出现灰霾天气。

2015年1月17—18日，随着北方冷空气南下扩散，大量污染颗粒物进入并滞留本区。全区出现大范围霾天气，两日霾总时长40小时，其中，轻微霾14小时，轻度霾21小时，中度霾5小时。其间最小能见度在两千米以下，洞头区发布霾黄色预警。霾天气造成交通事故频发，呼吸道病人增加，给人民生产生活带来较大的影响。

3.连阴雨倒春寒影响农业

2015年2月20日至3月8日，洞头县出现持续17天的冬季严重连阴雨天气过程。此次连阴雨过程降水量分布较为均匀，但日降水量差异较大，其中3月5日日降水量最大33.7毫米，最小出现在2月22日0.0毫米（微量，出现降水但没有量级）。长时间的阴雨天气导致田间积水，土壤墒情过湿，对设施农业影响较重，对春花作物略有影响。主要是对瓜果、蔬菜和花卉等开花、结果和生长均不利，利于病害滋生，出现黄叶、烂叶、烂果等现象。另外连阴雨天气造成路面湿滑、能见度低对春运交通产生不利影响。

2015年10月30日至11月14日，洞头区出现13天雨日的秋季严重连阴雨天气过程。此次连阴雨过程降水量主要集中洞头区南部，其间，全区面雨量（平均雨量）为63.8毫米，各街道（乡镇）分布在45.5毫米（大门）~100.7毫米（北岙）。阴雨多、日照、干物质积累少，不利于作物生长、越冬；大田积水，农事活动开展受阻，影响秋收冬种进度。

4. 台汛期台风偏多、灾害偏轻

（1）1509号台风“灿鸿”风雨影响

受“灿鸿”影响，2015年7月10日08时—11日15时，全县普降中雨，面雨量为15.5毫米，其中大门22.0毫米，岙外21.3毫米，南策20.1毫米，洞头本站17.6毫米。洞头县沿海海面出现10~13级大风，其中虎头屿37.5米/秒（13级）、鹿西36.4米/秒（12级）、状元岙30.0米/秒（11级）、洞头本站25.5米/秒（10级）。附全市大风力分布图5。

（2）1513号超强台风“苏迪罗”

台风强度强、影响范围广、维持时间久。“苏迪罗”生成以后迅速加强为超强台风，超强台风强度维持60个小时，强台风维持69个小时，最强时的风力达到65米/秒(17级以上)。

风雨影响。受“苏迪罗”影响，8月7日07时~10日15时，全县面雨量50.2毫米，单站雨量岙外107.4毫米、鹿西103.8毫米、南策60.0毫米、南塘56.7毫米、洞头本站48.6毫米、望海楼46.5米、状元岙43.4毫米、大瞿43.2毫米、小门41.3毫米、大门39.8毫米、半屏山38.1毫米、百浪鼓32.3毫米、霓屿22.5毫米、竹屿18.8毫米。全县所有站点均出现8级及以上大风，其中4个站点达到11级：南策11级（32.4米/秒）、

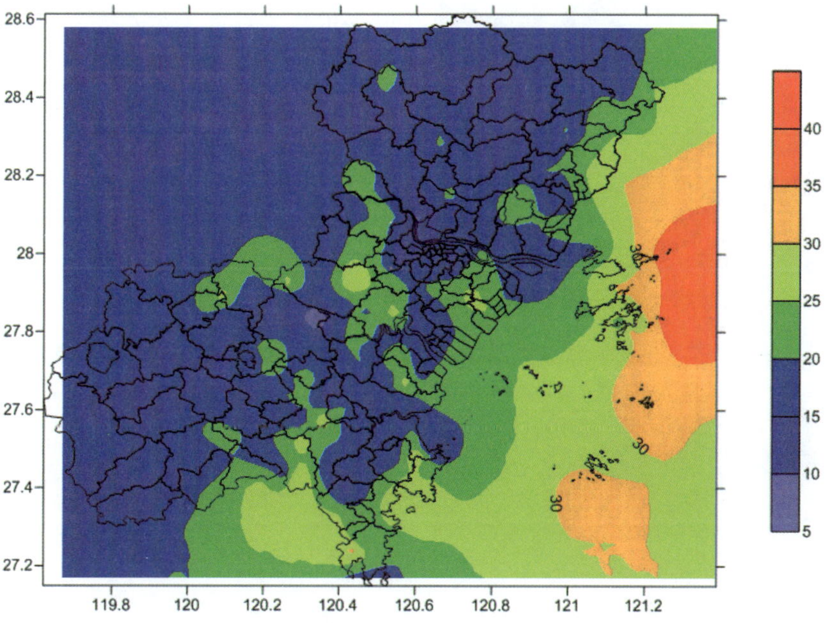

图9　　台风“灿鸿”过程温州市极大风力分布（级）

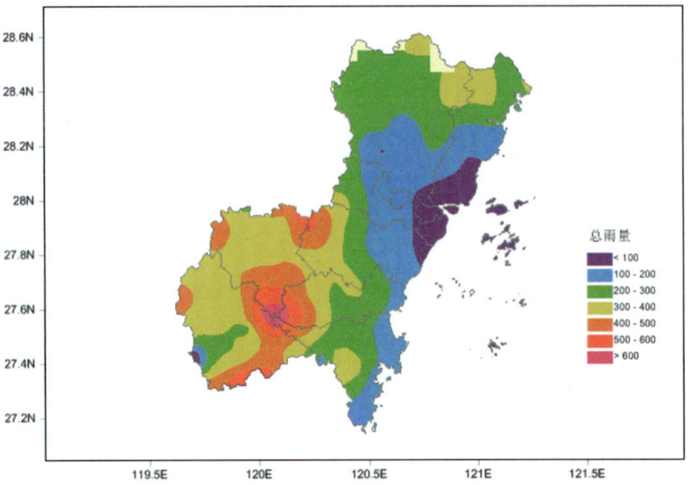

图10　台风“苏迪罗”过程温州市累积雨量分布（毫米）

霓屿11级（29.7米/秒）、小门11级（29.6米/秒）、状元岙11级（29.1米/秒）。洞头本站8级（20.2米/秒）。

第13号超强台风“苏迪罗”虽在闽中登陆，给温州带来的风雨影响却不亚于正面登陆台风，温州遭受了狂风暴雨的正面袭击，造成温州平阳、泰顺、文成等县灾情严重。但是由于洞头正处在台风螺旋雨带空档期，造成降水偏小。8月9日16时台风已经逐渐远离洞头，进入江西境内，但是从岙外、鹿西两个站点也可以感受到“苏迪罗”威力，最大小时雨量分别有40.4毫米、24.3毫米。这次洞头又算是躲过一“劫”。

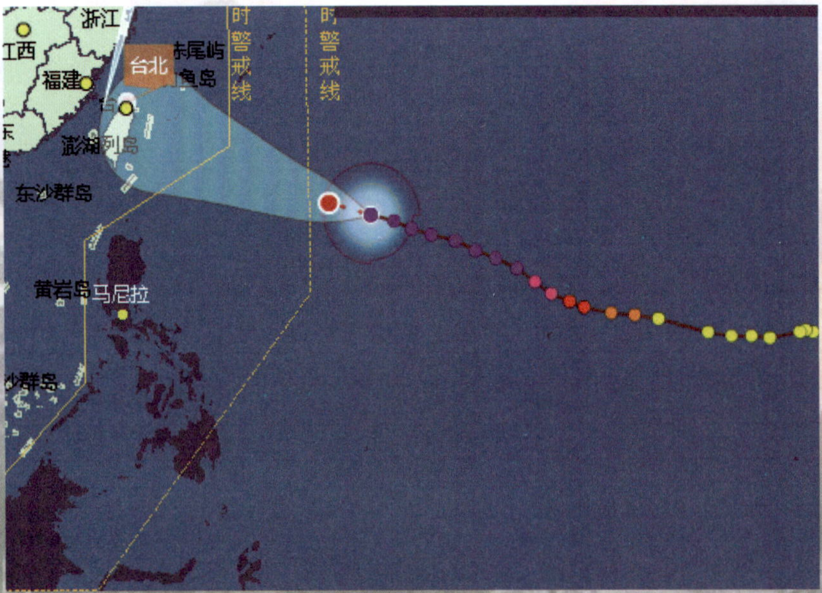

13号超强台风“苏迪罗”走向图

（3）1521号台风“杜鹃”

受“杜鹃”影响，9月27日08时—29日22时，全区普降中到大雨，面雨量18.9毫米，单站雨量霓屿41.7毫米、望海楼26.9毫米、大门25.7毫米、百浪鼓19.5毫米、洞头本站16.9毫米。洞头区沿海海面出现了8～10级大风，其中有6个站点（状元岙24.6米/秒、小门23.3米/秒、虎头屿23.0米/秒、南策22.5米/秒、霓屿22.3米/秒、百浪鼓21.0米/秒）出现9级及以上大风。

5.冷空气影响势力偏弱，入冬推迟罕见

10月1日以来至12月31日，洞头区受到7次较强冷空气过程影响，分别为10月10—12日和28～31日，11月8—10日和24—27日，12月2—4日、14—16日和24—26日，冷空气影响次数偏少，强度偏弱。其中受12月14—16日较强冷空气影响，洞头区过程降温幅度达到5～7℃，但仍未正式进入冬季。冷空气过后，17日早晨温度达到最低，洞头本站极端最低温度3.4℃。16—17日沿海海面出现7～8级偏北大风，最大风力出现在虎头屿（8级，20.4米/秒）。1月5—6日受冷空气扩散影响，沿海海面出现8～9级偏北大风，最大风力出现在虎头屿（9级，23.1米/秒）。8日洞头本站的5日滑动平均温度达到10℃以下，洞头区正式进入冬季。

（吴舒婷）

责任编辑　曾焕定

文化　传媒

千帆竞发·陈钦煅

“海霞精神”

爱岛尚武 励志奉献

“五岛连桥”精神

小县办大事 小岛创大业

文　化

·概述·

【概况】 2015年，洞头区制定出台《关于加快构建现代公共文化服务体系的实施方案》（洞委办发〔2015〕79号）和《洞头区基本公共文化服务标准（2015—2020年）》。举办县第三届文化艺术节、第六届妈祖平安节、第八届洞头七夕民俗风情节等。“红色印迹馆”对外开放。完成全国第一次可移动文物普查。创成元觉、霓屿等“五有十化”文化中心7个，北岙街道小三盘村省文化示范村（社区）1个；建成北岙街道小朴村、打水鞍村，东屏街道垅头村、中仑村，元觉街道状元村、沙角村、沙岗村等“百姓舞台”7个；建设水乡文化提升工程5个。区文体局联合工商、广电、公安、网信办等部门单位开展“扫黄打非”“清源”“净网”“护苗”“秋风”等专项整治活动，全年检查场所442家次，办理案件21件。开展文化市场消防安全大检查、文化市场法律法规培训会，文化市场、文保单位安全隐患排查率95%以上，隐患整治率100%。

【《关于加快构建现代公共文化服务体系的实施方案》出台】 2015年12月，根据《中共中央办公厅国务院办公厅印发〈关于加快构建现代公共文化服务体系的意见〉的通知》要求，洞头区出台《关于加快构建现代公共文化服务体系的实施方案》(以下简称《实施方案》)，印发《洞头区基本公共文化服务标准（2015—2020年）》。《实施方案》明确构建现代公共文化服务体系的指导思想、基本原则、主要目标、重点任务和加大公共文化服务的保障措施；推进“三个均等”（区域均等、城乡均等、人群均等）、“四个标准化”（设施建设标准化、服务管理标准化、政府保障标准化、考核评价标准化）、“八大工程”（公共文化设施优化工程、农村文化礼堂建设工程、人才队伍素质提升工程、公共文化服务信息化工程、公共文化活动拓展工程、全民阅读工程、广电惠民工程、全民健身提升工程）和构建“五大体系”（设施网络体系、服务标准体系、产品供给体系、服务管理体系、服务保障体系）。到2020年，构建现代公共文化服务体系达到目标。

【第六届中国洞头妈祖平安节】
（参见《街道（乡镇）》栏目“北岙街道”分目）

【第八届洞头七夕民俗风情节】
（参见《街道（乡镇）》栏目“东屏街道”分目）

·群众文化·

【概况】 2015年，区文体局推进市民活动中心、图书馆、街道乡镇文化综合站等公共文体服务单位免费开放，明确“服务清单”和开放活动时间。全年举办文体公益活动近100场、送电影1116场、送书12050册、送戏145场、送展览讲座114场，受益群众10余万人次。组织参加省市文化骨干培训20多期200多人次，开展渔民画、小品等培训56期3600余人次。创作海岛特色美术、小品、舞蹈等作品289件，获国家、省、市各级各类奖项近100个。《相约洞头》获浙江省第九届排舞大赛表演金奖、创作金奖。

浙江省文化礼堂乡村排舞大赛

【洞头县第三届文化艺术节】 2015年7月14日，洞头县第三届文化艺术节开幕式暨“舞动洞头·激情飞扬”洞头县排舞大赛在新城广场举行，活动从4月开始到11月结束。县领导张贤孟、张孚标、叶海峰等参加。大赛以“传播先进文化建设海上花园”为主题，内容包括“唱响洞头·放飞梦想”洞头县群众声乐比赛、“美丽洞头·海上花园”视觉艺术大展、“书香洞头·时尚阅读”洞头县读书节系列活动、“舞动洞头·活力绽放”洞头县民俗广场舞蹈大赛等。活动由县政府主办、县委宣传部、县文化广电新闻出版局（体育局）承办。全县30多个单位2000多名干部、职工、学生、群众参加，参赛作品300多件。共评出排舞、声乐、群舞、美术、摄影等6类一等奖11项、二等奖23项、三等奖38项、优秀奖67项、创作奖8个，优秀组织奖3个。

洞头县第三届文化艺术节

·文化活动·

【概况】 2015年，洞头区先后举办中小学生艺术节、洞头好声音暨“艺东杯”洞头县第四届青年歌手大赛、海洋动物故事比赛暨颁奖晚会、首届微电影评选及颁奖晚会、洞头区第二届戏曲演唱比赛、大门镇第四届文化艺术节暨“迎接大桥时代”百姓微舞台廉政文艺演出、东屏街道纪念中国共产党建党94周年文艺晚会暨第四届社区文化节开幕式活动、“海上花园·村歌嘹亮”洞头区文化礼堂“村歌”合唱大赛、“金牛情牵幸福·共筑海上花园”浙江流动大舞台走进洞头最美广场等文化活动。组织文化走亲龙湾、泰顺、青田、温岭、文成等地文艺演出、图片展、渔民画展，迎接遂昌、景宁、平阳等到海岛文艺演出、图片展文化走亲3次。

【浙江流动大舞台走进洞头“最美广场”活动】 （参见“广播电视”分目）

【洞头区第二届戏曲演唱比赛】 2015年9月20日，洞头区第二届戏曲演唱比赛在区老年活动中心举行。参赛对象为洞头居住3个月以上的新洞头人，年龄在18~65周岁。参赛剧种为京剧、越剧、黄梅戏三种。24名戏剧爱好者参加预赛海选，15名选手进入决赛。郑丽《双玉蝉之菱花镜》、刘秀容《洞房悄悄》(盘妻索妻选段)获大赛一等奖。活动由县委宣传部、县文化广电新闻出版局（体育局）、县文学艺术界联合会主办，县戏曲家协会承办。

·文化遗产·

【概况】 2015年，洞头区文化部门实施“守望行动123”工程，编制东沙妈祖宫等3处省级文保单位“四有”档案，完成全国第一次可移动文物普查。开展浙江省“海上丝绸之路”遗产点储备申报。新建海岛民居生活用具博物馆、古船木创意博物馆、大门镇文物陈列馆，展览文物近2000件。组织开展第十个文化遗产日、第六届妈祖平安节、七夕节、迎头鬃、放生节、开渔节等民俗传承活动。海蜇舞、海岛过年习俗等5个项目入选温州市第九批非遗名录，洞头区和东屏街道被评为第二批省传统节日保护基地，海洋动物故事许根才和妈祖祭典吴江申报第五批国家级传承人。是年，贝雕传承人王卫东被评为温州市首席技师。表彰一批文物保护先进工作者。

【古船木创意博物馆】 古船木创意博物馆建成于2015年3月建成。该馆位于洞头县南塘工业区，环岛公路和77省道交汇处。该创意馆投资270万元，目前有一个大型古船体堆场，展厅500平方米，车间1200平方米，技工师傅8人，是洞头区唯一一家古船木创意博物馆。内容为利用传统的手艺结合现代工艺，将古船及古木渔船开发研制成“房船”、城市家具、生活家具、茶道产品、旅游标识等。

2015年洞头区新增文物保护单位

表32

序号	名 称	保护级别	地点	年代	类别	管理单位名称	备注
1	埭口古堤塘闸门堤坝遗址	文保点	北岙镇埭口村盘古庙前方	清	古建筑	北岙文保组	县级
2	洞一中旧址礼堂	文保点	东屏镇惠民村	1957年	传统建筑	实验中学	县级

【洞头区2015年入选第九批市级非物质文化遗产项目选介】

■海岛过年习俗　“廿九黄昏”和“正月初一”是年尾年头相接，送旧迎新的重要日子，海岛人把这两天统称为“过年”，意为“过了旧年，再过新年”。过年既隆重、热烈又有诸多禁忌和传统习俗，其核心内容是“送旧迎新”。海岛洞头，过年不仅要置办年货、新衣、新用具，还要制作特色食物、送灶王爷、打扫卫生、贴春联、祭拜祖先、祭拜“路头公”、吃年夜饭。正月初一喝“红枣汤”，吃“煮长寿面”；初二或初五做新年，祭祀祖先；初三开始探亲访友；初四至初八继续探亲访友；初九祭拜天公；初十是地神生日，烧香敬土地神；正月十五为元宵节；过了十五，“过年”才全部结束，各行各业，各就各位，上山下海，外出经商，真正开始新一年的创业、谋生。

■海蜇舞　清嘉庆年间，洞头海蜇产业发达，以元觉、三盘一带海蜇最佳。渔民们经过长期摸索比较，海岛艺人根据祖辈口述，编撰了大量关于海蜇的民间故事，元觉渔民根据海蜇自身特点，编创了海蜇舞，通过拟人、夸张的艺术手段，表现海蜇活动的情景，将海蜇活动的场面以童话般的情境进行展现。

■丧葬习俗　洞头丧祭礼仪，闽南语区沿袭福建泉州、漳州、厦门诸地习俗，温州方言区则沿袭乐清、永嘉等地传统。三百多年，两大语区习俗传承相互交融，相辅相成，便形成了洞头海岛独特的丧祭礼俗——融亲情、友情、人情于一体，孝道、世道、佛道相交错的丧祭礼俗。洞头的丧祭仪式，一般为“三祭”，即灵堂祭、出殡祭、入矿(圹)祭。丧葬习俗在洞头传承数百年，家喻户晓。

■水灯习俗　洞头放流水灯习俗由

闽南传入，已有二三百年历史。过去在农历七月二十九放流水灯，为保村岙平安，免受野鬼骚扰，渔民们便在当夜将供品摆在村口滩头作为“布施”，并在退潮时放流点燃的水灯。上世纪五六十年代，破除迷信，摒弃陋习，渔民们不再在七月二十九放水灯了。不过，农历七月正是洞头洋海蜇生产季节，渔民们便把水灯改叫海蜇灯，选微风静浪时在港口漂放，祈祝海蜇旺发，海产丰收。由于海蜇资源衰退，此活动日渐式微。

■作敬　“做敬”为请师公（道士）做“道场”，道场分小作（又称“大头供”），时间一昼夜；中作，时间两昼夜；大作（又称“做醮”），时间三昼夜。逢太平盛世、风调雨顺的丰收年，作“大供”以感天地恩；一般年成以“中作”居多。几百年来，海岛居民期盼风调雨顺，生产丰收，家庭平安，对妈祖、陈府爷、杨府爷、陈十四娘娘诸神崇拜信仰。在神佛的诞辰日“作敬”、演戏，有的还有会餐，十分热闹。其程序固定，分为请水、请神、祭北斗、祭三界、请灶神、献供、玉皇赦、解厄、东岳醮、入供等。

·文化产业·

【概况】　2015年，洞头区开展多种活动，促进文化产业项目发展。区文体局组织洞头贝雕、古船木等文化产品参加第十一届中国（深圳）国际文化产业博览交易会和第十届中国（义乌）文化产品交易会等文化交易展览活动，贝雕产业年产值400多万元。

【文化产业项目活动】　2015年1月7日，举行全县乡土文化发展研讨会。2月23日，洞头县举行洞头籍在外文化人士新春座谈暨文化产业项目招商推介会，并顺利签订洞头县海洋动物故事动漫项目和洞头百岛渔家风情艺术村(隔头村沙岙自然村)项目意向合作书。3月26日，2015温州国际时尚文化创意产业博览会上，洞头展出的贝雕和古船木家具，以其浓郁的海岛特色受到市民欢迎。5月14日，洞头百福古船木亮相深圳国际文博会，获得省委常委、宣传部长葛慧君和市委常委、宣传部长胡剑谨点赞。9月23—25日，2015未来影像——首届亚洲国际（温州）青年微电影三支极拍队伍到洞头小朴村、海霞女子连营地、东岙渔村拍摄并制作微电影参赛。东岙村获最佳极拍营地奖。11月初，投资500万元的浙南地区第一家3D海洋艺术馆签约。

【洞头东海贝雕工艺品有限公司简介】　2015年，洞头东海贝雕工艺品有限公司销售产值100多万元。2006年，在原洞头县海岛贝雕厂、洞头县新世纪工艺品厂、洞头志丰工艺品厂的基础上联合成立洞头东海贝雕工艺品有限公司。2013年5月东海贝雕艺术博物馆对外开放，展示馆面积500平方米，展示贝雕的历史文献、历史文物及早年作品展示、生产工艺加工、贝壳海螺原材料等。东海贝雕艺术博物馆已成为温州市社会科学普及示范基地、洞头区科技文化创意展示馆和洞头区贝雕技术研发中心等。2011年，公司被列为浙江省非物质文化遗产生产性保护基地，2005年列入浙江省非物质文化遗产保护项目。公司现有省级非遗传承人2名，市级传承人1名，温州市工艺美术大师2人，高级工艺美术师3人，其他各类技术人员30多人。公司产品被评为温州市洞头旅游指定产品，成为海南博亚洲论坛的会议指定礼品及第三届亚洲沙滩运动会“海阳之星”奖牌等。获国家专利148项。2013年，参加文化部举办的第九届中国（义乌）文交会和深圳文博会分获最高工艺美术奖和创意银奖。

【百福古木家具厂简介】　2015年，洞头县百福古木家具厂销售产值300多万元。古船木具有洞头海洋文化内涵。2014年，在南塘工业园区成立洞头县百福古木家具厂，并成立百福文化创意设计工作室。百福家具厂主要以定制方式生产，早期船木类产品则主要以淘宝店铺为平台，通过网络销售对外宣传。目前百福拥有“尔玉制器”和“乐耳耳机架”两个商标，并获1个新型实用专利和40多个外形专利。“尔玉制器”主要用于古船木茶具、家具、灯具及古船木艺术品摆件产品等，“乐耳耳机架”则用于针对HIFI耳机发烧友而设计制造的耳机架和耳机盒等相关产品，获得客户认可，目前在中国香港、台湾地区及马来西亚、泰国、德国均有代理。

·图书管理·

【概况】 2015年，区图书馆馆藏图书总量167582册（含报刊合订本），新增馆藏8488册。订购报刊杂志 118 种，122册。文献借还册次统计中，借阅106976册次，还回108023册次；文献借还人数统计中，借阅人数13956人次，还回15394人次。全年接待到馆读者85718人次，开展讲座105场，展览8场。区图书馆注册读者11888个。全年送书下乡12050册次。新增图书流通点2个。读者利用电子阅览室1151人，1499人次，累计上网时间1671小时。拥有“文明使者小海豚”和“海豚爸妈”志愿者65人。

是年，区图书分别获馆第九届新温州人演讲大赛和温州市未成年“我爱家乡山水美”故事大赛优秀组织奖。获全国青年图书馆朗诵大赛优秀组织奖。

（卓桂枝）

【图书发行】 2015年，区新华书店共发行图书（片）474421册（张），比上年增长13.13 %。其中，发行哲学社会科学类图书3808册，比上年增长209.59%；文化教育类256265册，比上年增长29.48%；文学艺术类 2250 册，比上年下降8.01 %；自然科学技术类951册，比上年增长19.32 %；少儿读物类8750册，比上年下降23.6%；学生课本186441册，比上年下降1.22%；其他出版物19556册，比上年增长10.61%。总销售额4226152元，比上年增长24.27 %；人均从区新华书店购书32.38元，比上年增加 6.69元。

（朱海帆）

【全城共读一本书活动】 2015年，全城共读一本书活动分为共读、共写、共同生活三个版块，其中共读版块包括全民选书、专家评书、千册图书万册电子书免费领等活动；共写版块为论语读后感征文活动；共同生活版块囊括了论语专题讲座、阅读微电影拍摄及全县诗词听写大赛等活动，参加人数9500余人。活动征文比赛环节成人组与未成人组各评选出一等奖1名、二等奖3名、三等奖6名及优秀奖若干名；诗词听写大赛评选出一等奖1名、二等奖2名及三等奖4名。活动由洞头县创建学习型党组织领导小组办公室、洞头县委宣传部、县文广新局主办，县文明办、县教育局、县文体局协办，县图书馆承办。

【儿童阅读品牌活动】 2015年，儿童阅读推出绘本讲堂、亲子乐读和读来读往趣味读书会三大品牌活动。绘本讲堂由洞头区图书馆、洞头区教育幼儿园主办，全年开展绘本讲堂24期，对象为3~6周岁幼儿，500余人参加。亲子乐读由洞头区图书馆、洞头区教育第二幼儿园主办，全年开展绘本讲堂24期，3~6周岁幼儿及其家长参加活动，500余人参加。读来读往趣味读书会由区图书馆创办，全年开展活动24期，活动面向小学1~2年级学生，通过听故事、玩游戏的方式提高学生阅读兴趣，培养学生良好的阅读习惯。全年参加活动500人次。

【系列儿童主题活动】 2015年，全年开展儿童阅读品牌和节日主题活动，包括绘本讲堂、亲子乐读、读来读往趣味读书会、圆桌绘本、书海拾贝、我爱记诗词、幸福小虾米讲故事比赛、暑期乐翻天系列活动、“旧是如此任性”换书大会等和新春写赠对联、元宵灯谜会、清明故事会、端午亲子民俗乐、中秋游园会、重阳敬老活动等活动，参加4500多人次。

【图书馆志愿者服务活动】 2015年寒暑假其间，区图书馆共招募志愿者65名，其中包括未成人志愿者60名，在借阅室、采编室中开展志愿活动；成人志愿者5名，在图书馆开展阅读推广活动。志愿者共开展志愿工作410个班次。

（卓桂枝）

市民活动中心

【概况】 2015年，区市民活动中心接待市民11330人次。阵地公益活动包含青少年群文、艺术、科技、体育等项目，以“亲子鱼灯”“石头画”“手工DIY”“科学小达人”“快乐空竹”“趣味烘焙”等主题，参与阵地课程活动4000人次。“流动少年宫”活动全年走进学校10所，全面覆盖全区小学（含义务教育学校），接待5000余人次。全年常规培训2210人次。举办“童心编织中国梦 羊羊得意报春来”青少年春节系列活动、“童游天下”六一广场欢乐嘉年华、“粽叶飘香”端午节、“童心共赏千秋月”中秋节主题活动、“趣玩”国庆节系列活动、海洋动物故事嘉年华等主题活动。借助省市校外教育优质资源，拓展学生参与社会实践渠道，全年春秋季亲子活动4期，青少年暑期体育公益培训120余人。全年参观“红色印迹馆”3665人。

参观红色印迹馆

【成人公益培训】 2015年，市民活动中心拓宽培训渠道，通过外聘教师、校内外优质资源整合等方式，确定不同主题培训。全年开设培训班18期，参加培训1000人次。包括“果”的拼盘、“花”的芬芳、“养”的诀窍、“妆”的点缀、“型”的缔造、“吃”的花样、“拍”的艺术等。同时把培训对象延伸到乡镇社区。

【青少年春节系列活动】 2015年2月5日～9日，2015“童心编织中国梦 羊羊得意报春来”青少年春节系列活动在市民活动中心举行。内容包括德养心·暖羊羊、智取胜·喜羊羊、体强魄·沸羊羊、美尽善·美羊羊、劳补拙·懒羊羊五大板块、德智体美劳五大方面等25项活动。1000多个孩子和家长参加活动。每个项目第一名，免费参加“2015年暑期夏令营”活动。活动由县文化广电新闻出版局（体育局）、县社会主义精神文明建设指导办公室、共青团洞头县委员会、县妇女联合会主办，县市民活动中心承办。

（卓桂枝）

“粽叶飘香”端午节主题活动

广播电视

【概况】 2015年，区广电台现有广播频率、电视频道各一套，自办节目有广播节目《洞头新闻》《蓝色港湾》《蓝精灵》等，电视节目《洞头新闻》《蓝色风》《蓝海岸》《蓝土地》等。全年开设专栏63个，制播新闻8013篇，其中民生新闻增播976篇，专题片26个，直、录播22场，社教417期，宣传量同比增长50%以上。全年被上级媒体采用新闻749篇，其中中央台62篇，省台95篇，省、市专题20个。融合新旧媒体，与浙江卫视新蓝网建立合作，上传微信短视频新闻。广播新闻被“中国之声”采用9篇、省台采用12篇、市台采用21篇。全年外宣量同比分别增长67%、25%。

策划“百岛问政厅”2场、“一把手表态承诺”访谈、“十大民生工程”、抗击台风“灿鸿”、“民间金融风险处置”、“学生夏季防溺水”等主题报道栏目，播出相关新闻200多篇。推出“爱心卡车暖百岛”3场、“文化礼堂村晚会演”5场、广播电视主持人大赛6场等活动。

广播作品《海岛女民兵连长陈盈盈》获2014年度全省广播电台优秀新闻作品三等奖，新闻作品《一场特殊的考试》、短纪录片《民间瑰宝　洞头贝雕》、新闻访谈《2014洞头〈电视问政〉直播节目　党的群众路线教育实践活动——即知即改》均获2014年度温州市广播电视政府奖二等奖；《一场迎战“麦德姆”台风的海上生死大营救》、论文《“电视问政”实践中的几点思考》《从当前电视现状看传统媒体与新媒体的融合》，以及公益广告作品《呵护海洋生态　保护生态海洋》《建设美丽新区，争做最美洞头人》获2014年度温州市广播电视政府奖三等奖；短纪录片《五十年海岛情》获2015年度温州市广播电视政府奖二等奖。

【广电工程建设】　2015年，全区建成县级播控平台1个、街道（乡镇）分控平台6个及村居建设任务84个，形成以有线为主、中波为辅的两大应急信息覆盖网络和具备多路应急广播并发能力的农村应急广播体系。启动中央无线数字化覆盖工程，推进全区广播电视高清数字化覆盖工作。播控机房危房除险加固初步通过工程验收。购置广播直播设备，升级完善媒资、非编、硬盘播、电力保障等系统，改造虚拟演播室、播控机房，完成烟墩山发射台迁建和广播频率升级。

【节目改版】　2015年1月始，电视《洞头新闻》增加到15分钟，新设片尾拉滚“美丽洞头”，全年播出300余篇。改《一周要闻》为《这一周》。在抗台应急报道中探索实行整点新闻播报。区广电台首次将“微信”形式融合到县“两会”新闻报道专栏中，同时在“洞头新闻网”开办《洞头广播》栏目，推动媒体融合。

【特色专栏、栏目】　2015年，区广电台策划推出“实施七项举措　加快同城发展”“回眸十二五　展望十三五”等3个大型电视主题报道；聚焦区委区政府中心工作，推出“创建‘无违建县’”“平安建设‘夺金鼎’”“五水共治进行时”等专栏；结合全区重大活动，开展县“两会”和“洞头先锋女子民兵连建连55周年”等系列报道；开设“践行社会主义核心价值观”专栏及“最美”系列宣传；广播《蓝色港湾》开辟嘉宾访谈栏目《百岛女性》《百姓茶坊》。

【洞头县第五届广播电视主持人大赛】　2015年7月20日，洞头县第五届广播电视主持人大赛启动。比赛分为初赛、复赛、决赛三个阶段，含少儿、青年两个组别。116名选手参加初赛（海选赛），40人晋级复赛，产生6名青年组选手和12名少儿组选手。8月24日，25名选手进行总决赛，其中包括通过复赛的18名选手和7名海选直接进入决赛的选手。总决赛设三个环节，分别第一轮自我介绍、模拟主持，第二轮抽题问答、评委点评，第三轮冠亚季军争夺赛。青年组张颖倩获冠军，林昱

洞头县第五届广播电视主持人大赛

彤获亚军，陈雪获季军。少儿组，吴晨源、林思齐、曾瑞希分获冠、亚军、季军。县领导张贤孟、叶锦丽出席总决赛并为获奖选手颁奖。赛后，县广电台为张颖倩等十名选手颁发为期两年的“业余节目主持人”聘书。该大赛由县委宣传部、团县委、县广播电视台、洞头华中房地产开发有限公司、艺东广告策划公司、溢香国际大酒店主办，北岙街道、大门镇、东屏街道、元觉街道、霓屿街道、鹿西乡、县文化馆、流行音乐协会、微动力志愿者服务队承办，新闻中心协办。

【浙江流动大舞台走进洞头“最美广场”活动】 2015年12月10日，“金牛情牵百岛 共建海上花园”最美广场巡演暨2015年浙江新农村建设带头人“金牛奖”候选人投票活动在国际放生台举行。该活动是浙江广电集团年度三大人物评选活动之一，由浙江之声和浙江电视台公共·新农村频道承办。1000多名干部群众参加投票活动。区领导王文胜、张贤孟、林海珊、刘素婷、杨艾立和浙江之声新闻部副主任李方存参加。洞头县浙洞渔1451—1452对船船长林忠民等十位新农村建设带头人获2015年度“金牛奖”。2006年至今共评出90位“金牛奖”和4位“金牛奖”特别奖获得者。洞头区广电台获“优秀组织奖”。

【《关注台风“灿鸿”》被央视1套《焦点访谈全文播发》】 2015年7月，县广电台推出的《抗击台风“灿鸿”》特别节目报道，其中广播新闻被“中国之声”采用9篇。《“灿鸿”逼近，海岛县洞头争分夺秒，赶在台风来临前最后防台抗台》在中央人民广播电台《新闻纵横》栏目播出5分钟。《海上三台风唱戏，浙江距离它们最近的县——洞头，上下联动打好前哨战》在中央人民广播电台《全国新闻联播》中通篇播出。电视新闻被中央台《新闻直播间》《新闻30分》《中国新闻》《朝闻天下》等栏目采用17篇，《浙江洞头：海面刮起大风应急预案紧急启动》《浙江洞头：“灿鸿”掀起八米巨浪》等6篇新闻在央视单条播出，其中，《关注台风“灿鸿”》被央视1套《焦点访谈》全文播发，此为洞头电视新闻首次单条全文被央视1套采用。

（张　倩）

2015年洞头区广播电视台电视节目时间表

表33

星期 时段	周一	周二	周三	周四	周五	周六	周日
6:30	《这一周》重播	《洞头新闻》重播	《洞头新闻》重播	《洞头新闻》重播	《洞头新闻》重播	《洞头新闻》重播	《洞头新闻》重播
6:45	转播中央台1套节目	转播中央台1套节目	转播中央台1套节目	转播中央台1套节目	转播中央台1套节目	转播中央台1套节目	转播中央台1套节目
8:00	电视剧场	电视剧场	电视剧场	电视剧场	电视剧场	电视剧场	电视剧场
11:15	转播中央台1套节目	转播中央台1套节目	转播中央台1套节目	转播中央台1套节目	转播中央台1套节目	转播中央台1套节目	转播中央台1套节目
12:00	《这一周》重播	《洞头新闻》重播	《洞头新闻》重播	《洞头新闻》重播	《洞头新闻》重播	《洞头新闻》重播	《洞头新闻》重播
12:12	电视剧场	《蓝海岸》重播	电视剧场	《蓝色风》重播	电视剧场	《蓝土地》重播	《蓝海岸》重播
15:00	转播中央台1套节目	转播中央台1套节目	转播中央台1套节目	转播中央台1套节目	转播中央台1套节目	转播中央台1套节目	转播中央台1套节目
18:30	动画世界	动画世界	动画世界	动画世界	动画世界	动画世界	动画世界
19:00	转播《新闻联播》	转播《新闻联播》	转播《新闻联播》	转播《新闻联播》	转播《新闻联播》	转播《新闻联播》	转播《新闻联播》
19:30	晚间剧场	晚间剧场	晚间剧场	晚间剧场	晚间剧场	晚间剧场	晚间剧场
20:00	《洞头新闻》	《洞头新闻》	《洞头新闻》	《洞头新闻》	《洞头新闻》	《洞头新闻》	《这一周》
20:12	《蓝海岸》	《蓝海岸》重播	《蓝色风》	《蓝色风》重播	《蓝土地》	《蓝土地》重播	《蓝色风》重播
20:25	晚间剧场	晚间剧场	晚间剧场	晚间剧场	晚间剧场	晚间剧场	晚间剧场
22:00	《洞头新闻》重播	《洞头新闻》重播	《洞头新闻》重播	《洞头新闻》重播	《洞头新闻》重播	《洞头新闻》重播	《这一周》重播
22:12	晚间剧场	晚间剧场	《蓝色风》重播	《蓝色风》重播	晚间剧场	晚间剧场	晚间剧场
22:25			晚间剧场	晚间剧场			
23:10	结束						

2015年洞头区广播电视台广播（FM100.9）节目时间表

表34

时间	周一至周五	周六至周日
05：55—06：00	开始曲、节目预告	
06：00—06：30	早安浙江【浙江之声】	
06：30—07：00	新闻和报纸摘要【中央台一套】	
07：00—07：10	洞头新闻	
07：10—07：40	蓝色港湾	蓝精灵
07：40—07：45	气象、广告	
07：45—08：00	空中服务台【温州之声】	
08：00—09：00	大铭的快乐时间【温州经济生活广播】	
09：00—09：30	温州新农村联播【温州绿色之声】	
09：30—11：00	音乐爱尚爱【温州音乐之声】	
11：00—11：10	洞头新闻	
11：10—11：40	蓝色港湾	蓝精灵
11：40—11：45	气象、广告	
11：40—12：00	音乐爱尚爱【温州音乐之声】	
12：00—12：30	哈哈可乐派【温州音乐之声】	
12：30—14：30	音乐畅游【温州音乐之声】	
14：30—16：00	股市资讯快报、1039爱车时间【温州交通之声】	
16：00—16：10	洞头新闻	
16：10—16：40	蓝色港湾	蓝精灵
16：40—16：45	气象、广告	
16：45—18：00	音乐下午茶、音乐车元素【温州音乐之声】	
18：00—18：30	温州新闻联播【温州之声】	
18：30—18：40	洞头新闻★	
18：40—19：10	蓝色港湾★【周一 科技版；周二 服务版；周三 法制版；周四 文明版；周五 休闲版】	蓝精灵★【小小故事会、天下大世界、点点滴滴、贴心版、家教向导】
19：10—19：15	气象、广告	
19：15—20：00	音乐红歌榜【温州音乐之声】	
20：00—20：30	小喇叭【中央台一套】	
20：30—21：00	直播中国【中央台一套】	
21：00—21：10	洞头新闻	
21：10—21：15	气象、广告	
21：15—22：00	音乐私房歌【温州音乐之声】	
22：00—23：00	瓯江夜话【温州交通之声】	
23：00—24：00	汽车音乐【温州交通之声】	
全天播音结束		

（区广电台提供）

新闻传媒

【概况】 2015年，《东方时尚岛》共刊出报纸版52期224版，其中正式期刊51期212个版面（增刊8版），特刊1期12个版面，刊发原创稿件共计1137篇。洞头新闻网全年累计发布各类信息18750条，其中，刊登本地原创新闻2812条，新闻视频385条。发布各类信息185328条，其中刊登本地原创新闻24710条，视频4212条，其他新闻160618条。开设“我们的海霞——不同的年代一样的情怀”“五水共治 你我在行动”“记忆中的洞头”“中国（洞头）新媒体短片大赛”“2014他们都很拼”等13个专题，链接8个专题。

全年完成县委全会及“两会”“撤县设区”“洞头先锋女子民兵连建连55周年”“九大项目签约”等重点工作、重要活动和各类节庆赛事等的宣传报道。《东方时尚岛》报纸开设“讲身边好故事”“重点工程巡礼”“创新企业风采”“铿锵玫瑰向海开”等全新专栏21个，其他更新专栏5个，共采写专栏稿件237篇，内容涵盖政策宣传、重点工程、招商引资、社会民生、优秀典型、工作经验、节庆活动等。推出“2015洞头两会”专题，策划“两会朋友圈”“我为洞头发展点赞”“小记者跑两会”亮点报道，多角度展示洞头社会经济发展。发动网评员参与东方之星长江翻沉时间、涉宗“三改一拆”等大型舆情引导工作。开展新闻发言人和网络文化传播培训班，以及第三届“公共危机”模拟新闻发言人比赛。

是年，区委外宣办(新闻中心)获省青年文明号称号；洞头新闻网获市先进集体、市级三八红旗集体称号。

【传媒成果】 2015年，全年被市级以上媒体（报纸类）采用536篇。12篇报道、图片等在省市获奖，其中，《再小的力量也是一种支持——记洞头县微动力志愿者服务队》《“卵石画布”上的浓墨重彩——访东屏小学“石点头”卵石画》获浙江省县市区域报好新闻奖通讯类一等奖，《嘹亮村歌传四方——记北岙街道四村文化礼堂建设》《废弃老船木“变身”古韵家具》《洞头老翁董绍新的“好事人生”》获浙江省县市区域报好新闻奖通讯类二等奖；《民兵连集训》获中国县市传媒新闻奖摄影类三等奖；《“互联网+”：打通司法行政服务为民“最后一千米”》获浙江省县市区域报好新闻奖通讯类三等奖；《洞头老翁董绍新的“好事人生”》获温州市第五届慈善新闻奖二等奖；《顺手而为 用真诚换真心》《再小的力量也是一种支持》获温州市第五届慈善新闻奖三等奖。

【洞头先锋女子民兵连建连55周年活动策划报道】 （参见《中共温州洞头区委员会》栏目“宣传工作”分目）

【网络文化传播培训班】 2015年10月8—11日，洞头区2015年网络文化传播培训班在温州市委党校举办。全区各部门单位、街道（乡镇）网络文化传播员60人参加培训。培训内容为网络文化传播策划和实际操作业务等知识。培训方式以专题授课、演练及分组讨论、评委点评等。邀请那世刚、陆向东、吴剑等全省网络宣传工作一线业务骨干、专家开展专题辅导讲座，并以实战演练的方式提升培训效果。

（丁　静）

数字电视

【概况】 洞头华数广电网络有限公司是经洞头县人民政府批准并出资设立的国有独资公司，2013年4月成立，8月对外营业。公司设综合管理部、财务管理部、市场营销部、客户服务部、技术运维部、乡镇协调部、大门广电站、元觉广电站、霓屿广电站、鹿西广电站等。员工60人。

2015年，洞头华数广电网络有限公司联合完成区环网工程的海底光缆工程，实现大门、鹿西两个外岛联网。加快洞头区网络数字化发展，部署C—CMTS在洞头小区的应用，推进三盘岛光缆和电缆双线入户试点工作。完成大门、鹿西、元觉、霓屿机房建设，实现洞头本岛网络数字化双向化全覆盖。联合多个单位完成农村应急广播体系建设工程施工。开展产品推介会，围绕国庆等重大节日策划促销活动，推出多项优惠套餐方案等。推进“智慧家庭”和“云电视”套餐营销，完成三盘下尾、西山头、大岙、阜埠岙的数字电视整转。是年，数字电视大众用户数净增475户，数字电视商业用户数净增272户，互动电视大众用户数净增467户，互动电视商业用户净增124户，宽带大众用户净增526户，集团宽带用户净增30户，付费大众用户净增310户，付费商业用户净增344户。

【洞头—鹿西—大门海底光缆工程建成】 （参见《交通　信息化》栏目“移动”分目）

【服务保障】 2015年，公司客服部呼叫中心共接到故障记录电话22063通，派单处理9482通，在线处理 4491通，咨询电话8090通，投诉电话748通，回访用户6542通；运维部勘测派单 584户，移机257户，复机 137户，停机123户，数字电视安装单 3416户，模拟安装427户；营业厅共受理数业务量24776笔，其中受理新增数字基本用户3883户，互动电视用户467户，宽带用户526户。

（陈　瑶）

责任编辑　曾焕定

人力资源与社会保障

丰年 · 马诗琪　方梓宇

“海霞精神”

爱岛尚武 励志奉献

“五岛连桥”精神

小县办大事 小岛创大业

概　述

【概况】 2015年，洞头区人力资源社会保障局紧扣“和谐人力·保障民生”工作主线，紧盯人力资源和社会保障系统重大改革任务，主动适应经济新常态，抓重点促发展，抓改革求突破，抓基础强服务，进一步解放思想，改革创新，推动人力社会保障各项工作和谐发展。

人才人事管理

【概况】 2015年，洞头区人力资源社会保障局组织30家企业参加跨省、省级、市级人才交流大会12期。同时根据企业需求，搭建电商、财务、市场营销等专场招聘会，引进各类人才50余人。通过网络发布、微信平台等，发布就业岗位250余个。浙江金海蕴生物有限公司申报引进“580”海外人才1名。制作《2016—2020年紧缺人才需求导向目录》，收集高层次和紧缺岗位需求207个。申报省“151人才”第三层次1人、市551人才工程人员“扶工扶农”项目1人并获市列项、温州市十佳HR经理人1人；入选市第三轮“首席技师”1人。1月份杭州市洞头商会建立首家人才工作站。

人事培训主要涵盖人事管理、财务知识、企业管理、销售管理等课程，全年组织财务短期输出培训11期87人次、企业生产销售管理培训4期201人次、专技人才公需科目培训7期1796人次，8家企业人事干部到市里培训企业人才业务。全年培训机关事业单位编外用工924人次。同时结合医疗系统和公安系统岗位特殊性，设置适合岗位需求的培训科目。人才公司按照机关事业单位签订的委托招聘协议所列岗位、拟招聘人数及招聘岗位所需条件等面向社会公开招考，择优录用。全年公开招聘14期219人，规范全县机关事业单位派遣员工1106人薪酬管理。开设派遣员工素质培训9期723人次。人才公司全年为派遣员工发放稳岗专项补贴19.36万元。

组织完成浙江省公务员四级联考，招录进入区、乡两级机关53人。组织全区61个单位1042名科级及以下公务员参加以温州网络学堂为平台的学分制管理培训，参训合格率100%，列全市第一。2014年新录用公务员初任培训37人。实施2014年度公务员考核奖励，记三等功42人、嘉奖179人。全年组织两次面向社会公开招聘事业单位工作人员31名。开辟“绿色通道”，公开招聘教师5人，赴高校招聘毕业生27人；公开招聘医卫人员8人，赴高校招聘2015届毕业生33人；公开招聘电视台招聘播音主持人2人。透明安置2015年转业士官3人。事业单位岗位设置审批21件次，岗位变动审批127件次，涉及人员岗位变动756人次。严格规范事业单位人员流动，制定出台《洞头区事业单位区外人员调入暂行规定》。事业单位人员流动审批179人次，其中调往区外11

人，区外调入4人。

组织公务员工资收入水平调查899人，机关工作人员年度考核晋升级别审批211人、晋升档次154人，事业人员晋升薪级2234人。增加离退休费1148人，8月实现在职人员调整基本工资标准入轨运行和预扣养老保险3847人。落实区直属48家部门单位专、兼职信访工作人员岗位津贴106人，以及离岛和偏远农村4所公办中小学校特岗教师津贴156人。职级晋升兑现工资待遇71人。审核符合健康休养条件优秀公务员47名。安排1480名区直机关工作人员开展健康体检，其中退休人员在区外居住地就近体检后报销费用23人。规范机关技师职务聘任及事业技师退休待遇兑现，核定技师聘用指标2人。

整理事业单位全员人事代理档案（1988—2014年）1812卷，事业（企业）改制、辞职人员人事档案504卷；大中专毕业生人事档案4289卷，大中专代理人员人事档案1275卷；其他引进人才等人员人事档案1480卷；会计档案561卷；印章档案5枚。率全市之先开展人事档案数字化扫描，扫描事业单位人事代理人员和大中专毕业生人事代理人员档案3021份。投入资金82.45万元创建市级标准档案室，其中科技局立项25万元，财政局立项37万元，自筹20.45万元。

【推行公务员职务与职级并行政策】 2015年9月，根据中央办公厅、国务院办公厅《关于县以下机关建立公务员职务与职级并行制度的意见》（中办发〔2015〕4号）、中共浙江省委办公厅浙江省人民政府办公厅《关于转发省人力社保厅等五部门〈关于县以下机关建立公务员职务与职级并行制度的实施意见〉》（浙委办发〔2015〕44号）以及中共温州市委组织部、温州市人力资源和社会保障局相关文件精神，全区启动公务员职务与职级并行制度。经过审核、测评、考核、公示、审批等环节，截至12月底，全区符合晋升条件的公务员79人，其中28人晋升副处级，29人晋升正科级，22人晋升副科级。

【《洞头区事业单位区外人员调入暂行规定》出台】 2015年12月，为加强和规范全区事业单位人事管理，区委办、区府办出台《洞头区事业单位区外人员调入暂行规定》。该暂行规定对区外事业单位人员的调入条件、方式、程序作了详细规定。对调入人员的学历要求本科以上，区外事业单位工作需满5年，特殊情况可放宽至3年。

就业创业

【概况】 2015年，洞头区城镇新增就业累计1358人，下岗失业人员实现再就业396人，其中就业困难人员201人；城镇登记失业率为2.16%。全年转移和实用人才培训328人，创业培训5期179人。开展“春风行动”“就业援助月”和“民营企业招聘周”等系列活动，举办就业失业政策宣讲6次，提供免费咨询1600余人。在《温州都市报》《东方时尚岛》等媒介专版刊发重点群体就业扶持政策指南，海报宣传300余份，发放就业政策服务指南和宣传资料5000多份。举办就业专场招聘会4场，赴外地招聘1场，牵线104家企业涉及工种248个发布就业岗位1432个，达成就业意向950人，成功上岗76人。每周四在微信平台上发布当周企业招聘岗位信息，开展线上招聘25期69家单位413个就业岗位。组织4家企业赴杭参加校企合作交流洽谈会，达成劳务协作意向12家，帮助企业拓宽蓝领人才培养途径，服务实体经济转型升级。全年职业培训涵盖美食小吃、电子商务等13个项目，组织开设初级餐厅服务员、客房服务员、初级船舶驾驶员、初级办公应用软件操作员等多工种技能培训24期，参训1220人，考核1169人，获职业资格证书836人，培训合格证书333人。

组织多家区级优秀企业参加区内大型招聘会、区外系列就业专项服务活动。准确收集高校毕业生、农村进城务工人员、就业困难人员等求职需求，加强企业对接，采集发布就业信息2000余条，推荐求职者300余人。开发公益性岗位51个，安置困难人员50人。失业金发放标准从原先945元/每月调整到1162元/每月，失业保险扩面净增参保308人，办理失业登记和待遇审核52人。发放失业金516人次50万余元；开展全区924名就业创业证申办人员资格专项核查；为114位就业困难户发放慰问金13.5万元。组织开展援企稳岗就业专项服务，惠及企业73家145.43万元。接收高校毕业生档案617个，应届毕业生报到233人，未就业20人，初次就业率91.4%。未就业高校毕业生通过后期跟踪、电话回访、推荐就业岗位120人次，通过短信发送就业招考信息1万余条。发布招聘、求职信息和就业推荐实行全免，优先为困难家庭高校毕业生推荐就业岗位。

劳动者权益维护

【概况】 2015年，洞头区人力资源社会保障局深入企业开展职工（农民工）工资支付、查处小微企业劳动合同签订和社会保险参保、依法整治非法用工（使用童工）打击违法犯罪等“四春”专项行动及建筑施工企业和劳务派遣企业劳动用工、劳动合同、劳动工资督查检查、重大节日劳动保障维稳等专项执法检查，共检查用人单位1833家，受理处理投诉举报件及110社会应急联动指令交办件114件，为2975名劳动者（农民工）追讨工资5893.45万元。督查落实131家建筑施工企业职工工资支付保障金4429.29万元，督促实施和发放农民工记工考勤卡9690本。劳动保障监察立案专查16件，查处未成年工11人，结案率100%。累计筹集欠薪应急周转金375万元。劳动保障信用管理定级1832家。组织开展《中华人民共和国劳动合同法》实务操作、“以案说法”等培训和讲座，规范企业劳动用工管理，强化企业自我调处劳动矛盾能力，劳动人事争议案件稳中有降。全年受理处理劳动争议案件54起，同比下降35%，案件调解结案率100%，其中庭外调解10起，案外调解44起。

洞头区劳动保障监察大队连续第9年被评为浙江省劳动保障监察工作目标管理成绩突出单位，连续3年在区民主评议行风暨千人评机关中层科室和基层站所活动中获“满意基层站所”称号。

【滕宝贵获“全国优秀农民工”称号】 浙江迪特高强度螺栓有限公司职工滕宝贵，2015年12月24日获国务院农民工领导小组颁发的“全国优秀农民工”称号。滕宝贵，男，汉族，1976年11月出生，党员，大专学历，四川自贡人，技术员职称。1996年进入浙江迪特高强度螺栓有限公司工作至今，先后担任浙江迪特高强度螺栓有限公司热处理车间班组长、技术员、车间主任等职务。2011年以来，他先后获第六届温州技术之星“温州市百名优秀温州青年”、洞头县首届企业“金牌职工”、温州市银锤奖—杰出职工、洞头县“最美劳动者”、“最美洞头人”等称号。2012年当选为温州市总工会第十四次代表大会代表，2014年被评为洞头县劳动模范。

2009年，滕宝贵在为日本川崎公司试制样品螺栓中，克服工艺复杂、角度刁钻、温度难控等问题，突破预热与融合温度等技术难关，产品合格率100%，受到外国专家刮目相看。2010年，公司在为辽宁抚顺挖机配套产品时，面对困难，说服公司决策层，提出自己独有技术方案。开始新产品试制，一蹲守就是几个夜晚，亲自调整碳势、调控温度，一次次实验，最后总结出热处理技术工艺参数，生产出第一批新产品，受到国外使用客户好评。担任热处理车间主任以来，严把产品质量关，坚持每一批从热处理生产线上生产的高强度螺栓都要抽样化验。为增加产品质量可信度，自己设计负载实验台，自己做实验，确保产品100%合格流入下道工序。2010年，改造公司新采购的GST—1080托辊型热处理生产线火帘口，年节煤气10万多元。2012年《网带连续炉，隔热帘改造》获县科技成果金点子评选一等奖。2014年，发明《一种带隔火帘装置网带炉》《一种热处理生产线旁出料装置》《一种网带提升机自动卸力装置》获国家实用新型专利。相继编制《13.9级高强度螺栓热处理工艺技术参数》《液压破碎锤螺栓高强度螺栓热处理工艺技术参数》等10多种热处理技术标准，其中采用该技术标准参数，13.9级高强度螺栓超过国内最高级别，达到国内领先水平。液压破碎锤高强度螺栓、高耐磨高强度螺栓等新产品被浙江省科技厅列为科技计划试制项目。职业生涯中，积极参与金秋助学，为公司困难职工捐钱，加入外来务工人员组建的双休日服务队等活动表现积极，始终不忘回报社会。

社会保障

【概况】 2015年，全区机关事业养老保险参保3959人，其中退休 837人；企业养老保险参保单位913 家，参保28916人，其中退休5894人；城乡居民养老保险参保42406人，其中领取待遇 15655 人；被征地 (退渔) 渔农民基本生活保障覆盖6个街道（乡镇）68个村，参保人数7562人，其中领取待遇4953人。全区基本医疗保险参保单位926家，参保

15023人，公务员医疗补助4820人，城乡居民基本医疗保险参保103300人。全区工伤保险参保单位1339家，参保22042人，其中建筑施工企业4611人。全区生育保险参保单位1076家，参保10459人。全年养老保险参保人数新增4738人，医疗保险参保人数新增1730人，工伤保险参保人数新增317人，失业保险参保人数新增308人，生育保险参保人数新增594人。市民卡制发卡12.11万张。年底温州市市对县五大险种目标考核中列全市第一。率全市之先完成“全民参保登记计划”试点推进。

【城乡居民大病保险实行大额医疗费“二次补偿”】 2015年11月，区府办转发〈温州市人民政府办公室关于进一步完善温州市大病保险制度的实施意见〉的通知》（洞政办发〔2015〕113号），将参加职工医疗保险参保人员（含灵活就业参保人员）和城乡居民基本医疗保障的参保人员统一纳入大病医疗保障制度范围，覆盖全区11.8万余名参保人员。全区职工大病保险筹资标准原则上为年人均40元，政府或单位70%、个人30%的比例承担，个人缴费部分从个人账户中划转；城乡居民大病保险筹资标准原则上为年人均30元，从城乡居民基本医疗保障基金中整体划拨，不再另行缴费。参保人员在经基本医疗保险报销后超过起付标准2.8万元的合规医疗费用将纳入大病保险支付范围，其中职工大病保险高于起付标准且低于起付标准5倍（含）部分，报销比例为60%；高于起付标准5倍且低于起付标准10倍（含）部分，报销比例为70%。城乡居民大病保险起付标准以上至起付标准10倍（含）的合规费用，报销比例为50%。全区将格列卫等15种用于治疗癌症、肿瘤等疑难大病药品纳入2015年大病保险支付范围。全年132人获得赔付170余万元，其中最高赔付额10.53万元，实现大额医疗费“二次补偿”。

【社保基金累计结余突破7亿元】 2015年，洞头区人力资源社会保障局实施40~59周岁人员首次参加城乡居民养老保险补助80元的“以奖代补”机制。完善各险种转换衔接机制，全年共有1989人完成转保补缴手续，补缴基金11616余万元。进一步健全内控制度，规范工作人员操作行为。加强对两定机构的巡查和医疗费用审核结算管理，全年组织定点医疗机构巡查5次，剔除不合理费用20万元。全年全区社会保险基金总收入64112万元，比2014年增加26197万元，同比增长69%，各项保险待遇总支出41586万元，比2014年增加10832万元，同比增长35%，本年结余22526万元，累计结余71928万元。

【《洞头区退渔渔民基本生活保障补充规定》出台】 2015年12月，区政府出台《洞头区退渔渔民基本生活保障补充规定》（洞政发〔2015〕39号）。文件规定：自2014年5月28日起，陆续退出海洋作业的持证捕捞渔船和已经退渔的社会化管理渔船均纳入参保范围，让广大退渔渔民上岸有基本生活保障。通过参保对象的界定和参保指标核定，严把退渔渔民参保审核关，确保退渔渔民应保尽保。退渔渔民基本生活保障所需资金筹集方式，明确个人出资部分为12780元/人和16200元/人两档标准，退渔渔民待遇计发，确定每月330元和400元两档退渔渔民待遇标准。全年全区参加退渔渔民基本生活保障1530人。

【市民卡功能拓展“一卡通”项目建设】 2015年2月始，洞头区人力资源社会保障局拓展市民卡在全区各个领域应用，在已兼具社保、图书馆借阅、公交、消费等多重功能前提下，开通市民卡诊间结算功能，即市民卡持卡人只要在市民卡账户内预存足够金额，持卡就医过程中就可在医生诊室直接刷卡支付需现金付费的部分，同时医保部分一次性结算完成，免除患者反复排队付费环节。目前全市只在附一医、附二医、附属眼视光医院等9家医院率先试行。开通市民卡全市购书功能，即市民卡联机账户预存足够金额，市民便可在本区及其他三区新华书店使用市民卡享8.5折购书，实现与其他三区同等优惠。完善便民自助服务设备，在社保大厅和15个服务网点配备社保自助一体机，参保人员可以通过刷市民卡查询打印相关社保信息。

（郭兰杰）

责任编辑　卓桂荣

民 政

盼 · 王思惠

“海霞精神”

爱岛尚武 励志奉献

“五岛连桥”精神

小县办大事 小岛创大业

概 述

【概况】 2015年，民政部副部长宫蒲光一行到洞头调研民政综合改革工作。7月23日，国务院正式批复同意撤销洞头县，设立温州市洞头区。区民政局勘定撤县建区后行政区划界线，洞头区地名更换纳入“温州市地名数据库管理系统”。积极探索养老服务业改革发展，通过“备案制”管理，突破体制约束，实现社区小型养老机构规范化管理。全年新建居家养老服务照料中心11家。实现老年人意外伤害保险全覆盖。引进社会力量参与社会救助。确定殡仪服务中心拟建点，签署大门镇与乐清市有关遗体火化工作合作协议。推进“四边”区域旧坟整治和公益性公墓规范化建设。承接政府职能转移条件社会组织首批入选14家。调整、发放各类抚恤定补资金和优待金390万元。依法登记社会组织196家。慈善捐款收入256.6万元。全年全区结婚登记973件，离婚登记328件。

【宫蒲光一行调研民政综合改革工作】 2015年3月17日，民政部副部长宫蒲光率区划地名司司长柳拯、规划财务司司长徐立等一行赴温州专题调研民政综合改革工作。省委常委、温州市委书记陈一新，省民政厅厅长尚清，温州市市长陈金彪，以及省民政厅副厅长罗卫红、温州市领导仇杨均、陈建明和洞头县领导董智武、王蛟虎等陪同调研。18日，宫蒲光一行到民政部区划地名司党的群众路线教育实践活动联系点—洞头县，考察了瓯江口新区规划展示厅、女子民兵连纪念馆，并组织召开座谈会，听取洞头县经济社会发展及民政综合改革工作情况。宫蒲光充分肯定洞头县民政综合改革工作取得的成绩，并就下一步工作提出指导性意见。

区划调整

【概况】 2015年7月23日，国务院正式批复同意撤销洞头县，设立温州市洞头区，将温州市龙湾区灵昆街道划归洞头区管辖，洞头区现辖北岙、灵昆、东屏、元觉、霓屿等5个街道和大门镇、鹿西乡。温州市洞头区人民政府驻北岙街道县前路12号。8月11日，浙江省人民政府下发《关于调整温州市部分行政区划的通知》（浙政发〔2016〕24号）文件，将温州市龙湾区灵昆街道划归洞头区管辖，以原洞头县和龙湾区灵昆街道的行政区域为洞头区的行政区域。

【灵昆街道划归洞头区管辖】 （参见《街道（乡镇）》栏目“灵昆街道”分目）

【撤县建区行政区划界线勘定】 根据国务院和省、市人民政府关于勘界工作的政策和有关具体规定，经市民政、规划、国土、海洋与渔业及龙湾、洞头、乐清相关等部门共同实地认定。11月26日，洞头区与龙湾区、乐清市签订勘界协议书，明确海域陆域界线，双方同意每五年对边界进行联合检查。

社会救助

【概况】 2015年，洞头区民政局建立困难群众门诊救助、住院即时救助和大病救助相结合的全程医疗救助模式。成立社会救助市民监督宣传团，培育急难救助社会组织1家；采用政府购买社会组织商业保险服务方式，建立老年人意外伤害保险和儿童福利救助责任险。全年支出临时救助资金170.98万元，救助对象1827人次（含各类困难儿童56人），其中救助外来人员35人次，支出救助资金9.5万元。

【医疗救助】 2015年，洞头区支出医疗救助资金393.04万元，救助对象799人次，其中灵昆街道31.34万元，救助对象193人次。医疗救助中，住院救助支出358.2万元，救助对象637人次，门诊救助支出34.84万元，救助对象162人次。精神病患者医中医疗救助32人次，支出救助资金12.41万元。

【特困人员供养】 2015年，洞头区五保集中供养标准从705元/月提高到765元/月。全区五保对象81人，其中灵昆街道6人；集中供养63人，自愿散养18人。全年支出五保集中供养经费62.06万元。孤儿基本生活标准从600元/月提高到720元/月。全区散养孤儿9人，全年支出孤儿基本生活费7.43万元。

【防灾减灾】 2015年，北岙街道城中社区创成国家级综合减灾示范社区，元觉街道元觉社区、霓屿街道郎等村、鹿西乡鹿西社区创成省级综合减灾示范社区。全区建有避灾安置场所76个，避灾安置场所指示牌、标识牌设置率100%，避灾安置场所村级覆盖率56.8%，避灾安置面积8.98万平方米，可容纳安置11362人。委托浙江建院房屋检测中心对32个避灾场所进行安全等级检测。6月11—12日，组织100名村级灾害信息员参加培训，实现村级灾害信息员培训全覆盖。全年影响洞头较大的台风有9号台风灿鸿、13号台风苏迪罗和21号台风杜鹃，共计紧急转移安置人员22128人次。连续第八年为洞头户籍居民购买自然灾害公众责任保险。

2015年洞头区五保对象分布情况

表35

街道（乡镇）	集中供养	自愿散养	小计
北岙街道	24	5	29
灵昆街道	6	0	6
大门镇	12	1	13
东屏街道	10	3	13
元觉街道	5	0	5
霓屿街道	4	3	7
鹿西乡	2	6	8
合　计	63	18	81

2015年洞头区避灾场所分布情况

表36

序号	街道（乡镇）	地址	避灾点名称	类型	占地面积（平方米）	容纳人数
1	北岙街道	洞头区县前路52—6号	洞头区社会福利中心避灾所	避灾中心	2000	200
2	北岙街道	区剧院	洞头区避灾中心	避灾中心	3300	500
3	北岙街道	区财政局	洞头区避灾中心	避灾中心	1000	200
4	北岙街道	洞一中	洞头区避灾中心	避灾中心	20000	500
5	北岙街道	区实验小学	洞头区避灾中心	避灾中心	7800	500
6	北岙街道	区职教中心	洞头区职教中心避灾安置中心	避灾中心	2000	300
7	北岙街道	北岙街道办事处大楼	北岙街道避灾中心	避灾中心	1500	300

续表36

序号	街 道（乡镇）	地址	避灾点名称	类 型	占地面积（平方米）	容 纳 人 数
8	灵昆街道	灵昆一小（叶先村）	灵昆街道避灾安置中心	避灾中心	10000	1500
9	灵昆街道	灵南小学（上岩头村）	灵昆街道避灾安置中心	避灾中心	5000	700
10	大门镇	大门镇中心敬老院	大门镇避灾中心	避灾中心	800	100
11	大门镇	大门镇振兴西路1号	大门镇中学避灾中心	避灾中心	5500	800
12	大门镇	大门镇教育路24号	大门镇小学避灾中心	避灾中心	800	200
13	东屏街道	东屏街道政府	东屏街道避灾中心	避灾中心	150	100
14	元觉街道	活水潭村办公楼	元觉街道避灾安置中心	避灾中心	444	100
15	霓屿街道	霓兴路63号	霓南义校避灾中心	避灾中心	1000	240
16	霓屿街道	霓中路158号	钱江电视希望小学避灾安置中心	避灾中心	1200	300
17	霓屿街道	霓屿乡政府办公楼	霓屿避灾中心	避灾中心	1500	200
18	鹿西乡	鹿西乡新办公楼	鹿西乡避灾中心	避灾中心	2000	400
19	北岙街道	社区文化中心	城南避灾所	避灾点	580	200
20	北岙街道	村办公楼	小长坑避灾所	避灾点	200	50
21	北岙街道	村办公楼	东郊避灾所	避灾点	150	20
22	北岙街道	村办公楼	九厅避灾所	避灾点	150	10
23	北岙街道	村办公楼	柴岙避灾所	避灾点	400	80
24	北岙街道	城北路992弄8号	北沙社区城关二小	避灾点	1940	200
25	北岙街道	村办公楼	鸽尾礁村	避灾点	240	55
26	北岙街道	北岙街道新港东路158号	大王殿村避灾安置点	避灾点	260	20
27	北岙街道	城关一小	双朴社区城关一小避灾安置点	避灾点	1210	200
28	北岙街道	村办公楼	大岙村避灾安置点	避灾点	150	20
29	灵昆街道	双昆村委会、双昆老人活动中心	双昆村避灾安置点	避灾点	2000	300
30	灵昆街道	上岩头村委会	上岩头村办公楼	避灾点	800	100
31	大门镇	村办公楼	枫树坑	避灾点	150	30
32	大门镇	村办公楼	东浪村	避灾点	80	20
33	大门镇	村办公楼	西浪村	避灾点	100	30
34	大门镇	村办公楼	大溪居委会	避灾点	100	30
35	大门镇	村办公楼	长沙村	避灾点	70	12
36	大门镇	老人活动室	豆岩村	避灾点	80	20
37	大门镇	村办公楼	仁前途村	避灾点	300	60
38	大门镇	老人活动室	寨楼村	避灾点	150	50
39	大门镇	村办公楼	小门村	避灾点	380	80
40	大门镇	村办公楼	东屿村	避灾点	160	70
41	大门镇	村办公楼	营盘基村	避灾点	150	35
42	大门镇	村办公楼	小荆村	避灾点	150	20
43	大门镇	村办公楼	兰和洞村	避灾点	100	10
44	大门镇	村办公楼	朝阳居	避灾点	100	10
45	大门镇	村办公楼	观音礁村	避灾点	200	30
46	大门镇	村办公楼	岙面村	避灾点	200	50
47	大门镇	村办公楼	岙底村	避灾点	300	80
48	大门镇	村办公楼	乌仙头村	避灾点	300	50
49	大门镇	甲山致富路2号	黄岙社区	避灾点	900	180
50	大门镇	老人活动室	沙岙村	避灾点	150	20
51	东屏街道	村办公楼	寮顶村	避灾点	250	100
52	东屏街道	金岙安置房	金岙村	避灾点	350	100
53	东屏街道	村办公楼	大北岙村	避灾点	200	40
54	东屏街道	村办公楼	后坑村	避灾点	260	30
55	东屏街道	村办公楼	后寮村	避灾点	400	100

续表36

序号	街道（乡镇）	地址	避灾点名称	类型	占地面积（平方米）	容纳人数
56	东屏街道	村办公楼	中仑村	避灾点	200	40
57	东屏街道	村办公楼	东岙村	避灾点	470	50
58	东屏街道	府前路8号	蓝港社区	避灾点	520	100
59	东屏街道	仙岩路127弄36号	东港社区	避灾点	350	70
60	东屏街道	仙岩路397号	东岙顶村	避灾点	350	70
61	元觉街道	村办公楼	深门村避灾安置点	避灾点	220	20
62	元觉街道	村办公楼	小北岙村避灾安置点	避灾点	420	30
63	元觉街道	村办公楼	状元村避灾安置点	避灾点	300	40
64	元觉街道	兴岙路20号	沙岗村避灾安置点	避灾点	150	40
65	元觉街道	村办公楼	沙角村避灾安置点	避灾点	640	100
66	霓屿街道	村办公楼	正岙村	避灾点	300	100
67	霓屿街道	村办公楼	上社村	避灾点	270	60
68	霓屿街道	村办公楼	下社村	避灾点	370	85
69	霓屿街道	景山路58号	郎等村	避灾点	220	60
70	霓屿街道	上虹路18号	桐岙村	避灾点	310	60
71	霓屿街道	霓东路37号	石子岙村	避灾点	420	120
72	鹿西乡	村办公楼	东臼村	避灾点	310	60
73	鹿西乡	村办公楼	扎不断村	避灾点	100	40
74	鹿西乡	老人活动室	山坪村	避灾点	120	50
75	鹿西乡	村办公楼	鲳鱼礁村	避灾点	194	30
76	鹿西乡	村办公楼	口筐村	避灾点	400	80

社会福利

【概况】 2015年，根据《温州市人民政府关于调整市区城乡居民最低生活保障标准的通知》（温政发〔2015〕49号）精神，调整最低生活保障标准。推进养老服务业健康发展，新建居家养老服务照料中心11家，关停无证无照养老场所2家，备案登记的民办养老机构3家，发放民办养老机构床位补助6.8万元。组织开展初级养老护理员培训，52人取得初级养老护理员资格证书。

【城乡居民最低生活保障】 2015年9月，根据《温州市人民政府关于调整市区城乡居民最低生活保障标准的通知》（温政发〔2015〕49号）精神，区政府调整最低生活保障标准：农村低保标准从515元/月提高到575元/月，城镇低保标准从705元/月提高到765元/月。全年累计支出低保保障金792.97万元，其中灵昆街道支出209.3万元，重度残疾人单独施保支出94.2万元，其中灵昆街道支出17.5万元。低保人均补差336元，补差率65.17%。全区低保对象1082户1831人，其中灵昆街道233户506人，重度残疾人单独施保对象155人，其中灵昆街道28人。该标准12月1日起执行。

【养老机构建设】 2015年，全区新增备案登记的社区养老机构3家，即：东屏街道叶雪英养老院、东屏街道东港社区方荣东托老所、霓屿街道锦华利民养老服务中心。全年新建居家养老服务照料中心11家，即：北岙街道城南社区居家养老服务照料中心、北岙街道九仙村居家养老服务照料中心、北岙街道大长坑村居家养老服务照料中心、北岙街道小三盘村居家养老服务照料中心、大门镇观音礁村居家养老服务照料中心、大门镇小荆村居家养老服务照料中心、东屏街道寮顶村居家养老服务照料中心、东屏街道大瞿南策村居家养老服务照料中心、霓屿街道上社村居家养老服务照料中心、霓屿街道同兴村居家养老服务照料中心、元觉街道沙岗村居家养老服务照料中心。全区累计建成44家。

【初级养老护理员培训班】 2015年11月，区民政局联合区委渔农办、区人力社保局举办初级养老护理员培训班。全区各养老机构、各社区和各在建村级居家养老服务照料中心以及本区户籍从事养老护理行业工作人员60余人参加。培训历时5天，全程免费。培训内容包括老年人生活照料、病中护理、饮食照料、心理护理以及消防安全等方面的理论知识和实际操作。经人事部门考核，52人取得初级养老护理员资格证书。

双拥工作

【概况】 2015年，洞头区坚持特色化拥军，把弘扬新时期“海霞精神”与双拥工作有机结合起来，扩大“海霞”文化影响力，广泛开展各类拥军活动。全区31个部门、15个非公企业、15个社区（村居）与6支驻岛部队建立共建关系。坚持跨区域拥军，与驻龙湾海军91765等部队建立跨区域共建关系，实行定期走访慰问。区民政局组织引导全区企事业单位和社会各界集中在7~8月开展以爱国主义教育、军民共建和爱心献功臣为主题的各类双拥活动33项。在重大节假日节其间，区四套班子领导开展专项慰问，分组走访温州市共建部队、全区驻岛部队和优抚对象，深入部队营区、边防站所、海霞军事营地以及优抚对象家中慰问，发放慰问金75.66万元，慰问物资33.78万元。开展关爱功臣活动，组织优抚对象体检，开展困难帮扶，全区发放各类优抚对象慰问金17.46万元，向复员军人发放慰问品2500余份。

优抚安置

【概况】 2015年，区政府调整发放重点优抚对象抚恤金和生活补贴、义务兵家庭优待金，全年发放各类抚恤、定补资金170多万元，义务兵家庭优待金107户160余万元。全区接收2014冬季退伍兵46人，转业士官6人，接收2015年秋季退伍兵52人次（含灵昆街道），鼓励引导参加职业技能培训21人次。发放2014年冬季自主就业退役士兵经济补助金107.05万元，转业士官待安置其间生活补助费1.62万元。

民间组织管理

【概况】 2015年，洞头区登记成立首支社会救助类社会组织——洞头区关爱帮扶志愿服务队以及洞头区社会救助市民监督宣传团。截至年底，全区登记注册社会组织190家，备案社区社会组织536家。取得国家级、市级社工职业资格251人。

【全国志愿者服务记录地区试点】 2015年，全区19个志愿者组织1900余人参与志愿服务记录，记录各类志愿服务活动信息416次，累计服务14471.9小时。

【洞头区关爱帮扶志愿服务队成立】 2015年9月，洞头区关爱帮扶志愿服务队完成民非登记，成为温州市首支救助帮扶类社会组织，首批成员47人。该社会组织以“关爱帮扶困难群众、及时发现救助对象”为宗旨，通过走访、慰问、帮扶、部门联系等方式为困难群众排忧解难，是政府救助职能工作的重要补充。团队以每人每月自愿捐款形式筹集救助经费。截至年底，团队自筹资金10万元，向社会募集善款45万元，开展救助帮扶 65次。

“海霞妈妈”志愿者服务队慰问武警官兵

基层区划组织

【概况】 2015年，根据《国务院关于同意浙江省调整温州市部分行政区划的批复》（国函〔2015〕122号）和浙江省人民政府《关于调整温州市部分行政区划调整的通知》（浙政发〔2015〕24号）文件精神，将温州市龙湾区灵昆街道划归洞头区管辖。洞头区的行政区划代码由330322改为330305。洞头区辖5个街道、1个镇、1个乡。含城市居委会6个、农村居委会1个，未改制居委会2个。

北岙街道辖岭背社区、上新社区、城中社区、新城社区、银海社区、三盘社区（下尾村、阜埠岙村、擂网岙村、大岙村 、西山头村）、南塘社区（打水鞍村、风门村、大长坑村、小长坑村）、北沙社区（九厅村、柴岙村、海霞村、鸽尾礁村、大王殿村、东沙村、双垄村）、双朴社区（小三盘村、大朴村、小朴村、东郊村、九仙村、隔头村、白迭村）。

灵昆街道辖灵东社区（王相村、叶先村）、灵南社区（海思村、沙塘村）、灵西社区（双昆村、上岩头村）、灵北社区（周宅村、北段村、九村村）。

大门镇辖大门社区（美岙村、寨楼村、豆岩村、杨梅田村、仁前途村、营盘基村、小门村、东屿村）、黄岙社区（乌仙头村、大荆村、小荆村、长沙村、甲山村、岙底村、岙面村）、浪潭社区（潭头村、西浪村、东浪村、石浦村、枫树坑村、沙岙村、观音礁村）。

东屏街道辖蓝港社区（中仑村、洞头村、后坑村、南策村、大瞿村）、东港社区（东岙村、东岙顶村、垅头村、惠民村、后寮村、寮顶村、岙仔村）、半屏社区（松柏园村、大北岙村、金岙村、外埕头村）。

元觉街道辖元觉社区（花岗村、沙角村、活水潭村、沙岗村、深门村、状元村、小北岙村）。

霓屿街道辖（布袋岙村、石子岙村、同兴村、桐岙村、上社村、下社村、下郎村、郎等村、正岙村、长坑龙村）。

鹿西乡辖（鹿西村、口筐村、东臼村、昌鱼礁村、山坪村、扎不断村）。

社会事务

【概况】 2015年，区民政局建设婚姻登记中心，实现婚姻登记在线联网登记，建立“无休息日”服务窗口。全年办理结婚登记973件，离婚登记328件。推进殡服中心建设和大门镇遗体火化工作。开展私坟“禁新改旧”整治。

【婚姻登记中心达国家AAA级标准】 2015年11月，区民政局利用办公场所搬迁新行政审批中心办事窗口契机完成婚姻登记中心建设，标准为国家AAA级，实现婚姻登记信息化、网络化、数字化。建立“无休息日”服务窗口，规范办事程序，方便群众。全年办理结婚登记973件，离婚登记328件、补办证件231件，登记合格率100%。

【殡葬改革】 2015年，区民政局协调落实殡仪服务中心重大项目决策程序、政策处理等前期工作，经过多次实地勘察、比对，确定北岙街道尾坑自然村为殡仪服务中心拟建点。签订大门镇与乐清市遗体火化工作合作协议，完成殡仪车辆采购、火化炉采购及建设。全年制止私坟翻新3起，生态化改造17座，拆除平毁新建私坟1座。筹措资金100万元生态化改造第二批次公墓11座。

【区划地名】 2015年，区地名委员会办公室完成东屏街道惠中路道路命名工作。调查整理已编制或实际使用的门牌，并查漏补缺、规范登记和造册建档。全年制作门牌600多块，修理整治路牌26处。年底，洞头区地名更换纳入“温州市地名数据库管理系统”。

（周世盼）

责任编辑　曾焕定

卫生　体育

渔家乐融融·詹海萍

“海霞精神”

爱岛尚武 励志奉献

“五岛连桥”精神

小县办大事 小岛创大业

卫 生

·概述·

【概况 2015年底，洞头区卫生医疗机构（单位）71家，其中区人民医院1家（与区中医院、120急救中心、体检中心、技能培训中心合署，为参照二甲医院），疾病预防控制中心1家，妇幼保健计划生育服务中心1家，卫生监督所1家，街道（乡镇）社区卫生服务中心6家，社区卫生服务站13家，门诊部4家，个体诊所17家，村卫生室24家，医务室2家。病床244张。全年晋升正高6人，晋升副高6人。全区卫生技术人员572人，其中执业医师192人，执业助理医师82人，注册护士151人，其他卫生技术人员130人，另有乡村医生17人。全年招录各类卫技专业人员56人。

2015年，洞头区卫生工作坚持“抓改革、建机制、强能力、促转型”发展思路，以推进医药卫生体制改革为主线，强化财政投入，狠抓体制机制创新，加强人才队伍建设，提升基本医疗服务能力和公共卫生服务质量，创成省级卫生应急工作示范区。9月，全市11项民生改善满意度指标模拟调查中，洞头区

2015年洞头区卫生医疗机构（单位）情况

表37

序号	卫生机构	床位数	编制内人数	编制外人数	执业医师人数	助理医师人数	门诊人数	占地面积(平方米)	建筑面积(平方米)
1	区人民医院	220	272	30	84	3	308000	22666	26051
2	区疾病预防控制中心	0	25	4	7	1	4007	1224	1874
3	区妇幼保健计划生育服务中心	0	25	1	9	3	1075	590	1808
4	北岙社区卫生服务中心	0	29	20	11	8	46449	270	1135
5	东屏社区卫生服务中心	0	22	4	3	9	70544	246	1051
6	大门社区卫生服务中心	24	46	21	14	9	68253	862	3465
7	元觉社区卫生服务中心	0	15	7	4	4	21678	1440	1032
8	霓屿社区卫生服务中心	0	17	8	3	4	30669	1333	932
9	鹿西社区卫生服务中心	0	17	5	3	6	34351	978	856
	合 计	244	468	100	138	47	585026	29609	38204

（区卫生计生局提供）

“就医满意度”指标获全市12个县（市、区）首位。12月31日，《浙江省政府办公厅关于2014年医疗卫生事业发展取得较大进步市、县（市、区）的通报》（浙政办发〔2015〕134号）中，洞头名列其中。

【省级卫生应急示范区创建通过考核验收】 2015年10月下旬，洞头县省级卫生应急工作示范县创建通过省卫计委专家组考核评估。为巩固省级卫生强县创建成果，全面提升全区卫生应急工作能力和水平，有效应对各类突发公共卫生事件，保障人民群众身体健康和生命安全，洞头县省级卫生应急工作示范县创建工作于6月启动。依据《关于印发浙江省卫生应急工作示范县（市、区）建设试点工作方案（修订稿）的通知》（浙卫办应急〔2009〕11号）、《关于印发浙江省卫生应急工作示范县（市、区）评估实施办法的通知》（浙卫发〔2010〕168号），卫生部门着手在组织领导与经费保障、预案体系建设、监测预警和信息报告、队伍建设和培训演练、应急装备和物资储备、社会动员与健康教育、应急处置与评估等七大类28项指标强化推进。修改完善各类突发公共卫生事件应急处置预案，各级医疗卫生机构配备卫生应急储备物资，区人民医院、区疾控中心分别设立医疗、防控应急仓库。建成投用全区卫生应急指挥决策平台和视频会商系统。充实组建6支卫生应急专业队伍，开展应急处置、疫源地消毒、登革热、中东呼吸综合征防控等培训，组织卫生应急野外拉练、多发伤处置、登革热防控、H7N9禽流感、学校突发公共卫生事件应急处置等应急演练10次。启用大门120急救站，区120急救站改造提升为区120急救中心。对社会重点群体普及应急救护知识。8月上旬，实现市级卫生应急工作示范街道（乡镇）创建全覆盖。

县人民医院综合新大楼

【县人民医院住院综合楼建成投入使用】 区人民医院住院综合楼于2015年2月正式投入使用，建筑面积14100平方米，住院病床数增加至220张。该综合楼于2010年12月开工建设，由浙江立鹏建设有限公司负责施工、温州华厦建设监理有限公司负责监理。更新和配置16排双螺旋CT机、急诊生化仪、骨密度仪和全科诊疗仪等医疗设备。国家和省级专项资金及区财政投入近2000万元。全年区人民医院门诊诊疗人次30.8万人次，住院7386人次。

【健康养生产业招商】 2015年，根据区委、区政府总体部署，区卫生和计划生育局依托洞头区良好的海岛海洋资源优势和生态环境资源优势，立足区城乡总体规划和产业发展布局，确定石子岙养生疗养服务中心（规划用地110亩）、状元南片健康产业综合服务中心（规划用地600亩）、大门黄岙垦区医疗康复中心（J6—19—1地块，规划用地48.7亩）、霓屿布袋岙新区养生养老服务中心（A6地块，规划用地20.6亩）等四个招商推介项目。

·卫生改革·

【区人民医院与温州附二医建立紧密型办医机制】 2015年5月8日，

洞头县人民医院挂牌成立温州医科大学附属第二医院洞头分院及温州医学院全科医学院教学实践基地，县长王蛟虎，副县长叶锦丽，温州医科大学附属第二医院唐疾飞副院长，温州医科大学瞿佳校长等出席，标志着县人民医院与温州医科大学附属第二医院正式签约，建立医疗托管关系。温州医科大学附属第二医院采取选派副高以上专家，每周1~2天以固定门诊形式，到县人民医院相关科室坐诊，实现省级专家在洞头常态化坐诊。温州医科大学附属第二医院重点扶持县人民医院急诊科、消化内科、康复科和麻醉科等四个重点学科建设，并派出四名中高级专业技术人员到以上四个科室任执行主任，帮助创建ICU重症监护室、康复病房等科室，每年开展3~5项新技术新项目；建立“传帮带”教学机制，新开展无痛胃镜、无痛肠镜和无痛肠镜下息肉摘除术，新组建康复病房；建立远程医疗会诊、双向转诊机制。全年省级专家完成门诊9947人次，三四类手机68台、麻醉161例、胃肠镜检查430人次。

【全面推进实施国家基本药物制度】 2015年3月，洞头县新一轮采购药品目录调整补充工作结束，并完成新一轮药品供应企业招投标。实施国家基本药物制度于2014年11月全面启动。全年全区村卫生室、卫生服务站、街道（乡镇）社区卫生服务中心以及区人民医院均落实国家基本药物制度，所有药品实行零差率销售。4月底，成立区医疗药品医用耗材集中采购中心，卫生部门加强药品采购全过程综合监管，切实保障药品质量和供应，杜绝违规网下采购等行为。截至年底，公立医疗机构基本药物使用率明显提高，其中基层医疗机构全年基本药物占比65.94%，6—12月基本药物占比92.48%；区人民医院全年基本药物占比35.00%，6—12月基本药物占比47.46%。全年社区卫生服务中心门诊均次费用56元，同比下降5%，区人民医院门诊均次费用156.99元，住院均次费用4861.08元。

【整合成立街道（乡镇）妇幼保健计划生育服务站】 2015年12月，洞头区为优化配置全区医疗卫生和计划生育技术服务资源，提高妇幼保健和计划生育技术服务效能，推进街道（乡镇）和村居层级的卫生与计划生育资源整合，依据《浙江省卫生计生委 浙江省编委办关于优化整合妇幼保健和计划生育技术服务资源的实施意见》(浙卫发〔2015〕26号)等文件精神，制定出台《关于优化整合街道（乡镇）妇幼保健和计划生育技术服务资源的实施方案》（洞政办发〔2015〕143号）。各街道（乡镇）社区卫生服务中心挂“妇幼保健计划生育服务站”牌子，实行两个牌子一套人马的运行模式，接受区卫生计生局和街道（乡镇）双重管理。街道（乡镇）主要负责辖区内公共卫生和计划生育行政管理工作，街道（乡镇）社区卫生服务中心（妇幼保健计划生育服务站）主要负责辖区卫生和计生业务技术服务工作。原街道（乡镇）计生服务站22名全额事业编制实行统筹调配。其中，12名全额拨款事业编制划转到街道（乡镇）社区卫生服务中心，10名全额拨款事业编制划转到街道（乡镇）卫生计生管理站。

·疾病预防控制·

【概况】 2015年，全区报告各类法定传染病病例675例，报告发病率523.26/10万，同比下降43.26%。其中法定乙类传染病14种，发病数201例；丙类传染病5种病种，发病474例；无死亡病例（肺结核）。发病数占前五位的是：手足口病261例、急性出血性结膜炎102例、其他感染性腹泻69例、梅毒63例、肺结核60例。主要分布于北岙、东屏、大门区域。成功应对处置洞头首例H7N9人感染禽流感疫情，以及城关第一小学12名学生感染乙型流感、县教育幼儿园27名学生感染诺如病毒、鹿西乡小学和幼儿园21名学生感染集聚性病毒性脑炎等4起聚集性传染病疫情。报告食源性疾病病例396例，全部采样，检出阳性病例6例，其中副溶血性弧菌3例，沙门氏菌3例。妥善处置县武警中队副溶血菌弧菌食物中毒事件。采样手足口病标本261例，阳性病例11例，EV713例，Cox163例，其他肠道病毒5例。监测肠道外环境及食品标本各120份，均未发现阳性标本。6—10月，开展5次革热蚊媒监测，2个固定点和2个流动点的布雷图指数分别为48、8.5、19.5、5.5、2.5。6月10日至7月30日，相继发现并处理输入性卵形疟疾病例、输入恶性疟各1例。新增艾滋病例10例。登记肺结核病人54例，其中涂阳10例，涂阴44例，结核性胸膜炎3例，总体到位率92.2%，转诊率100%，转诊到位率95.6%，追踪到位率95.2%。全区单苗报告接种率分别为卡介苗、脊灰疫苗、百白破疫苗、麻疹疫苗、乙肝疫苗均100%。乙肝首针及时率93.55%，五苗全程100%。AFP病例监测未发现AFP病例。确诊麻疹病人1例。对全区2010年1月1日以后出生的儿童开展麻疹疫苗集中式查漏补种，接种率98.18%；二轮脊灰强化免疫接种率96.4%。9月，区疾控中心疫苗冷库投入使用。4月，对北岙街道蚊类、蝇类检测，其中鼠密度2.51%、蟑螂月平均密度1.05只/张、月蚊平均密度0.06只/小时、蝇月平均密度0.72只/笼。

·慢病健康管理·

【概况】 2015年，全区慢病监测报告糖尿病发病数478例，累计报告3697例；肿瘤发病数459例，累计报告3114例；冠心病急性事件发病数99例，累计报告380例；脑卒中发病数334例，累计报告2177例。是年，全区报告死亡个案816例，死亡率6.25‰，死因不明比例0.61%。

【居民健康服务】 2015年，全区参加渔农村健康体检31850人，其中60岁以上老年人10617人，覆盖60岁以上常住老年人70.9%；城乡居民健康档案84583份，建档率96.5%；规范化电子健康档案80606人，规范建档率91.9%；高血压发现并建档10217人，规范管理率75.3%；糖尿病发现并建档3415人，规范管理率76.0%；重性精神病人检出率、规范管理率、治疗率分别为4‰、73.8%和69.5‰。结合基本公共卫生项目和健康体检项目，开展全区责任医生分级诊疗政策、慢病管理、医患沟通、急诊等培训。全区规范签约20819人，规范签约率15.73%，签约对象以重点人群为主。全区实际参加无偿献血751人，总献血量1094.5个献血单位（218900毫升），实现临床用血全部来源于无偿献血。全年选派卫技人员参加各类业务培训380多人次，组织学习、培训30余场1200人次。

【健康教育】 2015年，卫生部门全年举办健康知识讲座104场，制作6个公共卫生服务知识动漫公益广告在区电视台等电子媒体上滚动播出，组织开展各类卫生主题日活动13次。举办公共卫生和应急处置知识竞赛活动，培训全民健康生活方式指导员200人，新增健康小屋2家。在区实验小学推广“快乐十分钟”活动。创成健康单位、健康社区、健康学校、健康餐厅、健康食堂等15家。

·妇幼保健·

【概况】 2015年，全区免费婚检1246人，婚检率98.65%；免费孕检775人，孕检率99.84%；618名孕妇均接受HIV、梅毒、乙肝检测，检测率100%；新生儿疾病免费筛查617人，筛查率98.72%，听力筛查625人，筛查率100%；农村妇女“两癌”筛查5676人次（包括宫颈癌筛查4930人，乳腺癌筛查746人）。农村孕妇叶酸服用人数730人，服用率99.05%；补助农村孕产妇住院分娩760人，实现全覆盖；适龄儿童817人，其中实施窝沟封闭474人，封闭率58.0%。全区产妇总数991人，建卡率100%；产后访视968人，访视率97.68%；系统管理946人，系统管理率95.06%。全年筛出高危产妇451人，高危筛查率46.21%；住院分娩991人，住院分娩率100%；围产儿死亡2例，围产儿死亡2.01‰。率全市之先实行孕产妇分级管理，全区6家社区卫生服务中心均开展早孕建册及产前检查服务。全年补助乙肝感染孕产妇38例。是年，洞头区活产数991人，5岁以下儿童死亡3人，死亡率3.03‰；婴儿死亡3人，死亡率3.03‰，无新生儿死亡。3岁以下儿童2894人，系统管理2798人，3岁以下儿童系统管理率96.68%；7岁以下儿童5848人，保健管理5677人，7岁以下儿童保健覆盖率97.08%。全区托幼机构在园儿童数2959人，实体检2953人，体检率99.80%，其中轻中度营养不良118人，占4.00%，轻中度生长发育迟缓290人，占9.82%；龋齿人数886人，患病率30.00%；视力低下人数140人，视力低下率4.74%；贫血人数79人，患病率2.68%。区教育第二幼儿园获市级“幼儿园卫生保健示范基地”称号。

· 卫生执法监督 ·

【概况】2015年，全年出动卫生执法监督人员1387人次，出动执法车辆465车次，检查各类公共场所、医疗卫生机构、学校、集中式供水等单位1448户次。受理许可项目61件，办结61件；查处各类违法案件18起，结案17起，罚款2.2万元，取缔无证流动牙医摊点1个。重新聘请卫生监督协管员18名，卫生监督协管信息报告率100%。全区6家社区卫生服务中心均创成省级卫生监督协管示范点。

【卫生监督检查】 2015年5月中旬—11月下旬，卫生部门组织开展全区4家门诊部、18家诊所依法执业守护健康专项行动、个体诊所及门诊部专项整治、传染病防控卫生监督检查等，出具卫生监督意见书30余份。组织开展“蓝盾春雷3号”护航时尚温州建设卫生监督专项行动、“平安洞头”专项监督检查，饭店、酒店、婴儿洗浴、足浴场所许可整治工作，“四小”行业专项整治，省级卫生应急示范区等卫生执法检查。

【卫生安全健康行动】 2015年，全区量化分级管理271家，量化分级管理率100%；抽检重点公共场所21家，抽查样品159份，合格149份，合格率93.7%。对全区16家中小学校开展以学校生活饮用水、传染病防控、教学环境等为重点监督内容的校园卫生安全健康系列行动。确定东屏社区卫生服务中心为居民饮用水监测示范点，监测重点公共场所用品用样品159份，合格149份，合格率93.7%；监测学校生活饮用水13家，合格10家；监测管网末梢水、出厂水、二次供水40份，合格34份，合格率85%；采集集中式餐饮具样品40份，合格率100%。

· 智慧医疗 ·

【卫生信息化建设】 智慧医疗系统一期工程于2015年6月底通过验收，启动于2014年3月，投入建设资金179万元。主要工程项目包括：区域健康档案管理、区域药品监管、社区移动随访、健康体检、慢性病传染病监测、健康管理质量控制等。区人民医院诊间医疗付费系统由区信用联社投入106万元承建，8月中旬投入使用。“掌上医院”一期工程由兴业银行出资承建，12月开工建设。全区实现市、区、乡、村四级医疗机构电子病历和诊疗信息互联共享，区人民医院区域医学影像、心电远程会诊中心全年实施远程会诊8412例。

【签订“互联网+医疗”项目】 2015年，区人民政府与浙江浙大医药管理服务有限公司签订“互联网+医疗”项目，在洞头区注册登记“温州易诊云医院管理有限公司”（注册资本金5000万元，实际到位1000万元）。温州易诊云医院管理有限公司与区人民医院签订组建“温州易诊云医院”（属线上线下合作的网络医院）具体合作协议，并正式落地运行。

· 公共卫生突发事件处置 ·

【成功处置首例H7N9病例】 2015年1月16日下午，洞头县一患者经温州医科大学附属第一医院确诊为H7N9禽流感病毒阳性，为洞头区域发现的首例H7N9病例。洞头县政府第一时间专题研究并部署防控工作，采取系列措施有效应对。建立区突发公共卫生事件应急工作领导小组，畅通农林水利、市场监管、教育、公安等多部门信息互通、联防联控机制。将全县活禽市场交易休市时间从春节末延长至3月31日；卫生部门牵头建立医疗、学校、企业单位全覆盖的疾病信息监测网络，开展突发公共卫生事件日常风险评估，加强对重点环节、重点场所的风险隐患排查和主动监测。并且开展病例流行病学调查、H7N9外环境监测、农贸市场消毒指导、健康教育、防控指导和培训、应急物资储备、H7N9风险评估等；农业部门开展在家禽扑杀消毒、外环境监测、溯源排查等，及时处置，形成防控合力。同时，运用电视、广播、公告等途径宣传普及防控知识，入户发放宣传资料，在车站、学校、公交车等场所张贴宣传海报，普及家禽及其产品安全消费知识等渠道，形成浓厚宣传氛围。1月29日该患者治愈出院，H7N9禽流感得到有效控制。

（纪华丽、黄诗涵）

2015年洞头区医学科研文章发表成果

表38

序号	作者	科研文章题目	发表刊物	发表
时间	区人民医院	220	272	30
1	陈振宇	针刺联合生物反馈训练法治疗盆底痉挛综合征50例观察	中国临床医生	2015.03
2	高慧英	牙冠延长术修复劈裂牙的疗效观察	温州医科大学学报	2015.03
3	郭丁伟	昂丹司琼对腰—硬联合麻醉剖宫产术中麻醉效果的影响	中国药房	2015.09
4	张高伟	老年急性心肌梗死患者治疗前后血常规和血脂水平改变及临床评价	中国卫生检验	2015.04
5	陈海芬	慢性乙型肝炎和肝功能衰竭患者血清IL—32、IL—6、IL—8检测的意义	现代实用医学	2015.04
6	苏丽丽	百草枯中毒21例救治分析	中国乡村医药	2015.01
7	张燕裕	膳食护理、情志护理、按摩、耳穴压豆治疗骨折卧床排尿困难74例临床观察	实用中医内科	2015.08
8	郭丽君	中医护理对经皮肾镜取石术后恢复的影响	实用中医药	2015.11
9	苏素素	益目生化汤治疗无痛人流后阴道出血随机平行对照研究	使用中医内科	2015.05
10	林美忠	33列肝性脑病患者的护理体会	温州医学	2015.12
11	曾贝贝	循证护理在恶性肿瘤化疗患者中的应用	温州医学	2015.04

说明：以上作者均系区人民医院

（区卫生计生局提供）

体　育

【概况】　2015年，洞头区巩固“均衡、健康、时尚”体育强县建设成果，将生态文明和健康体育元素融入城市发展各个方面，坚持生产、生活有机融合、人与自然和谐共生、运动休闲和旅游度假融合发展。成功举办第五届区运会，为区运会历史上破纪录最多的一届。此外还举办海洋运动会、排舞比赛、妇运会、职工篮球赛、门球赛、全民健身月展示活动、街道（乡镇）运动会等。1月23日，洞头被省人民政府正式命名为浙江省体育强县。

是年，占地面16792.5平方米，总建筑面积17614平方米的县市民活动中心二期（内有篮球馆、游泳馆、羽毛球馆、乒乓球馆等）完成主体工程建设。结合美丽乡村建设、绿道网建设等，“植入”体育元素，不断切合海岛百姓和外地游客运动需求。全区新建小康体育村16个，省中心村体育休闲公园1个，元觉街道通过省级体育强乡(镇)复评。普查、维护更新89个村居一百多个健身苑点场地体育设施。全区18所学校中，重点落实田径、篮球、乒乓球、游泳、棋类等8个业余训练项目，在训适龄运动员200多名。全年获得省级比赛铜牌1枚，市级比赛金牌5枚、银牌4枚、铜牌4枚，四至八名37个。省级布局运动员30人。制定在职教练员继续再教育培训计划、优秀运动苗子培养计划、非奥项目裁判员培训方案等。28人参加省、市体育部门和单项协

晨练

会组织的各级各类裁判员培训。目前，全县各级各类裁判员230人。

全年培训社会指导员206名。区武术协会开展中国响扇教学、市民艺术团演出、全民健身活动展示，获第十届浙江国际传统武术比赛第一名6人，第二名7人，第三名4人等多项荣誉；区自行车协会组织参加全国第二十三届中华骑游文化联谊大会暨第三届中华骑游武隆自行车旅游周活动、浙江省首届生态运动会老年人自行车环千岛湖大型骑游等活动；区门球协会组织洞头县第15届“长寿杯”门球联谊赛。10月26日，足球协会成立。

第八届洞头横渡半屏海峡冬泳邀请赛

【浙江省首届生态运动会暨洞头县第五届运动会海上竞技比赛】 2015年8月18日，浙江省首届生态运动会暨洞头县第五届运动会海上竞技比赛在大沙岙海滨浴场上演，来自各街道（乡镇）、机关系统共19支代表队参加活动。比赛设置竞速游度、我是特种兵、毛毛虫竞速、背媳妇、水中拔河等5个来源于渔民日常生产生活、富有海洋特色、趣味性与竞技性相结合的比赛项目。第五届县运动会从5月持续到10月，设置田径、篮球、足球、羽毛球等11个比赛大项，全区各机关系统，街道、乡镇和学校3022人次参加比赛，2人破2项成人组区级最高纪录，有11人次破8项少年组区级纪录，为区运会历史上破纪录最多的一届。比赛由洞头县人民政府主办，洞头县文化广电新闻出版局(体育局)、洞头县风景与旅游发展委员会承办，洞头县冬泳协会协办。

浙江省首届生态运动会暨洞头县第五届运动会海上竞技比赛

【千名职工环岛跑比赛】 （参见《社会团体　工商联》栏目“总工会”分目）

【第八届中国·洞头横渡半屏海峡冬泳邀请赛】 2015年1月1日，第八届中国·洞头横渡半屏海峡冬泳邀请赛在国际放生台码头举行，250余冬泳爱好者参加。比赛路线从国际放生台码头入水，游向半屏山海滩，全程800余米。该赛事由洞头县文化体育局、海洋与渔业局、旅游局、东屏街道联合主办。

【洞头选手获第十届浙江国际传统武术比赛五枚金牌】 洞头县选手在2015年第十届浙江国际传统武术比赛中获金牌5枚、银牌6枚、铜牌3枚，以及集体大舞第一名、集体太极扇第二名，综艺武舞演绎类《渔家姑娘在海边》第三名。

环岛半程马拉松比赛

【环岛半程马拉松比赛】 2015年10月17日，洞头区举办“求是杯”环岛半程马拉松比赛，240余名跑步爱好者参加比赛。比赛分21千米半程马拉松和10千米健身跑两条线路，半程马拉松起终点南塘工业区。10千米健身跑终点设在水桶擂码头。大赛由洞头区人民政府主办，区文体局、温州浙江大学校友会承办。选手祁士山、程爱分获半程马拉松男子组、女子组冠军。朱道清、张和敏分获10千米健身跑男子组、女子组冠军。此赛事是洞头区第一次举办。

（卓桂枝）

2015年洞头区籍运动员参赛体育成绩

表39

序号	参赛时间	竞赛名称	参赛项目	姓名	名次
1	7月	浙江省青少年儿童乒乓球锦标赛	丙组男子双打	柯林卡 朱正涛	第三名
2		浙江省青少年（儿童）乒乓球积分赛	男子单打（2002组）	柯林卡	第三名
3	5月	温州市田径分龄赛	12岁男子组400米	陈豪楠	第一名
4			12岁男子组800米	陈豪楠	第一名
5			13岁女子组铁饼	钱方怡	第一名
6			10岁男子组投掷全能	郭子涵	第一名
7			10岁女子组投掷全能	甘钰颖	第一名
8			16~18岁男子组跳高	甘　霖	第二名
9			10岁女子组中长跑全能	曾灵艳	第二名
10			11岁男子组跳高全能	曾子函	第二名
11			13岁男子组铅球	李成杰	第三名
12			10岁女子组跳高全能	吴佳怡	第三名
13			16~18岁男子组标枪	姜永和	第三名
14			13岁女子组三项全能	李嫚琪	第三名
15			12岁男子组200米	金上桢	第四名
16			13岁男子组100米栏	甘浚桐	第四名
17			16~18岁男子组400米	郭书豪	第四名
18			13岁男子组标枪	李成杰	第四名
19			13岁女子组标枪	姚　佳	第四名
20			16~18岁男子组铅球	姜永和	第四名
21			10岁女子组短跑全能	王　伊	第四名
22			11岁男子组短跑全能	吴承凯	第四名
23			11岁男子组投掷全能	叶宇翔	第四名
24			13岁女子组三项全能	姚　佳	第四名
25			12岁男子组400米	金上桢	第五名
26			12岁男子组200米	曾朴轩	第五名
27			12岁女子组60米	张　钲	第五名
28			12岁女子组200米	刘陈愉	第五名

续表39

序号	参赛时间	竞赛名称	参赛项目	姓 名	名次
29	5月	温州市田径分龄赛	16~18岁男子组100米	陈逸超	第五名
30			16~18岁男子组200米	陈逸超	第五名
31			16~18岁女子组800米	陈慧莹	第五名
32			12岁男子组60米	叶煜杭	第五名
33			14~15岁男子组标枪	黄 伟	第五名
34			13岁女子组标枪	钱方怡	第五名
35			13岁男子组三项全能	甘浚桐	第五名
36			16~18岁男子组1500米	王伟峰	第六名
37			16~18岁女子组400米	陈慧莹	第六名
38			12岁女子组400米	刘陈愉	第六名
39			12岁女子组60米	李坪坪	第六名
40			12岁男子组三项全能	陈子豪	第六名
41			11岁女子组跳高全能	陈张妍	第六名
42			13岁女子组200米	叶鑫瑜	第七名
43			13岁女子组400米	朱旭锦	第七名
44			12岁女子组100米	李坪坪	第七名
45			14~15岁男子组铅球	黄 伟	第七名
46			16~18岁男子组200米	郭书豪	第七名
47			16~18岁男子组三级跳远	甘 霖	第七名
48			16~18岁男子组800米	王伟峰	第七名
49			10岁男子组短跑全能	苏道烨	第七名
50			11岁女子组投掷全能	罗文慧	第七名
51			12岁男子组铅球	陈子豪	第八名
52	6月	温州市举重比赛	46千克级	张智超	第二名
53		温州市少年儿童跆拳道比赛	女子丙组30千克	陈韵州	第三名
54			男子乙组46千克	陈书豪	第五名
55			女子乙组44千克	庄梦琦	第六名
56	11月	温州市第九届中学生篮球联赛	男子组团体	洞一中	第四名
57				实验中学	第二名
58	10月	温州市第六届中小学生乒乓球联赛	男子组团体	洞一中	第四名
59			女子组团体	洞一中	第七名
60				实验中学	第八名
61				实验小学	第八名
62				城关一小	第七名
63	12月	温州市第三节中学生排球联赛	男子组团体	实验中学	第七名
64	7月	浙江省青少年航天航空模型锦标赛	“米奇一号”电动自由飞模型	林雅慧	第一名
65			“米奇一号”电动自由飞模型	钱视小学	第一名
66			“翼神”橡筋动力模型飞机	钱视小学	第一名
67	12月	浙江省车辆模型联赛	1/24电动拉力	胡俊男	第一名
68	7月	浙江省青少年航天航空模型锦标赛	“翼神”橡筋动力模型飞机	柯 研	第二名
69			“天鹰一号”伞降模型火箭	娄佳清	第二名
70			“东风号”带降模型火箭	娄佳清	第二名
71			“翼神”橡筋动力模型飞机	彭喻然	第二名
72			“纸飞机”手掷飞机	柯欣萍	第三名
73			“东风号”带降模型火箭	张伟杰	第三名
74			“东风号”带降模型火箭	钱视小学	第三名
75			“纸飞机”手掷飞机	钱视小学	第七名

续表39

序号	参赛时间	竞赛名称	参赛项目	姓名	名次
76	12月	浙江省车辆模型联赛	1/24电动拉力	高文浩	第六名
77	11月	温州市青少年航海建筑模型比赛	遥控电动快艇模型绕标赛	林雅慧	第一名
78			场景建筑模型制作	杨亨利	第三名
79			空气浆模型自航赛	高梦瑶	第五名
80			塑料拼装建筑模型制作	郭慧茹	第六名
81			木制拼装建筑模型制作	张志浩	第七名
82			遥控电动快艇模型绕标赛	柯安妮	第七名
83			空气浆模型自航赛	陈锦豪	第七名
84			空气浆模型自航赛	钱视小学	第三名
85			彩绘建筑模型制作	钱视小学	第三名
86			场景建筑模型制作	钱视小学	第五名
87			遥控电动快艇三对三水球赛	钱视小学	第五名
88			塑料拼装建筑模型制作	钱视小学	第五名
89			电动舰船模型自航赛	钱视小学	第五名
90			市航海模型总团体	钱视小学	第六名
91			市建筑模型总团体	钱视小学	第六名
92	12月	温州市青少年车辆模型比赛	F1空气动力模型车直线距离赛（女子组）	高梦瑶	第一名
93			1/24遥控电动模型赛场地赛	柯安妮	第一名
94			F1空气动力模型车直线距离赛	张志浩	第二名
95			橡筋动力模型车动力定点精准赛	李新锋	第二名
96			1/32遥控电动模型赛任务赛	高文浩	第三名
97			橡筋动力模型车动力直线距离赛	李新锋	第四名
98			1/16遥控电动模型赛任务赛	钱视小学	第四名
99			橡筋动力模型车动力直线距离赛	洪 梅	第八名
100			橡筋动力模型车动力直线距离赛	钱视小学	第四名
101			橡筋动力模型车动力定点精准赛	钱视小学	第六名
102		第二届温州市中小学生航模锦标赛	P1B—0橡筋动力模型飞机	林雅慧	第一名
103			S4模型火箭助推滑翔机	沈宜豪	第一名
104			P1B—0橡筋动力模型飞机	张志浩	第二名
105			P1B—0橡筋动力模型飞机	彭喻然	第二名
106			S3伞降模型火箭	娄佳清	第二名
107			S4模型火箭助推滑翔机	杨亨利	第二名
108			S4模型火箭助推滑翔机	柯安妮	第二名
109			中小学生航模锦标赛团体	钱视小学	第二名
110			S3伞降模型火箭	柯梓涵	第三名

（区文体局提供）

责任编辑　卓桂荣

社会　民生

载歌载舞庆丰年 · 张丽萍

“海霞精神”

爱岛尚武 励志奉献

“五岛连桥”精神

小县办大事 小岛创大业

物 价

【概况】 2015年，区发改局紧紧围绕物价监督检查工作职能，规范市场价格秩序。按照《浙江省政府定价目录》，全年调整制定景点门票、教育收费、出租车燃油附加费、公房和廉租房租金、停车服务收费等价格标准6项。开展价格专项检查3次，检查单位200余家次，责令整改12家，发放告诫通知书145份。

【政府定价项目调整】 2015年9月洞头撤县设区后，区人民政府定价权限转由温州市人民政府授权，部分定价项目如城市交通价格（城市公交票价、机动车停放收费）、环境保护收费（初始排污权有偿使用费、生活垃圾处理收费）以及管道燃气价格转由温州市人民政府定价。是年，区发改局主要调整下列收费项目：根据国内油价下调情况取消1元出租车燃油附加费；大沙岙景点观光车票价由7元/人次调整为5元/人次；大沙岙景点和仙叠岩景点实行联票优惠价格，单个景点门票价格30元/人次，两个50元/次；公办幼儿园保教最高收费标准为：省一级幼儿园每生每月630元，省二级570元，省三级450元，准办级320元；核定洞头县2015年度政府公房和廉租住房租金标准，配租的廉租住房面积在保障面积标准之内的，其月租金按照每平方米1.2元缴纳，超过的每平方米2.4元缴纳，政府公房月租金按照每平方米2.4元缴纳；调整洞头县职业技术中学、洞头县技工学校代收费标准为每生每学期420元；核定东屏街道蓝港停车场收费标准，大型车（黄色牌照）每次10元/辆，小型车（蓝、黑色和个性化牌照）每次5元/辆。

【城市公交票价标准调整】 2015年，洞头县城调整县城市公交票价标准。洞头县城市公交票价统一实行一票制，即全程投币2元/人次，使用IC卡（市民卡）给予享受6.5折即1.3元/人次，学生卡1元/人次，军人、残疾人、70岁以上老人免费乘坐。试运行自1月1日起至3月31日止。4月1日起正式运行。

【价格监管】 （参见《经济管理监督》栏目“价格管理”分目）

【价格监测】 2015年，区发改局加强市场价格监测和公示，定期监测和巡查市场农副食品、粮油、肉禽蛋菜、海产品、液化气、交通运输、旅游等商品和服务价格，定期在洞头新闻报刊和“洞头发布”官方微信刊登部分重要商品和服务价格，全年发布月度价格监测分析24篇，月度监测价格和价格政策宣传小贴士19期，微信发布油气监测价格36期。

（颜先念 柯友庆）

城乡居民生活

【概况】 2015年，洞头区城镇常住居民人均可支配收入34674元，增长9.3%，人均收入水平居全市第九，增速居全市第二。城镇居民人均工资性收入19275元，占总收入的

55.6%，较上年增加1440元，增长8.1%。主要是机关事业单位以及企业员工的薪酬稳步增长，各行业工资收入水平提高。实施国家收入分配制度改革，多项政策措施推动居民养老金、离退休金的增加。转移净收入增速较快。全年城镇居民家庭人均转移净收入7142元，占总收入的20.6%，同比增长12.0%。经营净收入和财产净收入增速平稳。全年经营净收入和财产净收入同比分别增长10.0%和9.7%，但增速较往年偏慢，主要是市场需求不足，来自居民服务性收入增长放慢；同时房价下降，房租没有明显提价，以及居民理财产品不多。

是年，洞头区城镇居民人均生活消费支出21025元，同比增长2.5%，八大类支出六增二降。增速来看，八大类消费支出六增二降。医疗保健、文教娱乐等支出增长较快，其他支出平稳增长。居住类支出下降主要是受年初金融风波影响房价下降，房租没有明显提价等影响。从消费结构来看，食品消费支出仍然占据最大份额。全年物价相对比较稳定，支出增幅相对趋缓，人均食品消费支出7502元，同比增长2.2%，占总消费支出的35.7%，恩格尔系数继续呈下降态势，表明居民生活质量逐年提高，消费呈多样性发展，医疗保健、文教娱乐、交通通信等消费支出有所增加，所占比重有所提高。

（余克新）

人　口

【户籍变动】 2015年底，据区公安分局提供的人口统计资料显示（未含灵昆街道，下同），洞头区户籍人口44158户，比上年增加681户；总人口130526人，比上年减少1811人；平均每户2.96人，略低于上年。其中，男性66958人，比上年减少954人，占人口总数51.3%；女性63568人，比上年减少857人，占人口总数48.7%。男女性比例为105.33∶100。

【年龄结构】 2015年，全区总人口中，18岁以下23195人，占总人口17.77%，比上年减少2086人；18~34岁29837人，占总人口22.86%，比上年减少533人；35~59岁56644人，占总人口44.4%，比上年减少180人；60岁以上20850人，占总人口15.97%，比上年增加988人。

【出生性别情况】 2015年，洞头区出生1080人（男568人，女512人），比上年少出生746人（男减少391人，女减少355人），出生率为8.27‰；新生孩子男女性比例为110.9∶100；

【人口自然增长】 2015年，全区死亡841人（男500人，女341人），比上年多死亡23人（男增加11人，女增加12人），死亡率为6.44‰，死亡人口男女性比例为146.6∶100；人口自然增长率1.83‰。死亡率略高于上年，出生率、自然增长远远低于上年。

【人口迁移】 2015年，洞头区迁出人口1076人，比上年减少33人；其中迁往外省220人，比上年增加60人；迁出率为8.24‰，比上年降低0.18个千分点。迁入洞头区794人，比上年增加300人；其中，从外省迁入241人，比上年减少74人；迁入率为6.08‰，比上年下降2.23个千分点。

2015年洞头区人口数量分布及人口变化情况

表40　　　　单位：人

地区别	年末总户数	年末总人口			变化情况			
		合计	男	女	出生	死亡	迁入	迁出
全　区	44158	130526	66958	63568	1080	841	794	1076
北岙街道	16256	47549	24277	23272	473	291	380	536
东屏街道	7961	22106	11188	10918	224	163	124	164
元觉街道	3547	11088	5531	5557	84	60	42	76
霓屿街道	4730	14497	7391	7106	141	79	91	47
大门镇	9344	27158	14214	12944	93	182	124	192
鹿西乡	2320	8128	4357	3771	65	66	33	61

说明：本表未含灵昆街道

（区公安分局提供）

续表40

地区别	出生率（‰）	死亡率（‰）	自然增长率（‰）	男女性别比例（女为100）	城镇人口	
					人口数（人）	占总人口（%）
					52693	40.37
北岙街道	9.95	6.12	3.83	104.32	29207	61.43
东屏街道	10.13	7.37	2.76	102.47	10658	48.21
元觉街道	7.58	5.41	2.16	99.53	5466	49.30
霓屿街道	9.73	5.45	4.28	104.01	2186	15.08
大门镇	3.42	6.70	−3.28	109.81	5176	19.06
鹿西乡	8.00	8.12	−0.12	115.54	0	0

说明：本表未含灵昆街道

（区公安分局提供）

新居民管理服务

【概况】 2015年，洞头区公安局局推进“流管通”和“e居卡”管理，建立新型流动人口基础信息化管理机制，加强流动人员和出租房管理。全年配备“流管通”49台，A型“e居站”12台，B型“e居站”26台。开展出租房隐患排查整治，为500余间有消防隐患的出租房配备灭火器，对老化线路进行套管，对设置在3层及以上的出租房配置消防器材。

【新居民结构】 截至2015年12月20日，全区在册流动人口21250人（含灵昆街道），其中男性14213人、女性7037人，新登28041人，注销33041人。在册出租房3819间（含灵昆街道），全年累计新登出租房481间，均签订出租房责任书。

【“以外管外”新居民管理试点】 2015年，区公安分局加强洞头新居民管理，先后在东屏街道后寮、中仑、后坑等3个村对新居民开展“以外管外”管理模式试点。成立新居民协会，引导外来人员登记入会，聘请常年在洞头居住的外来人员担任协会主要职务。成立新居民调解委员会、计生协会、妇代会和外来职工服务中心工会，通过协会组织引导新居民自我管理、自我教育和自我服务。建立新居民工作例会、新居民社会保障、新居民亲情服务制度等三项制度，建立新居民法制教育服务中心，聘请区普法办、街道综治中心和派出所有关同志开展法制宣讲，帮助新居民维护合法权益。全年试点村案件、警情大幅下降，未发生流口犯罪案件。

（翁定福）

婚姻与家庭

【概况】 2015年底，根据区公安分局提供的人口统计资料显示（未含灵昆街道），全区户籍人口44158户，总人口130526人，其中女性63568人。区妇联全年接待妇女来访20起，其中15起涉及婚姻家庭暴力或纠纷，结案率100%。公安部门开具家庭告诫书9起。召集公安、法院、司法、民政等相关单位召开洞头区反家暴工作推进会。在温州东启汽车零部件制造有限公司开展反家暴宣传进企业活动。通过微信、网站、广场宣传、讲座、有奖问答等多种形式宣传“平安家庭”创建，相继开展“建设法治洞头·送法到家巾帼行”、“三八”维权周系列活动、“拒绝毒品人人有责·平安家庭户户争创”、“6·26”禁毒宣传月广场宣传和晚会、“七夕祈福·家庭平安”进机关、“拒绝家庭暴力·寻找最美家庭·共促平安和谐”反家庭暴力周系列活动等。同时结合“10·10”平安宣传日“12·4”普法宪法日等开展各类妇女维权、平安家庭宣传活动。结合“同心同行·共建和谐”开展“送法到家巾帼行”普法讲座，覆盖街道（乡镇）。全年开展普法宣传10场次，分发宣传资料、宣传品14000多份，受教育群众5000多人次。

（王　曼）

计划生育

【概况】 2015年，区计划生育工作巩固发展全国计划生育优质服务先进单位创建成果，抓基础、建机制、优服务、重管理，坚持常态化推进各项工作。全年全区出生1366人（含补报50人），其中计划内出生1274人，计划生育率93.27%，计划外多孩出生10人，多孩违法生育发生率0.73%，当年生孕信息掌握率92.68%，孕前优生检测率96.85%，婚检率100.85%。当年户籍出生人口性别比105.63：100，国统出生人口性别比105.54：100。当年社会抚养费征收例数兑现率59.7%、金额兑现率59.51%，往年社会抚养费征收例数兑现率48.28%、金额兑现率55.18%。全年查处党员违反计生政策案件4起，查处率100%。

出台独生子女死亡家庭辅助生育、计生家庭高风险孕妇产前诊断扶助服务项目等惠民政策。建立健全利益导向政策，将计划生育特殊家庭纳入计划生育公益金补助范畴，12人享受公益金补助6.95万元。

【计划生育奖励扶助】 2015年，洞头区全面实施计划生育家庭参加城镇职工基本养老保险补助政策。落实奖扶、特扶、手术后遗症对象医疗补助等优惠帮扶政策，全年9475人享受补助1573.25万元，其中城镇职工养老保险补助资金1374.52万元、惠及5367人。提高奖扶特扶补助标准，全年奖扶对象349人（其中增发193人），独女户每人每月320元、双女户每人每月260元、独男户每人每月180元，共补助金额125万元；特扶对象45人（增发10人），伤残6人、死亡18人、后遗症病人21人，共补助金额25万元。伤残、死亡对象补助金分别提高到每人每月500元和700元。

【实施“单独二孩”政策】 2015年，洞头区计生部门落实网上生育审批工作，缩短法定审批时间，减少审批材料，简化审批程序。全区“单独二孩”审批85例，生育37例。自2014年1月17日浙江省全面启动实施“单独两孩”政策以来，累计审批212例，生育67例。

【计生强基提质工程】 2015年，洞头区计生部门强化督查考评，通过“每周一村居、每月一街道（乡镇）、每季一重点”大走访，加大督导力度，深化强基提质工程。建立村（居）计生网格化奖惩机制并将其融入“红色细胞工程”。提高村级计生员月补助金额至400元/月。落实优生两免、“优生优育优教”、“助您好孕”、“孕环检、农民健康体检、妇女病普查”三查合一、病残儿童医学鉴定等服务工作，全年妇女病检查7570例，免费发放孕妇复合营养素528盒。优化整合街首（乡镇）妇幼保健和计划生育技术服务资源，各街道（乡镇）挂牌成立妇幼保健计划生育服务站。发挥“管事公婆”“好厝边”“海霞妈妈”等志愿服务载体，树立“保姆式服务”品牌。联动区法院开展社会抚养费征收诉前约谈70起，解除劳动合同1例，办结历史遗留积案5件。联合元觉街道拍摄省首部计划生育AB剧《好孕一生》。

【国家免费孕前优生健康检查】 2015年，洞头区投入200多万元专项资金用于购买优生检测设备、实验室装修和人员培训。优生五项检测延伸至国家免费孕前优生健康检查21项，孕前优生检测率96.85%。开展风险人群分类随访和咨询指导，减少出生缺陷，全年优生知识知晓率90%以上。基本建立以村居为基础的“获取待孕夫妇信息—健康人群教育—孕前健康检查—高危人群建档—优生和生育指导—高风险案例追踪随访”的出生缺陷一级干预模式。

【计生AB剧《好孕一生》网上点击率超百万】 （参见《街道（乡镇）》栏目“元觉街道”分目）

【整合成立街道（乡镇）妇幼保健计划生育服务站】 （参见《卫生　体育》栏目“卫生改革”子分目）

（纪华丽　黄若涵）

民族宗教工作

【概况】 2015年，全区宗教场所84处，其中佛教场所11处，基督教场所16处，道教场所57处，宗教教职人员58名。制定《温州市洞头区宗教领域建设审批管理办法（试行）》，并探索开展权证办理工作。出台《温州市洞头区宗教活动场所管理规范（试行）》，初步建立宗教场所规范化管理体系。组织周末进堂入点活动，对重点场所、重点人员加强管控。开展“和谐寺观教堂”创建、佛道教专项治理、文明进香、宗教执法等专项工作。全年累计检查场所300余处次，民间信仰甲类登记编号场所25处。全年开展宗教政策法规巡讲30余场，发放宣传册4000余份，受宣讲7000余人次。全年慰问少数民族贫困群众126人，发放慰问金11万元。

【“同心同行·共建和谐”活动】 2015年，洞头区出台《关于进一步推进“同心同行·共建和谐”活动试点工作的实施意见》《关于在全区宗教界全面推进“同心同行·共建和谐”活动的实施意见》等文件。明确驻教联络员“三必清、三必到”▲工作目标，建立联系交心常态机制，建立与宗教界人士常态化联系机制，全年累计谈心谈话1000余人次。实现党报党刊100%进场所，组成以民宗、政法、宣传等部门为主的宣讲团，全年宗教政策法规宣讲30余场，受宣讲7000余人次，联合司法局编发宗教政策法规学习手册等4000余册。完成符合宗教活动场所和甲类民间信仰场所建筑测绘，建立“一场所一档案”，10月份，在全市率先实现宗教活动场所全覆盖。

▲“三必清、三必到”：场所人员情况必清、财务管理情况必清、宗教活动信息必清，每周一访必到、重大活动必到、困难需求必到。

【“三改一拆”涉宗违建处置工作】 2015年4月，洞头区出台《宗教场所新增违法建筑管控办法》，落实“每月一报”和“零报告”制度。6月开始，推进宗教标志物移位整改工作，全年完成移位总体量90%，拆除新建违建2处。7月，开展“三改一拆”涉宗教违法建筑处置工作“回头看”活动督查，对已拆改到位、整改完毕的场所，进行定期巡查，严格管控宗教领域违法建筑，全年未出现新建违建。9月，对全区所有宗教活动场所建筑进行测绘，全面建立“一场所一档案”。制定出台《洞头区宗教活动场所建设审批管理办法(试行)》，探索场所权证办理工作。

【民族事务】 寮顶回族村是洞头唯一的民族村，现有370户，总人口965人，其中少数民族126户328人。2015年，区民宗局推进“四微”（微组织、微窗口、微热线、微平台）、开展“六进”（进机关、进企业、进社区、进乡镇、进学校、进寺庙）工作，争取省市帮扶资金25万元，帮助寮顶回族村基础设施建设。开展少数民族流动人口服务管理创新试点工作和政策法规宣传咨询等服务。

【宗教场所安全管理】 2015年，区民宗局制定《宗教活动场所管理规范（试行）》，从日常管理、人员备案、财务管理、消防安全、活动审批等方面，提炼“规范十条”，结合“和谐寺观教堂”创建工作，开展区级验收评选，全年推荐3家场所参加省级和谐寺观教堂创建，推荐9家场所参加星级场所评选。健全宗教教职人员数据库，宗教教职人员备案100%；加强场所财务公开监管，实现宗教活动场所银行开户率100%。开展行政执法、佛道教专项整治、财务监督检查试点等工作，全年对宗教场所拉网式检查4次，排摸临时外来教职人员，未发现借教敛财、假僧假道等情况，安全事故零发生。

【宗教慈善工作】 2015年，区民宗局引导宗教界人士参与殡葬改革、扶贫助困、助老助医等社会慈善公益事业，开展宗教界“慈善一日捐”“红十字献爱心”“情系端午”慈善慰问等活动，全年宗教界募得善款10余万元。

【洞头区第五届放生节】 2015年11月21日(农历十月初十)，以“养海护生，感恩海洋”为主题的洞头区第五届放生节在洞头国际放生台举行。区领导董智武、叶永辉、叶国胜、王文胜、张贤孟、林新磊、刘素婷参加。区委副书记、区长王蛟虎主持活动。5000多名来自社会各界群众一同将30万尾黑鲷优质鱼苗放流入海。活动旨在保护海岛生态，让尊重自然、善待自然成为全社会的共同行动。活动现场开展祈福仪式、海岛民俗风情展示等。该活动由中共洞头区委、洞头区人民政府主办，中普陀寺联合区委宣传部、区环保局(生态文明办)承办，区民宗局、区海洋与渔业局、区文体局、区旅委、团区委、北岙街道、东屏街道协办。该活动自2011年开始。

洞头区佛教协会第三次代表大会

【区佛教协会召开第三次代表大会】 2015年12月26日，洞头区佛教协会第三次代表大会在中普陀寺召开。会议通过修改《洞头区佛教协会章程》的报告，选举产生新一届佛教协会理事会，释芳振法师连任新一届区佛教协会会长。来自全区佛教界代表100余人参加会议。区委常委、统战部长林新磊、副区长叶锦丽出席会议。

【区道教协会第五届代表会议】 2015年12月16日，洞头区道教协会第五届代表会议召开。会议听取并审议《洞头区道教协会第四届理事会工作报告》，审议通过《洞头区道教协会章程修改说明草案》，通过《洞头区道教协会第四届理事会财务审计报告》，选举产生新一届理事会成员及领导班子，道长王祖成当选新一届道教协会会长。中国道教协会副会长、浙江省道教协会会长董中基道长，温州市民族宗教局副局长陈碎训，洞头区委副书记王文胜出席并致辞。区委常委、统战部长林新磊出席会议，全区道教界代表110余人参加会议。

（欧阳红杏）

老龄工作

【概况】 2015年底，洞头区老年人口数（60周岁以上）24818人（含灵昆街道3929人），占全区总人口16.11%。65周岁以上16718人，70周岁以上10961人，80周岁以上3669人，90周岁以上427人，100周岁以上7人。至年底，全区有老年人协会110个。其中含街道（乡镇）7个，区老协1个。启动浙江省第二届“敬老文明号”创建工作。全年办理、更换、发放老年优待证956本。举办第31届老年人运动会，6个街道（乡镇）300人参加，省老龄办“走进洞头”送戏下乡到小朴村专场演出。

【家居养老服务】 2015年，委托温州经济建设规划院编制洞头区养老服务业发展十三五规划（初稿）。制定出台《关于加快发展养老服务业的实施意见》。家庭养老护理知识培训活超600人。全区基本形成“9643”的养老服务格局。全年发放区级建设补助资金78万元、运行补助资金138.1万元。拓宽居家养老补贴范围，全区427名60周岁以上失能、半失能老年人和90周岁以上老年人享受居家养老补助，7名百岁老人每月享受高龄津贴，全年发放居家养老服务补贴61.5万元。开展“暖巢行动”，免费发放居家养老“990一键通”手机883台，发放率90%以上。以政府出资的方式为洞头户籍60周岁以上老年人购买意外伤害保险，在全市率先实现参保对象全覆盖。

【“银龄互助”活动】 2015年，洞头区102个村居全面启动“银龄互助”▲活动，助老为老志愿服务1800人。敬老月期间，全区慰问困难老人、养老机构老人450人次，发放慰问物资等折合现金12万元。

▲“银龄互助”：在社区依托基层老年人协会，根据老年人的身体状况和生活习惯，组织老年人开展互帮互助、以老助老的志愿服务活动，鼓励健康、低龄老年人帮扶空巢、高龄、病残、失能老年人，为老年人实现自我管理、自我服务搭好平台。

【百岁老人】 2015年底，全区100周岁以上（含100周岁）老年人7人，其中，男性2人、女性5人，分别是北岙街道陈淑静，灵昆街道潘庆云、曹宪坤，大门镇陈传芳，东屏街道张阿翠，元觉街道陈月英，鹿西乡王永香。其中，北岙街道上新社区陈淑静105岁，为全区年龄最大老人。

【老年电大教育】 2015年，全区老年教育点84个，全年入学总人数2600人，比上年增加150人。区老年电大专职工作人员3人，各教学点办学人员124人，辅导人员123人。全年老年电大毕业270人。

【洞头区第31届老年人运动会】 2015年10月，洞头区举办第31届老年人运动会。活动由区老龄办、区文体局主办，区老协、区老体协承办。活动设置7个大项16个小项目。6个街道（乡镇）300人参加。

（周世盼）

关心下一代工作

【概况】 2015年，区关心下一代领导小组办公室出台选聘"五老"（老党员、老干部、老军人、老模范、老教师）坐班文件。推选区老年大学优秀学员13人为北岙街道南塘社区假日学校孩子们传授乒乓球、国画、书法、烹饪等知识技能，播放法制微电影。13位老干部组成"五老"文化市场监督队，每月开展网吧监督，全年参与检查84人次，检查网吧50家次。11月，在幸福泉社工服务中心成立关心下一代心理健康办公室。

是年，"松龄志愿者关爱帮扶志愿队"获第二届"最美洞头人"道德模范集体和全市"温州市最美老干部"称号。东屏街道和霓屿街道创成市"五好"基层关工委。

【区"五老"讲师团】 2015年，区"五老"讲师团由老教师、老干部、老战士14人组成，设有理想信念类、革命传统类、成长励志类等五大类19个课题。结合纪念抗战胜利70周年活动，编写《洞头霓屿的抗日故事》和《穿越70年的家国情怀——林环岛烈士在家乡二三事》等本土抗战红色故事，推出课题《红专楼背后的故事》。"五老"讲师团关工委主任侯三阳、老战士郭丁长到学校和烈士陵园为师生开展社会主义核心价值观教育。全年"五老"讲师团到机关、学校、社区、村居开展社会主义核心价值观教育46场，参加人员7600多人次。

【"老少携游"系列活动】 2015年7月，区老干部局在革命教育基地海霞村各教育点开展两期"老少携游"革命教育暨纪念抗战胜利70周年活动，活动包含学做革命人、倾听革命心、感受革命情、唱响革命歌、体验革命事、重走革命路、实践革命魂等环节，60名中小学生与10名"五老"人员参加。8月，开展两期"老少携游"关爱特殊家庭青少年活动，组织监服刑人员子女、单亲家庭子女、留守儿童和新居民子女等40名特殊家庭青少年，以关爱为主线，设置个别谈心、团队辅导、与爷爷奶奶聊心事等形式开展活动。

【"圆梦助学"活动】 2015年，区关工委通过市福彩贫困大学新生专项资助、洞头区企业关爱助学基

"老少携游"革命传统教育活动

金和区财政专项助学等助学资源，以福彩助学、联系企业资助、寻求社会结对等方式，开展贫困学生圆梦助学工作。全年联系资助学生76人，发放助学金19.8万元。

（甘淑谊）

志愿服务

【概况】 2015年底，全区注册志愿者5186人，志愿者队伍64支（其中注册12支）。涌现出区“海霞妈妈”“快乐之本”“微动力”及国网洞头县供电公司组织党员服务等志愿者组织。全年组织开展普法宣传、邻里调解、亲子教育、生产互助、抢险救援、护绿等志愿服务活动，以及大型“3·5”学雷锋志愿服务月活动、“共享蓝天·绿动指尖”、“共青林”护绿等活动。全国志愿服务登记试点其间，全区19个志愿者组织开展志愿服务活动416场次，参与志愿服务1900余人次，服务时间14472小时。

【“3·5”学雷锋志愿服务活动】 2015年3月4日，县府邮储小广场举行“3·5”学雷锋志愿服务月暨“万朵鲜花送雷锋”志愿者专场活动，主题为“弘扬志愿精神·建设海上花园”。活动由县委宣传部、县文明办、县委渔农办、县民政局、县广电台、团县委、县关工委主办，县志愿者协会、县青年联合会承办。同时全县各志愿服务团队开展志愿服务一条街活动，包括食品监测、爱心义诊、爱心义卖、爱心义剪、让利销售、司法援助、便民咨询等，组织工作人员分三批开展“万朵鲜花送雷锋”基层行活动，走访北岙、元觉、大门、鹿西等地，分别为“浙江好人”、优秀志愿者等送上鲜花，300多人参加活动。

【“快乐助残和敬老”志愿服务活动】 2015年12月，洞头区溢香国际大酒店有限公司党支部与洞头区快乐公益联合会党支部，组织洞头区溢香志愿者协会46名志愿者到打水鞍爱之家残疾人托养中心，开展党员志愿服务公益行“快乐助残和敬老”服务，为42名残疾人和90名老人送去节日祝福和温暖。

（周世盼）

慈善工作

【概况】 2015 年，全区慈善总会会员46人、“爱心食堂”3家、慈善总会义工分会1 家。全年募集善款256.59 万元，发放救助款205.83万元，累计救济3350人。开展“万向助学”“爱心温州结对助学”“杭州洞头商会助学”等慈善助学活动，募集助学金24.4万余元，资助洞头籍大中小学生82人。开展春节、助残日、重阳节等节日慰问，资助大病患者、孤寡老人、失能老人、低保及低保边缘家庭、孤残儿童等500余人次。举办“溢香国际爱心慈善宴”，155位低保户受邀参加。“爱心卡车暖百岛”“慈善义诊”等系列活动惠及老弱孤残等特殊困难群众682人次。开展“万朵鲜花送雷锋”活动，慰问社会爱心人士40人次。建立洞头慈善网，设置捐赠、救助品牌以及慈善动态、慈善典型人物事迹等栏目，及时公布捐赠、救助情况。

【“杭州市洞头商会爱心助学基金”成立】 2015 年9月2日，“杭州市洞头商会爱心助学基金”启动仪式在洞一中举行，杭州市洞头商会会长叶明代表杭州市洞头商会向洞头区慈善总会捐赠20万元善款，分四年注入慈善基金。是年，区慈善总会对洞一中10名品学兼优、家境困难受助学生颁发奖金。

【“慈善义工分会”建立】 2015 年11月19日，洞头区慈善总会义工分会成立大会在区残联二楼会议室举行。区政协副主席、慈善总会会长张释忠参加并为义工分会授牌授印。会议选举产生区慈善总会义工分会会长、副会长、秘书长，陈素芳为会长。区慈善总会义工分会以“安老、助残、济贫、助学”为宗旨，坚持“尽己所能，热心助人，传承爱心，服务社会”理念，开展各类慈善救助活动。

（郑新艺）

责任编辑　曾焕定

街道（乡镇）

朝朝满载·陈钦煅

“海霞精神”

爱岛尚武 励志奉献

“五岛连桥”精神

小县办大事 小岛创大业

北岙街道

【概况】 北岙街道为洞头中心城区，是全区的政治、经济、文化中心。位于洞头本岛的西北部（包括三盘岛），东临东海，南与东屏镇接壤，西与霓屿乡隔海相望，北至洞头大桥与元觉乡相连，半岛通车后距温州市区约68千米。全街道陆域面积26.76 平方千米，其中城区面积7.5平方千米。2011年5月完成镇改街工作。现辖岭背、上新、城中、新城和银海5个城市社区和三盘、双朴、南塘、北沙4个农村新社区，其中4个农村新社区下辖24个行政村，街道户籍人口4.74万人。2015年，全街道实现经济总收入40.51亿元，同比增长12.2%，城镇常住居民人均可支配收入34522元，农村常住居民人均可支配收入18245元，分别增长8.8%和9.8%。

全年工商各税1.4亿元，外贸出口1900万美元、固定资产投资23亿元，同比增长7%。全年工业总产值10亿元，其中规上企业4.3亿元，规下企业5.7亿元。电子电器科技园完成全部主体工程建设。海运新增吨位2.8万吨，总运力10万吨，营业收入2亿元。民间投资3.98亿元14000立方米的华祥海运LNG项目正式上水。全年建筑企业产值3.9亿元，新增建筑企业3家。全年渔业总产量2.6万吨，总产值 1.6亿元，同比分别增长6.2%和8%。“一打三整治”专项行动拆解“三无”渔船110艘。渔业油补资金发放3927.2万元。

探索闲置农房使用权流转租赁，引进1.6亿资金，开发“那鹿湾”“沙岙月半湾”“凸垄底岩海”等民宿项目，实现农房使用权流转45幢近万平方米，惠及农户400多户。街道全年累计接待游客45.5万人次。小三盘生态农业观光园正式营业，九厅特色风情渔家小镇日渐兴起，乡村旅游进一步扩容增量。深化“两美”建设，建成东郊、九仙、大朴、风门、擂网岙、阜埠岙、西山头、大王殿、九厅等9个村整村推进项目。提升完善海霞、小朴、隔头精品村基础设施建设，申报海霞村、白迭村、东沙村省历史文化村落建设。全年“五水共治”投入资金2200万元，整治农村生活污水，全面治理4个村，扩面改造10个村，新增纳管农户3187户，农户改厕1868户。深化“三改一拆”，开展“百日攻坚，每周一拆”专项行动，共拆除、处置违章建筑1529处，面积3.41万平方米。完成城中村改造一类目标140户、二类目标受益户1335户，受益面积17万平方米。旧住宅区改造受益户1061户，受益面积15.7万平方米，完成年度任务的314%。区、街道、村居三级重点工程政策处理73项。有效保障重点工程建设，开展民房拆迁拔钉清障专项行动，先后完成新垅隧道、海霞红色旅游文化创意园、职教中心迁建、环海西湖亮丽工程等范围内的政策处理，保障环岛西片围涂工程、仁济学院、新城二期市政道路、海霞军事主题公园改扩建等工程正常施工。

推行基层社会治理“一张网”组织体系建设。组成43个网格长和59个网格管理员的街道网格管理服务团队，确保基层信息收集快速，矛盾化解高效有力。利用街道社会治理综合指挥平台，受理调处矛盾纠纷113起，调解金额1486万元。开展消防“双月”攻坚整治行动，整改725家居住出租房安全隐患。北岙教堂“同心同行·共建和谐”试点通过市级考核验收。抽调街道、村居工作人员120人组成民间金融风险处置清算接待点，开展接待确权和约谈处置。全年街道接待6万余人次，调解2603起，调解3180人，调解成功1700起。全街道无发生重大维稳事件、重大舆情爆发、重大治安案件。

成功承办第六届妈祖平安节。开展海岛传统群体文化活动，全年开展各类文艺演出、巡展和志愿服务100余次，参与2万余人次。北岙金秋健身队参加市健身舞比赛获一等奖，银海、上新社区选送的渔民画在省农村文化礼堂视觉艺术创作比赛中获金奖1个、银奖2个、铜奖2个。在区民俗广场舞蹈比赛中获金奖2个，银奖、铜奖各1个。上新社区创成全区唯一的市五星级幸福社区，岭背社区、城中社区通过“市四星级幸福社区”验收。完善提升小三盘、打水鞍、小朴和大岙等4家文化礼堂，小三盘文化礼堂被评为市级精品文化礼堂。举办文化礼堂村晚4场，小三盘、小朴村分获全区首届村歌大赛第一、第二名。街道获区第五届运动会团体总分第一名。区计生年终考核连续三年第一。全年新增城乡养老保险参保人数641人，城乡居民医疗保险参保人数3.4万人。农民群众住房保险投保8962户，其中低保户284户。全年发放低保金188.4万元，发放各类救助金221.8万受益596人。通过慰问、帮扶活动，为1286户发放慰问金77.97万元。

是年，修建城南村民中心（文化礼堂），整合挂牌村民中心10个，改造提升村居党群活动室和宣传栏、公开栏阵地建设，实现村民中心全覆盖。实行村干部坐班值班签到和便民无休日制度，落实“五议两公开”和一单两制。推广“星期日活动”“假日公益学堂”等载体，增强农村红色阵地吸引力。深化“周二民情沟通日”和“百姓故事会”，统一制作“驻村联系服务卡”，通过干部走访，成功解决矛盾纠纷58起。“百姓故事会”得到省委书记夏宝龙充分肯定。深化党员志愿服务，发挥海霞妈妈、微动力等社会组织志愿者队伍和村居红色细胞志愿者服务队作用，全年开展党员志愿服务43次。为党龄满25年而未享受退休待遇的老党员按月发放关爱金。开展党员志愿服务43次，募捐美丽海岛水乡建设资金15.96万元，圆梦微心愿143个。开展党建覆盖检修，新建溢香国际等4家“两新”党支部，“两新”组织“党建公积金”11.6万元。开展“青春党建”“一社一品”等品牌创建，巩固学前教育联合党支部5A级创建成果，微动力“凝心聚力5E家”成为区唯一通过市级验收的党建品牌。联合温州都市报开发北岙党群e家微信公众服务号，拓展信息化党建新阵地。整改落实农村作风巡查工作中反映的各类问题103个。全年开展专项督查43次，处理党员干部7人。

【夏宝龙夜访海霞村】 （参见《专辑》栏目）

省委书记夏宝龙（中）调研北岙街道

第六届洞头妈祖平安节

【第六届中国·洞头妈祖平安节】 2015年5月11日(农历三月廿三)，第六届中国·洞头妈祖▲平安节在北岙街道东沙村主会场举行。值妈祖诞辰1055周年，主题是“同谒妈祖·共享平安”，大会还在元觉街道沙角村设置分会场。县领导、台湾进香团代表先后致辞。在“四海安澜瓶”注水仪式上，台湾、福建、洞头等三地代表把家乡海水共同汇入瓶内，寓意中华民族同祖同宗、同根同源。随后的民俗文艺演出分神灵诞生、立德行善、羽化升仙等，为在场游客生动展现出妈祖由出生到升仙的不凡一生。上午10时举行百岛妈祖共祈福仪式。主祭人、陪祭人、各宫庙的执事、渔民等共着平安衫，诵祭文，以古老方式拜谒“海上平安女神”。设置北岙街道东沙村和元觉街道沙角村两个会场。此外，主会场还开展平安祈福、看民俗表演、授平安礼、购渔家产品、渔灯猜谜等活动，通过栽种祈福树、结平安祈福香囊、吃平安宴、赏渔家节目等互动方式，让游客亲身体验妈祖文化和地道洞头风情。妈祖平安节活动吸引海峡两岸近万名游客参与，1500多名游客在东沙港畔共享平安“百福宴”。活动由洞头县人民政府主办，北岙街道、元觉街道承办，县委宣传部、县台办、县文体局、县风景与旅游发展委员会、县妈祖文化交流协会协办。

▲妈祖，又名林默、林默娘，宋太祖建隆元年(960)生于福建莆田湄洲岛。因经常救助遇难渔民，深受沿海人民敬爱，宋太宗雍熙人四年（987）因救助海难而献身。湄洲渔民为纪念这位好姑娘，在岛上建庙并奉为海神，被敕封为“天妃”“天后”并被立祠奉祀，因闽浙沿海、台湾、港澳等信众的传承而名扬四海。2009年，妈祖信俗被列入国家级人类非物质文化遗产代表作名录。

（张文杰　卓桂枝）

【新城社区获全国“民主法治示范社区”称号】 2015年4月，司法部、民政部联合公布第六批“全国民主法治示范村(社区)”名单，北岙街道新城社区名列其中。新城社区曾在2010年通过省“五五”普法验收，同时被评为市级民主法治社区，2011年被评为省级民主法治社区。近年来，新城社区居委会通过开展依法治理、健全民主管理制度、加强民主监督等多种途径，增强社区干部群众的民主法治意识。在居民自治活动实践中，社区强化组织机构，实施社区民主管理，完善社区管理制度。结合社区实际，依法依规制定《社区自治章程》《社区居民公约》，把社区管理事项用规约形式固定下来。发挥决策机构、议事监督机构和执行机构作用，保证社区治理有理有据，确保社区整体功能的发挥和运行规范。社区常年设有 “法制宣传专栏”，定期更新法律知识。采取悬挂法制横幅标语、张贴法制宣传公益广告、播放LED宣传片、入户入企发放法制宣传材料等形式，拓展覆盖面。组建“法制宣传志愿者队伍”，提供法律咨询。建立社区法律学校，坚持定期上法律辅导课。建有社区图书室，配置法律图书角，免费对居民开放。根据形势和居民需要，经常开展喜闻乐见的法制教育活动和法制文艺活动。社区坚持落实评议会制度，定期向社区成员代表大会和社区议事监督委员会报告工作。实行“居务公开、制度公开、财务公开”，及时公开。成立居民事务监督小组，开展一年两次公开监督总结。优化社区服务，提升社区便民服务水平。设置法律援助工作站，为居民提供法律咨询、调解纠纷、为社区管理提出法律意见等。制作法律援助卡，确定专人负责排摸本辖区需要提供法律援助的特困户，送法上门，提供免费服务。

【小三盘生态农业观光园正式营业】 2015年12月，小三盘生态农业观光园正式营业。该农业观光园项目于2013年10月开始筹划建设，项目总投资1300余万元。占地140亩，位于大山脚地带。利用靠近山峦、无工业污染源、植被丰富和气候适宜等资源优势，且毗邻望海楼景区地理优势，建成畜牧放养区、农家餐饮区、休闲娱乐区、野外拓展体验区等。2014年签约结对共联温州动物园，建成2000余平方米动物观赏区，2015年10月引进十余种观赏动物（羊驼、香猪、猴子、梅花鹿等）落户。截至12月底，完成投资780余万元。园区项目集农业养殖（种植）、观光、教育学习基地于一体，实现了以养殖为基础带动珍禽动物休闲观赏、绿色蔬菜种植、农家乐餐饮等系列特色农业的开发和发展。

【北岙金秋健身队25周年回顾摄影展】 2015年3月，北岙街道金秋健身队成立25周年回顾摄影展在连城大道展出，为期20天。展出作品230余幅，主要反映金秋健身队团队协作、服务社会和参赛作品成绩等方面内容。展出其间，全县文化志愿者、文艺骨干、村居社团以及社会人士约3800人次前来观看。金秋健身队成立于1992年，由民间群众自发组织，从最开始的健身祛病到健身壮体，以及后来与社会活动相结合，成为海岛老年文化的骨干队伍，是海岛渔村文艺队伍的一面旗帜。队伍由最初的12人发展壮大到目前的200余人。先后获“全国三八红旗集体”“省、市老年体协工作先进单位”等称号。

【叶雪琴当选“全国孝亲敬老之星”】 2015年3月，北岙街道城中社区居民叶雪琴被“全国敬老爱老助老主题教育活动”组委会授予第六届“全国孝亲敬老之星”称号。叶雪琴多年如一日，悉心照顾身患重病、生活不能自理的公婆，直至老人安然走完生命旅程。用行动坚守自己的责任和义务，坚定对家庭的信念，用浓浓真情解读着孝亲敬老的内涵。2013年，叶雪琴入选“最美洞头人”。“全国孝亲敬老之星”评选由全国老龄办、民政部、教育部、全国妇联等七部门联合举办，通过组织评选、社会参与、网络公示等环节，全国评选委员会评审决定。活动旨在体现中华民族孝亲敬老的传统美德，倡导社会践行社会主义核心价值观。

【渔民画获奖省农村文化视觉艺术创作比赛】 2015年11月25—26日，2015年浙江省农村文化视觉群众文艺展演活动暨浙江省文化会亲活动在杭州西湖文化广场举行。北岙街道银海社区陈钦段《火红的日子》获一等奖，上新社区陈建辉《夕照》获银奖，上新社区吴秀云《渔歌漫天》获铜奖。作品用海岛渔民的天真纯朴和无限的想象，画出了渔民生产劳动、渔民渔业丰收的场景，展现了海岛民间风情信俗，渔婆、渔娘的美好愿望。

（张文杰）

灵昆街道

【概况】 灵昆街道位于温州湾口中部瓯江口内，东临东海，经灵霓大堤与霓屿街道相接，西与鹿城区七都街道一水相依，北与乐清市磐石街道、黄华街道隔江相望，南经灵昆大桥与温州扶贫经济开发区相连，系瓯江径流和海流动力共同塑造的产物，形成岛域约有一千余年历史，自古以来为温州海口之门户、交通之咽喉、军事之要塞。街道总面积51.3平方千米，岛岸线总长24.69千米；下辖4个社区，9个行政村，1个居委会，39个自然村，2015年末，辖区户籍人口2.25万人，5624户，外来流动人口0.79万人。2015年，全街道实现工业总产值 7.10亿元，农业总产值 1.75亿元，财政总收入5934.2万元。全街道完成固定资产投资39.75亿元，其中工业性投资3.65亿元，规模以上企业产值7.1亿元。

集中攻坚，打响征地拆迁“清零”百日攻坚行动，落实攻坚项目25个、土地征收4903亩以及房屋拆迁“清零”226户。完成市域铁路S1线、输油管道借地和甬台温高速复线等3大市级项目以及22个区级项目征地交地“清零”3087亩，同时完成S1线补征、中石阀室、A04b地块、b04b06地块等项目728亩的土地征收组件报批和北侧港用地等项目政策处理305亩。推进以重点工程建设为切入点的S1线房屋征收和以环境打造为切入点的南北堤城中村改造，房屋拆迁137户。

谋划实施水环境整治“5+2”三年行动，重点围绕“抓治污、抓疏浚、抓整治”三条主线，深化治水行动。5月，以双昆村为示范点，全面铺开6个村7个标段截污纳管“最后一米”入户管网建设。为提升岛内外水系行洪排涝能力，启动实施“打卡口、疏堵点、抓整治、保畅通”行动，打通岛内外卡口河段66个、岛外出海堵点9个。铺开以十字河为中心的12条骨干河道的一期整治。“三改一拆”“两无三化”“四边三化”等专项行动中，共拆除违章建筑5.45万平方米；新增绿化面积19亩，建成滨水公园5个，镇域环境质量明显改善。

计生工作坚持“托管不脱节”，全年计划生育率92.30%，出生人口性别比123:85。完成灵昆一小塑胶操场、灵南小学二期工程主体部分建设及灵昆中学教学楼维修。投入180多万元购置新的医疗设备。全年发放168户家庭困难户补助金37万元、优抚对象临时救助款20多万元、老年人生活补助金332余万元。全街道政策性农村住房保险参保4847户，参保率97.21%。

灵昆街道面对建设提速摩擦系数增加、历史遗留问题负面影响和区划调整磨合适应“三重”因素，注重历史遗留问题和不稳定因素隐患点的排查化解，成功调解非正常死亡等各类矛盾纠纷98起，涉案金额398.46万元。有效化解黄杨青兄妹信访积案、井冈砂历史遗留问题及S1线拆迁户在家中毒身亡等群体性事件。深化基层社会治理“一张网”建设，坚持“定网格、定人员、定职责”，整合归并原有网格，做到以职责管人理事、以职责推动工作。以深化网格化管理为支点，辐射性抓好流动人口的管理和社区服刑、涉毒吸毒等重点人员的监管。开展夏季消防安全“双月”攻坚专项行动，全方位、无死角地排查整治全街道存在消防安全隐患的区域、场所，有效提升火灾防控能力。

灵昆大桥夜景

坚持以“三严三实”、基层组织建设“百日攻坚”行动为主抓手，抓基层、打基础，全面推动基层党建重点任务和工作要求落到实处。统筹红色阵地建设着力推进“4+5”村民中心建设，改扩建2个、启动新建5个，举行新建类村民中心集体开工仪式。以构建农村精神家园为目标，推进五大文化礼堂建设，改扩建4个，组织各类活动39场，并开展“弘扬孝道文化·共建美丽灵昆”主题活动。积极培育“红色驿站”基层党建点，发挥典型示范带动效应，获市区领导充分肯定。在上岩头村试点基础上，全面推开“红色细胞工程”建设。深化“基金带”“先锋带”，筹划微电影《红色曙光》拍摄，发放第二批红色细胞关爱基金9.3万元；整改提升基层组织运转经费、活动阵地、基层干部报酬和社区党组织服务群众专项经费等“四项保障”；推进“三资管理”和“四清四明”▲工作法试点运行，促进村级组织规范化建设；抓好“堡垒指数”星级管理、争星晋级及北段村后进党组织整转。

▲三资管理：村级集体资产、资金和资源管理；“四清四明”，“四清”指“清权、清流、清责、

清单”，“四明”即“干部用权明晰、群众办事明白、追究责任明确、办事结果明了”。

【灵昆街道划归洞头区管辖】 2015年7月23日，国务院批复同意洞头撤县建区，根据《国务院关于同意浙江省调整温州市部分行政区划的批复》（国函〔2015〕122号），即撤销洞头县，设立温州市洞头区，将温州市龙湾区灵昆街道划归洞头区管辖。8月10日，省政府下发《关于调整温州市部分行政区划的通知》（浙政发〔2015〕24号）。灵昆街道成为洞头区唯一的岛外所辖街道。灵昆街道总面积55.05平方千米，其中岛陆面积25平方千米、滩涂面积30.05平方千米、岛岸线总长24.69千米，属冲积平原岛屿。东濒大海并经灵霓大堤与霓屿街道相接，南与温州龙湾国际机场和温州工业园区隔江相望，北与乐清市磐石街道、黄华街道隔江相望。设4个社区，下辖海思、双昆、上岩头、沙塘、王相、叶先、周宅、北段、九村等9个行政村、1个居委会，户籍人口2.23万人。办事处驻沙塘村。2015年，全街道实现工业总产值7.10亿元，农业总产值1.75亿元，财政总收入5934.2万元。

2015年9月14日，洞头区灵昆街道挂牌

【洞头区灵昆街道委托瓯江口产业集聚区管委会管理】 因行政区划调整和区域经济发展需要，根据《市委市政府关于切实做好温州市部分行政区划调整工作的意见》（温委发〔2015〕33号）、《市委办市府办关于洞头区灵昆街道委托瓯江口产业集聚区管委会管理实施方案的通知》（温委办发〔2015〕106号）精神，10月中下旬，中共洞头区委、洞头区政府（简称“洞头区”）与中共瓯江口产业集聚区管委会委员会、瓯江口产业集聚区管委会（简称“瓯江口产业集聚区”）签署《洞头区灵昆街道委托管理协议》，主要委托管理事项是：洞头区将党建、人事、经济、社会等相关事务，委托由瓯江口产业集聚区管理。灵昆街道规划、国土、行政综合执法、市场监管、质量监督等管理职能由市级相关部门在瓯江口产业集聚区的派出机构行使，接受市级部门和瓯江口产业集聚区管委会双重管理。中央、省垂直管理机构设在瓯江口产业集聚区内的分支机构或派驻机构由瓯江口产业集聚区管委会负责对接协调。灵昆街道涉及人大、政协、人武、公安、检察、审判、司法行政等工作，以及粮食、物价、教育、卫生、计生、民政、文化、体育、旅游和其他未委托瓯江口产业集聚区管理的部门职能由洞头区相关部门承担，并在瓯江口便民服务中心设立相应的办事窗口，方便群众办事。其中，涉及灵昆街道群众有关教育、卫生、民政、社会保障等公共服务保障的，原则上由洞头区会同龙湾区相关部门负责经办。过渡期内按照从优从高的原则，继续按行政区域调整前龙湾区有关政策标准执行，期满后再另行予以明确。具体操作层面由市级相关部门与洞头区、龙湾区协调对接。委托其间，洞头区和瓯江口产业集聚区结合相关发展规划和灵昆街道实际，协同制定灵昆街道经济社会发展的计划和规划。2015年11月1日起正式实行。

【洞头区行政服务中心灵昆分中心成立】 2015年11月2日，洞头区行政服务中心灵昆分中心成立并正式对外办公。分中心开设8个办事窗口，包括7个部门窗口和1个综合窗口，负责直接办理或代办相关行政审批服务事项。其中部门窗口分别是市场监管、教育、社会保障、交通运输、海洋渔业、计生和公安消防等。11月1日起，洞头区正式将灵昆街道党建、人事、经济、社会等事务委托瓯江口产业集聚区管委会管理。洞头区委常委、常务副区长张志宏参加仪式，并为分中心授牌。瓯江口产业集聚区管委会副主任谢作雄出席仪式。

【灵昆街道截污纳管入户管工程建设现场会】 2015年5月21日，灵昆街道在双昆村举行截污纳管入户工程建设现场会，瓯江口新区管委会主任姜增尧出席并讲话。“五水共治·治污先行”是瓯江口新区提出的重要战略部署。瓯江口新区截污纳管工程主管网铺设工作于2014年6月正式启动，工程进入“最后一米”纳管入户攻坚阶段。一期工程范围涉及6个村7个标段57335米主管网建设，涵盖化粪池改造3081户、入户数3151户。资金投入约4600万元。

（刘君可　林佰露）

大门镇

【概况】 大门镇是洞头区陆域面积最大的建制镇，位于区域西北，乐清湾南端，隔海与台州、玉环、灵昆岛相望。全镇陆域面积36.26平方千米，下辖3个农村新社区，22个行政村，2个居委会，1个社区委员会。2015年末，总人口2.75万人。大门镇作为洞头北片中心，拥有得天独厚的区位优势、港口优势、旅游资源优势、花岗岩资源优势和丰富的山海资源优势。建有5万吨级、5000吨级、3000吨级不同级别码头10余座。全镇企业251家，农业专业合作社44家，水路运输企业11家，海运企业6家。海水资源异常丰富，建有滩涂养殖、围塘立体混养养殖和深水网箱养殖基地；岛内平原广阔，山地资源丰富，以大荆、小荆、枫树坑、石浦为主的四大经济林建设初具规模；花岗岩储量21亿立方米，可开采3.18亿立方米；港口资源丰富，海岸线长42.2千米，可建万吨级以上泊位15个，发展港口储运业十分适宜；旅游资源丰富，景点总面积约4.5 平方千米，是洞头区省级风景区的主要组成部分，域内有省级风景名胜马岙潭旅游度假区。连续举办七届海岛（大门）油菜花观赏游。是浙江省首批五个“蓝色海洋经济开发示范园区”之一，全国羊栖菜和深水网箱养殖基地。先后获全国重点镇，温州市一星级文明镇、温州市卫生镇、浙江省生态示范镇、浙江省教育强镇、全国环境优美乡镇等称号。

全年大小门岛完成固定资产投资15.53亿元，实现经济总收入41.85亿元，参与税收分成收入2106万元。全镇工业总产值28.5亿元，其中工业企业2.46亿元，同比增长16.92%；完成规模以上工业总产值26亿元；完成工业性投资额1.12亿元，同比下降49.1%；完成出口交货值950万元（不含华电公司），同比下降18.8%。2015年，大门现代石化特色产业科技园区实现总产值62.7亿元，其中现代石化特色优势产业销售收入占整个园区年销售收入的97%以上。加大整合提升大门花岗岩产业，实现产值1.7亿元。

推进大门大桥一期工程（含小门接线公路）、大门镇至小门大桥公路（隧道）工程等项目建设。马岙潭观音礁景区及周边环境提升工程、大门海洋经济示范区公路提升工程、大门产业基地引水工程相继开工建设。建成大门镇污水管网二期工程。基本建成大门镇东片引水工程。邀请温州市城市设计院提升设计集镇环境。推进村容村貌集中整治，深入开展“四边三化”“两清行动”“三改一拆”。深入实施“五水共治”，开展河道整治，确保辖区无垃圾河和无黑臭河。建立大门镇旅游项目库，完成龟岩森林公园建设和马岙潭景区内部改造。加快景区配套设施建设，全镇新增停车位5000个。深入开展“一打三整治”工作，拆解涉渔“三无”船只56艘。完成384名渔民五等机架及渔业生产安全的培训考试。向97艘洞渔渔船和37艘养殖渔船总计发放129万元。全年大门镇水产品总产量4683吨，渔业总产值6950万元，同比2014年渔业总产量上升16%，总产值上升1%。2015年，落实单季稻播种面积700余亩、油菜播种面积3000余亩。

承办洞头区渔农村精神文明建设暨道德示范村创建工作现场会和洞头区第二届乡村学校少年宫建设现场会。组织开展“我的家训家规和家风故事”征集和优秀童谣征集工作。开展“9·20”公民道德宣传日暨文明诚信等系列主题活动。5户家庭获洞头区十星级文明示范户。大荆村吕丹丹入选“发现最美浙江人—浙江好人榜”。开展“我们的节日”（春节、清明节、端午节、中秋节和重阳节）系列主题活动。组织全镇25个村居健身苑点、篮球场、乒乓球场等普查。更新豆岩等8个村居的健身器材及美岙等6个村居的篮球架等设施。挖掘发现传统手工技艺（木雕）——张强、传统手工技艺（番薯烧酿制技艺）——王银存以及舞蹈创编——林冬梅等3位洞头社科民间人才。黄岙社区市级”五有十化”文化中心通过考核验收。举办“开春祈福”跑马灯表演、唱鼓词、“点烛生”等民俗活动和越剧表演等活动，全年5个文化礼堂共举办各类活动70余场次。联合区委宣传部、区文化馆在朝阳社区百姓舞台开展“春福六送”文化礼堂活动暨“迎接大桥时代”百姓微舞台文艺演出。举办以“美丽水乡·巾帼风采”为主题的庆“三八”妇女趣味运动会，全年举办各类文体活动12场次。

全年排查受理并成功调处矛盾纠纷222起，涉及标的额385.73万余元，其中疑难案件20起，没有发生一起因调处不到位而引发社会矛盾激化、群体性上访事件或民转刑案件。全年开发村居公益性岗位20个，95人受益计算机和美食技能培训。领取养老金3562人，完成489人企业退休人员资格认证。55家用人单位签订劳动合同涉及377人。处理各类劳资纠纷13起，涉及资金150万余元。调整不符合低保户对象15户，新增5户。发放大病救助补助金68.8万元。“慈善一日捐” 3.3万元。提升小荆、朝阳、观音礁村级养老服务机构改造建设，完善大门中心敬老院功能配套设施建设。全年发放各类扶残助残等补助资金55.7万元。

争取资金200万元改造原黄岙电影院，作为党群综合服务、活动场所，内设党群活动室、农家书屋（春泥活动室）、礼堂、讲堂等功能室及老协等组织的办公场所。出台“流动党员管理”十条规定，对定期学习、定期参加活动、组织关系管理、参与村级事务管理等方面做出明确规定。甲山村等9个村居的60名困难党员、困难户受惠“双千结对 共建文明”活动。建立大门镇“党建e通”平台，严格落实村干部坐班制度。对19个年集体收入未达到5万元的村居补足组织运转经费24万元。结合“三改一拆”“软弱涣散党组织整顿”，建立月通报、约谈制度，共谈话70余人次。围绕村级事权、财权，修订《大门镇村级运行规则》《大门镇村级三资管理规范》《大门镇村级工程建设项目管理规定》。结合农村基层作风巡查村居（除东屿外）24个，对全镇村居村监会开展自查自纠，并推行村监会主任工作例会制度。信访接待日活动组织下访干部 100余人次。全年完成招投标项目60个，总额280万元。

【《大小门岛港区总体规划》通过审查】 2015年1月8—9日，由交通部牵头，联合省交通厅，在温州召开大小门岛港区总体规划审查会。浙江省发改委、浙江省住建厅、浙江省海洋渔业局、浙江省港航局、浙江海事局及交通运输部规划研究院等部门专家、领导和代表参加评审会。会议邀请交通部原总工程师蒋千、徐光等5位国内知名专家组成评审专家组。总体规划主体内容包括大小门岛产业功能定位、城市规划、区域建设用海规划等。《大小门岛港区总体规划》明确了大小门岛港区以石油及化工品仓储、运输为主的发展定位。

温州港大小门港区总规交通部评审会.

【大门大桥主跨合龙暨全桥贯通】 2015年1月25日2时30分，大门大桥（一期）工程主跨合龙。上午9:30举行全桥贯通仪式。温州港集团总经理李长江、洞头县政府副县长叶海峰等参加。大门大桥是浙江省“十一五”规划重点工程，于2010年2月开工建设，是我国第一座同时具备通路、通电、通水功能的海上特大桥。温州市大门大桥一期工程是目前温州市规模最大的跨海大桥工程，起点位于乐清市翁垟街道，向东横跨乐清湾海面，连接洞头县大小门岛。整座大桥全长约10.14千米，按双向四车道设计，路基宽度为24.5米，主桥桥梁宽度32.2米，其中主线路线长约7.49 千米，连接线长约2.65千米，时速可达80千米，大门大桥总投资20.36亿元。海上引桥宽31米，陆上引桥宽24米，主通航孔航道等级为3000吨级海轮。工程由温州大小门岛投资开发有限公司负责，浙江省交通规划研究院设计。工程Ⅰ标、Ⅱ标、Ⅲ标分别由中交第三航务工程局有限公司、中交第一公路工程局有限公司和中交第二航务工程局有限公司承建。广东虎门技术咨询有限公司监理。大门大桥建成通车后，大小门岛将逐步发展融入温州以深水港、高速公路、铁路、航空、国省道、城市快速路为依托的立体型综合交通体系。对改善大小门岛港区的集疏运条件，解决产业基地对外交通、供水、供电和海岛群众出行难问题，提升临港产业岛、助推温州第一大岛产业转型，促进大门临港产业基地开发建设等方面具有重要意义。

2015年1月25日大门大桥全桥贯通

【洞头县渔农村精神文明建设暨道德示范村创建工作现场会】 2015年4月1日，洞头县渔农村精神文明建设暨道德示范村创建工作现场会在大门镇举行。县委常委纪委书记张雨、副县长吴志安参加会议，110余名与会人员现场观摩学习了小荆村开展农村精神文明建设工作及创成全国文明村的先进经验。会议强调，要以满足百姓期许为目标，建设美丽乡村，抓长期不松懈；要以培育和践行社会主义核心价值观为根本任务，引领价值认同，凝正气聚能量；要以改善民生为重要落脚点，既要抓好渔农村“改路、改水、改厕”等硬件建设，更要抓好家风家训、农村志愿者组织和村规民约等软建设，优环境树新风。要以开展专项治理为重要抓手，把整治脏乱差作为经常性任务来抓，把加强诚信建设作为重要任务来抓，把治理“黄赌毒”作为突出任务来抓，破难清钉除障，育民风促文明。同时要以丰富农村群众精神文化生活为重要内容，完善农村基本公共文化服务，弘扬优秀民间民俗文化，活跃渔农村群众文化，以文化人，以文育人。会议还表彰荣获2014年度县级、省级和国家级文明村称号的行政村。大门镇小荆村获“全国文明村”称号，北岙街道打水鞍村获“浙江省文明村”称号，大门镇东浪村、石浦村、寨楼村和霓屿街道郎等村等9个行政村获2014年度“洞头县文明村”称号。

【大门海洋经济示范区公路提升工程开工】 2015年1月，大门海洋经济示范区交通基础设施改造提升工程开工建设，项目投资概算7.41亿元，由县交通建设指挥部组织实施。该提升工程涵盖新建大门美岙至沙岙公路，实现大门公路全环岛；建设白龙屿接线公路，改造提升大门镇、鹿西乡现状道路；完善停车设施及交通站场设施；建设小门大桥助航标识，以及大门大桥连接线主干线环境整治提升。

【大门镇120急救站建立】 2015年1月下旬，大门镇120急救站成立并试运行，标志着大门镇正式加入温州市120急救体系。大门镇120急救站配置一辆急救车和相关医务人员，急救通道和车载抢救设备等均同步投入使用。大门大桥通车后，该急救站增配急救车一辆，并搭载GPS定位系统，将有效提升应对交通事故及公共卫生突发事件能力。

【《寻找流逝的记忆》编印成册】 2015年10月初，《寻找流逝的记忆》正式编印成册，由大门镇人民政府于2013年夏开始组织搜集发掘。全书26.4万字，设7个章节，分为民间风情、村史演化、民间生产及制作、民间物件、古建筑、民间信仰场所、风景，涉及诗词、歌谣、传说、农事、饮食、美景、文物、艺人和建筑等内容。这是一部探寻大门岛历史文化脉络、寻找大门岛民间记忆遗存的书籍，比较全面地记录了大门乡风、乡俗、人文、历史等。邱国鹰为该书作序。

【吕丹丹入选"发现最美浙江人—浙江好人榜"】 2015年3月，大门镇大荆村村民吕丹丹入选省委宣传部、省文明办公布的"发现最美浙江人—浙江好人榜"。吕丹丹，女，1981年10月出生，大门镇大荆村人，原籍安徽人，2001年入嫁。一直以来严谨持家、服侍婆婆，是一位孝顺媳妇，广受邻居称道。吕丹丹婆婆中风瘫痪在床多年，生活不能自理，时刻需要人照料。老人常年卧床缺乏锻炼，时常便秘，吕丹丹总是撩起袖子用筷子帮老人排便。老人常说自己有福气，找了个好媳妇，胜过亲闺女。春去秋回，寒来暑往，吕丹丹用行动践行着"百善孝为先"的传统美德。从平凡中体现真诚，从日常中倾注关爱。评选活动由省委宣传部、省文明办等单位联合在全省开展推荐。每月评选一次，每次20人左右。

（林万敏）

东屏街道

【概况】 东屏街道位于洞头本岛东南部，面朝东海，紧邻城区。由4个住人岛、88个无居民岛组成，陆地面积14.47平方千米。户籍人口2.294万人，常住人口1.99万人。辖16个行政村及3个农村新社区（蓝港社区、东港社区和半屏社区）。2015年，实现社会经济总产值18亿元，可比口径同比增长16.8%；其中一产产值3.9 亿元，二产产值6.8亿元，三产产值7.3 亿元，三产比例为22：38：40；税收收入2318万元，同比增长8%；渔农民人均纯收入18400元，同比增长10%。创成浙江省特色农家乐特色乡镇、温州市卫生应急工作示范乡镇，获温州市文明街道称号。

全街道实现工业总产值34160万元，其中机械汽配工业产值22436万元，水产品加工产值5037万元，建材工业产值5611万元。新引进企业3家，温商回归投资额9587万元。优化捕捞生产结构，引导双拖渔船兼作生产10艘，捕捞效益稳中有升。完成科技富民强镇专项行动计划，推动羊栖菜产业转型升级。招商引进坛紫菜规模化养殖企业，开辟养殖新海区2000亩。深入开展"一打三整治"工作，累计取缔涉渔"三无"船舶93艘，率先实现"两年任务一年完成"目标。全年街道实现渔业产值3.1亿元。乡村旅游开启智慧旅游模式，引导渔家乐经营户加入洞头天猫淘宝官方网站之家、美团网5家，拓展乡村旅游销售渠道。引导民宿产业发展，培育怡蓝湾、钱苑后院等一批特色精品民宿。成立"渔悦·东屏"民宿联盟，提升民宿整体水平。全年街道新增渔家民宿床位236张，实现旅游综合收入2.13亿元。

完成垅头湾海洋旅游综合体、仙叠岩景区提升工程、半屏山景区提升工程等34项重点工程政策处理。启动东屏大道二期项目前期工作，蓝港花苑二期交付使用，"小岛迁"项目成为全市农房集聚样板工程。同步实施洞头海防执勤码头、垅头地质灾害治理、东屏农贸市场等工程建设，完成街道本级重点建设项目16个。积极推行村民联建公寓建设，加快中仑、后坑、垅头二期等联建房项目建设。推进东岙村、寮顶村、金岙村等省级农房改造示范村项目建设。金海蕴、永宏、东启等企业老厂区纳入省第一批低效土地利用试点单位。全年街道实现固定资产投资10.4亿元。

深化美丽乡村建设，启动东岙、寮顶、金岙等3个省级美丽宜居示范村项目。打造连港蓝色海岸带精品线路，强化沿线村庄民房规划管控。完成东屏片截污纳管管网工程建设，农户改厕完成年度任务的220%，农村污水治理工作走在全区前列。巩固“无违建街道”创建成果，累计拆违处置22000平方米。开展环境综合整治八项行动，累计投入整治资金320万元，农村卫生、生活垃圾处理排名全区第一。化解民间金融风险中，累计接待群众7400多人次，确认清会2778起，涉及金额2.3亿元。推行网格化管理，累计收集任务单信息906条，化解895条。推行纠纷调解多元化，累计化解矛盾纠纷112起。消防安全“双月”攻坚行动整治隐患出租房347间，安全生产各类指标零增长。新增养老保险参保人数685人，医疗保险参保率100%。实施低收入农户收入倍增计划，完成专业合作社、扶贫龙头企业等扶贫项目认证。培训渔农民136人，新增就业145人，失业人员再就业63人。推行低保动态管理，累计走访慰问困难群众400多户，全面消除4600元以下低收入农户。探索社区养老模式，新建居家养老服务中心2家。

东屏街道加快村民中心及文化礼堂等基层阵地建设，注重建管用相结合，基层阵地建设受到省委书记夏宝龙等省市领导高度肯定。探索“互联网+基层党建”工作模式，与温州网战略合作签约，建成“东屏e厝边”党建信息服务平台，打造党员学习交流的“网上家园”。开展基层党组织和党员“五星争创”活动，做好党员星级评定与落后村整改晋升。实施“红色细胞工程”，开展微心愿认购等党员服务活动，提升基层党组织服务群众能力。制定实施村干部作风建设记分量化管理办法。组织开展“我们的节日”、春泥计划、道德讲坛、“四点半学校”等系列活动，提升群众道德素质。借助文化礼堂，举办区首届“文化礼堂”杯村歌大赛、社区邻里节、市民艺术团下乡等大小型宣传活动76场。洞头区第五届体育运动会、洞头区“海疆杯“篮球赛中均获第二名。举办七夕民俗风情节、迎头鬃开捕节等活动，弘扬闽南民俗文化。积极培育海洋特色文化，百福古船木厂受邀参加深圳文博会并获好评。

【夏宝龙调研指导基层阵地建设】（参见《专辑》栏目）

【王辉忠调研洞头平安建设工作】（参见《法治》栏目“社会治安综合治理工作”分目）

【林忠民获“全国劳动模范”称号】（参见《人物》栏目“全国劳动模范”分目）

【县深化“五星争创”暨村级绩效考核工作部署会在东屏街道召开】

2015年4月24日，洞头县在东屏街道召开深化“五星争创”暨村级绩效考核工作部署会。会议总结交流各街道(乡镇)开展“五星争创”工作经验，全面部署村级绩效考核工作，进一步推进我县农村基层党建工作。董智武一行实地考察东屏街道后坑村“五星争创”及洞头村党建引领农村集体经济发展工作等。会议指出，要以深化“五星争创”活动为主抓手，重点抓好规范党组织生活、议事决策规则、村规民约、村级财务管理、村干部权力运行等工作，着力推进农村基层党组织规范化建设；要在着力落实村级组织运转经费保障、社区服务群众专项经费、村级活动场所建设、村“两委”主职干部报酬等保障工作的同时，着力抓好农村基层作风巡查工作，完善村居绩效考核体系等工作。董智武强调，要全面落实党委书记抓基层党建责任清单制度，全面落实书记领办项目制度，全面加强村干部队伍建设等工作，切实落实基层党建责任制，推动农村基层党建各项任务落地生根，不断提升农村基层党建工作水平，为加快同城发展、建设“海上花园”提供坚强的组织保证。县领导林琼、钱敏云、刘素婷等参加会议。

【第八届洞头七夕民俗风情节】

2015年8月20日（农历七月初七），第八届洞头七夕民俗风情节在东屏街道东岙村举行。本届七夕活动以“祈祷·感恩·快乐成长”为主题，突出渔村成人礼主旋律，以“渔村+文化礼堂”作为活动场地，通过东岙、洞头、中仑、垅头、东岙顶等五村同办成人礼、齐设祈福宴形式，开展文化村体验游、渔村文化礼堂成人礼、七夕成人祭

中国洞头第八届七夕民俗风情节行成人礼

拜仪式、七仙女走进渔村送平安等活动，把最具本土特色的七夕节展现给游客，让游客深度体验渔村七夕民俗文化。本次成人礼选择在各村文化礼堂举行，为16岁虚岁以下儿童及正当16虚岁少年“成丁”祈福，通过少年念诵弟子规，表达对父母的感恩之情；同时结合文化礼堂崇德尚德氛围，让少年们懂得感恩父母。活动由洞头县人民政府主办，东屏街道党工委、东屏街道办事处承办，县委宣传部、县政协、县文体局、县旅委、团县委等单位协办。

（吴世娟　卓桂枝）

【“渔悦·东屏”民宿联盟成立】

2015年9月，洞头区首家民宿类行业协会—东屏街道“渔悦·东屏”民宿联盟成立。会议通过《渔悦·东屏民宿联盟章程》《渔悦·东屏民宿联盟入会准入认定办法》，选举产生首届理事会成员。聘请温州市慢生活联盟、温州市休闲旅游协会专业人士作联盟顾问。与会员单位签署入会承诺书，对成员单位在主题风格、住宿设施、营业范围、服务事项上做出规定和要求。在东岙、东岙顶、惠民村、大北岙村等民宿集中村成立农业观光合作社，从民宿的经营用房、消防、治安、卫生、环保等方面进行界定和业务指导。定期组织区市场监管、公安、消防等部门上门服务、指导。发展了怡蓝湾、海海人生、钱苑后院、滨海景苑、仙叠缘等一批特色民宿10家。民宿联盟通过整合民宿资源，规范行业发展，提升民宿整体水平，打响“渔悦·东屏”民宿品牌。截至11月，东屏街道发展民宿89家，床位904个，共接待游客10.84万人次，同比增长28.87%，实现营业总收入1650.8万元，同比增长24.35%。

【舞蹈《达坂城的姑娘》获浙江省“文化礼堂”乡村排舞大赛金奖】

2015年10月25日晚，浙江省“文化礼堂”乡村排舞大赛上，东屏街道中仑村排舞节目《达坂城的姑娘》以整齐协调的舞蹈动作、丰富饱满的表演情感、清丽脱俗的表演风格获中年组金奖。大赛经过层层选拔，来自全省各地文化礼堂的62支排舞代表队参加比赛。大赛分青年组、中年组和老年组。由浙江省文化厅主办。中仑村排舞队成立于2013年，由中仑村文艺骨干、好厝边志愿者、党员群众文艺爱好者组成。曾获浙江省电视台我爱跳排舞大赛最佳笑容奖、2014年洞头县第四届排舞大赛金奖、2015年温州市第八届排舞大赛金奖等荣誉。

（吴世娟）

元觉街道

【概况】 元觉街道地处洞头地理中心位置、交通便利，离县城8千米，距温州市区40余千米，南凭洞头大桥、洞头峡跨海大桥与北岙新城区相连，西跨深门大桥与霓屿街道相接，北隔黄大峡航道与大门岛隔海相望。全街道由状元岙岛、花岗岛和青山岛三个主要岛屿组成，陆地面积7.84平方千米，辖行政村7个，户籍人口11086人，外来人口524人，党支部15个，党员367名。全年财政收入1324.04万元。渔农民人均收入14736元，同比增长10.4%。

2015年，全街道实现社会总产值5.83亿元。完成固定投资5.8亿元。实施温商回归“一号工程”，先后引进浙江乘浪海运、温州德立建设、花岗特色民宿等招商企业及项目，实现到位资金1.68亿元，同比增长124%。温州江东能源、浙江大华幕墙年产值分别突破1亿元和2亿元大关。全年实现工业总产值2.25亿元，同比增长85%，其中规上工业年总产值2.15亿元，同比增长132.2%。全年实现渔业总产量1355吨，产值2646.5万元，同比分别增长6.03%和7.98%，其中捕捞产量1292吨、产值2574.5万元，同比分别增长8.66%和9.60 %，海水养殖产量63吨、产值72万元，同比分别下降29.13%和29.41%。全街道渔业船只68艘，养殖面积375亩。全年拆解“三无”渔船29艘，开展特种设备、水手、民宿管理等渔农民转产转业培训3期92人。

温州状元岙国际码头有限公司全年港口货物吞吐量308万吨，其中集装箱28869标箱，同比增长41.22%。萨哈林安洋轮成功靠泊温州状元岙港，标志着温州港—俄罗斯远东地区直达航线正式开通。12月份丽星邮轮与温州港集团签订邮轮项目意向合作书。深化“港街共建”，完成涉港政策处理事项25项，全面推动各项重点工程建设。状元南片围垦回填工程投资1.48亿元，累计完成投资6.29亿元。状元岙港区化工码头一期工程投资3100万元。深化“三改一拆”，共拆除重点违建20处9600平方米，没收违法建筑204处3417平方米。“三改”二类目标改造面积13.5万平方米。“祛疤栽花”生态改造项目、辖区危旧民房的改造整治等投入资金近百万元，清理各类垃圾1500余吨、脏乱疤点240余处。“城中村”二类目标改造面积13.5万平方米。

美丽乡村建设

深化孝道文化建设，以孝道元觉、沙角相思岙和花岗石头房为背景，邀请知名词曲创作人创作《港城元觉幸福吉祥》《相思岙》《花岗传奇》村歌，并在村民中传唱。建成以福寿亭长廊为主阵地的沙岗文化礼堂，以及状元、沙角、沙岗三个室外百姓舞台。全年开展重阳文艺演出、诚信专题会演、法治宣讲、家风家训进文化礼堂等活动20余场。少儿海蜇舞《小海蜇的蓝色畅想》获省幼少儿舞蹈大赛表演兰花奖、创作兰花奖。推进“微笑进农户”“周二夜访”“红色微恳谈”等平台进村入户，依靠“现场交办会”人大联络站、“元觉瞭望”“元觉微讯”等载体，拓宽群众诉求渠道，累计走访群众6200余户次，解决港区污染防控、渔船避风、民房震损等各类群众反映强烈的难题150余件。调解案件总数122件，涉案金额26.7万元，涉案当事人数257人，调解率100%。兴港家园、和港家园、沙港家园农房集聚工程全部结顶。完成状元烟墩炮山森林公园规划设计。各类扶贫资金76.9万元惠及984名群众。

状元岙深水港区

深入推进村干部坐班值班、

烟墩炮山森林公园

"五议两公开"、软弱落后村整改以及党建"红色组合拳"等系列工作，夯实基层基础。实施"五步工作法"议事机制▲，结合"五议两公开""三会一课"等，推出"三认一评"党员服务机制▲，配套"党员帮你"工作室，促进村级党组织主动服务。完成状元、沙岗两村村民中心建设。全年累计走访群众2341户，其中外来人口417户，基本实现走访在家群众全覆盖。深化"三务"平台监管，全年公开各类信息612条，其中党务信息156条，村务信息146条，财务信息248条，便民等其他信息62条。全年开展机关作风效能明察暗访40次，通报批评14人。

▲"五步工作法"议事机制：驻村干部政策宣讲、村委会主任工作汇报、党员民情反馈、村监会民主监督、党支部书记总结点评。

▲"三认一评"：认岗位、认亲人、认难题、接受群众评议。

【开辟俄罗斯远东集装箱直达航线】 （参见《交通　信息化》栏目"海路运输"分目）

【状元岙港区开启"义乌集装箱重进重出"模式】 （参见《交通　信息化》栏目"港口开发"分目）

【张丽萍调研洞头基层妇联组织建设试点工作】 （参见《社会团体　工商联》"妇联"分目）

【元觉烟墩炮山森林公园一期工程建成】 元觉烟墩岗炮山森林公园一期工程于12月底建成，历时3个月。元觉烟墩炮山位于元觉街道状元村，东连沙角村相思岙，北与小北岙村接壤，地势东北高、西南低。最高海拔231.9米，面积近35公顷。山顶是观东海日出、五岛全貌、港区全景的佳地。该项目由区财政配套200万元，总规划建设用地面积3005.5平方米。由温州市设计集团有限公司设计，温州鸿建工程建设有限公司施工建设。主要建设：新建架空木栈道302米，修复块石道路418米，建设架空防腐木露营平台、观景平台414.7平方米，绿化补植面积1151.5平方米及景观小品等相关配套设施。2016年将启动烟墩炮山森林公园二期工程建设。

【计生AB剧《好孕一生》网上点击量超百万】 2015年9月，全省首部计生AB剧《好孕一生》微电影在洞头剧院上映。该剧由区卫生和计划生育局、元觉街道办事处出品，温都影视制作中心摄制。温州日版报业集团副社长、温州都市报总编辑郭乐天，区领导王文胜、张贤孟、叶锦丽出席首映式。该剧设上、中、下三集，讲述洞头元觉一人家在生儿育女上碰到的烦心事，并在每一集结尾设置"要不要生二胎""媳妇要不要铤而走险去照黑B超鉴定胎儿性别"等计生热门话题，让主人公陷入抉择不定的A、B两个选项，并发动观众分析剧情走向，参与网络互动讨论。每集首日点播量均突破15万人次，总点击量超百万人次，参与网络互动的观众数千人。该剧还上传到腾讯视频、搜狐等国内知名视频网站。此外，《温州日报》《温州都市报》等滚动发布，获得良好社会效应。

【少儿海蜇舞获省幼少儿舞蹈大赛表演兰花奖、创作兰花奖】 2015年9月19—20日，在景宁县文化中心举行的全省幼少儿舞蹈大赛上，元觉街道选送的大型儿童原创舞蹈《小海蜇的蓝色畅想》，以独特风格和纯真表演，获大赛表演兰花奖和创作兰花奖。《小海蜇的蓝色畅想》是以洞头首批非遗文化《海蜇舞》(源于20世纪50年代)为创作基础，通过海底世界“原住民”海蜇家族追逐蓝色生活的故事，表现“人与自然和谐统一”寓意。作品通过挖掘、提升、再现，表达当下海洋时代里，海岛人渴望与自然和谐共处，呼唤蓝色海洋回归的美好愿景。浙江幼少儿舞蹈大赛由浙江省文化厅主办，浙江省文化馆和丽水市文化广电新闻出版局承办。作为全省规模最大、水平最高的少儿舞蹈创编成果交流展演活动，每两年举办一次，此次大赛从5月开始启动，历时五个月，收到各地选送作品70余件，经过各地区选拔上报、省级专家初评、作品加工等各项工作，入选30件少儿舞蹈作品最终登上决赛展演舞台。

（苏剑培）

霓屿街道

【概况】 霓屿街道位于温州瓯江口外，洞头区西侧，东至深门大桥与元觉街道接壤，南濒大海，西至灵霓海堤与灵昆相连，北隔瓯江口水道，陆岛连通。地名以地处霓屿岛而得。1952年10月，南北两屿分别建政为东岙乡、霓屿乡，1956年初，东岙乡和霓屿乡合并为霓屿公社，1986年10月，经浙江省民政厅批准从霓屿公社析出霓北、霓南两乡。2001年11月，经浙江省民政厅批准，霓北、霓南两乡合并为霓屿乡。2011年5月，经浙江省民政厅批准撤乡改设街道，改称霓屿街道。具有丰富的滩涂资源和海水资源，地形多山，山尖为全县第二高峰，海拔332米。全街道辖区包括附近7个无人岛和23个礁，陆域面积约11.5千米，街道所在地距离县城约15千米，街道办事处所在地为布袋岙村。1998年，被浙江省人民政府命名为“浙江省紫菜之乡”。全街道辖10个行政村32个自然村，现有户籍人口14569人，总户数4739户。下辖党总支2个，党支部18个，党员416名。2015年，全街道完成工业产值7.3亿元，同比增长633%；渔农业总产值1.79亿元，同比增长44.3%；实现固定资产投资8.75亿元，完成年度计划投资的210%；渔农民人均可支配收入16871元。

中海油丽水36—1气田开发项目总投资40.15亿元，2015年7月正式投产，新增投资3700万元建设油气专用码头。注册引进首家二级资质建筑业浙江利鹏市政园林工程有限公司。推进霓屿海洋藻类产品创业园建设规划选址论证、土地利用规划等前期工作。布袋岙一期安置房10幢210套竣工验收，基本建成布袋岙二期安置房54幢1776套。霓正、霓南道路全线贯通，77省道布袋岙接线公路—霓虹隧道贯通。完成同兴码头阶梯码头施工，以及大贡岭、浪漫山森林公园规划编制。实现“两瓯”工程三大料场基本无障碍施工，保障全市“两瓯”工程顺利推进。完成77省道红线外移、丽水36—1政策处理，77省道霓屿段恢复施工，丽水36—1油气专用码头顺利施工。启动瓯飞料场搬迁安置和编制南片搬迁安置工作大纲。创成美丽庭院53户。

全街道捕捞船32艘、养殖船257艘。全年渔业总产量10331万吨，同比增长6.1%，渔业总产值17975万元，同比增长45.8%，其中捕捞产量7310吨，产值4620万元，同比分别下降1.3%和16.5%；养殖产量3021万吨，同比增长46.7%，产值13355万元，同比增长87%。累计拆除“三无”渔船110艘。以海区拓展、技术推广、风险保障、品牌营销为“四

霓正公路

霓屿紫菜养殖海区

大抓手”，加大紫菜产业转型升级。举办农产品推介活动2场，承办洞头区首届紫菜·羊栖菜网络节，搭建紫菜电商平台，试运行“掌上供销”，提高霓屿紫菜知名度。全年街道紫菜养殖面积2.1万亩，初级产品总产值1.5亿元。其中，彩玻钢养殖面积1300亩，亩产值约5800元，探索引进全浮翻转式紫菜养殖1500亩，亩产值约6500元。

创成温州市学前教育达标街道。全面“消除4600”，发放救助资金26.22万元。实施社区养老模式，完成10个村日间照料服务中心建设工作。开展五等驾机、计算机、美食烹饪等转产转业技能培训50多次。健全便民服务体系，实行便民无休日、全程代办制等服务方式。推行晚间工作法、民情沟通日，走访1630户，受理矛盾纠纷73起，化解73起，涉及当事人数161人，涉及金额221.5万元。加强指导培育“管事公婆”等社会组织，指导修订10个村的村规民约。深化实施红色细胞工程建设，健全完善民情E通机制，提质“管事公婆”“红十号”“党建公积金”等优势党建品牌，打造下社等4个规范性村民中心。建立村级季度工作汇报会制度，出台街道二级考绩法和村级考绩法，规范村级“三资”管理等工作。建立党工委会议进村制度，现场解决2个村12项发展难题。探索实施“互联网+微党建”模式，在10个村党支部中设立微信支部，实现流动党员近距离管理。有效保障村级组织运转经费、干部报酬和养老保险村干部保险补助109981元，同比增长22.2%。卸任村干部补助115880元，同比增长3.7%。支出党员关爱基金12.2万元，同比增长16.7%。

【洞头区首届紫菜·羊栖菜网络节】 （参见《商贸》栏目“供销合作经济”分目）

【霓屿料场开采总量2598万吨】 2015年，霓屿料场开采总量2598万吨。霓屿料场是浙江省最大的料场，承担着“双瓯”工程石料供应任务，料场规划总面积约6981.55亩，占霓屿街道陆域面积的44%，资源总储量约4.54亿立方米。目前开采中有77省道料场、网寮鼻料场、瓯飞料场一期（含整合区、二期东

霓屿布袋岙新区一期安置房工程

区）3个料场，约2149.55亩，料场储量9286万立方米。已闭矿的有南山料场、山岗背开采点、田岙屿料场3个料场，约716亩，采方量约1694万立方米；规划中的有瓯飞料场二期西区、瓯飞料场三期、瓯飞料场四期三大料场，规划总面积约4116亩，料场储量3.43亿立方米。

【霓屿布袋岙新区一期安置房工程竣工验收】 霓屿布袋岙新区一期安置房于年底竣工验收。该工程于2011年12月开工，占地面积24.93亩，建筑面积2.94万平方米，总套数210套，完成投资7930.51万元。原为瓯江口工程涉及的房屋搬迁安置周转房。自2012年瓯飞工程启动后，根据市委、市政府相关会议精神，将一期安置房作为瓯飞料场一期的安置用房，用于霓屿街道布袋岙村山背、百步信自然村的搬迁安置（约104户420余人）。瓯飞管委会为工程建设业主并出资，由瓯江口管委会负责代建，温州卓宇建设有限公司为承建单位。

（张　玮）

鹿西乡

【概况】 鹿西乡位于洞头区东北部鹿西岛上，东、南临东海，西南西隔黄大峡水道与大门岛的观音礁相对，北与玉环县隔海相望，距离洞头本岛16.4千米，全岛东西长6.7千米，南北宽1.3千米，岸线长32.75千米，海域面积102平方千米，陆地面积10.06平方千米，地形以丘陵为主。全乡辖6个行政村，分别为鹿西村、口筐村、东臼村、山坪村、扎不断村、昌鱼礁村。2015年末户籍人口8153人，常住人口5000余人。2015年，全乡实现社会经济总产值3.98亿元，同比增长7.8%，同比增长4.9%。第一产业产值2.64亿元，同比增长7.8%，第二产业产值3200万元，较去年持平；第三产业产值1.02亿元，同比增长10.2%，其中旅游业产值同比增长4倍，渔农民人均收入1.58万元，同比增长15%。

全年实现渔业总产值26143万元，同比增长5.94%，渔业总产量63805吨，同比增长6.45%，捕捞产量63525吨，同比增长5.98%，养殖产量280吨，同比20.17%，养殖面积655亩。全年投入双拖渔轮51对、单拖2艘，冰鲜渔运船27艘，发放渔船油补资金4453万元，惠及渔船138艘，渔民1737人。白龙屿海洋生态牧场首批35万尾大黄鱼成功投放市场。南美白对虾高山养殖项目年产两茬顺利收成，亩产效益15万元，发展全浮翻转式紫菜养殖300亩。年供羊栖菜种苗1万匹。坚持“渔旅融合”，开发海岛风情生态旅游，完成“东海第一花道”、东山坪露营平台、妖人岙栈道及道坦岩滨海地质公园一期工程等系列旅游基础设施建设，开辟鹿港古道徒步、鸟岛游线路。举办首届鹿西户外嘉年华暨民俗风光摄影大赛活动，引进浙江中鹿旅游开发有限公司鹿西岛整岛旅游综合开发项目。建成旅客接待中心，改造提升鹿西至东臼公路沿线环境。全年新增渔家大众民宿38家、山坪特色民宿1家，新增床位600余张，累计接待旅客2.5万余人，同比增加4倍。

全乡全年实现固定投资1.7亿元，政策处理20项，引进鹿西首家温州弘盛园林建设有限公司。推进白龙屿海洋生态牧场建设项目主体工程及施工道路、供水工程等配套建设。鹿西渔港工程建设完成总工程量95%以上。4月，成立鹿西水务公司，建成三大水源并网工程和昌鱼礁管网提升工程。完成南山水库提升工程前期及海水淡化工程厂房、附属用房主体结构施工，累计投入资金2200余万元，确保群众用

鹿西白龙屿海洋牧场

水安全。改造提升鹿西交通码头及候船室设施，鹿西综合交通码头正式开工建设。全年拆除各类违章建筑6处面积2864平方米，没收房前屋后违建260处面积3774平方米。完成鹿西村生态公园二期、扎不断西金坑自然村整治等工程建设，东臼、昌鱼礁、山坪村农村生活污水治理工程，以及南山深埋立碑点扩建工程。推进“桃花岛”建设，完成林相改造1790亩和节点绿化13亩，新增公共绿地1万平方米，种植各类苗木1.5万余株。

以维稳“百日攻坚”行动为契机，深化平安创建，创成平安示范渔业乡镇。全年调解渔业纠纷18起，涉及金额1570余万元。80%渔轮船账进入村级代理中心。整改出租房及合用场所59处，调解矛盾纠纷80余件，实现集体访、重复访、无理访事件零发生。完成鹿西村村民中心市级示范点改造提升及口筐村文化礼堂示范点建设。深化“五星争创”，实施“红色细胞”工程，完善“海上党小组”机制，构建党建“海陆”联动格局。开展农村基层作风巡查，落实整改市巡查组反馈问题11个、区巡查组反馈问题23个。

鹿西百家宴

【鹿西岛综合交通码头工程开工】（参见《交通 信息化》栏目“交通设施建设”分目）

【鹿西白龙屿生态海洋牧场110万尾大黄鱼鱼苗投入试养】 2015年11月，白龙屿生态海洋牧场投入试养110万尾大黄鱼鱼苗。2016年1月，首批试养的35万尾大黄鱼成功投放市场。白龙屿生态海洋牧场项目落户于鹿西乡东臼村，利用鹿西岛和白龙屿海域特有的区位条件、良好的生态环境以及丰富的天然饵料生物资源，开展农牧化生态增养殖，以养殖大黄鱼为主，并保护和管理牧场周边区岛屿的贝类、藻类。牧场内88亩由PHC管桩和铜合金网建成的高品质养殖区于2015年6月投入使用。由浙江东一海洋经济发展有限公司投资实施，该公司成立于2011年6月，是一家集海洋经济研发、生态海洋渔业养殖、海产品精深加工、海岛特色旅游、绿色观光农业为一体的股份制企业。工程项目一期预计投入2.3亿元。系省重点建设项目、“浙商回归”样板工程及市“温商回归”重点项目。

【鹿西乡首届户外嘉年华暨鹿港风情杯摄影大赛】 2015年6月27—28日，鹿西首届户外嘉年华暨鹿港风情杯摄影大赛举行。千余名游客、摄影爱好者参加此次活动。户外嘉年华包含百家宴、篝火晚会、观日出、古道全民健行、鸟岛观光游、野战真人CS、山坪古村游玩、露营平台观景、丛林穿越等项目。活动当晚岛上露营近300人。大赛评出一等奖1名，二等奖2名，三等奖3名，优秀奖74名。该大赛由温州市摄影家协会、鹿西乡人民政府联合主办，洞头县文学艺术界联合会、洞头县摄影家协会协办。

（孔繁隆）

责任编辑 卓桂荣

人　物

沙滩渔韵味浓·陈晨

“海霞精神”

爱岛尚武 励志奉献

“五岛连桥”精神

小县办大事 小岛创大业

洞头籍科学家

【林海帆】 生物学家。1961年出生，浙江温州洞头人。美国耶鲁大学尤金–希金斯讲席教授（终身）、耶鲁大学干细胞中心创始主任、耶鲁大学医学院细胞生物学系、遗传学系、妇产科与生殖科学系教授。并任国际干细胞研究学会（ISSCR）董事、纽约干细胞基金会(NYSCF)顾问，美国康州政府生命科学顾问组核心成员、中国国家干细胞研究指导协调委员会成员与科技部干细胞研究国家重大科研计划专家组成员，上海科技大学生命科学与技术学院创始院长与特聘教授，清华大学讲席教授，复旦大学顾问教授，世界温州人联谊总会顾问，温州市引才顾问，及两家生物高科技公司科学顾问。

林海帆就读于北岙小学 (1968–1972)、北岙中学（1972–1974)、与洞头第一中学(1974–1976)，获复旦大学理学士（1982)与美国康奈尔大学博士（1990），曾在嘉内基研究院（Carnegie Institution for Science）从事博士后研究。曾任杜克大学细胞生物学系助理教授、副教授（终身）、教授，杜克大学分子细胞生物学、遗传学、与癌症生物学博士导师 (1994–2006)，杜克大学干细胞研究计划创始人与主任(2005–2006)。2006应邀加盟耶鲁大学创建干细胞中心。

林海帆长期从事干细胞生物学、生殖生物学、RNA生物学、与表观遗传学的研究并对这些领域作出了重要贡献。他发现了第一个控制胚胎细胞分裂的母体基因，证明了干细胞非对称性分裂的自我更新的理论与干细胞微环境假说，发现并命名了多种在人类与动、植物界共有的干细胞基因，包括著名的Argonaute基因家系。发现并命名新的一类遗传调控分子piRNA，此发现被世界顶尖科学期刊《科学》（Science）评为2006年十大科学突破之一。发现piRNA在基因调控与癌症中的重要功能，提出并证明有关piRNA在表观遗传与转录后调控的重要理论。

林海帆长期服务于科学界与教育界。除多项现任职务（见上）外，曾任国际干细胞生物学学会内务长(2013–2015)、常务理事 (2013–2015)、财务委员会主席 (2013–2015)、出版委员会主席(2010–2013)、2011年国际干细胞大会组委会主席（2010–2011）与嘉奖委员会成员（2009–2015），美国医疗卫生总署（NIH，1998–2005, 2007, 2012)、中国自然科学基金会（2003–2005）、英国Wellcome基金会（1999）、意大利西亚那大学基金会（1998）等评委，华人生物学家学会董事（CBIS， 2002–2008)，美洲华人生物学家学会董事（SCBA，2008–2011)，北卡洲分会会长(2003–

2005)，日本国立理化学研究所发育生物学中心（RIKEN-CDB）顾问(2007-2015)，珍—可芬—查而斯医学基金会顾问（2012-2015），中国科学院评估委员会成员 （2007-2009），汕头大学校董（2012-2015），及第一届世界温州人联谊总会副会长(2007-2009)等多种职务。

此外，现任Cell Stem Cell、Cell Research、Stem Cell Reports、Current Opinion in Cell Biology、National Science Review、StemBook 等世界一流学术期刊编委。他曾任Journal of Cell Biology、Nature Reports Stem Cells、Stem Cells、Faculty 1000、Biology of Reproduction与Science China等国际学术期刊编委，并主持国际主流干细胞期刊《Stem Cell Reports》的创办。

林海帆曾获得20多项学术嘉奖，包栝珍·可芬·查尔斯医学研究奖（1990），美国癌症研究会青年学者奖（1996），March of Dimes基金会青年学者奖（1996），David and Lucile Packard 科学与工程奖（1996），Mather奖（2006，20011，2014），美国男科研究会学术报告奖（2008），Laura Hartenbaum 乳腺癌基金会传奇与希望奖 (2009)，爱立生医学基金会深资学者奖 (2010)，美国卫生总署(NIH) “开拓奖” (Directors Pioneer Award，2010) 与 “功勋奖” （MERIT Award，2012)，吴瑞奖（2013，华人生物学家协会最高奖），与国际生殖学会研究奖（Society for the Study of Reproduction Research Award, 2015)。 2010年当选为美国科学促进会会士（Fellow, AAAS)。 曾参与组织或主持近50个国际学术会议，应邀在150多个国际学术会议上做过学术报告，并应邀在世界110多所一流大学与研究机构做过学术演讲。职业生涯曾被《自然》（Nature），《科学》（Science）以及美国多家新闻媒体追踪报道。

林海帆也曾获祖国与家乡赞誉，例如多次受到中国国家领导人的接见，应邀成为建国60周年大庆观礼的嘉宾，被评为“浙江为国服务十大杰出留学人士”（2006），“首届世界温州人年度人物”（2010），及“复旦大学杰出校友”（2010）等。

全国劳动模范

【林忠民】 1971年10月出生，中共党员，东屏街道浙洞渔1451—52渔船船长，曾获省渔业互保协会常务理事、省渔区十佳平安老大、市劳动模范、市十大优秀农村青年、市农村青年星火带头人等荣誉。4月28日，林忠民参加在北京人民大会堂举行的2015年庆祝“五一”国际劳动节暨全国劳动模范和先进工作者大会，获2015年度“全国劳动模范”称号。立志创业闯新路。1995年，积极响应“渔业兴县”号召，购买当地第一对钢质渔轮。1995年—2010年，先后3次更新改造渔船， 2012年，积极瞄准捕捞渔船发展方向，投入资金1500万元，新造全县马力最大的一对拖网渔船，示范带动全县渔业转型升级。累计投入资金2亿多元，更新改造32艘钢质渔船。积极示范勇开拓。发挥名老大号召力，带头遵守渔业规定，开展一船多业和生产网具改革，带队开展南部新渔场开发，组建全市首家捕捞专业合作社，走上信息共享、渔货共销的组织化道路，直接带动渔船20多艘、一线渔民150多人，全年对船产值500多万元，渔船航次生产和生产效益居全县同类作业前列。发挥作用报社会。始终坚持帮助周围渔民走上富裕之路，当别人生产需要帮助时，毫不保留地提供生产信息，帮助联系相关业务，使渔民兄弟生产尽早出效益。同时提倡编组生产，为应对海上安全生产突发事情，带头组建渔业海上义务救助队，多次放弃海上生产开展海上事故抢险救助，挽回渔民兄弟的生命财产安全。积极动员周围职工参加政策性渔业互助保险，目前在册船只职工保险率100%。还积极为村里事务出谋划策，配合开展村级公益事业，为村经济发展和社会稳定发挥一名共产党员作用。

（胡俊彪　吴世娟）

逝世人物

【陈星文】 1932年9月出生，汉族，江西省靖安县人。望海楼设计者。南昌市旅游局滕王阁管理处总工程师、高级建筑师。1953年考入清华大学建筑系建筑专业，师从梁思成。历任江西省建筑设计院建筑师、南昌市滕王阁管理处总工(正处级)，是国家首批一级注册建筑师。1985年担任滕王阁重建工程总建筑设计师，获1992年建筑业最高奖—鲁班奖。曾主持过滕王阁景区、八大山人风景区等江西多处著名景区建筑设计工程。2003年，陈星文的设计方案被确定为望海楼重修工程最终方案。2007年望海楼正式开放后，陈星文还为望海楼申报中国历史文化名楼作指导。11月25日，陈星文逝世，享年84岁。

（邱国鹰）

模范人物（集体）

【陈松财】 1971年9月出生，洞头县教师发展中心工作人员。获敬业奉献道德模范、最美教育者称号。他只有一个孩子，却说有141个孩子。从教23年，尤其是2012年担任县教育局普教管理兼特教专职干部、特教随班就读指导中心副主任以来，走遍洞头大街小巷，对全县残疾儿童信息了如指掌。积极协助学校做好残疾儿童中请与招生宣传，引导轻度残疾儿童在附近学校随班就读，让中重度能自理的儿童到市特校就读。同时对个别残疾儿童实行上门送教服务。除说服家长外，还与学校和老师做好沟通，让更多特殊儿童被接纳入校。利用业余时间编印随班就读10多册工作资料。2013年5月，被授予温州市“扶残助残爱心人士”称号。

【甘泽民】 1981年12月出生，县公安局刑侦大队民警。获敬业奉献道德模范、最美警察称号。2004年参加工作以来，一直奋斗在刑侦一线上。由于警察岗位特殊，工作时间不固定，平时在家里接到电话，遇有紧急任务，是常有的事。受县局嘉奖十余次，被评为年度先进个人3次，以及“洞头县公安局十佳民警”“洞头县公安局破案能手”，现为温州市特聘刑事犯罪侦查破案能手、温州市刑侦视频侦查人才22人之一。

【肖文】 1981年11月出生，县人民医院急诊科医生，原籍江西。获敬业奉献道德模范、最美医生称号。十年前从温州医学院临床医学专业毕业来到洞头，留在了洞头。十年来，在异域他乡， 在第二故乡，勤勤恳恳，兢兢业业，刻苦钻研，坚守在生命第一线。急诊科作为危重病人抢救的第一道关口，工作责任大，任务重。作为医院特殊的一个科室，需24小时绷紧神经。为了预防紧急工作任务，睡觉时都把手机开着，放在床头边，一有抢救任务随叫随到。因为医生工作时间不固定，加上急诊科加班加点是常事，家庭生活舍弃的多。却在无数个夜晚守护在患者身旁，整夜未眠将患者从死神手中夺回。对家人，有心疼、有愧疚，但无怨无悔。作为医生，他只是想对得起这身白大衣。2014年获洞头县“最美医生”称号。

【林银凤】 1968年10月出生，大门镇大荆村党支部书记。获敬业奉献道德模范、最美村干部称号。2006年走上村支部书记岗位以来，本着谦虚好学精神和与生俱来骨子里女汉子个性，利用双休日时间走村串户，听取村民意见建议，帮助80户村民联建农民公寓，解决住房难问题。多年来，始终以自己真心为民精神和一股不放弃、不言败的痴劲，得到村民认可和信任。先后被评为“乡镇、县级党建工作先进个人”“三八红旗手”“先进党务工作者”和“温州市学习标兵”“温州市学习型党员”“温州市最美村干部”等荣誉。凭借“痴劲”“硬劲”，村里建起了农民公寓，开发出了生态农业基地，并先后获省级小康示范村、省级卫生村和市级生态村、文明村等称号，成为大门镇一个品牌村。“我是一个党员，应该为村民做点事情，也使生活过得有意义点。如果老百姓需要的话，我会继续在这里工作”。

【詹莲香】 1963年5月出生，温州利华道路保洁有限公司工作人员。获敬业奉献道德模范、最美环卫工人称号。2000年到环卫所工作以来，一直从事道路清扫保洁工作。工作中处处以身作则，爱岗敬业，不管刮风下雨，还是炎炎烈日，每天总是第一个到岗，最后一个离开，从来没有迟到早退。特别是进入秋季落叶期，路面到处是落叶，总是挥动着大扫把，一刻不停地把一堆堆树叶及时清扫装运走，保持路段卫生干净整洁。像冬天非常冷，照样三四点钟起床，把大街小巷各个角落扫得很干净。有时候看到经过别的地方不干净，就随时拿个扫把扫干净。环卫工作十几年如一日，在平凡岗位上默默无闻奉献，体现着“宁可一人脏，换来万人洁”环卫精神。

【朱阿尽】 1927年9月—2014年3月，元觉街道沙角村村民。获见义勇为道德模范，最美老人称号。2014年3月11日中午，87岁朱阿尽老人因救邻居91岁林阿婆，失去重心，摔到路边深沟，头部着地引起颅内出血不治身亡。出事前几天，朱阿尽还站在门口提醒来往行人要小心走路。但当真正危险来临时，这位耄耋老人却没有丝毫犹豫，奋不顾身地冲了出去。老人生前总是说，虽然年纪大，但是自己也会尽力地去帮助需要帮助的人，让别人得到帮助自己很开心。

【林杰】 2003年3月出生，洞头县钱江电视希望小学（前身为霓北小学）六年级学生。获孝老爱亲道德模范，最美少年称号。独自照顾患颈椎病留下后遗症母亲近6年。五六年间，担负起照顾身患重病母亲的责任。对母亲无微不至的照顾，感染着身边的每一个人，也感动着每一个人。因为父亲常年外出打工，当同龄人还在睡梦中，已经起床帮母亲洗漱；当同龄人在看电视、玩游戏时，他需要在家热菜盛饭，照顾母亲吃饭。回家最爱做的事情就是和母亲待在一起，聊聊天，说说学校里趣事。虽然有时候也会觉得累，但从来不觉得苦，更没有一句怨言。和母亲在一起，觉得很幸福。2015年3月，被授予“感动温州十大人物”。

【叶元森】 1993年1月出生，出租车司机。获诚实守信道德模范，最美的哥称号。在接送乘客途中，发现有乘客拎着不属于本人的皮包下车，随即下车阻拦，仔细询问和辨别，发现这包是上位乘客遗落。对方提出平分财物遭拒后，又要将包内财物占为已有。该乘客想将财物与他平分，甚至想将财物占为已有，都被叶师傅义正言辞拒绝，最后把财物送到洞头运管局办事大厅，通过多方联系找到失主。折射出了出租车司机诚信守诺、拾金不昧、为民服务风尚，以及面对诱惑坚持不妥协态度。

【蔡燕】 1948年4月出生，北岙街道海霞妈妈志愿者服务队总队队长。获助人为乐道德模范，最美志愿者称号。多年来，总是热心从事公益服务，一如既往地在钟爱的社区事业奉献余热。经常组织人员，对儿女长期在外工作、无人照看的老人探访照顾，为老人提供家政服务，开展情绪心理抚慰。为社区老人、困难儿童等特殊困境人群带去温暖；参与卫生整治、文明宣传、治安巡逻等为政府分忧解难；平日发现哪家哪户存在消防安全方面隐患，便细心地留下温馨提示单，督促居民及时消除、加强防范，不管刮风下雨从未间断过。弘扬着奉献、友爱、热心、互助的海霞妈妈精神。被老年朋友当成贴心人。

【松龄志愿者关爱帮扶小组】 洞头县城一群来自银行、机关、医院等退休的干部职工组成。获助人为乐道德模范，最美集体称号。成立于2013年9月，由林梅林、董绍新、成贞心等5位退休干部发起，他们因同样助人之心组成以扶贫帮困集体——关爱基金小组。至今成员30名。每月成员捐款5000余元，用于扶帮老、弱、病、残、贫、孤等救助活动。经常清晨出发，走东家访西家，为困难人士送上及时雨。成立两年来多来帮助受困群众31名，受助对象遍及海岛各街道（乡镇），解决问题纷繁复杂。不少社会爱心人士、受助对象等纷纷伸出仁爱之手，铺就了爱心之路。

责任编辑 卓桂荣

附　录

螺贝春秋·王思恩

“海霞精神”

爱岛尚武　励志奉献

“五岛连桥”精神

小县办大事　小岛创大业

文献专载

区委全委会工作报告

2016年1月18日在中共温州市洞头区委十届十次全体(扩大)会议上的报告(摘要)

温州市洞头区委书记 董智武

一、迎难而上，拼搏实干，经济社会发展取得新成效

2015年，是承上启下、攻坚克难的一年。区委常委会深入学习贯彻习近平总书记系列重要讲话精神，认真落实省委、市委决策部署，主动适应经济发展新常态，沉着应对各种风险挑战，经济社会发展取得了新成效。全年实现地区生产总值61.48亿元，同比增长8.6%；一般公共预算收入5.42亿元，增长11.1%；固定资产投资92.5亿元，增长12.3%；城镇常住居民人均可支配收入34674元，农村常住居民人均可支配收入18365元，分别同比增长9.3%、10.5%。

一年来，我们统筹谋划抓融入，撤县设区成功获批。2015年7月23日，洞头撤县设区获国务院正式批复，开启了同城发展的新纪元。自2012年启动行政区划调整以来，在省市的高度重视和精心部署下，全区上下共同努力，依照法定程序推进和报批，先后完成社会稳定风险评估、政策衔接争取、财权事权调整等基础工作，区域总规全面纳入温州城市总规，扎实做好思想准备、规划准备和工作准备。历时三年终获批复，成果来之不易。9月2日洞头区正式挂牌以来，区委常委会稳妥有序推进撤县设区各项工作，在2个多月时间内全面完成了区域勘界、机构设置、名称变更、灵昆托管等系列工作，组建行政审批中心灵昆分中心，有效延伸社会事务服务管理职能，确保了撤县设区体制顺利转换，实现了社会平稳过渡。

一年来，我们精准发力抓经济，增量提质步伐加快。区委常委会坚持以经济增量提质为主线，实施五大产业培育提升三年行动，促进经济平稳较快发展。加快发展临港石化，中石化LNG项目核准前置条件已经具备，浙江弘博DOP项目顺利完工。持续开展“四换三名”和“三转一市”工作，新增规上企业和限上企业10家，新增国家级高新技术企业3家、省科技型企业11家，建成市级电子商务创业园。推进小微企业园建设，建成电子电器科技园。着力开展国家5A级旅游景区创建，完成连港蓝色海岸带提升工程，建成仙叠岩临海栈道和海霞文创园一期工程，开辟鹿西离岛慢游新线路，游客接待量和社会旅游总收入分别增长12.6%和12.9%。积极发展港口物流，状元岙港区开通至俄罗斯远东直达航线，海运业运力规模保持全市第一。着力培育都市渔业，推广养殖新技术，举办首届紫菜羊栖菜网络节，鹿西白龙屿生态海洋牧场养殖效益初步显现。

一年来，我们持之以恒打基础，项目投资不断扩大。区委常委会坚持把基础设施铺垫作为关键举措，深入实施重大基础设施建设、精准招商、项目落地攻坚行动。推进百项重点工程建设，全年完成项目投资45亿元，建成温州（洞头）中心渔港后方陆域配套一期、状元岙港区围垦西隔堤等34个项目。推进交通设施建设，218省道洞头延伸段纳入省道规划，大门大桥和洞头峡大桥建成即将通车。加快能源、水利、信息、市政设施建设，大门产业基地应急引水等工程加快推进，状元南片市政道路开工建设，环岛西片等四大围垦工程均超额完成年度任务。强化招商引资工作，制定实施“1+7”政策措施，组建七大领域招商组外出精准招商，实现温商回归引进资金17.9亿元。精心谋划推介17个PPP项目，状元南片市政基础设施工程、城北污水处理厂项目完成招标。

一年来，我们综合治理优环境，生态建设走在前列。区委常委会坚持把生态作为立区之本，强化环境综合治理，纳入首批国家级生态保护与建设示范区，生态质量公众满意度居全省前列。持续推进“五水共治”，实施“水岸同治”三年行动计划，治水投资提前完成三年任务，农村治污提前一年实现全覆盖，新增受益农户6700户。注重海洋生态修复，增殖放流各类苗种1.2亿尾（粒）。稳步推进“一打三整治”，取缔“三无”渔船460艘，提前一年完成省市下达任务。深入推进“三改一拆”，全年完成“三改”247.6万平方米，拆除违建12.5万平方米。我区作为全市唯一无违建创建单位上报省级验收。巩固“六城联创”成果，实施林相改造4170亩，“四边三化”考核居全市第一。扎实推进美丽乡村建设，新增7个精品村，小荆村荣获全国文明村称号。

一年来，我们改革创新激活力，重点改革落地见效。区委常委会坚持把全面深化改革作为发展的根本动力，纵深推进重点领域改革，扎实推进省级旅游综合改革试点、省级渔港综合管理改革试点等工作。在全市率先实施“多规合一”改革，统一规划坐标系、基础数据库和空间规划图，实现“一图管理、一表审批”，被列为全省数字城市应用推广典型案例。实施城镇低效用地再开发工作，清理转而未供、供而未用土地2326亩，处置闲置土地816亩。创新农房流转机制，盘活闲置农房资产，发展精品民宿73家。实施新一轮政府机构改革，完成市场监管、“卫计合一”等体制改革任务，组建综合执法局、工务局，设立瓯江口产业集聚区大门岛分区管委会。推进“五张清单一张网”改革，清理规范68项非行政许可审批事项，公布第一批政府职能向社会组织转移事项，推广网上审批和跨层级联动审批，实施审批服务“4S”监督评价机制，行政服务环境不断优化。

一年来，我们惠民安民促和谐，社会大局保持稳定。区委常委会坚持把保障和改善民生作为工作的出发点和落脚点，千方百计办实事、惠民生，切实让海岛群众有更多获得感。加大民生投入，全年公共财政用于民生支出13.3亿元，增长10.7%。办好惠民实事，新城农贸市场、教育幼儿园和新便民服务中心建成投用。探索建立全民社保体系，在全市率先完成全民参保登记。发展文化体育事业，成功举办第八届全国海钓邀请赛和“遇见洞头”新媒体短片大赛，建成省小康体育村16个。加快教育事业发展，温医大仁济学院一期主体结顶，温州市教师教育院基本建成，温州交通技术学校开工建设，在全市率先通过省教育基本现代化区创建考核。不断完善医疗服务体系，温州附二医洞头分院挂牌成立，实现省、市级专家常态坐诊。深化平安洞头建设，深入开展“拔钉清障·打黑除恶”专项行动、“百日维稳攻坚大会战”，夏季消防“双月”攻坚排名全市第一，平安“四率”得分全市第一。全力以赴处置民间金融风险，坚持十六字方针，开展专案化解“双百行动”，联动推进债务清算、调解化解、打击非法、资产追偿等工作，处置工作进入常态化。深化网络舆情引导管理，构建“1357”网络舆情处置模式。深入做好宗教工作，扎实开展“同心同行·共建和谐”活动。弘扬海霞精神，成功举办纪念女子民兵连建连55周年系列活动，海霞红色游纳入国家红色旅游发展“十三五”规划。开展道德模范评选，深化“最美洞头人”主题宣传，群众性志愿服务广泛开展，营造了奉献、互助、和谐的良好氛围。

一年来，我们从严从实抓主业，党建保障坚强有力。区委常委会坚持围绕发展抓党建、抓好党建促发展，增强党建主业意识，自觉贯彻从严治党新要求。深入开展“三严三实”专题教育，区委常委会带头学习研讨，对照问题清单，推动整改落实。加强干部队伍建设，注重一线锻炼干部，抽调153名干部参与急难险重任务，完善区管干部选拔任用工作规定，调整不适宜担任现职领导干部8人，在全市率先完成超配基数整改消化工作。深入开展基层组织建设“百日攻坚”行动，完成村干部坐班、报酬保障等26项重点任务。创新实施村级绩效考核工作，形成良好激励导向。建成红色印迹馆，累计建成22个村民中心、25个文化礼堂，村民中心建设走在全市前列。开展“六大整改行动”，省委巡视组反馈问题得到整改落实。市、区联动推进农村基层作风巡查，在全市率先实现巡查全覆盖，3名村主职干部受到党纪处分。改进工作作风，深入开展“破两难、纠四不”专项整治和正风肃纪专项行动，推行“微服暗访、随机调研”和“无会旬”制度。深化反腐倡廉建设，查处违纪违法案件23起，移送司法机关6人，处分党员干部22人。

二、抢抓新机遇，开创新篇章，为加快同城发展、建设海上花园奠定更加坚实的基础

“十三五”时期，是新常态下洞头加快同城发展、促进增量提质的重要机遇期，也是全面建成小康社会的关键期。当前和今后一个时期洞头发展的指导思想是：高举中国特色社会主义伟大旗帜，以马克思列宁主义、毛泽东思想、邓小平理论、“三个代表”重要思想、科学发展观为指导，深入贯彻习近平总书记系列重要讲话精神，按照“四个全面”的战略布局和省委“八八战略”、市委“五化战略”的要求，坚持以五大发展理念为指引，全面融入温州大都市区发展，全面加快基础设施建设、经济增量提质、民生质量改善，努力打造温州城市东拓主平台、海洋产业集聚区、海岛旅游度假区、生态文明示范区，确保全面建成小康社会，为加快同城发展、建设海上花园奠定更加坚实的基础。

根据上述指导思想，洞头“十三五”时期要坚持把加快同城发展、建设海上花园作为发展战略。这一战略符合创新、协调、绿色、开放、共享五大发展理念要求，体现了“两富浙江”“两美浙江”建设的内涵，顺应了省市对洞头发展的期望，彰显了海岛人民的美好愿景，具有战略统领和目标牵引作用。经过多年发展实践，已经形成广大共识。海上花园是战略目标，同城发展是战略路径，两者相辅相成、有机统一，共同绘就洞头发展的美好蓝图。在今后一个时期，我们要保持战略定力，坚持这张蓝图绘到底、一以贯之抓执行，推动洞头大发展、大跨越。

海上花园是习近平总书记对洞头发展的嘱托和期望，是需要我们长期为之奋斗的“洞头梦”。从城市内涵看，海上花园更加突出生态、智慧、精致的理念，遵循生产生活生态“三生融合”，注重全域景区化建设、产业高端化发展，建设宜居宜业宜游的滨海城市，彰显城在海中、景在城中的景象。从产业导向看，海上花园更加突出因海而立、依海而兴的导向，依托海洋海岛资源禀赋，靠海亲海、用海兴海，激活海港、深耕海涂、经略海洋，逐步形成以临港石化、港航物流、海岛旅游、现代渔业为主导的海洋产业结构。从发展要求看，海上花园更加突出社会和谐发展、城乡统筹发展的要求，社会平安稳定，群众安居乐业，从城乡居民收入、居民健康、生态环境、文化发展、社会保障等方面，不断满足海岛人民对美好生活的新期待。

同城发展是洞头“十三五”发展的一条鲜明主线。我们要紧紧抓住撤县设区的历史机遇，着力推动规划共绘、设施共建、产业共兴、民生共享，全面显现同城效应。一是发展规划一体化。全面纳入温州城乡规划体系，加快功能平台建设，突出海岛特色功能，提升洞头城区地位。二是基础设施现代化。交通、能源、信息等重大基础设施连陆联网，完成国道省道延伸，实现市域铁路、高速公路通达，城市重点板块市政配套铺垫到位，各类设施保障能力进一步提升。三是公共服务均等化。建立健全供水、供气、公交、垃圾处理等公用设施市区一体化运行机制，在户籍、社保、教育、卫生等群众关心的公共服务领域，实现“同城同待遇”。

今后五年，我区将坚决贯彻中央和省市重大决策部署，进一步发挥区位、空间、资源、开放等优势，推进经济转型、城市转型、社会转型互促共进，开创洞头赶超发展新局面。在主要目标上，到“十三五”末，实现经济实力明显增强，基础设施逐步完备，城市品质显著提升，生态环境更加优美，民生质量持续改善，治理体系不断完善，确保全面建成小康社会，力争达到全市中等水平。全面建成小康社会是“十三五”发展的核心目标，我们要立足洞头实际，着力解决发展不协调问题，促进低收入群体增收致富，缩小城乡居民收入差距，实现小康人口、小康区域、小康领域三个全覆盖。在发展主线上，紧扣同城发展、增量提质两条主线，一方面要注重全面融入都市区发展，推动理念、规划、交通、体制、产业的融入，实现全面同城化；另一方面要注重发展量质并举，既要突出经济总量增加，又要提高发展质量和效益。在功能定位上，着力打造温州城市东拓主平台、海洋产业集聚区、海岛旅游度假区、生态文明示范区。“一平台三区”是统筹我区人口、项目、产业布局的基本依据。其中城市东拓主平台是温州推动东部发展、实施都市化战略的必然要求，海洋产业集聚区、海岛旅游度假区、生态文明示范区是洞头承担的主要都市功能，是建设城市东拓主平台的重要支撑。在空间布局上，立足洞头全域，按照组团式发展要求，着力构建四大功能区。环海西湖城市核心区重点发展城市经济、湾区经济，建设都市生活区；临港产业区重点发展临港石化、港航物流，建设现代临港产业基地；旅游休闲区重点发展海岛旅游、生态经济，建设国家海洋公园；瓯江口产城融合区重点发展时尚新城，建设瓯江口产业集聚区。

三、坚定信心，克难攻坚，切实为“十三五”发展开好局起好步

五年发展重在起步，做好2016年工作，对于顺利完成“十三五”目标任务具有重要意义。根据我区发展实际，建议2016年全区经济社会发展的主要指标为：地区生产总值增长8%；一般公共预算收入增长11%；固定资产投资增长12%;城镇和农村常住居民人均可支配收入分别增长8.5%和10%；节能减排完成省市下达任务。全年重点抓好“八项攻坚”：

（一）着力加快以交通为重点的基础设施建设，全面扩大有效投资。要按照统筹规划、突出重点、优化配套、适度超前的原则，实施百项百亿工程，抓紧建成一批重大基础设施项目。一是加快交通设施建设。坚持综合交通先行，构建互联互通、内畅外快的综合交通体系。对外建设大通道，重点加快77省道延伸线建设，建成大门大桥连接线工程，助推灵昆岛内的北口大桥、南口大桥和甬台温高速公路复线灵昆至阁巷段建设，启动市域铁路S1线二期前期研究。对内建设大路网，启动6条环岛公路建设，开工霓屿、小门环岛公路，开工北岙小朴至风吹岙公路和大门枫树坑至美岙隧道连接线，开展元觉、鹿西环岛公路前期工作，建成新垄隧道，开通洞头到温州主城区公交线路，开通大门至温州客运快线（途经乐清），建成大门客运站，加快鹿西综合交通码头和大瞿等交通码头建设，优化水上客运航线、运力布局，全面提升海陆交通保障能力。加快发展大港口，引导状元岙港区、大小门岛港区统筹发展，推进状元岙港区二期工程、华港化工码头建设，抓紧开展大门20万吨级大宗散货码头前期工作。二是加快市政设施建设。重点强化供电、供水、污水、燃气、信息等市政管网铺垫。开工220千伏大门输变电工程、霓屿污水处理厂等项目，推进城北污水处理厂建设，推进灵昆河道整治和截污纳管工程。加快天然气气化站和燃气管道建设，提高主城区和重点集镇管道燃气覆盖率。开工建设通信环路光缆工程和智慧洞头4G网络，基本实现重点区域无线网络覆盖。三是加快围垦工程建设。基本建成环岛西片围涂主体工程，加快黄岙二期围堤建设，完成大门港口物流区促淤堤基础处理，滚动开发围垦区，进一步强化发展空间支撑。

（二）着力开发环海西湖城市核心区，全面加快海岛城市化步伐。要紧紧抓住温州都市化战略机遇，拉框架、打基础、强功能、出形象，加快海岛城市转型。着重加强对环海西湖控规专规编制和湾区经济发展研究等工作，增强城市吸引力、集聚力。一是加快推进新城二期开发。新城二期作为近期城市发展的亮点区块，要全面推进15个重点项目建设，建成河道护岸工程和市政道路一期，开工建设河道景观工程，加快游艇码头、船闸及配套设施建设。加快温医大仁济学院建设，建成投用温州市教师教育院、华中小学和市民活动中心二期。继续推进“新城聚、老城疏”，加快人口向新城转移集聚。二是加快推进状元南片基础铺垫。状元南片作为城市发展的重要区块，要发挥PPP融资优势，全面铺开市政设施建设，加快建设软基处理、河道护岸、桥梁等工程，基本构建主干道路网，局部区域达到项目落地条件。三是加快推进新型城镇建设。灵昆、大门、霓屿作为海岛城市重要组成部分，要加快市政配套建设步伐。推进灵昆对外交通、河道堤塘、农房集聚等项目建设。开工建设大门长沙片市政一期工程，稳妥做好东屿村搬迁安置工作。加快霓屿布袋岙新区市政道路、供水、污水管网建设，基本建成77省道布袋岙连接线公路。用足用好棚户区改造和“小岛迁、大岛建”政策，有序推进搬迁安置，最大程度地保障搬迁群众的利益。

（三）着力培育特色优势产业，全面推动经济增量提质。要主动顺应经济新常态，以供给侧结构性改革为动力，深入实施五大产业培育提升三年行动，形成多产业齐头并进的良好局面。一是培育壮大临港产业。大力发展临港石化，重点建设小门石化产业起步区，开工建设中石化LNG项目，加快中石油燃料罐区扩容项目建设，建成中国燃气华电扩能项目。大力发展海运业，培育海运龙头企业，引导发展特种运输船和专业化船队，确保运力规模再上新台阶。积极推动港口合作和口岸开放，培育发展港口物流业。二是全力提升海岛旅游。深化国家AAAAA级旅游景区创建，建成仙叠岩、半屏山景区提升工程。突出抓好国家海洋公园主题岛开发，加快建设竹屿、大瞿、南策岛旅游配套设施，力争旅游大项目引进取得突破。突出抓好旅游新项目、新业态开发，建成华中水上乐园、海上蹦极、海岛冰雪世界，加快大众海钓及配套产业发展，引进岛际低空飞行旅游项目。突出抓好海霞红色旅游、海岛乡村旅游发展，推进灵昆、大门、鹿西等旅游综合开发，打造一批特色精品民宿。全力推进状元岙国际邮轮港建设，加快配套建设和环境整治，培育发展邮轮经济。三是大力发展现代渔业。积极培育新型养殖业，推进鹿西白龙屿生态海洋牧场二期建设，启动黄鱼岛养殖项目前期。鼓励实施标准化养殖，延伸紫菜、羊栖菜产业链，促进养殖产量、产值继续提升。扶持发展海产品精深加工，切实提高产品附加值。引导发展远洋捕捞业，加快渔港设施建设提升，培育渔港经济。四是积极促进传统产业提升。实施“小微企业三年成长计划”，加快机械汽配园、大门花岗岩产业园建设，基本建成永宏跨境电商服务中心，支持诚意药业上市。抓好杨文、南塘工业园区企业项目建设投产，引导企业加大技改投入，实施腾笼换鸟，提升亩产效益。加快培育建筑业，加大建筑企业引进力度。顺应“互联网+”发展趋势，扶持发展网络经济、创客经济，推进特色小镇、旅游小镇规划建设，培育文化创意、健康养生等产业，营造大众创业、万众创新的良好氛围。

（四）着力强化核心要素保障，全面增强同城发展支撑。要坚持综合施策，多渠道破解资金、土地、人才三大核心要素紧缺问题，盘活要素资源，使有限资源发挥最大效益。一是强化资金保障。注重多元投入，建立产业基金，全力争取上级专项资金、基础设施建设基金，力争全域景区化提升工程、大小门岛基础设施等一批PPP项目顺利签约。深化七大领域精准招商，确保引进一批带动性强、前景好的优质项目。深入实施温商回归工程，加强异地商会建设，深化内外洞头人互动，吸引项目回归、资金回归、贸易回归。建立健全招商项目挂钩、通报、协调、督查、约谈五项机制，强化项目落地全程代办服务，切实提高项目招商成功率。二是强化土地保障。跟踪推进土地利用总规修编后续工作，争取新增建设用地指标。加强土地储备，实施城镇低效用地二次开发，加快批而未供土地消化利用，继续盘活存量闲置土地，促进土地节约集约利用。三是强化人才保障。完善人才激励政策，形成引进人才、留住人才的有效机制。加大招才引智力度，加强创新平台建设，制定实施高层次人才引进计划，注重引进产业发展急需的专业人才和带项目的科技人才，创建市级博士后科研工作站，切实营造创业创新人才成长的良好环境。

（五）着力深化城乡环境治理，全面加强美丽洞头建设。要牢固树立“绿水青山就是金山银山”的发展理念，坚定不移推进生态文明建设，持续创建省级示范文明城区，切实提升城乡环境品质。一是打造美丽乡村升级版。环境治理的短板在农村。要深化美丽乡村和农村精神文明建设，深入开展“五美乡村”文明创建活动，积极争创省级美丽乡村示范区。着力推进精品村建设，完成精品村建设规划，启动村庄三线入地工程。注重海岛古村落、古民居保护利用，规范提升农房设计，彰显海岛特色风貌。因地制宜发展乡村特色产业，培育壮大村级集体经济。实施农村电商工程，建成灵昆、霓屿、东屏农产品电商小镇。二是打好环境治理组合拳。深入推进“三改一拆”，坚持拆改并举、拆用结合，深化旧住宅区综合整治和拆后土地利用项目建设，加强动态巡查和常态防控，确保创成全省首批无违建区。继续深化“四边三化”“两路两侧”环境综合整治，重点抓好本岛、大门两大连陆通道和主要景区的洁化绿化彩化工作，开展灵昆大桥和洞头峡大桥入城口环境整治，持续开展绿化造林和林相改造，努力打造整岛公园。继续深化“五水共治”，推进农村污水治理提升工程，完善污水处理设施建设运营机制。推进“河长制”工作常态化，巩固“清三河”成果。三是加强海洋生态环境建设。坚持水岸同治、海陆同治，强化海洋环境监测，加大近岸海域环境治理力度，深化海岸景观建设，推进海岸带和沙滩修复。加强海洋特别保护区建设，常态推进增殖放流、海洋放生活动，构筑坚实的海洋蓝色生态屏障。

（六）着力提高公共服务供给水平，全面加快民生质量改善。要坚持普惠性、保基本、均等化、可持续方向，加大民生投入，增加优质公共产品供给，不断增强群众的获得感。一是实施富民攻坚行动。实施精准扶贫，因户制宜加强结对帮扶工作，加强异地搬迁、金融扶持、政策兜底、创业就业等工作，加快低收入农户脱贫奔小康步伐，确保2017年前低收入农户人均纯收入比2012年翻一番。深化科技富民强区专项行动计划，切实发挥科技在促进渔农民增收中的重要作用。二是完善全民社保体系。加快推进各类养老保险制度衔接，提高城乡居民社会养老保险基础养老金标准，加强海洋捕捞渔民等重点人群的基本养老保障，全面落实机关事业单位养老保险制度改革，推动社保提质扩面。加强医疗保障制度统筹整合，着力实施大病保险制度。搭建社会救助信息化平台，构建新型社会救助体系。重视发展社会福利，促进慈善事业健康发展。三是加快社会事业发展。坚持教育优先发展，加快海霞中学、灵昆中学、霓屿义校等项目建设，进一步调整优化校网布局。加大优质教育资源引进力度，积极推进合作办学，推动我区教育由基本均衡向优质均衡发展。发挥基层文化阵地作用，扎实开展群众性精神文明创建活动。传承弘扬海洋海岛文化，精心办好文化体育赛事，积极培育特色文化产业。着力优化医疗服务，开工建设霓屿、鹿西社区卫生服务中心，完成灵昆社区卫生服务中心改扩建工程前期工作，建立大门社区卫生服务中心与市中医院托管机制，推动医疗资源“双下沉、两提升”。稳妥实施“全面两孩政策”，推进基层计生服务转型。全面推进居家养老服务照料中心建设，大力引进社会养老机构，探索医养结合模式，构建新型城乡养老服务体系。

（七）着力强化以夺金鼎为目标的平安建设，全面推进社会治理创新。认真落实稳定第一责任，持续深化平安洞头建设，推进社会治理精细化、社会化、智能化，努力创成更高水平的平安区。一是完善立体化社会治安防控体系。加快灵昆和大门两个“闸门工程”建设，发挥卡口缉查、打击犯罪的有效作用。深化隐蔽战线、防暴反恐、宗教涉稳等长效维稳机制建设，抓好重大活动安保和突发事件应急处置工作，提高情报主导、准确预警、主动防控、精确打击的能力。常态化处置民间金融风险，继续强化专案化解，做好调解、打击、审判、追偿等处置工作，确保社会平稳可控。二是完善基层社会治理网络体系。积极打造“海上枫桥”品牌，加强社会稳定风险评估、基层信访联调工作，充分发挥街道（乡镇）社会服务管理中心作用，夯实平安基础。积极探索多元主体参与治理模式，联动推进“三社”建设，动员群团组织、志愿者组织参与社会治理。依法加强宗教事务管理，深入开展“同心同行·共建和谐”活动，努力做到政治认同、社会适应、文化融合。三是完善安全生产监管体系。认真落实安全生产责任，深化安全生产重点领域专项整治，从严从快整治安全隐患。加强消防安全和食品药品监管，强化道路交通、海上运输和矿山开采安全管理，切实从源头上预防和减少事故发生。同时，加强信用洞头建设，构建社会信用体系。加强法治洞头建设，深入推进十大领域依法治理，加强执法司法规范化建设，实施“七五”普法规划，切实提高依法治区水平。

（八）着力推进体制机制创新，全面深化重点领域改革。坚持全面深化改革不动摇，注重改革载体化实施、项目化推进，争取更多的改革红利、制度红利，不断增强发展内生动力。一是着力推进上级改革试点。依托国家级和省级改革试点平台，积极做好项目包装，向上争取政策、资金和要素支持。深入推进省渔港综合管理试点，建立涉港联勤联动管理新机制。认真实施县域经济体制综合改革，推进资源要素差别化配置，落实企业投资项目并联高效审批等任务，持续推进简政放权，充分激发市场主体活力。深化农村产权制度改革，完善推广“三位一体”新型农村合作体系。二是突出抓好自身特色改革。实施智慧城市建设，整合人口、企业、地理信息、视频等数据库资源，建成综合管理平台，推进智慧城管、智慧交通、智慧旅游建设。启动医疗卫生区域一体化改革，整合优化医疗资源，提升基层医疗机构服务能力。实施全媒体融合，整合广播、电视、报纸、网络等媒体资源，提升新闻传播和舆论引导能力。完善街道（乡镇）财政体制，进一步调动发展经济、培植财源的积极性。

四、从严从实，加强党建，为经济社会发展提供坚强保障

新形势、新任务、新使命对加强党的执政能力建设、对各级班子和广大干部提出了新的更高要求。我们要坚持全面从严治党，把伟大事业和伟大工程紧密结合起来，充分发挥党建引领作用，强化政治担当、责任担当、能力担当，更好地团结带领全区人民在新的历史起点上发力冲刺。

（一）加强思想政治建设，凝聚同舟共济的发展合力。要坚持把学习贯彻习近平总书记系列重要讲话精神作为首要政治任务来抓，认真学习领会五大发展理念的丰富内涵，着力解决新常态下“理念不适宜、能力不适应、方法不适用”等突出问题。组织开展以“学讲话、学党章、学党规、做合格共产党员”为主题的学习教育活动，巩固“三严三实”专题教育成果。深化社会主义核心价值观教育实践，重点加强法治教育、诚信教育和五岛连桥精神宣传。加强农村文化礼堂建设，巩固基层宣传思想文化阵地。坚持统揽全局、协调四方，加强党委对经济建设、深化改革、法治建设、意识形态等方面工作的领导，切实发挥党委牵头抓总的作用。同时，区委将全力支持区人大、区政府、区政协依法履职，着重加强党管武装、统战、群团工作，认真落实党的民族、宗教、对台、侨务和外事政策，进一步形成齐心协力创大业的良好局面。

（二）加强领导班子和干部

队伍建设，打造全面过硬的干事团队。坚持选人用人与干事创业相统一，以县乡集中换届为契机，按照德才兼备、任人唯贤原则，注重“狮子型”干部和“老黄牛型”干部的提拔使用，选优好班长、配强好班子、培育好梯队，增强各级领导班子和干部队伍的整体战斗力。严肃换届人事工作纪律，坚决防止和查处选人用人不正之风。遵循干部成长规律，实施年轻干部成长计划，注重在克难攻坚主战场和基层一线锻炼、识别、选拔干部，落实街道（乡镇）干部关爱举措。重视做好老干部工作，切实发挥老干部的积极作用。

（三）加强基层党组织和基层政权建设，巩固坚如磐石的执政基础。注重把街道（乡镇）建设作为固本强基的关键环节，优化资源配置，强化重心下移，切实提升街道（乡镇）统筹协调、依法行政和公共服务能力。实施“示范、达标、整转”三大行动，开展基层党建“一乡一品”示范创建，促进“整乡推进、整区提升”。深化“红色阵地”建设，发挥村民中心政治、文化、服务三大功能。深化“红色细胞”工程，深入推进“三百双结对”活动，建立完善基层党员干部贴心服务群众的长效机制。实施“红色领头雁”工程，加强基层党组织书记和村级后备干部队伍建设，深化村级绩效考核工作，开展“十佳村干部”评选。推动党建信息化、精细化管理，做优“智慧党建”、党员志愿服务品牌。加强“两新”组织党建工作，扩大党组织和党的工作覆盖面。

（四）加强反腐倡廉建设，营造风清气正的政治生态。坚持把党的纪律和规矩挺在前面，认真执行廉洁自律准则和纪律处分条例，增强党员干部党章党规党纪意识。认真落实党风廉政建设党委主体责任和纪委监督责任，健全权力运行监督机制，运用好批评教育、组织处理、纪律处分、立案审查等监督执纪“四种形态”，努力构建不敢腐、不能腐、不想腐的长效机制。完善纪检监察派驻工作机制，构建有效监督体系。探索“互联网+反腐倡廉”宣教新模式，加强重点领域廉政风险防控工作，进一步发挥惩防体系作用。

（五）加强作风效能建设，创造优质高效的服务环境。牢固树立“作风建设永远在路上”的思想，建立健全作风建设长效机制，加大正风肃纪力度，持续保持整治“四风”高压态势。深化农村基层作风巡查，紧盯重点村居、重点问题，推动巡查工作常态化、精细化。实施区直单位作风巡查，开展“电视问政”活动，持续改进机关效能。深入开展重点工作落实年、行政服务优化年活动，加强督查督办，改善服务软环境，提高各级干部服务发展的能力，推动各项决策部署在基层落地生根。各级干部要发扬实干精神，深化细化抓落实，克难攻坚抓落实，精准发力抓落实，以庖丁解牛的办法解难题、以滴水穿石的韧劲抓工作，以实实在在的发展成效取信于民。

政 府 工 作 报 告(摘要)

2016年3月2日在洞头区第十三届人民代表大会第五次会议上

温州市洞头区人民政府区长 王蛟虎

“十二五”主要工作回顾（略）

过去一年的主要工作

2015年是“十二五”的收官之年。一年来，我们积极作为、再创佳绩，地区生产总值、一般公共预算收入等8项主要经济指标增速进入全市前三。一是项目建设全面提速。实施百项重点工程，全年完成固定资产投资92.5亿元，增速居全市第一。状元南片市政道路、交通技术学校等30个工程开工建设，海滨河北岸绿化、王山头边坡治理等34个工程建成完工，行政服务中心正式启用。开展“拔钉清障、打黑除恶”等系列活动，全面完成256项政策处理任务，有效推动项目建设提速增效。二是难题攻坚实现突破。千方百计破解政府投融资难题，积极推广PPP模式，完成第一批PPP项目储备，状元南片市政工程PPP项目完成合作协议签约。狠抓闲置土地处置工作，处置闲置土地816亩，激活东港休闲中心、三盘下尾“金海岸”、东海华庭等社会投资项目开工建设，民间投资增长51.5%。加快重点领域改革，在全省率先试行渔港综合管理改革，“多规合一”改革走在全市前列，农房使用权流转等工作取得阶段性成果。三是环境治理走在前列。强力推进“三改一拆”，存量违建处置率达100%，“三改”累计完成247.6万平方米，成为全市唯一无违建创建单位上报省级验收。深化“五水共治”，农村治污三年任务两年完成，新增受益农户15361户，顺利通过省“清三河”、省节水型社会创建验收。启动城乡环卫保洁一体化，开展农村垃圾减量化资源化处理试点。建成环海西湖亮丽工程一期，实现政府“零投入”改造路灯2545盏。四是民生改善富有成效。在全市率先完成全民参保登记，出台退捕渔民基本生活保障政策，实现老年人意外伤害保险全覆盖。启用新城农贸市场、教育幼儿园新校区、区体检中心，成立温州医科大学附属第二医院洞头分院，实现专家坐诊常态化。建成农村应急广播体系。新增公共自行车站点10个、公共自行车200辆、公共停车泊位400个。设立灵昆审批分中心，实现灵昆群众办事“不出岛”。全力以赴处置民间金融风险，打击非法人员73人，实现资产追偿1.09亿元，处置工作进入常态化。消防安全“双月”攻坚考核全市第一，安全生产主要指标实现双下降。

“十三五”经济社会发展的指导思想（略）

2016年经济社会发展主要预期目标与重要任务

2016年是实施“十三五”规划的开局之年，是洞头融入温州中心城区发展的起步之年。做好今年的政府工作，对于顺利完成“十三五”目标任务至关重要。综合分析发展环境和自身条件，建议2016年全区经济社会发展的主要预期目标为：地区生产总值增长8%以上；一般公共预算收入增长11%；固定资产投资增长12%;城镇和农村常住居民人均可支配收入分别增长8.5%和10%；完成省市下达节能减排任务。重点抓好以下十个方面的工作：

一、重统筹，展现城市发展新风貌。融入市区规划一体化，启动大门黄岙片区控规修改，完成城市建筑特色风貌和色彩规划编制。启动新一轮村庄规划修编，开展区域村庄布点规划编制。突出抓好城市入城口景观建设，开工建设77省道桥头景观及配套项目，实施洞头峡大桥及沿线亮丽工程，建成大门镇至小门大桥公路。加快开发新城二期，开工建设河道景观工程，推进温州医科大学仁济学院、市政配套等项目建设，投用温州教师教育院洞头分院、华中小学、公安业务技术用房。加快旧城疏导，实施安置房项目4个，启动危旧房改造货币化安置试点工作。加快状元南片基础铺垫，开工建设市政道路、河道水系治理工程。加快培育新型城镇，开工建设大门长沙片市政一期工程，推进灵昆农房集聚和公配设施建设，加快完善霓屿新区市政配套。深化交通治堵，新增停车位1000个，完成地下空间开发2.1万平方米。

二、聚合力，掀起开发建设新热潮。进一步扩大有效投资，力争固定资产投资达160亿元。全年安排重点建设项目116项，开工建设亿元以上项目13个，启动8个十亿元以上重大项目前期。实施新一轮农村公路改造提升，开工建设美岙隧道、屏海路二期，加快建设鹿西综合交通码头，基本建成新垄隧道、77省道布袋岙接线公路。推进黄岙二期围垦、大门港口物流区促淤堤工程，基本完成环岛西片围垦主体工程。开工建设天然气利用一期工程、布袋岙污水处理厂，加快220千伏大门输变电、城北污水处理厂建设，推进灵昆河道整治和截污纳管工程，建成鹿西饮用水安全保障工程。完善渔港设施，启动中心渔港泊稳条件提升工程前期研究，建成鹿西渔港，完成东沙渔港疏浚工程。引导带动民间投资，加快推进东港休闲中心、名品广场等项目，建成半岛琴湾二期。创新投融资体制，大力推行银企合作、投资基金、PPP等融资模式。科学制定做地、储备和出让计划，加大政策处理力度，完善项目建设跟踪问效和考核评价机制，保障工程快速推进。加强招商项目库和在外洞头商会建设，瞄准央企、国企实施精准招商，重点抓好10大PPP项目招商，确保实际到位资金12亿元以上。

三、创品牌，引领旅游发展新气象。深入实施全域景区化，启动建设海洋生态廊道，建成仙叠岩、半屏山景区提升工程和环岛公路绿道系统，进一步完善景区停车场、交通指引系统等配套设施，加快国家5A级景区创建。高起点编制主题岛开发策划，加快建设大竹峙岛保护与开发利用示范工程，改造提升大门景区，开工建设鹿西海上度假公园项目，谋划打造蓝色度假小镇、意大利风情小镇。深化项目跟踪服务，建成华中水乐园、海上蹦极和海岛冰雪世界等一批项目。引导发展精品民宿，切实发挥那鹿湾、月半湾等特色民宿集聚效应。培育发展邮轮、游艇经济，积极推动状元岙国际邮轮港、公共游艇码头建设。加快培育岛际低空飞行、休闲海钓等新业态，深化海上环岛游、岛际游。精心举办第十届渔家乐七夕民俗风情旅游节、全国海钓邀请赛等活动。全年实现接待海内外游客490万人次以上，社会旅游综合收入23亿元以上。

四、筑平台，实现临港产业新发展。加快建设小门石化产业起步区，开工建设中石化LNG项目，加快中石油燃料罐区扩容项目建设，实现中燃华电扩能项目投产。推进机械汽配园、大门花岗岩加工集聚区、诚意药业健康产业园建设，实现电子电器科技产业园正式投产。开展电商进万村工程，基本建成永宏跨境电商服务中心。深入实施"小微企业三年成长计划"，扎实推进"四换三名"和"三转一市"，积极推动诚意药业上市。落实扶工惠企政策，优化企业融资环境。推进状元岙港区二期、华港化工码头，启动状元岙集卡加气站建设，提升港区物流综合服务能力。扶持做大海运企业，鼓励企业联合重组，建设新能源船舶，浙江华祥LNG运输专业船舶投入运营，确保运力总规模达50万吨以上。大力发展建筑业，支持本地企业资产重组，鼓励区内外企业合作，助推本地建筑业企业做大做强。

五、促转型，开辟现代渔农业新空间。推进海洋捕捞转型升级，引进远洋捕捞企业，开辟远洋捕捞渔场。加快人工鱼礁建设，加大增殖放流力度，促进洞头渔场修复振兴。启动新一轮养殖海区规划修编，鼓励发展岛礁增养殖、贝类底播养殖，继续探索藻贝类套养轮养技术。引导羊栖菜养殖保持合理规模，探索紫菜保鲜等技术，建成紫菜育苗培育基地一期。推进鹿西黄鱼岛养殖项目建设，力促白龙屿生态海洋牧场形成规模养殖效应。培育水产品电商龙头企业，开工建设海藻类创业园。实现水产品产量18万吨以上，渔业总产值突破10亿元。加快灵昆特色农产品基地建设，大力发展生态休闲农业，打响灵昆生态农业品牌。积极推广"互联网+农产品"流通模式，建成灵昆、东屏、霓屿农产品电商特色小镇。

六、增活力，推进改革发展新探索。启动县域经济体制综合改革，完善"亩产效益"综合评价体系，健全资源要素差别化配置机制。优化街道（乡镇）财政管理体制，实现事权与财权匹配。理顺区域管理体制，推动灵昆街道托管模式高效运行，有效延伸社会管理服务。完善"多规合一"平台运行机制，推进"多章合一、多证合一、多表合一"，不断提升审批效率。深化商事制度改革，实行"一证一码"全程电子化注册，完善企业投资项目高效审批机制。实施不动产统一登记，加快建设不动产登记信息管理平台，实行"一站式"服务。健全土地和农房流转机制，全面完成农村土地确权登记，积极培育新型农业产业经营主体。实施全媒体融合，整合各类媒体资源，组建区传媒中心，构建区域媒体发展新格局。加大科技创新，创建市级博士后科研工作站，培育科技型企业和"创客"团队20家以上。实施高层次人才引进计划，完善人才评价和激励机制，鼓励引导本地人才回归。

七、优生态，提升环境建设新高度。实施海岛、海岸线、沙滩修复，积极申报国家生态保护与建设示范区生态修复项目，建成南北爿山鸟类观测平台。开展"五美乡村"文明创建，实施美丽渔村精品工程，开展国家AAAAA级景区周边村庄房屋立面改造和景观提升，打造3个"花园村庄"，积极争创省美丽乡村示范区。推进城市绿化彩化，开工建设灵昆南堤景观休闲带等项目，新建绿地9万平方米，绿地彩化率达25%以上。深化森林洞头建设，建成3个森林公园，完成彩色健康林营造4200亩、沿海防护林改造4010亩。启动大门观音礁、小门石子岙等矿山治理，完成山体修复8万平方米以上，确保废弃矿山治理率达70%以上。实施综合环境提升整治工程，抓好本岛、大门两大连陆通道和主要景区的洁化绿化彩化工作。巩固提升清违、控违、三改工作，确保创成全省首批基本无违建区。继续深化"五水共治"，实施农村污水治理提升工程，开展美丽河流建设。加大城市扬尘和烟尘管控力度，完成燃煤锅炉淘汰任务。全面实行环境功能区划管理，启动创建国家生态文明建设示范区。

八、善作为，打造公共服务新品质。深化省教育现代化区创建，开工建设灵昆中学扩建工程、霓屿义务教育学校，完成海霞中学主体工程。创新名校合作办学机制，积极引进优质教育资源。广泛开展全民文体活动，举办温州（洞头）两岸半屏山旅游文化经贸交流活动、全国公路自行车冠军赛。启动海洋文化博物馆前期工作，投用市民活动中心二期。完成区公共卫生服务中心、灵昆社区卫生服务中心改扩建工程前期工作，开工建设霓屿、鹿西社区卫生服务中心迁建工程，建立大门社区卫生服务中心与市中医院的医疗托管机制。加快分级诊疗改革，推行"互联网+医疗"服务模式。稳妥实施"两孩政策"，加快基层计生服务转型。做好社保扩面提标，实现社保待遇标准与市区接轨。加强住房保障，建成农房集聚安置房1000套，交付600套。启动高校毕业生创业引领计划，实现城镇新增就业1000人以上，渔农民转移就业380人以上。实施精准扶贫，全面落实产业扶贫、搬迁扶贫、挂钩帮扶等措施。完善社会救助"一门受理、协同办理"机制，设立救急难专项资金。加快城乡低保一体化，确保农村低保标准达到城镇的80%以上。启动社会福利综合服务中心前期工作，加快建设南苑休养院。深化移风易俗，开工建设殡仪服务中心，做好大门遗体火化工作。

九、强管理，完善社会治理新体系。强化"三社"联动，积极培育社会组织，完成社会组织孵化园建设，动员社工队伍投身志愿服务。深化"同心同行·共建和谐"活动，提升宗教事务规范化管理水平。积极打造"海上枫桥"品牌，完善社会治理"一张网"，加强社会稳定风险评估、基层信访联调工作，建立涉法涉诉涉访终结机制。加快灵昆、大门两个"闸门工程"建设，提升社会治安管控能力。抓好气象灾害防御和防汛防台工作，完善应急管理运行机制。推进餐桌安全三年治理行动，加强网络订餐等新业态监管。完善安全生产监管机制，抓好消防等重点领域安全隐患排查整治。继续做好民间金融风险处置，强化司法保障，全面推进专案化解、资产追偿和财产分配，重塑社会诚信体系。探索民间借贷管控和备案登记制度，促进民间融资活动规范有序。深化军民融合发展，全面提升国防动员整体水平。支持工会、共青团、妇联等群团组织建设。

十、广惠及，保障民生领域新需求。一是便捷交通出行。开通洞头至温州中心城区公交线路、北岙至灵昆客运班线；优化调整大门、鹿西对外海上客运航线，实现岛际水上客运公交化。二是强化医疗保障。完成区人民医院院区改造提升工程，组建医疗联合体。三是强化医疗救助。实施同城化医疗救助制度，突破病种限制，一般困难群众年医疗费用救助封顶线从5万元提高到8万元。四是优化养老服务。加强居家养老照料中心规范化建设，完善助餐服务功能，照料中心村居覆盖率达50%以上。五是实施扶残助残工程。实行全区16~60周岁持证残疾人免费参加城乡居民基本养老保险，参保率达100%。六是稳定农贸市场物价。继续培育新城农贸市场，建立覆盖全区的农副产品配送网络，促进农副产品物价稳定。七是实施城区市政配套改造提升工程。完成上新、城中社区旧住宅区改造，修复新城一期城南大道、新城大道等主干道路面、破损雨污管。八是实施城乡亮化工程。在五岛公路沿线村庄出入口建造照明设施，对城区背街小巷300处盲区进行路灯添置，方便群众夜间出行。九是实施城乡洁化工程。全面实行城乡环卫保洁一体化，实现全区域市场化环卫保洁。十是建设智慧城市。建成智慧城市指挥平台，集中处理城市运行管理问题，提高公共服务能力。

全面加强政府自身建设

顺应时代要求、顺应群众期盼，进一步增强自我完善、自我革新能力，奋力开创政府工作新局面。

一是大兴奋发向上之风。立足撤县设区新形势、新要求，进一步激发政府全体工作人员干事创业的热情、奋发有为的激情，不断创造经得起实践检验的新业绩。加大向上争取力度，强化项目包装策划，推动上级更多资源要素向洞头倾斜。坚持解放思想，注重知识更新，切实提高应对复杂局面、破解发展难题的能力。开展重点工作“八大攻坚”行动，确保政府工作在开局之年有新作为、干部作风有新气象。

二是坚持依法行政之要。坚持依法科学民主决策，完善行政决策风险评估机制，确保决策于法有据、合法合规。健全领导干部学法常态化制度，坚持用法治思维处理政务。深化政府法律顾问制度，完善综合行政执法体制，提升基层法治能力，进一步推进法治政府建设。自觉接受人大法律监督、工作监督和政协民主监督，主动接受社会舆论监督，高质量做好建议提案办理工作。

三是恪尽高效服务之责。开展重点工作落实年和行政服务优化年活动，重拳整治“庸懒散慢”和推诿扯皮行为，确保决策部署落实到位，群众呼声回应到位。实施区直单位作风巡查，开展“电视问政”活动，加大问责力度，持续改进机关作风效能。深化“五张清单一张网”改革，开展云政务试点，推进政府治理能力现代化。加强基层便民服务中心规范化建设，确保区行政服务中心和灵昆审批分中心高效运作。完善绩效考评管理制度，着力提高全体公务人员履职效率、管理效能和服务效果。

四是严守廉洁从政之规。严格遵守党纪党规，推进惩治和预防腐败体系建设，始终保持整治“四风”高压态势。完善纪检监察派驻工作机制，强化经济责任、专项资金审计。探索“互联网+反腐倡廉”宣教新模式，加强重点领域廉政风险防控，强化权力运行监督。坚持厉行节约，严控行政经费支出和公务消费，集中财力助发展、保民生。坚决查处各类违法违纪案件，着力营造政治清明、政府清廉、干部清正的政治生态。

《政府工作报告》有关名词解释

1. LNG ：液化天然气的简称。

2. DOP ：一种名为邻苯二甲酸二辛酯的有机酯类化合物，是一种常用的塑化剂。

3. 三严三实：严以修身、严以用权、严以律己，谋事要实、创业要实、做人要实。

4. 五张清单一张网：权力清单、责任清单、负面清单、财政专项资金管理清单、政府向社会组织转移职能清单和政务服务网。

5. 责任清单：政府及其所属部门所承担的事权责任，以列表清单的形式公之于众，主动接受社会监督的形式。

6. 财政专项资金管理清单：政府将经批准后设立，并由财政部门安排的具有专门用途和绩效目标的财政资金，以列表清单的形式公之于众，主动接受社会监督的形式。

7. 商品房“三证联办”：房地产交易涉及的房产证、契证、土地证办理实行“一次性告知、同步受理、分步办理、统一发证”

8. 多证合一、一照一码：各类市场主体在办理市场准入登记时，只发放记载统一社会信用代码的营业执照，不再发放组织机构代码证、税务登记证、社保登记证和刻章许可证，营业执照具有以上证照的功能。

9. 8项主要经济指标：地区生产总值、一般公共预算收入、限额以上固定资产投资、第一产业增加值、规上工业增加值、服务业增加值、城镇常住居民人均可支配收入和农村常住居民人均可支配收入等8项指标。

10. PPP模式：政府和社会资本合作模式，指在基础设施和公共服务领域建立的一种合作关系，通过签署合同来明确双方权利和义务，最终使合作各方达到比单独行动更为有利的结果。

11. 多规合一：以国民经济和社会发展规划为依据，通过衔接城乡建设、土地利用、环境保护、林地保护、综合交通、水资源、旅游、海域等各类规划，确保各类规划确定的保护性空间、开发边界、城市规模等重要空间参数一致，并在统一的空间信息平台上建立控制线体系，以实现优化空间布局、有效配置土地资源、提高政府空间管控水平和治理能力的目标。

12清三河：治理黑河、臭河、垃圾河。

13.湾区经济：港口城市都市圈与湾区独特地理形态相结合聚变而成的一种独特的经济形态，也是港口经济、集聚经济和网络经济高度融合而成的一种独特经济形态，具有开放性、集聚性和网络型等特点，是世界一流滨海城市的显著特征。

14.城市客厅：城市广场等公共空间，即把一个城市的历史、发展、未来、文化都综合展现在某些特别的人文景观之上，是市民和八方来客共享休闲时光的公共场所。

15. 6个主要岛屿环岛公路：洞头本岛、大门岛、小门岛、状元岙岛、霓屿岛、鹿西岛6条环岛公路。

16. 五大产业：工业、港口物流业（海运业）、建筑业（房地产）、海水养殖业、休闲旅游业。

17.互联网+："互联网+各个传统行业"，指利用信息通信技术，让互联网与传统行业深度融合，创造新的发展生态，如电子商务、互联网金融、在线旅游等。

18.蓝色海湾整治行动：国家在"十三五"时期为推进海洋生态建设而实施的一项重要行动，主要包括退堤还海、清淤疏浚，建设海岸公园、人造沙质岸线等海岸景观，推动16个污染严重的重点海湾综合治理，完成5 0个沿海城市毗邻重点小海湾的整治修复等内容。

19."一环一轴"临海慢道：环岛观海慢道和横穿洞头岛腹地的山地有氧慢道。

20. 刷卡排污：由环保部门核定企业排污总量，实行按年计量、按月分配，企业依照排污额度记录卡进行排污，超额排污将被停产的一种排污管理制度。

21.三权：宅基地使用权、林权、土地承包经营权。

22.四换三名：腾笼换鸟、机器换人、空间换地、电商换市和培养名企、名品、名家。

23.三转一市：个体工商户转企业、规下企业转规上企业、有限责任公司转股份有限公司和推动企业上市。

24.创客：具有创新理念、自主创业的人。

25.五美乡村：环境美、风尚美、人文美、秩序美、创业美。

26.分级诊疗：按照疾病的轻、重、缓、急及治疗的难易程度进行分级，不同级别的医疗机构承担不同疾病的治疗，实现基层首诊和双向转诊。

27.三社：社区、社会组织、社会工作者。

28.医疗联合体：在一定区域内，以高等级医疗机构为主体，由若干个医疗机构和基层医疗卫生服务机构组成的跨行政隶属关系、跨资产所属关系的医疗机构联合体。

29.一般困难群众：《温州市区医疗救助办法》，规定范围内的医疗费用自负部分超出家庭承受能力，导致家庭实际生活水平低于当地最低生活保障边缘家庭标准的人员。

30."八大攻坚"行动：主要包括实体经济发展、扩大有效投资、招商项目落地、城市建设、环境综合整治提升、民生实事项目、平安夺金鼎、深化重点领域改革等八方面重点工作任务。

重要文件

2015年洞头区（县）委制发的重要文件选目

表41

序号	文号	文件标题
1	洞委发〔2015〕1号	中共洞头县委关于全面深化法治洞头建设的意见
2	洞委发〔2015〕2号	中共洞头县委 洞头县人民政府关于嘉奖表彰2014年度全县各类先进的通报
3	洞委发〔2015〕11号	中共洞头县委 洞头县人民政府 关于评定2014年度落实党风廉政建设责任制考核优秀单位的通报
4	洞委发〔2015〕12号	中共洞头县委 洞头县人民政府 关于评定2014年度民主评议行风暨千人评机关中层科室和基层站所活动满意单位的通报
5	洞委发〔2015〕15号	中共洞头县委 洞头县人民政府 关于2014年度绩效考核优秀单位的通报
6	洞委发〔2015〕17号	中共洞头县委 洞头县人民政府关于印发《洞头县人民政府职能转变和机构改革方案》的通知
7	洞委发〔2015〕18号	中共洞头县委 洞头县人民政府 关于成立洞头县招才局的通知
8	洞委发〔2015〕19号	中共洞头县委印发《关于进一步加强和改进人大工作的意见》的通知
9	洞委发〔2015〕20号	中共洞头县委 洞头县人民政府关于印发《县委常委担任领导职务的县级临时性议事协调机构》的通知
10	洞委发〔2015〕21号	中共洞头县委 洞头县人民政府关于印发《2015年度街道（乡镇）绩效考核办法》和《2015年度县直单位绩效考核办法》的通知
11	洞委发〔2015〕24号	中共洞头县委关于全面加强基层党组织和基层政权建设的实施意见
12	洞委发〔2015〕25号	中共温州市洞头区委温州市洞头区人民政府关于推进撤县设区工作的实施意见
13	洞委发〔2015〕26号	中共温州市洞头区委关于同意给予林万冀开除党籍处分的批复
14	洞委发〔2015〕29号	中共温州市洞头区委关于同意给予邱蔡佩雄、郑建伟开除党籍处分的批复
15	洞委发〔2015〕30号	中共温州市洞头区委温州市洞头区人民政府关于实施信息化战略的决定
16	洞委发〔2015〕31号	中共温州市洞头区委关于省委巡视组反馈意见整改落实情况的通报
17	洞委发〔2015〕35号	中共温州市洞头区委关于加强和改进党的群团工作的实施意见

2015年洞头区（县）政府制发的重要文件选目

表42

1	洞政发〔2015〕9号	关于征收2014年度计划第五批次建设用地的公告
2	洞政发〔2015〕11号	关于公布洞头县2015年重点建设项目计划的通知
3	洞政发〔2015〕14号	关于进一步加强财政资金审批和拨付管理的通知
4	洞政发〔2015〕15号	关于印发《洞头县人民政府工作规则》的通知
5	洞政发〔2015〕16号	关于促进房地产市场健康平稳发展的通知
6	洞政发〔2015〕19号	关于下达2015年政府投资项目预算的通知
7	洞政发〔2015〕20号	关于印发洞头县发展学前教育第二轮三年行动计划（2015—2017年）的通知
8	洞政发〔2015〕22号	关于推广运用政府和社会资本合作模式的实施意见
9	洞政发〔2015〕23号	关于调整2015年度社会保险缴费标准的通知
10	洞政发〔2015〕29号	关于调整城乡居民最低生活保障标准的通知
11	洞政发〔2015〕31号	关于集中开展打击出租汽车市场非法营运专项整治行动的通告
12	洞政发〔2015〕34号	关于公布第一批区级湿地名录的通知
13	洞政发〔2015〕36号	关于聘请区政府法律顾问的通知
14	洞政发〔2015〕37号	关于调整工程建设项目招标采购范围和规模标准的通知
15	洞政发〔2015〕38号	关于调整企业社会保险费行业最低申报比例征收标准的通知
16	洞政发〔2015〕39号	关于洞头区退渔渔民基本生活保障补充规定的通知

（顾建军、吴尊正）

重要表彰

2014年度县委、县政府表彰的各类先进名单

嘉奖

环保局、海洋与渔业局

平安建设工作先进奖

先进单位：北岙街道、东屏街道、海洋与渔业局、安监局、公安局洞头派出所

先进个人：陈坤沈(外宣办)、南琴慧（政法委）、许荣选（信访局）、王　松 潘志成（公安局）、陈林雪（司法局）、曾华海（质监局）、颜贤权（北岙街道）、柯受锡（大门镇）、郑杰（霓屿街道）、叶晨浩（鹿西乡）

信访工作先进奖

先进单位：北岙街道、东屏街道、公安局

先进个人：赵军军（元觉街道）、郑志敏（霓屿街道）、宋志鹏（大门镇）、张亚勤（政法委）、唐智武（信访局）、苏央央（住建局）

计划生育工作先进奖

先进单位（村居）：北岙街道、人民法院、北岙街道上新社区、大门镇东浪村、东屏街道后坑村、元觉街道深门村、霓屿街道下社村、鹿西乡山坪村

先进个人：吕国平（北岙街道）、许艳丽（北岙街道九仙村）、洪素琴（北岙街道东沙村）、胡麟（大门镇）、杨静（大门镇）、叶娟娟（东屏街道）、周胜华（东屏街道中仑村）、苏娅（元觉街道）、倪肖乒（霓屿街道）、唐建宜（鹿西乡）

企业各类先进

十强企业：

一等奖：浙江诚意药业股份有限公司、温州中石油燃料沥青有限责任公司、温州金源化工有限公司、浙江中燃华电能源有限公司、洞头县宏泰混凝土有限公司

二等奖：浙江永宏电器有限公司、温州市东启汽车零部件制造有限公司、浙江华胜海运有限公司、浙江方舟工程机械设备有限公司、浙江恒博电气制造有限公司

十大优秀企业家：任秉钧（浙江诚意药业股份有限公司）、李天伟（温州中石油燃料沥青有限责任公司）、黄莉莉（温州金源化工有限公司）、冯剑光（浙江中燃华电能源有限公司）、胡成业（洞头县宏泰混凝土有限公司）、洪玮（浙江永宏电器有限公司）、陈集（温州市东启汽车零部件制造有限公司）、郭华斌（浙江方舟工程机械设备有限公司）、郑西平（浙江恒博电气制造有限公司）、陈剑林（洞头县农村信用合作联社）

县长质量奖

温州中石油燃料沥青有限责任公司、浙江金海蕴生物有限公司

2013—2014年度劳动模范

模范集体：浙江诚意药业有限公司制剂车间、人民医院护理部、大门镇老年人（体育）协会

模范个人：沈上法（霓屿街道下社村）、柯友熙（交通工程建设指挥部）、黄志清（教师发展中心）、黄赛微（司法局）、滕宝贵（浙江迪特高强度螺栓有限公司）

温商回归工作先进奖

先进单位：北岙街道、大门镇、东屏街道

先进个人：吴华征〔渔农办（农林水利局）〕、宋文彬（国土资源局）、朱忠义（住建局）、林忠星（霓屿街道）、庄为民（元觉街道）、杨建国（鹿西乡）

旅游工作先进奖

先进单位：财政局、北岙街道、东屏街道

先进个人：郑元富（海洋与渔业局）、许生奖（公路管理局）、黄海辉（编委办）、曾焕灿（公安局）、李建成（景区管理中队）、金许阳（鹿西乡）

重点建设·政策处理等项目工作先进奖

先进单位：财政局、审管办、城建指挥部、大门镇（大门海洋经济示范区）、霓屿街道、中交一公局大门大桥2标项目部

先进个人：郭敏（渔农办〈农林水利局、海涂围垦工程建设指挥部〉、郭海环（国土局）、叶龙（住建局）、张孚洪（海洋与渔业局）、张文〔渔农办（农林水利局）〕、许鑫鑫（城建指挥部）、王振永（北岙街道）、陈献明〔大门海洋经济示范区（大小门投资公司）〕、郭坤碟（东屏街道）、方跃平（元觉街道）

渔业生产先进奖

先进单位：浙洞渔10717/10718（鹿西乡鹿西村）、浙洞渔01407/01408(东屏街道外埕头村)、浙洞渔03399（北岙街道大王殿村）

先进个人：浙洞渔10215黄忠进（鹿西乡口筐村）、浙洞渔10109郑巨朋（鹿西乡鹿西村）、浙洞渔02952陈生思（东屏街道岙仔村）、浙洞渔03318陈后友（北岙街道大王殿村）、浙洞渔03407陈情仙（北岙街道鸽尾礁村）、浙洞渔10675杨宗录（霓屿街道下郎村）

美丽乡村建设·五水共治工作先进奖

先进单位：财政局、城建指挥部、北岙街道、大门镇、东屏街道

先进个人：侯海胜（发改局）、刘玲玲（经信局）、张海边（环保局）、张于江（住建局）、王振铎〔渔农办（农林水利局）〕、施小宝(财政局)、洪正金（审管办）、郑华端（北岙街道海霞村）

向上争资工作先进奖

先进单位：发改局、财政局、海洋与渔业局

先进个人：陈明勤（发改局）、南海滨（财政局）、林进尊（海洋与渔业局）

2013—2014年度人民调解先进

优秀调解组织：北岙街道人民调解委员会、霓屿街道人民调解委员会、北岙街道人民调解委员会驻北岙派出所调解室、大门镇小门村人民调解委员会、东屏街道大北岙村人民调解委员会、元觉街道状元村人民调解委员会、鹿西乡鹿西村人民调解委员会

优秀调解员：金培甫（县交通事故纠纷人民调解委员会）、吕益民（北岙街道人民调解委员会）、叶丽月（北岙街道上新社区人民调解委员会）、陈佩秋（北岙街道新城社区人民调解委员会）、林爱英（大门镇人民调解委员会）、林万玉（大门镇长沙村人民调解委员会）、王兴荣（大门镇石浦村人民调解委员会）、周世友（东屏街道人民调解委员会）、周世雄（东屏街道洞头村人民调解委员会）、叶小其（东屏街道后坑村人民调解委员会）、张良水（霓屿街道石子岙村人民调解委员会）、郑杰（霓屿街道人民调解委员会）、庄恭俊（元觉街道沙角村人民调解委员会）、赵军军（元觉街道人民调解委员会）、陈余飞（鹿西乡鹿西村人民调解委员会）、叶尊国（鹿西乡人民调解委员会）

2014年度绩效考核优秀单位名单

北岙街道、东屏街道；县纪委、县委组织部、县委政法委、县文明办、县公安局、县人口计生和卫生局；县发改局、县经信局、县科技局、县财政局、县委渔农办（农林水利局）；县委老干部局、县妇联

2014年度洞头县文明单位名单

中共洞头县委政法委员会、中共洞头县委洞头县人民政府信访局、洞头县教育幼儿园、洞头县卫生监督所、中国石油化工股份有限公司浙江温州洞头石油分公司、洞头县人民医院、中国邮政储蓄银行股份有限公司洞头县支行、浙江方舟工程机械设备有限公司、温州久一重工有限公司、温州星贝海藻食品有限公司、温州市三峻轿车配件有限公司

2012—2014年年度考核优秀等次公务员名单

邱亚顿（区委办）王锡（区人大办）、陈宣陆（区府办）、郭顺清 张华丽（区政协办）、吕子山 陈丽真（区纪委）、林朝辉 叶建华、梁颉、陈乐锋（区法院）、毛泽光（区检察院）、蔡国华、陈来霞（区委组织部）、叶国进、泮小允〔区委渔农办（农林水利局）〕、陈永胜、陈萍萍（区发改局）、郑元林（区民政局）、毛立强、王松、叶明钦、韩卫东、甘泽民、金建秋、许子亮、叶飞华（市公安局洞头区分局）、叶海婵（区住建局）、李毅、吴清、林海珊、徐剑玲（区财政<地税>局）、甘海选、陈成乔（区文广新体局）、宋浩、郑元聪、罗明（区市场监督管理局）、王振永、颜海涛（北岙街道）、郭显玉、谢夏香（东屏街道）、颜厥炎（元觉街道）

2014年度落实党风廉政建设责任制考核优秀单位名单

县委政法委、县直机关工委、县信访局（驻杭办）、县人口计划生育和卫生局、县发改局（统计

局、粮食局、重点办）、县财政局（地税局）、县审计局、国网洞头供电公司、县妇联、住房公积金中心洞头分中心、霓屿街道、鹿西乡、中国移动洞头分公司

2014年度民主评议行风暨千人评机关中层科室和基层站所活动满意单位名单

满意单位：国网洞头供电公司、县财政局（地税局）、县民政局、县委政法委（综治办、维稳办、610办、新居民办）

满意机关中层科室：县委渔农办（县农林水利局）水利科 、县民政局优抚科、县委渔农办（县农林水利局）经济发展科、县科技局农村与社会发展科

满意基层站所：县委渔农办（县农林水利局）行政审批科、县文体局行政审批窗口、县公安局行政审批窗口、县出入境管理大队服务大厅、县安全生产监察大队、县劳动保障监察大队、县国土资源局地质监测站、县会计核算中心、邮储银行洞头支行、公积金洞头分中心

街道（乡镇）行风评议满意基层站所（办事窗口）：海霞供电营业所、大门供电营业所、大门司法所、东屏信用社、元觉派出所、元觉供电所（霓屿片区）、鹿西供电营业所

统计资料

2015年洞头区国民经济和社会发展统计公报

洞头区统计局

（2016年3月31日）

2015年是“十二五”的收官之年，面对错综复杂的国内外经济形势，我区始终坚持“加快同城发展，建设海上花园”的发展战略，认真贯彻落实中央、省、市决策部署，主动适应经济新常态。一年来，全区坚持以科学发展观为指导，致力于扩投资、兴产业、优环境、惠民生、促和谐，经济和社会事业取得较快发展。

一、综合经济

全年实现地区生产总值61.48亿元（设区后全区统计数据为73.15亿元，下同），比上年增长8.6%，增速居全市第二。从分产业看，第一产业实现增加值4.36亿元（5.40亿元），增长4.7%，增速继续领跑全市；第二产业实现增加值21.65亿元（29.0亿元），增长4.3%，其中工业完成增加值13.18亿元（16.43亿元），增长10.9%；第三产业实现增加值35.47亿元（38.76亿元），增长11.8%，增速居全市第三。三次产业结构由上年7.8:36.3:55.9调整为7.1:35.2:57.7，二三产业增加值占比持续提高。人均地区生产总值（按年平均户籍人口计算）46777元（47518元），（按年平均汇率折算7629美元（7510美元）），比上年增长9.1%。

二、渔农业经济

全面实施精品渔农业发展战略，积极发展现代渔农业，因地制宜促进畜牧业升级转型，通过调整渔农业结构、引导社会投资、完善服务体系、提高渔农业附加值，促进渔农业增效、渔农民增收。全年实现农林牧渔业总产值101877万元（119351万元），比上年增长3.8%；其中农业产值1739万元

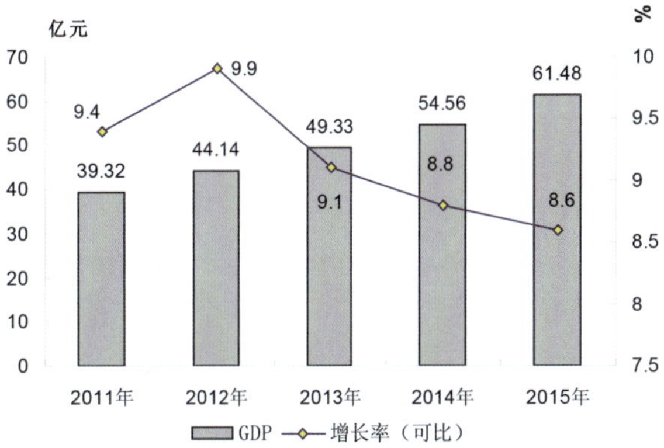

图11 2011—2015年地区生产总值及增速

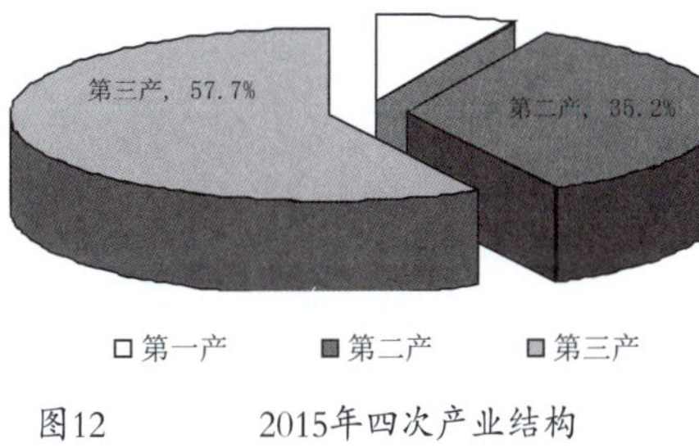

图12　　2015年四次产业结构

（9371万元），增长0.5%；林业产值303万元（422万元），增长1%；牧业产值1132万元(5001万元)，比上年下降17.9%。农作物播种面积1237公顷（2529公顷），比上年下降7.0%；其中粮食作物播种面积757公顷（914公顷），下降2.6%；粮食作物中谷物播种面积72公顷（101公顷），番薯播种面积467公顷（469公顷），马铃薯播种面积109公顷（143公顷）。

全年水产品总产量17.74万吨（17.90万吨），比上年增长6.0%；渔业总产值10.26亿元（10.84亿元），比上年增长8.6%。捕捞方面，各类渔船作业形势总体稳中趋好，实现捕捞产量16.10万吨（16.12万吨），捕捞产值7.41亿元（7.58亿元），分别增长5.5%、1.3%。养殖方面，岱衢族大黄鱼、紫菜、羊栖菜等优良品种苗种培育和养殖得到推广，新发展紫菜深水彩玻杆养殖和全浮式养殖2300亩。鹿西白龙屿生态海洋牧场加快建设，首批投放试养35万尾大黄鱼苗取得初步成效。全区实现养殖产量1.64万吨（1.78万吨），养殖产值2.85亿元（3.26亿元），分别增长12.1%、33.8%。

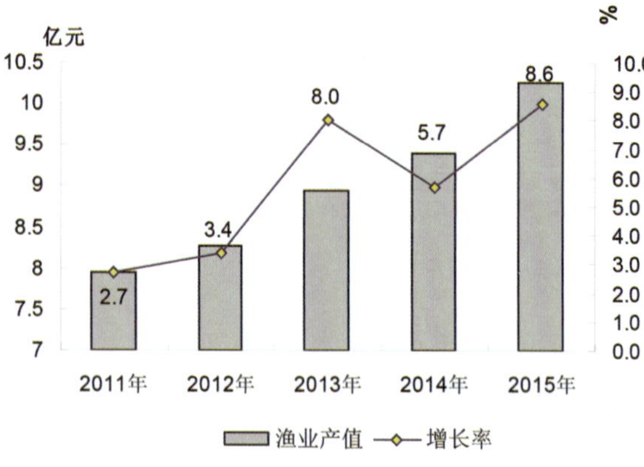

图13　2011—2015年渔业总产值及增速

主要行业产值

单位：万元

行　业	产　值	同比增长%	占总产值的%
六大行业小计	567022	1.6	93.7
其中：化学工业	369018	11.0	61.0
机械汽配	65111	—1.7	10.8
电子电器工业	48416	9.1	8.0
医药工业	34522	11.8	5.7
水产品加工	15526	—70.6	2.6
建材工业	34429	10.6	5.7
临港工业	389323	0.1	64.4

三、工业经济和节能降耗

工业生产加快，但效益并不理想。全年规模以上工业实现产值49.45亿元（56.39亿元），比上年增长3.0%；规模以上工业增加值8.10亿元（9.53亿元），增长15.4%，工业用电量7873万千瓦时，增长2.5%，增速均居全市第一。六大行业四升二降，其中电子电器、医药工业、化学工业和建材工业产值分别增长9.1%、11.8%、11%和10.6%；机械汽配、水产品加工产值分别下降1.7%和70.6%。受国内外能源产品价格大幅下跌影响，我区2家能源企业亏损较大，规模以上工业企业利税总额大幅下降，26家（31家）规模以上工业企业实现利税总额1.77亿元（2.14亿元），比上年下降57.0%。

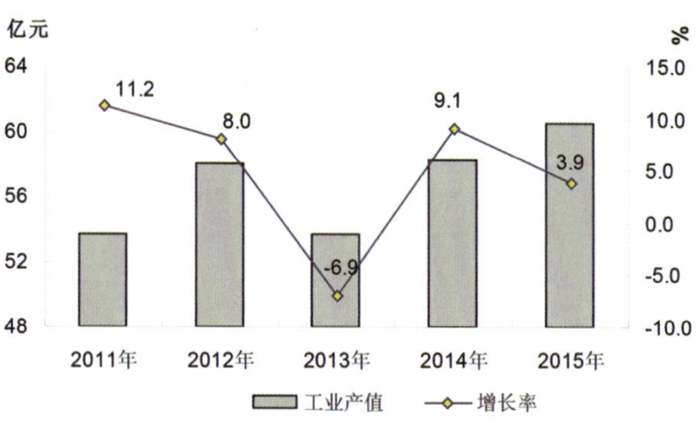

图14　2011—2015年工业产值及增速

继续加大节能降耗工作力度，

加强对重点用能单位、企业的能效监管，积极引导工业企业、服务业单位、捕捞船只和居民等开展节能降耗工作，通过结构节能、技术节能等措施提高能源利用率。初步测算，全年单位GDP能耗比上年下降2.2%，五年累计完成单位GDP能耗降低率为16.4%，顺利完成市政府下达在2010年基础上累积下降16%的目标任务。

四、固定资产投资和房地产业

全年完成限额以上固定资产投资92.50亿元（142.60亿元），比上年增长12.3%，考核口径增速居全市第一。其中，基础设施投资完成78.32亿元（115.28亿元），增长18.2%。按经济类型分，国有单位投资76.24亿元（118.79亿元），增长11.2%，非国有单位投资16.26（23.81亿元），增长18.0%，其中民间投资20.71亿元（23.78亿元），增长51.5%。

分产业看，第一产业投资1.22亿元；由于缺乏大项目支撑，工业性投资完成1.68亿元（6.36亿元），比上年下降62.0%，工业技改投资1.27亿元（1.69亿元），下降60.8%；第三产业投资89.60亿元（135.02亿元），增长17.6%。全年限额以上投资施工项目137个(180个)，比上年增加9个(12个)，其中新开工项目49个(60个)，增加6个(11个)。

全年完成房地产开发投资3.89亿元，比上年下降23.4%，房地产开发投资占限额以上固定资产投资比重为2.7%，较上年回落1.5个百分点。实施房地产项目12个，完成房屋施工面积67.3万平方米；受民间呈会风波影响，商品房现（期）房销售呈大幅下降，销售总面积5.76万平方米，比上年下降6.7%。

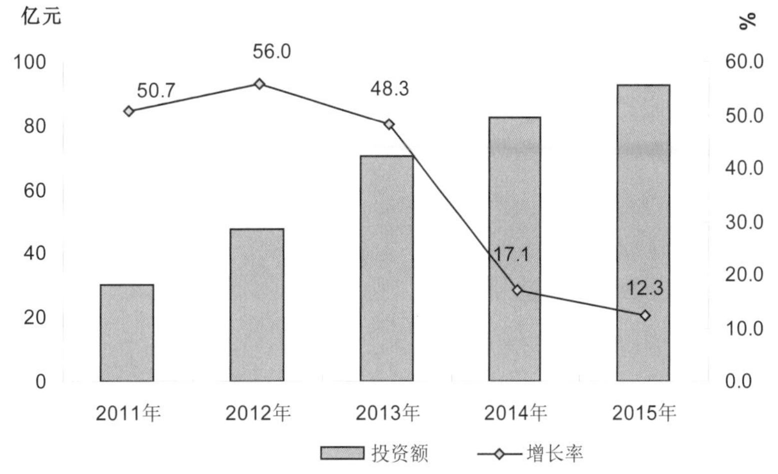

图15 2011—2015年限额以上固定资产投资及增速

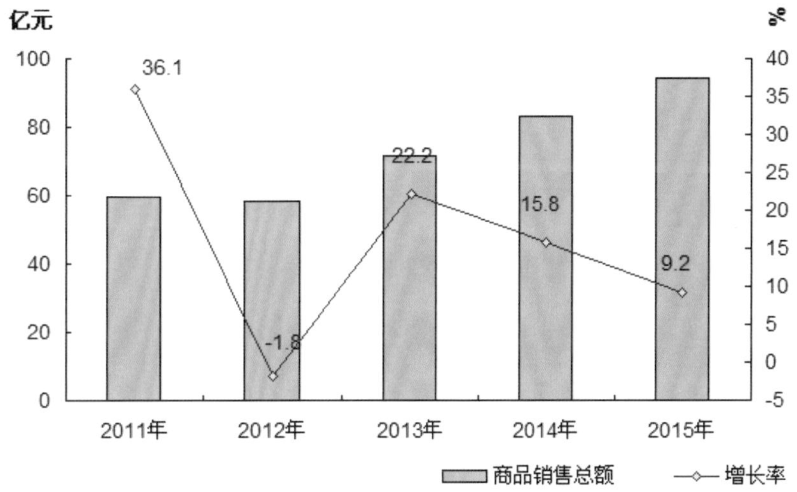

图16 2011—2015年商品销售总额及增速

五、内外贸易和旅游

在城乡居民收入不断提高、消费环境日益改善、消费结构不断升级，以及旅游市场持续活跃的合力驱动下，我区消费品市场呈较快增长态势。全年实现社会消费品零售总额22.16亿元，比上年增长10.3%；完成商品销售总额89.01亿元，比上年增长9.1%。

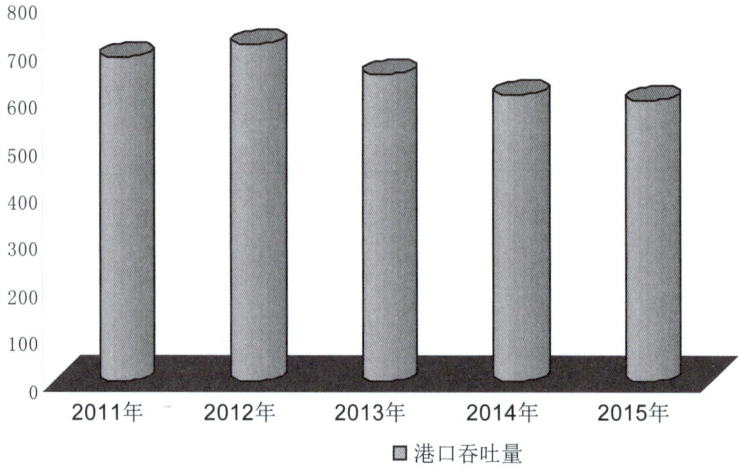

图17　　2011—2015年港口吞吐量（万吨）

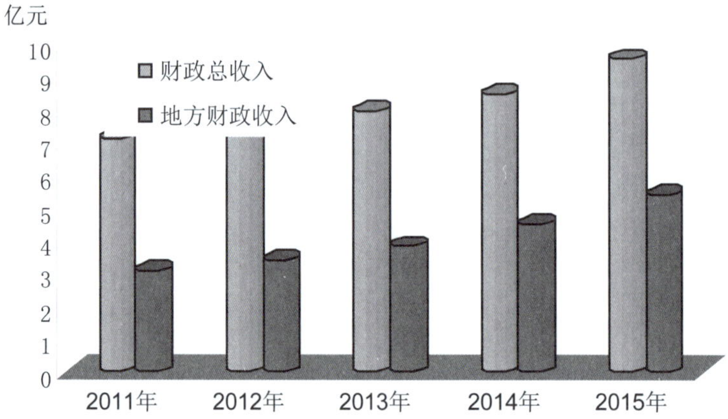

图18　　2011—2015年财政收入（亿元）

全年外贸进出口总额1.59亿美元，比上年下降40%，其中自营出口额4448万美元，下降30.2%。按企业类型分，外贸企业自营出口额479万美元，下降61.3%；生产企业自营出口2968万美元，增长9.6%；出口产品主要有药品、机械汽配、化工等。三资企业自营出口额998万美元，增长88.0%。

顺利完成海霞红色创意园一期工程、仙叠岩临海栈道工程建设，正式签约浙南地区第一家3D海洋艺术馆，旅游产品层级得到丰富和提升。全年共接待游客448.34万人次，比上年增长12.6%，实现旅游社会总收入20.31亿元，比上年增长12.9%。

六、交通运输、通信和电力

交通重大设施加快推进，对外交通日益完善。共有海运企业19家，总运力规模47.27万载重吨，继续保持全市第一，拥有万吨级以上船舶9艘（其中5万吨级以上1艘）；全国首艘民营LNG运输船，将于近期下水试航。全社会客运量1064万·人次，比上年增长0.6%，客运周转量17775万人·千米，下降3.2%；完成全社会货运量1337万吨，下降12.3%，货物周转量174.74亿吨·千米，增长11.5%；港口货物吞吐量592万吨，下降2.1%。

全年通信行业业务收入10996万元，比上年增长5.1%。固定电话用户14093户；移动电话用户113252户，其中3G移动电话用户41657户；互联网用户104781户，其中宽带用户26556户，移动互联网用户78225户；本地电话交换机容量1304门，移动电话装机容量40万门。

加快电网建设，加强服务和管理，确保电网安全稳定运行。全年全社会用电量24478万千瓦时，比上年增长1.2%，其中第一产业用电量126万千瓦时，下降16.5%；第二产业用电量9861万千瓦时，下降4.0%；其中工业用电量7873万千瓦时，增长2.5%；第三产业用电量5413万千瓦时，增长3.4%；居民生活用电量9078万千瓦时，增长6.5%。

七、财政和金融

全年实现财政总收入9.57亿元，比上年增长8.0%，其中公共财政预算收入5.42亿元，增长11.1%，增速居全市第二。公共财政预算收入呈较快增长主要得益于营业税实现快速增长，以及专项收入高位增长的带动。财政总收入受石化企业成品油消费税大幅减少影响，增速放缓。公共财政预算支出18.79亿元，比上年增长10.7%，住房保障、国土海洋气象、城乡社区等领域支出增长较快。

积极推进信贷产品创新，强化提升金融服务实体经济能力，金融机构规模继续壮大。年末金融机构人民币存款余额69.45亿元，比年初增长21.2%，其中住户存款余额27.24亿元，增长18.7%。金融机构人民币贷款余额57.41亿元，比年初增长3.3%，其中短期贷款30.17亿元，增长2.2%；中长期贷款余额27.14亿元，增长4.2%。

八、教育和科学技术

年末各类全日制学校在校学生10355人，拥有学校17所，其中中等职业教育学校2所，普通中学学校7所，小学学校8所。专任教师879人，其中中等职业教育学校教师69人，普通中学教师380人，小学教师430人。全年各类学校招生2511人，毕业生2407人。学前教育继续升等创优，共有幼儿园18 所，省等级幼儿园 17所，其中，省一级幼儿园 1所、省二级幼儿园3所、省三级幼儿园13所，等级幼儿园招生覆盖率99%，3~5周岁儿童学前入园率 97.3 %，学前教师持证率90.1 %、大专以上学历率92%。加速推进义务教育高位均衡，小学、初中生均公用经费分别提高到885元和1185元。小学、初中均衡系数分别达0.33和0.24，小学、初中入学率、巩固率均保持在 100 %、三类残疾儿童在义务教育阶段入学率为 100 %。

加大科技创新企业培育力度，做大做强科技创业孵化园，科技综合实力继续增强。新增国家级高新技术企业3家，省科技型企业11家，市科技（创新）型企业10家，市级专利示范企业1家，市企业技术研究开发中心1家，1家企业入选市科技创新百强企业。进入科技创业孵化园的孵化企业18家，实现年销售额5227万元，比上年增长19.7%。实施科技发展计划项目20项，科技成果鉴定52项，专利申请162项，授权125项，其中发明11项。实现新产品产值7.03亿元，新产品产值率14.2%。

九、文化、体育和卫生

年末共有文化馆数1个，乡镇文化站6个；图书馆1个，总藏书24.0万册；艺术表演98场，艺术表演群众5.61万人次；拥有文化设施建筑面积2.1万平方米；国家级非物质文化遗产2个，省级非物质文化遗产12个，市级非物质文化遗产49个；拥有省文化信息资源共享基层支中心1个，省文化强镇1个，市级文化强镇1个，省级文化示范村8个，市级文化示范村（社区）22个、文化示范新社区6个，区级文化示范村29个，市级“百姓舞台”6个，社会力量参与公共文化管理试点1个。

巩固省级体育强乡(镇)创建成果，实现省级体育强镇（乡）全区全覆盖，现有省中心村全民健身广场2个，市级全民健身广场6个，农村篮球场45个、门球场13个、健身苑点215个、登山健身步道1条，在全省率先实现“村村建有健身苑点”。举办区第五届运动会、排舞大赛、田径、篮球、足球、游泳、海上运动等体育赛事。全年参加体育运动会人数4800人次，获市级体育比赛金牌10枚，获省级体育比赛银牌4枚，获省级体育铜牌5枚。

区人民医院住院综合楼和区体检中心相继建成并投入使用；市区乡村四级实现电子病历和诊疗信息互联共享，医疗服务能力得到进一步增强。年末拥有医疗卫生机构72家，其中医院2家，社区服务中心6家，个体诊所20家；卫生技术人员562人，其中医生271人，执业医师172人，平均每万人拥有医生30.9人；病床221张，每万人拥有病床数25.2张；医院年诊疗31.53万人次，比上年增长18.2%。强化妇幼保健，连续9年实现孕产妇“零死亡”，产妇住院分娩比例达100%。5岁以下儿童死亡率3.03‰，婴儿死亡率3.03‰。全年共报告法定传染病675例，总发病率为523.26/10万。

十、人口、人民生活

据公安部门人口统计资料显示，年末户籍总户数4.42万户（4.98万户），户籍总人口13.05万人（15.31万人），其中城镇人口5.27万人（5.86万人），乡村人口7.78万人（9.45万人）。按性别分，男性人口6.69万人（7.84万人），女性人口6.36万人（7.47万人），分别占总人口的51.3%和48.7%。据计生部门统计，全年出生人口1366人（1579人），出生率为10.39‰（10.25‰）；死亡人口775人（903人），死亡率为5.90‰（5.86‰）；全年自然增长人口591人（676人），自然增长率为4.50‰（4.39‰）。

在从业人员的工资、退休金持续提高等有利因素带动下，城镇居民工资性收入呈较快增长，全年城镇常住居民人均可支配收入34674元，比上年增长9.3%，增速居全市第二。在转产转业加快、日薪标准提高、养殖效益较好等的拉动下，农村常住居民人均可支配收入18365元，比上年增长10.5%，增速居全市第一。农村常住居民人均可支配收入增速明显高于城镇常住居民，城乡收入比由上年的1.91缩小为1.89。

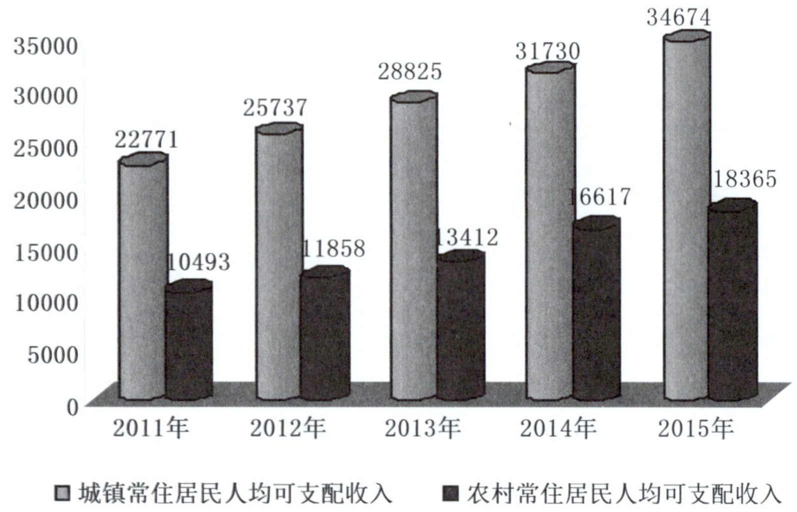

图19　　2011—2015年居民收入（元）

2011—2015年城镇居民消费性支出情况

表　　单位：元

名称	2015年	2011年	五年递增%
消费性支出	20194	12648	11.7
食　品	7402	5527	10.1
衣　着	1383	1080	6.1
居　住	4485	1514	32.1
设备用品及服务	1084	924	6.4
医疗保健	1222	406	32.4
交通和通讯	2336	1422	1.6
娱乐文教服务	1659	1102	6.4
杂项商品及服务	623	671	4.7

全年城镇居民人均消费支出20512元，农村居民人均消费支出14125元。从消费结构来看，城乡居民在教育文化娱乐、交通通信、医疗保健等类别上支出较上年有明显提高，食品类支出占总支出比重较上年有所下降。2015年城镇居民家庭恩格尔系数35.8%，农村居民家庭恩格尔系数36.3%，均保持下降趋势，城乡居民生活质量得到进一步改善。

十一、劳动就业与社会保障

全年城镇新增就业1358人，下岗失业人员实现再就业396人，均超额完成年度任务。年末城镇登记失业人员404人，城镇登记失业率为2.16%。举办大型专场招聘会4场，赴外招聘1场，共提供就业岗位1432个，达成就业意向950人，开发公益性岗位51个，安置就业困难人员上岗50人。全年劳动合同签订率为97.5%，比上年提高0.1个百分点。

年末城乡居民基本养老保险参保人数32875人，比上年增加1049人；城镇职工基本医疗保险参保人数15023人，比上年增加98人；失业保险人数7068人，比上年增加308人；工伤保险参保人数22042人，比上年增加317人；生育保险参保人数10459人，比上年增加594人；城乡居民合作医疗参保人数103300人，比上年减少1632人，城乡居民农村社会养老保险参保人数42406人，比上年减少647人；城乡居民参加新型农村合作医疗比率为100%。

进一步提高困难群体生活保障水平，全面提升社会养老服务水平，加快社会福利基础设施建设，城乡社会保障体系日趋完善。城镇低保补助标准每人每月由705元调整为765元，农村由515元调整为575元。年末城镇最低生活保障人数33人（40人），全年发放保障资金20.60万元（24.32万元）；农村最低生活保障人数1217人（1710人），发放保障资金563万元（769万元）。拥有中心敬老院3个（3个），民办养老机构9个（9个），居家养老服务照料中心44个（48

个），养老机构床位数976张。

十二、环境保护

以国家生态文明示范区创建为抓手，生态创建再跨新台阶。现有国家级生态街道（乡镇）5个、省级生态街道1个，市级生态村71个，生态村覆盖率达88.1%；国家级绿色学校1家，省级绿色学校6家，市级绿色学校8家；省级绿色社区1个，市级绿色社区3个，县级绿色社区2个；国家级绿色家庭1个，省级绿色家庭13个，市级绿色家庭5个。

完成城南污水处理厂的改造提升，出水标准从一级B标准提升到一级A标准排放。建成南塘片区、旧城区、杨文三期和环东沙等污水管网工程项目，城镇污水管网达到基本覆盖，全区城镇污水处理率达92.85%。持续开展挥发性有机物、燃煤锅炉、餐饮油烟、机动车排气等大气复合污染防治工作，全年空气质量优良率为95.7%，年均PM2.5指数30.1微克每立方米，空气质量级别处于二级良。

说明：

1.受调查项目限制，以上的外贸、旅游、交通、通信、电力、财政、金融、教育、科学技术、文化、体育、卫生、劳动就业、社会保障及环境保护数据不包括灵昆街道。

2.本公报的GDP及其相关数据为初步核算数据，速度采用可比价，其他经济类数据来自年报，速度采用现价。

3.部门数据采用统计综合年报，为初步汇总数据。

4.个别数据口径与上年不一致，增长速度采用同口径对比。

（区统计局提供）

2013—2015年洞头区（县）主要经济社会发展指标

表43

	2013年	2014年	2015年	
—	—	—	原洞头县	洞头区
全县生产总值（GDP）	51.45亿元	56.45亿元	61.48亿元	73.15亿元
其中：第一产业产值	4.0亿元	4.22亿元	4.36亿元	5.40亿元
第二产业产值	18.71亿元	20.70亿元	21.65亿元	29.00亿元
第三产业产值	28.74亿元	31.53亿元	35.47亿元	38.76亿元
人均生产总值（按户籍人口计算）	39233元	42756元	46777元	47518元
工业总产值	53.38亿元	58.22亿元	49.45亿元	56.39亿元
农林牧渔业总产值	93316万元	98110万元	101877万元	119351万元
其中：农业总产值	1700万元	1730万元	1739万元	9371万元
林业产值	300万元	300万元	303万元	422万元
牧业产值	1681万元	1380万元	1132万元	5001万元
渔业总产值	8.94亿元	9.45亿元	9.85亿元	10.43亿元
其中：捕捞产值	6.84亿元	7.32亿元	7.60亿元	
养殖产值	2.1亿元	2.13亿元	2.24亿元	
财政总收入	7.96亿元	8.48亿元	9.57亿元	
其中：公共财政预算收入	3.83亿元	4.50亿元	5.42亿元	
社会消费品零售总额	17.05亿元	20.15亿元	22.16亿元	
全社会固定资产投资总额	70.32亿元	82.34亿元	92.50亿元	142.60亿元
外贸进出口总额	1.71亿美元	2.65亿美元	1.59亿美元	
其中，进口总额	1.14亿美元	2.01亿美元	1.15亿美元	
出口总额	0.57亿美元	0.64亿美元	0.44亿美元	
金融机构人民币存款余额	50.59亿元	57.29亿元	69.45亿元	
金融机构人民币贷款余额	41.0亿元	55.58亿元	57.41亿元	
全年全社会用电量	21652万千瓦时	24180万千瓦时	24478万千瓦时	
其中：工业用电	6326万千瓦时	7684万千瓦时	7873万千瓦时	
城市居民生活用电	7732万千瓦时	8526万千瓦时	9078万千瓦时	
城镇居民人均可支配收入	28825元	31730元	34674元	
城镇居民人均消费支出	17266元	20512元	20194元	
农村居民人均纯收入	13412元	16617元	18365元	
农村居民人均消费支出	11414元	14125元	14127元	

2015年温州及各县（市、区）主要统计指标

表44

县（市、区）	年末户籍总人口（万人）	地区生产总值（亿元）		第一产业增加值（亿元）		第二产业增加值（亿元）		第三产业增加值（亿元）		人均生产总值（元）	
		累计	累计±%	累计	累计±%	累计	累计±%	累计	累计±%	累计	累计±%
温州市	811.21	4619.84	8.3	123.24	3.1	21.1.53	7.1	2395.07	9.9	56863.00	8.0
鹿城区	74.70	807.79	7.5	1.76	3.1	246.64	9.9	559.39	6.3	108416.00	6.6
龙湾区	35.09	564.75	9.4	2.93	3.0	359.02	7.7	202.80	12.9	171747.00	9.3
瓯海区	43.09	450.32	8.5	6.02	3.1	248.54	6.9	195.76	11.0	104677.00	7.8
洞头区	15.31	73.15	8.6	5.40	4.7	29.00	4.3	38.76	11.8	46776.00	9.1
瑞安市	122.88	720.51	8.3	19.54	1.6	329.00	6.3	371.96	10.7	58580.00	8.0
乐清市	128.04	766.82	8.6	20.40	3.6	390.97	6.4	355.46	11.7	59728.00	8.5
永嘉县	96.49	330.92	8.5	10.67	3.1	171.15	7.6	149.10	10.6	34087.00	8.8
平阳县	88.24	342.49	8.6	14.07	2.6	148.79	7.4	179.63	10.1	38776.00	8.4
苍南县	133.12	423.55	8.2	28.29	3.5	175.48	6.6	219.78	10.3	31810.00	7.9
文成县	39.60	71.75	8.3	7.49	3.2	22.01	2.9	42.25	12.4	17974.00	8.3
泰顺县	36.92	73.59	8.4	6.70	4.3	23.11	4.0	43.78	11.7	19998.00	7.5

续表44

县（市、区）	规上工业总产值（亿元）		规上工业增加值（亿元）		限额以上投资（亿元）		新产品产值（亿元）		固定资产投资（亿元）		工业投资（亿元）	
	累计	累计±%	累计	累计±%	累计	累计±%	累计	累计±%	累计	累计±%	累计	累计±%
温州市	4997.87	5.3	1091.32	6.3	3456.39	13.2	1195.01	27.8	3456.39	13.2	886.76	18.1
鹿城区	309.13	8.9	74.58	6.6	328.17	7.0	91.44	62.4	328.17	7.0	52.01	18.3
龙湾区	803.91	6.8	171.61	8.1	305.56	14.1	197.74	46.0	305.56	14.1	71.05	17.7
瓯海区	493.99	7.8	118.60	6.7	352.43	14.4	114.84	53.1	352.43	14.4	50.01	18.9
洞头区	56.39	1.2	9.53	10.6	60.53	17.5	7.03	26.6	60.53	17.5	1.68	−62.0
瑞安市	885.83	4.3	187.55	6.0	496.61	14.2	253.83	22.0	496.61	14.2	187.00	18.0
乐清市	1286.90	5.6	279.60	6.6	555.15	14.3	330.68	15.3	555.15	14.3	222.01	18.2
永嘉县	365.15	6.8	85.52	6.6	273.88	13.6	118.19	6.1	273.88	13.6	58.09	22.9
平阳县	284.93	7.7	59.77	7.7	338.45	13.7	53.97	46.8	338.45	13.7	72.10	22.6
苍南县	289.25	0.4	65.33	2.2	403.99	14.2	21.62	45.1	403.99	14.2	98.05	22.3
文成县	25.03	−17.3	6.12	−13.1	65.02	15.1	4.00	8.4	65.02	15.1	3.44	−28.7
泰顺县	16.15	−11.5	3.65	0.3	68.22	14.3	1.68	79.5	68.22	14.3	4.43	16.0

续表44

县（市、区）	工业技改投资（亿元）		房地产投资（亿元）		社会消费品零售总额（亿元）		金融机构人民币存款（亿元）		金融机构人民币贷款（亿元）		财政总收入（亿元）	
	累计	累计±%	累计	累计±%	累计	累计±%	累计	累计±%	累计	累计±%	累计	累计±%
温州市	672.04	24.0	766.29	−5.3	2674.38	11.0	9127.02	10.5	7527.16	4.2	677.92	6.5
鹿城区	44.47	21.8	87.09	−11.8	787.52	10.1					42.31	5.0
龙湾区	51.12	28.2	90.35	23.7	370.73	12.0					56.57	4.3
瓯海区	41.39	22.4	112.64	−14.1	230.48	14.6					49.79	10.2
洞头区	1.27	−60.8	3.89	−23.4	22.26	10.2	69.45	21.2	57.41	3.3	9.57	8.0
瑞安市	164.27	22.3	135.24	18.6	311.40	8.8	1034.94	7.7	936.31	0.6	94.63	6.6
乐清市	181.69	22.5	80.48	−4.4	314.78	10.3	1081.44	8.7	1098.22	3.4	124.08	7.7
永嘉县	41.11	31.5	80.51	3.1	134.99	12.7	469.33	6.2	467.35	10.5	45.88	7.8
平阳县	44.73	31.1	65.89	−27.0	154.89	11.7	390.18	10.6	380.31	6.8	40.76	7.7
苍南县	57.20	31.0	78.87	−18.1	274.94	11.2	490.50	7.0	630.73	2.7	46.25	7.8
文成县	2.00	97.5	8.18	−26.2	35.24	11.1	182.39	15.7	94.08	4.0	8.99	5.0
泰顺县	1.67	24.1	21.11	6.0	37.15	11.7	130.08	6.1	93.73	9.1	9.28	−0.3

续表44

县（市、区）	公共财政预算收入（亿元）		出口总额（亿美元）		城市常住居民人均可支配收入（元）		农村常住居民人均可支配收入（元）	
	累计	累计±%	累计	累计±%	累计	累计±%	累计	累计±%
温州市	403.07	7.0	171.15	−7.7	44026	8.7	21235	9.5
鹿城区	27.58	8.2	33.26	−5.5	49592	8.5	25632	9.4
龙湾区	31.39	8.5	28.85	−2.2	44359	8.6	26800	9.3
瓯海区	28.40	16.1	19.44	−9.4	45707	8.7	25929	9.4
洞头区	5.42	11.1	0.44	−30.2	34674	9.3	18365	10.5
瑞安市	54.72	7.8	30.85	−8.5	46949	8.7	23659	9.1
乐清市	64.15	7.5	19.94	−6.9	46352	8.8	24891	9.8
永嘉县	26.36	8.2	6.26	−8.6	35161	8.8	16926	9.9
平阳县	25.67	8.0	7.26	3.5	36367	8.9	17372	9.8
苍南县	30.02	9.4	6.82	−0.8	36494	8.7	17023	10
文成县	7.26	8.1	0.38	14.0	30032	9.5	13174	10.3
泰顺县	7.15	−1.7	0.41	17.0	28609	9.3	12973	10.5

2015年全国海岛县(区)主要经济指标

表45

所在省	县区名称	年末总人口	地区生产总值(亿元)		地区生产总值分三次产业(亿元)							
			实绩	同比±%	第一产业	同比±%	第二产业	同比±%	工业	同比±%	第三产业	同比±%
辽宁省	长海县	72414	86.92	3.8	47.00	5.9	7.21	5.8	5.85	5.3	32.71	0.1
山东省	长岛县	42500	62.43	6.5	36.10	2.9	3.68	16.6	2.20	13.7	22.64	11.2
上海市	崇明县	672300	291.21	7.0	22.86	-2.3	130.74	1.9	93.30	0.5	137.61	14.3
浙江省	嵊泗县	77499	86.02	9.1	23.23	7.9	13.02	9.6	4.68	9.4	49.77	9.5
	岱山县	186485	207.13	9.2	32.45	4.8	106.50	10.6	92.74	10.9	68.18	8.5
	普陀区	321912	352.15	9.1	44.46	4.6	128.89	11.0	113.30	12.0	178.80	8.6
	定海区	387700	450.18	9.3	12.00	3.2	210.48	11.2			227.70	8.0
	玉环县	430200	438.67	5.0	29.67	4.2	243.96	2.0	226.85	-0.2	165.04	11.0
	洞头县	153069	61.48	8.6	4.36	4.7	21.65	4.3	13.18	10.9	35.47	11.8
福建省	平潭县	430000	191.11	12.2	35.95	3.4	59.43	10.4	9.99	10.3	95.73	16.8
	东山县	219200	156.30	11.4	30.86	5.4	74.28	11.5	64.99	10.6	51.16	15.1
广东省	南澳县	75100	15.75	7.8	3.98	3.3	5.58	9.2	3.69	7.7	6.19	9.6

续表45

所在省	县区名称	全部工业总产值(万元)				固定资产投资额(万元)					
		实绩	同比±%	规模以上工业	同比±%	实绩	同比±%	工业投资	同比±%	第三产业	同比±%
辽宁省	长海县	285778	-0.6	79755	15.9	304907	-39.3	7645	-82.1	36032	-30.3
山东省	长岛县	90250	14.0	25006	-19.2	65819	12.2	1701	-85.4	64118	36.4
上海市	崇明县	3718158	5.4	3698089	5.9	1356322	0.2	135935	-19.8	1204382	6.2
浙江省	嵊泗县	270127	5.8	84154	4.2	744924	22.0	40944	-66.1	701770	61.8
	岱山县	4360264	10.0	3524508	11.0	1456600	19.2	722917	22.8	707080	22.6
	普陀区	7005176	12.4	5283690	13.0	2927337	18.5	690154	10.4	2204263	20.0
	定海区	8833531	7.8	7182347	8.2	5317389	19.8	1200090	14.2	4092989	21.5
	玉环县	14270319	-0.4	6300447	-8.0	1635487	21.0	552229	1.3	1078334	35.8
	洞头县	604891	3.9	494527	3.0	925000	17.5	16776	-62.0	576371	27.0
福建省	平潭县			378284	10.8	3451943	25.1	107675	72.1	2123100	20.2
	东山县	2640176	11.0	2515636	11.3	1601873	23.2	279854	-9.2	1051400	36.9
广东省	南澳县	81454	8.3	26688	9.5	141666	-16.8			136683	9.9

续表45

所在省	县区名称	水产品总产量（吨）		社会消费品零售额（万元）		港口货物吞吐量（万吨）		财政总收入（万元）		公共财政预算收入（万元）	
		实绩	同比±%	实绩	同比±%	实绩	同比±%	实绩	同比±%	实绩	同比±%
辽宁省	长海县	610150	−15.3	148229	8.9	190	1.9	92605	6.8	43609	−9.4
山东省	长岛县	439573	1.2	188925	10.2	140639	53.2	12901	10.0	12901	10.0
上海市	崇明县	57113	−9.7	972416	12.1			1194031	18.2	549801	12.2
浙江省	嵊泗县	354139	7.0	293552	10.0	10560	5.5	80249	12.0	69010	16.6
	岱山县	410820	5.5	631626	9.5	5234	32.7	192207	1.7	126037	10.1
	普陀区	841452	5.2	1532172	11.0	9030	11.6	362521	6.5	256796	9.4
	定海区	158170	6.2	1697831	10.1	13218	2.8	253225	0.4	163804	5.7
	玉环县	276700	5.6	1541381	8.6	3095	2.3	722956	8.4	344987	7.6
	洞头县	177359	6.0	221600	10.3	592	−2.1	95661	8.0	54172	11.1
福建省	平潭县	441510	2.8	557281	9.0			250156	36.7	195421	39.3
	东山县	383200	7.0	345825	9.2	266	−17.7	182713	5.0	113099	5.7
广东省	南澳县	177886	2.6	199206	14.0	2	−46.3	34957	9.5	21408	13.5

续表45

所在省	县区名称	地方外贸进出口总额（万美元）				旅游接待人数（万人次）		旅游总收入（亿元）		金融机构人民币存款余额（亿元）		金融机构贷人民币款余额（亿元）	
		实绩	同比±%	出口总额	同比±%	实绩	同比±%	实绩	同比±%	实绩	同比±%	实绩	同比±%
辽宁省	长海县	1070	−30.6	700	−15.3	109.80	0.7	10.52	6.0	45.45	2.9	29.24	10.3
山东省	长岛县	5683	12.7	4579	17.9	349.50	16.2	35	15.5	45.39	13.1	15.73	22.9
上海市	崇明县	65075	−28.8	36056	−5.1	466.83	−4.1	10	41.9	769.12	8.5	491.83	28.6
浙江省	嵊泗县	59262	−35.9	2139	−79.2	427.97	17.1	59.39	20.4	68.94	4.3	39.13	12.5
	岱山县	129208	0.2	96319	−5.0	396.00	18.3	56.18	19.2	196.39	9.5	110.51	−6.2
	普陀区	547573	5.2	394961	9.9	2388.14	15.0	261.12	21.1	339.71	0.9	388.62	3.0
	定海区	426410	−12.1	120335	16.6	811.41	18.8	115.64	19.0	1089.22	6.7	921.47	3.8
	玉环县	351352	−3.7	340906	−3.7					505.71	10.7	427.05	6.9
	洞头县	15927	−39.9	4445	−0.7	448.00	12.6	20.31	12.9	69.45	21.2	57.41	3.3
福建省	平潭县	29414	1.7	6952	−28.4					360.10	66.0	234.16	25.0
	东山县	175352	−7.8	170971	−5.4	502.30	24.5	50.12	24.3	88.88	22.8	74.48	5.7
广东省	南澳县	395	13.8	360	48.8	455.60	3.8倍	12.22	187.4	34.70	9.6	12.83	20.4

（以上均系区统计局提供）

外地媒体看洞头

【概况】 2015年，全区被上级媒体采用1944篇。报纸类536篇，其中人民日报3篇，浙江日报36篇；网站采用569篇，其中人民网81篇，新华网21篇，新浪网4篇，腾讯网2篇，网易52篇，搜狐14篇。

2015年外地报纸媒体看洞头新闻篇目选录

表46

报纸名称	时间	标题
人民日报	4月14日	“百岛之县”浙江洞头有无固定居民岛屿154个无人岛有了生态巡护员
人民日报	7月27日	你不可以不知道洞头
人民日报	8月5日	温州市洞头县撤县设区
浙江日报	1月12日	洞头创“无违建县”
浙江日报	1月22日	洞头8个重大项目集体开工
浙江日报	1月26日	温州大门大桥主跨合龙
浙江日报	3月31日	洞头：简政放权转职能
浙江日报	4月29日	最是文化能致远
浙江日报	5月28日	面朝大海 百炼成钢
浙江日报	5月28日	洞头签约九大意向投资项目
浙江日报	6月18日	耕海牧渔兴旅游 洞头温商回归发展海洋经济
浙江日报	6月23日	洞头渐成“海上花园”—“海霞精神”推动“百岛之县”全面发展纪实
浙江日报	6月25日	洞头纪念先锋女子民兵连建连55周年 弘扬海霞精神 建设海上花园
浙江日报	6月30日	温州交通技术学校落户洞头
浙江日报	7月23日	海霞精神 薪火相传
浙江日报	7月23日	状元岙港区口岸扩大开放
浙江日报	8月5日	国务院批准洞头撤县设区
浙江日报	8月31日	守护鸟岛三十载
浙江日报	9月2日	洞天福地，从此开头
浙江日报	9月30日	洞头区培育扶持五大产业
浙江日报	10月21日	洞头举办首届文化礼堂村歌大赛
浙江日报	12月18日	洞头完成35千伏变电站改造
钱江晚报	3月24日	洞头：海上花田 一梦浮生(整版)
钱江晚报	4月28日	爱上洞头隐世渔村
光明日报	4月23日	洞头：海岛小静观的和谐大美
光明日报	4月27日	党员服务队在行动
中国能源报	4月20日	洞头电能替代迈出新步伐
温州日报	1月2日	冬泳健儿横渡半屏海峡
温州日报	1月13日	创建“无违建县”夯实环境基础 建设“海上花园”洞头稳步推进
温州日报	1月18日	洞头县八大项目集体开工
温州日报	1月22日	洞头项目审批实施“4S店”式服务
温州日报	1月27日	洞头中心渔港“集污纳垢”的海洋守护者
温州日报	2月1日	剪除旁枝，“海上花园”锦上添花（头条）
温州日报	2月10日	洞头县人民医院新住院楼启用
温州日报	2月12日	洞头加快同城发展 建设“海上花园”
温州日报	3月5日	洞头元觉村级考核告别台账年代107条线上任务 压缩成一张试卷
温州日报	3月6日	洞头籍科学家林海帆再获国际大奖
温州日报	3月10日	耕田牧海 春早人勤

续表46

报纸名称	时　间	标　题
温州日报	3月18日	洞头："海上花园" 融合双重优势
温州日报	3月20日	望海楼上喜看变化
温州日报	3月22日	"乡"约大门 "醉"美花海
温州日报	4月2日	温州风能"吹"出多少新机遇?
温州日报	4月2日	身入大海 回归自然
温州日报	4月19日	移植"枫桥经验" 促成一方安宁洞头连续十年获省平安县称号（头条）
温州日报	4月21日	洞头获十佳发展县 悦庭楠舍获十佳民宿浙江旅游总评榜揭晓
温州日报	4月22日	朽木可雕，洞头"船"奇
温州日报	5月6日	温州明确两大省级产业集聚区管理体制
温州日报	5月10日	附二医"牵手"洞头人民医院 海岛医院有了ICU
温州日报	5月12日	发展海洋经济 打造海上花园
温州日报	5月12日	第六届洞头妈祖平安节昨开幕传承妈祖文化 祈福平安丰收
温州日报	5月13日	"厦儿团"的"林妈妈"
温州日报	5月22日	全面兴起招商热潮 助力建设海上花园（整版）
温州日报	5月26日	围涂造"田"
温州日报	5月26日	项目投资金融支持 双双破百亿
温州日报	5月28日	鹿西"信用"好，银行1.5亿授信来
温州日报	6月6日	风情万种 渔民画
温州日报	6月8日	永葆海霞精神青春活力
温州日报	6月10日	洞头女子民兵连走过55周年
温州日报	6月11日	非遗文化变成生产力撬动市场
温州日报	6月23日	激越时代 不变情怀
温州日报	6月23日	洞头先锋女子民兵连大事记
温州日报	6月25日	昔日巾帼风采 今朝战旗更红
温州日报	6月25日	海岛旅游，唱响红色主旋律
温州日报	6月25日	借力"海霞"做大红色旅游
温州日报	7月23日	温州也有悬空玻璃栈道了洞头仙叠岩临海悬崖栈道部分开放
温州日报	7月23日	改善灵昆水环境 畅通岛内水循环
温州日报	7月26日	82岁老翁董绍新的"好事人生"
温州日报	7月28日	东方时尚岛的潮涨潮落
温州日报	7月28日	海钓，来自大海的诱惑
温州日报	8月6日	国务院批复同意洞头撤县设区
温州日报	8月6日	拥抱洞头，市区进入"东海时代（整版）
温州日报	8月18日	温州港临时海洋倾倒区 获国家海洋局批复
温州日报	8月19日	社团活动赢得省委书记的肯定
温州日报	8月21日	洞头七夕民俗风情精彩依旧
温州日报	8月21日	洞头新行政区划代码330305
温州日报	8月30日	海上架线助力瓯飞工程堤坝顺利合龙
温州日报	8月31日	做好港口经济大文章 打造转型发展新引擎
温州日报	9月1日	滨海时代 从此开头
温州日报	9月1日	三个时代见证海岛飞跃（整版）
温州日报	9月1日	洞头，滨海新城初长成
温州日报	9月1日	同城梦圆，洞头蓄劲正舒展（整版）
温州日报	9月2日	洞头区正式宣告成立

续表46

报纸名称	时 间	标 题
温州日报	9月2日	许洞头一个都市新区的未来
温州日报	9月2日	展望“海上花园”的美丽愿景（整版）
温州日报	9月2日	“都市”洞头，且看产业破茧成蝶（整版）
温州日报	9月2日	未来，这里宜居宜游也宜业（整版）
温州日报	9月2日	洞头基础设施发力“第四区”
温州日报	9月8日	洞头——以查促建 规范村级工程
温州日报	9月8日	从县前头到洞头（整版）
温州日报	9月9日	七国航标管理高层“论剑”洞头
温州日报	9月9日	温籍侨领看好家乡“第四区”
温州日报	9月16日	温州海洋经济大有可为
温州日报	9月18日	强基础求特色 走精准招商路子(整版)
温州日报	9月26日	洞头推出五大产业培育提升扶持政策
温州日报	9月28日	洞头书法家潘海溶 破吉尼斯世界纪录
温州日报	10月1日	“遇见洞头”短片大赛启动
温州日报	10月9日	温州银行洞头支行今日开业做好区域特色金融服务
温州日报	10月15日	“农村青年创业故事”媒体寻访行
温州日报	10月16日	新老照片看海岛巨变洞头网络文化节抒怀旧主题
温州日报	10月20日	洞头 烟雨海疆行
温州日报	10月20日	相约洞头，共赏海钓风采第八届全国海钓邀请赛暨浙闽城市海钓对抗赛圆满落幕
温州日报	10月22日	洞头“双月”攻坚 铁腕整治力度不减
温州日报	10月26日	洞头推进农村基层作风巡查“全覆盖” 正风肃纪不留死角
温州日报	10月26日	洞头推行“精细化”信访 信访按期结案率100%
温州日报	10月26日	洞头深入改革审批服务制度“4S”监督评价体系显实效
温州日报	11月3日	洞头渔家乐民俗风情旅游节
温州日报	11月6日	灵昆百姓办事可不出岛
温州日报	11月9日	和谐小村的尚德之风
温州日报	11月9日	法官“多跑腿” 渔民“少诉累”
温州日报	11月10日	洞头环岛公路跑步去看海
温州日报	11月10日	乘直升机看百岛美景
温州日报	11月11日	头茬紫菜等你来尝鲜
温州日报	11月12日	“最美广场”传播“最美”精神
温州日报	11月12日	四星标准农贸市场开业
温州日报	11月18日	紫菜搭上电商快车道
温州日报	11月20日	绿色海钓正风行
温州日报	11月22日	洞头30万尾黑鲷鱼苗放流入海
温州日报	12月11日	从“面子”到“里子”的嬗变
温州日报	12月24日	洞头“智慧交通”云端响应
温州日报	12月26日	村级股改：赋予农民更多财产权利
温州日报	12月30日	中国（洞头）新媒体短片大赛落幕四大微电影基地落户百岛

（夏建伟　谢海燕）

责任编辑　卓桂荣

索引

鱼跃蟹欢 · 罗纯香

“海霞精神”

爱岛尚武 励志奉献

“五岛连桥”精神

小县办大事 小岛创大业

说 明

一、本类目设主题索引和表2个分目。

二、主题索引中文标目按汉语拼音字母（同音字按声调）顺序排列，同音同调按第二字母的音序排列，依次类推。数字开头的标目按数字0—9顺序排列。

三、部分标引词下面编有二级索引。

四、标目后的阿拉伯数字表示内容所在页码。

五、表格按序号排列，仅标注所在页码，不标注分栏。

主题索引

0—9

A

B

E

H

M

N

T

Z

表格索引

洞头峡大桥　方海平/摄